Staphisagria

von Dr. med. Georg v. Keller, Tübingen

KARL F. HAUG VERLAG - HEIDELBERG

Karl. F. Haug - Verlag. Verlags-Nr. 7838

ISBN 3–7760–0487–8

W. Raisch - Offsetdruck - Krausstraße 6 - 7417 Pfullingen

Vorwort *)

Schon im Vorwort zum letzten Heft, Guajacum, erwähnte ich das Arzneimittelbild von Pulsatilla, um zu zeigen, daß auch unsere dem Gedächtnis einverleibten Arzneimittelbilder aus Einzelsymptomen zusammengesetzt sind. Ich sagte dort auch, daß Patienten, die diesem unserem Gedächtnisbild weitgehend entsprechen, in der Praxis recht selten vorkommen. Diesmal möchte ich noch einen Schritt weitergehen. Ich möchte behaupten, daß dieses Gedächtnisbild nicht so bleiben darf, wie es ist, wenn wir unseren Patienten gegenüber aufgeschlossen sein wollen.

Nehmen wir an, in unserer Sprechstunde erscheint eine mollige, blauäugige, blondhaarige Patientin. Sie scheint eine angenehme Patientin zu sein, sie sieht gleich ein, was wir ihr sagen, sie widerspricht nicht, sie ist lenkbar und sanftmütig, dabei bedächtig in ihren Bewegungen und Äußerungen. Die Tränen sitzen ihr locker, aber es ist ein Weinen, das man gut ertragen kann, das auch leicht wieder gestillt wird. Sie fand es zwar im Wartezimmer zu warm, aber sie sieht ein, daß es so sein muß.

In dieser Patientin Pulsatilla zu erkennen, ist nicht schwer.. Aber, wenn wir **erwarten,** daß unsere Pulsatillafälle alle so oder ähnlich aussehen, werden wir nicht oft Gelegenheit haben, Pulsatilla anzuwenden. Wenn unser Gedächtnisbild von Pulsatilla so beschaffen ist, wie dieser hypothetische Fall, und wenn wir nicht innerlich bereit sind, auch in ganz anders gelagerten Fällen Pulsatilla zu erkennen, engen wir unsere mitteldiagnostischen Möglichkeiten zu sehr ein. Wir haben dann so etwas wie ein Vorurteil, einen vorgefaßten Begriff, wir verschließen uns dann anderen Patienten gegenüber.

Ich möchte das Thema noch von einer anderen Seite her beleuchten:

In der reinen Arzneimittellehre hat Hahnemann folgende, in der Prüfung beobachtete Symptome notiert:

368: Rucke vom Magen herauf nach der Kehle zu.

373: Ein Spannen in der Magen- und Herzgrubengegend bis in die Brüste herauf.

375: Man fühlt Aderschlag in der Herzgrube.

386: Ein Spannen in der Gegend des Magens, welches durch Bewegung verging.

652: Wenn sie sich auf die linke Seite legt, klagt sie über Ängstlichkeit und schnelles Herzklopfen.

Folgende drei Fälle habe ich im Laufe des Jahres 1976 in der Praxis behandelt. Bei allen diesen Patienten wirkte Pulsatilla (LM VI, ansteigend) schnell und dauerhaft. Es handelt sich um Wiedergabe von Tonbandaufnahmen.

1.) Frau A. F., am 19. Januar 76: „Ich habe unregelmäßiges Herzklopfen. Der Puls setzt immer wieder aus und fängt wieder an. Wenn ich mich aufrege, ist es schlechter. Dann habe ich so eine innere Unruhe, ein innerliches Zittern im Bauch, da meine ich gerade, das Herz klopft mir da unten im Bauch. Das steigt von unten herauf wie ein Druck. Auf einmal spüre ich es da im Kopf, als wenn da auch der Druck käme, und dann ist mir so benommen, so schwindlig, das hängt immer mit Angst und Aufregung zusammen. Es ist wie ein Ruck. Das kommt vom Bauch oder vom Herz her in den Kopf. Ich kann nicht auf der linken Seite liegen bei diesem Klopfen. Beim Liegen ist mir nicht wohl."

Auf die Frage, ob sie gut schlafe, bekam ich eine Antwort, die mich an die Nux - vomica - Schlafstörung denken ließ (Kann sich abends nicht wachhalten vor dem Schlafengehen, erwacht um drei oder vier Uhr, fällt dann bei Tagesanbruch in einen traumvollen Schlaf, aus dem er schwer erweckt werden kann, fühlt sich dann müde und schlapp): „Ich gehe abends um neun ins Bett und schlafe gleich ein, bis zwölf Uhr schlafe ich gut, vier Stunden lang, um zwölf Uhr geht es dann los, daß ich unruhig bin, ich muß um fünf Uhr aufstehen und habe dann Angst, daß ich verschlafe."

Nun, auch der Druck im Kopf, das Herzklopfen und die innere Unruhe schien mir zu Nux vomica zu passen, so forschte ich in dieser Richtung weiter. Ich stellte die Routinefrage für Nux vomica: Frieren Sie leicht? Macht es Ihnen etwas aus, wenn es zieht im Zimmer?: „Ja, ich friere leicht. Wenn es zieht im Zimmer, das kann ich nicht brauchen." Auch die ausgesprochene Verschlechterung durch Aufregung schien Nux vomica zu bestätigen; also gab ich ihr das Mittel.

Am 30. Januar kam sie wieder, Nux hatte nicht gewirkt: „Ich habe immer noch das Klopfen und die innere Unruhe. Das Klopfen fängt da unten in der Magengegend an. Herumlaufen und Bewegung tut mir gut. Es ist ein ruckartiges Klopfen vom Magen, links vom Magen herauf, wie Herzklopfen, als wenn das Herz da unten im Magen wäre. So ist es auch nachts, wenn ich auf der Seite liege, das ist ein Klopfen und Unruhe beim Liegen auf der linken Seite, im linken Oberbauch. Ich bin gern draußen im Freien, das Eingesperrtsein im Zimmer tut meinem Kopf nicht gut, deshalb habe ich auch die Arbeit als Briefträgerin übernommen."

Erst jetzt dachte ich an Pulsatilla und fand in der Arzneimittellehre außer den oben angeführten noch folgendes Symptom:

951: Er kann sich abends des Schlafs nicht erwehren, ohne jedoch müde zu sein.

In der Allenschen Enzyklopädie ist das Symptom fettgedruckt, ist also schon häufig bestätigt worden. Wenn man bedenkt, daß wir alle gelernt haben, Pulsatilla könne abends nicht einschlafen, kommt das überraschend. In unser festgefügtes Arzneimittelbild paßt das nicht hinein.

2.) Herr K. B. kam am 25. Februar 76, als mir der vorhergehende Fall noch in frischer Erinnerung war: „Ich habe mir zu viel vorgenommen, die Arbeit wächst mir über den Kopf. Meinen Ärger lasse ich an meiner Frau aus und ich fange dann an zu weinen (1125: In Weinen ausbrechende Mürrischkeit, wenn man ihn in seinem Geschäfte unterbricht. 1153: Außerordentlich grillig und ärgerlich über alles, sogar über sich selbst). Ich habe Hitzegefühle in der Nacht und ich muß dann aufstehen (961: Nächtlicher, unruhiger Schlaf, wegen unerträglicher Hitzempfindung muß er die Bedeckungen von sich werfen)." Weil er ganz dem Pulsatillabild entsprach, gab ich ihm dieses Mittel. Am 10. März kam er wieder und berichtete:

„Ich habe eine kuriose Verschlechterung bemerkt, kurz nachdem ich das Pulsatilla zu nehmen angefangen hatte. Es ist ein Spannen in der Zwerchfellgegend, das manchmal zu einem Pulsieren kommt. Das habe ich, wenn ich mich über irgend etwas aufrege und ich habe es beim Einschlafen. Es ist so ähnlich wie der Adrenalinstoß bei einem Schreck in einer komplizierten Verkehrssituation, daher kenne ich es. Das Flattern habe ich beim Einschlafen, sonst ist es so ein Spannen, ein Druck von innen her, es fühlt sich an, wie nicht tief drin im Magen, sondern mehr oberflächlich.

Es ist ein schnelles Flattern, etwa doppelt so schnell wie der Herzschlag." Als ich daraufhin Pulsatilla verdünnt einnehmen ließ, verschwand diese Empfindung schnell wieder und die allgemeine
Besserung hielt an.

3.) Frau G. F. erzählte am 15. Dezember 76: „Ich habe so ein Herzklopfen und ich kann nicht auf
der linken Seite liegen. Da muß ich aufstehen und herumlaufen. Da meine ich immer, ich hätte Magenkrämpfe, aber es ist nichts am Magen. Das drückt dann so, und es hat auch schon bis hier herauf
zu den Backenknochen gedrückt. Wenn es dann im Magen nachläßt, ist auch der Schmerz da oben
weg. Ein Druck am Herz und als wenn ich Magenkrämpfe hätte, und Herzklopfen ist dabei. Das
Herz schlägt dann schnell und schwer."

Diese Empfindung von Herzklopfen in der Magengegend in Verbindung mit einem nach oben ge-
richteten Drücken oder Rucken, das im Liegen oder beim Liegen auf der linken Seite und bei Aufregung stärker verspürt wird, ist offenbar charakteristisch für Pulsatilla. Als mir das bei der ersten
Patientin klar geworden war, konnte ich bei den folgenden Patienten das Syndrom schnell wieder-
erkennen, es war mir zum Schlüsselsymptom, zum Erkennungszeichen für Pulsatilla geworden.

Darauf kommt es an, daß wir immer neue Einzelsymptome, immer neue Kombinationen von verschiedenen Empfindungen mit ihren Modalitäten und untereinander, unserem Gedächtnisbild hin-
zufügen, daß wir mit diesen Symptomen umgehen, daß wir sie bewegen. Unser Arzneimittelbild
darf nicht starr werden, es muß geändert und erweitert werden können, es muß beweglich bleiben.

Und noch etwas: Wir dürfen dem Patienten nicht mit einem Vorurteil, mit einer vorgefaßten Meinung gegenübertreten. Wir dürfen auch nicht während des Gesprächs gleich unsere Meinung festle-
gen, vorfassen. Zuhören heißt bescheiden werden, im besten Sinne demütig werden, sich unter den
Patienten unterordnen, ihn voll gelten lassen. Nicht meinen, man müsse gleich eine eigene Leistung
vollbringen, indem man ihn psychologisch durchschaut oder indem man den verborgenen Krank-
heitskomplex und dessen Beziehung zum homöopathischen Mittel aufdeckt. Nein, den Patienten
muß man sprechen lassen und nur bescheiden zuhören, sich ganz passiv verhalten und **warten**. Warten, bis einem der Schlüssel vom Patienten gegeben wird, nicht so sehr selbst suchen.

Jede Erwartungshaltung, jede vorgefaßte Meinung verschließt in dieser Situation unser Ohr und unser Auge dem Patienten gegenüber. Es fällt uns dann viel schwerer, den Schlüssel zu erkennen, nämlich die Ähnlichkeit oft nur eines einzigen Symptoms, einer einzigen Empfindung des Patienten
mit einem einzigen Symptom eines Arzneimittels.

Daß das häufig genügt, um die Ähnlichkeit des ganzen Falles mit dem ganzen Mittelbild wahrzu-
nehmen, hoffe ich mit diesen Beispielen wenigstens angedeutet zu haben.

*) Vortrag im Ludwig Boltzmanninstitut für Homöopathie in Baden bei Wien, März 1978.

Quellenverzeichnis

Nach dem Wortlaut eines jeden Symptoms folgt nach einem hochgestellten Sternchen die Quellenbezeichnung. Prüfungssymptome werden mit zwei durch einen kurzen Bindestrich getrennte Zahlen bezeichnet. Die vor diesem Bindestrich stehende Zahl steht für die Quelle nach der unten stehenden Liste, mit der Zahl nach dem Bindestrich wurden die Symptome fortlaufend numeriert. Zeitangaben stehen, an Stelle des kurzen Bindestriches, zwischen zwei langen Bindestrichen in der Mitte der Quellenbezeichnung. Auf die erste Zahl folgende Großbuchstaben innerhalb der Quellenbezeichnung bedeuten eine Hervorhebung in einem der großen Sammelwerke: H = Hahnemann, Reine Arzneimittellehre, Band 5, Seite 291, A = T. F. Allen, Encyclopedia of Pure Materia Medica, Band 9, Seite 147, Kursivdruck, AA = ibid., Fettdruck.

Prüfungssymptome wurden im vorliegenden Heft mit zwei durch Bindestrich getrennten Zahlen, fremde Heilungsberichte mit einfachen Zahlen, eigene Heilungsberichte mit Kleinbuchstaben und Auszüge aus Lehrbüchern mit jeweils zwei Großbuchstaben bezeichnet.

Für Zeitschriften- und Büchertitel wurden im Quellenverzeichnis die weiter unten folgenden Abkürzungen verwendet. Die Jahreszahl bezeichnet hier das Jahr, in dem die Zeitschrift erstmalig erschien. Im eigentlichen Quellenverzeichnis habe ich bei jedem Fall, soweit möglich, das Jahr angegeben, in dem der Fall behandelt wurde. Als Abkürzung für Zeitschriften habe ich drei, für Bücher zwei Großbuchstaben verwendet.

Im Quellenverzeichnis steht an erster Stelle die Zeitschrift oder das Buch, aus dem ich zitiert habe. Dahinter folgt gegebenenfalls nach dem Wort „aus" die Originalquelle, danach manchmal in Klammer andere Zeitschriften, in denen ebenfalls über den betreffenden Fall berichtet wurde.

ACI Transactions of the x'th Quinquennial Homoeopathic International Congress, (1906).
AHP The American Homoeopathist, 1876.
AHZ Allgemeine homöopathische Zeitung, 1833.
AMH Archives de la medicine homoeopathique, 1834.
ANN Annalen der homöopathischen Klinik, 1830.
BHJ The British Homoeopathic Journal, 1912.
BJH British Journal of Homoeopathy, 1843.
DHM Deutsche homöopathische Monatsschrift, 1950.
DZH Deutsche Zeitschrift für Homöopathie, 1922.
ENV The Homoeopathic Envoy, 1890.
FML The 50 Millesimal, (1972).
HHM The Hahnemannian Monthly, 1865.
HPC The Homoeopathician, 1912.
HPH The Homoeopathic Physician, 1881.
HRC The Homoeopathic Recorder, 1886.
HTB The Homoeopathic Times (British), 1850.
HVJ Homöopathische Vierteljahresschrift, 1850.
HWO Homoeopathic World, 1865.
HYG Hygea, 1834.
IHP Internationale Homöopathische Presse, 1872.
INR The Indian Homoeopathic Review, (1888).
INV The United States Medical Investigator, 1856.
JBH Jahrbücher der homöopathischen Heil- und Lehranstalt zu Leipzig, 1833.
JBS The Journal of the British Homoeopathic Society, 1893.
JCS The Journal of Homoeopathic Clinics, 1869.
JMH Journal de la medicine homoeopathique, 1834.
LPZ (Leipziger) Populäre Zeitschrift für Homöopathie, 1870.
MAM The American Journal of Homoeopathic Materia Medica, 1867.
MAV The Medical Advance, 1872.
MHR The Monthly Homoeopathic Review, 1857.
NAJ The North American Journal of Homoeopathy, 1852.

ORG   The Organon, 1878.
PBG   Praktische Beiträge im Gebiete der Homöopathie (Thorer), 1834.
PMG   Praktische Mitteilungen der correspondierenden Gesellschaft homöopathischer Ärzte, 1826.
PMH   Prager medizinische Monatsschrift für Homöopathie, Balneotherapie, Hydrotherapie, 1853.
RHB   Revue homoeopathique Belge, 1874.
SAC   Archiv für die homöopathische Heilkunst (Stapf), 1822.
TIA   Transactions of the International Hahnemannian Association, (1870).
TNY   Transactions of the Homoeopathic Medical Society of the State of New York, 1863.
TPA   Transactions of the Homoeopathic Medical Society of the State of Pennsylvania, (1873).
VAC   Archiv für Homöopathie (Villers), 1891.
VEH   Medizinische Jahrbücher m. bes. Berücksichtigung d. spezifischen Heilmethode (Vehsemeyer), 1838.
ZBV   Zeitschrift des Berliner Vereins homöopathischer Ärzte, 1882.
ZKH   Zeitschrift für klassische Homöopathie, 1957.

CD   Clarke, A Dictionary of Practical Materia Medica, 1900.
CH   Beauvais, Clinique homoeopathique, 1836 – 1840.
EK   Eichelberger, Klassische Homöopathie, 1976.
HG   Hering, The Guiding Symptoms of our Materia Medica, 1879 – 1891.
NL   Nash, Leitsymptome in der homöopathischen Therapie, 1898.
RE   Rückert, Klinische Erfahrungen in der Homöopathie, 1854 – 1860.
RÜ   Rau, Über den Wert des homöopathischen Heilverfahrens, 1824.

Prüfungsberichte

Die 721 Prüfungssymptome stammen aus Hahnemanns reiner Arzneimittellehre, und zwar von folgenden Prüfern:

1   Hahnemann,
2   Cubitz,
3   Franz,
4   Groß,
5   Gutmann,
6   Hartmann,
7   Haynel,
8   Herrmann,
9   Hornburg,
10   Kummer,
11   Langhammer,
12   Stapf,
13   Teuthorn.

Zeitangaben und Bemerkungen: Nr. 1 ist eine Gruppe von mehreren Prüfern unter der Leitung von Hahnemann. 14: 17 Tage. 34: Bei einem Manne, welcher zeitlebens keine Augenbeschwerden gehabt hatte. 48: 2 Stunden. 54: Steht in Klammer. 68: 17 Tage. 109: 6 Stunden. 115: 4 Tage. 117: Die ersten 8 Stunden. 126 (–130): Die folgenden vier Symptome scheinen von einer allzu großen Gabe herzurühren, welche fast jedes Medikament zum Purgirmittel macht; denn die eigentliche Erstwirkung dieser Arznei scheint zu seyn: bei zu Stuhle drängendem Leibweh, Leibverstopfung, oder doch ein sehr geringer, harter, oder auch (doch seltner) dünner Stuhlgang, wie man auch aus den Beobachtungen Andrer (203) bis (208) ersieht. 127: 42, 84 Stunden. 128: 2 Stunden. 129: 3 Stunden. 136: Die ersten Tage. 138: 36 Stunden. 139: Die Harn-Symptome haben eine Ähnlichkeit mit den Stuhlgangs-Symptomen, wie man auch bei den Beobachtungen Andrer sieht. 140: 24, 40 Stunden. 149: 12 Stunden. 155: 5, 6, 8 Tage. Durch Riechen an Ambra zu tilgen. 163: 9 Tage. 164: Da es aber nur Erstwirkung gewesen war, so kam das Monatliche die folgenden Monate nicht wieder. 165: Steht in Klammer. 176: 5 Tage. 194: Eine halbe Stunde. 196: Steht in Klammer. 197: 7 Tage. 203: 36 Stunden. 220: Zweieinhalb Stunden. 221: 6 Stunden. 223: 13 Tage. 224: 4 Stunden. 267: 8 Tage. 268: 4, 6 Tage. 269: 10 Tage. 272: Steht in Klammer. 280: 50 Stunden.

Nr. 2, Zeitangaben in Stunden: 284: 1, 539: 6.

Nr. 3: 296: 4Tge, 304: 0.5, 344: 9, 365: 1.5, 367: 78, 369: 26, 370: 72, 400: 10, 412: 72, 425: 5Tge,

427: 9Tge, 435: 4.5, 441: 12, 447: 1, 528: 4, 529: 4, 530: 26, 549: 1.75, 576: 2, 619: 8, 639: 6, 655: 24, 692: 3.

Nr. 4: 340: 80, 381: 1, 383: 22, 428: 0.25, 481: 36, 554: 5Min, 564: 90, 605: 1, 616: 3, 661: 0.25, 703: 72.

Nr. 5: 285: 8.5, 307: 72, 308: 1, 321: 56, 334: 4, 355: 75, 356: 13, 360: 3.25, 373: 31, 375: 8.5, 36, 384: 0.5, 385: 22, 390: 78, 440: sgl., 473: 38, 474: 8, 475: 32, 479: 84, 484: 13, 500: 49, 501: 7, 535: 16, 536: 37, 537: 0.5, 557: 4.5, 581: 75, 598: 77, 600: 52, 601: 54, 607: 12, 633: 0.5, 35, 634: 25, 638: 78, 647: 4.5, 651: 29, 709: 2.

Nr. 6: 304: 0.5, 305: 0.5, 306: 3.5, 315: 54, 322: 22.5, 335: 2.5, 348: 7, 349: 4, 358: 3.5, 372: 8, 462: 1, 466: 1.25, 485: 2.5, 550: 2, 568: 36, 582: 24.5, 622: 54, 641: 5.5, 642: 3.5.

Nr. 7: 286: 14, 288: 0.5, 303: 39, 316: 4, 329: 14, 357: 10Tge, 361: 13, 368: 10, 401: 12, 468: 1, 490: 14, 15, 494: 10, 495: 26, 518: 33, 534: 2.25, 546: 0.5, 596: 4.5, 615: 38, 617: 10Tge, 621: 9, 652: 17, 653: 8.5, 34, 667: 4.5, 668: 3Tge, 694: 0.25.

Nr. 8: 313: 1.5, 339: 10Min, 395: 6, 396: 37, 399: 26, 406: 32, 409: 5Min, 415: 28, 417: 26, 419: 72, 420: 40, 421: 56, 431: 48, 505: 7, 509: 24, 510: 3-7Tge, 520: 8, 523: 4Tge, 544: 14, 548: 4Tge, 553: 3Min, 562: 5Tge, 569: 72, 570: 2, 571: 36, 572: 7, 573: 5Tge, 589: 4Min, 591: 5, 592: 45, 610: 8, 626: 5, 644: 4Tge, 665: 24, 676: 30, 697: 30.

Nr. 10: 374: 48, 377: 4.5, 456: 0.25, 465: 2Tge, 476: 18, 513: 6, 524: 3Tge, 4Tge, 545: 10, 579: 1, 584: 1, 618: 10, 648: 12, 658: 1.5, 669: 0.25, 0.5.

Nr. 11: 318: 2, 353: 0.5, 1, 354: 26, 378: 2.75, 430: 27, 448: 9, 458: 0.75, 507: 6, 514: 16, 522: 2, 10, 636: einige Min, 637: 1, 10, 670: 2, 673: 46, 690: 20, 696: 1.5, 710: 37, 721: 13.

Nr. 12: 289: 5, 294: 5, 295: 36, 300: 5, 319: 4, 362: 1.5, 382: 36, 429: 46, 444: 46, 451: 0.5, 461: 13, 467: 1.5, 477: 48, 623: 51, 664: 40, 686: 37, 702: 4Tge.

Nr. 13: 432: 3.

Fremde Heilungsberichte

1: Groß, 1820, SAC 1.3.170. R..., ein Knabe von 10 Jahren, litt seit Jahren an einer Flechte... Die Ältern hatten längere Zeit sich der Hülfe eines geschickten Arztes bedient, doch ohne Erfolg, und es war ihnen am Ende der Rath ertheilet worden, das Übel ungestört sich selbst zu überlassen und den Zeitpunkt ruhig abzuwarten, wo es bei mehrerer Entwickelung des jugendlichen Körpers von selbst verschwinden werde. Allein dessenungeachtet breitete sich die Flechte mehr und mehr aus, und als ich im December 1820 darüber zu Rathe gezogen wurde, fand ich die Krankheit folgendermaßen gestaltet. ... Der Kranke erhielt am 20. des Dezember eine Arzneigabe, welche ein Dezilliontel eines Tropfens der starken Tinktur von diesen Saamen (Stephanskörner) enthielt. Hierauf schien bis zum 24. d. M. das Übel eher zu- als abzunehmen. Das Jucken ward nämlich ärger, als zuvor. Von dieser Zeit an begann es sich jedoch sichtlich zu vermindern; viele Bläschen trockneten ein und es bildete sich dann eine straffe, etwas rauh anzufühlende Haut, von dunkler, bläulichter Farbe. Das Jucken ließ nur wenig nach. Am 10. des Januar 1821 kamen hin und wieder neue Bläschen zum Vorschein — ein Zeichen, daß die Stephanskörner alles gethan hatten, was sie in diesem Falle vermochten; ein neues Mittel machte sich nothwendig. (Weitere Besserung nach Bryonia und Rhus toxicodendron).

2: Caspari, 1823, CH 7.351, aus Mes experiences en homoeop., pag. 178; 1823. Ein Junge von 7 Jahren. Der Vater des Jungen hatte Neigung zu Phthise, eine scrophulöse Konstitution, er war rachitisch, blaß, aufgedunsen und neigte zu scrophulösen Augenentzündungen. Der Knabe litt an einer scrophulösen Phthise mit folgenden Symptomen: ... Kaffemißbrauch, Überernährung, Mangel an Bewegung in frischer Luft und übermäßige Heizung waren vielleicht der Grund, warum sich in diesem Kind ein konstitutionelles Leiden entwickelt hatte. Nach einer Zwischenzeit von 8 Tagen, in denen ich auf Änderung der Lebensumstände bestand, gab ich Tinct. staphisagr. 30. Hiervon, ebensowenig von der 12. Verdünnung, sah ich keine Wirkung. Nach einem Tropfen unverdünnter Tinctur mehrere Tage lang homöopathische Verschlimmerung, dann allmähliche Besserung in jeder Beziehung, nach neun Monaten erfreute sich der Junge guter Gesundheit.

3: Mschk., 1825, ANN 1.142. G. T., ein Mann von 65 Jahren, verhob sich im Juli 1825 die linke Achsel, ... Er verlangte meine Hilfe erst im November desselben Jahres. Ich gab ihm zuerst Arnic. Und ließ auch zugleich dieses Mittel in die Achsel einwirken; sodann erhielt er in angemessenen Zwischenräumen der Reihe nach Nux vom., Rhus, Staphisagria und Asarum. Während des successiven Gebrauchs dieser Arzneien verschwand nicht nur das Armleiden gänzlich, sondern der Bruch verminderte sich auch bis zur Größe eines Hühnereies. 3 Jahre Nachbeobachtung.

4: Mschk. in N. O., 1826, ANN 1.81. Ein bejahrter Mann klagte mir am 6. August 1826, ... Ich hielt für diesen Fall Staphisagria für das passendste Mittel, und reichte dem Kranken davon eine Gabe der 24sten Verdünnung. Der Erfolg war, daß die Auswüchse sich bald von Tag zu Tage verkleinerten, bis nach 10 Tagen, wo die Besserung still zu stehen anfing; ich reichte deshalb nun noch eine Gabe desselben Mittels, in der 30sten Verdünnung, wodurch auch bald aller Rest des Aftergebildes vollends verschwand und bisher nicht wieder erschienen ist.

5: Schüler, 1827, PMG 1827.22. In dem Freiheitskampfe 1813 hatte auch ein Harzbewohner seinen väterlichen Heerd verlassen und Branntwein und mehre andere Bedürfnisse dem verbündeten Heere zugefahren. Hier war er von einer Hautkrankheit befallen worden, welche er russische Krätze nannte, hatte sich von einem Pseudoarzt behandeln und diese Krankheit durch bloße Schmiermittel sistiren lassen. ... Vorzüglich führte er Klage über eine lästige Schwere und über schmerzhafte Affektionen verschiedener Gebilde. Dieses Schwanken zwischen relativem Wohlbefinden und Krankheit wurde permanent. ... fing sein rechter Arm im ganzem Umfange und in der Tiefe empfindlich an zu schmerzen und bald nachher auch an Volumen zu gewinnen. Ein gelindes Fieber begleitete diese Erscheinung (Knochenentzündung?). ... Jetzt wurde meine Hilfe dringend gesucht. Ich fand ... Hoch erfreut war er, als er von mir vernahm, daß es mit der gedrohten Amputation zur Zeit noch nicht Noth tue. ... Der Kranke erhielt Ess. Dulcamar. 20. Nach Verlauf mehrer Tage reichte ich ihm eine homöopathische Gabe Staphisagr. 20. Absonderung einer ichorösen Feuchtigkeit mit Verminderung der harten und ödematösen Geschwulst. Der Kranke empfand jetzt, statt der frühern Schmerzen, ein Brennen und Kriebeln im ganzen Arm. Rhus tox. 30., später Sulphur 3. Der Kranke erfreut sich jetzt noch einer früher bestandenen dauerhaften Gesundheit.

6: Roehl, 1827, PMG 1827.71. In einem Falle von Mercurialkrankheit, bei einem Manne von 30 Jahren, der wegen Gonorrhoea syphilit. vor sieben Jahren mit Calomel lange behandelt worden war, und der seitdem immer an ... litt, that Calcaria sulph. und Acid. nitr. einiges, mehr aber noch die wiederholte Anwendung von Holzkohle und von Staphisagria. Heilung aller Geschwüre, und Verschwinden aller Schmerzen, mit zurückbleibender Geschwulst des rechten Thränenbeines, und geringer Geschwulst der Tonsillen war der Errfolg.

7: Groß, 1828, SAC 7.2.49. Der zehnjährige Sohn des Handarbeiters L. war seit mehreren Tagen krank. ... Vor allen Dingen suchte ich den bedenklichsten Zufällen, nämlich den tonischen und clonischen Krämpfen zu begegnen, und wählte hierzu Tr. Cicutae viros. X. Nach Empfang dieser Arzneigabe minderten sich dieselben und nach 24 Stunden waren sie ganz gewichen. Da nun der Knabe noch über die Harnbeschwerden sehr viel Klagen führte und auch die Stuhlverstopfung noch anhielt, so empfing er Tr. Staphidis agriae X, als nun für angemessen erachtete Arzneidosis. Auch diese bewirkte, was sie sollte, nämlich nach 12 Stunden normale Harnausleerung und etwas später einen zwar noch harten, aber doch ziemlich reichlichen Stuhlgang.

8: Hering, 1827, SAC 7.1.86. Größere Beschwerden hatte ich von einer anderen Seekrankheit zu ertragen, die sich nach einiger Zeit bei mir, wie bei fast allen übrigen Reisenden, einstellte. ... Ich entschied mich für Staphys agria, nahm einen Tropfen der 30sten Verdünnung und dieß führte binnen drei Tagen zu völliger Genesung und außerordentlichem Wohlseyn. Die übrigen Reisenden plagten sich und matteten sich ab mit Klystiren und Purganzen, ohne wesentlichen Erfolg.

9: Med. Pract. Mschk. 1828, ANN 1.356. Ein Knabe von eineinhalb Jahren hatte ... schon über 4 Monate. ... brachte die Mutter den 11ten März 1828 das Kind zu mir. Staphisagr., einen halben Tropfen der 27sten Verdünnung. Die Besserung trat nach ein paar Tagen ein, und schritt bis zu Ende des Monats fort, wo sodann die gänzliche Heilung erfolgte, und noch nie zeigte sich bis jetzt ein Rückfall.

10: Romani, 1828, CH 5.484, aus Discours sur l'Homoeopathie, pag. 185. Don Francesco Castelli, napolitain, etwa 12 Jahre alt, litt seit 6 Monaten ... Am 11. März 1828 Aconit gegen Masern. ... Ich gab ihm am 15. Staph. 30 gut. 1/2. Nach 14 Tagen vollständige Heilung.

11: De Horatiis, 1828, CH 7.441, aus Essai de clinique homoeopathique, pag. 27. Guiseppe Fabo, 23 Jahre alt, sanguinisches Temperament, wurde am 25. Februar ins Hospital aufgenommen wegen Fieber mit Bubo in der linken Leiste seit 6 Tagen. Nach Abklingen der örtlichen Erscheinungen ... Er wurde am 28. März 1828 in die homoeopathische Klinik verlegt. Er erhielt Chamom. 29 gutt. 1. Am 30. deutliche Besserung. Am 1. April Staph.

29 gutt. 1. Am 9. war die Ophthalmie vollständig geheilt.

12: Thorer, 1830, PBG 3.12. Iritis arthritica. Der Schmidt H. in N., ein in den siebziger Jahren sich befinden-der, sonst noch ziemlich rüstiger Greis, hatte bereits unter allöopathisch ärztlicher Behandlung sein rechtes Auge, durch gichtische Entzündung und Desorganisation ze·stört, verloren. ... Am 11. Oktober 1830 Abends Nux vomica X ooo. Bis 18. ej. hatten die Schmerzen sich nur wenig gemindert, doch war es nicht zu verkennen, daß das Allgemeinbefinden des Kranken besser war. Ich ve·ordnete nun demselben Pulsatilla V ooo, und am 22. und 25. ej. Bryonia VII ooo. Auf beide Mittel verringerten sich die arthritischen Beschwerden des Kopfs sehr, und selbst die Entzündung des Auges schien gemäßigter. Den 29. Oktober gab ich Cocculus II oo. und den 11. No-vember Staphysagria X oo. – Auf die Entzündung des Auges, so wie auf die heftigen Kopfbeschwerden, hatten beide Mittel sehr vortheilhaft eingewirkt. ... spezifischer auf das Sehorgan wirkten Cocculus und Staphysagria. Der Kranke konnte auf kurze Zeit das Auge unverbunden tragen, weil auch die Lichtscheu sehr gemindert war; und größere Gegenstände in naher Entfernung erkannte er mit ziemlicher Gewißheit. Erst am 1. Dezember, da ich Staphisagria vielleicht eine zu lange Wirkungsdauer zugemutet hatte, gab ich Calcarea X oo, am 7. Jahnuar 1831 Conium X oo, und am 4. Febr. Lycopodium X oo. Das Endresultat war, daß die arthritische Entzündung des linken Auges völlig beseitigt und soweit mit seinem Sehvermögen erhalten war, daß Patient nun größere Schrift mit Hülfe einer Brille wieder lesen, und, von allen Schmerzen befreit, aus der ärztlichen Behandlung entlassen werden konnte.

13: Hermann, 1831, ANN 2.397. In einem Tertian·ieber mit scorbutischer Affection half mir St. sehr schnell.

14: Seidel, 1831, SAC 11.2.133. Zahnschmerz. Dem. D., 26 Jahre alt, konsultierte mich wegen einem heftigen Zahnschmerz, der sie schon mehrere Tage heimgesucht hatte. ... Nach einer Gabe St. X. entstand augenblickliche bedeutende Verschlimmerung, dann aber allmählige Abnahme und in einigen Stunden gänzliches Verschwinden der Schmerzen.

15: Neumann, 1832, PBG 1.186. Prosopalgie. Bei einem Herrn v. B. (im Anfange des 30sten Jahres seines Alters) hatten sich seit mehreren Jahren im Januar rheumatisch-gastrische Beschwerden eingefunden... Im Winter 1832 Prosopalgie: ... Diesem Krankheitsbilde entsprach die St. am besten, daher Pat. während eines heftigen Anfalles Xoo der Tinctur erhielt. Nach einer Viertelstunde ließ der Schmerz nach und verlor sich bald gänzlich. Nach 24 Stunden mußte das Mittel wiederholt werden und dann noch einmal nach 3 Tagen, worauf sich dann alle der Prosopalgie angehörenden Beschwerden verloren bis auf: Ein Gefühl, als wären die Zähne zu lang. Leer-heit im Unterleibe nach jeder Ausleerung. Leichte Verkältlichkeit und Neigung zur Diarrhoe. Besserung nach anderen Mitteln.

16: Haubold, 1832, AHZ 1.155. Mundgeschwüre. Dr. H. hatte mehrmals Gelegenheit, Mundgeschwüre zu behandeln. Merc. und Acid. sulph. leisteten nichts dagegen. Mehr nützte St.; auffallend schnell aber wurden sie beseitigt durch eine Gabe Borax.

17 Gueyrard, 1832, CH 9.380. Darmstörung. Ein Wechselmakler, 42 Jahre alt, braun, hager, groß, reizbar, hat nie Rheuma oder Syphilis gehabt, krank seit 15 oder 16 Jahren. ... Am 15. Febr. 1832 St. 1/10. Am 16. und 17. Exacerbation der gewohnten Symptome, gefolgt von allgemeiner Besserung. 12. März: vollkommen gesund.

18: Stapf, 1833, RE 4.214. Krätze. Fünf Subjecte, davon eines seit 2 J., ein anderes seit 1 J., ein 3. seit einem halben Jahr, 2 seit 4 Monat. in der Charite behardelt wurde, ... bekam St. 3. und waren nach 5 Tagen von Ausschlag und Jucken befreit, so daß sie Hufeland selbst für geheilt erklärte.

19: –, 1833, CH 4.175, aus JBH 1.189. Magenschmerzen. C. G. Foulwasser, 29 Jahre alt, hatte mit 10 Jahren die Krätze. ... Nach Nux vom. wenig Änderung. Drei Tage nach St. allgemeine Besserung, nach 20 Tagen Heilung.

20: Schubert, 1834, PBG 3.189. Handekzem. Frau v. W... in H..., sechs und dreißig Jahre alt, kräftiger, gesun-der Constitution, bekam nach ihrem letzten Wochenbette vor sieben Jahren, ... St. X ooo, welches Mittel vier Wochen lang alle sieben Tage repetiert wurde. Die Einwirkung der ersten Dosis war fast unmerklich; nach der zweiten aber trat eine so große Verschlimmerung des Übels ein, die mich bald in der Wahl und Wirkung des Mittels irre gemacht hätte. Nach der dritten Dosis besserten sich alle erwähnten Symptome. Gänzlich geheilt (4 Jahre danach).

21: Knorre, 1835, AHZ 6.19. Zahnschmerzen. In einem Falle, wo St. 30. sich sehr hülfreich zeigte...

22: Rau, 1835, CH 9.13, aus RÜ 262. (JSG 6.228). Geistesstörung. Die Frau des Hufschmiedes Wagner, aus Biber bei Gießen, 36 Jahre alt, schwacher Constitution, sensibel, sehr unruhig, hatte vor 9 Jahren schon einmal einen Anfall von demence und im vergangenen Jahr einen Rückfall gehabt. ... St. 30. Sie wurde so friedlich, daß sie in den nächsten 24 Stunden nicht einmal einen leichten Tobsuchtsanfall mehr bekam. Hyosc. und Puls. stellten sie in 8 Tagen wieder vollständig her.

23: Saint Firmin, 1836, CH 6.127, aus AMH 3.399. Lepra. Mademoiselle S. W., 18 Jahre alt. Ein Globulus St. 30 trocken auf die Zunge. Nach 3 Wochen war die Kraft wiederhergestellt und die Hände nicht mehr geschwollen. Die weißen Flecke im Gesicht und die Schmerzhaftigkeit der behaarten Stellen verschwanden erst nach Alum. 30.

24: Elwert, 1838, VEH 3.322. Scrophulose. Johannes Wehrs hierselbst, 2 Jahre alt. 8. März 1838. Jeden 4ten Abend von St. 3 mehrere Streukügelchen. Gute Wirkung. Wegen Diarrhoe Arsen 20, dann St., dann Calc. 8. Bis auf noch nicht völlig geheilten, aber jetzt trockenen Kopfausschlag Kind völlig wiederhergestellt.

25: Elwert, 1838, VEH 3.329. Kopfausschlag. Friederike Sander hierselbst. Schon längere Zeit. Spirit sulph 3 ohne Erfolg. Cicuta 4, Danach trocknete an meheren Stellen der Schorf, überhaupt minderte sich auch das Nässen danach. St. 3. Nachdem dieses Mittel, wovon jeden 3ten Abend gtt. 1 gereicht wurde, vom 27. Mai bis zum 20. Juni fortgesetzt war, hatte sich der Ausschlag verloren.

26: Ohlhaut, 1838, HYG 18.12. Thoraxprellung. 8. März 1838. Judenknabe von 13 Jahren, etwas schwächlich. Spig. 1 besserte. Nach St. 3, 3 mal tgl 5 Streukügelchen weitere Besserung. Nach und nach verschwanden alle Brustbeschwerden. Übrigens wuchs er stark und wurde ziemlich kräftig.

27: v. Boenninghausen, 1838, SAC 17.1.38. Nasenpolyp. H. E. in O., ein junger Mann von 27 Jahren, starken, gesunden Aussehens. 3. Jan. 1838, Sulf, Calc. carb, Phosph., Conium taten keine Wirkung. 26. März 1838 an St. 30 riechen lassen, nun veränderte sich die ganze Szene. Nach 24 Stunden waren die neuaufgetretenen Beschwerden von dem Ärger verschwunden, danach Kopfschmerzen. Bis zum 9. April war der Polyp um die Hälfte kleiner geworden und das Kopfweh verschwunden. Ich wiederholte nun dies Mittel in zwei Gaben zu Staph. 30/2 eine jede, worauf der Polyp nach einem paar Wochen ganz verschwunden war. Später noch Sulfur.

28: Rummel, 1839, AHZ 18.291. Feuchtwarzen. Robuster, zur Fettleibigkeit und herpetischen Ausschlägen sehr neigender Mann. 4. Dez. 1839. St. 6. früh und abends 2 Tropfen, der ich nach ein Paar Tagen die äußere Anwendung dieser Arznei folgen ließ. Im Februar geheilt entlassen.

29: Schindler, 1839, RE 4.447. Paedarthrocace. Mädchen, 3 Jahre, leidet seit längerer Zeit ... . Eine 6wöchentl. Behandl. mit St., jeden 5. Tag eine Gabe, reichte zur Heilung.

30: Tietze, 1840, SAC 19.3.170. Gerstenkörner. Jeremias, 44 Jahre alt. Seit 9 Wochen Gerstenkörner. 15. Jan. 1840 St. 15 gttj, welche Gabe ich den 16. wiederholte. Im Febr. vollkommen und dauerhaft geheilt.

31: Maly, 1841, HYG 16.332. Angina. Eine zartgebaute, übrigens immer gesunde Frau von 26 Jahren, von sanftem Temperamente. Febr. 1841. St., einen Tropfen der 15. Solution alle 12 Stunden. Innerh. 4 Tgn. Heilg.

32: Groß, 1843, SAC 20.1.80. Leistenschmerz. Eine Dame in der Mitte der vierziger Jahre, von guter, kräftiger Constitution, welche 5 Mal glücklich entbunden worden war. Seit mehreren Jahren. Sepia, von Hahnemann verordnet, wirkte palliativ. Ein Paar hochverdünnte Gaben Coloc. im Wechsel mit St., alle 5 bis 8 Tage einmal. Vollkommene Heilung. 3 Jahre Nachbeobachtung.

33: Groß, 1845, SAC 22.1.53. Blepharitis. Der Prediger K. in H., ein Dreißiger. Seit 14 Monaten. Nach Euphr. Besserung. St. 1/200 bewirkte, daß die Besserung langsam fortschritt. Nach Meph., Calc., Lycop. Heilung.

34: L. in Z., 1845, AHZ 28.101. Enuresis. =Fall 70. Chr. F. aus G., 23 Jahr alt, ziemlich kräftiger Körperconstitution. Seit ihrer Entbindung, welche sehr schwer und künstlich vor einem halben Jahr erfolgte. Nachdem in den ersten 14 Tagen eine Gabe St. 30. und 2 Gaben St. 18. gereicht worden waren, hatte sich der Zustand nicht wesentlich verändert; als hierauf aber die 3. Verdünnung desselben Mittels gegeben und damit von 4 zu 4 Tagen fortgefahren wurde, erfolgte Besserung und nach 9wcht. Behandlung völlige Beseitigung der Beschwerden.

35: Aegidi, 1846, AHZ 30.364. Kopfweh. Eine ältliche Dame. Seit langer Zeit. Nach der ersten Gabe des Mittels (St.) schon schwand der Schmerz und kam nicht wieder.

36: Ginestel, 1847, HYG 23.130, aus JMH Juli 1847. Herpes phlyctaenoides. Mann von 47 Jahren. Seit 6 Monaten. St. 12., glob. 4 in Wasser. Dauerhafte Heilung nach 4 Wochen.

37: Turrel, 1848, AHZ 57.142, aus Rev. hom. du Midi, Dez 1848. Hautausschlag. Mädchen, 10 Jahre. Seit 2

Monaten. St. 30 beseitigte alles innerhalb 10 Tagen.

38: Sharp, 1850, HTB 4.415, aus „The Small Dose of Homoeopathy". Ellbogenschmerz. Mr. R., Ladenbesitzer. August 1850. Seit 12 Monaten. Einzeldosis St. in Hochpot. Kurzzeitige Verschlechterung, völlige Heilung.

39: Hendrichs, 1852, AHZ 44.69. Hypertrophie der Tonsillen. Bei einem Knaben. St. Völlig befreit.

40: Gautier, 1853, RHB 10.310. Magenstörung. Ein Grobschmied, 24 Jahre alt. Seit einem Jahr. 1. Juni 1853. St. oo/x. Am 7. Juni: Das meiste wie durch Zauberei verschwunden, am 10. Juni Heilung.

41: Theuerkauf, 1855, AHZ 56.134. Magenkrampf. G.., ein 50jähriger, schwächlicher Mann. Seit Jahren. Nux vomica ohne Erfolg. St. 15. Schnelle, dauerhafte Heilung.

42: Haubold, 1855, HVJ 6.86. Blepharitis. Frau Dr. G., 38 Jahr, eine eben so reiche als schöne und gesunde Frau. 20. Juli a.c. Stann. ohne Erfolg. St. 15. täglich 2 Pulver. Im August vollst. Heilung.

43: Meyer, 1856, AHZ 56.149. Gichtischer Kopf- und Zahnschmerz. Der Fabrikant C... aus Eibenstock, 50 J. alt, kräftiger Constitution, sanguinischen Temperaments. 13. Oct. 1856. St. 30. 21. Oct. vollst. Heilung.

44: Jachimovicz, 1858, AHZ 57.124. Gesichtsneuralgie. In 6 Fällen.

45: Groß, 1859, AHZ 60.52. Zahnschmerzen. Gutsbesitzer Schwarz in Pehling, 28 Jahre alt. 20. März I.J. Seit einem halben Jahr. St. 6., tgl. 3 — 4 Körnchen. Nach der ersten Dosis Schmerz verschwunden. Nb. 5 Monate.

46: Bojanus, 1860, AHZ 68.126. Nasenpolypen. Alexander Iwanoff, 41 Jahre alt, Edelmann aus der Kreisstadt Knjaginine, skrophulöser Constitution, obgleich robust und wohlgenährt. Seit mehreren Jahren. 28.8.1860. St. 24. Am 20.2.61 Polyp fast ganz zusammengeschrumpft, Nasenatmung frei, Geruch noch nicht wiedergekehrt. St. 24. 6.6.61: Keine Spur eines Polypen, Allgemeinbefinden vollkommen gut, Geruch teilweise wiedergekehrt.

47: Lindner, 1861, PMH 9.110. Zahnschmerzen. 24 jähriger Gärtnerssohn. Abends 6 Uhr. St. 6. Der Schmerz ließ nachts zwischen 11 und 12 Uhr nach.

48: Morgan, 1862, HWO 3.137. Zahnschmerz. Mrs. B., 39 Jahre, Mutter von 4 Kindern. St. 3. Sofortige Bess.

49: Morgan, 1864, HWO 3.137. Zahnschmerz. Mrs. G., Chemikersgattin, St. 3. Verschwand in 24 Stunden.

50: Cigliano, 1865, JHC 4.131. Konvulsionen. Gonzetta M., jetzt 60 Jahre alt. St. 30. Heilung n. 15 Tgn. Nb. 5 Jahre.

51: Bruckner, 1867, AHZ 74.28. Wadenkrämpfe. Zwei Fälle, ein Fall bei einer Schwangeren, der andere bei einer alten Kaffeeschwester und Schnapstrinkerin. Es half nur 10—14 Tage, dann mußte es wiederholt werden.

52: Koch, 1868, JCS 1.221. Steatom. Mrs. B., 32 J., Vor 6 und vor 2 Jahren Steatome chirurg. entfernt. 19.9. 68. St. 1. 5.11.: Steatom vollkommen verschwunden.

53: Alter Arzt, 1868, AHZ 80.206. Augenlidgeschwulst. Ein Mädchen, Braut. 20.3.68. Sulf, Keine Änderung. St. 1. Geschwulst zuerst vergrößert, verlor sich dann gänzlich.

54: F. R. S., 1869, JCS 1.171. A gentleman, hotel keeper, 54 J., freundlich, blond, sanguinisch. St 200. Heilung nach wenigen Tagen dauerhaft.

55: Dunham, 1869, JCS 1.164. Zwerchfellschmerz. Das kurierte Symptom war... .

56: Neidhard, 1869, HG 10.6. Gedächtnisschwund.

57: Berridge, 1870, JHC 4.111. Zehenballen. St. 20.

58: Berridge, 1870, JHC 4.84. Lidrandjucken. St. 1500.

59: Berridge, 1870, JHC 4.84, aus NAJ 22.194. Scharfe Tränen. St. 1400.

60: Hubbard, 1870, AHZ 81.87, aus INV 7.526. Hodenneuralgie. Herr B., gegen 50 Jahre alt, robuster Constitution. 7.2.70. St. 3., später 1600. Alle Beschwerden hörten auf.

61: Payne, 1870, HG 10.19, aus HHM 6.354. Ischias.

62: Preston, 1871, IHP 3.58, aus TPA 1872.118. (HRC 20.321). Mrs. A., 30 Jahre, verheiratet, nie Kinder gehabt, Regeln oft jahrelang ausgeblieben. Seit mindestens 6 Jahren. St. Die Anfälle wurden allmählich milder und hörten nach 3 Monaten gänzlich auf. Die Menses wurden regelmäßig, die Schwäche des Gliedes dauernd beseitigt.

63: v. Villers, 1871, IHP 5.186. Läusebefall. Knabe im 9. Lebensjahre. St. 30. Vollkommen befreit.

64: Williamson, 1872, HG 10.15, aus TPA 1872.150. Samerergüsse. Mann, 25 J., sanguinisch. St. beseitigte die Emissionen, Selen kurierte.

65: ?, 1875, HWO 12.129. Stuhlverstopfung. Blondes, zartes Mädchen, 14 J., In 14 Tgn. mit St. 12. kuriert.

66: Hirsch, 1877, AHZ 95.132. Mammafibrom. Frau W. bei ihrer 15 j., bereits menstruierten, aber zart constituierten Tochter. Seit einigen Tagen. Graph. erfolglos. St. 12. Nach 14 Tagen auch das Neurom verschwunden.

67: Fauconnier, 1877, RHB 4.142. Zahnfleischgeschwulst. Marie Parmentier, 32 J., aus St. Josse ten Noode, 4. 1.77. 8 Monate vorher erfolglos operiert. St. 30., 200., letzte Verordnung am 19.2., vollständige Cur.

68: Clifton, 1877, BJH 35.326. (MHR 21.470, HRC 20.321). Herpes zoster. Dame, 46 J. St. 3. Besserung in 2 Tagen, Rezidiv nach einem Monat, St. heilte schnell und dauerhaft, Nb. 2 Jahre.

69: Clifton, 1877, MHR 21.470, (HRC 20.308). Kopfhautneuralgie. Ein Fall, a literary man. St. 30. heilte, 3. und 6. waren erfolglos.

70: =34.

71: Lorbacher, 1877, AHZ 94.100. Chalazion. 44 j. Frau. St 6., 2 Monate lang.

72: Lippe, 1878, ORG 1.269. Geistesstörung. Edward H., 32 J., irischer Abkunft. St. 1000. Ständige Besserg.

73: Allen, 1878, ORG 2.181. Lidtumoren. Ein Mann. St. 30 heilte.

74: Allen, 1878, ORG 2.181, aus AHP Aug. 1878.75. Steatom. Ein anderer. St. 200 heilte.

75: Nash, 1878, ORG 2.220, aus AHP 1878.79. Gerstenkörner. St. 200 heilte.

76: Mc. Neil, 1879, ORG 2.382, aus Cincinnati Medical Advance, April 1879. Kopfkrusten. Hlg. durch St. 1 X.

77: Faust, 1879, ORG 2.514, aus AHP Feb. - Apr. 1879. Eiweißunverträglichkeit. St. 3. heilte.

78: Adams, 1879, ORG 3.861, aus INV 1879 - 1880. Tinea capitis. St. 1 X heilte.

79: Preston, 1879, ORG 3.373, aus HHM Febr. 1880, (HRC 20.322). Tinea capitis. Kind, 10 J. Seit 8 Jahren. St. 30. Heilung in 2 Monaten.

80: Ostrom, 1880, ORG 3.204. Gerstenkörner. Junge Frau, groß und schlank, dunkler Teint, sanftmütig. Seit 8 Monaten. Puls., Graph. erfolglos. St. 1 M: teilweise Besserung, St. 30 heilte.

81: Tuckey, 1882, NAJ 31.578, aus Ann. of B. H. S. 1882. Hautschuppung.

82: Kunkel, 1884, AHZ 116.117. Dysmenorrhoe. Frau Kaufmann S., 26 J., hat 4 Kinder geboren. St. x., 3, 2. Schmerz und Empfindlichkeit verschwunden.

83: Gilchrist, 1884, HG 10.9, aus INV 2.659. Augenverletzung. Mann, 25 J. Aconit 30, dann St. 2c.

84: Nash, 1885, MAV 16.715. Dysurie. St. 200. Vollst. Heilung in 24 Stunden.

85: Gauthier, 1885, RHB 12.272. Brustbeklemmung. Der Landwirt X. in der Nähe von Fontaine l'Eveque. St. 30. Nach 1 Std. wesentliche Besserung, nach Schlaf Heilung.

86: Seutin, 1885, RHB 12.273. Kieferosteomyelitis. Ein gewisser Herr C. St. Nach 4 Monaten geheilt.

87: Lefferts, 1885, AHZ 113.111, aus HHM April 1886. Hüftleiden. C.M., 12 J., von schlankem Körperbau und zartem Aussehen. Im Alter von 5 Jahren bekam Patient an der hintern Fläche der rechten Hüfte eine scrophulöse Entzündung mit nachfolgender Eiterung. Der Abszeß brach dann auf und bestand ungefähr drei Jahre. Durch Silic. 30 geheilt. Im vergangenen Sommer wieder Abszeß. St. 3. Sofort begann die Besserung. Heilung.

88: Kunkel, 1885, AHZ 116.100. Fingerekzem. Frau St., Landwirtin, 30 J. Seit 10 Jahren. 23.8.84: nach Graphit Besserung. 27.12. Recidiv, nach Graphit Besserung, 12.10.85 mit Graphit kein Erfolg. St. x erfolgreich.

89: Kent, 1886, HG 10.6, aus HPH 6.317. Hirnermüdung.

90: Traeger, 1887, ZBV 6.119. Trigeminusneuralgie. Eine mir sehr nahestehende Dame. St. 3, Hlg. in 24 Std.

91: Amberg, 1887, AHZ 114.171. Magendruck. Dame, 52 J., klein, verwachsen, schwächlich, blond, geistig sehr geweckt. St. 6. Heilung.

92: Kunkel, 1887, AHZ 116.139. Gonorrhoe. G., Bäckergeselle, 22 J. 23.12.87. St. x. Rasch verschwunden.

93: Kunkel, 1887, AHZ 116.139. Kopfschmerzen. Frau E., 32 J. 4.3.87. Seit 6 Wochen. St. x. In 14 Tgn. Hlg.

94: St Clair Smith, 1888, NAJ 37.689. Husten. Dr. B., ein alter Herr. Seit 1 Wo. St. 200. Nach 1 Dosis Hlg.

95: Hesse, 1888, AHZ 122.116. Gallensteinkoliken. Frau Sch., 31 J., kräftig und gut genährt. Seit Jahren. St. zuerst 30 wöchtlich, später niedriger und täglich. Wesentliche Besserung. Linksseitiges Recidiv durch Lach. gehlt.

96: Clarke, 1889, HRC 20.316, aus HWO Jan. 1890. Halsschmerzen. Frank S., 23 J. 23.3.89. St. 30. Heilung.

97: Clarke, 1889, HG 10.12, aus HWO Okt. 1889. Zahnschmerz. Seit 3 Tagen.

98: Hesse, 1890, VAC 1.150. Kopf- und Gesichtsausschlag. Mann vom Lande, 64 J. Seit 3 Wochen. 12.10.90. St. abends ein Pulver. 16.10.: Der Ausschlag hat rapide abgenommen.

99: Kunkel, 1891, VAC 2.364. Masturbation. Kr., 30 J. 9.1.91. St. X. 25.4.: Fortschreitende Bess. in jeder Richtung.

100: Kunkel, 1891, AHZ 129.68. Gesichtsausschlag. M., Techniker, 36 J. Seit 16. Lebensjahr. 8.8.91. St. X.C., später St. 40. 15.1.92: Wesentliche Besserung.

101: Blake, 1891, HRC 20.321, aus MHR 35.370, (HRC 6.175). Myalgie des li Deltoid. Mrs. –, 50 J. Seit 6 Monaten. 24.3.91. St. 12. Verschwand in 7 Tagen.

102: Miller, 1891, MAV 20.33, aus TPA. Nieren-Leisten-Schmerz.

103: Bacon, Schott, 1891, HRC 11.492, aus Nortons Ophth. Ther. 172, (HRC 20.310, HG 10.9). Syphilitische Iritis. Ich habe deutliche Besserung gesehen.

104: Linnel, 1892, NAJ 41.609, Zahncaries. Edith A., 20 J. Seit 2 Jahren. St. 6x. Sofortige Bess. Nb. 5 Mo.

105: Hesse, 1892, AHZ 128.166. Unterleibsschmerzen. Frau B., 35 J., Wärterin. 27.2.92. St. 3. Anh. Besserg.

106: Hesse, 1892, AHZ 128.166. Schreibkrampf. Dame, Anfang Dreißiger. Seit länger als einem Jahrzehnt. St. 6. Bleibender Erfolg für Zahnfleisch und Hände. Mußte länger genommen werden, beim Aussetzen schlimmer.

107: Banerji, 1893, NAJ 42.391. Zahnfleischgeschwür. Herr, etwa 35 J. St. 3x. In wenigen Tagen Besserung.

108: Ussher, Wandsworth, 1893, NAJ 42.322, aus HWO Dez. 1893. Favus. Flachshaariger Junge. Besserung nach St. 12. Beim Aussetzen Verschlechterung. Nach Monaten Heilung.

109: Deschere, 1894, NAJ 43.576. Zahnschmerz. Mr. C. H., Medizinstudent. Riechen an St. 30. Sofort. Bess.

110: Kunkel, 1894, VAC 5.20. Blepharitis. Mädchen S., 3 J. 28.11.94. St. 200. Nach 5 Gaben Heilung.

111: Arschagouni, 1895, NAJ 44.312. Samenabgänge. Mr. F. G., 30 J. Seit 14 Jahren. St. 2x. Hlg. in 2 Mon.

112: Garrison, 1896, NAJ 45.124. Gerstenkorn. Miss S. J., 20 J., Nurse. St. 30. Hlg. in 1 Tag.

113: Mc. Laren, 1897, JHC 1.255. Ovarschmerzen. Junge Dame. Seit Monaten. Schnelle Heilung.

114: Nash, 1898, NL 297. Auswuchs am Damm. St. 200. Verschwand sehr schnell, nie wiedergekehrt.

115: Kent, 1898, JHC 2.27. Periodische Kopfschmerzen.

116: Paul Allen, 1899, TNY 1904.253. Chalazion. Miss L., 35 J. St 12 kurierte auch 2 Rezidive.

117: Paul Allen, 1900, TNY 1904.253. Oberlidknoten. Wm. A. St. dreimal täglich, Hlg. in 3 Monaten.

117a: Majumdar, ca. 1900, CD 1254, aus INR 5.134. Gedächtnisschwäche. Student, robust und intelligent. St. 30 morgens und abends. Besserung sofort, Hlg. nach 1 Monat.

117b: Majumdar, ca. 1900, CD 1254, aus INR 5.134. Samenabgänge. Student. St. 30, täglich, heilte.

118: Paul Allen, 1902, TNY 1904.253. Oberlidknoten. Miss D. St. 3 mal tgl. Hlg. in 9 Wochen.

119: Alliaume, 1902, TNY 1904.254. Chalazea. Dame, 48 J., sehr anaemisch. St. cm. Hlg. in 10 Wochen.

120: Paul Allen, 1904, TNY 1904.253. Oberlidknoten. Baby of 3. Heilung in 4 Monaten.

121: Moore, 1904, HRC 20.312. Zahnschmerzen. Mary T., 18 J., Tabakarbeiterin, Seit 1 Monat. St. 0 3 mal täglich, Heilung nach 7 Tagen.

122: Vilas, 1905, HRC 20.310. Gerstenkörner. Miss D., brünett. St. 3x. Hlg. in 3 Wochen.

123: Bayes, 1905, HRC 20.311. Gesichtsneuralgie. Alte Dame. Seit Jahren. St. 30 und 12. Bess. bemerkensw.

124: Carter, 1905, HRC 20.311. Zahnfleischneuralgie. St. 6. Hlg. in 2 Tagen.

125: Hughes, 1905, HRC 20.311. Gesichtsneuralgie. Mary M., 23 J. Seit 5 Wochen. St. 0. Hlg. in einem Tag.

126: Bayes, 1905, HRC 20.311. Tic douloureux. Verspürte selbst auffallende Besserung.

127: Moore, 1905, HRC 20.313. Zahnweh. Mr. J. S. Hurndall.

128: Preston, 1905, HRC 20.318, aus Hoynes Clinical Therapeutics 1.512. Haemorrhoiden. St. 200. Schmerz nach erster Dosis verschwunden, Hlg.

129: Moore, 1905, HRC 20.318. Pruritus ani. Ich kann persönlich bezeugen. St. 3x.

130: McFarlan, 1905, HRC 20.322. Lichen. Säugling, 3 Monate. St. 200. Heilung in 30 Tagen.

131: Clifton, ZBV 26.379, aus MHR Okt. 1905. Prostatavergrößerung. Herr, 79 J. Seit 2 Monaten. St. D 3. Nach 4 Tagen die Schmerzen milder, nach 10 Tagen verschwunden. 4 Mo Nb.

132: Strohmeyer, 1908, HRC 23.270, aus LPZ Apr. 1908. Gerstenkörner. Dame, 35 J. St. D 200. Hlg. ab 2. Tg.

133: Lutze, 1908, MAV 38.279. Reizbarkeit. Mrs. C. S., 25 J., Mutter zweier Mädchen, in der dritten Schwangerschaft. St. 30. Heilung.

134: Hoard, 1909, MAV 39.131. Hysterische Krämpfe. Mrs. D., hat 12 jhr. Kind, nervöses Temperament. Seit 5 Jahren. St. 30. So deutliche Besserung, daß die Operation aufgeschoben werden konnte, Heilung.

135: Woodbury, 1910, NAJ 59.652. Talgcyste am Unterlid. Seit vielen Jahren. St. 4. Verkleinert auf Hälfte.

136: Gladwin, 1910, HPC 2.185. Hüftschmerz. Mrs. R., 56 J. 8.6.10. St. 45m. April 1912 Heilungsmeldung. Rückgrat gerade.

137: Wassily, 1911, ZBV 30.397. Ischiasneuralgie re. Frau C. E. in N., 40 J. Vollblütig, temperamentvoll, dunkel, reizbar. 3.2.11. St. 30. 10.2.: wesentliche Besserung, Heilung.

138: Wassily, 1912, ZBV 34.177. Kniegelenksentzündung. Korv. Kapt. X., 39 J. 20.2.12 St. 30. Am 12.3. bedeutend besser. Nach Natr. mur. weitere Besserung.

139: Wassiliy, 1912, ZBV 34.171. Zahnschmerzen. Organist R. in P., 57 J. Seit mehreren Jahren. 27.10.12. St. 30. Heilung in 1 - 2 Monaten.

140: Guild-Legget, 1916, TIA 1916.139. Neuralgien. Mrs. J. B., 35 J., 5 Fuss 6 Inch., 154 Pfund, robust aussehend. 24.3.16. St. 200. Besserung.

141: Fahnestock, 1916, HRC 32.19. Urindrang. Junge Witwe. St. 30. Prompte Heilung.

142: Rorke, 1925, BHJ 14.66. Tabes. Mann, 56 J. St. cm. Heilung.

143: Schmidt, 1927, ACI 9.778. Lidknötchen. Mrs. S., 61 J. St. 10M. Heilung in 3 Wochen.

144: Ferreol, Schmidt, 1929, HRC 44.225. Satyriasis beim Bullen. Preisbulle, 2 J. St. 200. Heilung in 4 Tagen.

145: Pulford, 1930, HRC 45.212. Tonsillitis. Besserung in 15 Minuten.

146: Weir, 1931, BHJ 20.68. Blasensphincterdehnung. Schmerzen bald behoben.

147: Wassily, 1936, DZH 1938.84. Gerstenkörner. Frau v. R., 58 J., 25.7.36. St. 30. Ging schnell zurück.

148: Schwartz, 1940, HRC 55.1.35. Kopfschmerz. Junges Mädchen, ca. 17 J., reizbar. St. besserte die Kopfschmerzen und ihre Reizbarkeit.

149: Ortloff, 1940, DHM 6.40. Schwarzer Zahn. Bei mir selbst. Vor 15 Jahren. St. D 4. Nach 10 Tgn. verschw.

150: Schwarzhaupt, 1950, DHM 1.52. Gastritis. Jurastudent, 26 J. Seit 8 Wochen. St. D 6. Schnell restl. Bess.

151: Schwarzhaupt, 1951, ACI 15.230. Gastritis. Patientin, ca. 60 J. St. mit Erfolg.

152: Ortloff, 1951, DHM 6.40. Blähsucht. Bei mir selbst. St. D 6. Nebenwirkung Zahnschmerz.

. 153: Ortloff, 1955, DHM 6.41. Potenzstörung. Krankenpfleger, 35 J. Leptosom, dunkles Haar, aufgeschlossen, ansprechbar und anlehnungsbedürftig. St. D 8. Nebenwirkung Zahnschmerzen.

154: Foubister, 1957, BHJ 46.13. Herniotomienarbe. Junge, 8 J. St. 200. Geheilt am nächsten Tag.

155: Riechwien, 1958, ZKH 2.121. Gerstenkorn. Patientin. St. D 4. Verschwanden prompt.

156: Schwarzhaupt, 1959, DHM 10.209. Enuresis. Kind Hans Peter V., 12 J. St. D 3. Hat sich völlig verloren.

157: Dorcsi, 1961, ZKH 5.153. Hordeolum. Patientin. St. LM 6. Nach 18 Stunden völlig in Ordnung.

158: Eichelberger, 1966, ZKH 10.153. Cystopyelitis. Junger Mann, 19 J. St. 30. Sofortige Bess. und Heilung.

159: Gallavardin, 1966, ZKH 10.223. Mammaatrophie. Mme. X., 49 J. St. 200.

160: Stübler, 1966, AHZ 212.456. Gerstenkorn. Laborarbeiter, 27 J. 29.7.66. St. D 6. Nach 2 Tagen eingetrocknet. Nebenwirkung Impotenz.

161: Bauer, 1967, ZKH 11.257. Tobsuchtsanfälle. Betriebsing. 37 J. Blaß, hager. Seit 2 Jahren. St. XM. Wie verwandelt.

162: Körfgen, 1968, AHZ 213.348. Kopfekzem. Mädchen, 14 J. Seit 14 Tagen. St. C 6. Nach einigen Tagen Nässen nachgelassen, nach 14 Tgn. Ekzem bis auf geringe Schuppung verschwunden.

163: Körfgen, 1968, AHZ 213.349. Kopfekzem. Patientin, 26 J. Seit 5 Tagen. St. C 4. Nach 10 Tagen wesentlich besser. St. D 30. Nach 12 Tagen vollkommen verschwunden. Nebenwirkung Juckreiz.

164: Newport, 1971, FML 4.458. Enuresis. Mädchen, 6 J. St. 200. Vollständige Heilung.

165: Schmidt, 1972, AHZ 218.79. Zahnschmerzen. St. C 200. Ging rasch weg.

166: Bauer, 1974, ZKH 18.123. Ärgert sich. Ein Unternehmer. St. XM hilft augenblicklich und durchgreifend.

167: Eichelberger, 1976, EK 189. Magenbeschwerden. Mann, 59 J. St. LM 18. Nach 1 Tag wieder in Ordnung.

168: Eichelberger, 1976, EK 189. Gerstenkorn. Mann, 43 J. Puls. und St. LM 18. Nach einigen Tagen in Ordng.

169: Eichelberger, 1976, EK 398. Nervosität. Mann, 67 J. Seit einigen Wochen. LM 18. Beinahe schlagartig.

Auszüge aus Lehrbüchern

AA	Attomyr, Zeitschrift des Vereins der hom. Ärzte Österreichs 2.165, 1857.
AB	H. C. Allen, MAV 17.343, 1886.
AF	H. C. Allen, Therapeutics of Fevers, 1879.
AH	J. H. Allen, Diseases and Therapeutics of the Skin, 1902.
AK	H. C. Allen, Keynotes and Characteristics with Comparisons, 1898.
AO	T. F. Allen, Ophthalmic Therapeutics, 1876.
AP	T. F. Allen, A Primer of Materia Medica, 1891.
BA	Bayes, HRC 20.310, 1905.
BB	Boger, Boenninghausens Characteristics and Repertory, 1905.
BD	Bell, The Homoeopathic Therapeutics of Diarrhoea, 1869.
BE	Bidwell, MAV 39.146, 1911.
BF	Bowie, HRC 55.1.33, 1940.
BP	Boericke, Pocket Manual of Homoeopathic Materia Medica, 1901.
BS	Boger, A Synoptic Key of the Materia Medica, 1931.
CA	Clifton, MHR 21.469, 1877.
CD	Clarke, A Dictionary of Practical Materia Medica, 1900.
CP	Charette, Homöopathische Arzneimittellehre für die Praxis, 1928.
CT	Cowperthwaite, A Text-Book of Materia Medica and Therapeutics, 1879.
DA	Dahlke, Korrelative Symptome, ZBV 13.59, 1894.
DG	Dahlke, Gesichtete Arzneimittellehre, 1912.
DK	Dewey, Katechismus der reinen Arzneiwirkungslehre, 1895.
DS	Dorcsi, Skriptum, (1974).
DT	Dewey, Practical Homoeopathic Therapeutics, 1900.
EA	Eisenberg, AHZ 204.363, 1959.
EP	Eichsteller, der praktische Homöopath, 1957.
FA	Fahnestock, HRC 32.18, 1917.
FB	Foubister, AHZ 203.510, 1958.
FK	Farrington, Klinische Arzneimittellehre, 1887.
FZ	v. Fellenberg - Ziegler, Kleine homöopathische Arzneimittellehre, 1872.
GA	Gauwerky, AHZ 48.114, 1854.
GB	Gier, HRC 50.135, 1935.
GC	Groß, Comparative Materia Medica, 1897.
GG	Guernsey, Anwendung der Grundsätze und des Heilwesens der Homöopathie auf Geburtshilfe und auf Krankheiten der Weiber und Säuglinge, Auszug Herings in AHZ 82.195, 1871.
GH	v. Gerhardt, Handbuch der Homöopathie, 1921.
GK	Guernsey, Key Notes to the Materia Medica, 1874.
GO	Gollmann, Der homöopathische Ratgeber: Die Krankheiten der Geschlechts- und Harnwerkzeuge, 1854.
HA	Hauptmann, PMG 1827.68, 1827.
HB	Hartmann, SAC 8.3.67, 1829.
HC	Hering, Condensed Materia Medica, 1879.
HC	Hoard, MAV 39.128, 1911. (Wird die Sorgen nicht los... Kann nicht mehr sprechen...)

HG   Hering, The Guiding Symptoms of our Materia Medica, 1879 - 1891.
HH   Hering, Homöopathischer Hausarzt, 1835.
HK   Hartmann, Die Kinderkrankheiten, 1852.
HM   Hughes, A Manual of Pharmacodynamics, 1867.
HP   Hawkes, Characteristics for Prominent Remedies, 1898.
HPY   o. V., Zeitschrift "Homoeopathy", London, ca. 1970.
HRC   o.V., HRC 31.561, 1916.
HT   Hartmann, Spezielle Therapie akuter und chronischer Krankheiten, 3. Aufl. 1847.
HW   Heinigke, Handbuch der homöopathischen Arzneiwirkungslehre, 1880.
JC   Jahr, The Clinical Guide, 1872.
JCS   o.V., Aus JCS 1, 1869.
JH   Jahr, Handbuch der Hauptanzeigen, 1835.
JK   Johnson, Therapeutic Key, 1899.
JS   Jahr, Symptomen - Kodex, 1848.
KA   Kunkel, AHZ 113.36, 1886.
KB   Roberts, HRC 46.225, 1931. Kent gibt St. hohen Rang für ... „Sie bekommt keine nach St."
KC   Körfgen, AHZ 213.348, 1968.
KM   Kent, Materia Medica, 1911.
KN   Kent, New Remedies etc., (1926).
LA   v. d. Lühe, TNY 1904.254, 1904.
LM   Lippe, Text Book of Materia Medica, 1866.
LT   Lilienthal, Homoeopathic Therapeutics, 1890.
MA   Mitchell, JBS 4.229, 1896.
MC   Mc Fall, HRC 62.326, 1900.
MD   Moore, JBS 13.153, 1905.
MG   Mezger, Gesichtete homöopathische Arzneimittellehre, 1949.
NL   Nash, Leitsymptome in der homöopathischen Therapie, 1898.
NM   Neatby, Stonham, A Manual of Homoeo - Therapeutics, 1927.
NR   Nash, Regional Leaders, 1900.
PC   Possart, Charakteristik der homöopathischen Arzneien, 1851.
RA   Rückert, Hahnemann, AHZ 99.157, 1829.
RB   Rummel, AHZ 7.373, 1835.
RK   Rückert, Kurze Übersicht der Wirkungen homöopathischer Arzneien, 1835.
SA   Stapf, SAC 21.1.172, 1844.
SB   Smith, ZBV 5.246, aus HHM Aug. 1885.
SC   Stevens, HRC 51.413, 1936.
SK   Stauffer, Klinische homöopathische Arzneimittellehre, 1938.
TH   Trinks, Handbuch der homöopathischen Arzneimittellehre, 1847.
TM   Teste, The Homoeopathic Materia Medica, 1854.
UA   Ustianowski, BHJ 63.276, 1947.
VK   Voegeli, Homöopathische Therapie der Kinderkrankheiten, 1964.
VM   Voegeli, Magen-, Leber- und Galleerkrankungen, 1963.
VR   Voegeli, Die rheumatischen Erkrankungen, 1961.
WA   Wahle, AHZ 15.183, 1839.
XA   o. V., HRC 20.323, aus Journal of Practical Medicine, Nr. 9, 1897.

Eigene Fälle

a   Herr B. W., 51 J., Versicherungskaufmann, früher verschiedentlich Ischiasneuralgien, häufig Laryngitis und Bronchitis. ... Erhielt am 20.2.63 wegen dieser Beschwerden St. LM VI. Am 27.2. war er „wie umgewandelt". Die Besserung hielt an.

b   Frau B. E., 51 J., Universitätsangestellte, siehe ZKH 8.204.

c   Fräulein E. L., 37 J., Lehrerin, erhielt früher wegen anderer Beschwerden Acid. nitr., Hydrastis und Bryonia mit gutem Erfolg. Am 15.7.68 erstmals Staphisagria, von LM VI an aufwärts, wegen der angeführten Beschwerden mit schnell einsetzendem und anhaltendem Erfolg. Wiederauftreten ähnlicher Beschwerden am 29.11. 75, Staphisagria wie vorher bis 22.4.76.

d   Frau K. R., 47 J., Hausfrau. Erhielt Staphisagria wegen dieser Beschwerden erstmalig vom 27.1. bis 25.2. 69, dann nochmals vom 7.8. bis 19. 8. 70., jedesmal mit gutem Erfolg.

e   Frau N. L., 43 J., Fabrikarbeiterin, Staphisagria wegen der im Text erscheinenden Beschwerden erstmalig am 27.3.63. Am 10.4. berichtete sie, daß sie sich in jeder Hinsicht besser fühle. Ähnliche Beschwerden wieder am 2.9.68, Staphisagria wieder erfolgreich.

f   Frau S. E., 41 J., Hausfrau. Berichtete am 11.6.65 die erwähnten Beschwerden. Erhielt St. LM VI, dann IX und XII, am 21.9. erfuhr ich, daß sich Nase und Kopf gleich gebessert hatten.

g   Fräulein S. I., 37 J., Diplom-Landwirtin im Regierungspräsidium, klagte am 1.8.67 über ... . Nach St. in den üblichen ansteigenden LM-Potenzen schnelle und anhaltende Besserung.

h   Herr L. H., 25 J., Student, erhielt am 15.10.74 wegen ... St. Bericht am 17.12.: Alle Beschwerden sind damals schnell verschwunden.

i   Herr P. E., 50 J., Universitätsangestellter, erhielt wegen der schon jahrelang bestehenden Beschwerden am 27.2.75 St., LM VI. Am 13.3. äußerte er sein Erstaunen über die gute Wirkung. Allerdings treten die Beschwerden seitdem im Abstand von Monaten immer wieder einmal auf.

j   Herr S. H., 53 J., Finanzbeamter, erhielt am 17.12.75 St. LM VI, später LM IX. Das Gefühl über der Nasenwurzel verschwand innerhalb von Tagen und trat später nicht mehr auf.

k   Herr K. G. 73 J., Handwerker. Wirbelmetastasen eines Prostata-Ca im Endstadium. Die Schmerzen waren nach St. LM VI am 8.12.75 schon am 11.12. wesentlich gebessert, die Besserung hielt mehrere Monate an, der Patient starb am 9.12.76.

l   Herr B. W., 48 J., Industriekaufmann, erhielt wegen dieser Beschwerden am 16.2.77 St. LM VI, am 24.3. berichtete er, daß die Beschwerden nach kurzer Zeit nachließen und nicht wieder auftraten. Erst im August wurde wegen anderer Beschwerden ein neues Mittel verordnet.

Staphisagria

PSYCHE   Entrüstung, Frustration, Zorn, Ärger

1   **Wird von einem gesellschaftlich unter ihm Stehenden beleidigt, statt zu streiten, geht er nach Hause und leidet. Folgen von unterdrücktem Zorn. Rebelliert innerlich gegen die Ungerechtigkeit, muß das aber in sich verbergen und wird dadurch krank:** Beschwerden infolge eines großen Ärgers. Der Hufschmied schlug ihm, gegen alles Erwarten, eine Bitte ab. X. kehrte nach Hause zurück und verschloß seinen Ärger darüber in sich. Es dauerte indeß keine Stunde, als er am ganzen Körper zu zittern anfing, und eine arge Brustbeklemmung mit Atemnot stellte sich ein *85.   Wurde beleidigt, war zu vornehm, einen Streit anzufangen, verschluckte seinen Zorn und kam nach Hause mit Übelkeit, Zittern und Erschöpfung *89.

Ohne ihre Schuld mußte sie ihr Haus aufgeben und in einem unbequemen Hause leben. Von ihr wurde mehr erwartet, als sie leisten konnte und sie litt sehr unter der Ungerechtigkeit. Sie rebellierte innerlich gegen diese Umstände, verbarg das aber vor allen anderen. Nach Zorn und Entrüstung, die sie unterdrücken und in sich verbergen mußte, bekam sie heftige Verdauungsstörungen mit Schmerzen. Behält Ärger und Entrüstung für sich und brütet darüber. Glaubt, daß all ihre Beschwerden auf die Unterdrückung zurückzuführen sind, unter der sie leben muß *136.

Tobsuchtsanfälle. In einem Prozeß wurde er durch die Anwälte des Gegners beschimpft. Er blieb ruhig, verteidigte seine Sache allein und gewann den Prozeß. Seither fühlt er sich verändert *161.

Die zurückgehaltene Entrüstung, der Zorn, der nicht herausgelassen wird, die geistige Anstrengung, die notwendig wird, sich so zu beherrschen, verstärkt oder verursacht die für das Mittel so charakteristische Reizbarkeit, Apathie, Indifferenz und Hypochondrie *AB.   Kann nicht mehr sprechen, wenn er seinen Zorn herunterschlucken mußte *HC.   Ein Herr trifft sich mit einem gesellschaftlich unter ihm Stehenden, die Unterhaltung wird zum Streit, der Streit endet in Beleidigung und der Herr dreht dem anderen den Rücken zu, geht nach Hause und leidet. Patienten mit blauen Lippen, Zittern der Hände, Schmerzen am Herz und überall erzählen von einem Streit, den sie gehabt haben und von unterdrückter Wut *KM.   Hauterkrankungen, die infolge von unterdrücktem Ärger oder nach Beleidigungen aufgetreten sind *KC.

2   **Folgen von unverdienter ungerechter Behandlung, Verdächtigung oder Kränkung, gegen die man nichts unternehmen kann:** Als Folge eines heftigen Verdrusses, der ausgehalten werden mußte: Bauchschmerzen, Stuhldrang *17.   Geistesstörung. Sie hat reichlich häuslichen Ärger und hatte vor allem in letzter Zeit viel unverdiente schlechte Behandlung zu erleiden *22.   Erlitt einen schweren, ihn tief kränkenden Ärger, danach Beschwerden *27.   Konvulsionen. Die Ursache der Anfälle war, daß sie grundlos der ehelichen Untreue angeklagt wurde *50.   Hysterische Krämpfe. Als ihre Mutter gestorben war und noch im Hause lag, kam ihr Bruder und beschuldigte sie, die Mutter gegen ihn eingenommen zu haben wegen des Erbes. Er drohte damals, sie zu schlagen, die Trauer um die Mutter und die Frustration durch den Bruder löste die Anfälle aus *134.   Ohne ihre Schuld mußte sie ihr Haus aufgeben und in einem unbequemen Hause leben. Von ihr wurde mehr erwartet, als sie leisten konnte und sie litt sehr unter der Ungerechtigkeit. Glaubt, daß all ihre Beschwerden auf die Unterdrückung zurückzuführen sind, unter der sie leben muß *136.   Kopfschmerz nach Zornanfällen, gewöhnlich weil sie ihren Willen nicht bekam *148.   Enuresis. In letzter Zeit war sie das Opfer eines „bully" in der Schule *164.   Magenbeschwerden. Er nehme an, daß Ärger mit hineinspiele. Er habe seinen Söhnen das Geschäft übergeben und diese machten nur das, was sie wollten. Seine Erfahrung, sein Rat, würden in den Wind geschlagen; er werde nur angeschrien und das lege sich bei ihm wohl auf den Magen. Er müsse das alles runter-

schlucken *167.   Febris gastrica, durch Ärgernis entstanden. Ist mit der Ärgernis Indignation verbunden: Staphisagria *HB.   Hypochondrie und Hysterie nach unverdienten Kränkungen *LM.   Amenorrhoe als Folge von Ärger durch schwere Kränkung *LT.   Ihrer Ansicht nach sind die Depressionen, die sie hat, Folge der schlechten Behandlung durch den
Ehemann *b.

3   **Entrüstung über Unrecht, das andere begehen, das anderen oder Tieren zustößt.
Ärgert sich über Dinge, die ihn nichts angehen:**
Er ärgert sich über alles, auch was ihn nicht betrifft *8-711.   Durch eignes und fremdes Un-
glück wird ihr Gemüt sehr angegriffen *36.   Große Entrüstung, kann deshalb nicht schlafen
*102.   Auf dem Weg trieben Fleischerjungen arme müde Kühe in die Stadt und waren
unnötig grausam zu den Tieren, darüber hat sie sich so aufgeregt, daß sie innerlich kochte *113.
Wird wild bei Ungerechtigkeit *136.   Viele Träume, häufig von verletzten Tieren, wobei sie
Schuld hat, weil sie sie vernachlässigt hat *140.

Große Entrüstung über Dinge, die man selbst oder die andere getan haben *JCS.   Husten nach Ärger oder Entrüstung *AF.   Macht aus jeder Mücke einen Elefanten und grübelt
tagelang über Kleinigkeiten nach, die er als großes Unrecht empfindet *VM.

4   **Wirft im Zorn Sachen von sich oder schiebt sie von sich weg. Wird im Zorn ge-
walttätig:**
Sehr ärgerlich (früh); alle Dinge, die er in die Hand nahm, wollte er von sich werfen *1AA-275.
Wenn er am Kamin sitzt, beschäftigt er sich damit, alles ins Feuer zu werfen, was er erreichen
kann; einmal waren es 500 Dollar, einmal eine junge Katze, die ihn ärgerte. Manchmal ist er gewalttätiger, schlägt jeden, der ihm nahekommt, ist sich aber dabei bewußt, daß er nicht ganz in
Ordnung ist, denn er sagt seiner Frau, daß er sich Mühe geben will, niemanden zu töten *72.
Ihr Gesicht wurde dann rot vor Wut und sie warf jeden Gegenstand, den sie zufällig in der Hand
hatte, zu Boden, manchmal sogar auf die Kinder oder den Ehemann *133.   Scheint sich
nicht mehr in der Gewalt zu haben *136.   Wenn sie geärgert wird, könnte sie um sich schlagen, mit Dingen werfen *140.   Tobsuchtsanfälle. Er könnte in solchen Augenblicken seine
Familie töten. Kleinigkeiten bringen ihn in maßlose Wut, und dies nur zu Hause *161.

Kinder sind schlecht gelaunt, sie heulen und verlangen alle möglichen Sachen, und wenn sie sie bekommen haben, werfen sie sie zornig wieder weg, besonders am frühen Morgen *JCS.   Sie
wirft alles, was sie in die Hände bekommt, mit Unwillen von sich, sie schiebt die Dinge fort und
weg von sich *GG.   Das Kind schiebt beim Erwachen alles von sich weg, alle anderen sollen
weggehen *LT.   Heftige Zornanfälle, versucht, Dinge zu zerstören *AP.   Wirft vor
Wut Dinge weg *a.

5   **Gleich beleidigt, gekränkt und verletzt. Sehr empfindlich gegen jedes unrechte
Wort, gegen Kritik, was andere von ihm sagen. Nimmt alles übel:**
Große Empfindlichkeit gegen Gemütsbewegungen, besonders Ärger *93.   Dame von großer
Empfindlichkeit *147.   Gibt auf Befragen an, leicht gereizt und in ihrem Wesen sehr emp-
findlich zu sein *163.

Große Empfindlichkeit *JS.   Äußerst empfindlich gegen geistige und leibliche Eindrücke.
Sie fühlt jeden, auch den geringsten Umstand in ihrem Gemüte besonders lebhaft und scharf, das
geringste unrechte Wort beleidigt sie sehr, tut ihr weh *GG.   Empfindlich gegen leichteste
Eindrücke, nimmt jede kleine absichtliche oder unabsichtliche Kränkung übel *FK.   Kind
sehr empfindlich, es wimmert, macht ängstliche, abwehrende Gesten bei jedem scharfen Wort oder
Blick. Es weint gleich bei geringstem Schmerz *LT.   Empfindlich gegen Kritik *CD.   Sehr
empfindlich gegenüber dem, was andere von ihr sagen *BP.   Kann keine Kritik vertragen,

fühlt sich ständig beleidigt auch durch völlig harmlose Worte, wird zornig, wenn man anderer Meinung ist *NM.   Macht aus jeder Mücke einen Elefanten und grübelt tagelang über Kleinigkeiten nach, die er als großes Unrecht empfindet *VM.   Kann Widerspruch nicht vertragen, wird wütend, wenn er unterbrochen wird *a.

6   Sieht ein, daß sie ein Ekel ist. Ärgert sich über sich selbst. Selbstvorwürfe:

Die früher immer fröhliche Patientin war zu einer kleinen Xanthippe geworden, sie war ungeduldig und verbittert, beschuldigte sich selbst, widerwärtig und eigensinnig geworden zu sein *132. Ihr Gesicht wurde dann rot vor Wut und sie warf jeden Gegenstand, den sie zufällig in der Hand hatte, zu Boden, manchmal sogar auf die Kinder oder den Ehemann. Dabei war sie sich bewußt, unvernünftig zornig zu sein, konnte aber nicht anders *133.

Viele Träume, häufig von verletzten Tieren, wobei sie Schuld hat, weil sie sie vernächlässigt hat *140.   Gibt auf Befragen an, leicht gereizt und in ihrem Wesen sehr empfindlich zu sein *163.   Er ärgert sich über seine eigenen Fehler *166.   Im übrigen ärgere er sich selber am meisten über sein ,,Getue'', aber was nütze das schon *169.

Große Entrüstung über Dinge, die man selbst oder die andere getan haben *JCS.   Zotenreisser, macht sich aber dann Selbstvorwürfe. Er fühlt sich schuldig nach galanten Abenteuern *VR.

7   Ärgert sich über alles, über Kleinigkeiten. Wird leicht zornig. Reizbar:

Sehr ärgerlich (früh), alle Dinge, die er in die Hand nahm, wollte er von sich werfen *1AA-275. Jedes Wort ärgert sie; sie weint schon, wenn man mit ihr reden will *1-277.

Das Gemüt sehr reizbar *26.   Er wird leichter zornig als früher *40.   Stimmung ärgerlich, reizbar, fährt auf über Kleinigkeiten *82.   Reizbarkeit *89,92,147,a.   Stimmung sehr gereizt, große Empfindlichkeit gegen Gemütsbewegungen, besonders Ärger *93.   Stimmung oft ärgerlich *100.   Außerordentlich reizbare Stimmung. Reizbare, verdrießliche Stimmung *110.   Reizbarkeit, jedesmal schlimmer am Vormittag *133.   Sie ärgert sich über jeden Quark, kann sich vor Ärgerlichkeit garnicht halten *137.   Er ist ärgerlich und unzufrieden *138.   Er ist so verstimmt, daß ihn die Fliege an der Wand ärgert *139. Ein zorniger Mensch, der nicht weiß, was er will, einmal dies und einmal das *DS.

8   Folgen von Zorn, Ärger, Aufregung, Unglück:

Durch eigenes und fremdes Unglück wird ihr Gemüt sehr angegriffen *36.   Neuralgischer Kopfschmerz schlechter durch Erregung, Sorgen *69.   Heftige Kopfschmerzen, die in derselben Weise auftreten wie vor Jahren, als sie in Folge des Todes ihres Mannes heftiger Gemütsbewegung ausgesetzt war. Große Empfindlichkeit gegen Gemütsbewegungen, besonders Ärger *93. Gemütsbewegungen, besonders Ärger, wirken nachteilig auf sein Gesamtbefinden *100.

Schreibkrampf. Gemütsbewegungen wirken ungünstig ein *106.   Jede Erregung oder Anstrengung löst wiederholte Anfälle hysterischer Krämpfe aus *134.   Neuralgien, schlechter durch Ärger *140.   Gastrische Krisen. Er ärgerte sich über die Krankenschwester, dadurch wurde der Anfall ausgelöst *142.   Blähsucht. Die Beschwerden verschlimmerten sich auffallend unter beruflichem Alltagsärger *152.

Durchfall durch Ärger *161.   Ärgert sich andauernd heftig und fühlt sich nachher sehr mitgenommen *166.   Sehr nervös und sehr gereizt. Der Grund könne bestenfalls die Aufregung mit seiner Frau sein, sie sei damals wegen einer Herzerkrankung in die Klinik eingewiesen worden. Neben der Aufregung sei es auch die Sorge und der Kummer, wie sich bei seiner Frau alles entwickeln würde *169.

Drücken und Zusammenziehen im Halsgrübchen, nach Ärger. Krampf im Zwerchfelle, nach Ärger. Halbseitige Lähmung, nach Ärger *JS.   Braune und blaue Gesichtsfarbe bei Zorn *LM.

3

Husten nach Ärger oder Entrüstung *AF.   Bei Kindern, wenn Kolik auf Ärger folgt *FK. Bauchweh der Kinder nach einem Zornanfall oder schlechter Laune der Amme. Einseitige Lähmung durch Gemütserregung *LT.   Ekzeme. Verschlimmerung durch Ärger. Jucken an den kranken Stellen durch sexuellen Verkehr mit bewußt oder unterbewußt widerwärtigen Partnern *EA.

Aufregung verursacht: Bitteren Mundgeschmack, Schmerzen im re Oberbauch, Übelkeit und Ekel, rauhes Ekzem in den Ellbeugen und am Hals. Reichlich Schweiß im Bett, wenn ich über alles nachdenke *b.   Aufregung verursacht Magenschmerz oder Verstopfung *c.   Aufregung verursacht Magenschmerzen *e.   Aufregung macht Magendrücken und -stechen und saures Aufstoßen *g.

9   **Unzufrieden, ungeduldig:**
Unzufrieden, niedergeschlagen *64.   Sie war ungeduldig und verbittert *132.   Den ganzen Vormittag hörte sie nicht auf zu streiten, war mit nichts und niemandem zufrieden, bestrafte die Kinder oft ohne jeden Grund, wenn sie nur etwas laut oder lebhaft waren *133.   Möchte aktiv werden bei Dingen, die sie nicht kann *136.   Er ist ärgerlich und unzufrieden *138.

Kinder sind schlecht gelaunt, sie heulen und verlangen alle möglichen Sachen, und wenn sie sie bekommen haben, werfen sie sie zornig wieder weg, besonders am frühen Morgen *JCS.   Man kann ihm nichts recht tun, findet keine Ruhe, geht im Zimmer auf und ab und belästigt alles, was zu belästigen ist *DS.

10   **Widerwärtig, streitsüchtig, übelgelaunt:**
Gemüt zänkisch und doch dabei lustig *13-718.   Die früher immer fröhliche Patientin war zu einer kleinen Xanthippe geworden, sie war ungeduldig und verbittert, beschuldigte sich selbst, widerwärtig und eigensinnig geworden zu sein *132.   Reizbarkeit, jedesmal schlimmer am Vormittag. Den ganzen Vormittag hörte sie nicht auf zu streiten, war mit nichts und niemandem zufrieden, bestrafte die Kinder oft ohne jeden Grund, wenn sie nur etwas laut oder lebhaft waren *133.   Gibt nicht nach, wenn sie glaubt im Recht zu sein *136.   Ist jetzt zum ersten Mal im Leben übelgelaunt *140.   Onanie, der Patient ist schlechter Laune *AB.   Reizbar, ungerecht *a.

PSYCHE   Sexualität

1   **Denkt dauernd an sexuelle Dinge und neigt zu Onanie:**
Wenn der Bulle zum Trinken aus dem Stall gelassen wrude, rannte er sofort zum anderen Eingang, aus dem sonst die Kühe kamen. Wenn er merkte, daß keine Kühe kamen, lief er zurück und masturbierte regelrecht bis zur Ejaculation durch Reibung mit seinen Hinterbeinen. Er tat dies zwei bis drei Mal täglich *144.

Geschlechtlich war er immer leicht erregt, Er hat stets onaniert *150.   Eierstocksentzündung, sehr oft, besonders wenn vieles Denken geschlechtlicher Gegenstände Veranlassung war *GG. Onanie, der Patient schwelgt dauernd in sexuellen Phantasien *AB.   Neigung, ständig von sexuellen Dingen zu sprechen. Zotenreißer, macht sich aber dann Selbstvorwürfe *VR.   Der Coitus ist für einen Patienten, der sich dauernd geistig und in seiner Phantasie mit sexuellen Gedanken beschäftigt und im Samenerguß und in der Onanie seine Befriedigung findet, uninteressant

*DS.   Sie erzählte mir, daß sie seit sieben Jahren keinen ehelichen Verkehr mehr gehabt habe *b.

2   Geistige Folgen von Onanie: Gedächtnisschwäche, Apathie, Verdrießlichkeit:

Verlor sein Gedächtnis, als er zu masturbieren anfing. Kann nicht und will nicht geistig arbeiten. Verzweifelt an der Zukunft *117a.   Dauernd unwillkürliche Samenabgänge, seitdem schwaches Gedächtnis *117b.   Die Erregung wurde immer größer und entleerte sich nachts in Pollutionen. Seitdem ist er unfähig, konzentriert zu arbeiten *150.

In hohen Graden der Hypochondrie, namentlich in denjenigen, die dem Laster der Onanie ihr Entstehen verdanken *RK.   Hypochondrie und Hysterie nach sexuellen Exzessen *LM.   Für die geistigen Folgen von Onanie und sexuellen Exzessen. Apathisch, indifferent, niedergeschlagen, schwaches Gedächtnis durch sexuellen Mißbrauch *AF.   Bei den üblen Folgen von Masturbation mit sehr ausgesprochenem mürrischen und scheuen Wesen. Hypochondrische Gemütsstimmungen nach Selbstbefleckung, auch, wenn diese Stimmung eintritt, bei jungen Männern und Frauen als Folge zu häufig geübten Geschlechtsverkehrs. Wegen seiner schlechten Gewohnheit wird der Jüngling apathisch und verdüstert und hat eingefallene Gesichtszüge. Er liebt mehr die Einsamkeit und hat Scheu vor dem anderen Geschlecht *FK.

3   Körperliche Folgen von Onanie oder sexuellen Exzessen:

Hypochondrie und Hysterie nach unverdienten Kränkungen oder nach sexuellen Exzessen, mit Beschwerden durch Flatulenz *LM.   Eierstocksentzündung, sehr oft, besonders wenn vieles Denken geschlechtlicher Gegenstände Veranlassung war *GG.   Wegen seiner schlechten Gewohnheit hat der Jüngling eingefallene Gesichtszüge *FK.   Einseitige Lähmung durch Gemütserregung oder Onanie. Asthmaanfall nach Coitus *LT.   Ekzeme. Jucken an den kranken Stellen durch sexuellen Verkehr mit bewußt oder unterbewußt widerwärtigen Partnern *EA.

4   Folgen der ersten Erregung des Sexualtriebes bei Frauen:

Eine frisch verheiratete junge Witwe beklagte sich bitter über einen dauernden Urindrang *141. Nervöse Schwäche durch Liebesenttäuschung und Erregung des Sexualtriebes bei Frauen *LT. Frauen leiden nicht nur körperlich, sondern auch geistig nach dem ersten Coitus *FA.

5   Übertrieben lebhafter Sexualtrieb. Fühlt sich wohler, wenn der Trieb befriedigt wird:

Erregt in der Erstwirkung lebhaften Geschlechtstrieb, in der Nach- oder Gegenwirkung des Organismus aber (nach 5, 6 Tagen) erfolgt Gleichgültigkeit dagegen und beharrlicher Mangel des Geschlechtstriebes, sowohl in den Zeugungsorganen, als auch in der Phantasie *1-153.

Hodenneuralgie. Der geschlechtliche Umgang erleichtert ihm seine Beschwerden *60.   Herzklopfen, wenn er einer Frau nahe kommt *111.   Geschlechtlich war er immer leicht erregt. Er hat stets onaniert. Der Drang hat sich aber enorm vermehrt, deshalb legte er sich eine Freundin zu, die er reichlich beanspruchte. Die Erregung wurde aber immer größer und entleerte sich nachts in Pollutionen *150.

6   Schuldgefühle:

Konvulsionen. Die Ursache der Anfälle war, daß sie grundlos der ehelichen Untreue angeklagt wurde *50.   Verminderte Potenz mit daraus sich ergebenden Minderwertigkeitsgefühlen *153. Zotenreißer, macht sich aber dann Selbstvorwürfe. Er fühlt sich schuldig nach galanten Abenteuern *VR.

7   Sehnt sich nach Kontakten, ist aber gehemmt:

Geistesstörung. Auch glaubte er, daß seine Frau ihn verlassen werde *72.   Onanierender

Jüngling. Er liebt mehr die Einsamkeit und hat Scheu vor dem anderen Geschlecht *FK.   Psychisch zärtlichkeitsbedürftig bei stacheliger Außenseite *EA.   Ein Mensch, dessen Enttäuschung vor allem auf sexuellem Gebiet liegt, sehnt sich, wenigstens einmal geborgen und verstanden zu sein *DS.

PSYCHE   Gedächtnisschwäche, Antriebslosigkeit, Teilnahmslosigkeit,
                                          Verdrießlichkeit

1   **Vergißt, wovon er sprechen wollte, wenn er nur im geringsten abgelenkt wird, wegen eines verworrenen Gedankenzudranges:**
Wenn er eine Idee fassen will, so entwischt sie ihm *1-11.   Schwinden der Gedanken; wenn er über einen Gegenstand spricht oder nachdenkt, und es unterbricht ihn jemand, oder man bringt ihn auf einen anderen Gedanken, so hat er den ersten gleich vergessen und kann sich durchaus nicht wieder drauf besinnen *4-291.   Schwinden der Gedanken (durch Phantasie gestörtes Gedächtnis); wenn er über etwas nachdenkt, so kommen ihm so viele und so verworrene Dinge unter einander vor, daß er sich nicht herausfinden kann und ganz vergißt, worauf er sich besinnen wollte *4-292.   Gedächtnisschwäche: wenn er etwas gelesen hat, so erinnert er sich desselben nach einigen Minuten nur noch dunkel und wenn er selbst an etwas dachte, so entfiel es ihm bald nachher, und kaum nach langem Besinnen erinnert er sich desselben wieder *8HA-293.

Die Vormitternacht war er sehr mit mancherlei Gedanken angefüllt *13-679.   Konnte das richtige Wort nicht finden, um einen Gedanken auszudrücken *69.   Geistesstörung, danach kam eine exzessive Geschwätzigkeit. Er legt sich ins Bett, springt nach kurzer Zeit auf und läuft zur Mitte des Zimmers, steht dort eine Minute, kratzt sich am Kopf und blickt um sich, als hätte er eine neue Idee gehabt *72.   Wirr im Kopf, ist ganz durcheinander, kann sich nicht konzentrieren, kann sich nichts merken *b.

2   **Vergißt, was er gelesen hat, wenn er nur kurz unterbrochen wird. Gedächtnisschwäche:**
Gedächtnisschwäche: wenn er etwas gelesen hat, so erinnert er sich desselben nach einigen Minuten nur noch dunkel und wenn er selbst an etwas dachte, so entfiel es ihm bald nachher, und kaum nach langem Besinnen erinnert er sich desselben wieder *8HA-293.   Sie klagte über Gedächtnisverlust *50.   Gedächtnisschwäche: Einige Minuten, nachdem er irgend etwas gelesen hat, verlassen ihn die Sinne und er kann sich kaum nach langer Überlegung erinnern, was er gelesen hat. Dabei Gefühl wie ein schweres Gewicht zwischen den Augen *56.   Zuweilen ist er vergeßlich, z.B. wenn er liest und jemand lenkt plötzlich seine Aufmerksamkeit auf einen anderen Gegenstand, so vergißt er, wo und was er gelesen hat. Der geschlechtliche Umgang erleichtert ihm seine Beschwerden *60.

Verlor sein Gedächtnis, als er zu masturbieren anfing *117a.   Dauernd unwillkürliche Samenabgänge, seitdem schwaches Gedächtnis *117b.   Schwaches Gedächtnis durch sexuellen Mißbrauch *AF.   Vergißt, was sie gelesen hat *b.

3   **Unteilnehmend, unbeeindruckt, gleichgültig, apathisch:**
Erregt in der Erstwirkung lebhaften Geschlechtstrieb, in der Nach- oder Gegenwirkung des Organismus aber erfolgt Gleichgültigkeit dagegen *1-153.   Hypochondrische Stimmung; es ist ihm alles gleichgültig; er will lieber sterben *1-273.

Auch das Anziehendste machte keinen Eindruck auf ihn *1-274.   Nichts in der Welt war ihr lieb *1-280.   Wie abgestorben im Geiste und traurig, doch nicht zum Weinen *1-281. Phlegmatisch, abgespannten Geistes und traurigen Gemüts, unteilnehmend, gleichgültig gegen alles Äußere, ohne ärgerlich oder matt zu sein *5-706.   Er ist abgespannt am Geiste, hat keine Lust zu reden, ist nicht aufgelegt zu denken und gleichgültig gegen Außendinge *5-707.

Apathisch, indifferent, niedergeschlagen, durch sexuellen Mißbrauch *AF.   Die geistige Anstrengung, die notwendig wird, sich so zu beherrschen, verstärkt oder verursacht die für das Mittel so charakteristische Reizbarkeit, Apathie, Indifferenz und Hypochondrie. Onanie, der Patient ist indifferent, abgestumpft, schlechter Laune *AB.   Wegen seiner schlechten Gewohnheit wird der Jüngling apathisch und verdüstert. Er liebt mehr die Einsamkeit und hat Scheu vor dem anderen Geschlecht *FK.   Klagt über Antriebslosigkeit, Gleichgültigkeit, Apathie, fühlt sich während der Arbeit wohler *b.

4   **Will nicht angeredet werden. Will nicht reden. Verschlossen:**
Sie will von niemand etwas wissen, von nichts hören; sie hüllt sich das Gesicht ein und weint laut, ohne Ursache *1-276.   Jedes Wort ärgert sie, sie weint schon, wenn man nur mit ihr reden will *1-277.   Ernsthaft, still, mit sich selbst beschäftigt, spricht er wenig *11-705.   Er ist abgespannt am Geiste, hat keine Lust zu reden, ist nicht aufgelegt zu denken und gleichgültig gegen Außendinge *5-707.   War höchst tiefsinnig *11-710.

Behält Ärger und Entrüstung für sich und brütet darüber *136.   Die Mutter sagte, daß er sehr verschlossen sei und alles in sich hineinfresse *154.   Onanierender Jüngling: er liebt mehr die Einsamkeit und hat Scheu vor dem anderen Geschlecht *FK.   Macht aus jeder Mücke einen Elefanten und grübelt tagelang über Kleinigkeiten nach, die er als großes Unrecht empfindet *VM.

5   **Unaufgelegt oder unfähig zu geistiger Arbeit. Stumpfheit des Geistes. Gedanken verlangsamt:**
Stumpfheit des Geistes, die ihn von jeder Arbeit abhielt *1-12.   Phlegmatisch, abgespannten Geistes und traurigen Gemüts *5-706.   Er ist abgespannt am Geiste *5-707.   Unaufgelegt zu ernster Arbeit *5HA-708.   Verdrießlichkeit und Unlust zu Geistesarbeiten *5A-709.

Konvulsionen. Ihr Gesichtsausdruck war dumm, ihr Intellekt schwach, sie klagte über Gedächtnisverlust und Denkunfähigkeit *50.   Dumpfer, betäubender Schmerz im Kopf. Jede geistige Arbeit fiel ihm schwer. Gedanken verlangsamt *69.   Hirnermüdung mit großer Schwäche der Genitalien. Reizbarkeit, Unfähigkeit, geistige Anstrengung auszuhalten *89.   Verlor sein Gedächtnis, als er zu masturbieren anfing. Kann nicht und will nicht geistig arbeiten *117a. Ein Gespräch, sogar mit Familienangehörigen, setzt ihm zu und erschöpft ihn; Er muß sich sehr beherrschen, damit es nicht unerträglich wird *AB.   Schnupfen mit benommenem Kopf und Unfähigkeit, geistig zu arbeiten *LT.   Dumpfes Gefühl im Kopf, kann nicht geistig arbeiten *HG.

6   **Hypochondrisch, verdrießlich, niedergedrückt. Kind sieht aus, als wolle es weinen:**
Hypochondrische Stimmung; es ist ihm alles gleichgültig; er will lieber sterben *1-273.   Der Kopf ist stets eingenommen und der Geist ist niedergedrückt *10-289.   Er erwacht düster und schwer in den Gliedern *12A-671.   Verdrießlichkeit und Unlust zu Geistesarbeiten 5A-709.   Den ganzen Tag über, verdrießlich und ärgerlich, er wußte sich vor Unmut nicht zu lassen und war höchst tiefsinnig *11-710.   Stille Verdrießlichkeit; er ärgert sich über alles, auch was ihn nicht betrifft *8-711.   Den ganzen Tag, verdrießlich und unruhig, er fand nirgend Ruhe *11-712.   Verdrießlich und traurig *12-716.   Verdrießlich und weinerlich *12-717.

7

Höchst verdrießliche Laune *26.   Unzufrieden, niedergeschlagen *64.   Weinerlich-keit, überhaupt verstimmt. Stimmung schlecht, auffallende Verdrießlichkeit, die ihr sonst fremd. Eigentümlich ist, daß nach Mittagschlaf die Verdrießlichkeit besonders hervortritt *88.   Er-regung mit Niedergeschlagenheit wechselnd *91.   Reizbare, verdrießliche Stimmung *110.

In hohen Graden der Hypochondrie, namentlich in denjenigen, die dem Laster der Onanie ihr Ent-stehen verdanken *RK.   Hypochondrie und Hysterie nach unverdienten Kränkungen oder nach sexuellen Exzessen *LM.   Apathisch, indifferent, niedergeschlagen durch sexuellen Mißbrauch *AF.   Hypochondrie. Schlechter Laune *AB.   Hypochondrische Gemüts-stimmungen nach Selbstbefleckung, auch, wenn diese Stimmung eintritt, bei jungen Männern und Frauen als Folge zu häufig geübten Geschlechtsverkehrs. Wegen seiner schlechten Gewohnheit wird der Jüngling apathisch und verdüstert und hat eingefallene Gesichtszüge *FK.   Wird die Sor-gen nicht los, kann sich nicht davon lösen, die Schwierigkeiten bedrücken ihn *HC.   Ein Kind, welches den Anschein erweckt, als wollte es weinen, aber keine Tränen zeigt *FB.

7   **Ein Gespräch erschöpft ihn. Folgen von geistiger Anstrengung. Geistige Schwä-che:**
Phlegmatisch, abgespannten Geistes *5-706.   Er ist abgespannt im Geiste *5-707.   Neur-algischer Kopfschmerz schlechter durch Erregung, Sorgen, geistige Arbeit *69.   Angegriffen-sein nach vieler Kopfarbeit *RA.   Die zurückgehaltene Entrüstung, der Zorn, der nicht her-ausgelassen wird, die geistige Anstrengung, die notwendig wird, sich so zu beherrschen, verstärkt oder verursacht die für das Mittel so charakteristische Reizbarkeit, Apathie, Indiffernz und Hypo-chondrie. Ein Gespräch, sogar mit Familienangehörigen, setzt ihm zu und erschöpft ihn; Er muß sich sehr beherrschen, damit es nicht unerträglich wird *AB.   Nervöse Schwäche durch Lie-besenttäuschung und Erregung des Sexualtriebes bei Frauen *LT.   Schwäche körperlich und geistig, besonders früh mit Zittern *SK.

8   **Eingenommenheit des Kopfes, Desorientiertheit, Gefühl wie Betäubung:**
In der Stube, Schwindel, wie Beträubung, im Freien nicht *1-1.   Eingenommenheit des Kopfes, bloß vorne in der Mitte der Stirne, auf einer kleinen Stelle, so groß, wie eine Fingerspitze, wie Dummheit — er wußte auf der Straße nicht, ob er rechts oder links ging; er mußte sich sehr zu-sammennehmen *1A-5.   Kopfweh abwechselnd betäubend und abwechselnd bohrend *1-6.   Eingenommenheit des Kopfes nur absatzweise; zuweilen war es ihm sehr frei und hell im Kopfe 1-10.   Der Kopf ist stets eingenommen und der Geist niedergedrückt *10-289.   Öf-teres Schlucksen, mit Übelkeit und Kopfbetäubung verbunden *11-458.

Benommener Kopf, als sei er immer betrunken *40.   Dumpfer, betäubender Schmerz im Kopf. Jede geistige Arbeit fiel ihm schwer. Konnte das richtige Wort nicht finden, um einen Ge-danken auszudrücken. Gedanken verlangsamt *69.   Dumpfes Gefühl im Kopf, kann nicht geistig arbeiten *HG.   Kopfschmerz im Nacken und ein Leeregefühl im Kopf, besonders im Hinterkopf, mit Benommenheit, wie eine Art Konzentrationsschwäche, vor allem im Sitzen *I.

9   **Manchmal, als Wechselwirkung, hell und frei im Kopfe. Lebhaftigkeit und Fröh-lichkeit abwechselnd mit Verdrießlichkeit:**
Eingenommenheit des Kopfes nur absatzweise; zuweilen war es ihm sehr frei und hell im Kopfe 1-10.   Er spricht ganz matt, wegen Schwäche der Sprachorgane, ob er gleich übrigens leb-haft ist *438.   Große Müdigkeit und Schläfrigkeit nach dem Essen; er fühlt Bedürfnis, sich zu legen, schläft schnell ein, erwacht aber düster und scher in den Gliedern und fürchtet sich vor dem Gehen; als er aber ging, ward es ihm sehr sauer, vorzüglich das Bergsteigen — bei weiterem Ge-hen aber fühlte er sich sehr munter und heiter, ja kraftvoll sogar, nach einer stärkeren Wanderung 12A-671.   Gemüt zänkisch und doch dabei lustig *13-718.   Abwechselnde Laune; anfänglich ein heiteres, dann ängstliches, endlich ruhiges und zufriedenes Gemüt. (Anfänglich kurz

dauernde Gegenwirkung des Organismus bei einer Person von befürchtender, niedergeschlagener Gemütsart — später ward die Erstwirkung der Arznei in der Ängstlichkeit wieder merkbar, worüber darauf wieder die Rückwirkung der Körperkraft siegte und ein ruhiges, zufriedenes Gemüt hinterließ) *11-719.   Er ward heiterer Laune, unterhaltend in Gesellschaft und wohlgemut. (Heilende Nachwirkung des Organismus bei einem Manne von entgegengesetztem Gemüte) *11-720. Gute Laune: er war heiterer und gesprächig in Gesellschaft und freute sich seines Daseins (s.o.) 11-721.   Erregung mit Niedergeschlagenheit wechselnd *91.   Die früher immer fröhliche Patientin war zu einer kleinen Xanthippe geworden, sie war ungeduldig und verbittert, beschuldigte sich selbst, widerwärtig und eigensinnig geworden zu sein *132.

PSYCHE   Traurigkeit, Weinen, Befürchtungen, Angst

1   Nimmt das Unglück anderer sehr zu Herzen:
Sehr sensibel *2.   Durch eignes und fremdes Unglück wird ihr Gemüt sehr angegriffen *36. Er nahm sich den Verlust seines nächsten und liebsten Verwandten sehr zu Herzen *107.   Auf dem Weg trieben Fleischerjungen arme müde Kühe in die Stadt und waren unnötig grausam zu den Tieren, darüber hat sie sich so aufgeregt, daß sie innerlich kochte *113.   Wird wild bei Ungerechtigkeit *136.   Viele Träume, häufig von verletzten Tieren, wobei sie Schuld hat, weil sie sie vernachlässigt hat *140.   Sehr nervös und gereizt. Der Grund könne bestenfalls die Aufregung mit seiner Frau sein, sie sei damals wegen einer Herzerkrankung in die Klinik eingewiesen worden. Neben der Aufregung sei es auch die Sorge und der Kummer, wie sich bei seiner Frau alles entwickeln würde *169.

2   Kommt über einen kleinen Kummer nicht hinweg. Grämt sich lange über ein Unglück:
Sie war den ganzen Tag voll Gram; sie härmte sich unter Weinen über ihre Umstände *1-280. Behält Ärger und Entrüstung für sich und brütet darüber *136.   Sehr nervös und sehr gereizt. Der Grund könne bestenfalls die Aufregung mit seiner Frau sein, sie sei damals wegen einer Herzerkrankung in die Klinik eingewiesen worden. Neben der Aufregung sei es auch die Sorge und der Kummer, wie sich bei seiner Frau alles entwickeln würde *169.   Große Entrüstung über Dinge, die man selbst oder die andere getan haben; grämt sich über die Folgen; macht sich dauernd Sorgen über die Zukunft *JCS.   Wird die Sorgen nicht los, kann sich nicht davon lösen, die Schwierigkeiten bedrücken ihn *HC.   Frauen leiden nicht nur körperlich, sondern auch geistig nach dem ersten Coitus *FA.   Macht aus jeder Mücke einen Elefanten und grübelt tagelang über Kleinigkeiten nach, die er als großes Unrecht empfindet *VM.   Skrupulant, der sich und anderen das Leben schwer macht *DS.

3   Sehr empfindlich gegen leichteste Eindrücke, gegen Zunahetreten:
Sehr sensibel *2.   Durch eignes und fremdes Unglück wird ihr Gemüt sehr angegriffen *36. Dame von großer Empfindlichkeit *147.   Gibt auf Befragen an, leicht gereizt und in ihrem Wesen sehr empfindlich zu sein *163.   Große Empfindlichkeit *JS.   Äußerst empfindlich gegen geistige und leibliche Eindrücke. Sie fühlt jeden, auch den geringsten Umstand in ihrem Gemüte besonders lebhaft und scharf, das geringste unrechte Wort beleidigt sie sehr, tut ihr weh *GG.   Empfindlich gegen leichteste Eindrücke, nimmt jede kleine absichtliche oder unabsichtliche Kränkung übel *FK.   Kind sehr empfindlich, es wimmert, macht ängstliche, abwehrende Gesten bei jedem scharfen Wort oder Blick. Es weint gleich bei geringstem Schmerz *LT. Empfindlich gegen Kritik *CD.   Sehr empfindlich gegenüber dem, was andere von ihr sa-

gen *BP.   Frauen leiden nicht nur körperlich, sondern auch geistig nach dem ersten Coitus
*FA.

4   **Befürchtet von kleinen Ereignissen die schlimmsten Folgen. Fürchtet, daß Un-
heil kommen werde. Hat Angst vor der Zukunft. Befürchtend:**
Ängstlich und furchtsam *1-283.   Erwacht düster und schwer in den Gliedern und fürchtet
sich vor dem Gehen *12A-671.   Große Ängstlichkeit; er fürchtet sich vor der Zukunft *8-
713.   Traurig; er befürchtet von kleinen Ereignissen die schlimmsten Folgen und kann sich
garnicht beruhigen *12-714.   Er weint oft und fürchtet, sterben zu müssen *2.   Geistesstörung. Eine fixe Idee war, daß er sein Vermögen verlieren werde, er sagte dauernd zu seiner
Frau, daß sie aufpassen müßten, nicht zu verhungern. Auch glaubte er, daß seine Frau ihn verlassen
werde *72.   Beängstigung *91.   „Wenn ich noch so einen Anfall bekomme, werde
ich sicher sterben", sagte er und brach in Tränen aus *94.   Verzweifelt an der Zukunft
*117a.   Hat Angst, daß sie selbst gelähmt sein könnte wie ihre Mutter *136.   Ver-
rückte Ideen, glaubt deshalb für geisteskrank gehalten zu werden *TM.   Macht sich dauernd
Sorgen über die Zukunft *JCS.   Lebensangst, Gefühl von Verlassensein *b.

5   **Einbildungen mit Angst. Angst mit Unruhe:**
Nachmittags eine Beklemmung auf der Brust und ein Unruhegefühl, was ihn von einem Ort zum
anderen treibt und auf keinem zu bleiben verstattet *1-180.   Es kommen ihm ängstliche
Gedanken und Dinge aus der Vergangenheit vor, als wenn sie gegenwärtig wären und vor ihm ständen, welche ihm Angst und Angstschweiß erregen – dann wird's ihm schwarz vor den Augen; er
weiß nicht, ob die Vorstellungen wahr sind, oder Täuschung; dann sieht er alles für etwas anderes
an und es vergeht ihm die Lust zum Leben *1-270.   Wenn er stark geht, ist's ihm, als komme jemand hinter ihm drein; dies macht ihm Angst und Furcht, und er muß sich immer umsehen
*1-272.

Innere, heftige Beängstigung, so daß er an keinem Ort bleiben konnte, doch ohne laut darüber zu
werden *1-282.   Ängstlich und furchtsam *1-283.   Beklemmung der Brust; zugleich
Unruhe und Ängstlichkeit, am schlimmsten beim Sitzen, leichter beim Gehen *2-539.   Unruhige Träume ängstlicher Art *5-677.   Sobald er einschläft, träumt er; bald kämpft er mit jemand, bald hat er ängstliche Bilder, worüber er aufwacht, und dann träumt er wieder *4-687.
Abwechselnde Laune; anfänglich ein heiteres, dann ängstliches, endlich ruhiges und zufriedenes
Gemüt. (Anfängliche kurz dauernde Gegenwirkung des Organismus bei einer Person von befürchtender, niedergeschlagener Gemütsart – später ward die Erstwirkung der Arznei in der Ängstlichkeit wieder merkbar, worüber drauf wieder die Rückwirkung der Körperkraft siegte und ein ruhiges und zufriedenes Gemüt hinterließ *11-719.

Klagt nur über Angst und Traurigkeit *22.   Sieht extrem erregt aus, ängstlicher Gesichtsausdruck *72.   Magendruck. Beängstigung, Schlaflosigkeit, Erregung mit Niedergeschlagenheit wechselnd *91.   Atemnot mit Zusammenziehen und Unruhe in der Brust *LM.   Kind
sehr empfindlich, es wimmert, macht ängstliche, abwehrende Gesten bei jedem scharfen Wort oder
Blick *LT.   Lebensangst, Gefühl von Verlassensein. Läuft bei Aufregung hin und her *b.

6   **Weint ohne Grund. Weint oft. Weint wegen der Schmerzen:**
Sie will von niemand etwas wissen, von nichts hören; sie hüllt sich das Gesicht ein und weint laut,
ohne Ursache *1-276.   Jedes Wort ärgert sie; sie weint schon, wenn man nur mit ihr reden
will *1-277.   Mürrisch, sie weint mehrmals um Nichts *1-278.   Sehr weinerlich *1-
280.   Verdrießlich und weinerlich *12-717.

Sehr sensibel, er weint oft und fürchtet, sterben zu müssen *2.   In Folge der Heftigkeit des
Schmerzes tritt Weinkrampf ein *15.   Weinerlichkeit, überhaupt verstimmt *88.   „Wenn
ich noch so einenAnfall bekomme, werde ich sicher sterben", sagte er und brach in Tränen aus

*94.   Weinen und nervöses Frösteln nach jeder osteopathischen Behandlung *136.   Weint bei Schilderung ihrer Beschwerden *b.   Muß manchmal nachts weinen, so heftig sind die Schmerzen *k.

7   Hat an nichts Freude. Traurig ohne Grund. Niedergeschlagen:

Auch das Anziehendste machte keinen Eindruck auf ihn *1-274.   Sie war den ganzen Tag voll Gram; sie härmte sich unter Weinen über ihre Umstände und nichts in der Welt war ihr lieb *1-280.   Wie abgestorben am Geiste und traurig, doch nicht zum Weinen *1-281.   Der Kopf ist eingenommen und der Geist niedergedrückt *10-289.   Phlegmatisch, abgespannten Geistes und traurigen Gemüts, unteilnehmend, gleichgültig gegen alles Äußere, ohne ärgerlich oder matt zu sein *5-706.   War höchst tiefsinnig *11-710.   Traurig *12-714.   Traurig, ohne irgend eine Ursache angeben zu können *5-715.   Verdrießlich und traurig *12-716.

Extrem traurig. Klagt nur über Angst und Traurigkeit *22.   Unzufrieden, niedergeschlagen *64.   Erregung mit Niedergeschlagenheit wechselnd *91.   Gesichtsausdruck traurig *99.   Niedergeschlagen durch sexuellen Mißbrauch *AF.   Ein Kind, welches den Anschein erweckt, als wollte es weinen, aber keine Tränen zeigt *FB.

8   Lebensunlust, möchte lieber sterben:

Es kommen ihm ängstliche Gedanken und Dinge aus der Vergangenheit vor, als wenn sie gegenwärtig wären; dann sieht er alles für etwas anderes an und es vergeht ihm die Lust zum Leben *1-270. Hypochondrische Stimmung, es ist ihm alles gleichgültig; er will lieber sterben *1-273.   Sieht alles von der schwärzesten Seite an und möchte sterben *LT.

9   Erschrickt im Traum. Folgen von Schreck:

Er schläft ein, wird aber sogleich durch einen Traum, worin er mit einem Tiere kämpft und wovon er sehr erschrickt und zusammenfährt, aufgeweckt *8-676.   Unruhige Träume; bald beschäftigt er sich mit diesem, bald mit einem anderen Gegenstande, bald erschrickt er und wacht auf, besinnt sich aber nicht ordentlich *8-683.   Das Brennen im Gesicht stellt sich nur bei rascher Bewegung und bei Schreck ein *100.   Schreckhaft, fürchtet sich vor dem eigenen Schatten *CD.

10   Körperliche Folgen von Kummer, Sorge, Gemütsbewegungen:

Er sieht so hohläugig und weitäugig und so angegriffen und spitzig im Gesicht aus, wie auf Nachtschwärmerei, oder wie nach unangenehmen Gemütserschütterungen *12-343.   Neuralgischer Kopfschmerz schlechter durch Erregung, Sorgen, geistige Arbeit *69.   Heftige Kopfschmerzen, die in derselben Weise auftreten wie vor Jahren, als sie in Folge des Todes ihres Mannes heftiger Gemütsbewegung ausgesetzt war. Große Empfindlichkeit gegen Gemütsbewegungen, besonders Ärger *93.   Einseitige Lähmung durch Gemütserregung oder Onanie *LT.   Körperliche Folgen von Kummer und Sorge *b.

PSYCHE   Orientierungsstörungen, Sinnestäuschungen, Bewußtseinsstörungen
Geistesstörungen

1   Geistesstörungen, periodisch auftretende psychotische Zustände:

Die Schmerzen in der li Gesichtsseite hatten so zugenommen, daß Patient sein Bewußtsein momentan verloren hatte, und vor Schmerz fast in Wahnsinn verfiel. Er stand aus seinem Bette auf, redete irre, besann sich nicht, lief im Haus ohne Besinnung herum, und ließ sich in seiner Heftigkeit von niemand zurechtweisen *12.   Extrem traurig. Sie blickt wie irre um sich. Klagt nur über Angst und Traurigkeit. Kurz vor meiner Ankunft hat sie das Fenster zerbrochen, um sich auf die Straße zu stürzen, sie geht, mit ihrem kleinen Kind auf dem Arm, davor hin und her *22.

Die Anfälle kommen alle vier Jahre, beginnen am 4. Januar und dauern immer zwei Monate. Zuerst erhebliche Unruhe, ging im Haus umher und suchte etwas, wußte aber nicht was. Wenn irgendetwas seine Aufmerksamkeit erregte, steckte er es in die Tasche, wenn das nicht möglich war, verbarg er es in seinem Rock. Danach kam eine exzessive Geschwätzigkeit, dabei Unfähigkeit zu lesen, weil die Buchstaben verschwammen. Eine fixe Idee war, daß er sein Vermögen verlieren werde, er sagte dauernd zu seiner Frau, daß sie aufpassen müßten, nicht zu verhungern. Auch glaubte er, daß seine Frau ihn verlassen werde. Schlaf stark gestört, schläft nie tief. Er legt sich ins Bett, springt nach kurzer Zeit auf und läuft zur Mitte des Zimmers, steht dort eine Minute, kratzt sich am Kopf und blickt um sich, als hätte er eine neue Idee gehabt. Wenn er am Kamin sitzt, beschäftigt er sich damit, alles ins Feuer zu werfen, was er erreichen kann; Einmal waren es 500 Dollar, einmal eine junge Katze, die ihn ärgerte. Manchmal ist er gewalttätiger, schlägt jeden, der ihm nahekommt, ist sich aber dabei bewußt, daß er nicht ganz in Ordnung ist, denn er sagt seiner Frau, daß er sich Mühe geben will, niemanden zu töten. Sieht extrem erregt aus, ängstlicher Gesichtsausdruck. Alles schlechter um Mitternacht *72.

Reizbarkeit, jedesmal schlimmer am Vormittag. Den ganzen Vormittag hörte sie nicht auf zu streiten, war mit nichts und niemandem zufrieden, bestrafte die Kinder oft ohne jeden Grund, wenn sie nur etwas laut oder lebhaft waren, ihr Gesicht wurde dann rot vor Wut und sie warf jeden Gegenstand, den sie zufällig in der Hand hatte, zu Boden, manchmal sogar auf die Kinder oder den Ehemann. Dabei war sie sich bewußt, unvernünftig zornig zu sein, konnte aber nicht anders *133.

Wenn sie geärgert wird, könnte sie um sich schlagen, mit Dingen werfen. Sehr empfindliche Zähne, beim Zahnarzt wird sie fast wahnsinnig *140.   Tobsuchtsanfälle. Er könnte in solchen Augenblicken seine Familie töten. Kleinigkeiten bringen ihn in maßlose Wut, und dies nur zu Hause *161.

2   Kann Traum und Wirklichkeit, Vergangenheit und Gegenwart nicht unterscheiden:

Es kommen ihm ängstliche Gedanken und Dinge aus der Vergangenheit vor, als wenn sie gegenwärtig wären und vor ihm ständen, welche ihm Angst und Angstschweiß erregen — dann wird's ihm schwarz vor den Augen; er weiß nicht, ob die Vorstellungen wahr sind, oder Täuschung; dann sieht er alles für etwas anderes an und es vergeht ihm die Lust zum Leben *1-270.   Er weiß nicht, ob das wirklich geschehen sei, was ihm die Einbildungskraft, wie etwas aus dem Gedächtnisse, vorschwebt, oder ob er es nur geträumt habe (nachmittags von 5 bis 7 Uhr) *1-271.   Schwinden der Gedanken (durch Phantasie gestörtes Gedächtnis); wenn er über etwas nachdenkt, so kommen ihm so viele und so verworrene Dinge unter einander vor, daß er sich nicht herausfinden kann und ganz vergißt, worauf er sich besinnen wollte *4-292.   Er legt sich ins Bett, springt nach kurzer Zeit auf und läuft zur Mitte des Zimmers, steht dort eine Minute, kratzt sich am Kopf und blickt um sich, als hätte er eine neue Idee gehabt *72.   Gefühl, als sei alles weit weg, dann, als lebe sie in einem Traum *136.

3   Sinnestäuschungen, Einbildungen:

Es kommen ihm ängstliche Gedanken und Dinge aus der Vergangenheit vor, als wenn sie gegenwärtig wären und vor ihm ständen, welche ihm Angst und Angstschweiß erregen *1-270.   Er weiß nicht, ob das wirklich geschehen sei, was ihm vor der Einbildungskraft, wie etwas aus dem Gedächtnisse, vorschwebt, oder ob er es nur geträumt habe *1-271.   Wenn er stark geht, ist es ihm, als komme jemand hinter ihm drein; dies macht ihm Angst und Furcht, und er muß sich immer umsehen *1-272.   Gesichtstäuschung: Wenn er vom Sitz aufsteht, kommt er sich viel größer vor, als sonst, und alles unter ihm scheint tiefer zu sein *3-369.   Eine fixe Idee war, daß er sein Vermögen verlieren werde, er sagte dauernd zu seiner Frau, daß sie aufpassen müßten, nicht zu verhungern. Auch glaubte er, daß seine Frau ihn verlassen werde *72.   Gefühl, als sei alles weit weg, dann, als lebe sie in einem Traum *136.   Verrückte Ideen, glaubt deshalb für geisteskrank gehalten zu werden *TM.

4   **Orientierungsstörungen: Kann sich nicht recht besinnen. Weiß nicht, ob er links oder rechts geht. Sucht etwas, weiß aber nicht, was:**
Eingenommenheit des Kopfes, bloß vorne in der Mitte der Stirne, auf einer kleinen Stelle, so groß, wie eine Fingerspitze, wie Dummheit – er wußte auf der Straße nicht, ob er rechts oder links ging; er mußte sich sehr zusammennehmen *1A-5.   Unruhige Träume; bald beschäftigt er sich mit diesem, bald mit einem anderen Gegenstande, bald erschrickt er und wacht auf, besinnt sich aber nicht ordentlich *8-683.   In der Nacht wacht er oft auf über Frostgefühl, kann sich aber nicht recht besinnen *8HA-691.   Er stand aus seinem Bett auf, redete irre, besann sich nicht, lief im Haus ohne Besinnung herum *12.   Zuerst erhebliche Unruhe, ging im Haus umher und suchte etwas, wußte aber nicht was. Er legt sich ins Bett, springt nach kurzer Zeit auf und läuft zur Mitte des Zimmers, steht dort eine Minute, kratzt sich am Kopf und blickt um sich, als hätte er eine neue Idee gehabt *72.   Gefühl, als sei alles weit weg *136.

5   **Ist sich dessen bewußt, daß er geistig gestört ist und unvernünftig handelt, kann aber nicht anders:**
Manchmal ist er gewalttätiger, schlägt jeden, der ihm nahekommt, ist sich aber dabei bewußt, daß er nicht ganz in Ordnung ist, denn er sagt seiner Frau, daß er sich Mühe geben will, niemanden zu töten *72.   Den ganzen Vormittag hörte sie nicht auf zu streiten, war mit nichts und niemandem zufrieden, bestrafte die Kinder oft ohne jeden Grund, wenn sie nur etwas laut oder lebhaft waren, ihr Gesicht wurde dann rot vor Wut und sie warf jeden Gegenstand, den sie zufällig in der Hand hatte, zu Boden, manchmal sogar auf die Kinder oder den Ehemann. Dabei war sie sich bewußt, unvernünftig zornig zu sein, konnte aber nicht anders *133.

6   **Gedankenzudrang, die Gedanken verwirren sich:**
Schwinden der Gedanken (durch Phantasie gestörtes Gedächtnis); wenn er über etwas nachdenkt, so kommen ihm so viele und so verworrene Dinge untereinander vor, daß er sich nicht herausfinden kann und ganz vergißt, worauf er sich besinnen wollte *4-292.   Mehrere Nächte unruhig; er konnte auf keiner Seite liegen; die Vormitternacht war er sehr mit mancherlei Gedanken angefüllt *13-679.   Unruhige Träume; bald beschäftigt er sich mit diesem, bald mit einem anderen Gegenstande, bald erschrickt er und wacht auf, besinnt sich aber nicht ordentlich *8-683. Danach kam eine exzessive Geschwätzigkeit, dabei Unfähigkeit zu lesen, weil die Buchstaben verschwammen *72.   Wirr im Kopf, ist ganz durcheinander, kann sich nicht konzentrieren, kann sich nichts merken *b.   Aufgeregt, findet keine Ruhe in der Nacht, kann die Gedanken nicht abschalten, besonder vor der Periode *e.

7   **Rededrang bei Geistesstörungen. Redet irre. Wiederholt beim Erwachen immer die gleichen Worte:**
Er stand aus seinem Bette auf, redete irre, besann sich nicht, lief im Hause ohne Besinnung herum *12.   Danach kam eine exzessive Geschwätzigkeit, dabei Unfähigkeit zu lesen, weil die Buchstaben verschwammen *72.   Hysterische Krämpfe. Sie erwacht aus diesen Anfällen immer murmelnd und redend. Beim Erwachen aus den Krämpfen wiederholt sie immer die gleichen Worte *134.

8   **Die Sinne verlassen ihn. Schwindel wie Betäubung, wie Ohnmacht. Eingenommenheit wie Dummheit. Kann ein Wort nicht finden:**
In der Stube, Schwindel, wie Betäubung, im Freien nicht *1-1.   Eingenommenheit des Kop-

fes, bloß vorne in der Mitte der Stirne, auf einer kleinen Stelle, so groß, wie eine Fingerspitze, wie Dummheit – er wußte auf der Straße nicht, ob er rechts oder links ging; er mußte sich sehr zusammennehmen *1A-5.   Vormittags, nach Aufstehen vom Sitze, wird er blaß, schwindlicht und drehend, fällt auf die Seite, wie ohnmächtig; den folgenden Tag, um dieselbe Zeit, ein ähnlicher Anfall *1-232.   Es kommen ihm ängstliche Gedanken und Dinge aus der Vergangenheit vor, als wenn sie gegenwärtig wären und vor ihm ständen, welche ihm Angst und Angstschweiß erregen – dann wird's ihm schwarz vor den Augen *1-270.

Benommener Kopf, als sei er immer betrunken *40.   Gedächtnisschwäche: Einige Minuten, nachdem er irgend etwas gelesen hat, verlassen ihn die Sinne und er kann sich kaum nach langer Überlegung erinnern, was er gelesen hat. Dabei Gefühl wie ein schweres Gewicht zwischen den Augen *56.   Dumpfer, betäubender Schmerz im Kopf. Jede geistige Arbeit fiel ihm schwer. Konnte das richtige Wort nicht finden, um einen Gedanken auszudrücken. Gedanken verlangsamt *69.   Kopfschmerz im Nacken und ein Leeregefühl im Kopf, besonders im Hinterkopf, mit Benommenheit, wie eine Art Konzentrationsschwäche, vor allem im Sitzen *I.

9   Bewußtseinsstörungen:

Die Schmerzen in der li Gesichtsseite hatten so zugenommen, daß Patient sein Bewußtsein momentan verloren hatte, und vor Schmerz fast in Wahnsinn verfiel *12.   Konvulsionen mit Bewußtseinsverlust *50.   Jede Erregung oder Anstrengung löst wiederholte Anfälle hysterischer Krämpfe aus, dabei völlig bewußtlos, vollkommen starr *134.   Konvulsionen mit Bewußtlosigkeit *LT.

10   Darandenken verstärkt Schmerzen:

Klamm vorzüglich in den oberen und unteren Teilen der Wade, beim Erwachen aus dem Schlafe, welcher weder durch Ausstrecken, noch durch Biegen des Schenkels zu mildern ist, durch Richtung der Gedanken aber auf diesen Schmerz, wenn er schon sich vermindert hat, sich gleich wieder vermehrt und empfindlicher wird *1-221.

PSYCHE   Unruhe, Ruhelosigkeit

1   Muß wegen Unruhe immer umhergehen. Fühlt sich bei der Arbeit wohler:

Nachmittags eine Beklemmung auf der Brust und ein Unruhegefühl, was ihn von einem Ort zum anderen treibt und auf keinem zu bleiben verstattet *1-180.   Innere, heftige Beängstigung, so daß er an keinem Orte bleiben konnte, doch ohne laut darüber zu werden *1-182.   Beklemmung der Brust; zugleich Unruhe und Ängstlichkeit, am schlimmsten beim Sitzen, leichter beim Gehen, 5 Stunden anhaltend *2-539.   Sobald er sich legt, entsteht ein Gefühl von Heranziehen in den Kniekehlen – eine Art Überreiztheit und wohllüstiger Unruhe darin, daß er nicht liegen bleiben kann, sondern aufstehen muß *3-630.   Den ganzen Tag, verdrießlich und unruhig; er fand nirgend Ruhe *11-712.

Schmerz in der li Gesichtsseite. Er stand aus seinem Bette auf, redete irre, lief im Hause ohne Besinnung herum *12.   Sie fühlt den Drang, spazierenzugehen *22.   Zuerst erhebliche Unruhe, ging im Haus umher und suchte etwas, wußte aber nicht was *72.   Körperliche Unruhe *110.   Er findet keine Ruhe, geht im Zimmer auf und ab und belästigt alles, was zu belästigen ist *DS.   Läuft bei Aufregung hin und her *b.

2   Kann die Beine nicht still halten, Unruhegefühl in den Beinen:

Beim Liegen, ein Müdigkeitsschmerz quer über die Oberschenkel und als ob sie zerschlagen wären;

dabei Empfindung von allzu großer Straffheit in den Gelenken und etwas Bebendes und Unruhiges darin, so daß er sie nicht still halten kann *3-609.   Sobald er sich legt, entsteht ein Gefühl von Heranziehen in den Kniekehlen — eine Art Überreiztheit und wohllüstiger Unruhe darin, daß er nicht liegenbleiben kann, sondern aufstehen muß *3-630.   Sie konnte abends vor Schmerz in den Waden im Bette nicht einschlafen; sie wußte nicht, wo sie die Beine hinlegen sollte, sie mußte sie immer wo anders hinlegen, um einige Erleichterung zu haben; auch da sie die Nacht einmal aufgestanden war und sich dann wieder in's Bett legte, hatte sie dieselbe Empfindung in den Waden *12-686.   Schmerz im Sacrum, es ist kein ruhiger Schmerz, er muß während der Schmerzen die Beine bewegen *i.   Sitzen kann er nicht gut, dann tun die Gesäßbacken weh, er muß dann hin und her rutschen und die Beine ausstrecken und wieder anziehen *k.

3   Beklemmung und Unruhegefühl in der Brust:

Nachmittags eine Beklemmung auf der Brust und ein Unruhegefühl, was ihn von einem Orte zum andern treibt und auf keinem zu bleiben verstattet *1-180.   Unruhe in der Brust *1-182. Beklemmung der Brust, wie Zusammenziehen derselben; davon langsames und sehr schwieriges Einatmen; das Ausatmen ist erleichternd; zugleich Unruhe und Ängstlichkeit, am schlimmsten im Sitzen, leichter beim Gehen, 5 Stunden anhaltend *2-539.   Atemnot mit Zusammenziehen und Unruhe in der Brust *LM.

4   Unruhiger Schlaf, unruhige Träume:

Die Nächte ist das Kind sehr unruhig und ruft die Mutter, alle Augenblicke *1-246.   Er schläft ein, wird aber sogleich durch einen Traum, worin er mit einem Tiere kämpft und wovon er sehr erschrickt und zusammenfährt, aufgeweckt *8-676.   Unruhige Träume ängstlicher Art *5-677.   Unruhiger Schlaf und Umherwerfen *5-678.   Mehrere Nächte unruhig; er konnte auf keiner Seite liegen, die Vormitternacht war er sehr mit mancherlei Gedanken angefüllt *13-679.   Unruhige Träume; bald beschäftigt er sich mit diesem, bald mit einem anderen Gegenstande, bald erschrickt er und wacht auf, besinnt sich aber nicht ordentlich *8-683.   Sobald er einschläft, träumt er; bald kämpft er mit jemand, bald hat er ängstliche Bilder, worüber er aufwacht, und dann träumt er wieder *4-687.

Sie kann nicht schlafen und findet keine Ruhe *22.   Schlaf stark gestört, schläft nie tief. Er legt sich ins Bett, springt nach kurzer Zeit auf und läuft zur Mitte des Zimmers, steht dort eine Minute, kratzt sich am Kopf und blickt um sich, als hätte er eine neue Idee gehabt *72.   Kind: Unruhe durch schreckliche Träume, verlangt nach seiner Mamma *LT.   Nachts ruhelos bei nicht befriedigtem Geschlechtstrieb *SK.   Aufgeregt, findet keine Ruhe in der Nacht, kann die Gedanken nicht abschalten, besonders vor der Periode *e.

5   Weiß nicht, was er will. Verlangt Dinge und wirft sie wieder weg. Ungeduld. Man kann ihm nichts recht tun:

Den ganzen Tag über, verdrießlich und ärgerlich; er wußte sich vor Unmut nicht zu lassen und war höchst tiefsinnig *11-710.   Sie war ungeduldig und verbittert *132.   Kinder sind schlecht gelaunt, sie heulen und verlangen alle möglichen Sachen, und wenn sie sie bekommen haben, werfen sie sie zornig wieder weg, besonders am frühen Morgen *JCS.   Skrupulant, der sich und anderen das Leben schwer macht. Ein zorniger Mensch, der nicht weiß, was er will, einmal dies und einmal das. Man kann ihm nichts recht tun, findet keine Ruhre, geht im Zimmer auf und ab und belästigt alles, was zu belästigen ist *DS.   Es geht alles nicht schnell genug. Wird leicht ungeduldig und aufbrausend *g.

6   Schluckt dauernd beim Sprechen:

Beim Sprechen schluckt sie dauernd *AB.

SCHLAF   Unruhiger Schlaf, Schlaflosigkeit

1   **Kann abends nicht einschlafen, nach dem Einschlafen wird er sofort durch einen Traum wieder geweckt:**
Erst kann sie vor 11 Uhr nachts nicht einschlafen, und wacht dann schon um 4 Uhr wieder auf, mehrere Nächte *1-242.   Gleich beim Anfange des Schlafs träumt er von Tagesgeschäften *1-243.   Er konnte, wegen Munterkeit, vor Mitternacht nicht einschlafen, kaum eingeschlafen aber hatte er schon lebhafte Träume von Streit und Zank *11-675.   Er schläft ein, wird aber sogleich durch einen Traum, worin er mit einem Tiere kämpft und wovon er sehr erschrickt und zusammenfährt, aufgeweckt *8-676.   Mehrere Nächte unruhig; er konnte auf keiner Seite liegen; die Vormitternacht war er sehr mit mancherlei Gedanken angefüllt *13-679.   Sie konnte abends vor Schmerz in den Waden nicht einschlafen *12-686.   Sobald er einschläft, träumt er; bald kämpft er mit jemand, bald hat er ängstliche Bilder, worüber er aufwacht, und dann träumt er wieder *4-687.   Er legt sich ins Bett, springt nach kurzer Zeit auf und läuft zur Mitte des Zimmers, steht dort eine Minute, kratzt sich am Kopf und blickt um sich, als hätte er eine neue Idee gehabt *72.

2   **Unruhiger Schlaf. Kann die ganze Nacht nicht richtig schlafen. Schläfrig am Tag, hellwach die ganze Nacht:**
Die Nächte ist das Kind sehr unruhig und ruft die Mutter, alle Augenblicke *1-246.   Unruhige Nacht; alle Stunden halb aufgewacht und wieder in Schlummer verfallend, schlief er nicht vollkommen und wachte nicht wirklich *1-248.   Er schlief die ganze Nacht nicht, und doch fielen ihm die Augen zu *1-249.   Unruhiger Schlaf und Umherwerfen *5-678.   Mehrere Nächte unruhig; er konnte auf keiner Seite liegen, die Vormitternacht war er sehr mit mancherlei Gedanken angefüllt *13-679.

Quälender Husten die ganze Nacht läßt ihn immer wieder wach werden. Sehr unruhiger Schlaf, kann oft die halbe Nacht nicht schlafen *2.   Geistesstörung; Sie kann nicht schlafen und findet keine Ruhe *22.   Unruhiger, unerquicklicher Schlaf *64.   Schlaf stark gestört, schläft nie tief *72..   Klagt über unruhigen, unterbrochenen Schlaf *95.   Große Entrüstung, kann deshalb nicht schlafen *102.   Unruhiger Schlaf, auch Durchfall nachts, öfteres Erwachen, häufiges Urinieren *110.   Schläft schlecht *134.   Liegt den ganzen Tag auffallend schläfrig im Bett und ist dann nachts hellwach *158.   Schläfrig den ganzen Tag, hellwach die ganze Nacht *JCS.   Nachts ruhelos bei nicht befriedigtem Geschlechtstrieb *SK.   Aufgeregt, findet keine Ruhe in der Nacht, kann die Gedanken nicht abschalten, besonders vor der Periode *e.

3   **Mehrmaliges Erwachen am frühen Morgen:**
Die ganze Nacht, ein Pressen im Kreuze, wie zerschlagen; sie wachte über diesen Schmerz auf, wo es früh um 4 Uhr am schlimmsten war; wie sie aufstand, war es weg *1-201.   Erst kann sie vor 11 Uhr nicht einschlafen, und wacht dann schon um 4 Uhr wieder auf, mehrere Nächte *1-242. Er wacht die Nacht, von 2 Uhr, auf und so von Stunde zu Stunde, ohne Ursache *1-247.   Hitze in der Nacht, vorzüglich um die Stirne, so daß sie von 3 Uhr an nicht mehr schlafen konnte, dann, Vormittags, um 9 Uhr, Frostschauder *1-264.   Er erwacht gegen Morgen, als ob er schon ausgeschlafen hätte, schläft aber sogleich wieder ein *11-673.   In der Nacht wacht er oft auf über Frostgefühl, kann sich aber nicht recht besinnen *8HA-691.   Thoraxprellung; Der Schlaf von Schmerzanfällen oft unterbrochen *26.   Unruhiger Schlaf, auch Durchfall nachts, öfteres Erwachen, häufiges Urinieren *110.

4   Aufwachen durch Rückenschmerzen, Kopfschmerzen oder Wadenkrampf:

Die ganze Nacht, ein Pressen im Kreuze, wie zerschlagen; sie wachte über diesen Schmerz auf, wo es früh um 4 Uhr am schlimmsten war; wie sie aufstand, war es weg *1-201.   Ein unerträglicher Klamm in der Wade und Fußsohle des Beines, worauf er liegt, weckt ihn aus dem Nachmittagsschlafe auf *1-220.   Drückend bohrender Stich, eine Minute anhaltend, in der ganzen li Stirnhälfte, von innen heraus, welcher früh mit Heftigkeit zweimal nacheinander aus dem Schlafe weckt *6HA-322.   Ein strammender Schmerz an der li Nacken- und Hinterkopfseite, bloß die Nacht, welcher ihn oft aus dem Schlafe weckt und wovor er weder auf der re Seite, noch auf der li Seite liegen kann *11-341.   Jede Nacht zwischen 1 und 2 Uhr geht es los, kann dann nicht mehr liegen, muß im Sessel schlafen wegen der Schmerzen *i.

5   Zusammenzucken im Schlaf:

Mehrere Nächte fuhr er oft am ganzen Körper zusammen, an Armen und Beinen, wie wenn jemand jähling gekitzelt wird – eine Art krampfhaften Zuckens, doch unschmerzhaft; dabei war es ihm, ob er sich schon leicht zudeckte, doch so heiß, aber ohne Durst und ohne Schweiß *1-252.   Thoraxprellung; Nach den Schmerzanfällen werde er blaß und schlafe ein, zucke aber mit den Fingern und verdrehe die Augen etwas *26.   Zusammenfahren beim Einschlafen weckt ihn wieder auf *TM.

6   Schlaflosigkeit durch Schmerzen oder Hautjucken:

Heftig brennende Schmerzen im Geschwüre, abends nach dem Niederlegen, Stunden lang, so daß er nicht einschlafen konnte *1-250.   Die Flechten jücken bloß die Nacht *1-251.   Iritis; der nächtliche Schlaf fehlte *12.   Darmstörung; Wenig Schlaf *17.   Feuchtwarzen; Die Schmerzen ließen den Kranken nirgends Ruhe und Schlaf finden *28.   Halsentzündung; Schlaf ganz gehindert *31.   Herpes, die ganze Hautoberfläche einnehmend, hinderte den Patienten am Schlafe *36.   Hodenneuralgie; Zuweilen ist die Empfindlichkeit so groß, daß er nicht schlafen kann, ohne die Knie auseinanderzuhalten *60.   Herpes zoster; Die Reizung war höchst intensiv und hielt sie nachts wach *68.   Kopfkrusten mit Jucken, das den Schlaf verhinderte *76.   Magenkatarrh; Schlaflosigkeit *91.

7   Muß im Sitzen schlafen. Kann nicht auf der linken Seite schlafen:

Mehrere Nächte unruhig; er konnte auf keiner Seite liegen; die Vormitternacht war er sehr mit mancherlei Gedanken angefüllt *13-679.   Sehr unruhiger Schlaf, kann oft die halbe Nacht nicht schlafen. Er möchte immer sitzen, oft schläft er im Sessel *2.   Der Husten trieb ihn häufig aus dem Bett, und zwang ihn, die Nacht sitzend zu verbringen, weil er im Liegen nicht atmen konnte *54.   Herpes zoster; Die Reizung war höchst intensiv und hielt sie nachts wach. Der Schmerz war besser im Sitzen oder Liegen, sie mußte aber um 5 oder 6 Uhr aufstehen und sitzen oder stehen, wodurch der Schmerz erträglicher wurde *68.   Gallensteinkoliken; Linksliegen unangenehm *95.   Schmerz im li Sacroiliacalgelenk. Kann auf der li Seite nicht schlafen *136.   Patient kann nicht auf der li Seite liegen *138.   Jede Nacht zwischen 1 und 2 Uhr geht es los, kann dann nicht mehr liegen, muß im Sessel schlafen wegen der Schmerzen *i.

SCHLAF   Tagesschläfrigkeit, Gähnen

1   Müdigkeit nur in den Augen. Es zieht ihm die Augen zu, ohne daß er eigentlich schläfrig ist:

Gefühl in den Augen, als wären sie voll Schlaf *1-42.   Die Augen sind früh beim Erwachen so trocken; es drückt darin, daß sie sie unbenetzt nicht aufmachen kann *1A-45.   Er schlief die ganze Nacht nicht, und doch fielen ihm die Augen zu *1-249.   Es zieht ihm zuweilen die Augen zu, ob er gleich nicht schläfrig ist *3-371.   Schläfrigkeit, nachmittags; die Augen fallen ihm zu *8HA-674.

2   **Morgens Gefühl von Munterkeit, schläft aber gleich wieder ein:**
Früh, Munterkeit, dann Schläfrigkeit mit Frostschauder im Rücken *3-672.   Er erwacht gegen Morgen, als ob er schon ausgeschlafen hätte, schläft aber sogleich wieder ein *11-673.

3   **Abends sehr müde, schläft gleich ein, wird aber sofort durch einen Traum wieder geweckt:**
Abends kann er das Bett nicht erreichen, ohne einzuschlafen und doch schläft er auch gleich ein, sobald er ins Bett kommt *1-239.   Große Müdigkeit und Schläfrigkeit nach dem Essen; er fühlt Bedürfnis, sich zu legen, schläft schnell ein, erwacht aber düster und schwer in den Gliedern 12A-671.   Er schläft ein, wird aber sogleich durch einen Traum, worin er mit einem Tiere kämpft und wovon er sehr erschrickt und zusammenfährt, aufgeweckt *8-676.   Sobald er einschläft, träumt er; bald kämpft er mit jemand, bald hat er ängstliche Bilder, worüber er aufwacht, und dann träumt er wieder *4-687.

4   **Ist den ganzen Tag über sehr schläfrig, nachts aber hellwach:**
Tagesschläfrigkeit; wo er saß, schlief er ein *1-240.   Den ganzen Tag schläfrig, so daß die Arbeit ihn hart ankommt *40.   Liegt den ganzen Tag auffallend schläfrig im Bett und ist dann nachts hellwach *158.   Schläfrig den ganzen Tag, hellwach die ganze Nacht, überall tut es weh *JCS.

5   **Morgens Verlangen, im Bett liegen zu bleiben, wegen allgemeiner Zerschlagenheit:**
Früh im Bette ist sie sehr müde, ohne Schläfrigkeit, alle Glieder tun ihr wie zerschlagen weh, und als wenn keine Kräfte drin wären, eine Stunde lang *1AA-236.   Früh, beim Erwachen, grosse Müdigkeit, die sich aber bald verliert *1-237.   Früh, im Bette, erst Frost und dann Hitze; sie wollte früh nicht aufstehen *1-258.   Erwacht düster und schwer in den Gliedern und fürchtet sich vor dem Gehen; als er aber ging, ward es ihm sehr sauer, vorzüglich das Bergsteigen *12A-671.   Morgens Abneigung gegen jede Bewegung und Verlangen, im Bett liegen zu bleiben, weil er sich wie zerschlagen und gerädert fühlt *40.   Nach Schlaf marode *99.   Samenabgänge; Schwach und müde, besonders morgens *111.   Schmerz im li Sacroiliacalgelenk, kann sich deshalb morgens im Bett nicht umdrehen *136.   Allgemeine Müdigkeit und Abgespanntheit *151.   Schläfrig den ganzen Tag, hellwach die ganze Nacht, überall tut es weh *JCS.

6   **Schläft im Sitzen ein. Muß im Sessel schlafen:**
Tagesschläfrigkeit; wo er saß, schlief er ein *1-240.   Große Müdigkeit und Neigung zum Schlafe, nachmittags, im Sitzen *7-668.   Sehr unruhiger Schlaf, kann oft die halbe Nacht nicht schlafen, Er möchte immer sitzen, oft schläft er im Sessel *2.   Jede Nacht zwischen 1 und 2 Uhr geht es los, kann dann nicht mehr liegen, muß im Sessel schlafen wegen der Schmerzen *i.

7   **Schläfrigkeit nachmittags, nach dem Essen:**
Nachmittags, von 2 bis 4 Uhr, große Schläfrigkeit *1-241.   Große Müdigkeit und Neigung zum Schlafe, nachmittags, im Sitzen *7-668.   Große Müdigkeit und Schläfrigkeit nach dem Essen; er fühlt Bedürfnis, sich zu legen, schläft schnell ein *12A-671.   Schläfrigkeit, nachmittags; die Augen fallen ihm zu *8HA-674.   Schläfrig *140.

8   **Schläfrigkeit mit Frostschauder:**
Früh im Bette, erst Frost, und dann Hitze; sie wollte früh nicht aufstehen *1-258.   Früh, Munterkeit, dann Schläfrigkeit mit Frostschauder im Rücken *3-672.   Er schläft ein, wird aber sogleich durch einen Traum, worin er mit einem Tiere kämpft und wovon er sehr erschrickt und zusammenfährt, aufgeweckt. — Schauder über den ganzen Körper, ohne Durst und ohne unmittelbar darauf folgende Hitze *8—30Std—676,697.   In der Nacht wacht er oft auf über Frostgefühl, kann sich aber nicht recht besinnen *8HA-691.   Zusammenschaudern mit Schläfrigkeit und Trockenheit des Mundes *3-692.

9   **Heftiges, krampfhaftes Gähnen bessert Kopfschmerzen oder andere Beschwerden:**
Früh, gleich nach dem Erwachen, arger Kopfschmerz, als wenn das Gehirn zerrissen wäre, was aber nachher unter häufigem, krampfhaftem Gähnen verging *1-7.   Gastritis; Allgemeine Müdigkeit und Abgespanntheit. Ich muß gähnen, wenn ich die Beschwerden habe und wenn ich viel und heftig gähne, bessern sich die Beschwerden *151.   Öfteres Gähnen, als ob er nicht ausgeschlafen hätte. — Drückend stichartiger und ziehender Schmerz in der li Stirnseite *11—2Std—670, 318.   Kopfschmerz, dabei ein Gefühl von Müdigkeit *I.

10   **Gähnen verursacht Schmerzen im Kiefergelenk:**
Neigung des re Kiefergelenks vor den Ohren, sich beim Gähnen mit Stichschmerz auszurenken *1-52.   Schmerz im Kiefergelenke beim Gähnen *1-53.   Der li Backen schmerzt, beim Gähnen, wie geschwürig *3-388.

11   **Neigung zum Gähnen und Dehnen. Gähnen mit Tränenfluß:**
Starke Neigung zum Gähnen, und Dehnen; sie kann sich nicht genug ausdehnen *1HA-238.   Heftiges Gähnen, daß ihm die Tränen in die Augen treten *10HA-669.   Öfteres Gähnen, als ob er nicht ausgeschlafen hätte *11HA-670.

SCHLAF   Beschwerden im Schlaf oder nach dem Schlaf

1   **Allgemeine Verschlechterung nach dem Mittagsschlaf:**
Ein unerträglicher Klamm in der Wade und Fußsohle des Beines, worauf er liegt, weckt ihn aus dem Nachmittagsschlafe auf *1-220.   Kopfweh, das beim Mittagessen ganz schwand, sich aber nach dem Mittagsschlafe sogleich wieder einstellte, und zu dieser Zeit ausblieb, wenn Patientin die Mittagsruhe mied *35.   Eigentümlich ist, daß nach Mittagsschlaf die Verdrießlichkeit besonders hervortritt *88.   Schmerz im li Sacroiliacalgelenk, kann sich deshalb morgens im Bett nicht umdrehen. Schmerz nach Mittagsschlaf, nicht aber morgens nach Aufstehen *136. Kinder sind schlecht gelaunt, sie heulen und verlangen alle möglichen Sachen, und wenn sie sie bekommen haben, werfen sie sie zornig wieder weg, besonders am frühen Morgen *JCS.   Schlechtes Befinden nach dem Schlaf, besonders nach dem Mittagsschlaf *KA.   Das Kind schiebt beim Erwachen alles von sich weg, alle anderen sollen weggehen *LT.   Hunger nach dem Mittagsschlaf *c.

2   **Samenergüsse oder Erektionen im Schlaf:**
Fünf Nächte hintereinander, Samenerguß, jedesmal mit geilen Träumen *1-151.   Die ganze Nacht über, ungeheure Rutesteifigkeit, ohne Samenerguß *11-514.   Die ganze Nacht, Rutesteifigkeit, ohne verliebte Phantasien und ohne Samenerguß *11-515.   Nachts, verliebte

Traumbilder, mit zwei Samenergüssen *11-516.   Nachts eine Samenergießung, ohne Träume
*3-517.   Verliebte Träume und Samenerguß *5HA-684.   Samenergüsse; Die Abgänge
finden vor der Dämmerung statt, wecken ihn selten *64.   Samenabgänge mit Träumen. Samenabgänge zweimal wöchentlich und immer gegen Morgen *111.   Gelegentlich nächtlicher
Samenabgang *117a.

3   **Schwach und wie zerschlagen nach Schlaf:**
Früh im Bette ist sie sehr müde, ohne Schläfrigkeit, alle Glieder tun ihr wie zerschlagen weh, und
als wenn keine Kräfte drin wären, eine Stunde lang 1AA-236.   Früh, beim Erwachen, große
Müdigkeit, die sich aber bald verliert *1-237.   Erwacht düster und schwer in den Gliedern
und fürchtet sich vor dem Gehen; als er aber ging, ward es ihm sehr sauer, vorzüglich das Bergsteigen *12A-671.   Morgens Abneigung gegen jede Bewegung und Verlangen, im Bett liegen zu
bleiben, weil er sich wie zerschlagen und gerädert fühlt *40.   Nach Schlaf marode *99.
Schwach und müde, besonders morgens *111.

4   **Wadenkrampf weckt ihn aus dem Mittagsschlaf:**
Ein unerträglicher Klamm in der Wade und Fußsohle des Beines, worauf er liegt, weckt ihn aus
dem Nachmittagsschlafe auf *1-220.   Klamm vorzüglich in dem oberen und unteren Teile
der Wade, beim Erwachen aus dem Schlafe, welcher weder durch Ausstrecken, noch durch Biegen
des Schenkels zu mildern ist *1-221.

5   **Rückenschmerzen im Schlaf oder nach dem Schlaf:**
Schmerz im Rücken, die Nacht, vom Abend an bis früh 5 Uhr, wie Schläge und Rucke, so daß es
ihm den Atem benahm, bei Schlummer *1-196.   Die ganze Nacht, ein Pressen im Kreuze,
wie zerschlagen; sie wachte über diesen Schmerz auf, wo es früh um 4 Uhr am schlimmsten war;
wie sie aufstand, war es weg *1-201.   Schmerz im li Sacroiliacalgelenk, kann sich deshalb
morgens im Bett nicht umdrehen. Schmerz nach Mittagsschlaf, nicht aber morgens nach Aufstehen
*136.   Ziehende Sacrumschmerzen bis in die Vorderseite der Oberschenkel. Jede Nach zwi-
schen 1 und 2 Uhr geht es los, kann dann nicht mehr liegen, muß im Sessel schlafen wegen der
Schmerzen *i.

6   **Kopfschmerz nach dem Erwachen aus dem Mittagsschlaf, oder weckt aus dem**
Schlaf:
Früh, gleich nach dem Erwachen, arger Kopfschmerz, als wenn das Gehirn zerrissen wäre, was aber
nachher unter häufigem, krampfhaftem Gähnen verging *1-7.   Drückend bohrender Stich,
eine Minute anhaltend, in der ganzen li Stirrhälfte, von innen heraus, welcher früh mit Heftigkeit
zweimal nach einander aus dem Schlafe weckt *6HA-322.   Ein strammender Schmerz an
der li Nacken- und Hinterkopfseite, bloß die Nacht, welcher ihn oft aus dem Schlafe weckt und
wovor er weder auf der re Seite, noch auf der li Seite liegen kann *11-341.   Kopfweh, das
beim Mittagessen ganz schwand, sich aber nach dem Mittagsschlafe sogleich wieder einstellte, und
zu dieser Zeit ausblieb, wenn Patientin die Mittagsruhe mied *35.   Kopfschmerz morgens
im Bett, geht mit viel Gähnen vorüber *LT.

7   **Nach Schlaf: Herzklopfen, Hunger Schweiß, Druck auf die Blase, trockene Au-**
gen:
Die Augen sind früh beim Erwachen so trocken; es drückt darin, daß sie sie unbenetzt nicht aufmachen kann *1A-45.   Beim Erwachen vom Schlafe, Drücken auf die Blase *1HA-146.   Er
erwacht aus dem Nachmittagsschlafe mit dem heftigsten Herzklopfen *1-185.   Hunger nach
dem Mittagsschlaf *c.   Nachtschweiß, nach dem Aufwachen beginnt sie zu schwitzen *d.

8   **Frost oder Hitze im Schlaf oder nach dem Schlaf:**

Mehrere Nächte fuhr er oft am ganzen Körper zusammen, an Armen und Beinen, wie wenn jemand jähling gekitzelt wird — eine Art krampfhaften Zuckens, doch unschmerzhaft; dabei war es ihm, ob er sich schon leicht zudeckte, doch so heiß, aber ohne Durst und ohne Schweiß *1-252. Früh im Bette, erst Frost und dann Hitze; sie wollte früh nicht aufstehen *1-258.   Hitze in der Nacht, vorzüglich um die Stirne, so daß sie von 3 Uhr an nicht mehr schlafen konnte, dann, Vormittags, um 9 Uhr, Frostschauder *1-264.   Früh, Munterkeit, dann Schläfrigkeit mit Frostschauder im Rücken *3-672.   In der Nacht wacht er oft auf über Frostgefühl, kann sich aber nicht recht besinnen *8HA-691.   Nachts Entblößen *110.

9   Zusammenzucken im Schlaf:
Mehrere Nächte fuhr er oft am ganzen Körper zusammen, an Armen und Beinen, wie wenn jemand jähling gekitzelt wird — eine Art krampfhaften Zuckens, doch unschmerzhaft *1-252.   Er schläft ein, wird aber sogleich durch einen Traum, worin er mit einem Tiere kämpft und wovon er sehr erschrickt und zusammenfährt, aufgeweckt *8-676.

10   Husten im Schlaf, weckt aus dem Schlaf:
Quälender Husten die ganze Nacht läßt ihn immer wieder wach werden *2.   Der Husten trieb ihn häufig aus dem Bett, und zwang ihn, die Nacht sitzend zu verbringen, weil er im Liegen nicht atmen konnte *54.

SCHLAF   Träume

1   Tagträume, kann Wirklichkeit und Traum nicht unterscheiden:
Es kommen ihm ängstliche Gedanken und Dinge aus der Vergangenheit vor, als wenn sie gegenwärtig wären und vor ihm ständen, welche ihm Angst und Angstschweiß erregen — dann wird's ihm schwarz vor den Augen; er weiß nicht, ob die Vorstellungen wahr sind, oder Täuschung; dann sieht er alles für etwas Anderes an und es vergeht ihm die Lust zum Leben *1-270.   Er weiß nicht, ob das wirklich geschehen sei, was ihm vor der Einbildungskraft, wie etwas aus dem Gedächtnisse, vorschwebt, oder ob er es nur geträumt habe (Nachmittags von 5, bis 7 Uhr) *1-271.   Unruhige Träume; bald beschäftigt er sich mit diesem, bald mit einem anderen Gegenstande, bald erschrickt er und wacht auf, besinnt sich aber nicht ordentlich *8-683.

2   Träumt im ersten Schlaf, gleich nach dem Einschlafen:
Gleich beim Anfange des Schlafs träumt er von Tagesgeschäften *1-243.   Er konnte, wegen Munterkeit, vor Mitternacht nicht einschlafen, kaum eingeschlafen aber hatte er schon lebhafte Träume von Streit und Zank *11-675.   Er schläft ein, wird aber sogleich durch einen Traum, worin er mit einem Tiere kämpft und wovon er sehr erschrickt und zusammenfährt, aufgeweckt *8-676.   Sobald er einschläft, träumt er; bald kämpft er mit jemand, bald hat er ängstliche Bilder, worüber er aufwacht, und dann träumt er wieder *4-687.

3   Träumt gegen Morgen:
Lebhafte, aber unangenehme Träume, gegen Morgen *10-680.   Samenabgänge mit Träumen. Samenabgänge zweimal wöchentlich und immer gegen Morgen *111.

4   Verliebte Träume, mit Samenergüssen:
Fünf Nächte nacheinander, Samenerguß, jedesmal mit geilen Träumen *1-151.   Nachts, verliebte Traumbilder, mit zwei Samenergüssen *11-516.   Verliebte Träume und Samenerguß

*5HA-684.   Wohllüstige Träume, ohne Pollution *3-685.   Samenergüsse; Unangeneh-
me Träume, daß er in Schwierigkeiten steckt oder von nackten Frauen *64.   Samenabgänge
mit Träumen *111.

5   Träumt von einem Kampf mit Tieren, von verletzten Tieren:

Er schläft ein, wird aber sogleich durch einen Traum, worin er mit einem Tiere kämpft und wovon
er sehr erschrickt und zusammenfährt, aufgeweckt *8-676.   Sobald er einschläft, träumt er;
bald kämpft er mit jemand, bald hat er ängstliche Bilder, worüber er aufwacht, und dann träumt er
wieder *4-687.   Viele Träume, häufig von verletzten Tieren, wobei sie Schuld hat, weil sie
sie vernachlässigt hat *140.

6   Steckt in Schwierigkeiten. Erbitterung. Streit und Zank. Unangenehme Träume:

Kaum eingeschlafen hatte er schon lebhafte Träume von Streit und Zank *11-675.   Lebhafte, aber unangenehme Träume, gegen Morgen *10-680.   Träume voll Erbitterung *11-682.
Unangenehme Träume, daß er in Schwierigkeiten steckt oder von nackten Frauen *64.

7   Mordträume:

Traum von Ermordung *1-245.   Träumereien von Mord, die zweite Nacht *7-688.

8   Logische, verständliche Träume:

Höchst lebhafte Träume, mit verständigem Zusammenhange *1-244.

9   Ängstliche, schreckliche Träume, erschrickt im Traum:

Die Nächte ist das Kind sehr unruhig und ruft die Mutter, alle Augenblicke *1-246.   Es
kommen ihm ängstliche Gedanken und Dinge aus der Vergangenheit vor, als wenn sie gegenwärtig
wären und vor ihm ständen, welche ihm Angst und Angstschweiß erregen *1-270.   Er schläft
ein, wird aber sogleich durch einen Traum, worin er mit einem Tiere kämpft und wovon er sehr erschrickt und zusammenfährt, aufgeweckt *8-676.   Unruhige Träume ängstlicher Art *5-677.
Unruhige Träume; bald beschäftigt er sich mit diesem, bald mit einem anderen Gegenstande, bald
erschrickt er und wacht auf, besinnt sich aber nicht ordentlich *8-683.   Sobald er einschläft,
träumt er; bald kämpft er mit jemand, bald hat er ängstliche Bilder, worüber er aufwacht *4-687.
Unruhe durch schreckliche Träume, verlangt nach seiner Mamma *LT.

10   Lebhafte, unruhige Träume:

Höchst lebhafte Träume, mit verständigem Zusammenhange *1-244.   Kaum eingeschlafen
hatte er schon lebhafte Träume von Streit und Zank *11-675.   Unruhige Träume ängstlicher Art *5-677.   Lebhafte, aber unangenehme Träume, gegen Morgen *10-680.   Nachts,
lebhafte, aber unerinnerliche Träume *11-681.   Unruhige Träume; bald beschäftigt er sich
mit diesem, bald mit einem anderen Gegenstande, bald erschrickt er und wacht auf, besinnt sich
aber nicht ordentlich *8-683.   Unruhe durch schreckliche Träume, verlangt nach seiner
Mamma *LT.

11   Wacht durch Träume auf:

Er schläft ein, wird aber sogleich durch einen Traum, worin er mit einem Tiere kämpft und wovon
er sehr erschrickt und zusammenfährt, aufgeweckt *8-676.   Unruhige Träume; bald beschäftigt er sich mit diesem, bald mit einem anderen Gegenstande, bald erschrickt er und wacht auf, besinnt sich aber nicht ordentlich *8-683.   Sobald er einschläft, träumt er; bald kämpft er mit
jemand, bald hat er ängstliche Bilder, worüber er aufwacht, und dann träumt er wieder *4-687.

SCHWINDEL   Orte, Empfindungen

1   **Gefühl, vor allem im Hinterkopf, als sei das Gehirn zu klein für den Schädel, als sei der Hinterkopf hohl oder leer:**
Kopfweh beim Bewegen, als wenn alles Gehirn herausfallen wollte; auch in der Ruhe, als wenn das Gehirn zusammengepreßt, von der Hirnschale abstehend und locker drinläge *1-8.   Früh ganz wüste im Kopfe, mit zusammenziehendem Drücken im Scheitel *3-296.   Ich kann es kaum beschreiben. Es erstreckt sich von dem Hinterhauptshöcker nach dem li Ohr, als wenn es hohl wäre, und doch ist daselbst eine dumpfe Empfindung, kein starker Schmerz – ein Gefühl, als ob das Gehirn nicht groß genug sei, um den Schädel hinlänglich auszufüllen *60.   Gefühl wie taub oder gefühllos im Hinterkopf *KM.   Kopfschmerz mit Leeregefühl im Hinterkopf *KN.   Kopfschmerz wie verkrampft im Nacken und ein Leeregefühl im Kopf, besonders im Hinterkopf, mit Benommenheit, wie eine Art Konzentrationsschwäche, vor allem im Sitzen *I.

2   **Unschmerzhaftes Ziehen, Spannen oder Drücken im Nacken:**
Niederdrückende Empfindung im Nacken *3-402.   Lähmiges Ziehen hinten im Nackengelenke, am Stachelfortsatze des ersten Rückenwirbels *4-403.   Geistesstörung; Zwischen den Anfällen Druckgefühl über dem Nacken *72.   Rheumatisches Ziehen, Drücken und Spannung im Nacken, mit Steifheit *HG.   Gefühl von Klemmen oder Spannen im Genick, nicht direkt schmerzhaft *h.   Kopfschmerz wie verkrampft im Nacken und ein Leeregefühl im Kopf, besonders im Hinterkopf, mit Benommenheit, wie eine Art Konzentrationsschwäche, vor allem im Sitzen *I.

3   **Schwindel oder Eingenommenheit in der Stirn:**
Eingenommenheit des Kopfs, bloß vorne in der Mitte der Stirne, auf einer kleinen Stelle, so groß, wie eine Fingerspitze, wie Dummheit *1A-5.   Drehend in der Stirne und dumm vor dem Kopfe *12-287.   Drückend betäubendes Kopfweh, besonders in der Stirne *11HA-298.

4   **Kommt sich selbst größer vor, alles unter ihm scheint tiefer zu sein, alles scheint weit weg:**
Gesichtstäuschung: Wenn er vom Sitze aufsteht, kommt er sich viel größer vor, als sonst, und alles unter ihm scheint tiefer zu sein *3-369.   Gefühl, als sei alles weit weg, dann, als lebe sie in einem Traum *136.

5   **Orientierungsstörung, wußte nicht, ob er auf der Straße links oder rechts ging:**
Eingenommenheit des Kopfs, bloß vorne in der Mitte der Stirne, auf einer kleinen Stelle, so groß, wie eine Fingerspitze, wie Dummheit – er wußte auf der Straße nicht, ob er rechts oder links ging; er mußte sich sehr zusammennehmen *1A-5.

6   **Eingenommenheit, Dummheit des Kopfes, als wenn Schwindel entstehen wollte, Gehirn wie aus Holz, Gefühl wie Betäubung:**
In der Stube, Schwindel, wie Betäubung, im Freien nicht *1-1.   Eingenommenheit des Kopfes, bloß vorne in der Mitte der Stirne, auf einer kleinen Stelle, so groß, wie eine Fingerspitze, wie Dummheit *1A-5.   Kopfweh abwechselnd betäubend und abwechselnd bohrend *1-6. Eingenommenheit des Kopfes nur absatzweise; zuweilen war es ihm sehr frei und hell im Kopfe *1-10.   Beim Stehen und Sprechen, Eingenommenheit des Kopfes, als wenn Schwindel entstehen wollte, längere Zeit fortdauernd *7-286.   Drehend in der Stirne und dumm vor dem

Kopfe. – Wehtun im ganzen Kopfe, wie Sumsen *12–5Std–287,294.   Eingenommen ist der Kopf, wie dumm, und Schwere desselben *7-288.   Der Kopf ist stets eingenommen und der Geist niedergedrückt *10-289.   Wüste im Kopfe, wie beim Schnupfen *12-290.   Früh ganz wüste im Kopfe, mit zusammenziehendem Drücken im Scheitel *3-296.   Drückend betäubendes Kopfweh, besonders in der Stirne, heftiger, bei Bewegung des Kopfs und beim Stehen *11HA-298.   Öfteres Schlucksen, mit Übelkeit und Kopfbetäubung verbunden *11-458.

Benommener Kopf, als sei er immer betrunken *40.   Fieber, eingenommener Kopf *42. Dumpfes Gefühl im Kopf, kann nicht geistig arbeiten *HG.   Gefühl, als wäre das ganze Gehirn aus Holz *KM.   Kopfschmerz wie verkrampft im Nacken und ein Leeregefühl im Kopf, besonders im Hinterkopf, mit Benommenheit, wie eine Art Konzentrationsschwäche, vor allem im Sitzen *I.

7   **Drehschwindel. Es dreht sich nur einmal im Kopf, alles dreht sich mit ihm herum, Drehen in der Stirn:**
Beim Bücken und schnellen Drehen des Kopfes, Schwindel; es drehte sich (nur einmal) alles halb im Kreis herum *1-2.   Schwindel im Liegen, abends im Bette, als wenn sich alles mit ihm herum drehte *1-4.   Vormittags, nach Aufstehen vom Sitze, wird er blaß, schwindlicht und drehend, fällt auf die Seite, wie ohnmächtig; den folgenden Tag, um dieselbe Zeit, ein ähnlicher Anfall *1-232.   Drehender Schwindel, vorzüglich beim Sitzen, durch Herumgehen vermindert *2-284.   Drehend in der Stirne und dumm vor dem Kopfe *12-287.   Im Kopfe öfters Schwindel, ein Gefühl von Drehen im Kopfe, so daß er zu fallen drohte *26.   Drehschwindel beim Sitzen oder Liegen, besser durch Aufstehen und sich im Kreis Drehen *NM.

8   **Droht hinzufallen, rennt an eine Tür an:**
Schwindel: er rannte beim Gehen an eine Tür an *1-3.   Vormittags, nach Aufstehen vom Sitze, wird er blaß, schwindlicht und drehend, fällt auf die Seite, wie ohnmächtig; den folgenden Tag, um dieselbe Zeit, ein ähnlicher Anfall *1-232.   Im Kopfe öfters Schwindel, ein Gefühl von Drehen im Kopfe, so daß er zu fallen drohte *26.   Geistesstörung; Während der Intervalle auch Schwindel, besonders beim Gehen im Freien. Vom leisesten Windhauch Gefühl, als würden seine Beine unter ihm weggeweht und als fiele er rückwärts *72.

9   **Schwere des Kopfes, Schwäche der Nackenmuskeln:**
Eingenommen ist der Kopf, wie dumm, und Schwere desselben *7-288.   Beim Vorbeugen des Kopfes fällt derselbe, fast unwillkürlich, vorwärts, im Sitzen *3-400.   Schwere des Kopfes und Schwäche der Halsmuskeln; er mußte den Kopf entweder rückwärts, oder an dieser, oder jener Seite anlehnen *7-401.   Niederdrückende Empfindung im Nacken *3-402.   Morgens der Kopf schwer *37.

10   **Schwindel wie Ohnmacht:**
Vormittags, nach Aufstehen vom Sitze, wird er blaß, schwindlicht und drehend, fällt auf die Seite, wie ohnmächtig; den folgenden Tag, um dieselbe Zeit, ein ähnlicher Anfall *1-232.   Es kommen ihm ängstliche Gedanken und Dinge aus der Vergangenheit vor, als wenn sie gegenwärtig wären und vor ihm ständen, welche ihm Angst und Angstschweiß erregen – dann wird's ihm schwarz vor den Augen *1-270.

11   **Schwarzwerden vor Augen, Ausfallen von Zeilen beim Lesen, wie schwarze Blitze vor den Augen, wie ein weißer Flor vor dem Gegenstande:**
Beim Sehen zieht sich wie ein weißer Flor vor den Gegenstand, wodurch er unsichtbar ward *1-27. Beim Lesen war's, als wenn kleine schwarze Blitze zwischen die Buchstaben kämen, und dann waren ganze Zeilen verschwunden *1-28.   Auch beim Sehen im Freien kamen zuweilen schwar-

ze Blitze vor die Augen, wie eine Art Flimmern *1-29.   Es kommen ihm ängstliche Gedanken und Dinge aus der Vergangenheit vor, als wenn sie gegenwärtig wären und vor ihm ständen, welche ihm Angst und Angstschweiß erregen – dann wird's ihm schwarz vor den Augen *1-270.

12   Schwächegefühl im Magen wie Scheinhunger. Verlangen nach etwas Anregendem:
Drei Tage lang ist es ihm wabblicht und weichlicht *1-102.   Scheinhunger-Empfindung im Magen, als hinge er schlaff herunter und doch kein Appetit *1-105.   Weichlich; es läuft ihm Wasser im Munde zusammen, mit einzelnem, kurzem Aufstoßen, wie wenn man ein Brechmittel eingenommen hat, was nicht gehen will *12-450.   Öfteres Schlucksen, mit Übelkeit und Kopfbetäubung verbunden *11-458.   Ein ständiges hohles Gefühl im Magen, wegen dem er jetzt eine Magenbinde trägt *150.   Gefühl, als ob der Magen schlaff herunterhinge *GG. Gefühl, als hingen Magen und Bauch schlaff herunter *AF.   Großes Verlangen nach Wein, Branntwein oder Tabak. Verlangen nach Branntwein oder etwas Anregendem *LT.   Schweregefühl im Magen, als hinge der Magen herunter, besser durch Essen *c.   Schwächegefühl im Magen, eine Art Hungergefühl *e.

SCHWINDEL   Modalitäten, Begleitsymptome

1   Im Sitzen, besser durch Aufstehen und Herumgehen:
Drehender Schwindel, vorzüglich beim Sitzen, durch Herumgehen vermindert *2-284.   Drehschwindel beim Sitzen oder Liegen, besser durch Aufstehen und sich im Kreis Drehen *NM. Kopfschmerz wie verkrampft im Nacken und ein Leeregefühl im Kopf, besonders im Hinterkopf, mit Benommenheit, wie eine Art Konzentrationsschwäche, vor allem im Sitzen *I.

2   Drehen, Walzertanzen bessert:
Schwindel, der aufhört, wenn man sich mehrmals schnell auf dem Absatz herumdreht, nach Walzertanzen zum Beispiel *TM.   Drehschwindel beim Sitzen oder Liegen, besser durch Aufstehen und sich im Kreis Drehen *NM.

3   Im Stehen:
Beim Stehen und Sprechen, Eingenommenheit des Kopfs, als wenn Schwindel entstehen wollte, längere Zeit fortdauernd *7-286.   Drückend betäubendes Kopfweh, besonders in der Stirne, heftiger, bei Bewegung des Kopfes und beim Stehen *11HA-298.

4   Beim Bücken, Kopfdrehen, Aufstehen:
Beim Bücken und schnellen Drehen des Kopfes, Schwindel; es drehte sich (nur einmal) alles halb im Kreis herum *1-2.   Vormittags, nach Aufstehen vom Sitze, wird er blaß, schwindlicht und drehend, fällt auf die Seite, wie ohnmächtig *1-232.   Drückend betäubendes Kopfweh, besonders in der Stirne, heftiger, bei Bewegung des Kopfes und beim Stehen *11HA-298.

5   Nur in der Stube, besser im Freien:
In der Stube, Schwindel, wie Betäubung, im Freien nicht *1-1.

6   Beim Gehen im Freien. Durch Wind:
Geistesstörung; Während der Intervalle auch Schwindel, besonders beim Gehen im Freien. Vom leisesten Windhauch Gefühl, als würden seine Beine unter ihm weggeweht und als fiele er rückwärts

*72.

7   Beim Sprechen:
Beim Stehen und Sprechen, Eingenommenheit des Kopfs, als wenn Schwindel entstehen wollte, längere Zeit fortdauernd *7-286.

8   Abends im Bett:
Schwindel im Liegen, abends im Bette, als wenn sich alles mit ihm herum drehte *1-4.

9   Vormittags:
Vormittags, nach Aufstehen vom Sitze, wird er blaß, schwindlicht und drehend, fällt auf die Seite, wie ohnmächtig; den folgenden Tag, um dieselbe Zeit, ein ähnlicher Anfall *1-232.

10   Begleitsymptome:
Schwindlicht. – Ein spannender Stich im li Ohre *5–510Min–285,375.   Drehend in der Stirne und dumm vor dem Kopfe. – Wehtun im ganzen Kopfe, wie Sumsen. – Beim Vorbücken, Schmerz im Kopfe, als wollte alles zur Stirne heraus *12–5Std–287,294,300.   Brustschmerzen; Im Kopfe öfters Schwindel, ein Gefühl von Drehen im Kopfe, so daß er zu fallen drohte; grosse Erweiterung der Augensterne, die sich nur auf stärkeren Lichtreiz verengten; lästiges Sausen in den Ohren *26.   Langdauernder Schwindel, begleitet von anhaltender Übelkeit wie bei Seekrankheit. *TM.   Kopfschmerz mit Gefühl einer Kugel in der Stirn und Leeregefühl im Hinterkopf *KN.   Kopfschmerz wie verkrampft im Nacken und ein Leeregefühl im Kopf, besonders im Hinterkopf, mit Benommenheit, wie eine Art Konzentrationsschwäche, vor allem im Sitzen *I.

SCHWÄCHE, LÄHMUNG   Orte

1   Kopf, Nacken: Schwere, Muskelschwäche, niederdrückende Empfindung, lähmiges Ziehen, Steifheit:
Eingenommen ist der Kopf, wie dumm, und Schwere desselben *1-288.   Schwere des Kopfes, erleichtert durch Aufstützen auf die Hand *5HA-308.   Beim Vorbeugen des Kopfes fällt derselbe, fast unwillkürlich, vorwärts, im Sitzen *3-400.   Schwere des Kopfes und Schwäche der Halsmuskeln: er mußte den Kopf entweder rückwärts, oder an dieser, oder jener Seite anlehnen *7-401.   Niederdrückende Empfindung im Nacken *3-402.   Lähmiges Ziehen hinten im Nackengelenke, am Stachelfortsatz des ersten Rückenwirbels *4-403.   Rheumatisches Ziehen, Drücken und Spannung im Nacken, mit Steifheit *HG.

2   **Augen:** Schwäche:
Klagt über Schwäche der Augen, d.h. Schmerzen bei Anstrengung derselben *92.

3   **Arme:** Mattigkeit, Schwere, Schwäche, lähmiges Ziehen, lähmiger Druck:
Nach einer nächtlichen Pollution, Mattigkeit und Schwere in beiden Armen, als hätte er Blei drin
*1-152.   Lähmiges Ziehen im Schultergelenke, bisweilen auch im ganzen Arme, wenn er ihn
beim Liegen, im Bette, unter den Kopf legt *4-564.   Lähmig drückender Schmerz am li
Oberarme, bei Berührung und Bewegung heftiger, der Arm ist geschwächt *8HA-571.   Lähmiger Druck an beiden Ober- und Unterarmen; bei Bewegung und Berührung heftiger *8HA-573.
Verhob sich die Achsel. Dabei fühlte er eine Schwäche im ganzen Arme *3.

4   **Schulter, Oberarm:** Lähmiges Ziehen, lähmiges Drücken:
Lähmiges Ziehen im Schultergelenke, bisweilen auch im ganzen Arme, wenn er ihn beim Liegen,
im Bette, unter den Kopf legt *4-564.   Lähmig drückender Schmerz am li Oberarme, bei
Berührung heftiger *8-569.   Lähmig drückender Schmerz am li Oberarme, bei Berührung
und Bewegung heftiger, der Arm ist geschwächt *8HA-571.

5   **Ellbogen:** Lähmige Schwäche, Steifheit:
Lähmige Schwäche um das Ellbogengelenk *3-576.   Schmerz im Ellbogen. Das Gelenk war
steif und geschwollen *38.

6   **Fingergrundgelenke, Finger, Fingerspitzen, Hand:** Lähmiges Ziehen, Kriebeln, Taubheit, Schwäche, Zittern:
Lähmig ziehender Schmerz in den hinteren Gelenken der Finger, wo sie sich mit den Mittelhandknochen vereinigen — bei Bewegung heftiger *8H-588.   Kriebeln in den Fingern, als wollten sie einschlafen *7-596.   Händezittern, kann nichts in der Hand festhalten, nicht einmal
Wasser trinken, ohne es zu verschütten *72.   Taubheit in den Fingerspitzen beider Hände
seit der Pflege ihrer Mutter wegen Lähmung *136.   Zittern der Hände nach unterdrückter
Wut *KM.

7   **Brust:** Schwäche, Schwere, mattes Sprechen:
Sie fühlt ihre Brust schwach *1-172.   In der Brust, ein Drücken, und eine Schwere darin,
beim Sitzen, welches beim Gehen nachließ *1-178.   Er spricht ganz matt, wegen Schwäche
der Sprachorgane, ob er gleich übrigens lebhaft ist *3-438.   Brennend drückender Schmerz
unter dem re Schulterblatte, dicht am Rückgrate, mit einer empfindlichen Schwerheitsempfindung
auf der re Brust *6-550.

8   **Magen:** Weichlich, schlaffes Herunterhängen, etwas ist locker, Schwere, hohles Gefühl, Gefühl von Schwäche, Krabbeln:
Weichlich; es läuft ihm Wasser im Munde zusammen, mit einzelnem kurzem Aufstoßen, wie wenn
man ein Brechmittel eingenommen hat, was nicht gehen will *12-450.   Husten mit dem Gefühl, als sei in der Magengrube etwas locker, wie loses Fleisch, an dem bei jedem Husten gezupft
würde *54.   Schwächegefühl in der Magengegend und im Unterleib *62.   Am Epigastrium hatte er das Gefühl, als befände sich dort ein Gewicht *87.   Ekel, Übelkeit und Erbrechen und ein ständiges hohles Gefühl im Magen, wegen dem er jetzt eine Magenbinde trägt
*150.   Gefühl, als ob der Magen schlaff herunterhinge *GG.   Gefühl, als hingen Ma-
gen und Bauch schlaff herunter *AF.   Schweregefühl im Magen, als hinge der Magen herunter, besser durch Essen *c.   Schwächegefühl im Magen, eine Art Hungergefühl. Krabbeln im
Magen *e.

9 **Unterleib:** Schwere, Schwächegefühl, als ob der Leib wegfällt, Zerschlagenheit, Beben, Taubheit:

Drücken und zugleich Schwere und Spannen im Unterleibe *1-111.   Beim Stehen, eine Taubheitsempfindung in der li Hüfte, bis zum Unterleibe *1-210.   Zerschlagenheitsschmerz über den Hüften, in den Lenden, welcher sich unter dem Nabel hinzieht *10-476.   Zerschlagenheitsschmerz im Unterleibe *12-477.   Im Unterleibe, eine bebende Empfindung und Durchfallsregung *3-488.   Schmerz mit Schweregefühl im Hypogastrium, gefolgt von Stuhldrang *17.   Litt an einem Schwächegefühl in der Magengegend und im Unterleib *62. Gallensteinkoliken; Gefühl, als ob der Leib wegfällt. Ovarialneuralgie; Das Gefühl, als ob der Leib wegfällt, tritt sofort mit dem Anfalle auf und bleibt während des ganzen Anfalles *95.   Schwächegefühl im Bauche, als solle derselbe abfallen *JS.   Gefühl von Schwäche im Bauch, als sollte er verschwinden *LM.   Gefühl einer Schwäche im Bauche, als wollte alles hinunterfallen *GG.   Gefühl, als hingen Magen und Bauch schlaff herunter *AF.   Im Bauche Schwächegefühl, als solle derselbe abfallen, möchte ihn hochheben *LT.   Uterusprolaps mit Gefühl von Herausfallen im Bauch *AP.   Der Bauchinhalt will unten raus, muß den Leib festhalten *e.

10 **Beine:** Kriebeln, Schwere, Lähmung, Schwäche, Muskelatrophie:

Ein Kriebeln in den lange Jahre hart elastisch geschwollenen Ober- und Unterschenkeln, mit Gefühl, als wenn der Teil innerlich heiß wäre, auseinander getrieben würde und sehr schwer wäre *1-215.   Mehrtägige Schwäche des Ober- und Unterschenkels, besonders im Kniegelenke – er muß den Fuß schleppen *10-618.   Anhaltender dumpfer Schmerz im ganzen Gliede (li Bein) mit dem Gefühl großer Schwere in der Ruhe. Nach der ersten Schmerzempfindung jedoch stellte sich eine complete Lähmung des ganzen Gliedes ein, welche anhielt bis der Menstrualfluß vollständig sich eingestellt, von welcher Zeit an das Glied nach und nach seine normale Kraft wieder erlangte *62.   Vom leisesten Windhauch Gefühl, als würden seine Beine unter ihm weggeweht und als fiele er rückwärts *72.   Muskeatrophie im li Bein. Geht mit einem Stab in der re und einem Stock in der li Hand, lehnt sich auf beide *136.   Rückenschmerz mit Schwäche der Beine, besonders der Kniegelenke, muß den Fuß nachziehen *LT.   Uterusprolaps mit Schwäche der Beine *AP.

11 **Oberschenkel:** Müdigkeitsschmerz wie zerschlagen, lähmiger Schmerz, Taubheit, Beben:

Beim Stehen, eine Taubheitsempfindung in der li Hüfte, bis zum Unterleibe *1-210.   Beim Liegen, ein Müdigkeitsschmerz quer über die Oberschenkel und als ob sie zerschlagen wären; dabei Empfindung von allzu großer Straffheit in den Gelenken und etwas Bebendes und Unruhiges darin, so daß er sie nicht still halten kann *3-609.   Lähmiger Schmerz, wie Ziehen, vorne in der Mitte des Oberschenkels, in Ruhe und Bewegung *4-612.   Beim Gehen, Wehtun in den Oberschenkeln (mehr im li), welche sie fast schleppen muß *12HA-623.

12 **Knie:** Zittern, Schwäche, lähmiges Ziehen, Zusammenknicken, Mattigkeit:

Krampfhaftes Schneiden im Unterleibe, mit Zittern der Knie *1-124.   Mehrtägige Schwäche des Ober- und Unterschenkels, besonders im Kniegelenke – er muß den Fuß schleppen *10-618. In dem re Kniegelenke und den Köpfen der Wadenmuskeln, beim Gehen, ein lähmiges Ziehen, wie eine Schwäche, welches, nach dem Gehen, auch beim Sitzen noch lange anhält, ehe es sich allmählig ganz verliert *4-627.   Beim Aufstehen vom Sitze, ein Gefühl, als wollten die Beine in der Kniekehle zusammenknicken – ein bebendes, überreiztes Heranziehen in der Kniekehle *3-629. Früh, gleich nach dem Aufstehen, große Mattigkeit in den Kniegelenken, welche ihn zum Sitzen nötigt; das Gehen und Stehen ist ihm beschwerlich *8-665.   Matt im ganzen Körper, vorzüglich in den Knien, beim Gehen *5HA-666.   Er fühlt noch große Schwäche in den Knien, zuweilen auch Stiche *138.   Große Schwäche der Kniegelenke *CA.   Rückenschmerz mit Schwäche der Beine, besonders der Kniegelenke, muß den Fuß nachziehen *LT.

13 **Wade:** Schwere, lähmiger Druck, Zerschlagenheit, Müdigkeitsschmerz:
Schwere und Spannen in der Wade *1-219.   Lähmiger Druck an den Wadenmuskeln des re
Fußes, nach außen; bei Berührung heftiger *8-635.   Allgemeine Zerschlagenheit, beim Gehen schlimmer, besser beim Sitzen und Liegen; besonders in den Waden, ein ungeheurer Mattigkeitsschmerz, wie zerprügelt – sie konnte die Füße kaum erschleppen *12A-663.

14 **Fuß:** Schwere:
Zusammenziehende Schwerheitsempfindung in den li Unterfußknochen, dicht am Fußgelenke *6-
642.

15 **Halbseitig:** Lähmung, Kriebeln:
Halbseitige Lähmung, nach Ärger *JS.   Einseitige Lähmung durch Gemütserregungen oder
Onanie, Kriebeln in den affizierten Teilen *LT.

SCHWÄCHE, LÄHMUNG   Empfindungen

1   **Allgemeine Mattigkeit, Abneigung gegen körperliche Tätigkeit:**
In den Gedärmen, Schneiden, dabei übel, zugleich große Mattigkeit *1-123.   Rheumatischer
Schmerz im Nacken und zwischen den Schulterblättern, den ganzen Vormittag, mehrere Morgen
nacheinander, bei Mattigkeit des ganzen Körpers, bis Mittag *1-195.   Schmerzhaftigkeit des
ganzen Körpers, wie Zerschlagenheit, mit ungemeinem Mattigkeitsgefühle, schlimmer bei Bewegung – wenn sie nach dem Sitzen etwas gegangen war, ward dies schmerzhafte Gefühl erneuert und
verstärkt *12A-664.   Matt im ganzen Körper, vorzüglich in den Knien, beim Gehen *5HA-
666.   Müdigkeit und Mattigkeit im Körper, früh *7A-667.   Große Müdigkeit und
Schläfrigkeit nach dem Essen; er fühlt Bedürfnis, sich zu legen, schläft schnell ein, erwacht aber
düster und schwer in den Gliedern und fürchtet sich vor dem Gehen; als er aber ging, ward es ihm
sauer, vorzüglich das Bergsteigen *12A-671.

Allgemeine Mattigkeit, Abneigung gegen jede körperliche Tätigkeit *2.   Morgens Abneigung
gegen jede Bewegung und Verlangen, im Bett liegen zu bleiben, weil er sich wie zerschlagen und gerädert fühlt. Den ganzen Tag schläfrig, so daß die Arbeit ihn hart ankommt *40.   Schmerz
im re Bein, gefolgt von großer Schwäche *61.   Samenabgänge gefolgt von Erschöpfung, drei
Nächte hintereinander *64.   Im allgemeinen besteht ein großes Müdigkeitsgefühl, besonders
bei längerem Stehen *138.   Stete Neigung zum Liegen *JS.   Fühlt sich „schwach, oh,
so schwach". Das Nervensystem ist erschöpft, alle Kraft dahin *DK.

2   **Schmerzhafte Müdigkeit wie zerschlagen:** Glieder, Lenden, Unterleib, Oberschenkel,
Waden:
Früh im Bette ist sie sehr müde, ohne Schläfrigkeit, alle Glieder tun ihr wie zerschlagen weh, und
als wenn keine Kräfte darin wären *1AA-236.   Zerschlagenheitsschmerz über den Hüften, in
den Lenden, welcher sich unter dem Nabel hinzieht *10-476.   Zerschlagenheitsschmerz im
Unterleibe *12-477.   Beim Liegen, ein Müdigkeitsschmerz quer über die Oberschenkel und
als ob sie zerschlagen wären; dabei Empfindung von allzu großer Straffheit in den Gelenken und etwas Bebendes und Unruhiges darin, so daß er sie nicht still halten kann *3-609.   Die Glieder
sind unter dem Schulter- und unter dem Hüftgelenke wie zerschlagen, und wie nach einer großen
Fußreise, schmerzhaft *3-662.   Allgemeine Zerschlagenheit, beim Gehen schlimmer, besser
beim Sitzen und Liegen; besonders in den Waden, ein ungeheurer Mattigkeitsschmerz, wie zerprü-

gelt — sie konnte die Füße kaum erschleppen *12A-663.   Schmerzhaftigkeit des ganzen Körpers, wie Zerschlagenheit, mit ungemeinem Mattigkeitsgefühle, schlimmer bei Bewegung — wenn
sie nach dem Sitzen etwas gegangen war, ward dies schmerzhafte Gefühl erneuert und verstärkt
*12A-664.   Morgens Abneigung gegen jede Bewegung und Verlangen, im Bett liegen zu
bleiben, weil er sich wie zerschlagen und gerädert fühlt *40.   Nach Schlaf marode *99.
Ruhr; Bei großem Zerschlagenheitsschmerz des ganzen Körpers und allgemeiner Abspannung *HT.
Große Schwäche mit krampfhaftem Ziehen und Zucken in den Muskeln *LT.   Nervöse
Schwäche: Wie erschöpft nach schwerer Arbeit *HG.

3   Konstitutionelle Schwäche:
Patient war sehr angegriffen und konnte das Bett nicht verlassen *12.   Thoraxprellung; Der
ganze Körper schwach, so daß Pat. sich weder allein aufrichten noch gehen konnte *26.   Hatte wegen der Leber Mercur genommen und befand sich in einem geschwächten Zustand *69.
Samenabgänge; Schwach und müde, besonders morgens *111.   Große Schwäche und Abgespanntheit *117a.   Samenabgänge; Abgespanntheit *117b.   Sie klagte über allgemeine Müdigkeit und Abgespanntheit *151.   Ärgert sich andauernd heftig und fühlt sich nachher sehr mitgenommen *166.   Angegriffensein nach vieler Kopfarbeit *RA.   Chronische Amenorrhoe mit allgemeiner Schwäche *TM.   Große Empfindlichkeit und Schwäche
überall im Körper *BD.   Kinder schwach und heruntergekommen infolge hereditärer Syphilis oder Sykosis *FK.   Große Empfindlichkeit und Schwäche im ganzen Körper, Verlangen
nach Branntwein oder etwas Anregendem. Große Schwäche mit krampfhaftem Ziehen und Zucken
in den Muskeln, Neigung zu Lähmung *LT.   Schwäche körperlich und geistig, besonders
früh mit Zittern *SK.   Coitus und Abgang von Samen beim Stuhlgang schwächen ihn *VR.

4   Schweregefühl: Kopf, Brust, Glieder, Magen, Unterleib, Arme, Beine, Wade, Fuß:
Drücken und zugleich Schwere und Spannen im Unterleibe *1-111.   Nach einer nächtlichen
Pollution, Mattigkeit und Schwere in beiden Armen, als hätte er Blei drin *1-152.   In der
Brust, ein Drücken, und eine Schwere darin, beim Sitzen, welches beim Gehen nachließ *1-178.
Ein Kriebeln in den lange Jahre hart elastisch geschwollenen Ober- und Unterschenkeln, mit Gefühl, als wenn der Teil innerlich heiß wäre, auseinander getrieben würde und sehr schwer wäre *1-
215.   Schwere und Spannen in der Wade *1-219.   Eingenommen ist der Kopf, wie
dumm, und Schwere desselben *1-288.   Schwere des Kopfes, erleichtert durch Aufstützen
auf die Hand *5HA-308.   Beim Vorbeugen des Kopfes fällt derselbe, fast unwillkürlich, vorwärts, im Sitzen *3-400.   Schwere des Kopfes und Schwäche der Halsmuskeln: er mußte
den Kopf entweder rückwärts, oder an dieser, oder jener Seite anlehnen *7-401.   Niederdrückende Empfindung im Nacken *3-402.   Brennend drückender Schmerz unter dem re
Schulterblatte, dicht am Rückgrate, mit einer empfindlichen Schwerheitsempfindung auf der re
Brust *6-550.   Zusammenziehende Schwerheitsempfindung in den li Unterfußknochen,
dicht am Fußgelenke *6-642.   Erwacht düster und schwer in den Gliedern und fürchtet
sich vor dem Gehen *12A-671.   Schmerz mit Schweregefühl im Hypogastrium, gefolgt von
Stuhldrang *17.   Am Epigastrium hatte er das Gefühl, als befände sich dort ein Gewicht
*87.   Nach dem Mittagsschlafe, Düsterheit und Schwere in den Gliedern *JH.   Glie-
der steif und schwer, schwach, zitterig, krampfig *SK.   Schweregefühl im Magen, als hinge
der Magen herunter, besser durch Essen *c.

5   Lähmiges Ziehen oder Drücken: Nacken, Schulter, Oberarme, Arme, Ellbogen, Finger-
grundgelenke, Oberschenkel, Knie, Waden, Gelenke:
Lähmiges Ziehen hinten am Nackengelenke, am Stachelfortsatz des ersten Rückenwirbels *4-403.
Lähmiges Ziehen im Schultergelenke, bisweilen auch im ganzen Arme, wenn er ihn beim Liegen,
im Bette, unter den Kopf legt *4-564.   Lähmig drückender Schmerz am li Oberarme, bei
Berührung und Bewegung heftiger, der Arm ist geschwächt *8HA-571.   Lähmiger Druck an

beiden Ober- und Unterarmen; bei Bewegung und Berührung heftiger *8HA-573.   Lähmige
Schwäche um das re Ellbogengelenk *3-576.   Lähmig ziehender Schmerz in den hinteren
Gelenken der Finger, wo sie sich mit den Mittelhandknochen vereinigen – bei Bewegung heftiger
8H-588.   Lähmiger Schmerz, wie Ziehen, vorne in der Mitte des Oberschenkels, in Ruhe
und Bewegung *4-612.   In dem re Kniegelenke und den Köpfen der Wadenmuskeln, beim
Gehen, ein lähmiges Ziehen, wie eine Schwäche, welches, nach dem Gehen, auch beim Sitzen noch
lange anhält, ehe es sich allmählig ganz verliert *4-627.   Lähmiger Druck an den Wadenmuskeln des re Fußes, nach außen; bei Berührung heftiger *8-635.   Lähmiges Ziehen an verschiedenen Stellen des Körpers, besonders in den Gelenken, wenn er die Glieder eine Zeit lang in ungewöhnlicher und unbequemer Lage läßt *4-656.

6   **Die Beine wollen in der Kniekehle zusammenknicken. Gefühl, als würden die
Beine vom Wind weggeweht:**
Mehrtägige Schwäche des Ober- und Unterschenkels, besonders im Kniegelenke – er muß den Fuß
schleppen *10-618.   Beim Aufstehen vom Sitze, ein Gefühl, als wollten die Beine in der
Kniekehle zusammenknicken – ein bebendes, überrreiztes Heranziehen in der Kniekehle *3-629.
Früh, gleich nach dem Aufstehen, große Mattigkeit in den Kniegelenken, welche ihn zum Sitzen
nötigt; das Gehen und Stehen ist ihm beschwerlich *8-665.   Matt im ganzen Körper, vorzüglich in den Knien, beim Gehen *5HA-666.   Vom leisesten Windhauch Gefühl, als würden
seine Beine unter ihm weggeweht und als fiele er rückwärts *72.   Große Schwäche der
Kniegelenke *CA.   Rückenschmerz mit Schwäche der Beine, besonders der Kniegelenke,
muß den Fuß nachziehen *LT.

7   **Muß das Bein nachschleppen:**
Mehrtägige Schwäche des Ober- und Unterschenkels, besonders im Kniegelenke – er muß den Fuß
schleppen *10-618.   Beim Gehen, Wehtun in den Oberschenkeln (mehr im li), welche sie
fast schleppen muß *12HA-623.   Allgemeine Zerschlagenheit, beim Gehen schlimmer,
besser beim Sitzen und Liegen; besonders in den Waden, ein ungeheurer Mattigkeitsschmerz, wie
zerprügelt – sie konnte die Füße kaum erschleppen *12A-663.   Schlürft beim Gehen *72.   Rük-
kenschmerz mit Schwäche der Beine, besonders der Kniegelenke, muß den Fuß nachziehen *LT.

8   **Zittern, Beben:** Glieder, Hände, innerlich, Unterleib, Oberschenkel, Knie:
Krampfhaftes Schneiden im Unterleibe, mit Zittern der Knie *1-124.   Im Unterleibe, eine
bebende Empfindung und Durchfallsregung *3-488.   Beim Liegen, ein Müdigkeitsschmerz
quer über die Oberschenkel und als ob sie zerschlagen wären; dabei Empfindung von allzu großer
Straffheit in den Gelenken und etwas Bebendes und Unruhiges darin, so daß er sie nicht still halten
kann *3-609.   Beim Aufstehen vom Sitze, ein Gefühl, als wollten die Beine in der Kniekehle
zusammenknicken, – ein bebendes, überreiztes Heranziehen in der Kniekehle *3-629.   Früh,
innerliches Zittern in den Gliedern, wenn er sie lange in einer Richtung erhält *3-655.   Händezittern, kann nichts in der Hand festhalten, nicht einmal Wasser trinken, ohne es zu verschütten
*72.   Verschloß seinen Ärger in sich. Es dauerte indeß keine Stunde, als er am ganzen Kör-
per zu zittern anfing, und eine arge Brustbeklemmung mit Atemnot stellte sich ein *85.   Verschluckte seinen Zorn und kam nach Hause mit Übelkeit, Zittern und Erschöpfung *89.   Klagt
über Muskelzuckungen, Zittern *161.   Gefühl von Zittern in inneren Teilen *GK.   Zittern der Hände nach unterdrückter Wut. Zittern vor nervöser Erregung *KM.   Schwäche
körperlich und geistig, besonders früh mit Zittern. Glieder steif und schwer, schwach, zittrig,
krampfig *SK.

9   **Gefühl von Erschlaffung und Herunterhängen, Schwächegefühl, Weichlichkeit
im Bauch:**
Drei Tage lang ist es ihm wabblicht und weichlicht *1-102.   Scheinhunger-Empfindung im

Magen, als hinge er schlaff herunter und doch kein Appetit *1-105.   Weichlich; es läuft ihm
Wasser im Munde zusammen, mit einzelnem, kurzem Aufstoßen, wie wenn man ein Brechmittel
eingenommen hat, was nicht gehen will *12-450.   Gallensteinkoliken; Gefühl, als ob der
Leib wegfällt. Ovarialneuralgie; das Gefühl, als ob der Leib wegfällt, tritt sofort mit dem Anfalle
auf und bleibt während des ganzen Anfalles *65.   Schwächegefühl im Bauche, als solle derselbe abfallen *JS.   Gefühl von Schwäche im Bauch als sollte er verschwinden *LM.   Gefühl, als ob der Magen schlaff herunterhinge. Gefühl einer Schwäche im Bauche, als wollte alles hinunterfallen *GG.   Gefühl, als hingen Magen und Bauch schlaff herunter *AF.   Im
Bauche Schwächegefühl, als solle derselbe abfallen, möchte ihn hochheben *LT.   Uterusprolaps mit Gefühl von Herausfallen im Bauch *AP.   Schweregefühl im Magen, als hinge der
Magen herunter, besser durch Essen *c.   Der Bauchinhalt will unten raus, muß den Leib festhalten. Schwächegefühl im Magen, eine Art Huntergefühl *e.

10   **Schwächegefühl in der Brust:**
Sie fühlt ihre Brust schwach; es liegt ihr etwas fest in der Luftröhre, was sie zum Kotzen nötigt *1-
172.   Brennend drückender Schmerz unter dem re Schulterblatte, dicht am Rückgrate, mit
einer empfindlichen Schwerheitsempfindung auf der re Brust *6-550.

11   **Lähmung:** Beine, halbseitig:
Etwa 10 bis 14 Tage vor Eintritt der Menses anhaltender dumpfer Schmerz im ganzen Gliede
(Bein) mit dem Gefühl großer Schwere in der Ruhe. Nach der ersten Schmerzempfindung jedoch
stellte sich eine complete Lähmung des ganzen Gliedes ein, welche anhielt bis der Mentrualfluß
vollständig sich eingestellt, von welcher Zeit an das Glied nach und nach seine normale Kraft wieder erlangte *62.   Halbseitige Lähmung, nach Ärger *JS.   Paralyse mit Kriebeln in
den affizierten Teilen *FK.   Einseitige Lähmung durch Gemütserregungen oder Onanie,
Kriebeln in den affizierten Teilen *LT.

12   **Kriebeln, Taubheit:** Finger, Unterleib, Hüfte, Beine, Fußsohle, Zehen:
Beim Stehen, eine Taubheitsempfindung in der li Hüfte, bis zum Unterleibe *1-210.   Ein
Kriebeln in den lange Jahre hart elastisch geschwollenen Ober- und Unterschenkeln, mit Gefühl, als
wenn der Teil innerlich heiß wäre, auseinander getrieben würde und sehr schwer wäre *1-215.
Kriebeln in den Fingern, als wollten sie einschlafen *7-596.   Kriebeln an der unteren
Fläche der Zehen, welches nicht zum Kratzen reizt; es ist als wenn sie eingeschlafen gewesen
wären *4-650.   Kriebeln und Prickeln in der Sohle des Fußes, den man beim Sitzen über
den anderen schlägt, wie eingeschlafen *7-652.   Taubheit der Fingerspitzen beider Hände
seit der Pflege ihrer Mutter wegen Lähmung *136.   Paralyse mit Kriebeln in den affizierten
Teilen *FK.   Einseitige Lähmung durch Gemütserregungen oder Onanie, Kriebeln in den
affizierten Teilen *LT.   Krabbeln im Magen *e.

13   **Ohnmachtähnliches Hinfallen:**
Vormittags, nach Aufstehen vom Sitze, wird er blaß, schwindlicht und drehend, fällt auf die Seite,
wie ohnmächtig; den folgenden Tag, um dieselbe Zeit, ein ähnlicher Anfall *1-232.   Ohn-
machtsanfälle *JH.

14   **Steifheit:** Ellbogen, Gelenke, Nacken:
Schmerz im Ellbogen. Das Gelenk war steif und geschwollen *38.   Große Frühmüdigkeit,
mit Steifheit aller Gelenke *JH.   Rheumatisches Ziehen, Drücken und Spannung im Nacken,
mit Steifheit *HG.   Glieder steif und schwer, schwach, zittrig, krampfig *SK.

SCHWÄCHE, LÄHMUNG   Modalitäten, Begleitsymptome

1   Nach Schlaf oder frühmorgens:
Früh im Bette ist sie sehr müde, ohne Schläfrigkeit, alle Glieder tun ihr wie zerschlagen weh, und als wenn keine Kräfte darin wären, eine Stunde lang *1AA-236.   Früh, beim Erwachen, große Müdigkeit, die sich aber bald verliert *1-237.   Früh, innerliches Zittern in den Gliedern, wenn er sie lange in einer Richtung erhält *3-655.   Früh, gleich nach dem Aufstehen, große Mattigkeit in den Kniegelenken, welche ihn zum Sitzen nötigt; das Gehen und Stehen ist ihm beschwerlich *8-665.   Müdigkeit und Mattigkeit im Körper, früh *7A-667.   Große Müdigkeit und Schläfrigkeit nach dem Essen; er fühlt Bedürfnis, sich zu legen, schläft schnell ein, erwacht aber düster und schwer in den Gliedern und fürchtet sich vor dem Gehen; als er aber ging, ward es ihm sehr sauer, vorzüglich das Bergsteigen — bei weiterem Gehen aber fühlte er sich sehr munter und heiter, ja kraftvoll sogar, nach einer stärkeren Wanderung *12A-671.   Morgens Abneigung gegen jede Bewegung und Verlangen, im Bett liegen zu bleiben, weil er sich wie zerschlagen und gerädert fühlt *40.   Schwach und müde, besonders morgens *111.   Große Früh-Müdigkeit, mit Steifheit aller Gelenke. Nach dem Mittagsschlafe, Düsterheit und Schwere in den Gliedern *JH.   Schwäche körperlich und geistig, besonders früh mit Zittern *SK.

2   Vormittags:
Früh, rheumatischer Schmerz im Nacken und zwischen den Schulterblättern, den ganzen Vormittag, mehrere Morgen nach einander, bei Mattigkeit des ganzen Körpers, bis Mittag *1-195.   Es liegt ihm in allen Gliedern und tut ihm alles weh — die Muskeln beim Befühlen, die Gelenke beim Bewegen — mehr Vormittags als Nachmittags *1A-233.

3   Folge von Frustration, Ärger, Gemütserschütterungen:
Er sieht so hohläugig und weitäugig und so angegriffen und spitzig im Gesichte aus, wie auf Nachtschwärmerei, oder wie nach unangenehmen Gemütserschütterungen *12-343.   Er kehrte nach Hause zurück und verschloß seinen Ärger in sich. Es dauerte indes keine Stunde als er am ganzen Körper zu zittern anfing, und eine arge Brustbeklemmung mit Atemnot stellte sich ein *85. Wurde beleidigt, war zu vornehm, einen Streit anzufangen, verschluckte seinen Zorn und kam nach Hause mit Übelkeit, Zittern und Erschöpfung *89.   Ärgert sich andauernd heftig und fühlt sich nachher sehr mitgenommen *166.   Angegriffensein nach vieler Kopfarbeit *RA. Halbseitige Lähmung, nach Ärger *JS.   Einseitige Lähmung durch Gemütserregungen oder Onanie, Kriebeln in den affizierten Teilen. Nervöse Schwäche durch Liebesenttäuschung bei Frauen *LT.   Zittern der Hände nach unterdrückter Wut *KM.

4   Nach Samenabgängen, Onanie:
Nach einer nächtlichen Pollution, Mattigkeit und Schwere in beiden Armen, als hätte er Blei drin *1-152.   Samenergüsse; Samenabgänge gefolgt von Erschöpfung, 3 Nächte hintereinander *64.   Masturbation; Seitdem fühlt er sich unwohl. Nach Schlaf marode *99.   Samenabgänge; Schwach und müde, besonders morgens *111.   Als er zu masturbieren anfing, große Schwäche und Abgespanntheit *117a.   Samenabgänge; Abgespanntheit *117b.   Einseitige Lähmung durch Gemütserregung oder Onanie. Nervöse Schwäche durch Liebesenttäuschung und Erregung des Sexualtriebes bei Frauen *LT.   Coitus und Abgang von Samen beim Stuhlgang schwächen ihn *VR.

5   **Folge von unter den Kopf Legen des Arms, von unbequemer Haltung des Arms:**
Lähmiges Ziehen im Schultergelenke, bisweilen auch im ganzen Arme, wenn er ihn beim Liegen, im Bette, unter den Kopf legt *4-564.   Früh, innerliches Zittern in den Gliedern, wenn er sie lange in einer Richtung erhält *3-655.   Lähmiges Ziehen an verschiedenen Stellen des Körpers, besonders in den Gelenken, wenn er die Glieder eine Zeit lang in ungewöhnlicher und unbequemer Lage läßt *4-656.

6   **Berührung verschlechtert:**
Zerschlagenheitsschmerz über den Hüften, in den Lenden, welcher sich unter dem Nabel hinzieht, beim Vorbeugen am meisten bemerkbar, doch auch bei Berührung schmerzhaft ist *10-476. Lähmig drückender Schmerz am li Oberarme, bei Berührung heftiger *8-569.   Lähmig drük- kender Schmerz am li Oberarme, bei Berührung und Bewegung heftiger, der Arm ist geschwächt 8HA-571.   Lähmiger Druck an beiden Cber- und Unterarmen; bei Bewegung und Berührung heftiger *8HA-573.   Lähmiger Druck an den Wadenmuskeln des re Fußes, nach außen; bei Berührung heftiger *8-635.

7   **Bewegung, Gehen verschlechtert:**
Krampfhaftes Schneiden im Unterleibe, mit Zittern der Knie; am Tage, bei der mindesten Bewe- gung *1-124.   Lähmig drückender Schmerz am li Oberarme, bei Berührung und Bewegung heftiger, der Arm ist geschwächt *8HA-571.   Lähmiger Druck an beiden Ober- und Unter- armen; bei Bewegung und Berührung heftiger *8HA-573.   Lähmig ziehender Schmerz in den hinteren Gelenken der Finger, wo sie sich mit den Mittelhandknochen vereinigen – bei Bewegung heftiger *8HA-588.   Beim Gehen, Wehtun in den Oberschenkeln (mehr im li), welche sie fast schleppen muß *12HA-623.   In dem re Kniegelenke und den Köpfen der Wadenmus- keln, beim Gehen, ein lähmiges Ziehen, wie eine Schwäche, welches, nach dem Gehen, auch beim Sitzen noch lange anhält, ehe es sich allmählig verliert *4-627.   Die Glieder sind unter dem Schulter- und unter dem Hüftgelenke wie zerschlagen, und wie nach einer großen Fußreise, schmerzhaft *3-662.   Allgemeine Zerschlagenheit, beim Gehen schlimmer, besser beim Sitzen und Liegen; besonders in den Waden, ein ungeheurer Mattigkeitsschmerz, wie zerprügelt, sie konnte die Füße kaum erschleppen *12A-663.   Schmerzhaftigkeit des ganzen Körpers, wie Zerschlagenheit, mit ungemeinem Mattigkeitsgefühle, schlimmer bei Bewegung – wenn sie nach dem Sitzen etwas gegangen war, ward dies schmerzhafte Gefühl erneuert und verstärkt *12A-664. Früh, gleich nach dem Aufstehen große Mattigkeit in den Kniegelenken, welche ihn zum Sitzen nötigt; das Gehen und Stehen ist ihm beschwerlich *8-665.   Matt im ganzen Körper, vorzüg- lich in den Knien, beim Gehen *5HA-666.   Große Müdigkeit und Schläfrigkeit nach dem Essen; er fühlt Bedürfnis, sich zu legen, schläft schnell ein, erwacht aber düster und schwer in den Gliedern und fürchtet sich vor dem Gehen; als er aber ging, ward es ihm sehr sauer; vorzüglich das Bergsteigen *12A-671.   Morgens Abneigung gegen jede Bewegung und Verlangen, im Bett liegen zu bleiben, weil er sich wie zerschlagen und gerädert fühlt *40.

8   **Aufstehen, Stehen verschlechtert:**
Beim Stehen, eine Taubheitsempfindung in der li Hüfte, bis zum Unterleibe *1-210.   Vor- mittags, nach Aufstehen vom Sitze, wird er blaß, schwindlicht und drehend, fällt auf die Seite, wie ohnmächtig; den folgenden Tag, um dieselbe Zeit, ein ähnlicher Anfall *1-232.   Beim Aufstehen vom Sitze, ein Gefühl, als wollten die Beine in der Kniekehle zusammenknicken – ein bebendes, überreiztes Heranziehen in der Kniekehle *3-629.   Früh, gleich nach dem Aufste- hen, große Mattigkeit in den Kniegelenken, welche ihn zum Sitzen nötigt; das Gehen und Stehen ist ihm beschwerlich *8-665.   Im allgemeinen besteht ein großes Müdigkeitsgefühl, beson- ders bei längerem Stehen *138.

9   **Gehen bessert, Liegen, Sitzen verschlechtert:**
In der Brust, ein Drücken, und eine Schwere darin, beim Sitzen, welches beim Gehen nachließ *1-
170.   Beim Liegen, ein Müdigkeitsschmerz quer über die Oberschenkel und als ob sie zerschlagen wären; dabei Empfindung von allzu großer Straffheit in den Gelenken und etwas Bebendes und Unruhiges darin, so daß er sie nicht still halten kann *3-609.

10   **Vor der Periode:**
Cruralneuralgie; Etwa 10 bis 14 Tage vor Eintritt der Menses wurde sie jedes Mal durch acute
Schmerzen daran erinnert. Anhaltender dumpfer Schmerz im ganzen Gliede (Bein) mit dem Gefühl
großer Schwere in der Ruhe. Nach der ersten Schmerzempfindung jedoch stellte sich eine complete
Lähmung des ganzen Gliedes ein, welche anhielt bis der Menstrualfluß vollständig sich einstellte,
von welcher Zeit an das Glied nach und nach seine normale Kraft wieder erlangte *62.

11   **Schmerzen in den geschwächten Teilen:**
Ein Kriebeln in den lange Jahr hart elastisch geschwollenen Ober- und Unterschenkeln, mit Gefühl,
als wenn der Teil heiß wäre, auseinander getrieben würde und sehr schwer wäre *1-215.   Schwere und Spannen in der Wade *1-219.   Lähmig drückender Schmerz am li Oberarme, bei Berührung und Bewegung heftiger, der Arm ist geschwächt *8HA-571.   Mehrtägige Schwäche
des Ober- und Unterschenkels, besonders im Kniegelenke — er muß den Fuß schleppen; dabei stechendes Reißen in der Wade und Kreuzschmerzen. — Stechendes Reißen unter und in der re Wade
und über der li Ferse *10—10Std—618,637.   Allgemeine Zerschlagenheit, beim Gehen
schlimmer, besser beim Sitzen und Liegen; besonders in den Waden, ein ungeheurer Mattigkeitsschmerz, wie zerprügelt — sie konnte die Füße kaum erschleppen *12A-663.   Verhob sich
die li Achsel, als er eine geringe Last auf dieselbe heben wollte, es stach darin, wenn er den vom
Körper abgezogenen Arm in gerader Richtung in die Höhe führen wollte, und die Hand konnte er
nicht höher als bis an die Stirn bringen. Dabei fühlte er eine Schwäche im ganzen Arme *3.   Ischias; Äußerst heftiger Schmerz im re Bein bis in die Genitalien, besonders bis in die Hoden, gefolgt
von großer Schwäche *61.   Akute Schmerzen, welche während der Bewegung sich einstellten; dieselben erstreckten sich von der Austrittsstelle des Schenkelknochen an der inneren
Fläche des Oberschenkels herunter bis zum Knie und bis zur großen Zehe. Dazu gesellten sich ein
anhaltender dumpfer Schmerz im ganzen Gliede mit dem Gefühl großer Schwere in der Ruhe.
Nach der ersten Schmerzempfindung jedoch stellte sich eine complete Lähmung des ganzen Gliedes ein, welche anhielt bis der Menstrualfluß vollständig sich einstellte *62.   Er fühlt noch
große Schwäche in den Knien, zuweilen auch Stiche *138.

12   **Rückenschmerz mit allgemeiner Mattigkeit und Schwäche der Beine:**
Früh, rheumatischer Schmerz im Nacken und zwischen den Schulterblättern, wie Ziehen; sie konnte, beim Aufstehen aus dem Bette, mit den Armen sich vor Schmerz nicht bewegen und den Hals
nicht wenden, den ganzen Vormittag, mehrere Morgen nacheinander, bei Mattigkeit des ganzen
Körpers, bis Mittag *1-195.   Brennend drückender Schmerz unter dem re Schulterblatte,
dicht am Rückgrate, mit einer empfindlichen Schwerheitsempfindung auf der re Brust *6-550.
Mehrtägige Schwäche des Ober- und Unterschenkels, besonders im Kniegelenke — er muß den Fuß
schleppen; dabei stechendes Reißen in der Wade und Kreuzschmerzen. — Kreuzschmerz weniger im
Gehen hindernd, als beim Aufstehen vom Sitze, beim Wenden des Körpers im Bette, und bei jeder
Seitenbewegung, mehrere Tage anhaltend *10—10Std—618,545.   Rückenschmerz mit
Schwäche der Beine, besonders der Kniegelenke, muß den Fuß nachziehen *LT.

13   **Leibschneiden, ruhrartige Stühle mit allgemeiner Mattigkeit, Abspannung, Zittern der Knie:**
In den Gedärmen, Schneiden, vorzüglich nach jedem Essen und Trinken, und dabei so übel, daß
ihr das Wasser im Munde zusammenlief und zugleich große Mattigkeit *1-123.   Krampfhaf-

haftes Schneiden im Unterleibe, mit Zittern der Knie; am Tage, bei der mindesten Bewegung, vorzüglich stark nach dem Harnen *1-124.   Bei öfteren ruhrartigen meist gelbschleimigen Stühlen mit viel Tenesmus und erhöhtem Leibschneiden, bei großem Zerschlagenheitsschmerz des ganzen Körpers und allgemeiner Abspannung *HT.

14   Andere Begleitsymptome:

Sie fühlt ihre Brust schwach; es liegt ihr etwas fest in der Luftröhre, was sie zum Kotzen nötigt *1-172.   Außerdem litt Patientin an Nachtschweißen und großer allgemeiner Prostration, und einem Schwächegefühl in der Magengegend und im Unterleib *62.

KRÄMPFE   Orte, Empfindungen

1   Unruhegefühl allgemein oder in der Brust, muß hin und her laufen:

Nachmittags eine Beklemmung auf der Brust und ein Unruhegefühl, was ihn von einem Orte zum anderen treibt und auf keinem zu bleiben verstattet *1-180.   Unruhe in der Brust *1-182. Beklemmung der Brust, wie Zusammenziehen derselben; davon langsames und sehr schwieriges Einatmen; das Ausatmen ist erleichternd; zugleich Unruhe und Ängstlichkeit, am schlimmsten beim Sitzen, leichter beim Gehen, 5 Stunden anhaltend *2-539.   Sie fühlt den Drang, spazierenzugehen *22.   Körperliche Unruhe *110.   Atemnot mit Zusammenziehen und Unruhe in der Brust *LM.   Läuft bei Aufregung hin und her *b.

2   Bebendes, unruhiges, schmerzhaftes Gefühl von Heranziehen in den Kniekehlen oder Waden, muß die Beine bewegen:

Beim Liegen, ein Müdigkeitsschmerz quer über die Oberschenkel und als ob sie zerschlagen wären; dabei Empfindung von allzu großer Straffheit in den Gelenken und etwas Bebendes und Unruhiges darin, so daß er sie nicht still halten kann *3-609.   Beim Aufstehen vom Sitze, ein Gefühl, als wollten die Beine in der Kniekehle zusammenknicken — ein bebendes, überreiztes Heranziehen in der Kniekehle *3-629.   Sobald er sich legt, entsteht ein Gefühl von Heranziehen in den Kniekehlen — eine Art Überreiztheit und wohllüstiger Unruhe darin, daß er nicht liegen bleiben kann, sondern aufstehen muß *3-630.   Sie konnte abends vor Schmerz in den Waden im Bette nicht einschlafen; sie wußte nicht, wo sie die Beine hinlegen sollte, sie mußte sie immer wo anders hinlegen, um einige Erleichterung zu haben; auch da sie die Nacht einmal aufgestanden war und sich dann wieder in's Bett legte, hatte sie dieselbe Empfindung in den Waden *12-686.   Sacrumschmerz; Es ist kein ruhiger Schmerz, er muß während der Schmerzen die Beine bewegen *i. Sitzen kann er nicht gut, dann tun die Gesäßbacken weh, er muß dann hin und her rutschen und die Beine ausstrecken und wieder anziehen *k.

3   Konvulsive Bewegung der Finger beim Ausstrecken. Die Zehen werden nach unten gezogen. Schreibkrampf:
Wenn er die Finger frei ausstreckt, so geraten sie in konvulsive Bewegung auf und nieder *4-595. Konvulsionen mit Einziehen der Daumen *50.   Beim Aufsetzen des Fußes Prickeln in den Zehenballen, als ob es die Zehen nach unten ziehen wollte *57.   Schreibkrampf. Bei der geringsten Veranlassung standen beiderseits, besonders aber re, die Finger steif. Schreiben war fast ganz unmöglich. Wärme, warmes Zimmer, Gemütsbewegungen wirken ungünstig ein, günstig dagegen Kaltwerden der Hände, Eintauchen derselben in kaltes Wasser. Acht Tage vor den Menses oft Verschlimmerung *106.   Konvulsionen mit Einziehen der Daumen *LT.

4   Krampfhafter oder spannender Unterbauchschmerz, wie Muskelkrampf:
Krampfhaftes Schneiden im Unterleibe, mit Zittern der Knie; am Tage, bei der mindesten Bewegung, vorzüglich stark nach dem Harnen; Abends, Schneiden auch ohne Bewegung, welches vom Zusammenkrümmen besser ward *1-124.   Thoraxprellung; Spannung des Unterleibes ohne fühlbare Verhärtung *26.   Unterhalb der Hüfte, von der Leistengegend eineinhalb Zoll vorwärts nach dem Bauche zu, in beiden Seiten — bei starkem Druck mit der Hand eine gelinde, wie spannende, fast brennende Empfindung. Lehnt sie sich mit diesen Stellen des Bauches eine Zeit lang an den Tisch, so fühlt sie zwar nichts, während sie dies tut, aber nachher eine Art Klamm eine Minute lang, der allmählich vergeht. Beim Liegen auf dem Rücken, wenn sie sich schnell umdreht und aufrichtet, entsteht daselbst ein Schmerz, ein Wadenklamm, von der heftigsten Art, der dann allmählig vergeht, doch bleibt noch längere Zeit ein dumpfer Schmerz zurück, besonders, wenn sie auf die Stelle drückt *32.

5   Zwerchfellkrampf. Schmerzhaftes Spannen oder Zusammenziehen im Epigastrium oder in den Hypochondrien:
Spannschmerz in der Magengegend *12-461.   In der Herzgrube, ein kneipend beklemmender Schmerz, welcher nur im Sitzen, beim Vorbeugen des Körpers sich wieder verlor *6-462. Klemmender Druck unterhalb dem Brustbeine, gleich li neben dem Schwertknorpel *4-463. Eine, die Brust beklemmende und den Atem hemmende Zusammengezogenheit in der Unterrippengegend, drei Tage anhaltend *10-465.   Klemmendes Drücken unter den kurzen Rippen der re Seite *6-466.   Links über dem Nabel, klemmende Stiche, welche scharf sind und taktmäßig erfolgen *4-472.   Spannender Stich in den li Bauchmuskeln *5-475.   Krampf im Zwerchfelle, nach Ärger *JS.

6   Beklemmung, Zusammenziehen, Spannung in der Brust:
Nachmittags eine Beklemmung auf der Brust und ein Unruhegefühl, was ihn von einem Orte zum anderen treibt und auf keinem zu bleiben verstattet *1-180.   Immerwährender Schmerz in der Mitte des Brustbeins, als wenn da etwas Böses (Geschwüriges) wäre, am schlimmsten beim Aufrichten und Ausdehnen des Körpers, auch beim Betasten schmerzhafter, wie Spannen und Drücken, so daß es zuweilen den Atem versetzt *1-186.   Eine, die Brust beklemmende und den Atem hemmende Zusammengezogenheit in der Unterrippengegend, drei Tage anhaltend *10-465. Spannende Stiche in der li Brust, beim Liegen und bei Bewegung, heftiger beim Ausatmen als beim Einatmen, am schlimmsten beim Treppensteigen, wo zuletzt ein anhaltender Stich erfolgt, welcher fast den Odem hemmt *5-535.   Beklemmung der Brust, wie Zusammenziehen derselben; davon langsames und sehr schwieriges Einatmen; das Ausatmen ist erleichternd *2-539.   Brustbeklemmung; In Folge eines großen Ärgers: Kehrte nach Hause zurück und verschloß seinen Ärger in sich. Es dauerte indes keine Stunde als er am ganzen Körper zu zittern anfing und eine arge Brustbeklemmung mit Atemnot stellte sich ein *85.

7   Verziehen der Gesichtsmuskeln, Trismus, durch Zahn- oder Brustschmerzen:
Heftiges Zahnreißen in den Wurzeln der Zähne, wobei es ihr die Gesichtsmuskeln verzog, bald auf

diese, bald auf jene Seite *9A-413.   Das Zahnfleisch der oberen und unteren Zähne rechter Seite wird krampfartig schmerzhaft zusammengezogen, so daß sie vor Schmerz die Zähne nicht von einander bringen konnte *9-418.   Thoraxprellung; Heftiger Schmerz in der ganzen li Brustseite, der jedoch nur anfallsweise eintrat, und ihn zum lauten Schreien zwang, wobei die Gesichtsmuskeln verzerrt wurden *26.   Zucke öfters während des ruhigen Stehens oder Sitzens, aber auch selbst während eines Spazierganges momentan mit dem Oberkörper und verziehe dabei das Gesicht *66.

8   **Krampf, Klammschmerz in den Gliedmaßen, vor allem in Waden und Händen:**
Ein unerträglicher Klamm in der Wade und Fußsohle des Beines, worauf er liegt, weckt ihn aus dem Nachmittagsschlafe auf *1-220.   Klamm vorzüglich in dem oberen und unteren Teil der Wade, beim Erwachen aus dem Schlafe, welcher weder durch Ausstrecken, noch durch Biegen des Schenkels zu mildern ist, durch Richtung der Gedanken aber auf diesen Schmerz, wenn er schon sich vermindert hat, sich gleich wieder vermehrt und empfindlicher wird *1-221.   Klammartiger Schmerz um das re Handgelenk, der beim Ausstrecken der Finger vergeht, beim Einschlagen derselben aber zurückkehrt und dann zugleich auch einen reißenden Stich durch den ganzen Arm bis in die Schulter erzeugt *6-582.   Drückend klammartiger Schmerz am Ballen des re, kleinen Fingers, bei Bewegung der Hand *11-597.   Klamm in den Fingern und verschiedenen Teilen der Gliedmaßen *4-602.   Wadenkrämpfe, die jeden Mogen Früh aus dem Schlafe weckten *51.

9   **Spannen, Steifheit an einzelnen Stellen der Gliedmaßen:**
Schwere und Spannen in der Wade *1-219.   Früh, beim Aufstehen aus dem Bette, sind alle Gelenke steif, besonders Achseln, Kreuz und Hüftgelenk *1A-235.   Spannende Stiche in der li Daumenspitze *600.   Beim Liegen, ein Müdigkeitsschmerz quer über die Oberschenkel und als ob sie zerschlagen wären; dabei Empfindung von allzu großer Straffheit in den Gelenken *3-609.   Spannen im äußeren großen Oberschenkelmuskel, beim Gehen *3-611.   Glieder steif und schwer, schwach, zitterig, krampfig *SK.

10   **Klamm oder Spannen am Hals, in oder hinter dem Ohr:**
In den Nacken- und den li Schultermuskeln, ein Drücken und Spannen *1-194.   Ein strammender Schmerz an der li Nacken- und Hinterkopfseite, bloß die Nacht, welcher ihn oft aus dem Schlafe weckt und wovor er weder auf der re Seite, noch auf der li Seite liegen kann *11-341. Ein spannender Stich im li Ohre *5H-375.   Spannender Stich in den li Halsmuskeln *5-405. Spannendes Drücken in der Seite des Halses *3-407.   Prosopalgie; Schlundkrampf *15. Rheumatisches Ziehen, Drücken und Spannung im Nacken, mit Steifheit *HG.

11   **Steifigkeit im Nacken:**
Im Nacken, Steifigkeit *1-192.   Beim Vorbiegen ist der Hals da, wo er auf der Schulter aufsitzt, rheumatisch schmerzhaft, wie Ziehen, Drücken, Steifheit *3-410.   Rheumatisches Ziehen, Drücken und Spannung im Nacken, mit Steifheit *HG.

12   **Muskelzuckungen:** Augenlider, Oberkörper, Unterarm, Finger, über Kniescheibe, Gesicht:
Zucken im li Vorderarme, in der Ruhe *5-581.   Zucken über der re Kniescheibe *7-621. Nach den Schmerzanfällen werde er blaß und schlafe ein, zucke aber mit den Fingern und verdrehe die Augen etwas *26.   Gesichtsneuralgie; es zuckt zuweilen krampfhaft in den Augenlidern *44.   Zucke öfters während des ruhigen Stehens oder Sitzens, aber auch selbst während eines Spazierganges momentan mit dem Oberkörper und verziehe dabei das Gesicht *66. Tic douloureux *126.   Klagt über Muskelzuckungen, Zittern *161.   Große Schwäche mit krampfhaftem Ziehen und Zucken in den Muskeln *LT.

13 **Zuckende Schmerzen:** Hals, Rücken, Finger, Knie:

Schmerz im Rücken, die Nacht, vom Abend an bis früh 5 Uhr, wie Schläge und Rucke, so daß es ihm den Atem benahm, bei Schlummer *1-196.   Die Haut am geschwürigen Unterschenkel überzieht sich, unter zuckenden und pickenden Schmerzen, mit einer dünnen Kruste, aus welcher gilbliches Wasser hervordringt *1-231.   Ruckweise Stiche an der Seite des Halses, fast hinterm Ohre, Abends *12-404.   Links über dem Nabel, klemmende Stiche, welche scharf sind und taktmäßig erfolgen *4-472.   Im Sitzen, ziehendes Stechen, zuweilen Zucken im Kreuzbeine *7-547.   Feines, zuckendes Reißen in den Muskeln des Daumens, vorzüglich stark an der Spitze *8HA-592.   Feines, zuckendes Reißen in den Muskeln mehrerer Finger, vorzüglich in den Spitzen derselben *8HA-594.   Ziehendes Stechen im li Kniegelenke, beim Sitzen, zuweilen Zucken darin *7-631.

14 **Zusammenschrecken im Schlaf:**

Mehrere Nächte fuhr er oft am ganzen Körper zusammen, an Armen und Beinen, wie wenn jemand jähling gekitzelt wird — eine Art krampfhaften Zuckens, doch unschmerzhaft, dabei war es ihm, ob er sich schon leicht zudeckte, doch so heiß, aber ohne Durst und ohne Schweiß *1-252.   Zusammenfahren beim Einschlafen weckt ihn wieder auf *TM.   Zuckt in der Nacht *LM.

15 **Konvulsionen, hysterische tetanische Krämpfe mit Bewußtseinsverlust:**

Konvulsionen mit Bewußtseinsverlust, Einziehen der Daumen und Schaum vor dem Munde. Die Dauer der Anfälle richtete sich jedesmal nach der Länge des Intervalls, war das Intervall vor dem Anfalle länger, so dauerte auch der Anfall länger. Die Ursache der Anfälle war, daß sie grundlos der ehelichen Untreue angeklagt wurde *50.   Jede Erregung oder Anstrengung löst wiederholte Anfälle hysterischer Krämpfe aus, dabei völlig bewußtlos, vollkommen starr. Sie erwacht aus diesen Anfällen immer murmelnd und redend. Beim Erwachen aus den Krämpfen wiederholt sie immer die gleichen Worte. Die Trauer um die Mutter und die Frustration durch den Bruder löste die Anfälle aus *134.   Konvulsionen mit Bewußtlosigkeit, Einziehen der Daumen und Schaum vor dem Munde *LT.

16 **Zusammenschnüren des Mastdarmes oder Afters:**

Schwieriger Stuhl; erst ging harter Kot ab; diesem folgte weicher, welcher ihn aber, gleich als wäre der Mastdarm zusammengeschnürt, sehr quälte und drängte; es wollte fort, und konnte nicht; drauf noch Stuhlzwang *13-497.   Weicher, doch schwierig abgehender Stuhlgang, wegen Zusammenschnürung des Afters, wie bei Hämorrhoiden *3-499.

17 **Es zieht die Augen zu ohne Schläfrigkeit:**

Es zieht im zuweilen die Augen zu, ob er gleich nicht schläfrig ist *3-371.   Krampfhafte Verschließung der Lider *JS.

18 **Neigung zum Gähnen und Dehnen:**

Starke Neigung zum Gähnen, und Dehnen; sie kann sich nicht genug ausdehnen *1HA-238.

KRÄMPFE   Modalitäten, Begleitsymptome

1 **Weckt aus dem Schlafe, vor allem aus dem Mittagsschlafe:** Wadenkrampf:

Ein unerträglicher Klamm in der Wade und Fußsohle des Beines, worauf er liegt, weckt ihn aus dem Nachmittagsschlafe auf *1-220.   Klamm vorzüglich in dem oberen und unteren Teil der Wade, beim Erwachen aus dem Schlafe, welcher weder durch Ausstrecken, noch durch Biegen des Schenkels zu mildern ist *1-221.　　　Wadenkrämpfe, die jeden Morgen Früh aus dem Schlafe weckten *51.

2　**Nachmittags, abends:** Beklemmung, Unruhe:
Nachmittags eine Beklemmung auf der Brust und ein Unruhegefühl, was ihn von einem Orte zum andern treibt und auf keinem zu bleiben verstattet *1-180.　　　Sie konnte abends vor Schmerz in den Waden im Bette nicht einschlafen; sie wußte nicht, wo sie die Beine hinlegen sollte, sie mußte sie immer wo anders hinlegen, um einige Erleichterung zu haben *12-686.

3　**Nachts im Schlaf:** Rucke im Rücken, Strammen im Nacken, Zucken:
Schmerz im Rücken, die Nacht, vom Abend an bis früh 5 Uhr, wie Schläge und Rucke, so daß es ihm den Atem benahm, bei Schlummer *1-196.　　　Mehrere Nächte fuhr er oft am ganzen Körper zusammen, an Armen und Beinen, wie wenn jemand jähling gekitzelt wird – eine Art krampfhaften Zuckens, doch unschmerzhaft *1-252.　　　Ein strammender Schmerz an der li Nacken- und Hinterkopfseite, bloß die Nacht, welcher ihn oft aus dem Schlafe weckt und wovor er weder auf der re Seite, noch auf der li Seite liegen kann *11-341.　　　Sie konnte abends vor Schmerz in den Waden im Bette nicht einschlafen; sie wußte nicht, wo sie die Beine hinlegen sollte, sie mußte sie immer wo anders hinlegen, um einige Erleichterung zu haben; auch da sie die Nacht einmal aufgestanden war und sich dann wieder in's Bett legte, hatte sie dieselbe Empfindung in den Waden *12-686.　　　Nach den Schmerzanfällen werde er blaß und schlafe ein, zucke aber mit den Fingern und verdrehe die Augen etwas *26.　　　Zuckt in der Nacht *LM.

4　**Folge von Frustration oder Ärger:** Konvulsionen, hysterische Krämpfe, Zwerchfellkrampf:
Konvulsionen mit Bewußtseinsverlust, Einziehen der Daumen und Schaum vor dem Munde. Die Ursache der Anfälle war, daß sie grundlos der ehelichen Untreue angeklagt wurde *50.　　　In Folge eines großen Ärgers: Kehrte nach Hause zurück und verschloß seinen Ärger in sich. Es dauerte indes keine Stunde als er am ganzen Körper zu zittern anfing und eine arge Brustbeklemmung mit Atemnot stellte sich ein *85.　　　Schreibekrampf. Bei der geringsten Veranlassung standen beiderseits, besonders aber re, die Finger ste f. Schreiben war fast ganz unmöglich. Gemütsbewegungen wirken ungünstig ein *106.　　　Jede Erregung oder Anstrengung löst wiederholte Anfälle hysterischer Krämpfe aus, dabei völlig bewußtlos, vollkommen starr. Die Trauer um die Mutter und die Frustration durch den Bruder löste die Anfälle aus *134.　　　Krampf im Zwerchfelle, nach Ärger *JS.

5　**Daran Denken verschlimmert:** Wadenkrampf:
Klamm vorzüglich in dem oberen und unteren Teile der Wade, beim Erwachen aus dem Schlafe, welcher weder durch Ausstrecken, noch durch Biegen des Schenkels zu mildern ist, durch Richtung der Gedanken aber auf diesen Schmerz, wenn er schon sich vermindert hat, sich gleich wieder vermehrt und empfindlicher wird *1-221.

6　**Beim Ausstrecken der Finger, beim Schreiben, beim Aufsetzen des Fußes:** Krampf im Handgelenk, konvulsive Bewegungen der Finger, Schreibkrampf, es zieht die Zehen nach unten:
Klammartiger Schmerz um das re Handgelenk, der beim Ausstrecken der Finger vergeht, beim Einschlagen derselben aber zurückkehrt und dann zugleich auch einen reißenden Stich durch den ganzen Arm bis in die Schulter erzeugt *6-582.　　　Wenn er die Finger frei ausstreckt, so geraten sie in konvulsive Bewegung auf und nieder *4-595.　　　Drückend klammartiger Schmerz am Ballen des re kleinen Fingers, bei Bewegung der Hand *11-597.　　　Beim Aufsetzen des Fußes Prickeln in den Zehenballen, als ob es die Zehen nach unten ziehen wollte *57.　　　Schreibekrampf. Bei der gerinsten Veranlassung standen beiderseits, beonders aber re, die Finger steif.

Schreiben war fast ganz unmöglich *106.

7   Gehen, Bewegung bessert, Liegen oder ruhig Sitzen verschlechtert: Brustbeklemmung, Unruhe, Zucken, Heranziehen in der Kniekehle:
Beklemmung der Brust, wie Zusammenziehen derselben; davon langsames und sehr schwieriges Einatmen; das Ausatmen ist erleichternd; zugleich Unruhe und Ängstlichkeit, am schlimmsten beim Sitzen, leichter beim Gehen, 5 Stunden anhaltend *2-539.   Im Sitzen, ziehendes Stechen, zuweilen Zucken im Kreuzbeine *7-547.   Zucken im li Vorderarme, in der Ruhe *5-581.   Beim Liegen, ein Müdigkeitsschmerz quer über die Oberschenkel und als ob sie zerschlagen wären; dabei Empfindung von allzu großer Straffheit in den Gelenken und etwas Bebendes und Unruhiges darin, so daß er sie nicht still halten kann *3-609.   Sobald er sich legt, entsteht ein Gefühl von Heranziehen in den Kniekehlen — eine Art Überreiztheit und wohllüstiger Unruhe darin, daß er nicht liegen bleiben kann, sondern aufstehen muß *3-630.   Ziehendes Stechen im li Kniegelenke, beim Sitzen, zuweilen Zucken darin *7-631.   Sie konnte abends vor Schmerz in den Waden im Bette nicht einschlafen; sie wußte nicht, wo sie die Beine hinlegen sollte, sie mußte sie immer wo anders hinlegen, um einige Erleichterung zu haben; auch da sie die Nacht einmal aufgestanden war und sich dann wieder in's Bett legte, hatte sie dieselbe Empfindung in den Waden 12-686.   Zucke öfters während des ruhigen Stehens oder Sitzens, aber auch selbst während eines Spazierganges momentan mit dem Oberkörper und verziehe dabei das Gesicht *66.

8   Beim Gehen, Aufstehen, Aufsitzen, Hinlegen: Spannen im Oberschenkel, Heranziehen in der Kniekehle, Krampf in den Bauchmuskeln:
Spannen im äußeren großen Oberschenkelmuskel, beim Gehen *3-611.   Beim Aufstehen vom Sitze, ein Gefühl, als wollten die Beine in der Kniekehle zusammenknicken — ein bebendes, überreiztes Heranziehen in der Kniekehle *3-629.   Sobald er sich legt, entsteht ein Gefühl von Heranziehen in den Kniekehlen — eine Art Überreiztheit und wohllüstiger Unruhe darin, daß er nicht liegen bleiben kann, sondern aufstehen muß *3-630.   Unterhalb der Hüfte, von der Leistengegend eineinhalb Zoll vorwärts nach dem Bauche zu, in beiden Seiten eine Art Klamm. Beim Liegen auf dem Rücken, wenn sie sich schnell umdreht und aufrichtet, entsteht daselbst ein Schmerz, ein Wadenklamm, von der heftigsten Art, der dann allmählig vergeht *32.   Jede Erregung oder Anstrengung löst wiederholte Anfälle hysterischer Krämpfe aus, dabei völlig bewußtlos, vollkommen starr *134.

9   Kälte bessert, Wärme verschlechtert: Schreibkrampf:
Schreibekrampf. Bei der geringsten Veranlassung standen beiderseits, besonders aber re, die Finger steif. Schreiben war fast ganz unmöglich. Wärme, warmes Zimmer, Gemütsbewegungen wirken ungünstig ein, günstig dagegen Kaltwerden der Hände, Eintauchen derselben in kaltes Wasser *106.

10   Bei Druck von außen: Krampf in den Bauchmuskeln:
Unterhalb der Hüfte, von der Leistengegend eineinhalb Zoll vorwärts nach dem Bauche zu, in beiden Seiten — bei starkem Druck mit der Hand eine gelinde, wie spannende, fast brennende Empfindung. Lehnt sie sich mit diesen Stellen des Bauches eine Zeit lang an den Tisch, so fühlt sie zwar nichts, während sie dies tut, aber nachher eine Art Klamm eine Minute lang, der allmählig vergeht. Beim Liegen auf dem Rücken, wenn sie sich schnell umdreht und aufrichtet, entsteht daselbst ein Schmerz, ein Wadenklamm, von der heftigsten Art, der dann allmählig vergeht, doch bleibt noch längere Zeit ein dumpfer Schmerz zurück, besonders, wenn sie auf die Stelle drückt *32.

11   Acht Tage vor der Periode: Schreibkrampf:
Schreibekrampf. Bei der geringsten Veranlassung standen beiderseits, besonders aber re, die Finger steif. Schreiben war fast ganz unmöglich. Acht Tage vor den Menses oft Verschlimmerung *106.

12 **Begleitsymptome:**
Mehrere Nächte fuhr er oft am ganzen Körper zusammen, an Armen und Beinen, wie wenn jemand jähling gekitzelt wird – eine Art krampfhaften Zuckens, doch unschmerzhaft, dabei war es ihm, ob er sich schon leicht zudeckte, doch so heiß, aber ohne Durst und ohne Schweiß *1-252.   Prosopalgie; Schlundkrampf *15.   Gesichtsneuralgie; es zuckt zuweilen krampfhaft in den Augenlidern *44.   Epilepsie mit großer Schwäche, mit krampfhaftem Ziehen und Zucken in den Muskeln, Neigung zu Lähmung *LT.

HAUT   Orte

1 **Kopfhaut:** Jucken, Berührungsempfindlichkeit, äußerliche Schmerzen, Nadelstiche. Nässender Ausschlag, Krustenausschlag, Haarausfall, Schuppen, Läuse, Geruch, Furunkel, Knochenkaries:
Äußerlich am Kopfe und in den Zähnen, Reißen *1-17.   Jucken über den Haarkopf *1A-18. Auf dem Haarkopfe, sowie gleich über und hinter dem Ohre, ein juckender, grindiger Ausschlag 1A-19.   Der Haarkopf juckt sehr, ist grindig und näßt wäßrig *1A-20.   Die Kopfhaare gehen ihm stark aus *1-21.   Juckendes Fressen auf dem Haarkopfe, was sich durch Reiben vermehrt, mehrere Tage lang *7A-331.   Jucken auf dem Haarkopfe, wie Nadelstiche, und kleine Ausschlagblüten vorne nach der Stirne zu *3-332.   Bei leichtem Ziehen können, ohne Schmerz, viele Haare vom Kopfe ausgezogen werden *5-334.   Schmerzhaftes Ziehen äußerlich an mehreren Stellen des Kopfes, bei Berührung heftiger *8HA-337.   Kleine Furunkel immer wieder auf Füßen, Händen oder Kopf *2.   Nässender Kopfausschlag. Ungewöhnliches Kopfjucken und Ausfallen der Haare *25.   Hat den ganzen Kopf voll Läuse. Eigentümlich ranzig-fader Geruch, welcher der Kopfhaut entströmte *63.   Chronische Tinea capitis sicca, der gesamte behaarte Kopf ist mit einem dunklen Krustenausschlag bedeckt. Heftiges Jucken. Kratzen verursacht Bluten und Absonderung klarer, nicht klebriger Flüssigkeit. Das Haar geht schnell aus *79.   Ausschlag, welcher einen Teil des Gesichts, den ganzen Haarkopf und Nakken bedeckte. Überall gelbe, dünne Borken. Absonderung von Flüssigkeit. Brennendes Zucken. Beim Kratzen die Stelle ändernd *98.   Favus, fleckweise am Kopf und hinter li Ohr, Geruch nach Mäusen *108.   Gelbe Krusten auf der Kopfhaut nach dem Waschen *136.   Im Bereich des behaarten Kopfes, des Nackens, der Ohren und der Schläfen ein Ekzem mit Pusteln und Bläschen. Juckreiz *163.   Crusta lactea, wenn unter den Schorfen eine gelbliche Feuchtigkeit hervorsickerte *HT.   Schmerzhafte Empfindlichkeit der Kopfhaut, die Haut schält sich ab mit Jucken und Beißen. Drückende, stechende und reißende Schmerzen in den Schädelknochen, im Periost; Schwellung und Eiterung der Knochen, Caries. Brennen und Stechen in den

äußeren Kopfteilen, besonders der li Schläfe *LM.   Schmerzhafte Empfindlichkeit der Kopfhaut, die Haut schält sich ab, mit Jucken und Beißen. Die Krusten werden von einem wässrigen Exsudat abgehoben und die darunter liegende Oberfläche ist außerordentlich berührungsempfindlich
*KM.

2   **Wirbel, Scheitel:** Jucken, Fressen, Berührungsempfindlichkeit, brennendes Nadelstechen.
Nässender Ausschlag:
Einzelne große, stumpfe Stiche vom Schädel bis in's Gehirn hinein, unweit des Wirbels; dabei tut
auch die Stelle, vorzüglich beim Betasten, äußerlich sehr weh *1-16.   Feines, brennendes
Nadelstechen äußerlich auf dem Scheitel *3A-333.   Wundheitsgefühl auf dem re Scheitelbei-
ne bloß bei Berührung; er kann vor diesem Schmerze nachts nicht auf der re Seite liegen *4-340.
Auf dem Scheitel ein nässender Grind, juckend und fressend. Nach dem Kratzen schründet es und
sie muß dann noch mehr kratzen *32.

3   **Schläfen, Kopfseiten:** Jucken, nässender Ausschlag:
Hatte an der re Seite des Kopfes, am hinteren Winkel des Seitenwandbeines, einen grindigen nässenden Ausschlag, der den Umfang eines Talers einnahm, das Kind kratzte sich heftig *9.   Im
Bereich des behaarten Kopfes, des Nackens, der Ohren und der Schläfen ein Ekzem mit Pusteln
und Bläschen. Juckreiz *163.   Feuchter, brennend juckender, stinkender Ausschlag auf der
hinteren Kopfhälfte, den Kopfseiten und hinter den Ohren; wenn man kratzt, wechselt das Jucken
die Stelle, aber mehr Feuchtigkeit sondert sich ab *LM.

4   **Hinter den Ohren, um die Ohren:** Jucken, Blütchen, Krustenausschlag:
Auf dem Haarkopfe, sowie gleich über und hinter dem Ohre, ein juckender, grindiger Ausschlag
*1A-19.   In der Vertiefung hinter dem Ohrläppchen, ein großer, doch unschmerzhafter
Knoten, mit einem weißen Blütchen obenauf *1-22.   Favus, fleckweise am Kopf und hinter li Ohr, Geruch nach Mäusen *108.   Lichen, trockner, juckender papulöser Ausschlag im
Gesicht und hinter den Ohren *130.   Stark nässendes Ekzem im Bereich des Nackens, Hinterkopfes und der Ohren *162.   Im Bereich des behaarten Kopfes, des Nackens, der Ohren
und der Schläfen ein Ekzem mit Pusteln und Bläschen. Juckreiz *163.   Feuchter, brennend
juckender, stinkender Ausschlag auf der hinteren Kopfhälfte, den Kopfseiten und hinter den Ohren; wenn man kratzt, wechselt das Jucken die Stelle, aber mehr Feuchtigkeit sondert sich ab. Das
Haar fällt vor allem auf der hinteren Kopfhälfte aus, und um die Ohren mit feuchtem, stinkendem
Auschlag oder Kopfschuppen *LM.

5   **Hinterkopf:** Jucken, Fressen, Brennen, Wundheitsschmerz. Krustenausschlag, nässendes
Ekzem, Haarausfall, Läuse:
Fressendes Jucken am ganzen Hinterhaupte, was zum Kratzen nötigt, sich aber dadurch eher verschlimmert, als bessert *7A-329.   Oben am Hinterhaupte, ein fressendes Jucken, mit
Wundheitsschmerz, welches um dieselbe Abendzeit und an der gleichen Stelle wiederkehrt *7A-
330.   Eitrige Kopfkrusten am Hinterkopf, mit sauer riechendem Schweiß, Kopfläusen und
Jucken, das den Schlaf verhinderte *76.   Tinea capitis, dicke Krusten am Hinterkopf, aus
den Rissen krochen Läuse *78.   Chronische Tinea capitis sicca, der gesamte behaarte Kopf
ist mit einem dunklen Krustenausschlag bedeckt, der am Hinterkopf am dicksten ist und nach vorn
an Dicke abnimmt. Heftiges Jucken, am stärksten am Hinterkopf. An der dicksten Stelle, in einer
Linie mit den Warzenfortsätzen, messen die Krusten 6 mm. Nach dem Waschen Gefühl von Spannung in der Kopfhaut, besonders um den Hinterkopf, der sehr unangenehm und am Hinterkopf
sogar schmerzhaft ist *79.   Stark nässendes Ekzem im Bereich des Nackens, Hinterkopfes
und der Ohren *162.   Feuchter, brennend juckender, stinkender Ausschlag auf der hinteren
Kopfhälfte, den Kopfseiten und hinter den Ohren; wenn man kratzt, wechselt das Jucken die Stelle, aber mehr Feuchtigkeit sondert sich ab. Das Haar fällt vor allem auf der hinteren Kopfhälfte,

aus, und um die Ohren mit feuchtem, stinkendem Ausschlag oder Kopfschuppen *LM.

6   **Nacken:** Jucken. Blütchen, Pusteln, Krustenausschlag, nässendes Ekzem:
Im Nacken, juckende Blütchen *1HA-23.   Im Nacken, Jucken *1-193.   Im Nacken
waren hie und da kleine Pusteln, welche mit Eiter angefüllt waren, aber nach Aussage der Mutter
immer vertrockneten *9.   Stark nässendes Ekzem im Bereich des Nackens, Hinterkopfes
und der Ohren *162.   Im Bereich des behaarten Kopfes, des Nackens, der Ohren und der
Schläfen ein Ekzem mit Pusteln und Bläschen. Der Juckreiz wird schlimmer in der Wärme *163.

7   **Stirn:** Jucken, Stechen, Berührungsempfindlichkeit, Wärmegefühl. Blüten, Erweiterung der
Adern:
Jucken auf dem Haarkopfe, wie Nadelstiche, und kleine Ausschlagsblüten vorne nach der Stirne zu
*3-332.   Im Gesichte, kleine Ausschlagsblüten, an der Stirne, den Backen und neben den
Mundwinkeln, welche stechendes Jucken verursachen, was von Kratzen nur kurze Zeit aufhört,
dann aber stechend wiederkehrt *3-345.   Ein Wärmegefühl an der Stirne, wie wenn ein beständiger, warmer Hauch dahin ginge — bisweilen auch ein kalter Hauch — mit Backenröte und
auch äußerlicher Körperwärme *12-702.   Kann Fleisch und Eier nicht essen, sie verursachen
Erweiterung der Stirnadern *77.   Husten, Adern auf der Stirn wie Stricke geschwollen *94.

8   **Augenlider, Canthi:** Jucken, Beißen, Brennen, Wundheit. Scharfe Tränenabsonderung,
Augenbutter, Verklebung, Blüten, blaue Augenränder, Gerstenkörner, Lidtumoren, Lidgeschwüre,
Blepharitis, Lidrandentzündung, Hornhautverletzung:
Trübsichtigkeit, als wären die Augen voll Wasser, mit Jucken und Feinstechen im inneren Winkel;
er muß die Stelle reiben *1-32.   Die Augen fangen beim Schreiben bald an, weh zu tun (vorzüglich, nachmittags), ein Beißen und Brennen und dann laufen einige Tropfen heraus, welche beissen *1-33.   Ein beißend schründender Schmerz in den inneren Augenwinkeln *1HA-34.
Im inneren linken Augenwinkel, ein mehr beißender, als juckender Schmerz *1-35.   Es läuft
beißendes Wasser aus den Augen, früh *1-36.   Im inneren Augenwinkel, ein starkes Jucken,
am schlimmsten in freier Luft — er muß reiben *1-37.   Nachts setzt sich an den Augenwimpern und am äußeren Augenwinkel trockener Eiter an; an freier Luft trocknet ebenfalls die Augenbutter an, und es spannt dann *1-39.   Im inneren Augenwinkel sitzt immer trockene Materie, die er des Tags oft abreiben muß *1-40.   Die Augen sind früh zugeschworen im inneren
Winkel *1-41.   Jucken an den Augenlidrändern *1AA-48.   Blüten um das entzündete Auge *1-50.   Jucken am oberen Augenlidrande, im Freien; zwei Stunden später, auch am
anderen Auge — durch Reiben verging es *10A-363.   Äußerst tief liegende Augen, mit blau-
en, erhabenen Rändern, wie einer, der sehr ausgeschweift hat, vier Tage lang *12HA-366.

Geschwulst des re Tränenbeines *6.   Augenentzündung; Jucken und Brennen im inneren
Augenwinkel, muß reiben *10.   Gerstkorn am re oberen Augenlide, später auch eines am
unteren Augenlid, beide gingen in Eiterung über und öffneten sich bald, bald erschienen aber auch
neue Geschwürchen mit demselben Verlaufe. Beide Augenlider des re Auges sind etwas geschwollen, blaurot von Farbe. Beide Augenlider sind mit einer Anzahl hordeolis, in ihrer ersten Entwicklung begriffen, besetzt. Patient klagt zuweilen über Brennen in den Lidern. Die Nacht über kleben
die Lider durch harte, gelbe, sich bildende Schorfe zusammen *30.   Die Augenlider sind
dick, rot, ohne Wimpern. Er klagt über Drücken und Brennen. Besonders sind die Winkel entzündet und geschwürig. Früh sind die Augen zugeschworen. Früh fand sich an den äußeren Winkeln eine trockene Masse, die sich beim Waschen leicht auflöste und den Tag über eine rote, feuchte Stelle zurückließ *33.   Blepharitis; Drückender Schmerz und entstellende Röte am li inneren
und unteren Augenwinkel. Nächtliches Zuschwären des leidenden Augenlides *42.   Das Steatom war linsengroß, es befand sich auf der Innenseite des li Unterlides. Subjektiv: Jucken *52.
Erbsengroße, verschiebbare, elastische, schmerzlose Geschwulst am re unteren Augenlide; außer-

dem schwarze Schweißlöcher, besonders an der unteren Lippe *53.   Der Rand des li Oberlides juckt, besser durch Reiben *58.   Beim Sehen in die Sonne rinnen heiße Tränen aus dem li Auge; Sie machen die Wange wund und verursachen Beißen des Auges *59.   Chalazion *71.   Tumor des Unterlides, Rand des Oberlides verdickt durch Knötchen von Tarsaltumoren. Neigt zu Gerstenkörnern, die nach Eiterung vergrößerte Drüsen hinterlassen *73.   Bohnengroßes Steatom am Oberlid, das jahrelang immer größer geworden war *74.   Lider ulceriert und mit Gerstenkörnern und Knötchen bedeckt, sahen aus wie ein Haufen faules Fleisch *75. Lidrandentzündung und Ektropion li *79.   Gerstenkörner am li Oberlid. Besserung durch Anwendung kalten Wassers. Dicke, sahnige, milde Leukorrhoe *80.   Laceration der Cornea mit Irisprolaps durch Splitterverletzung beim Holzhacken *83.   Lidränder entzündet, drei oder vier Gerstenkörner, in verschiedenen Stadien ihrer Entwicklung *87.   Leidet viel an Hordeolis, seit drei Wochen Blepharitis *110.   Den ganzen Zag Schmerz im Oberlid. Schmerz stärker beim Augenschließen. Gerstenkorn im re Oberlid, das Lid ist stark geschwollen *112. Harter Knoten im li Oberlid mit wenig Beschwerden. Rezidiv eines Chalazion nach einem Jahr, kleiner, jetzt im re Oberlid. Nach 4 Jahren Rezidiv im li Unterlid *116.   Harter Knoten, erbsgroß, im re Oberlid, keine Beschwerden außer Druckgefühl *117.   Halberbsgroßer Knoten im re Oberlid, nur Druckgefühl beim Blinzeln, sonst keine Beschwerden *118.   Chalazea auf den Lidern beider Augen *119.   Erbsgroßer harter Knoten im re Oberlid, das Baby reibt häufig daran, er wurde dann hellpurpurrot *120.   Ein Gerstenkorn nach dem anderen, im Ganzen mehr als zwanzig *122.   Vier Gerstenkörner nacheinander *132.   Talgcyste auf dem re Unterlid, stark erbsengroß, gelbweiß, schmerzhaft *135.   Spannungsschmerz im Rand des re Oberlides. Früher neigte er zu Gerstenkörnern, die jetzt schmerzhaften Indurationen gewichen waren, welche kleine, höchst unangenehme Knötchen bildeten *143.   Immer wiederkehrende Gerstenkörner. Jetzt saß wieder eins am re unteren Augenlid mit Röte und Schwellung und stechenden Schmerzen ohne Abszeßbildung, am anderen Auge war auf dem Lidknorpel eine erbsengroße Geschwulst von früher *147.   Das beginnende Gerstenkorn war zurückgegangen, jedoch traten winzige, stark juckende, zum Kratzen zwingende Knötchen auf *155.   Hordeolum am li Auge, das sie sehr irritierte *157.   Hat schon das zweite Gerstenkorn am li Auge, welches ihn sehr belästigt *160.   Das Gerstenkorn besteht seit 4 Wochen. Es ist das erste Gerstenkorn im Leben des Mannes und sitzt, ziemlich dick und hart, mässig entzündet, am re Oberlid; Schmerzen sind kaum dabei *168.

Wenn die Gerstenkörner an den Lidern oft wiederkommen, oder lassen harte Stellen nach, oder wenn sie nicht aufgehen, sondern hart werden, besonders wenn die Augen leicht zuschwären, beißen und brennen, besonders in den Winkeln, wo trockene Augenbutter sich ansetzt *HH. Mißfarbene Gesichtsfarbe, eingefallene Wangen, hohle Augen mit blauen Rändern um dieselben *HK.   Hohle Augen, glanzlos, halbgeschlossen, als hätte man nicht genug geschlafen *TM. Trockenheit der Augäpfel und Lider. Entzündung der Augen mit Pusteln in der Umgebung. Augen eingesunken mit blauen Ringen *LM.   Blepharitis mit trockenen Lidrändern, harten Knötchen auf den Lidrändern und Zerstörung der Haarfollikel *AO.   Gerstenkörner, Hagelkörner auf den Augenlidern oder Oberlidern, eins nach dem anderen, hinterlassen harte Knötchen *AF. Das Gerstenkorn wird nicht reif, eitert nicht und geht nicht auf, sondern bleibt ein harter Knoten *HG.   Neubildungen an den Lidern sind extrem berührungsempfindlich *KM.   Lider schuppend SK.   Hatte als Kind viel Gerstenkörner *e.   Hat im Frühjahr Gerstenkörner gehabt *I.

9   **Gesicht:** Hitze, Jucken, Berührungsempfindlichkeit, Wundheitsschmerz, Schwellungsgefühl. Blütchen, Schwellung, Geschwüre, Pustelausschlag, trockener Ausschlag. Blass, eingefallen, rot, gelb:
Im Gesichte, Ausschlag kleiner (juckender?), von einander entfernt stehender Blütchen *1-24. Zahnschmerz mit Backengeschwulst und Hitze im Gesichte *1-75.   Nach dem Schneiden in

den Gedärmen bekommt sie eine große Hitze im Gesichte und das Blut tritt ihr nach dem Kopfe *1-123.   Vormittags, nach Aufstehen vom Sitze, wird er blaß, schwindlicht und drehend, fällt auf die Seite, wie ohnmächtig; den folgenden Tag, um dieselbe Zeit, ein ähnlicher Anfall *1-232.   Gesicht, wie von Schnupfen aufgedunsen *12-342.   Er sieht so hohläugig und weitäugig und so angegriffen und spitzig im Gesichte aus, wie auf Nachtschwärmerei, oder wie nach unangenehmen Gemütserschütterungen *12-343.   Im Gesichte, kleine Ausschlagsblüten, an der Stirne, den Backen und neben den Mundwinkeln, welche stechendes Jücken verursachen und, bei Berührung, wie unterkötig schmerzen *3-344.   Im Gesichte, an der Stirne, den Backen und um den Mund und die Handwurzel, Ausschlagsblüten, welche ziehendes Jucken verursachen, was von Kratzen nur kurze Zeit aufhört, dann aber stechend wiederkehrt *3-345. Der Blütenausschlag im Gesichte verursacht zuweilen für sich spannenden Wundheitsschmerz; bei Berührung ist er wie unterkötig schmerzhaft *3-346.   Ganz kleine Nadelstiche im Gesichte und am übrigen Körper *3-347.   Das Aussehen ist siech und bleich *1.   Rachitisch, blaß, aufgedunsen *2.   Blaß, abgemagert *22.   Viele wunde Stellen und Geschwüre im Gesicht *75.   Husten; Gesicht sehr rot *94.   Gallensteinkoliken; ist nach den Anfällen gelb *95.   Der Ausschlag, welcher einen Teil des Gesichts, den ganzen Haarkopf und Nacken bedeckte, sah so häßlich und entstellend aus, daß der Kranke in große Tücher gehüllt zu mir kam. Überall gelbe, dünne Borken *98.   Pustulöser Ausschlag des Gesichts (Wangen und Stirn). Die Pusteln erscheinen in Gruppen von 4 – 5 Stück. Vor der Eruption Brennschmerz im Gesicht *100.   Lichen, trockener, juckender papulöser Ausschlag im Gesicht und hinter den Ohren, Gesichtshaut rauh und trocken *130.   Hektisch gerötetes Gesicht *150.   Tiefe Blässe *161.   Stomatitis; wenn mißfarbene Gesichtsfarbe, eingefallene Wangen, hohle Augen mit blauen Rändern um dieselben vorhanden sind *HK.   Gesicht eingefallen, spitze Nase, Augen eingesunken mit blauen Ringen. Entzündung der Gesichtsknochen. Braune und blaue Gesichtsfarbe bei Zorn *LM.   Gefühl im Gesicht, wie geschwollen, wie aufgedunsen, ohne sichtbare Schwellung *I.

10   **Wangen:** Jucken, Nadelstechen. Schwellung, Röte, Wundheit:
Jucken an den Backen *1-156.   Heftig ziehender Zahnschmerz, mit Backengeschwulst *1-75.   Juckendes (fressendes), zum Kratzen reizendes Nadelstechen an beiden Backen *4-387. Die Wangen fast immer stark gerötet *26.   Zahnschmerzen; der li Backen ist geschwollen, doch nicht recht rot, und die Geschwulst hart, welche sich bis zum Auge erstreckt *47.   Beim Sehen in die Sonne rinnen heiße Tränen aus dem li Auge; Sie machen die Wange wund und verursachen Beißen des Auges *59.

11   **Nase:** Schründender Schmerz, Wundheitsschmerz, Jucken. Röte, Schwellung, Pustel, Geschwüre, Krusten:
Schründender Schmerz an dem einen Nasenloche, als ob es sehr geschwürig wäre *1-57.   Im li Nasenloche, am Knorpel der Nasenscheidewand, entsteht bei Berührung ein Wundheitsschmerz, als wollte sie geschwürig werden *4-389.   Jucken im li Nasenflügel, was bei Berührung verging *5-390.   Dauerschnupfen mit geschwürigen Nasenlöchern und glänzend roter, geschwollener Nasenspitze *2.   Blepharitis; zieht sich 8 – 10 Tage hin, verschwindet dann an diesem Schauplatze, bis auf eine kleine innere unempfindliche und äußerlich unsichtbare Verhärtung, taucht dafür aber zum Schluß am li inneren und äußeren Nasenflügel in Gestalt eines kleinen, nie reifenden Schwäres (wenn auch nur auf einige Tage) wieder auf *42.   Schnupfen mit geschwürigen Nasenlöchern *JS.   Geschwürige Nasenlöcher mit Krusten tief in der Nase *LM.

12   **Lippen:** Jucken, Brennen, Stechen. Geschwür, Blütchen, Bläschen, Risse, Mitesser, Schwellung:
In der Mitte auf der Oberlippe, ein schorfiges Geschwür *1-59.   Am Roten der Oberlippe, ein mit Schorf bedecktes Blütchen, von brennender Empfindung *1-60.   Ein minutenlanges

Brennen fast auf der Mitte der Oberlippe, am äußeren Rande *12-392.   Ein, bei Berührung
stechend brennendes Bläschen am Rande des Roten der Unterlippe *13-393.   Ein Geschwür
am Rande des Roten der Unterlippe, glänzend roten Ansehens, für sich stumpf stechenden, ziehenden Schmerzes, bisweilen mit nicht unangenehmem Jucken verbunden, welches zum Kratzen reizt,
worauf ein stumpfes Stechen erfolgt *8-395.   Lippengeschwür mit nagend ziehendem
Schmerze darin *8-396.   Lippengeschwür, woraus anfangs Eiter, dann nur grünliches Wasser
kommt *8-397.   Heftiger Fließschnupfen, bei Tränen der Augen und aufgesprungenen Lippen *10-524.   Rachitisch, scrophulös; Oberlippe geschwollen, nach außen gestülpt, glänzend
*2.   Schwarze Schweißlöcher, besonders an der unteren Lippe *53.   Die Oberlippe
war geschwollen und vorgetrieben *67.   Schorfige Lippen mit brennenden Schmerzen *LM.
Mundwinkel geschwürig *LT.   Blaue Lippen nach unterdrückter Wut *KM.

13   **Unter dem Kiefer, unter dem Kinn, Hals:** Schmerzhaftigkeit, Spannen, Jucken. Drüsenschwellung, Blüten, Ekzem:
Backengeschwulst am Unterkiefer *1-76.   Äußerlich am Halse, etliche Ausschlagsblüten *1-
77.   Die Unterkieferdrüsen sind bei Berührung schmerzhaft und schmerzen auch für sich *1-
78.   Die Unterkieferdrüsen schmerzen wie geschwollen und gequetscht *1HA-79.   Geschwulst der Mandel- und Unterkieferdrüsen *1-80.   Vorne, unterm Kinne, unter dem Rande des Unterkiefers, eine spannende Empfindung, als wollte da ein Knoten entstehen *3-398.
Unter dem Kinne, vorne an der Vereinigung beider Unterkiefer, ist es, als ob eine Drüse geschwollen wäre; es ist da etwas Hartes, wie Knorpel, von der Größe einer Haselnuß — beim Schlingen, wie
beim Berühren oder Reiben vom Halstuche fühlt er darin einen hart drückenden Schmerz *8HA-
399.   Anschwellung der Unterzungendrüse, die ihn am Schlingen hindert, vier Stunden lang
*13-432.   Oben am Brustbeine, gleich unter dem Halsgrübchen, juckende, feine, scharfe Sti-
che, die zum Kratzen nötigen *4HA-531.   Rachitisch, scrophulös; Unterkieferdrüsen geschwollen, hart, bei Berührung schmerzhaft. Drüsenschwellungen am Hals, in den Leisten, in den
Achselhöhlen *2.   Halsdrüsen- und Mandelgeschwulst, nebst einer Geschwulst des re Tränenbeins *6.   Am Halse waren die Drüsen etwas angelaufen *9.   Drüsenschwellung am
Halse, scrophulöse Atrophie *24.   Der Zahnarzt verletzte bei der Operation die re untere
Kinnlade und nahm davon einen Knochensplitter mit heraus. Eine Osteitis war die Folge und Knochenfraß stellte sich ein *86.   Stomatitis, wenn dabei oft geschwollene Halsdrüsen vorhanden sind *HK.   Aufregung verursacht rauhes Ekzem in den Ellenbeugen und am Hals *b.

14   **Achselhöhlen:** Jucken, Stechen, Drüsenschwellung:
Juckende Nadelstiche in der re Achselhöhle *8-553.   Juckende Stiche in beiden Achselhöhlen *4HA-554.   Flechte; Die Drüsen in den Weichen und unter den Achseln sind stark geschwollen und hart *1.   Rachitisch, scrophulös; Drüsenschwellungen am Hals, in den Leisten, in den Achselhöhlen *2.

15   **Schulter, Oberarm, Ellbogen:** Jucken, Berührungsempfindlichkeit. Blüten, Krusten, trok-
kener Ausschlag, Gelenkschwellung, Knochenschwellung:
Am Ellbogen und gegen die Hände zu, juckende Ausschlagsblüten *1-205.   Neben der Beugung des Ellbogens, mehr nach dem Vorderarme zu, eine Empfindung, als wäre ein Hautausschlag
ausgebrochen, oder wie wenn man sich mit einer Nadel geritzt hat — eine Art Grießeln, etwas brennend; doch sieht man nichts an der Stelle, welche vorzüglich bei Berührung schmerzt *12-557.
Re Arm von einer exostosis notha ergriffen, welche Knochengeschwulst man auch, nach dieser vorgefundenen Form, Hyperostosis nennt. Vorzüglich von der articulatio humeri bis zur ulna entlang
war alles stark intumesciert und man gewahrte eine dahin geeilte Metastasis inneren Herkommens.
Mehr dunkelrot entzündete Stellen, an welchen unter der Epidermis eine Fluktuation sich zu bilden begann, waren sichtbar. Vorzüglich zur Nachtzeit stattfindendes, schlafstörendes Jucken im
Hautorgan *5.   Schmerz im Ellbogen. Das Gelenk war steif und geschwollen *38.   My-

algie des li Deltoid; Nach örtlicher Anwendung von Staphisagria roter, juckender Ausschlag wie Lichen urticatus *101.   Trockener Herpes mit Krusten auf den Gelenken. Herpes mit Krusten auf den Ellbogen *LM.   Trockene, schuppige Ausschläge auf den Knochenenden *CD. Aufregung verursacht rauhes Ekzem in den Ellenbeugen und am Hals *b.

16   **Unterarme:** Jucken. Blüten, Pusteln, Geschwüre:
Am Ellbogen und gegen die Hände zu, juckende Ausschlagsblüten *1-205.   Am Vorderarme, eine rote Erhöhung, in deren Mitte ein Eiterbläschen sitzt, mit brennendem Schmerze in der Ruhe und für sich, beim Befühlen aber mehr wie ein Schwär schmerzend *1-207.   Im Gesichte, an der Stirne, den Backen und um den Mund und die Handwurzel, Ausschlagsblüten, welche ziehendes Jucken verursachen, was von Kratzen nur kurze Zeit aufhört, dann aber stechend wiederkehrt *3-345.   Bekam kleine Pusteln auf beide Arme und Hände, welche sich trotz der größten Reinlichkeit und mildesten Diät vermehrten, größere Flächen einnahmen, und eine scharfe gelbe Flüssigkeit absonderten, welche jede damit benetzte Hautstelle corrodierte, und heftige spannende und brennende Schmerzen verursachte *20.   Der ganze Unterarm bedeckt sich mit kuhpokkenartigen, einen halben Silbergroschen im Umfang betragenden, Geschwüren mit breiten, roten Rändern, inwendig gelb *SA.

17   **Hände, Handteller:** Jucken, Brennen, Hitze, Stechen, Berührungsempfindlichkeit. Venenschwellung, Flechten, Pusteln, Geschwülstchen:
In den Gedärmen, Schneiden; nach dem Schneiden bekommt sie eine große Hitze im Gesichte, auch die Adern treten an den Händen auf *1-123.   Flechten (Schwinden) auf den Händen, welche abends jucken und nach dem Kratzen brennen *1AA-208.   Kitzelndes Jucken am li Handteller, zu kratzen reizend *11-586.   Mehr Hitzempfindung, als Hitze der re Hand, welche auch röter war, als die andere, mit feinem Reißen im Mittelgelenke der vier Finger derselben *7-604.   Kitzelnde, scharfe Stiche in der hohlen Hand *4-605.   Bekam kleine Pusteln auf beide Arme und Hände, welche sich trotz der größten Reinlichkeit und mildesten Diät vermehrten, größere Flächen einnahmen, und eine scharfe gelbe Flüssigkeit absonderten, welche jede damit benetzte Hautstelle corrodierte, und heftige spannende und brennende Schmerzen verursachte *20.   Kleine Nervengeschwülstchen oder Polypen von der Größe eines Weizenkornes bilden sich auf der Haut, mit Epitheldefekt, bedeckt mit Feuchtigkeit, rot, entzündet, blau, und eine bloße Berührung macht den Patienten halb wahnsinnig, er leidet dann tage- und nächtelang; auf der Hand, auf dem Rücken, an den Genitalien oder am Anus *KM.

18   **Finger, Fingerspitzen, Daumen:** Kriebeln, Jucken, Brennen, Nadelstechen, Taubheit. Knochengeschwür, Ekzem, Gichtknoten:
Kriebeln in den Fingern, als wollten sie einschlafen *7-596.   Tiefe, juckend brennende, scharfe Nadelstiche im li Daumen, welche zum Kratzen reizen *4HA-599.   Es ist, als wäre eine harte Haut über die Fingerspitzen der li Hand gezogen; er hat wenig Gefühl darin und kann beim Betasten nichts gut unterscheiden *8HA-603.   Paedarthrocace der ersten Phalanx des li Zeigefingers. Geschwür. Geschwulst des Knochens *29.   Ekzem der Finger beider Hände, Jucken, besonders in der Bettwärme *88.   Gichtknoten *115a.   Taubheit der Fingerspitzen beider Hände *136.   An den Fingern sind Gichtknoten *138.   Taubheit der Fingerspitzen *HG.

19   **Thorax:** Berührungsempfindlichkeit, Jucken, Feinstechen. Friesel, flechtenartige Blütchen, Knötchen, Mammaatrophie:
Immerwährender Schmerz in der Mitte des Brustbeins, als wenn da etwas Böses (Geschwüriges) wäre, am schlimmsten beim Aufrichten und Ausdehnen des Körpers, auch beim Betasten schmerzhafter, wie Spannen und Drücken, so daß es zuweilen den Atem versetzt *1-186.   Die Brust schmerzt äußerlich, beim Befühlen *1-188.   Beim Bücken, ein stumpf stechend drückender

Schmerz an den Knorpeln der letzten Rippen, auch beim Befühlen, wund schmerzhaft *1-189. Friesel auf der Brust; wenn er warm wird, wird es rot und juckt *1-190.   An den unteren Rippen, ein flechtenartiger Ausschlag, aus kleinen, dichten, roten Blütchen zusammengesetzt, mit brennend juckendem Feinstechen, wie von Brennesseln; nach Reiben schmerzt die Stelle; dabei ein Frostüberlaufen in dieser Gegend und über den Oberbauch *1-191.   Oben am Brustbeine, gleich unter dem Halsgrübchen, juckende, feine, scharfe Stiche, die zum Kratzen nötigen *4HA-531.   Bei der leisesten Berührung der äußeren Bedeckungen der Brust trat dieser Schmerz sogleich ein *26.   Ausschlag von hirsekorngroßen konischen Knötchen zwischen den Schultern, abends und nachts sehr juckend, das Jucken durch Kratzen gebessert *37.   Mammafibrom; Ich fand die Brust etwas geschwellt und bei leiser Berührung empfindlich, während ein starker Druck mit Ausnahme einer kleinen Stelle gut vertragen wurde, und an eben dieser Stelle, etwa eineinhalb Centimeter oberhalb der Brustwarze war, nicht tief unter der Hautdecke, ein Knötchen in der Größe und Form einer kleineren Haselnuß fühlbar *66.   Brüste, die völlig geschwunden sind *159.

20 **Rücken:** Jucken, Nadelstiche, Berührungsempfindlichkeit. Bläschen, Knötchen, wunde Stellen, papulovesiculöse Effloreszenzen, Geschwülstchen:
Juckende Nadelstiche in der Nierengegend *4HA-478.   Oberschenkelflechte; Auch andere Stellen des Körpers, an den Lenden, den Armen, dem Rücken, zeigen schon truppweise vereinigte Bläschen *1.   Ausschlag von hirsekorngroßen konischen Knötchen zwischen den Schultern, abends und nachts sehr juckend, das Jucken durch Kratzen gebessert *37.   Wunde Stellen über den Wirbeln und am Steißbein *140.   Im Bereich der Kreuzbeingegend sieht man eine Reihe papulovesiculöser Effloreszenzen *162.   Kleine Nervengeschwülstchen oder Polypen von der Größe eines Weizenkornes bilden sich auf der Haut, mit Epitheldefekt, bedeckt mit Feuchtigkeit, rot, entzündet, blau, und eine bloße Berührung macht den Patienten halb wahnsinnig, er leidet dann tage- und nächtelang; auf der Hand, auf dem Rücken, an den Genitalien oder am Anus *KM.

21 **Abdomen, Lenden:** Jucken, Berührungsempfindlichkeit, Brennen, Beißen. Bläschen, Nässende Knoten, Herpes zoster, Operationsnarben:
Ausschlag erbsengroßer Knoten am ganzen Leibe und den Oberschenkeln, welche jucken und, beim Kratzen aufgerieben, nässen, dann aber einen brennenden Schmerz verursachen *1A-226. Zerschlagenheitsschmerz über den Hüften, in den Lenden, welcher sich unter dem Nabel hinzieht, beim Vorbeugen am meisten bemerkbar, doch auch bei Berührung schmerzhaft ist *10-476. Oberschenkelflechte; Auch andere Stellen des Körpers, an den Lenden, den Armen, dem Rücken, zeigen schon truppweise vereinigte Bläschen *1.   Herpes zoster; Eine Gruppe von Bläschen erschien in der Lebergegend, zunächst einzeln, dann konfluierend, viel Hitze und Röte einen Zoll über und unter dem Ausschlag. Die Reizung, Brennen, Beißen usw. der Bläschen war höchst intensiv und hielt sie nachts wach. Nach 2 Monaten ähnlicher Ausschlag knapp oberhalb der re Crista ilica, der sich nach hinten, unten und vorn zur Leiste erstreckte *68.   Scharfe Schnittwunden bis ins Fleisch durch scharfe Messer, durch Glas oder nach chirurgischen Eingriffen *HH. Nach Bauchoperationen, wenn der Patient über scharfe, beißende Schmerzen klagt *MA.

22 **Leisten:** Taubheit, Stechen, Jucken. Drüsenschwellung, Herpes zoster, Operationsnarbe:
Unschmerzhafte Schoßdrüsengeschwulst, welche beim Gehen und Stehen am sichtbarsten wird, und viele Tage anhält *1-138.   Beim Stehen, eine Taubheitsempfindung in der li Hüfte, bis zum Unterleibe *1-210.   Oberschenkelflechte; Die Drüsen in den Weichen und unter den Achseln sind stark geschwollen und hart *1.   Rachitisch, scrophulös; Drüsenschwellungen am Hals, in den Leisten, in den Achselhöhlen *2.   Herpes zoster; Ähnlicher Ausschlag knapp oberhalb der re Crista ilica, der sich nach hinten, unten und vorn zur Leiste erstreckte *68.   Nierenkolik; Stechen zur li Leiste und zum Hoden hin, auf jeden schießenden Stich

folgt so starkes Jucken, daß er kratzen muß. Die schießenden Stiche begannen tief innen im Fleisch und endeten an der Oberfläche; der Punkt, wo sie endeten, war der Punkt, wo es dann juckte *102. Konnte nicht gehen wegen Schmerzen in der Narbe der vor einer Woche ausgeführten bilateralen Herniotomie *154.

23   **Penis, Praeputium:** Jucken, Brennen. Feuchtigkeit, Feigwarzen, Schanker:
Feuchtigkeit an der Eichelkrone, unter der Vorhaut *1-157.   Feuchtender weicher Auswuchs in der Rinne, hinter der Eichelkrone und ein ähnlicher an der Krone selbst, welche beide vom Reiben des Hemdes jucken *1-158.   Eine mit einem Schorfe bedeckte verdächtige Stelle an der Vorhaut von der Größe einer Erbse. Das Geschwür am penis hatte die Größe einer sehr großen Bohne erreicht, war speckig, leicht blutend und eine Linie über den Grund erhaben *28. Klebriges, nicht scharfes Smegma *64.   Gonorrhoe und spitze Condylome hinter der Glans *92.   Prostatavergrößerung; Litt an häufigem Harndrang, mit heftigem Brennen an der Spitze des Penis *131.   Diese Feigwarzen seien länglich, auch hahnekammartig, weich, schmierig, auch unten *WA.   Schanker mit übelriechender Jauche *GO.   Bei der warzenartig wuchernden Schankerform *AA.   Große, leicht blutende, speckige Geschwüre auf dem Penis *AH.

24   **Scrotum:** Jucken, Wundschmerz, Zusammenziehen, Stechen. Übelriechender Schweiß, Filzläuse:
Ein Jucken im Inneren des Hodensacks, was bloß durch Drücken und Reiben zwischen den Fingern sich etwas tilgen läßt *1-154.   Wohllüstiges Jucken um den Hodensack, welches beim Reiben immer zunimmt, oberflächlich zu Wundschmerze wird, während tiefer noch das Jucken fortbesteht und endlich einen Samenerguß bewirkt *1-155.   Hodenneuralgie; Das Scrotum zieht sich an der leidenden Seite oft zusammen und juckt, und er muß es oft kratzen und zwischen dem Daumen und den Fingern reiben *60.   Morgens, nicht am Tage, Schweiß am Scrotum mit unangenehmem, fleischigem Geruch *64.   Nierenkolik; Stechen zur li Leiste und zum Hoden hin, auf jeden schießenden Stich folgt so starkes Jucken, daß er kratzen muß. Die schießenden Stiche begannen tief innen im Fleisch und endeten an der Oberfläche; der Punkt, wo sie endeten, war der Punkt, wo es dann juckte *102.   Jucken durch Filzläuse auf den Genitalien *HG.

25   **Vulva, Damm:** Stechen, Jucken, Beißen, Berührungsempfindlichkeit. Bläschen, Wundheit, blumenkohlartiger Auswuchs, Schanker, Filzläuse, Geschwülstchen:
Fein stechendes Jucken an den weiblichen Schamteilen *1-161.   Ein Beißen an den weiblichen Schamteilen, auch außer dem Harnen *1-162.   Hinten, innerhalb der großen, rechten Schamlefze, eine Blase, welche für sich ein Beißen, beim Berühren aber Wundheitsschmerz verursacht *1-163.   Enuresis; Leidet an unwillkürlichem Urinabgang, der eine so bedeutende Schärfe angenommen hat, daß die nahegelegenen Teile excoriiert werden, sehr heftig brennende Schmerzen verursachen, die bei der geringsten Bewegung zunehmen *34.   Beißende Bläschen, innerhalb der großen Schamlippen, die bei Berührung schmerzen. Schanker mit übelriechender Jauche *GO.   Bei der warzenartig wuchernden Schankerform *AA.   Jucken durch Filzläuse auf den Genitalien *HG.   Kleine Nervengeschwülstchen oder Polypen von der Größe eines Weizenkornes bilden sich auf der Haut, mit Epitheldefekt, bedeckt mit Feuchtigkeit, rot, entzündet, blau, und eine bloße Berührung macht den Patienten halb wahnsinnig, er leidet dann tage- und nächtelang; auf der Hand, auf dem Rücken, oder ein kleines, trockenes, warzenähnliches Gebilde an den Genitalien oder am Anus *KM.

26   **Anus:** Jucken, Brennen, Stechen. Knötchen, Haemorrhoiden, Feigwarzen, Eiternde Flächen, wundmachende Stühle, Geschwülstchen:
Starkes Jucken am After, mit Knötchen am After *1-137.   Harter, weniger Stuhl, mit brennend schneidendem Schmerze im After *7-494.   Weicher, doch schwierig abgehender Stuhl-

gang, wegen Zusammenschnürung des Afters, wie bei Hämorrhoiden *3-499.   Jucken im After beim Sitzen, außer dem Stuhlgange *5HA-501.   Darmstörung; Sofort nach Stuhlabgang
heftiges Brennen an Anus *17.   Es hatten sich ganz in der Nähe des Afters große Feuchtwarzen gebildet, an denen verdächtig aussehende eiternde Flächen stoßen. Im Umfange mehrere
Zolle starke Erosionen, die bei näherer Besichtigung aus lauter kleinen Geschwürchen bestanden.
Aus dem ganzen Umfange quoll reichlich eine stinkende Lymphe. Die brennenden, zuckenden und
stechenden Schmerzen, welche sich bei der Stuhlausleerung bis auf's fürchterlichste erhöhten, lies-
sen den Kranken nirgends Ruhe und Schlaf finden *28.   Haemorrhoiden mit intensiven
Schmerzen im Rücken und durch das ganze Becken, bei Prostatahypertrophie *128.   Jukken des Anus durch Haemorrhoiden *129.   Wunde Stellen über den Wirbeln und am Steißbein *140.   Stühle heiß, wundmachend *HG.   Haemorrhoiden sind so empfindlich,
daß man sie nicht berühren darf. Kleine Nervengeschwülstchen oder Polypen von der Größe eines
Weizenkornes bilden sich auf der Haut, mit Epitheldefekt, bedeckt mit Feuchtigkeit, rot, entzündet, blau, und eine bloße Berührung macht den Patienten halb wahnsinnig, er leidet dann tage- und
nächtelang; auf der Hand, auf dem Rücken, oder ein kleines, trockenes, warzenähnliches Gebilde
an den Genitalien oder am Anus *KM.

27   **Gesäß, Hüfte:** Brennen, Jucken, Fressen, Stechen. Herpes zoster:
Brennend juckendes Fressen an den Hinterbacken, wie wenn man etwas Schafwollenes auf die
Haut zieht, abends im Bette; durch Kratzen verging es an der einen Stelle und kam an eine andere
*13-606.   Stechendes Jucken an den Gesäßmuskeln und mehreren Stellen des Körpers
*8HA-608.   Herpes zoster; Ähnlicher Ausschlag knapp oberhalb der re Crista ilica, der sich
nach hinten, unten und vorn zur Leiste erstreckte *68.   Nadelstechen in der li Hüfte, kann
auf der li Seite nicht schlafen *136.

28   **Oberschenkel:** Kriebeln, Hitze, Jucken, Brennen, Stechen. Flechten, Knoten, Blütchen,
nässende Krusten, Schwellung des Kniegelenkes:
Flechten (Schwinden) an den Ober- und Unterschenkeln *1-214.   Ein Kriebeln in den lange
Jahre hart elastisch geschwollenen Ober- und Unterschenkeln, mit Gefühl, als wenn der Teil innerlich heiß wäre, auseinander getrieben würde und sehr schwer wäre *1-215.   Ausschlag erbsengroßer Knoten am ganzen Leibe und den Oberschenkeln, welche jucken und, beim Kratzen aufgerieben, nässen, dann aber einen brennenden Schmerz verursachen *1A-226.   Brennendes
Scharfstechen an der hinteren Fläche des li Oberschenkels *4-613.   Juckendes Feinstechen
an den inneren Seiten der Oberschenkel, was zum Kratzen nötigt *4HA-616.   Eine Art Gänsehaut, ohne Frost, über beide Ober- und Unterschenkel, nämlich viele rote und weiße Blütchen an
denselben, welche in ihrer Spitze weißlichten Eiter enthalten, ohne die mindeste Empfindung *7-
617.   Eine grob stechende, fast kratzende Empfindung am re Oberschenkel, innerlich über
dem Kniegelenke *3-619.   Flechte, die anfangs nur eine kleine Stelle auf der vorderen Fläche des li Oberschenkels eingenommen hatte. Später breitete sie sich weiter aus. Der größte Teil
der oberen Fläche des li Oberschenkels ist mit einer schuppenartigen Rinde bedeckt, aus deren
Zwischenräumen eine gelbliche, fressende Jauche heraussiepert. – Von Zeit zu Zeit sondern sich
die Schuppen ab und es stellt sich dann eine rohe, nässende Fläche dar, mit vielen kleinen Bläschen
bedeckt, welche platzen und eine corrodierende gelbliche Flüssigkeit von sich geben. – Allmählig
bildet sich dann ein neuer Schuppenüberzug, gleich dem früheren, und so wiederholt sich dieselbe
Metamorphose fort und fort. – Auf allen gesunden Hautstellen, welche die aussiepernde Flüssigkeit berührt, entstehen neue Bläschen, welche das Exanthem weiter verbreiten. – Auch die Oberfläche des re Oberschenkels ist schon teilweise mit dem Ausschlage bedeckt. – Auch andere
Stellen des Körpers, an den Lenden, den Armen, dem Rücken, zeigen schon truppweise vereinigte
Bläschen. – Das Exanthem juckt unerträglich, besonders in der Wärme und vorzüglich in der Bettwärme, so, daß Kratzen unvermeidlich ist; aber dadurch wird das Jucken nur auf Augenblicke gemildert *1.   Kniegelenksentzündung; Das ganze Kniegelenk ist geschwollen und druckemp-

findlich *138.

29   **Unterschenkel:** Kriebeln, Hitze, Brennen, Jucken, Reißen, Beißen. Flechten, Blüten, Geschwüre, nässende Krusten, Knochenkaries:
Flechten (Schwinden) an den Ober- und Unterschenkeln *1-214.   Ein Kriebeln in den lange Jahre hart elastisch geschwollenen Ober- und Unterschenkeln, mit Gefühl, als wenn der Teil innerlich heiß wäre, auseinander getrieben würde und sehr schwer wäre *1-215.   Am Unterschenkel, Blüten, brennend juckenden Schmerzes *1-217.   Jucken, abends im Bette, am Unterschenkel; nach dem Reiben entstehen flache Geschwüre, welche heftig schmerzen *1-218. Abends und früh, Reißen und Zucken um die Geschwüre, in der Ruhe; beim Gehen hört es auf *1-227.   Reißendes Stechen im Geschwüre *1-228.   Beißen im Geschwüre, wie von Salze *1-229.   Ein salzig beißendes Jucken im Geschwüre *1-230.   Die Haut am geschwürigen Unterschenkel überzieht sich, unter zuckenden und pickenden Schmerzen, mit einer dünnen Kruste, aus welcher gilbliches Wasser hervordringt *1-231.   Heftig brennende Schmerzen im Geschwüre, abends nach dem Niederlegen, Stunden lang, so daß er nicht einschlafen konnte *1-250.   Eine Art Gänsehaut, ohne Frost, über beide Ober- und Unterschenkel, nämlich viele rote und weiße Blütchen an denselben, welche in ihrer Spitze weißlichten Eiter enthalten, ohne die mindeste Empfindung *7-617.   Jucken am re Schienbeine über den äußeren Knöchel, was durch Reiben nicht verging *5-634.   Ein im Stehen und Gehen anhaltender, juckender Stich in der re Wade, welcher von Kratzen verging *5-638.   Nach Staphisagria Ausschlag auf den Beinen bis hinauf zu den Knien, wie eine Hose, zusammenhängende Krusten, gelb, zäh, lederartig, mußte, wenn sich Flüssigkeit darunter angesammelt hatte, wie ein Verband aufgeschnitten werden. Er konnte kaum gehen, denn die Krusten schnitten ins Fleisch *115a. Das Geschwür breitet sich schnell aus, gelbe, eitrige Absonderung und harte Ränder *LT.

30   **Fußknöchel, Achillessehne:** Jucken, Stechen, Brennen:
Jucken am re Schienbeine über den äußeren Knöchel, was durch Reiben nicht verging *5-634. Stechendes Jucken gleich über dem re äußeren Fußknöchel, es nötigt zum Kratzen, hinterläßt dann aber keine besondere Empfindung *8HA-643.   Brennendes Jucken am re inneren Fußknöchel *8-644.   Jucken über der Ferse, auf der Achillessehne *3-645.

31   **Fuß:** Kriebeln in der Sohle. Knochengeschwulst, Fußrückengeschwulst, Furunkel:
Knochengeschwulst des Mittelfußknochens der re kleinen Zehe, schmerzhaft beim Berühren *1-222.   Unschmerzhafte Geschwulst des Rückens beider Unterfüße, von langer Dauer *1-223. Kriebeln und Brickeln in der Sohle des Fußes, den man beim Sitzen über den anderen schlägt, wie eingeschlafen *7-652.   Kleine Furunkel immer wieder auf Füßen, Händen oder Kopf *2. Beim Aufsetzen des Fußes Prickeln in den Zehenballen, als ob es die Zehen nach unten ziehen wollte *57.

32   **Zehen:** Jucken, Brennen, wie erfroren, Stechen, Berührungsempfindlichkeit, Kriebeln. Röte:
Im Innern zweier Zehen, ein brennendes, schmerzhaftes Jucken, gleich als wären sie erfroren gewesen *1-224.   Stechendes Jucken an der re großen Zehe *8-646.   Abends, brennendes Jucken der kleinen Zehen, als wären sie erfroren; sie schmerzen bei Berührung und die schmerzenden Stellen sind rot, vier Tage lang *10-648.   Abends, juckendes Brennen an der re kleinen Zehe, als wäre sie erfroren, und sie schmerzte schon beim gelinden Drücken *7-649.   Kriebeln an der unteren Fläche der Zehen, welches nicht zum Kratzen reizt; es ist als wenn sie eingeschlafen gewesen wären *4-650.   Beim Aufsetzen des Fußes Prickeln in den Zehenballen, als ob es die Zehen nach unten ziehen wollte *57.

33   **Ganzer Körper:**
Jucken über den Kopf und ganzen Körper, besonders früh, ein laufendes Jucken und Krabbeln, wie

vom Kriechen eines Flohes, welches von einem Orte zu dem anderen geht *1-225.   Ausschlag erbsengroßer Knoten am ganzen Leibe und den Oberschenkeln, welche jucken und, beim Kratzen aufgerieben, nässen, dann aber einen brennenden Schmerz verursachen *1A-226.   Ganz kleine Nadelstiche im Gesichte und am übrigen Körper *3-347.   Stechendes Jucken an den Gesäßmuskeln und mehreren Stellen des Körpers *8HA-608.   Wie zergeißelt am ganzen Körper, mit Pusteln, Flecken, Striemen, Blüten besät, mit ungeheurem Jucken *18.   Sehr abgemagert, welk in den Hautgebilden, dicker, gespannter, voller Bauch, nässender, stark juckender Ausschlag über den ganzen Körper *24.   Herpes phlyctaenoides, die ganze Hautoberfläche einnehmend, hinderte den Patienten am Schlafe; die Absonderung war stark *36.   Die gesamte Haut trocken und juckend, nach Kratzen Absonderung großer Mengen feiner, harter (brassy) Schuppen *81.

34   Gliedmaßen, Gelenkbeugen:

Gichtknoten. Nach Staphisagria: die geschwollenen Gelenke besserten sich *115a.   Brennende Empfindung bald da, bald dort, doch stets bloß an den Gliedmaßen, nie am übrigen Körper *6-660.   Trockener Herpes mit Krusten auf den Gelenken *LM.   Gicht in den kleinen Gelenken der Hände und Füße, mit viel Schwellung und Härte *CA.   Gichtknoten *FK. Ungesunde Haut, die leicht geschwürig wird, häufige Furunkel. Trockener, krustiger Herpes in den Gelenkbeugen *LT.

35   Das Jucken wechselt nach Kratzen die Stelle:

Jucken über den Kopf und ganzen Körper, besonders früh, ein laufendes Jucken und Krabbeln, wie vom Kriechen eines Flohes, welches von einem Orte zu dem anderen geht *1-225.   Jucken am oberen Augenlidrande, im Freien; zwei Stunden später, auch am anderen Auge – durch Reiben verging es *10A-363.   Brennend juckendes Fressen an den Hinterbacken, wie wenn man etwas Schafwollenes auf die Haut zieht, abends im Bette; durch Kratzen verging es an der einen Stelle und kam an eine andere *13-606.   Kopfausschlag; Brennendes Zucken. Beim Kratzen die Stelle ändernd *98.   Sie litt zeitweise an Hautjucken, das beim Kratzen die Stelle wechselte *147.   Ekzem; Der Juckreiz sei nach Kratzen immer wieder an einer anderen Stelle aufgetreten *162.   Kopfekzem; Juckreiz am Körper, der immer wieder die Stelle wechselt, ohne daß irgendwelche Hautveränderungen in diesem Bereich vorliegen *163.   Feuchter, brennend juckender Ausschlag auf der hinteren Kopfhälfte, den Kopfseiten und hinter den Ohren; wenn man kratzt, wechselt das Jucken die Stelle, aber mehr Feuchtigkeit sondert sich ab LM.

36   Die Hautausschläge breiten sich aus:

Flechte, die anfangs nur eine kleine Stelle auf der vorderen Fläche des li Oberschenkels eingenommen hatte. Später breitete sie sich weiter aus. Der größte Teil der oberen Fläche des li Oberschenkels ist mit einer schuppenartigen Rinde bedeckt. Auf allen gesunden Hautstellen, welche die aussiepernde Flüssigkeit berührt, entstehen neue Bläschen, welche das Exanthem weiter verbreiten. Auch die Oberfläche des re Oberschenkels ist schon teilweise mit dem Ausschlage bedeckt. Auch andere Stellen des Körpers, an den Lenden, den Armen, dem Rücken, zeigen schon truppweise vereinigte Bläschen *1.   Bekam kleine Pusteln auf beide Arme und Hände, welche sich trotz der größten Reinlichkeit und mildesten Diät vermehrten, größere Flächen einnahmen, und eine scharfe gelbe Flüssigkeit absonderten, welche jede damit benetzte Hautstelle corrodierte, und heftige spannende und brennende Schmerzen verursachte *20.   Das Geschwür breitet sich schnell aus *LT.

HAUT   Empfindungen

**1   Jucken und Krabbeln wie vom Kriechen eines Flohes, das durch Kratzen an ei-
ner Stelle verschwindet, aber sogleich an einer anderen Stelle wieder auftritt:** Kopf,
ganzer Körper, Gesäß, Gesicht:
Jucken über den Kopf und ganzen Körper, besonders früh, ein laufendes Jucken und Krabbeln, wie
vom Kriechen eines Flohes, welches von einem Orte zu dem anderen geht *1-225.   Brennend juckendes Fressen an den Hinterbacken, wie wenn man etwas Schafwollenes auf die Haut
zieht, abends im Bett; durch Kratzen verging es an der einen Stelle und kam an eine andere *13-
606.   Ausschlag, welcher einen Teil des Gesichts, den ganzen Haarkopf und Nacken bedeckte. Brennendes Zucken. Beim Kratzen die Stelle ändernd *98.   Sie litt zeitweise an Hautjucken, das beim Kratzen die Stelle wechselte *147.   Stark nässendes Ekzem im Bereich des
Nackens, Hinterkopfes und der Ohren. Der Juckreiz sei nach Kratzen immer wieder an einer anderen Stelle aufgetreten *162.   Juckreiz am Körper, der immer wieder die Stelle wechselt, ohne daß irgendwelche Hautveränderungen in diesem Bereich vorliegen *163.   Feuchter Ausschlag auf der hinteren Kopfhälfte, den Kopfseiten und hinter den Ohren; wenn man kratzt, wechselt das Jucken die Stelle, aber mehr Feuchtigkeit sondert sich ab *LM.   Gefühl, als kröchen
Würmer auf der Haut *KM.

**2   Juckende feine Stiche auf der Haut, die zum Kratzen zwingen. Das Stechen be-
ginnt tief innen und geht nach außen in die Haut, wo es mit einem Jucken an einer
sehr kleinen Stelle endet:** Augenwinkel, Vulva, Wangen, Unterlippe, Nierengegend, Halsgrube,
Achselhöhlen, Daumen, Handteller, Gesäß, Oberschenkel, Wade, Fußknöchel, große Zehe, Nacken,
Kopf, Leiste:
Trübsichtigkeit, als wären die Augen voller Wasser, mit Jucken und Feinstechen im inneren Winkel;
er muß die Stelle reiben *1-32.   Fein stechendes Jucken an den weiblichen Schamteilen *1-
161.   Jucken auf dem Haarkopfe, wie Nadelstiche, und kleine Ausschlagsblüten vorne nach
der Stirne zu *3-332.   Brennendes Scharfstechen in der li Backe, welches zum Kratzen reizt
*4HA-386.   Juckendes (fressendes), zum Kratzen reizendes Nadelstechen an beiden Backen
*4-387.   Ein Geschwür am Rande des Roten der Unterlippe, für sich stumpf stechenden,
ziehenden Schmerzes, bisweilen mit nicht unangenehmem Jucken verbunden, welches zum Kratzen reizt, worauf ein stumpfes Stechen erfolgt *8-395.   Juckende Nadelstiche in der Nierengegend *4HA-478.   Oben am Brustbeine, gleich unter dem Halsgrübchen, juckende, feine,
scharfe Stiche, die zum Kratzen nötigen *4HA-531.   Juckende Nadelstiche in der re Achselhöhle *8-553.   Juckende Stiche in beiden Achselhöhlen *4HA-554.   Tiefe, juckend
brennende, scharfe Nadelstiche im li Daumen, welche zum Kratzen reizen *4HA-599.   Kitzelnde, scharfe Stiche in der hohlen Hand *4-605.   Stechendes Jucken an den Gesäßmuskeln und mehreren Stellen des Körpers *8HA-608.   Juckendes Feinstechen an den inneren
Seiten der Oberschenkel, was zum Kratzen nötigt *4HA-616.   Ein im Stehen und Gehen
anhaltender, juckender Stich in der re Wade, welcher von Kratzen verging *5-638.   Stechendes Jucken gleich über dem re äußeren Fußknöchel, es nötigt zum Kratzen, hinterläßt dann aber
keine besondere Empfindung *8HA-643.   Stechendes Jucken an der re großen Zehe *8-646.
Juckende, scharfe Stiche an verschiedenen Stellen des Körpers *4HA-657.   Stiche, den Flohstichen ähnlich, an den Untergliedmaßen, der Hand, dem Nacken, am Kopfe u.s.w. *10-658.
Nierenkolik; Stechen zur li Leiste und zum Hoden hin, auf jeden schießenden Stich folgt so starkes
Jucken, daß er kratzen muß. Die schießenden Stiche begannen tief innen im Fleisch und endeten
an der Oberfläche; der Punkt, wo sie endeten, war der Punkt, wo es dann juckte *102.

3   **Jucken, Brennen und Stechen gleichzeitig:** Untere Rippen, Gesicht, Daumen:
An den unteren Rippen, ein flechtenartiger Ausschlag, aus kleinen, dichten, roten Blütchen zusammengesetzt, mit brennend juckendem Feinstechen, wie von Brennesseln; nach Reiben schmerzt die Stelle *1-191.   Im Gesichte, kleine Ausschlagsblüten, an der Stirne, den Backen und neben den Mundwinkeln, welche stechendes Jucken verursachen und, bei Berührung, wie unterkötig schmerzen *3-344.   Brennendes Scharfstechen in der li Backe, welches zum Kratzen reizt 4HA-386.   Tiefe, juckend brennende, scharfe Nadelstiche im li Daumen, welche zum Kratzen reizen *4HA-599.

4   **Jucken innerlich im Scrotum, muß es zwischen Daumen und Fingern reiben:**
Ein Jucken im Innern des Hodensacks, was bloß durch Drücken und Reiben zwischen den Fingern sich etwas tilgen läßt *1-154.   Wohllüstiges Jucken um den Hodensack, welches beim Reiben immer zunimmt, oberflächlich zu Wundschmerze wird, während tiefer noch das Jucken fortbesteht und endlich einen Samenerguß bewirkt *1-155.   Hodenneuralgie; Das Scrotum zieht sich an der leidenden Seite oft zusammen und juckt, und er muß es oft kratzen und zwischen dem Daumen und den Fingern reiben *60.

5   **Jucken zwingt zum Kratzen oder Reiben:** Augenwinkel, Hinterkopf, Handteller, Exanthem am Oberschenkel, Kopfausschlag, Lidränder:
Im inneren Augenwinkel, ein starkes Jucken, am schlimmsten in freier Luft – er muß reiben *1-37.   Fressendes Jucken am ganzen Hinterhaupte, was zum Kratzen nötigt, sich aber dadurch eher verschlimmert, als bessert *7A-329.   Kitzelndes Jucken im li Handteller, zu kratzen reizend *11-586.   Flechte am li Oberschenkel; Das Exanthem juckt unerträglich, besonders in der Wärme und vorzüglich in der Bettwärme, so, daß Kratzen unvermeidlich ist; aber dadurch wird das Jucken nur auf Augenblicke gemildert *1.   Hatte an der re Seite des Kopfes, am hinteren Winkel des Seitenwandbeines, einen grindigen nässenden Ausschlag, der den Umfang eines Talers einnahm; das Kind kratzte sich heftig, wenn man es zuließ *9.   Jucken und Brennen im inneren Augenwinkel, muß reiben *10.   Auf dem Scheitel ein nässender Grind, juckend und fressend. Nach dem Kratzen schründet es und sie muß dann noch mehr kratzen *32.   Knoten im re Oberlid, das Baby reibt häufig daran *120.   Das beginnende Gerstenkorn war zurückgegangen, jedoch traten winzige, stark juckende, zum Kratzen zwingende Knötchen auf *155.

6   **Jucken, nach Kratzen erfolgt Brennen, Wundheitsschmerz oder Stechen:** Scrotum, Vulva, untere Rippen, Hände, Unterschenkel, Knoten am Leib, Kopfhaut, Gesicht, Handgelenk, Unterlippe:
Wohllüstiges Jucken um den Hodensack, welches beim Reiben immer zunimmt, oberflächlich zu Wundschmerze wird, während tiefer noch das Jucken fortbesteht und endlich einen Samenerguß bewirkt *1-155.   Hinten, innerhalb der großen, rechten Schamlefze, eine Blase, welche für sich ein Beißen, beim Berühren aber Wundheitsschmerz verursacht *1-163.   An den unteren Rippen, ein flechtenartiger Ausschlag, aus kleinen, dichten, roten Blütchen zusammengesetzt, mit brennend juckendem Feinstechen, wie von Brennesseln; nach Reiben schmerzt die Stelle *1-191. Flechten (Schwinden) auf den Händen, welche abends jucken und nach dem Kratzen brennen *1AA-208.   Jucken, abends im Bette, am Unterschenkel; nach dem Reiben entstehen flache Geschwüre, welche heftig schmerzen *1-218.   Ausschlag erbsengroßer Knoten am ganzen Leibe und den Oberschenkeln, welche jucken und, beim Kratzen aufgerieben, nässen, dann aber einen brennenden Schmerz verursachen *1A-226.   Fressendes Jucken am ganzen Hinterhaupte, was zum Kratzen nötigt, sich aber dadurch eher verschlimmert, als bessert *7A-329.   Juckendes Fressen auf dem Haarkopfe, was sich durch Reiben vermehrt, mehrere Tage lang *7A-331. Im Gesichte, an der Stirne, den Backen und um den Mund und die Handwurzel, Ausschlagsblüten, welche ziehendes Jucken verursachen, was von Kratzen nur kurze Zeit aufhört, dann aber stechend wiederkehrt *3-345.   Ein Geschwür am Rande des Roten der Unterlippe, für sich stumpf

stechenden, ziehenden Schmerzes, bisweilen mit nicht unangenehmem Jucken verbunden, welches
zum Kratzen reizt, worauf ein stumpfes Stechen erfolgt *8-395.   Ekzeme, heftiges Jucken.
Verschlimmerung durch Aufkratzen *EA.

7   **Jucken besser durch Kratzen, Reiben oder Berührung:** Scrotum, Lidrand, Nasenflügel, Gesicht, Wade, Gesäß, Schienbein, Fußknöchel, Oberschenkelexanthem, Knötchenausschlag
zwischen den Schultern:
Ein Jucken im Inneren des Hodensackes, was bloß durch Drücken und Reiben zwischen den Fingern sich etwas tilgen läßt *1-154.   Im Gesichte, an der Stirne, den Backen und um den
Mund und die Handwurzel, Ausschlagsblüten, welche ziehendes Jucken verursachen, was von Kratzen nur kurze Zeit aufhört, dann aber stechend wiederkehrt *3-345.   Jucken am oberen Augenlidrande, im Freien; zwei Stunden später, auch am anderen Auge — durch Reiben verging es
*10A-363.   Jucken im li Naselflügel, was bei Berührung verging *5-390.   Brennend
juckendes Fressen an den Hinterbacken, wie wenn man etwas Schafwollenes auf die Haut zieht,
abends im Bette; durch Kratzen verging es an der einen Stelle und kam an eine andere *13-606.
Ein im Stehen und Gehen anhaltender, juckender Stich in der re Wade, welcher von Kratzen verging *5-638.   Stechendes Jucken gleich über dem re äußeren Fußknöchel, es nötigt zum
Kratzen, hinterläßt dann aber keine besondere Empfindung *8HA-643.   Das Exanthem am
Oberschenkel juckt unerträglich, besonders in der Wärme, so, daß Kratzen unvermeidlich ist; aber
dadurch wird das Jucken nur auf Augenblicke gemildert *1.   Ausschlag von hirsekorngros-
sen konischen Knötchen zwischen den Schultern, abends und nachts sehr juckend, das Jucken
durch Kratzen gebessert *37.   Der Rand des li Oberlides juckt, besser durch Reiben *58.

8   **Jucken und Brennen oder Beißen:** Augenwinkel, Unterschenkel, Zehen, Unterschenkelgeschwür, Hinterkopf, Gesäß, Knöchel, Kopfekzem:
Im inneren li Augenwinkel, ein mehr beißender, als juckender Schmerz *1-35.   Am Unterschenkel, Blüten, brennend juckenden Schmerzes *1-217.   Im Inneren zweier Zehen, ein
brennendes, schmerzhaftes Jucken, gleich als wären sie erfroren gewesen *1-224.   Ein salzig
beißendes Jucken im Geschwüre *1-230.   Fressendes Jucken am ganzen Hinterhaupte, was
zum Kratzen nötigt, sich aber dadurch eher verschlimmert, als bessert *7A-329.   Oben am
Hinterhaupte, ein fressendes Jucken, mit Wundheitsschmerz, welches um dieselbe Abendzeit und
an gleicher Stelle wiederkehrt *7A-330.   Juckendes Fressen auf dem Haarkopfe, was sich
durch Reiben vermehrt, mehrere Tage lang *7A-331.   Brennend juckendes Fressen an den
Hinterbacken, wie wenn man etwas Schafwollenes auf die Haut zieht, abends im Bette, durch Kratzen verging es an der einen Stelle und kam an eine andere *13-606.   Brennendes Jucken am
re inneren Fußknöchel *8-644.   Abends, brennendes Jucken der kleinen Zehen, als wären
sie erfroren; sie schmerzen bei Berührung und die schmerzenden Stellen sind rot, vier Tage lang
*10-648.   Abends, juckendes Brennen an der re kleinen Zehe, als wäre sie erfroren, und sie
schmerzte schon beim gelinden Drücken *7-649.   Augenentzündung; Jucken und Brennen
im inneren Augenwinkel, muß reiben *10.   Auf dem Scheitel ein nässender Grind, juk-
kend und fressend. Nach dem Kratzen schründet es und sie muß dann noch mehr kratzen *32.
Schmerzhafte Empfindlichkeit der Kopfhaut; die Haut schält sich ab, mit Jucken und Beißen, stärker abends und durch Warmwerden. Feuchter, brennend juckender, stinkender Ausschlag auf der
hinteren Kopfhälfte, den Kopfseiten und hinter den Ohren *LM.   Schmerzhafte Empfindlichkeit der Kopfhaut, die Haut schält sich ab, mit Jucken und Beißen *KM.

9   **Einfaches Jucken:** Kopfhaut, Lidränder, Backen, Nacken, After, Schienbein, Achillessehne, Genitalien:
Jucken über den Haarkopf *1A-18.   Jucken an den Augenlidrändern *1AA-48.   Jukken an den Backen *1-56.   Im Nacken, Jucken *1-193.   Jucken im After beim Sitzen,
außer dem Stuhlgange *5HA-501.   Jucken am re Schienbeine über den äußeren Knöchel, was

durch Reiben nicht verging *5-634.   Jucken über der Ferse, auf der Achillessehne *3-645.
Die gesamte Haut trocken und juckend, nach Kratzen Absonderung großer Mengen feiner, harter
(brassy) Schuppen *81.   Jucken durch Filzläuse auf den Genitalien *HG.

10   **Juckende Hautausschläge:** Kopfhaut, Nacken, Gesicht, After, Penis, Brust, Unterarm,
ganzer Körper, Lidgeschwülste, Finger, Schulter:
Auf dem Haarkopfe, sowie gleich über und hinter dem Ohre, ein juckender, grindiger Ausschlag
1A-19.   Der Haarkopf juckt sehr, ist grindig und nässt wässrig *1A-20.   Im Nacken,
juckende Blütchen *1HA-23.   Im Gesichte, Ausschlag kleiner (juckender?), von einander
entfernt stehender Blütchen *1-24.   Starkes Jucken am After, mit Knötchen am After *1-
137.   Feuchtender weicher Auswuchs in der Rinne, hinter der Eichelkrone und ein ähnlicher an der Krone selbst, welche beide vom Reiben des Hemdes jucken *1-158.   Friesel auf
der Brust; wenn es warm wird, wird es rot und juckt *1-190.   Am Ellbogen und gegen die
Hände zu, juckende Ausschlagsblüten *1-205.   Die Flechten jucken bloß die Nacht *1-251.
Knochengeschwulst im re Arm; Vorzüglich zur Nachtzeit stattfindendes, schlafstörendes Jucken im
Hautorgan *5.   Wie zergeißelt am ganzen Körper, mit Pusteln, Flecken, Striemen, Blüten besät, mit ungeheurem Jucken *18.   Nässender, stark juckender Hautausschlag über den ganzen Körper *24.   Nässender Kopfausschlag. Ungewöhnliches Kopfjucken und Ausfallen der
Haare *25.   Das Steatom war linsengroß, es befand sich auf der Innenseite des li Unterlides.
Subjektiv: Jucken *52.   Eitrige Kopfkrusten am Hinterkopf, mit Kopfläusen und Jucken,
das den Schlaf verhinderte *76.   Chronische Tinea capitis sicca. Heftiges Jucken, am stärksten am Hinterkopf. Kratzen verursacht Bluten und Absonderung klarer, nicht klebriger Flüssigkeit, die sehr schnell eintrocknet *79.   Ekzem der Finger beider Hände, Jucken, besonders
in der Bettwärme *88.   Myalgie des li Deltoid; Nach örtlicher Anwendung von Staphisagria
roter, juckender Ausschlag wie Lichen urticatus *101.   Jucken des Anus durch Haemorrhoiden *129.   Lichen, trockener, juckender, papulöser Ausschlag im Gesicht und hinter den
Ohren *130.   Im Bereich des behaarten Kopfes, des Nackens, der Ohren und der Schläfen
ein Ekzem mit Pusteln und Bläschen. Der Juckreiz wird schlimmer in der Wärme *163.

11   **Berührungsempfindlichkeit, Berührung verursacht Schmerzen:** Kopfhaut, Unterkieferdrüsen, Scrotum, Vulva, Brust, Unterarm, Zehen, Gesicht, Lenden, Anus, Hand, Rücken, Augenlider:
Einzelne große, stumpfe Stiche vom Schädel bis in's Gehirn hinein, unweit des Wirbels; dabei tut
auch die Stelle, vorzüglich beim Betasten, äußerlich sehr weh *1-16.   Die Unterkieferdrüsen sind bei Berührung schmerzhaft und schmerzen auch für sich *1-78.   Wohllüstiges Jukken um den Hodensack, welches beim Reiben immer zunimmt, oberflächlich zu Wundschmerz
wird, während tiefer noch das Jucken fortbesteht und endlich einen Samenerguß bewirkt *1-155.
Hinten, innerhalb der großen, re Schamlefze, eine Blase, welche für sich ein Beißen, beim Berühren
aber Wundheitsschmerz verursacht *1-163.   Immerwährender Schmerz in der Mitte des
Brustbeins, als wenn da etwas Böses (Geschwüriges) wäre, am schlimmsten beim Aufrichten und
Ausdehnen des Körpers, auch beim Betasten schmerzhafter, wie Spannen und Drücken, so daß es
zuweilen den Atem versetzt *1-186.   Die Brust schmerzt äußerlich, beim Befühlen *1-188.
Beim Bücken, ein stumpf stechend drückender Schmerz an den Knorpeln der letzten Rippen,
auch beim Befühlen, wund schmerzhaft *1-189.   Am Vorderarme, eine rote Erhöhung, in
deren Mitte ein Eiterbläschen sitzt, mit brennendem Schmerze in der Ruhe und für sich, beim Befühlen aber mehr wie ein Schwär schmerzend *1-207.   Knochengeschwulst des Mittelfußknochens der re kleinen Zehe, schmerzhaft beim Berühren *1-222.   Schmerzhaftes Ziehen
äußerlich an mehreren Stellen des Kopfes, bei Berührung heftiger *8HA-337.   Wundheitsgefühl auf dem re Scheitelbeine bloß bei Berührung; er kann vor diesem Schmerze nachts nicht auf
der re Seite liegen *4-340.   Im Gesichte, kleine Ausschlagsblüten, an der Stirne, den Backen
und neben den Mundwinkeln, welche stechendes Jucken verursachen und, bei Berührung, wie un-

terkötig schmerzen *3-344.   Der Blütenausschlag im Gesichte verursacht zuweilen für sich spannenden Wundheitsschmerz; bei Berührung ist er wie unterkötig schmerzhaft *3-346.   Im li Nasenloche, am Knorpel der Nasenscheidewand, entsteht bei Berührung ein Wundheitsschmerz, als wollte sie geschwürig werden *4-389.   Ein, bei Berührung stechend brennendes Bläschen am Rande des Roten der Unterlippe *13-393.   Unter dem Kinne, vorne an der Vereinigung beider Unterkiefer, ist es, als ob da eine Drüse geschwollen wäre; es ist da etwas Hartes, wie Knorpel, von der Größe einer Haselnuß – beim Schlingen, wie beim Berühren oder Reiben vom Halstuche fühlt er darin einen hart drückenden Schmerz *8HA-399.   Zerschlagenheitsschmerz über den Hüften, in den Lenden, welcher sich unter dem Nabel hinzieht, beim Vorbeugen am meisten bemerkbar, doch auch bei Berührung schmerzhaft ist *10-476.   Neben der Beugung des Ellbogens, mehr nach dem Vorderarme zu, eine Empfindung, als wäre ein Hautausschlag ausgebrochen, oder wie wenn man sich mit einer Nadel geritzt hat – eine Art Grießeln, etwas brennend; doch sieht man nichts an der Stelle, welche vorzüglich bei Berührung schmerzt *12-577. Abends, brennendes Jucken der kleinen Zehen, als wären sie erfroren; sie schmerzen bei Berührung und die schmerzenden Stellen sind rot, vier Tage lang *10-648.   Abends, juckendes Brennen an der re kleinen Zehe, als wäre sie erfroren, und sie schmerzte schon beim gelinden Drücken *7-649.   Unterkieferdrüsen geschwollen, hart, bei Berührung schmerzhaft *2.   Thorax-prellung; Bei der leisesten Berührung der äußeren Bedeckungen der Brust trat der Schmerz sogleich ein *26.   Mammafibrom; Ich fand die Brust etwas geschwellt und bei leiser Berührung emp-findlich, während ein starker Druck mit Ausnahme einer kleinen Stelle gut vertragen wurde *66. Beißende Bläschen, innerhalb der großen Schamlippen, die bei Berührung schmerzen *GO.   Hae-morrhoiden sind so empfindlich, daß man sie nicht berühren darf. Kleine Nervengeschwülstchen oder Polypen von der Größe eines Weizenkornes bilden sich auf der Haut, mit Epitheldefekt, be-deckt mit Feuchtigkeit, rot, entzündet, blau, und eine bloße Berührung macht den Patienten halb wahnsinnig, er leidet dann tage- und nächtelang; auf der Hand, auf dem Rücken, oder ein kleines, trockenes, warzenähnliches Gebilde an den Genitalien oder am Anus. Schmerzhafte Empfindlich-keit der Kopfhaut. Die Krusten werden von einem wässrigen Exsudat abgehoben und die darunter liegende Oberfläche ist außerordentlich berührungsempfindlich. Neubildungen an den Lidern sind extrem berührungsempfindlich *KM.

12   **Feinstechen mit Brennen:** Scheitel, Bläschen an der Unterlippe, Oberschenkel, Feucht-warzen am Anus, Schädelknochen:
Feines, brennendes Nadelstechen äußerlich auf dem Scheitel *3A-333.   Ein, bei Berührung stechend brennendes Bläschen am Rande des Roten der Unterlippe *13-393.   Brennendes Scharfstechen an der hinteren Fläche des li Oberschenkels *4-613.   Stechendes Brennen hie und da in der Haut *7-659.   Es hatten sich ganz in der Nähe des Afters große Feuchtwarzen gebildet, an denen verdächtig aussehende eiternde Flächen stoßen. Die brennenden, zuckenden und stechenden Schmerzen, welche sich bei der Stuhlausleerung bis auf's fürchterlichste erhöhten, ließen den Kranken nirgends Ruhe und Schlaf finden *28.   Drückende, stechende und reis-sende Schmerzen in den Schädelknochen, im Periost; Schwellung und Eiterung der Knochen. Bren-nen und Stechen in den äußeren Kopfteilen, besonders der li Schläfe, schlechter durch die Bettwär-me, durch darauf Liegen und 3 Uhr nachmittags *LM.

13   **Beißen, Schründen, geschwüriger Schmerz:** Augen, innere Canthi, Nase, Vulva, Unter-armeffloreszenz, Unterschenkelgeschwür, Anus, Herpes zoster, Operationsnarbe:
Die Augen fangen beim Schreiben bald an, weh zu tun (vorzüglich, nachmittags), ein Beißen und Brennen und dann laufen einige Tropfen heraus, welche beißen; er muß das Licht vermeiden, weil es da früher schmerzt *1-33.   Ein beißend schründender Schmerz in den inneren Augenwin-keln *1HA-34.   Im inneren li Augenwinkel, ein mehr beißender, als juckender Schmerz *1-35.   Es läuft beißendes Wasser aus den Augen, früh *1-36.   Schründender Schmerz an dem einen Nasenloche, als ob es sehr geschwürig wäre *1-57.   Ein Beißen an den weibli-

chen Schamteilen, auch außer dem Harnen *1-162.   Hinten, innerhalb der großen, rechten Schamlefze, eine Blase, welche für sich ein Beißen, beim Berühren aber Wundheitsschmerz verursacht *1-163.   Am Vorderarme, eine rote Erhöhung, in deren Mitte ein Eiterbläschen sitzt, mit brennendem Schmerze in der Ruhe und für sich, beim Befühlen aber mehr wie ein Schwär schmerzend *1-207.   Beißen im Geschwüre, wie von Salze *1-229.   Ein salzig beißendes Jucken im Geschwüre *1-230.   Harter, weniger Stuhl, mit brennend schneidendem Schmerze im After *7-494.   Beim Sehen in die Sonne rinnen heiße Tränen aus dem li Auge; Sie machen die Wange wund und verursachen Beißen des Auges *59.   Herpes zoster; Eine Gruppe von Bläschen erschien in der Lebergegend. Die Reizung, Brennen, Beißen usw. der Bläschen war höchst intensiv und hielt sie nachts wach *68.   Wenn die Augen leicht zuschwären, beißen und brennen, besonders in den Winkeln *HH.   Beißende Bläschen, innerhalb der großen Schamlippen, die bei Berührung schmerzen *GO.   Nach Bauchoperationen, wenn der Patient über scharfe, beißende Schmerzen klagt *MA.

14   **Brennen allein:** Oberlippe, Unterschenkelgeschwür, Gliedmaßen, Anus, Hände, Augenlider, Vulva, Gesichtsekzem, Penisspitze:
Am Roten der Oberlippe, ein mit Schorf bedecktes Blütchen, von brennender Empfindung *1-60. Am Vorderarme, eine rote Erhöhung, in deren Mitte ein Eiterbläschen sitzt, mit brennendem Schmerze in der Ruhe und für sich, beim Befühlen aber mehr wie ein Schwär schmerzend *1-207. Heftig brennende Schmerzen im Geschwüre, abends nach dem Niederlegen, Stunden lang, so daß er nicht einschlafen konnte *1-250.   Ein minutenlanges Brennen fast auf der Mitte der Oberlippe, am äußeren Rande *12-392.   Brennende Empfindung bald da, bald dort, doch stets bloß an den Gliedmaßen, nie am übrigen Körper *6-660.   Sofort nach Stuhlabgang heftiges Brennen am Anus *17.   Bekam kleine Pusteln auf beide Arme und Hände, welche sich trotz der größten Reinlichkeit und mildesten Diät vermehrten, größere Flächen einnahmen, und eine scharfe gelbe Flüssigkeit absonderten, welche jede damit benetzte Hautstelle corrodierte, und heftige spannende und brennende Schmerzen verursachte *20.   Gerstenkörner; Patient klagt zuweilen über Brennen in den Lidern *30.   Die Augenlider sind dick, rot, ohne Wimpern. Er klagt über Drücken und Brennen. Besonders sind die Winkel entzündet und geschwürig *33. Leidet an unwillkürlichem Urinabgang, der eine so bedeutende Schärfe angenommen hat, daß die nahegelegenen Teile excoriiert werden, sehr heftig brennende Schmerzen verursachen, die bei der geringsten Bewegung zunehmen *34.   Pustulöser Ausschlag des Gesichts. Vor der Eruption Brennschmerz im Gesicht *100.   Litt an häufigem Harndrang, mit heftigem Brennen an der Spitze des Penis *131.   Schorfige Lippen mit brennenden Schmerzen *LM.

15   **Hitzegefühl:** Gesicht, Beine, Hände, Stirn, Herpes zoster in der Lebergegend:
Heftig ziehender Zahnschmerz, mit Backengeschwulst und Hitze im Gesichte *1-75.   Schneiden in den Gedärmen; nach dem Schneiden bekommt sie eine große Hitze im Gesichte und das Blut tritt ihr nach dem Kopfe *1-123.   Ein Kriebeln in den lange Jahre hart elastisch geschwollenen Ober- und Unterschenkeln, mit Gefühl, als wenn der Teil innerlich heiß wäre, auseinander getrieben würde und sehr schwer wäre *1-215.   Mehr Hitzempfindung, als Hitze der re Hand, welche auch röter war, als die andere, mit feinem Reißen im Mittelgelenke der vier Finger derselben *7-604.   Ein Wärmegefühl an der Stirne, wie wenn ein beständiger, warmer Hauch dahin ginge — bisweilen auch ein kalter Hauch — mit Backenröte und auch äußerlicher Körperwärme *12-702.   Herpes zoster; Eine Gruppe von Bläschen erschien in der Lebergegend, zunächst einzeln, dann konfluierend, viel Hitze und Röte einen Zoll über und unter dem Ausschlag *68.

16   **Gefühl, als wäre eine harte Haut über die Fingerspitzen gezogen, Taubheit:** Hüfte, Fingerspitzen, Finger:
Beim Stehen, eine Taubheitsempfindung in der li Hüfte, bis zum Unterleibe *1-210.   Es ist,

als wäre eine harte Haut über die Fingerspitzen der li Hand gezogen; er hat wenig Gefühl darin und kann beim Betasten nichts gut unterscheiden *6HA-603.   Tumor am Mittelglied des li Daumens. Die Hände waren geschwollen, die Finger steif und gefühllos. Anfangsstadium von Lepra *24. Taubheit der Fingerspitzen beider Hände *136.   Taubheit der Fingerspitzen *HG.

17 **Kriebeln, Prickeln:** Beine, Finger, Zehen, Fußsohlen, gelähmte Seite:
Ein Kriebeln in den lange Jahre hart elastisch geschwollenen Ober- und Unterschenkeln, mit Gefühl, als wenn der Teil innerlich heiß wäre, auseinander getrieben würde und sehr schwer wäre *1-215.   Kriebeln in den Fingern, als wollten sie einschlafen *7-596.   Kriebeln an der unteren Fläche der Zehen, welches nicht zum Kratzen reizt; es ist als wenn sie eingeschlafen gewesen wären *4-650.   Kriebeln und Brickeln in der Sohle des Fußes, den man beim Sitzen über den anderen schlägt, wie eingeschlafen *7-652.   Beim Aufsetzen des Fußes Prickeln in den Zehenballen, als ob es die Zehen nach unten ziehen wollte *57.   Einseitige Lähmung, Kriebeln in den affizierten Teilen *LT.

18 **Spannen, Gefühl wie geschwollen:** Augenwinkel, Gesicht, unter dem Kinn, Arme, Oberlid:
Nachts setzt sich an den Augenwimpern und am äußeren Augenwinkel trockner Eiter an; an freier Luft trocknet ebenfalls die Augenbutter an, und es spannt dann *1-39.   Die Unterkieferdrüsen schmerzen wie geschwollen und gequetscht *1HA-79.   Gesicht, wie von Schnupfen aufgedunsen *12-342.   Vorne, unterm Kinne, unter dem Rande des Unterkiefers, eine spannende Empfindung, als wollte da ein Knoten entstehen *3-398.   Unter dem Kinne, vorne an der Vereinigung beider Unterkiefer, ist es, als ob eine Drüse geschwollen wäre; es ist da etwas Hartes, wie Knorpel, von der Größe einer Haselnuß *8HA-399.   Bekam kleine Pusteln auf beide Arme und Hände, welche eine scharfe gelbe Flüssigkeit absonderten, welche jede damit benetzte Hautstelle corrodierte, und heftige spannende und brennende Schmerzen verursachte *20. Spannungsschmerz im Rand des re Oberlides *143.   Gefühl im Gesicht wie geschwollen, wie aufgedunsen, ohne sichtbare Schwellung *I.

19 **Stechen allein:** Unterschenkelgeschwür, Gesicht, Oberschenkel, Gerstenkorn:
Reißendes Stechen im Geschwüre *1-228.   Ganz kleine Nadelstiche im Gesichte und am übrigen Körper *3-347.   Eine grob stechende, fast kratzende Empfindung am re Oberschenkel, innerlich über dem Kniegelenke *3-619.   Gerstenkörner. Jetzt saß wieder eins am re unteren Augenlid mit Rötung und Schwellung und stechenden Schmerzen ohne Abszeßbildung *147.

20 **Andere äußere Schmerzen:**
Äußerlich am Kopfe und in den Zähnen, Reißen *1-17.   Die Unterkieferdrüsen sind bei Berührung schmerzhaft und schmerzen auch für sich *1-78.   Die Unterkieferdrüsen schmerzen wie geschwollen und gequetscht *1HA-79.   Abends und früh, Reißen und Zucken um die Geschwüre, in der Ruhe; beim Gehen hört es auf *1-227.   Reißendes Stechen im Geschwüre *1-228.   Die Haut am geschwürigen Unterschenkel überzieht sich, unter zuckenden und pickenden Schmerzen, mit einer dünnen Kruste *1-231.   Lippengeschwür mit nagend ziehendem Schmerze darin *8-396.   Schmerzhafte Empfindlichkeit der Kopfhaut *LM.

21 **Empfindungslose, schmerzlose Hauterscheinungen:** Drüsenschwellungen, Fußrückengeschwulst, Exanthem auf den Beinen, Gerstenkörner:
In der Vertiefung hinter dem Ohrläppchen, ein großer, doch unschmerzhafter Knoten, mit einem weißen Blütchen oben auf *1-22.   Unschmerzhafte Schoßdrüsengeschwulst, welche beim Gehen und Stehen am sichtbarsten wird, und viele Tage anhält *1-138.   Unschmerzhafte Geschwulst des Rückens beider Unterfüße, von langer Dauer *1-223.   Eine Art Gänsehaut, ohne Frost, über beide Ober- und Unterschenkel, nämlich viele rote und weiße Blütchen an densel-

ben, welche in ihrer Spitze weißlichten Eiter enthalten, ohne die mindeste Empfindung *7-617.
Harter Knoten, erbsgroß, im re Oberlid, keine Beschwerden außer Druckgefühl *117.   Halb-
erbsgroßer Knoten im re Oberlid, nur Druckgefühl beim Blinzeln, sonst keine Beschwerden *118.
Das erste Gerstenkorn im Leben des Mannes; Schmerzen sind kaum dabei *168.

HAUT   Befunde

1   **Ausschlag mit zusammenhängender Kruste, darunter Bläschen und wundma-
chendes Exsudat:** Kopfhaut, Unterschenkel, Oberschenkel, Arme und Hände, Scheitel, Hinterkopf, Gesicht:
Auf dem Haarkopfe, sowie gleich über und hinter dem Ohre, ein juckender, grindiger Ausschlag
*1A-19.   Der Haarkopf juckt sehr, ist grindig und näßt wässrig *1A-20.   Die Haut am
geschwürigen Unterschenkel überzieht sich, unter zuckenden und pickenden Schmerzen, mit einer
dünnen Kruste, aus welcher gilbliches Wasser hervordringt *1-231.   Flechte, die anfangs nur
eine kleine Stelle auf der vorderen Fläche des li Oberschenkels eingenommen und gewöhnlich in
den Sommermonaten merklich ab-, im Herbste und Winter aber stets wieder zugenommen hatte.
Später breitete sie sich weiter aus, zeigte keine Abnahme in der wärmeren Jahreszeit und schien
sich nur bei abnehmendem Monde etwas zu vermindern. Der größte Teil der oberen Fläche des li
Oberschenkels ist mit einer schuppenartigen Rinde bedeckt, aus deren Zwischenräumen eine gelbliche, fressende Jauche heraussiepert. – Von Zeit zu Zeit sondern sich die Schuppen ab und es
stellt sich dann eine rohe, nässende Fläche dar, mit vielen kleinen Bläschen bedeckt, welche platzen und eine corrodierende gelbliche Flüssigkeit von sich geben. – Allmählig bildet sich dann ein
neuer Schuppenüberzug, gleich dem früheren, und so wiederholt sich dieselbe Metamorphose fort
und fort. – Auf allen gesunden Hautstellen, welche die aussiepernde Flüssigkeit berührt, entstehen
neue Bläschen, welche das Exanthem weiter verbreiten. – Auch die Oberfläche des re Oberschenkels ist schon teilweise mit dem Ausschlage bedeckt. – Das Exanthem juckt unerträglich, besonders in der Wärme und vorzüglich in der Bettwärme, so, daß Kratzen unvermeidlich ist; aber dadurch wird das Jucken nur auf Augenblicke gemildert *1.   Hatte an der re Seite des Kopfes,
am hinteren Winkel des Seitenwandbeines, einen grindigen nässenden Ausschlag, der den Umfang
eines Talers einnahm; der Eiter verbreitete einen unsäglichen Gestank, und das Kind kratzte sich
heftig, wenn man es zuließ *9.   Bekam kleine Pusteln auf beide Arme und Hände, welche
sich trotz der größten Reinlichkeit und mildesten Diät vermehrten, größere Flächen einnahmen,
und eine scharfe gelbe Flüssigkeit absonderten, welche jede damit benetzte Hautstelle corrodierte,
und heftige spannende und brennende Schmerzen verursachte. Das Übel kehrte jedes Frühjahr mit
neuer Kraft wieder *20.   Nässender, stark juckender Ausschlag über den ganzen Körper
*24.   Nässender Kopfausschlag. Ungewöhnliches Kopfjucken und Ausfallen der Haare *25.
Auf dem Scheitel ein nässender Grind, juckend ud fressend. Nach dem Kratzen schründet es und
sie muß dann noch mehr kratzen *32.   Eitrige Kopfkrusten am Hinterkopf, mit sauer
riechendem Schweiß, Kopfläusen und Jucken, das den Schlaf verhinderte *76.   Tinea
capitis, dicke Krusten am Hinterkopf, aus den Rissen krochen Läuse *78.   Chronische Tinea
capitis sicca, der gesamte behaarte Kopf ist mit einem dunklen Krustenausschlag bedeckt, der am
Hinterkopf am dicksten ist und nach vorn an Dicke abnimmt. Heftiges Jucken, am stärksten am
Hinterkopf. Kratzen verursacht Bluten und Absonderung klarer, nicht klebriger Flüssigkeit, die
sehr schnell eintrocknet. Das Haar geht schnell aus. An der dicksten Stelle, in einer Linie mit den
Warzenfortsätzen, messen die Krusten 6 mm. Nach dem Waschen Gefühl von Spannung in der
Kopfhaut, besonders am Hinterkopf, das sehr unangenehm und am Hinterkopf sogar schmerzhaft
ist *79.   Der Ausschlag, welcher einen Teil des Gesichts, den ganzen Haarkopf und Nacken

bedeckte, sah so häßlich und entstellend aus, daß der Kranke in große Tücher gehüllt zu mir kam. Überall gelbe, dünne Borken. Absonderung von gelber, wässriger, übelriechender Flüssigkeit, welche, wo sie hinkommt, den Ausschlag hin verbreitet. Brennendes Zucken. Beim Kratzen die Stelle ändernd *98.   Favus, fleckweise am Kopf und hinter li Ohr, Geruch nach Mäusen *108.   Gichtknoten. Nach Staphisagria Auschlag auf den Beinen bis hinauf zu den Knien, wie eine Hose, zusammenhängende Krusten, gelb, zäh, lederartig, mußte, wenn sich Flüssigkeit darunter angesammelt hatte, wie ein Verband aufgeschnitten werden. Er konnte kaum gehen, denn die Krusten schnitten ins Fleisch *115a.   Gelbe Krusten auf der Kopfhaut nach dem Waschen *136.   Stark nässendes Ekzem im Bereich des Nackens, Hinterkopfes und der Ohren. Die Hauterkrankung habe vor 14 Tagen mit Jucken im Bereich der Kopfhaut begonnen. Das Nässen habe so stark gestunken, daß es ihr oft schlecht geworden sei. Der Juckreiz sei nach Kratzen immer wieder an einer anderen Stelle aufgetreten *162.   Crusta lactea, wenn unter den Schorfen eine gelbliche, fressende Feuchtigkeit hervorsickerte oder wenn auf der von Schorfen entblößten Fläche neue Bläschen sich bildeten, die ebenfalls bald aufplatzten und gelbliche, corrodierende Flüssigkeit absonderten *HT.   Schmerzhafte Empfindlichkeit der Kopfhaut; die Haut schält sich ab, mit Jucken und Beißen, stärker abends und durch Warmwerden. Feuchter, brennend juckender, stinkender Ausschlag auf der hinteren Kopfhälfte, den Kopfseiten und hinter den Ohren; wenn man kratzt, wechselt das Jucken die Stelle, aber mehr Feuchtigkeit sondert sich ab. Das Haar fällt vor allem auf der hinteren Kopfhälfte aus, und um die Ohren mit feuchtem, stinkendem Ausschlag oder Kopfschuppen *LM.   Schmerzhafte Empfindlichkeit der Kopfhaut, die Haut schält sich ab, mit Jucken und Beißen, stärker abends und beim Warmwerden. Die Krusten werden von einem wässrigen Exsudat abgehoben und die darunter liegende Oberfläche ist außerordentlich berührungsempfindlich *KM.

2   **Ausschlag kleiner, einzelnstehender Blütchen:** Nacken, Gesicht, Hals, Unterarme, Unterschenkel, Hände, Füße, ganzer Körper, Kopf:
Im Nacken, juckende Blütchen *1HA-23.   Im Gesichte, Ausschlag kleiner (juckender?), von einander entfernt stehender Blütchen *1-24.   Blüten um das entzündete Auge *1-50.   Äusserlich am Halse, etliche Ausschlagsblüten *1-77.   Am Ellbogen und gegen die Hände zu, juckende Ausschlagsblüten *1-205.   Am Unterschenkel, Blüten, brennend juckenden Schmerzes *1-217.   Jucken auf dem Haarkopfe, wie Nadelstiche, und kleine Ausschlagsblüten vorne nach der Stirne zu *3-332.   Im Gesichte, kleine Ausschlagsblüten, an der Stirne, den Backen und neben den Mundwinkeln, welche stechendes Jucken verursachen und, bei Berührung, wie unterkötig schmerzen *3-344.   Im Gesichte, an der Stirne, den Backen und um den Mund und die Handwurzel, Ausschlagsblüten, welche ziehendes Jucken verursachen, was von Kratzen nur kurze Zeit aufhört, dann aber stechend wiederkehrt *3-345.   Der Blütenausschlag im Gesichte verursacht zuweilen für sich spannenden Wundheitsschmerz; bei Berührung ist er wie unterkötig schmerzhaft *3-346.   Kleine Furunkel immer wieder auf Füßen, Händen oder Kopf *2.   Im Nacken waren hie und da kleine Pusteln, welche mit Eiter angefüllt waren, aber nach Aussage der Mutter immer vertrockneten *9.   Wie zergeißelt am ganzen Körper, mit Pusteln, Flecken, Striemen, Blüten besät, mit ungeheurem Jucken *18.   Bekam kleine Pusteln auf beide Arme und Hände, welche sich trotz der größten Reinlichkeit und mildesten Diät vermehrten, größere Flächen einnahmen, und eine scharfe gelbe Flüssigkeit absonderten 20.   Herpes phlyktaenoides, die ganze Hautoberfläche einnehmend, hinderte den Patienten am Schlafe; die Absonderung war stark *36.   Im Bereich des behaarten Kopfes, des Nackens, der Ohren und der Schläfen ein Ekzem mit Pusteln und Bläschen. Der Juckreiz wird schlimmer in der Wärme *163.   Entzündung der Augen mit Pusteln in der Umgebung *LM. Häufige Furunkel *LT.

3   **Frieselartiger, gänsehautartiger Ausschlag:** Brust, Beine, Rücken, Gesicht:
Friesel auf der Brust; wenn er warm wird, wird es rot und juckt *1-190.   Mehrere Tage,

nachmittags um 3 Uhr, Schauder mit Gänsehaut, welcher in der freien Luft aufhörte und ohne Durst war *1-256.   Eine Art Gänsehaut, ohne Frost, über beide Ober- und Unterschenkel, nämlich viele rote und weiße Blütchen an denselben, welche in ihrer Spitze weißlichten Eiter enthalten, ohne die mindeste Empfindung *7-617.   Ausschlag von hirsekorngroßen konischen Knötchen zwischen den Schultern, abends und nachts sehr juckend, das Jucken durch Kratzen gebessert *37.   Lichen, trockener, juckender papulöser Ausschlag im Gesicht und hinter den Ohren, Gesichtshaut rauh und trocken *130.   Im Bereich der Kreuzbeingegend sieht man eine Reihe papulovesiculöser Effloreszenzen *162.   Frieselausschläge, auch langwierige *JS.

4   **Geschwüre:** Lippen, Unterschenkel, nach Verletzungen, Nasenlöcher, Penis, Augenlider, Gesicht, Unterarme, Vulva, Mundwinkel:
In der Mitte auf der Oberlippe, ein schorfiges Geschwür *1-59.   Jucken, abends im Bette, am Unterschenkel; nach dem Reiben entstehen flache Geschwüre, welche heftig schmerzen *1-218. Reißendes Stechen im Geschwüre *1-228.   Beißen im Geschwüre, wie von Salze *1-229. Ein salzig beißendes Jucken im Geschwüre *1-230.   Die Haut am geschwürigen Unterschenkel überzieht sich, unter zuckenden und pickenden Schmerzen, mit einer dünnen Kruste, aus welcher gilbliches Wasser hervordringt *1-231.   Heftig brennende Schmerzen im Geschwüre, abends nach dem Niederlegen, Stunden lang, so daß er nicht einschlafen konnte *1-250.   Ein Geschwür am Rande des Roten der Unterlippe, glänzend roten Ansehens, für sich stumpf stechenden, ziehenden Schmerzes, bisweilen mit nicht unangenehmem Jucken verbunden, welches zum Kratzen reizt, worauf ein stumpfes Stechen erfolgt *8-395.   Lippengeschwür mit nagend ziehendem Schmerze darin *8-396.   Lippengeschwür, woraus anfangs Eiter, dann nur grünliches Wasser kommt *8-397.   Hautgeschwüre bei kleinen Verletzungen. Dauerschnupfen mit geschwürigen Nasenlöchern *2.   Eine mit einem Schorfe bedeckte verdächtige Stelle an der Vorhaut von der Größe einer Erbse. Das Geschwür am penis hatte die Größe einer sehr großen Bohne erreicht, war speckig, leicht blutend und eine Linie über den Grund erhaben. Es hatten sich ganz in der Nähe des Afters große Feuchtwarzen gebildet, an denen verdächtig aussehende eiternde Flächen stoßen. Im Umfange mehrere Zolle starke Erosionen, die bei näherer Besichtigung aus lauter kleinen Geschwürchen bestanden *28.   Gerstkorn am re oberen Augenlide, später auch eins am unteren Augenlid, beide gingen in Eiterung über und öffneten sich bald, bald erschienen aber auch neue Geschwürchen mit demselben Verlaufe *30.   Lider ulceriert und mit Gerstenkörnern und Knötchen bedeckt, sahen aus wie ein Haufen faules Fleisch. Viele wunde Stellen und Geschwüre im Gesicht *75.   Der ganze Unterarm bedeckt sich mit kuhpockenartigen, einen halben Silbergroschen im Umfang betragenden, Geschwüren mit breiten, roten Rändern, inwendig gelb *SA.   Schnupfen mit geschwürigen Nasenlöchern *JS.   Schanker mit übelriechender Jauche *GO.   Geschwürige Nasenlöcher mit Krusten tief in der Nase *LM. Ungesunde Haut, die leicht geschwürig wird, häufige Furunkel, Mundwinkel geschwürig. Caries, schmerzhafte Geschwüre mit spärlicher oder wässriger Absonderung, Knochen brüchig, Haut in der Umgebung des Geschwürs dunkelrot oder braun, mit Bläschen oder nadelstichartigen Öffnungen, die eine wässrige Flüssigkeit absondern. Das Geschwür breitet sich schnell aus, gelbe, eitrige Absonderung und harte Ränder *LT.   Große, leicht blutende, speckige Geschwüre auf dem Penis *AH.

5   **Ausschlag von größeren Knoten:** After, Leib, Oberschenkel:
Starkes Jucken am After, mit Knötchen am After *1-137.   Ausschlag erbsgroßer Knoten am ganzen Leibe und den Oberschenkeln, welche jucken und, beim Kratzen aufgerieben, nässen, dann aber einen brennenden Schmerz verursachen *1A-226.   Stiche, den Flohstichen ähnlich, an den Untergliedmaßen, der Hand, dem Nacken, am Kopfe, u.s.w. *10-658.   Im Bereich der Kreuzbeingegend sieht man eine Reihe papulovesiculöser Effloreszenzen *162.

6   **Einzeleffloreszenzen:** Knoten mit Blütchen, kleine Schorfe, Bläschen, Pustel, flohstichar-

tige Effloreszenzen, Geschwülstchen. Unter dem Ohrläppchen, Lippen, Vulva, Unterarm, Nasenflügel, Penis, Hand, Rücken, Anus:

In der Vertiefung hinter dem Ohrläppchen, ein großer, doch unschmerzhafter Knoten, mit einem weißen Blütchen oben auf *1-22.   In der Mitte auf der Oberlippe, ein schorfiges Geschwür *1-59.   Am Roten der Oberlippe, ein mit Schorf bedecktes Blütchen, von brennender Empfindung *1-60.   Hinten, innerhalb der großen, rechten Schamlefze, eine Blase, welche für sich ein Beißen, beim Berühren aber Wundheitsschmerz verursacht *1-163.   Am Vorderarme, eine rote Erhöhung, in deren Mitte ein Eiterbläschen sitzt, mit brennendem Schmerze in der Ruhe und für sich, beim Befühlen aber mehr wie ein Schwär schmerzend *1-207.   Ein, bei Berührung stechend brennendes Bläschen am Rande des Roten der Unterlippe *13-393.   Stiche, den Flohstichen ähnlich, an den Untergliedmaßen, der Hand, dem Nacken, am Kopfe, u.s.w. *10-658.   Eine mit einem Schorfe bedeckte verdächtige Stelle an der Vorhaut von der Größe einer Erbse *28.   Blepharitis; Drückender Schmerz und entstellende Röte am li inneren und unteren Augenwinkel. Dieses Übel pflegt sie nun zum dritten Mal und zwar jedesmal einige Tage vor Vollmond zu überfallen, zieht sich 8 – 10 Tage hin, verschwindet dann an diesem Schauplatze, bis auf eine kleine innere unempfindliche und äußerlich unsichtbare Verhärtung, taucht dafür aber zum Schluß am li inneren oder äußeren Nasenflügel in Gestalt eines kleinen, nie reifenden Schwäres (wenn auch nur auf einige Tage) wieder auf *42.   Beißende Bläschen, innerhalb der großen Schamlippen, die bei Berührung schmerzen *GO.   Kleine Nervengeschwülstchen oder Polypen von der Größe eines Weizenkornes bilden sich auf der Haut, mit Epitheldefekt, bedeckt mit Feuchtigkeit, rot, entzündet, blau, und eine bloße Berührung macht den Patienten halb wahnsinnig, er leidet dann tage- und nächtelang; auf der Hand, auf dem Rücken, oder ein kleines, trockenes, warzenähnliches Gebilde an den Genitalien oder am Anus *KM.

7   Gruppen dichtstehender Bläschen oder Blütchen: Untere Rippen, Hände, Beine, Lenden, Arme, Rücken, Lebergegend, Darmbein, Gesicht:

An den unteren Rippen, ein flechtenartiger Ausschlag, aus kleinen, dichten, roten Blütchen zusammengesetzt, mit brennend juckendem Feinstechen, wie von Brennesseln; nach Reiben schmerzt die Stelle *1-191.   Flechten (Schwinden) auf den Händen, welche abends jucken und nach dem Kratzen brennen *1AA-208.   Flechten (Schwinden) an den Ober- und Unterschenkeln *1-214.   Die Flechten jücken bloß in der Nacht *1-251.   Auch andere Stellen des Körpers, an den Lenden, den Armen, dem Rücken, zeigen schon truppweise vereinigte Bläschen *1. Herpes zoster; Eine Gruppe von Bläschen erschien in der Lebergegend, zunächst einzeln, dann konfluierend, viel Hitze und Röte einen Zoll über und unter dem Ausschlag. Die Reizung, Brennen, Beißen usw. der Bläschen war höchst intensiv und hielt sie nachts wach. Nach 2 Monaten ähnlicher Ausschlag knapp oberhalb der re Crista ilica, der sich nach hinten, unten und vorn zur Leiste erstreckte *68.   Ekzem der Finger beider Hände, Jucken, besonders in der Bettwärme *88. Pustulöser Ausschlag des Gesichts (Wangen und Stirn). Die Pusteln erscheinen in Gruppen von 4 – 5 Stück. Vor der Eruption Brennschmerz im Gesicht *100.

8   Trockene, schuppige Hautausschläge: Hände, Lider, Gelenke, Gelenkbeugen, Knochenenden, Gesicht, Hals:

Flechten (Schwinden) auf den Händen, welche abends jucken und nach dem Kratzen brennen *1AA-208.   Flechten (Schwinden) an den Ober- und Unterschenkeln *1-214.   Die Flechten jucken bloß bei Nacht *1-251.   Die gesamte Haut trocken und juckend, nach Kratzen Absonderung großer Mengen feiner, harter (brassy) Schuppen *81.   Lichen, trockener, juckender papulöser Ausschlag im Gesicht und hinter den Ohren, Gesichtshaut rauh und trocken *130.   Trockenheit der Augäpfel und Lider. Schorfige Lippen mit brennenden Schmerzen. Trockener Herpes mit Krusten auf den Gelenken. Herpes mit Krusten auf den Ellbogen *LM.   Blepharitis mit trockenen Lidrändern *AO.   Trockener, krustiger Herpes in den Gelenkbeugen *LT.   Trockene, schuppige Ausschläge auf den Knochenenden *CD.

Ein kleines, trockenes, warzenähnliches Gebilde an den Genitalien oder am Anus *KM.   Lider schuppend *SK.   Aufregung verursacht rauhes Ekzem in den Ellenbeugen und am Hals *b.

9   **Scharfe, wundmachende Absonderungen:** Augen, Harn:
Die Augen fangen beim Schreiben bald an, weh zu tun (vorzüglich, nachmittags), ein Beißen und Brennen und dann laufen einige Tropfen heraus, welche beißen; er muß das Licht vermeiden, weil es da früher schmerzt *1-33.   Es läuft beißendes Wasser aus den Augen, früh *1-36.   Leidet an unwillkürlichem Urinabgang, der eine so bedeutende Schärfe angenommen hat, daß die nahegelegenen Teile excoriiert werden, sehr heftig brennende Schmerzen verursachen, die bei der geringsten Bewegung zunehmen *34.   Beim Sehen in die Sonne rinnen heiße Tränen aus dem li Auge; Sie machen die Wange wund und verursachen Beißen des Auges *59.

10   **Übelriechende Absonderungen:** Schweiß, Körpergeruch, Kopfausschlag:
Nachts übelriechender, dumpfiger Schweiß. Fauliger Körpergeruch, der sich schon beim Auskleiden bemerkbar macht *2.   Hatte an der re Seite des Kopfes, am hinteren Winkel des Seitenwandbeines, einen grindigen nässenden Ausschlag, der den Umfang eines Talers einnahm; der Eiter verbreitete einen unsäglichen Gestank *9.   Hat den ganzen Kopf voll Läuse. Eigentümlich ranzig-fader Geruch, welcher der Kopfhaut entströmte *63.   Morgens, nicht am Tage, Schweiß am Scrotum mit unangenehmem, fleischigem Geruch *64.   Eitrige Kopfkrusten am Hinterkopf, mit sauer riechendem Schweiß, Kopfläusen und Jucken, das den Schlaf verhinderte *76.   Favus, fleckweise am Kopf und hinter li Ohr, Geruch nach Mäusen *108.   Nachts tritt Schweiß auf, der übel riecht *139.   Schanker mit übelriechender Jauche *GO.   Feuchter, brennend juckender, stinkender Ausschlag auf der hinteren Kopfhälfte, den Kopfseiten und hinter den Ohren; wenn man kratzt, wechselt das Jucken die Stelle, aber mehr Feuchtigkeit sondert sich ab. Das Haar fällt vor allem auf der hinteren Kopfhälfte aus, und um die Ohren mit feuchtem, stinkendem Ausschlag oder Kopfschuppen. Drückende, stechende und reißende Schmerzen in den Schädelknochen, im Periost; Schwellung und Eiterung der Knochen, Caries mit faulig riechendem Schweiß Tag und Nacht *LM.

11   **Läuse:**
Hat den ganzen Kopf voll Läuse. Hat keinen anderen Umgang als seine Eltern, Geschwister und die Dienstboten des Hauses, bei welchen allen von Läusen keine Spur zu finden ist. Eigentümlich ranzig-fader Geruch, welcher der Kopfhaut entströmte *63.   Eitrige Kopfkrusten am Hinterkopf, mit sauer riechendem Schweiß, Kopfläusen und Jucken, das den Schlaf verhinderte *76.   Tinea capitis, dicke Krusten am Hinterkopf, aus den Rissen krochen Läuse *78.   Jucken durch Filzläuse auf den Genitalien *HG.

12   **Haarausfall:**
Die Kopfhaare gehen ihm stark aus *1-21.   Bei leichtem Ziehen können, ohne Schmerz, viele Haare vom Kopfe ausgezogen werden *5-334.   Nässender Kopfausschlag. Ungewöhnliches Kopfjucken und Ausfallen der Haare *25.   Chronische Tinea capitis sicca; Das Haar geht schnell aus *79.   Das Haar ist trocken und fällt sehr aus *138.   Das Haar fällt vor allem auf der hinteren Kopfhälfte aus, und um die Ohren mit feuchtem, stinkendem Ausschlag oder Kopfschuppen *LM.   Blepharitis mit trockenen Lidrändern, harten Knötchen auf den Lidrändern und Zerstörung der Haarfollikel *AO.

13   **Gerstenkörner, die nicht reif werden und Knötchen hinterlassen, eins nach dem anderen:**
Gerstkorn am re oberen Augenlide, später auch eins am unteren Augenlid, beide gingen in Eiterung über und öffneten sich bald, bald erschienen aber auch neue Geschwürchen mit demselben Verlau-

fe. Beide Augenlider des re Auges sind etwas geschwollen, blaurot von Farbe. Beide Augenlider sind mit einer Anzahl hordeolis, in ihrer ersten Entwicklung begriffen, besetzt. Patient klagt zuweilen über Brennen in den Lidern. Die Nacht über kleben die Lider durch harte, gelbe, sich bildende Schorfe zusammen *30.   Neigt zu Gerstenkörnern, die nach Eiterung vergrößerte Drüsen hinterlassen *73.   Lider ulceriert und mit Gerstenkörnern und Knötchen bedeckt, sahen aus wie ein Haufen faules Fleisch *75.   Gerstenkörner am li Oberlid. Besserung durch Anwendung kalten Wassers. Dicke, sahnige, milde Leukorrhoe *80.   Lidränder entzündet, drei oder vier Gerstenkörner, in verschiedenen Stadien ihrer Entwicklung *87.   Leidet viel an Hordeolis, seit drei Wochen Blepharitis *110.   Den ganzen Tag Schmerz im Oberlid. Schmerz stärker beim Augenschließen. Gerstenkorn im re Oberlid, das Lid ist stark geschwollen *112.   Ein Gerstenkorn nach dem anderen, im Ganzen mehr als zwanzig *122.   Vier Gerstenkörner nacheinander *132.   Spannungsschmerz im Rand des re Oberlides. Früher neigte er zu Gerstenkörnern, die jetzt schmerzhaften Indurationen gewichen waren, welche kleine, höchst unangenehme Knötchen bildeten *143.   Immer wiederkehrende Gerstenkörner. Jetzt saß wieder eins am re unteren Augenlid mit Röte und Schwellung und stechenden Schmerzen ohne Abszeßbildung, am anderen Auge war auf dem Lidknorpel eine erbsengroße Geschwulst von früher *147. Das beginnende Gerstenkorn war zurückgegangen, jedoch traten winzige, stark juckende, zum Kratzen zwingende Knötchen auf *155.   Hordeolum am li Auge, das sie sehr irritierte *157. Hat schon das zweite Gerstenkorn am li Auge, welches ihn sehr belästigt *160.   Das Gerstenkorn besteht seit 4 Wochen. Es ist das erste Gerstenkorn im Leben des Mannes und sitzt, ziemlich dick und hart, mäßig entzündet, am re Oberlid; Schmerzen sind kaum dabei *168.   Wenn die Gerstenkörner an den Lidern oft wiederkommen, oder lassen harte Stellen nach, oder wenn sie nicht aufgehen, sondern hart werden, besonders wenn die Augen leicht zuschwären, beißen und brennen, besonders in den Winkeln, wo trockene Augenbutter sich ansetzt *HH.   Gerstenkörner, Hagelkörner auf den Augenlidern oder Oberlidern, eins nach dem anderen, hinterlassen harte Knötchen *AF.   Das Gerstenkorn wird nicht reif, eitert nicht und geht nicht auf, sondern bleibt ein harter Knoten *HG.   Hatte als Kind viel Gerstenkörner *e.   Hat im Frühjahr Gerstenkörner gehabt *I.

14   Wenig entzündete, kleine, Haut- oder Lidtumoren: Steatom, Chalazion, Tarsaltumoren. Unter dem Kinn, Mamma, Gichtknoten:

Unter dem Kinne, vorne an der Vereinigung beider Unterkiefer, ist es, als ob eine Drüse geschwollen wäre; es ist da etwas Hartes, wie Knorpel, von der Größe einer Haselnuß — beim Schlingen, wie beim Berühren oder Reiben vom Halstuche fühlt er darin einen hart drückenden Schmerz *8HA-399.   Das Steatom war linsengroß, es befand sich auf der Innenseite des li Unterlides. Subjektiv: Jucken *52.   Erbsengroße, verschiebbare, elastische, schmerzlose Geschwulst am re unteren Augenlide *53.   Mammafibrom; Ich fand die Brust etwas geschwellt und bei leiser Berührung empfindlich, während ein starker Druck mit Ausnahme einer kleinen Stelle gut vertragen wurde, und an eben dieser Stelle, etwa eineinhalb Centimeter oberhalb der Brustwarze war, nicht tief unter der Hautdecke, ein Knötchen in der Größe und Form einer kleinen Haselnuß fühlbar *66.   Chalazion *71.   Tumor des Unterlides, Rand des Oberlides verdickt durch Knötchen von Tarsaltumoren *73.   Bohnengroßes Steatom am Oberlid, das jahrelang immer größer geworden war *74.   Gichtknoten. Nach Staphisagria Ausschlag auf den Beinen. Die geschwollenen Gelenke besserten sich *115a.   Harter Knoten im li Oberlid mit wenig Beschwerden. Rezidiv eines Chalazion nach einem Jahr, kleiner, jetzt im re Oberlid. Nach 4 Jahren Rezidiv im Unterlid *116.   Harter Knoten, erbsgroß, im re Oberlid, keine Beschwerden außer Druckgefühl *117.   Halberbsgroßer Knoten im re Oberlid, nur Druckgefühl beim Blinzeln, sonst keine Beschwerden *118.   Chalazea auf den Lidern beider Augen *119.   Erbsgroßer harter Knoten im re Oberlid, das Baby reibt häufig daran, er wurde dann hellpurpurrot *120.   Talgcyste auf dem re Unterlid, stark erbsengroß, gelbweiß, schmerzhaft *135. An den Fingern sind Gichtknoten *138.   Gerstenkorn re, am anderen Auge war auf dem

Lidknorpel eine erbsengroße Geschwulst von früher *147.   Das Gerstenkorn besteht seit 4 Wochen. Es ist das erste Gerstenkorn im Leben des Mannes und sitzt, ziemlich dick und hart, mäßig entzündet, am re Oberlid; Schmerzen sind kaum dabei *168.   Gichtknoten *FK. Neubildungen an den Lidern sind extrem berührungsempfindlich *KM.

15   Blepharitis, Augenbutter:

Nachts setzt sich an den Augenwimpern und am äußeren Augenwinkel trockener Eiter an; an freier Luft trocknet ebenfalls die Augenbutter an, und es spannt dann *1-39.   Im inneren Augenwinkel sitzt immer trockene Materie, die er des Tags oft abreiben muß *1-40.   Die Augen sind früh zugeschworen im inneren Winkel *1-41.   Die Nacht über kleben die Lider durch harte, gelbe, sich bildende Schorfe zusammen *30.   Die Augenlider sind dick, rot, ohne Wimpern. Er klagt über Drücken und Brennen. Besonders sind die Winkel entzündet und geschwürig. Früh sind die Augen zugeschworen. Später: nur die unteren Lider zeigten an den äußeren Winkeln sich noch etwas entzündet. Früh fand sich hier eine trockene Masse, die sich beim Waschen leicht auflöste und den Tag über eine rote, feuchte Stelle zurückließ *33.   Blepharitis; Drückender Schmerz und entstellende Röte am li inneren und unteren Augenwinkel. Dieses Übel pflegt sie nun zum dritten Mal und zwar jedesmal einige Tage vor Vollmond zu überfallen, zieht sich 8 – 10 Tage hin, verschwindet dann an diesem Schauplatze, bis auf eine kleine innere unsichtbare Verhärtung, taucht dafür aber zum Schluß am li inneren oder äußeren Nasenflügel in Gestalt eines kleinen, nie reifenden Schwäres (wenn auch nur auf einige Tage) wieder auf. Nächtliches Zuschwären des leidenden Augenlides *42.   Lidrandentzündung und Ektropion li *79.   Seit drei Wochen Blepharitis *110.   Gerstenkörner, besonders, wenn die Augen leicht zuschwären, beißen und brennen, besonders in den Winkeln, wo trockene Augenbutter sich ansetzt *HH. Blepharitis mit trockenen Lidrändern, harten Knötchen auf den Lidrändern und Zerstörung der Haarfollikel *AO.

16   Condylome, Balanitis:

Feuchtigkeit an der Eichelkrone, unter der Vorhaut *1-157.   Feuchtender weicher Auswuchs in der Rinne, hinter der Eichelkrone und ein ähnlicher an der Krone selbst, welche beide vom Reiben des Hemdes jucken *1-158.   Es hatten sich ganz in der Nähe des Afters große Feuchtwarzen gebildet, an denen verdächtig aussehende eiternde Flächen stoßen *28.   Klebriges, nicht scharfes Smegma *64.   Gonorrhoe und spitze Condylome hinter der Glans *92. Auswuchs am Perinäum einer Frau, bei der der Auswuchs drei Zentimeter lang war und ganz das Aussehen von Blumenkohl hatte *114.   Diese Feigwarzen seien länglich, auch hahnekammartig, weich, schmierig, auch unten *WA.   Bei der warzenartig wuchernden Schankerform *AA.

17   Wundheit am After, Haemorrhoiden:

Harter, weniger Stuhl, mit brennend schneidendem Schmerze im After *7-494.   Weicher, doch schwierig abgehender Stuhlgang, wegen Zusammenschnürung des Afters, wie bei Hämorrhoiden *3-499.   Darmstörung; Sofort nach Stuhlabgang heftiges Brennen am Anus *17. Es hatten sich ganz in der Nähe des Afters große Feuchtwarzen gebildet, an denen verdächtig aussehende eiternde Flächen stoßen. Im Umfange mehrere Zolle starke Erosionen, die bei näherer Besichtigung aus lauter kleinen Geschwürchen bestanden. Aus dem ganzen Umfange quoll reichlich eine stinkende Lymphe. Die brennenden, zuckenden und stechenden Schmerzen, welche sich bei der Stuhlausleerung bis auf's fürchterlichste erhöhten, ließen den Kranken nirgends Ruhe und Schlaf finden *28.   Haemorrhoiden mit intensiven Schmerzen im Rücken und durch das ganze Becken, bei Prostatahypertrophie *128.   Jucken des Anus durch Haemorrhoiden *129.   Stühle heiß, wundmachend *HG.   Haemorrhoiden sind so empfindlich, daß man sie nicht berühren darf *KM.

18   **Knochenaffektionen:** Knochengeschwulst im Mittelfuß, im re Arm, Daumen, Zeigefinger, Tränenbein, Ellbogen, Kniegelenk. Knochenkaries im Zeigefinger, Unterkiefer, Schädelknochen, Unterschenkel. Gicht:
Knochengeschwulst des Mittelfußknochens der re kleinen Zehe, schmerzhaft beim Berühren *1-222.   Re Arm von einer exostosis notha ergriffen, welche Knochengeschwulst man auch, nach dieser vorgefundenen Form, Hyperostosis nennt. Vorzüglich von der articulatio humeri bis zur ulna entlang war alles stark intumesciert und man gewahrte eine dahin geeilte Metastasis inneren Herkommens. Mehr dunkelrot entzündete Stellen, an welchen unter der Epidermis eine Fluktuation sich zu bilden begann, waren sichtbar *5.   Halsdrüsen- und Mandelgeschwulst, nebst einer Geschwulst des re Tränenbeins *6.   Tumor am Mittelglied des li Daumens. Anfangsstadium von Lepra *23.   Paedarthrocace der ersten Phalanx des li Zeigefingers. Geschwür. Geschwulst des Knochens *29.   Schmerz im Ellbogen. Das Gelenk war steif und geschwollen *38.   Der Zahnarzt verletzte bei der Operation die re untere Kinnlade und nahm davon einen Knochensplitter mit heraus. Eine Osteitis war die Folge und Knochenfraß stellte sich ein *86.   Gichtknoten. Nach Staphisagria Ausschlag auf den Beinen. Die geschwollenen Gelenke besserten sich *115a.   Kniegelenksentzündung; Das ganze Kniegelenk ist geschwollen und druckempfindlich. An den Fingern sind Gichtknoten *138.   Drückende, stechende und reißende Schmerzen in den Schädelknochen, im Periost; Schwellung und Eiterung der Knochen, Caries mit faulig riechendem Schweiß Tag und Nacht, schlechter durch Bewegung und Berührung. Entzündung der Gesichtsknochen *LM.   Gicht in den kleinen Gelenken der Hände oder Füße, mit viel Schwellung und Härte *CA.   Gichtknoten *FK.   Caries, schmerzhafte Geschwüre mit spärlicher oder wässriger Absonderung, Knochen brüchig, Haut in der Umgebung des Geschwürs dunkelrot oder braun, mit Bläschen oder nadelstichartigen Öffnungen, die eine wässrige Flüssigkeit absondern *LT.

19   **Drüsenschwellung:** Leisten, Unterkiefer, Hals, Achseln, Mesenterium:
Geschwulst der Mandel- und Unterkieferdrüsen *1-80.   Unschmerzhafte Schoßdrüsengeschwulst, welche beim Gehen und Stehen am sichtbarsten wird, und viele Tage anhält *1-138. Unter dem Kinne, vorne an der Vereinigung beider Unterkiefer, ist es, als ob eine Drüse geschwollen wäre; es ist da etwas Hartes, wie Knorpel., von der Größe einer Haselnuß — beim Schlingen, wie beim Berühren oder Reiben vom Halstuche fühlt er darin einen hart drückenden Schmerz *8HA-399.   Anschwellung der Unterzungendrüse, die ihn am Schlingen hindert, vier Stunden lang *13-432.   Die Drüsen in den Weichen und unter den Achseln sind stark geschwollen und hart *1.   Eiternde Drüsen. Unterkieferdrüsen geschwollen, hart, bei Berührung schmerzhaft. Drüsenschwellungen am Hals, in den Leisten, in den Achselhöhlen *2.   Halsdrüsen- und Mandelgeschwulst *6.   Ausschlag an der re Seite des Kopfes; Am Halse waren die Drüsen etwas angelaufen *9.   Sehr abgemagert; dicker, gespannter, voller Bauch; Drüsenschwellung am Halse *24.   Drüsengeschwülste, auch verhärtete *JS.   Stomatitis; wenn dabei oft geschwollene Halsdrüsen vorhanden sind *HK.

20   **Oedematöse Schwellung:** Backen, Unterkiefer, Beine, Fußrücken, Gesicht, Nasenspitze, Hände, Oberlippe, Oberlid:
Heftig ziehender Zahnschmerz, mit Backengeschwulst *1-75.   Backengeschwulst am Unterkiefer *1-76.   Ein Kriebeln in den lange Jahre hart elastisch geschwollenen Ober- und Unterschenkeln *1-215.   Unschmerzhafte Geschwulst des Rückens beider Unterfüße, von langer Dauer *1-223.   Gesicht, wie von Schnupfen aufgedunsen *12-342.   Rachitisch, blaß, aufgedunsen. Oberlippe geschwollen, nach außen gestülpt, glänzend. Dauerschnupfen mit geschwürigen Nasenlöchern und glänzend roter, geschwollener Nasenspitze *2.   Die Hände waren geschwollen, die Finger steif und gefühllos. Anfangsstadium von Lepra *23.   Zahnschmerzen, Der li Backen ist geschwollen, doch nicht recht rot, und die Geschwulst hart, welche sich bis zum Auge erstreckt *47.   Zahnfleischgeschwulst; Die Oberlippe war geschwollen

und vorgetrieben *67.   Gerstenkorn im re Oberlid, das Lid ist stark geschwollen *112.

21   **Venenschwellung:** Hände, Stirn:
Schneiden in den Gedärmen; nach dem Schneiden bekommt sie eine große Hitze im Gesichte und
das Blut tritt ihr nach dem Kopfe, auch die Adern treten an den Händen auf *1-123.   Kann
Fleisch und Eier nicht essen, sie verursachen Erweiterung der Stirnadern *77.   Husten; Gesicht sehr rot, Augen blutunterlaufen, Adern auf der Stirn wie Stricke geschwollen *94.

22   **Anaemie, Blässe:**
Das Zahnfleisch wird blaß und weiß *1-64.   Vormittags, nach Aufstehen vom Sitze, wird er
blaß, schwindlicht und drehend, fällt auf die Seite, wie ohnmächtig; den folgenden Tag, um
dieselbe Zeit, ein ähnlicher Anfall *1-232.   Zahnschmerz; dabei ist das Zahnfleisch weiß
*8H-421.   Das Ansehen ist siech und bleich *1.   Blaß, abgemagert *22.   Tiefe
Blässe *161.   Stomatitis; wenn mißfarbene Gesichtsfarbe vorhanden ist *HK.

23   **Eingefallenes Gesicht, spitze Nase, dunkle Augenringe:**
Er sieht so hohläugig und weitäugig und so angegriffen und spitzig im Gesichte aus, wie auf Nachtschwärmerei, oder wie nach unangenehmen Gemütserschütterungen *12-343.   Äußerst tief
liegende Augen, mit blauen, erhabenen Rändern, wie einer, der sehr ausgeschweift hat, vier Tage
lang *12HA-366.   Thoraxprellung; Auch außer den Anfällen ein Zug um den Mund, welcher
anhaltenden Schmerz andeutete *26.   Stomatitis; wenn mißfarbene Gesichtsfarbe, eingefallene Wangen, hohle Augen mit blauen Rändern um dieselben, dabei oft geschwollene Halsdrüsen
vorhanden sind *HK.   Hohle Augen, glanzlos, halbgeschlossen, als hätte man nicht genug geschlafen *TM.   Gesicht eingefallen, spitze Nase, Augen eingesunken mit blauen Ringen *LM.

24   **Abmagerung:**
Blaß, abgemagert *22.   Sehr abgemagert, welk in den Hautgebilden, dicker, gespannter, voller Bauch, Drüsenanschwellung am Halse, kurz das vollkommenste Bild einer scrophulösen Atrophie *24.

25   **Rötung:** Gesicht, Hand, Wangen, Unterarm:
Schneiden in den Gedärmen; nach dem Schneiden bekommt sie eine große Hitze im Gesichte und
das Blut tritt ihr nach dem Kopfe, auch die Adern treten an den Händen auf *1-123.   Mehr
Hitzempfindung, als Hitze der re Hand, welche auch röter war, als die andere *7-604.   Ein
Wärmegefühl an der Stirne, wie wenn ein beständiger, warmer Hauch dahin ginge — bisweilen auch
ein kalter Hauch — mit Backenröte und auch äußerlicher Körperwärme *12-702.   Hyperos-
stosis am re Arm. Mehr dunkelrot entzündete Stellen, an welchen unter der Epidermis eine Fluktuation sich zu bilden begann, waren sichtbar *5.   Thoraxprellung; Die Wangen fast immer
stark gerötet *26.   Husten; Gesicht sehr rot, Augen blutunterlaufen, Adern auf der Stirn
wie Stricke geschwollen *94.   Gastritis; Hektisch gerötetes Gesicht, unsteter Blick, glänzende, fast thyreotische Augen *150.

26   **Schnittwunden, chirurgische Operationswunden, besonders nach Laparatomie:**
Laceration der Cornea mit Irisprolaps durch Splitterverletzung beim Holzhacken. Die Cornea wurde durch den Splitter von unten nach oben aufgerissen *83.   Konnte nicht gehen wegen Schmerzen in der Narbe der vor einer Woche ausgeführten bilateralen Herniotomie *154.
Scharfe Schnittwunden bis ins Fleisch durch scharfe Messer, durch Glas oder nach chirurgischen
Eingriffen *HH.   Nach Bauchoperationen, wenn der Patient über scharfe, beißende Schmerzen klagt *MA.

27   **Die Ausschläge verschwinden an einem Ort und tauchen an einem anderen wieder auf; innere Leiden wechseln mit Hautausschlägen ab:**

Blepharitis; Drückender Schmerz und entstellende Röte am li inneren und unteren Augenwinkel. Dieses Übel pflegt sie nun zum dritten Mal und zwar jedesmal einige Tage vor Vollmond zu überfallen, zieht sich 8 − 10 Tage hin, verschwindet dann an diesem Schauplatze, bis auf eine kleine innere unempfindliche und äußerlich unsichtbare Verhärtung, taucht dafür aber zum Schluß am li inneren oder äußeren Nasenflügel in Gestalt eines kleinen, nie reifenden Schwäres (wenn auch nur auf einige Tage) wieder auf *42.   Herpes zoster; Eine Gruppe von Bläschen erschien in der Lebergegend, zunächst einzeln, dann konfluierend. Nach 2 Monaten ähnlicher Ausschlag knapp oberhalb der re Crista ilica, der sich nach hinten, unten und vorn zur Leiste erstreckte. Dabei schießender Schmerz von dort den Oberschenkel und die Gesäßbacke hinunter *68.   Myalgie des li Deltoid; Nach örtlicher Anwendung von Staphisagria roter, juckender Ausschlag wie Lichen urticatus *101.   Gichtknoten. Nach Staphisagria Ausschlag auf den Beinen bis hinauf zu den Knien, wie eine Hose, zusammenhängende Krusten. Die geschwollenen Gelenke besserten sich *115a.   Rheumatismus verschwindet, sobald die Hauterscheinungen auftreten und umgekehrt *KC.

28   **Anderes:** Lepra, rissige Lippen, schwarze Schweißlöcher, unheilsame Haut, Gelbsucht, Mammaatrophie, Cyanose:
Die Hände waren geschwollen, die Finger steif und gefühllos. Die Haut, besonders die Gesichtshaut ist mit weißen Flecken übersät, alle behaarten Stellen waren steif und schmerzten, mit einem Wort, die Unglückliche hatte das Anfangsstadium von Lepra *23.   Schwarze Schweißlöcher, besonders an der unteren Lippe *53.   Gallensteinkoliken; ist nach den Anfällen gelb *95. Brüste, die völlig geschwunden sind *159.   Süchtige, unheilsame Haut *JS.   Braune und blaue Gesichtsfarbe bei Zorn *LM.   Ungesunde Haut, die leicht geschwürig wird *LT. Blaue Lippen nach unterdrückter Wut *KM.

HAUT   Modalitäten, Begleitsymptome

1   **Warmwerden abends im Bett verschlechtert:**
Friesel auf der Brust; wenn er warm wird, wird es rot und juckt *1-190.   Flechten (Schwinden) auf den Händen, welche abends jucken und nach dem Kratzen brennen *1AA-208.   Jukken, abends im Bette, am Unterschenkel; nach dem Reiben entstehen flache Geschwüre, welche heftig schmerzen *1-218.   Abends und früh, Reißen und Zucken um die Geschwüre *1-227. Heftig brennende Schmerzen im Geschwüre, abends nach dem Niederlegen, Stunden lang, so daß er nicht einschlafen konnte *1-250.   Oben am Hinterhaupte, ein fressendes Jucken, mit Wundheitsschmerz, welches um dieselbe Abendzeit und an gleicher Stelle wiederkehrt *7A-330. Abends, brennendes Jucken der kleinen Zehen, als wären sie erfroren; sie schmerzen bei Berührung und die schmerzenden Stellen sind rot, vier Tage lang *10-648.   Abends, juckendes Brennen an der re kleinen Zehe, als wäre sie erfroren, und sie schmerzte schon beim gelinden Drücken *7-649.   Oberschenkelausschlag; Das Exanthem juckt unerträglich, besonders in der Wärme und vorzüglich in der Bettwärme, so, daß Kratzen unvermeidlich ist; aber dadurch wird das Jucken nur auf Augenblicke gemildert *1.   Ausschlag von hirsekorngroßen konischen Knötchen zwischen den Schultern, abends und nachts sehr juckend, das Jucken durch Kratzen gebessert *37. Gerstenkörner am li Oberlid. Besserung durch Anwendung kalten Wassers *80.   Ekzem der Finger beider Hände, Jucken, besonders in der Bettwärme *88.   Im Bereich des behaarten Kopfes, des Nackens, der Ohren und der Schläfen ein Ekzem mit Pusteln und Bläschen. Der Juckreiz wird schlimmer in der Wärme *163.   Schmerzhafte Empfindlichkeit der Kopfhaut; die Haut schält sich ab, mit Jucken und Beißen, stärker abends und durch Warmwerden. Brennen und

Stechen in den äußeren Kopfteilen, besonders der li Schläfe, schlechter durch die Bettwärme *LM. Schmerzhafte Empfindlichkeit der Kopfhaut, die Haut schält sich ab, mit Jucken und Beißen, stärker abends und beim Warmwerden *KM.

2   Nachts schlechter, kann deshalb nicht schlafen:

Heftig brennende Schmerzen im Geschwüre, abends nach dem Niederlegen, Stunden lang, so daß er nicht einschlafen konnte *1-250.   Die Flechten jucken bloß die Nacht *1-251.   Hyperostosis am re Arm; Vorzüglich zur Nachtzeit stattfindendes, schlafstörendes Jucken im Hautorgan *5.   Herpes phlyctaenoides, die ganze Hautoberfläche einnehmend, hinderte den Patienten am Schlafe; die Absonderung war stark *36.   Ausschlag von hirsekorngroßen konischen Knötchen zwischen den Schultern, abends und nachts sehr juckend, das Jucken durch Kratzen gebessert *37.   Eitrige Kopfkrusten am Hinterkopf, mit sauer riechendem Schweiß, Kopfläusen und Jucken, das den Schlaf verhinderte *76.

3   Andere Zeiten: Früh, nachmittags 3 Uhr:

Jucken über den Kopf und ganzen Körper, besonders früh, ein laufendes Jucken und Krabbeln, wie vom Kriechen eines Flohes, welches von einem Orte zu dem anderen geht *1-225.   Abends und früh, Reißen und Zucken um die Geschwüre, in der Ruhe; beim Gehen hört es auf *1-227. Brennen und Stechen in den äußeren Kopfteilen, besonders der li Schläfe, schlechter durch die Bettwärme, durch darauf Liegen und 3 Uhr nachmittags *LM.

4   Reiben verschlechtert: (Seite 55, 57)

Wohllüstiges Jucken um den Hodensack, welches beim Reiben immer zunimmt, oberflächlich zu Wundschmerze wird, während tiefer noch das Jucken fortbesteht und endlich einen Samenerguß bewirkt *1-155.   Feuchtender weicher Auswuchs in der Rinne, hinter der Eichelkrone und ein ähnlicher an der Krone selbst, welche beide vom Reiben des Hemdes jucken *1-158.   Jukken, abends im Bette, am Unterschenkel; nach dem Reiben entstehen flache Geschwüre, welche heftig schmerzen *1-218.   Juckendes Fressen auf dem Haarkopfe, was sich durch Reiben vermehrt, mehrere Tage lang *7A-331.   Unter dem Kinne, vorne an der Vereinigung beider Unterkiefer, ist es, als ob eine Drüse geschwollen wäre; es ist da etwas Hartes, wie Knorpel, von der Größe einer Haselnuß — beim Schlingen, wie beim Berühren oder Reiben vom Halstuche fühlt er darin einen hart drückenden Schmerz *8HA-399.   Es hatten sich ganz in der Nähe des Afters große Feuchtwarzen gebildet, an denen verdächtig aussehende eiternde Flächen stoßen. Im Umfange mehrere Zolle starke Erosionen, die bei näherer Besichtigung aus lauter kleinen Geschwürchen bestanden. Aus dem ganzen Umfange quoll reichlich eine stinkende Lymphe. Die brennenden, zuckenden und stechenden Schmerzen, welche sich bei der Stuhlausleerung bis auf's fürchterlichste erhöhten, ließen den Kranken nirgends Ruhe und Schlaf finden *28.

5   Reiben oder Berührung bessert: (Seite 54, 55, 56)

Jucken am oberen Augenlidrande, im Freien; zwei Stunden später, auch am anderen Auge — durch Reiben verging es *10A-363.   Jucken im li Nasenflügel, was bei Berührung verging *5-390. Der Rand des li Oberlides juckt, besser durch Reiben *58.

6   Unterdrückter Ärger, Beleidigung, Frustration verschlechtert:

Ekzeme, heftiges Jucken. Verschlimmerung durch Ärger. Jucken an den kranken Stellen, durch sexuellen Verkehr mit bewußt oder unterbewußt widerwärtigen Partnern *EA.   Hauterkrankungen, die infolge von unterdrücktem Ärger oder nach Beleidigungen aufgetreten sind *KC. Aufregung verursacht rauhes Ekzem in den Ellenbeugen und am Hals *b.

7   Folge von Abkühlung in der Hitze:

Blepharitis; Drückender Schmerz und entstellende Röte am li inneren und unteren Augenwinkel.

Dieses Übel pflegt sie nun zum dritten Mal zu überfallen, zieht sich 8 – 10 Tage hin, verschwindet an diesem Schauplatze, bis auf eine kleine innere unempfindliche und äußerlich unsichtbare Verhärtung, taucht dafür aber zum Schluß am li inneren oder äußeren Nasenflügel in Gestalt eines kleinen, nie reifenden Schwäres (wenn auch nur auf einige Tage) wieder auf. Nächtliches Zuschwären des leidenden Augenlides. Krankheitsveranlassung öfter wiederholtes Abkühlen des Gesichtes und der Hände mit Eisstückchen bei Gelegenheit einer lucullischen Mittagstafel *42.

8   Auftreten im Frühjahr, Herbst oder Winter, besser im Sommer:

Flechte, die anfangs nur eine kleine Stelle auf der vorderen Fläche des li Oberschenkels eingenommen und gewöhnlich in den Sommermonaten merklich ab-, im Herbste und Winter aber stets wieder zugenommen hatte. Später breitete sie sich weiter aus, zeigte keine Abnahme in der wärmeren Jahreszeit *1.   Bekam kleine Pusteln auf beide Arme und Hände, welche sich trotz der größten Reinlichkeit und mildesten Diät vermehrten, größere Flächen einnahmen, und eine scharfe gelbe Flüssigkeit absonderten, welche jede damit benetzte Hautstelle corrodierte, und heftige spannende und brennende Schmerzen verursachte. Das Übel kehrte jedes Frühjahr mit neuer Kraft wieder *20.

9   Schlechter vor Vollmond, besser bei abnehmendem Monde:

Flechte, die anfangs nur eine kleine Stelle auf der vorderen Fläche des li Oberschenkels eingenommen hatte. Später breitete sie sich weiter aus und schien sich nur bei abnehmendem Monde etwas zu vermindern *1.   Blepharitis; Drückender Schmerz und entstellende Röte am li inneren und unteren Augenwinkel. Dieses Übel pflegt sie nun zum dritten Mal und zwar jedesmal einige Tage vor Vollmond zu überfallen, zieht sich 8 – 10 Tage hin, verschwindet dann an diesem Schauplatze, bis auf eine kleine innere Verhärtung, taucht dafür aber zum Schluß am li inneren oder äusseren Nasenflügel in Gestalt eines kleinen, nie reifenden Schwäres (wenn auch nur auf einige Tage) wieder auf *42.

10   Andere Modalitäten:

Abends und früh, Reißen und Zucken um die Geschwüre, in der Ruhe, beim Gehen hört es auf *1-227.   Jucken am oberen Augenlidrande, im Freien; zwei Stunden später, auch am anderen Auge – durch Reiben verging es *10A-363.   Jucken im After beim Sitzen. außer dem Stuhlgange *5HA-501.   Chronische Tinea capitis sicca, der gesamte behaarte Kopf ist mit einem dunklen Krustenausschlag bedeckt, der am Hinterkopf am dicksten ist und nach vorn an Dicke abnimmt. Heftiges Jucken, am stärksten am Hinterkopf. Kratzen verursacht Bluten und Absonderung klarer, nicht klebriger Flüssigkeit, die sehr schnell eintrocknet. An der dicksten Stelle, in einer Linie mit den Warzenfortsätzen, messen die Krusten 6 mm. Nach dem Waschen Gefühl von Spannung in der Kopfhaut, besonders um den Hinterkopf, das sehr unangenehm und am Hinterkopf sogar schmerzhaft ist *79.   Brennen und Stechen in den äußeren Kopfteilen, besonders der li Schläfe, schlechter durch darauf Liegen *LM.   Ekzeme, heftiges Jucken. Verschlimmerung durch Hunger, Aufkratzen *KM.

11   Begleitsymptome:

Heftig ziehender Zahnschmerz, mit Backengeschwulst, drückendem Kopfschmerze derselben Seite und Hitze im Gesichte *1-75.   Wohllüstiges Jucken um den Hodensack, welches beim Reiben immer mehr zunimmt, oberflächlich zu Wundschmerze wird, während tiefer noch das Jucken fortbesteht und endlich einen Samenerguß bewirkt *1-155.   An den unteren Rippen, ein flechtenartiger Ausschlag, aus kleinen, dichten, roten Blüchen zusammengesetzt, mit brennend juckendem Feinstechen, wie von Brennesseln; nach Reiben schmerzt die Stelle; dabei ein Frostüberlaufen in dieser Gegend und über den Oberbauch *1-191.   Ausschlag von hirsekorngroßen konischen Knötchen zwischen den Schultern, abends und nachts sehr juckend, das Jucken durch Kratzen gebessert, morgens der Kopf schwer, die Augen verklebt *37.   Pustulöser Ausschlag des Gesichts (Wangen und Stirn). Die Pusteln erscheinen in Gruppen von 4 – 5 Stück. Vor der Eruption Brennschmerz im Gesicht *100.

HAUT   Syndrome

1   **Kopfausschlag, vor allem am Hinterkopf, mit einer zusammenhängenden Borke, unter der sich scharfe, wundmachende Flüssigkeit ansammelt. Starkes Jucken und Beißen nach Kratzen, oft übler Geruch und Kopfläuse dabei:**
Auf dem Haarkopfe, sowie gleich über und hinter dem Ohre, ein juckender, grindiger Ausschlag *1A-19.   Der Haarkopf juckt sehr, ist grindig und näßt wäßrig *1A-20.   Tinea capits, dicke Krusten am Hinterkopf, aus den Rissen krochen Läuse *78.   Chronische Tinea capitis sicca, der gesamte behaarte Kopf ist mit einem dunklen Krustenausschlag bedeckt, der am Hinterkopf am dicksten ist und nach vorn an Dicke abnimmt. Heftiges Jucken, am stärksten am Hinterkopf. Kratzen verursacht Bluten und Absonderung klarer, nicht klebriger Flüssigkeit, die sehr schnell eintrocknet *79.   Crusta lactea, wenn unter den Schorfen eine gelbliche, fressende Flüssigkeit hervorsickerte oder wenn auf der von Schorfen entblößten Fläche neue Bläschen sich bildeten, die ebenfalls bald aufplatzten und gelbliche, corrodierende Flüssigkeit absonderten *HT. Schmerzhafte Empfindlichkeit der Kopfhaut; die Haut schält sich ab, mit Jucken und Beißen, stärker abends und durch Warmwerden. Feuchter, brennend juckender, stinkender Ausschlag auf der hinteren Kopfhälfte, den Kopfseiten und hinter den Ohren LM.   Schmerzhafte Empfindlichkeit der Kopfhaut, die Haut schält sich ab, mit Jucken und Beißen, stärker abends und beim Warmwerden. Die Krusten werden von einem wässrigen Exsudat abgehoben und die darunter liegende Oberfläche ist außerordentlich berührungsempfindlich *KM.

2   **Ausschlag oder Geschwüre an den Unterschenkeln oder Beinen mit einer festen, zusammenhängenden Borke, die von Zeit zu Zeit durch die darunter angesammelte scharfe, wundmachende Flüssigkeit abgehoben wird und die wie ein Verband aufgeschnitten werden muß. Heftiges Jucken abends in der Bettwärme:**
Die Haut am geschwürigen Unterschenkel überzieht sich, unter zuckenden und pickenden Schmerzen, mit einer dünnen Kruste, aus welcher gilbliches Wasser hervordringt *1-231.   Flechte, die anfangs nur eine kleine Stelle auf der vorderen Fläche des li Oberschenkels eingenommen und gewöhnlich in den Sommermonaten merklich ab-, im Herbste und Winter aber stets wieder zugenommen hatte. Später breitete sie sich weiter aus, zeigte keine Abnahme in der wärmeren Jahreszeit und schien sich nur bei abnehmendem Monde etwas zu vermindern. Der größte Teil der oberen Fläche des li Oberschenkels ist mit einer schuppenartigen Rinde bedeckt, aus deren Zwischenräumen eine gelbliche, fressende Jauche heraussiepert. Von Zeit zu Zeit sondern sich die Schuppen ab und es stellt sich dann eine rohe, nässende Fläche dar, mit vielen kleinen Bläschen bedeckt, welche platzen und eine corrodierende gelbliche Flüssigkeit von sich geben. – Allmählig bildet sich dann ein neuer Schuppenüberzug, gleich dem früheren, und so wiederholt sich dieselbe Metamorphose fort und fort. – Auf allen gesunden Hautstellen, welche die aussiepernde Flüssigkeit berührt, entstehen neue Bläschen, welche das Exanthem weiter verbreiten. – Das Exanthem juckt unerträglich, besonders in der Wärme und vorzüglich in der Bettwärme, so, daß Kratzen unvermeidlich ist; aber dadurch wird das Jucken nur auf Augenblicke gemildert *1.   Gichtknoten. Nach Staphisagria Ausschlag auf den Beinen bis hinauf zu den Knien, wie eine Hose zusammenhängende Krusten, gelb, zäh, lederartig, mußte, wenn sich Flüssigkeit darunter angesammelt hatte, wie ein Verband aufgeschnitten werden. Er konnte kaum gehen, denn die Krusten schnitten ins Fleisch. Die geschwollenen Gelenke besserten sich *115a.

3   **Jucken oder Krabbeln wie vom Kriechen eines Flohes. Das Jucken hört beim Kratzen an dieser Stelle auf, nur um an einer anderen Stelle sofort wieder anzufangen:**

Jucken über den Kopf und ganzen Körper, besonders früh, ein laufendes Jucken und Krabbeln, wie vom Kriechen eines Flohes, welches von einem Orte zu dem anderen geht *1-225.   Brennend juckendes Fressen an den Hinterbacken, wie wenn man etwas Schafwollenes auf die Haut zieht, abends im Bette; durch Kratzen verging es an der einen Stelle und kam an eine andere *13-606.   Stiche, den Flohstichen ähnlich, an den Untergliedmaßen, der Hand, dem Nacken, am Kopfe, u.s.w. *10-658.   Gerstenkörner; Sie litt zeitweise an Hautjucken, das beim Kratzen die Stelle wechselte *147.   Kopfekzem; Der Juckreiz sei nach Kratzen immer wieder an einer anderen Stelle aufgetreten *162.   Kopfekzem; Juckreiz am Körper, der immer wieder die Stelle wechselt, ohne daß irgendwelche Hautveränderungen in diesem Bereich vorliegen *163. Kopfausschlag; wenn man kratzt, wechselt das Jucken die Stelle, aber mehr Feuchtigkeit sondert sich ab *LM.

4 .   **Überall stechendes Jucken an ganz kleinen Stellen, das zum Kratzen zwingt. Das Stechen beginnt innen und endet mit Jucken außen auf der Haut:**

Brennendes Scharfstechen in der li Backe, welches zum Kratzen reizt *4HA-386.   Juckendes (fressendes), zum Kratzen reizendes Nadelstechen an beiden Backen *4-387.   Juckende Nadelstiche in der Nierengegend *4HA-478.   Oben am Brustbeine, gleich unter dem Halsgrübchen, juckende, feine, scharfe Stiche, die zum Kratzen nötigen *4HA-531.   Juckende Nadelstiche in der re Achselhöhle *8-553.   Juckende Stiche in beiden Achselhöhlen *4HA-554.   Tiefe, juckend brennende, scharfe Nadelstiche im li Daumen, welche zum Kratzen reizen *4HA-599.   Kitzelnde, scharfe Stiche in der hohlen Hand *4-605.   Stechendes Jucken an den Gesäßmuskeln und mehreren Stellen des Körpers *8HA-608.   Juckendes Feinstechen an den inneren Seiten der Oberschenkel, was zum Kratzen nötigt *4HA-616. Ein im Stehen und Gehen anhaltender, juckender Stich in der re Wade, welcher von Kratzen verging *5-638.   Stechendes Jucken gleich über dem re äußeren Fußknöchel, es nötigt zum Kratzen, hinterläßt dann aber keine besondere Empfindung *8HA-643.   Stechendes Jucken an der re großen Zehe *8-646.   Juckende, scharfe Stiche an verschiedenen Stellen des Körpers *4HA-657.   Nierenkolik; Stechen zur li Leiste und zum Hoden hin, auf jeden schießenden Stich folgt so starkes Jucken, daß er kratzen muß. Die schießenden Stiche begannen tief innen im Fleisch und endeten an der Oberfläche; der Punkt, wo sie endeten, war der Punkt, wo es dann juckte *102.

TEMPERATUR   Orte

1   **Kopf:** Hitze, innerlich Frösteln, Schauder:
Schneiden in den Gedärmen; nach dem Schneiden bekommt sie eine große Hitze im Gesichte und
das Blut tritt ihr nach dem Kopfe *1-123.   Früh im Bette, eine Hitze um den Kopf, mit
Stirnschweiße *1-260.   Schneiden im Bauche, mit heftigem Stuhldrange, worauf ganz flüssiger, aber wenig Kot abgeht, unter innerlichem Frösteln im Kopfe *4-493.   Ob er gleich am
Ofen stand, konnte er doch nicht warm werden im Rücken und an den Armen; dabei öftere Schauder über den Rücken und die Arme, nach dem Genicke, über den Kopf und das Gesicht, früh nach
dem Aufstehen *12-695.

2   **Stirn:** Schweiß, Hitze, Wärmegefühl, Kältegefühl:
Früh im Bette, eine Hitze um den Kopf, mit Stirnschweiße *1-260.   Hitze in der Nacht, vorzüglich um die Stirne, so daß sie von 3 Uhr an nicht mehr schlafen konnte, dann, vormittags, um 9
Uhr, Frostschauder *1-264.   Den ganzen Körper durchschüttelnder Frostschauder, bei warmer Stirne und heißen Wangen, aber kalten Händen, ohne Hitze darauf und ohne Durst *11-696.
Ein Wärmegefühl an der Stirne, wie wenn ein beständiger, warmer Hauch dahin ginge – bisweilen
auch ein kalter Hauch – mit Backenröte und auch äußerlicher Körperwärme *12-702.   Unmöglichkeit zu schwitzen, selbst bei der größten Anstrengung, mit Gesichtsblässe und Kopfweh.
Kalte Schweiße, an Stirn und Füßen *JS.

3   **Gesicht:** Hitze, kalter Schweiß:
Heftig ziehender Zahnschmerz, mit Backengeschwulst, drückendem Kopfschmerze derselben Seite
und Hitze im Gesichte *1-75.   Schneiden in den Gedärmen; nach dem Schneiden bekommt
sie eine große Hitze im Gesichte und das Blut tritt ihr nach dem Kopfe, auch die Adern treten an
den Händen auf *1-123.   Hitzgefühl und Hitze im Gesichte, ohne Durst, eine Stunde nach
dem Froste *8-699.   Prosopalgie; In Folge der Heftigkeit des Schmerzes treten Weinkrampf,
beklommener Atem, Kälte der Hände, kalte Schweiße im Gesicht ein *15.   Heftiger Frost
abends, mit Gesichtshitze *LM.

4   **Backen:** Hitze:
Geschwulst des Zahnfleisches, mit Hitze im Backen *1-61.   Den ganzen Körper durchschüttelnder Frostschauder, bei warmer Stirne und heißen Wangen, aber kalten Händen, ohne Hitze darauf und ohne Durst *11-696.

5   **Gehörgang:** Kältegefühl:
Im re Ohrgange, ein einströmendes Kältegefühl, wie ein kühler Hauch, einige Stunden lang *12-
376.

6   **Nacken, Hinterkopf:** Schauder, Kälteempfindlichkeit:
Ob er gleich am Ofen stand, konnte er doch nicht warm werden im Rücken und an den Armen; dabei öftere Schauder über den Rücken und die Arme, nach dem Genicke, über den Kopf und das Gesicht, früh nach dem Aufstehen *12-695.   Kopfschmerzen; Gegen Kälte und Zug sind der
Nacken und Hinterkopf auffallend empfindlich *93.

7   **Arme:** Frieren, Schauder:

Ob er gleich am Ofen stand, konnte er doch nicht warm werden im Rücken und an den Armen; dabei öftere Schauder über den Rücken und die Arme, nach dem Genicke, über den Kopf und das Gesicht, früh nach dem Aufstehen *12-695.

8   **Hände:** Venenschwellung, Hitzeempfindung, Kälte, Hitze:
Schneiden in den Gedärmen; nach dem Schneiden bekommt sie eine große Hitze im Gesichte und das Blut tritt ihr nach dem Kopfe, auch die Adern treten an den Händen auf *1-123.   Mehr Hitzempfindung, als Hitze der re Hand, welche auch röter war, als die andere, mit feinem Reißen im Mittelgelenke der vier Finger *7-604.   Den ganzen Körper durchschüttelnder Frostschauder, bei warmer Stirne und heißen Wangen, aber kalten Händen, ohne Hitze darauf und ohne Durst *11-696.   Prosopalgie; In Folge der Heftigkeit des Schmerzes treten Weinkrampf, beklommener Atem, Kälte der Hände, kalte Schweiße im Gesicht ein *15.   Schreibkrampf; Wärme, warmes Zimmer, Gemütsbewegungen wirken ungünstig ein, günstig dagegen Kaltwerden der Hände, Eintauchen derselben in kaltes Wasser. Die Dame trägt auch im kältesten Winter keine Handschuhe *106.

9   **Rücken:** Schauder, Frost, Frieren, Wärmegefühl, Hitzeüberlaufen:
Früh, Munterkeit, dann Schläfrigkeit mit Frostschauder im Rücken *3-672.   Frost im Rükken, selbst am heißen Ofen *7-649.   Ob er gleich am Ofen stand, konnte er doch nicht warm werden im Rücken und an den Armen; dabei öftere Schauder über den Rücken und die Arme, nach dem Genicke, über den Kopf und das Gesicht, früh nach dem Aufstehen *12-695. Nach dem Essen, ein flüchtiger Frostschauder den Rücken herab *12-698.   Drei Stunden nach dem Essen, ein nicht unangenehmes Wärmegefühl über den Rücken *12-700.   Ruckweise überläuft ihn eine Hitze über den unteren Teil des Rückens, bei übrigens bloß warmem Körper, ohne nachfolgenden Schweiß *12-701.

10   **Brust:** Frostüberlaufen, Hitzegefühl:
An den unteren Rippen, ein flechtenartiger Ausschlag, mit brennend juckendem Feinstechen, wie von Brennesseln; nach Reiben schmerzt die Stelle, dabei ein Frostüberlaufen in dieser Gegend und über den Oberbauch *1-191.   Thoraxprellung; Er entblößte gern die kranke Brust oder lag ganz nackt *26.

11   **Bauch, Lebergegend:** Frostüberlaufen, warmer Schweiß, Hitze:
An den unteren Rippen, ein flechtenartiger Ausschlag, mit brennend juckendem Feinstechen, wie von Brennesseln; nach Reiben schmerzt die Stelle; dabei ein Frostüberlaufen in dieser Gegend und über den Oberbauch *1-191.   Wenn er nachts erwacht, so ist er, ohne Durst, mit warmem Schweiße bedeckt, am Bauche, an den Füßen und den Zeugungsteilen, obgleich mäßig zugedeckt; bei der Entblößung aber weht es ihn so kalt an, der Schweiß verschwindet und er glaubt sich zu verkälten *4-703.   Herpes zoster; Eine Gruppe von Bläschen erschien in der Lebergegend, zunächst einzeln, dann konfluierend, viel Hitze und Röte einen Zoll über und unter dem Ausschlag *68.

12   **Scrotum:** Schweiß:
Wenn er nachts erwacht, so ist er, ohne Durst, mit warmem Schweiße bedeckt, am Bauche, an den Füßen und den Zeugungsteilen, obgleich mäßig zugedeckt; bei der Entblößung aber weht es ihn so kalt an, der Schweiß verschwindet und er glaubt sich zu verkälten *4-703.   Samenergüsse; Morgens nach Schlaf, nicht am Tage, Schweiß am Scrotum mit unangenehmem, fleischigem Geruch *64.   Kniegelenksentzündung; Schweiß am Scrotum und viel Harnsäure ist vorhanden *138.

13   **Beine:** Inneres Hitzegefühl:

Ein Kriebeln in den lange Jahr hart elastisch geschwollenen Ober- und Unterschenkeln, mit Gefühl, als wenn der Teil innerlich heiß wäre, auseinander getrieben würde und sehr schwer wäre *1-215.

14   **Füße:** Kälte, Schweiß:
Bloß abends, im Bette, kalte Füße *13-689.   Wenn er nachts erwacht, so ist er, ohne Durst, mit warmem Schweiße bedeckt, am Bauche, an den Füßen und den Zeugungsteilen, obgleich mässig zugedeckt; bei der Entblößung aber weht es ihn so kalt an, der Schweiß verschwindet und er glaubt sich zu verkälten *4-703.   Gichtischer Kopf- und Zahnschmerz; Der jetzt ungewöhnlich sich einstellende Schweiß, namentlich von früh 5 — 7 Uhr, hat einen sauern Geruch. Auffallend ist mir dabei, daß die Füße besonders stark transpirieren *43.   Gallensteinkoliken; Stets kalte Füße *95.   Unmöglichkeit zu schwitzen, selbst bei der größten Anstrengung, mit Gesichtsblässe und Kopfweh. Kalte Schweiße, an Stirn und Füßen *JS.   Kopfschmerz, dabei manchmal kalte Füße *I.

15   **Glieder, Hände und Füße:** Hitze, Brennen:
Große Hitzempfindung, die Nacht, in den Händen und Füßen; er mußte sie entblößt halten *1-263.   Brennende Empfindung bald da, bald dort, doch stets bloß an den Gliedmaßen, nie am übrigen Körper *6-660.   Nachts Hitze in Händen und Füßen, entblößt sie *AP.

16   **Ganzer Körper:** Frostschauder, Hitze:
Den ganzen Körper durchschüttelnder Frostschauder, bei warmer Stirne und heißen Wangen, aber kalten Händen, ohne Hitze darauf und ohne Durst *11-696.   Schauder über den ganzen Körper, ohne Durst und ohne unmittelbar drauf folgende Hitze *8HA-697.   Nachmittttags, außerordentlicher Schweiß, mit Hitze am ganzen Körper, ohne Durst, ob er gleich ganz ruhig da sitzt *3-704.

TEMPERATUR   Kälte

1   **Das abendliche Fieber besteht nur aus Kälte:**
Aus Kälte bestehendes Abendfieber *1-253.   Die ganze Nacht, Schauder, ohne Durst und ohne nachfolgende Hitze *1-254.   Mehrere Tage, nachmittags um 3 Uhr, innerlicher Schauder mit starkem Durste, ohne nachfolgende Hitze *1-255.   Früh im Bette, Frost, ohne nachfolgende Hitze *1-257.   Abends, vor dem Einschlafen, so heftiger Frostschauder, daß es ihn im Bette durchschüttelte, und er sich nicht erwärmen konnte *11-600.   Den ganzen Körper durchschüttelnder Frostschauder, bei warmer Stirne und heißen Wangen, aber kalten Händen, ohne Hitze darauf und ohne Durst *11-696.   Schauder über den ganzen Körper, ohne Durst und ohne unmittelbar drauf folgende Hitze *8HA-697.   Angina; Fieber mäßig, mit abendlichen Exacerbationen; Durst stark *31.   Blepharitis; Klagte über Gefäßfieber, das abendliche Exacerbationen mache *42.   Bei abendlicher Kälte ohne darauf folgende Hitze *HA.   Heftiger Frost abends, mit Gesichtshitze. Frösteln und Kälte wiegen vor *LM.

2   **Glaubt sich bei geringster Abkühlung im Schweiß zu erkälten, ist sehr empfindlich gegen Luftzug, Folgen von Abkühlung einzelner Körperteile:**
Wenn er nachts erwacht, so ist er, ohne Durst, mit warmem Schweiße bedeckt, am Bauche, an den Füßen und den Zeugungsteilen, obgleich mäßig zugedeckt; bei der Entblößung aber weht es ihn so kalt an, der Schweiß verschwindet und er glaubt sich zu verkälten *4-703.   Blepharitis; Sichere Krankheitsveranlassung öfter wiederholtes Abkühlen des Gesichtes und der Hände mit Eis-

stücken bei Gelegenheit einer lucullischen Mittagstafel. Klagte über Gefäßfieber, das abendliche Exacerbationen mache *42.   Zahnschmerzen; Er war vor einigen Tagen bei der Arbeit in Schweiß gekommen und hatte die Jacke ausgezogen, worauf der Zahnschmerz eingetreten *47. Husten; Ließ sich vor 3 Jahren überreden, einen Abend lang in einem engen Schulzimmer zu sitzen, wo er sich, wie vorhergesehen, schwer erkältete *54.   Gonorrhoe; Leichtes Erkälten, Empfindlichkeit gegen Zug, kalte Füße etc. *92.   Kopfschmerzen; Gegen Kälte und Zug sind der Nacken und Hinterkopf auffallend empfindlich *93.   Zahnschmerzen; Sie treten besonders auf nach Zugluft in der Kirche *139.

3   Friert so, daß er am warmen Ofen nicht warm wird:
Abends, vor dem Einschlafen, so heftiger Frostschauder, daß es ihn im Bette durchschüttelte, und er sich nicht erwärmen konnte *11-690.   Frost im Rücken, selbst am heißen Ofen *7-694. Ob er gleich am Ofen stand, konnte er doch nicht warm werden im Rücken und an den Armen; dabei öftere Schauder über den Rücken und die Arme, nach dem Genicke, über den Kopf und das Gesicht, früh nach dem Aufstehen *12-695.   Geistesstörung; Friert immer, sitzt stundenlang am offenen Kamin ohne warm zu werden *72.

4   Schauder, Schüttelfrost, Frost:
Die ganze Nacht, Schauder, ohne Durst und ohne nachfolgende Hitze *1-254.   Mehrere Tage, nachmittags um 3 Uhr, innerlicher Schauder mit starkem Durste, ohne nachfolgende Hitze *1-255.   Mehrere Tage, nachmittags um 3 Uhr, Schauder mit Gänsehaut, welcher in der freien Luft aufhörte und ohne Durst war *1-256.   Früh im Bette, Frost, ohne nachfolgende Hitze *1-257.   Früh im Bette, erst Frost und dann Hitze; sie wollte früh nicht aufstehen *1-258. Nach dem Schauder, eine kleine Hitze *1-259.   Früh, Munterkeit, dann Schläfrigkeit mit Frostschauder im Rücken *3-672.   Abends, vor dem Einschlafen, so heftiger Frostschauder, daß es ihn im Bette durchschüttelte, und er sich nicht erwärmen konnte *11-690.   In der Nacht wacht er oft auf über Frostgefühl, kann sich aber nicht recht besinnen *8HA-691.   Zusammenschaudern mit Schläfrigkeit und Trockenheit des Mundes *3-692.   Schauder und Frostgefühl beim Essen, ohne Durst, zwei Stunden vor der Hitze *8H-693.   Ob er gleich am Ofen stand, konnte er doch nicht warm werden im Rücken und an den Armen; dabei öftere Schauder über den Rücken und die Arme, nach dem Genicke, über den Kopf und das Gesicht, früh nach dem Aufstehen *12-695.   Den ganzen Körper durchschüttelnder Frostschauder, bei warmer Stirne und heißen Wangen, aber kalten Händen, ohne Hitze darauf und ohne Durst *11-696. Schauder über den ganzen Körper, ohne Durst und ohne unmittelbar drauf folgende Hitze *8HA-697.   Nach dem Essen, ein flüchtiger Frostschauder den Rücken herab *12-698.   Cystopyelitis; Über 40 Grad Fieber, Schüttelfrost *158.

5   Frösteln, Frostüberlaufen, Gänsehaut:
An den unteren Rippen, ein flechtenartiger Ausschlag, aus kleinen, dichten, roten Blüchen zusammengesetzt, mit brennend juckendem Feinstechen, wie von Brennesseln; dabei ein Frostüberlaufen in dieser Gegend und über den Oberbauch *1-191.   Mehrere Tage, nachmittags um 3 Uhr, Schauder mit Gänsehaut, welcher in der freien Luft aufhörte und ohne Durst war *1-256. Schneiden im Bauche, mit heftigem Stuhldrange, worauf ganz flüssiger, aber wenig Kot abgeht, unter innerlichem Frösteln im Kopfe *4-493.   Kann Fleisch und Eier nicht essen, sie verursachen Frösteln *77.   Hüftschmerz; Weinen und nervöses Frösteln nach jeder osteopathischen Behandlung *136.

6   Örtliches Kältegefühl: Oberbauch, Gehörgang, im Kopf, Rücken, Arme, Genick, Gesicht, Stirn:
An den unteren Rippen, ein flechtenartiger Ausschlag, aus kleinen, dichten, roten Blütchen zusammengesetzt, mit brennend juckendem Feinstechen, wie von Brennesseln; dabei ein Frostüberlau-

fen in dieser Gegend und im Oberbauch *1-191.   Im re Ohrgange, ein einströmendes Kältegefühl, wie ein kühler Hauch, einige Stunden lang *12-376.   Schneiden im Bauche, mit heftigem Stuhldrange, worauf wenig Kot abgeht, unter innerlichem Frösteln im Kopfe *4-493.
Früh, Munterkeit, dann Schläfrigkeit mit Frostschauder im Rücken *3-672.   Frost im Rükken, selbst am heißen Ofen *7-694.   Ob er gleich am Ofen stand, konnte er doch nicht
warm werden im Rücken und an den Armen; dabei öftere Schauder über den Rücken und die
Arme, nach dem Genicke, über den Kopf und das Gesicht, früh nach dem Aufstehen *12-695.
Nach dem Essen, ein flüchtiger Frostschauder, den Rücken herab *12-698.   Ein Wärmegefühl an der Stirne, wie wenn ein beständiger, warmer Hauch dahin ginge — bisweilen auch ein
kalter Hauch — mit Backenröte und auch äußerlicher Körperwärme *12-702.

7   **Kalte Körperteile:** Füße, Hände:
Bloß abends, im Bette, kalte Füße *13-689.   Den ganzen Körper durchschüttelnder Frost-
schauder, bei warmer Stirne und heißen Wangen, aber kalten Händen, ohne Hitze darauf und ohne
Durst *11-696.   Prosopalgie; In Folge der Heftigkeit des Schmerzes treten Weinkrampf, be-
klommener Atem, Kälte der Hände, kalte Schweiße im Gesicht ein *15.   Gallensteinkoliken;
Stets kalte Füße *95.   Kopfschmerz, dabei manchmal kalte Füße *I.

8   **Kalter Schweiß:** Gesicht, Stirn, Füße:
Prosopalgie; In Folge der Heftigkeit des Schmerzes treten Weinkrampf, beklommener Atem, Kälte
der Hände, kalte Schweiße im Gesicht ein *15.   Kalte Schweiße, an Stirn und Füßen *JS.

TEMPERATUR   Hitze

1   **Örtliches Hitzegefühl, möchte die Teile entblößen oder in kaltes Wasser tauchen:**
Backen, Gesicht, Beine, Kopf, Hände, Füße, Stirn, Rücken, Brust, Bauch:
Geschwulst des Zahnfleisches, mit Hitze im Backen: *1-61.   Heftig ziehender Zahnschmerz
mit drückendem Kopfschmerze derselben Seite und Hitze im Gesichte *1-75.   Schneiden in
den Gedärmen; nach dem Schneiden bekommt sie eine große Hitze im Gesichte und das Blut tritt
ihr nach dem Kopfe, auch die Adern treten an den Händen auf *1-123.   Ein Kriebeln in
den lange Jahr hart elastisch geschwollenen Ober- und Unterschenkeln, mit Gefühl, als wenn der
Teil innerlich heiß wäre, auseinander getrieben würde und sehr schwer wäre *1-215.   Früh
im Bette, eine Hitze um den Kopf, mit Stirnschweiße *1-260.   Große Hitzempfindung, die
Nacht, in den Händen und Füßen; er mußte sie entblößt halten *1-263.   Hitze in der Nacht,
vorzüglich um die Stirne, so daß sie von 3 Uhr an nicht mehr schlafen konnte, dann, vormittags,
um 9 Uhr, Frostschauder *1-264.   Mehr Hitzempfindung, als Hitze der re Hand, welche auch
röter war, als die andere, mit feinem Reißen im Mittelgelenke der vier Finger *7-604.   Den
ganzen Körper durchschüttelnder Frostschauder, bei warmer Stirne und heißen Wangen, aber kalten Händen, ohne Hitze darauf und ohne Durst *11-696.   Hitzgefühl und Hitze im Gesichte,
ohne Durst, eine Stunde nach dem Froste *8-699.   Drei Stunden nach dem Essen, ein nicht
unangenehmes Wärmegefühl über den Rücken *12-700.   Ruckweise überläuft ihn eine Hitze über den unteren Teil des Rückens, bei übrigens bloß warmem Körper, ohne nachfolgenden
Schweiß *12-701.   Ein Wärmegefühl an der Stirne, wie wenn ein beständiger, warmer Hauch
dahin ginge — bisweilen auch ein kalter Hauch — mit Backenröte und auch äußerlicher Körperwärme *12-702.   Wenn er nachts erwacht, so ist er, ohne Durst, mit warmem Schweiße bedeckt,
am Bauche, an den Füßen und den Zeugungsteilen, obgleich mäßig zugedeckt; bei der Entblößung
aber weht es ihn so kalt an, der Schweiß verschwindet und er glaubt sich zu verkälten *4-703.

Thoraxprellung; Er entblößte gern die kranke Brust oder lag ganz nackt *26.   Schreibkrampf; Wärme, warmes Zimmer, Gemütsbewegungen wirken ungünstig ein, günstig dagegen Kaltwerden der Hände, Eintauchen derselben in kaltes Wasser. Die Dame trägt auch im kältesten Winter keine Handschuhe *106.   Blepharitis; Nachts Entblößen *110.   Erzeugte Hitze
und Kriebeln in verschiedenen Körperteilen *HM.   Nachts Hitze in Händen und Füßen, entblößt sie *AP.

2   **Hitze mit Schweiß, warmer Schweiß:** Kopf, Bauch, Genitalien, Füße, ganzer Körper:
Früh im Bette, eine Hitze um den Kopf, mit Stirnschweiße *1-260.   Wenn er nachts er-
wacht, so ist er, ohne Durst, mit warmem Schweiße bedeckt, am Bauche, an den Füßen und den
Zeugungsteilen, obgleich mäßig zugedeckt; bei der Entblößung aber weht es ihn so kalt an, der
Schweiß verschwindet und er glaubt sich zu verkälten *4-703.   Nachmittags, außerordentli-
cher Schweiß, mit Hitze am ganzen Körper, ohne Durst, ob er gleich ganz ruhig da sitzt *3-704.

3   **Allgemeines Hitzegefühl, fliegende Hitze:**
Mehrere Nächte fuhr er oft am ganzen Körper zusammen; dabei war es ihm, ob er sich schon leicht
zudeckte, doch so heiß, aber ohne Durst und ohne Schweiß *1-252.   In freier Luft bekam
sie etwas Hitze und etwas Kopfweh (gegen Abend) *1-261.   Große Hitzempfindung, als
wenn sie äußerlich brennend heiß wäre, mit Durst – das Blut war sehr in Wallung – kein Frost vorher *1-262.   Ein Wärmegefühl an der Stirne, wie wenn ein beständiger, warmer Hauch dahin
ginge – bisweilen auch ein kalter Hauch – mit Backenröte und auch äußerlicher Körperwärme
*12-702.   Blepharitis; Klagte über Gefäßfieber, das abendliche Exacerbationen mache *42.
Fingerekzem; Fliegende Hitze *88.   Blepharitis; Nachts Entblößen *110.

4   **Brennen auf der Haut:** Hier und da, Gliedmaßen, um Herpes zoster:
Stechendes Brennen hie und da in der Haut *7-659.   Brennende Empfindung bald da, bald
dort, doch stets bloß an den Gliedmaßen, nie am übrigen Körper *6-660.   Herpes zoster; Eine Gruppe von Bläschen erschien in der Lebergegend, zunächst einzeln, dann konfluierend, viel
Hitze und Röte einen Zoll über und unter dem Ausschlag *68.

TEMPERATUR   Fieberstadien

1   **Hitze, gefolgt von Frost:**
Hitze in der Nacht, vorzüglich um die Stirne, so daß sie von 3 Uhr an nicht mehr schlafen konnte,
dann, vormittags, um 9 Uhr, Frostschauder *1-264.   Äußere Hitze mit Durst nach Mitternacht, gefolgt von Frost gegen Morgen *LM.

2   **Erst Frost, dann Hitze:**
Früh im Bette, erst Frost und dann Hitze; sie wollte früh nicht aufstehen *1-258.   Nach
dem Schauder, eine kleine Hitze *1-259.   Schauder und Frostgefühl beim Essen, ohne Durst,
zwei Stunden vor der Hitze *8H-693.   Hitzgefühl und Hitze im Gesichte, ohne Durst, eine
Stunde nach dem Froste *8-699.   Zahnschmerzen; Unangenehm ist ihm ein Frostgefühl
nachmittags, nachts tritt Schweiß auf, der übel riecht *139.

3   **Hitze im Gesicht bei Frost:**
Den ganzen Körper durchschüttelnder Frostschauder, bei warmer Stirne und heißen Wangen, aber
kalten Händen, ohne Hitze darauf und ohne Durst *11-696.   Heftiger Frost abends, mit

Gesichtshitze *LM.

4   Fieber ohne Durst:

Mehrere Nächte fuhr er oft am ganzen Körper zusammen; dabei war es ihm, ob er sich schon leicht zudeckte, doch so heiß, aber ohne Durst und ohne Schweiß *1-252.   Die ganze Nacht, Schauder, ohne Durst und ohne nachfolgende Hitze *1-254.   Mehrere Tage, nachmittags um 3 Uhr, Schauder mit Gänsehaut, welcher in der freien Luft aufhörte und ohne Durst war *1-256. Den ganzen Körper durchschüttelnder Frostschauder, bei warmer Stirne und heißen Wangen, aber kalten Händen, ohne Hitze darauf und ohne Durst *11-696.   Schauder über den ganzen Körper, ohne Durst und ohne unmittelbar drauf folgende Hitze *8HA-697.   Hitzgefühl und Hitze im Gesichte, ohne Durst, eine Stunde nach dem Froste *8-699.

5   Fieber mit Durst:

Mehrere Tage, nachmittags um 3 Uhr, innerlicher Schauder mit starkem Durste, ohne nachfolgende Hitze *1-255.   Große Hitzempfindung, als wenn sie äußerlich brennend heiß wäre, mit Durst — das Blut war sehr in Wallung — kein Frost vorher *1-262.   Äußere Hitze mit Durst nach Mitternacht, gefolgt von Frost gegen Morgen *LM.

6   Hitze oder Fieber ohne Schweiß:

Mehrere Nächte fuhr er oft am ganzen Körper zusammen; dabei war es ihm, ob er sich schon leicht zudeckte, doch so heiß, aber ohne Durst und ohne Schweiß *1-252.   Ruckweise überläuft ihn eine Hitze über den unteren Teil des Rückens, bei übrigens bloß warmem Körper, ohne nachfolgenden Schweiß *12-701.   Cystopyelitis; Über 40 Grad Fieber, kein Schweiß, Schüttelfrost. Habe gleich nach dem Einnehmen stark geschwitzt *158.

7   Fieber:

Tertianfieber mit scorbutischer Affektion *13.   Angina; Fieber mäßig, mit abendlichen Exacerbationen; Durst stark *31.   Blepharitis; Klagte über Gefäßfieber, das abendliche Exacerbationen mache *42.   Hüftleiden; Fieber, Puls 120 *87.   Kurz nach einer Influenza begann eine Gesichtsneuralgie *125.   Cystopyelitis; Über 40 Grad Fieber, kein Schweiß, Schüttelfrost *158.   Febris gastrica, durch Ärgernis entstanden. Ist mit der Ärgernis Indignation verbunden: Staphisagria *HB.   Vor und nach den Anfällen von Intermittens Wolfshunger. Tertianfieber mit scorbutischen Symptomen *LM.   Wolfshunger tagelang vor Beginn eines Wechselfiebers *LT.

TEMPERATUR   Schweiß

1   Unfähigkeit zu schwitzen. Schweiß bessert. Schweißunterdrückung:

Wenn er nachts erwacht, so ist er, ohne Durst, mit warmem Schweiße bedeckt, am Bauche, an den Füßen und den Zeugungsteilen, obgleich mäßig zugedeckt; bei der Entblößung aber weht es ihn so kalt an, der Schweiß verschwindet und er glaubt sich zu verkälten *4-703.   Zahnschmerzen; Er war vor einigen Tagen bei der Arbeit in Schweiß gekommen und hatte die Jacke ausgezogen, worauf der Zahnschmerz eingetreten *47.   Cystopyelitis; Über 40 Grad Fieber, kein Schweiß. Nach Staphisagria Besserung; habe gleich nach dem Einnehmen stark geschwitzt *158.   Unmöglichkeit zu schwitzen, selbst bei der größten Anstrengung, mit Gesichtsblässe und Kopfweh *JS.

2   **Örtliche Schweiße:** Stirn, Bauch, Füße, Scrotum, Gesicht:
Früh im Bette, eine Hitze um den Kopf, mit Stirnschweiße *1-260.   Wenn er nachts erwacht,
so ist er, ohne Durst, mit warmem Schweiße bedeckt, am Bauche, an den Füßen und den Zeu-
gungsteilen *4-703.   Prosopalgie; In Folge der Heftigkeit des Schmerzes treten Weinkrampf,
Kälte der Hände, kalte Schweiße im Gesicht ein *15.   Gichtischer Kopf- und Zahnschmerz.
Auffallend ist mir dabei, daß die Füße besonders stark transpirieren *43.   Samenergüsse;
Schweiß am Scrotum mit unangenehmem, fleischigem Geruch *64.   Kniegelenksentzün-
dung; Schweiß am Scrotum und viel Harnsäure ist vorhanden *138.   Kalte Schweiße, an
Stirn und Füßen *JS.

3   **Übelriechender Schweiß:** Nachtschweiß, Scrotum. Wie faule Eier, fleischig, sauer:
Nachtschweiß, faulichten Geruchs *1-267.   Gegen Mitternacht, Schweiß von Fauleiergestanke *1A-268.   Nachts übelriechender, dumpfiger Schweiß. Fauliger Körpergeruch, der sich
schon beim Auskleiden bemerkbar macht *2.   Gichtischer Kopf- und Zahnschmerz; Der
jetzt ungewöhnlich sich einstellende Schweiß, namentlich von früh 5 − 7 Uhr, hat einen sauern Geruch. Auffallend ist mir dabei, daß die Füße besonders stark transpirieren *43.   Samenergüsse; Morgens nach Schlaf, nicht am Tage, Schweiß am Scrotum mit unangenehmem, fleischigem
Geruch *64.   Eitrige Kopfkrusten am Hinterkopf, mit sauer riechendem Schweiß *76.
Zahnschmerzen; Nachts tritt Schweiß auf, der übel riecht *139.

4   **Schweißausbrüche, Schweißneigung, profuser Schweiß:**
Neigung zu Schweiße *1-265.   Mehrere Nächte, nach Mitternacht, viel Schweiß *1-266.
Starke Nachtschweiße *1-269.   Nachmittags, außerordentlicher Schweiß, mit Hitze am ganzen Körper, ohne Durst, ob er gleich ganz ruhig sitzt *3-704.   Gichtischer Kopf- und Zahnschmerz; Der jetzt ungewöhnlich sich einstellende Schweiß, namentlich von früh 5 − 7 Uhr, hat
einen sauern Geruch. Auffallend ist mir dabei, daß die Füße besonders stark transpirieren *43.
Habe gleich nach dem Einnehmen stark geschwitzt *158.   Schweißausbrüche *161.   Profuser Schweiß, Schweißneigung *LM.   Reichlich Schweiß im Bett, wenn ich über alles nachdenke *b.

5   **Kalter Schweiß:** Gesicht, Stirn, Füße:
Prosopalgie; In Folge der Heftigkeit des Schmerzes treten Weinkrampf, beklommener Atem, Kälte der Hände, kalte Schweiße im Gesicht ein *15.   Kalte Schweiße, an Stirn und Füßen *JS.

6   **Warmer Schweiß. Hitze mit Schweiß:** Stirn, Bauch, Füße, Scrotum, ganzer Körper:
Früh im Bette, eine Hitze um den Kopf, mit Stirnschweiße *1-260.   Wenn er nachts erwacht,
so ist er, ohne Durst, mit warmem Schweiße bedeckt, am Bauche, an den Füßen und den Zeugungsteilen, obgleich mäßig zugedeckt; bei der Entblößung aber weht es ihn so kalt an, der Schweß
verschwindet und er glaubt sich zu verkälten *4-703.   Nachmittags, außerordentlicher Schweiß, mit Hitze am ganzen Körper, ohne Durst, ob er gleich ganz ruhig da sitzt *3-704.

7   **Nachtschweiße:** Übelriechend, profus:
Mehrere Nächte, nach Mitternacht, viel Schweiß *1-266.   Nachtschweiß, faulichten Geruchs
*1-267.   Gegen Mitternacht, Schweiß von Fauleiergestanke *1A-268.   Starke Nacht-
schweiße *1-269.   Scrophulose; Nachts übelriechender, dumpfiger Schweiß *2.   Der
jetzt ungewöhnlich sich einstellende Schweiß, namentlich von früh 5 − 7 Uhr, hat einen sauern Geruch *43.   Patientin litt an Nachtschweißen und großer allgemeiner Prostration *62.   Fieber, Puls 120: Nächtliche Schweiße *87.   Unangenehm ist ihm ein Frostgefühl nachmittags,
nachts tritt Schweiß auf, der übel riecht *139.   Nachtschweiße *XA.   Reichlich
Schweiß im Bett, wenn ich über alles nachdenke *b.   Nachtschweiß, nach dem Aufwachen
beginnt sie zu schwitzen *d.

8   **Angstschweiß, Schweiß bei Erregung oder Schmerzen:**

Es kommen ihm ängstliche Gedanken und Dinge aus der Vergangenheit vor, als wenn sie gegenwärtig wären und vor ihm ständen, welche ihm Angst und Angstschweiß erregen *1-270.   Prosopalgie; In Folge der Heftigkeit des Schmerzes treten Weinkrampf, beklommener Atem, Kälte der Hände, kalte Schweiße im Gesicht ein *15.   Reichlich Schweiß im Bett, wenn ich über alles nachdenke *b.

TEMPERATUR   Modalitäten

1   **Nachts:** Hitze, Schauder, Schweiß:

Mehrere Nächte fuhr er oft am ganzen Körper zusammen; dabei war es ihm, ob er sich schon leicht zudeckte, doch so heiß, aber ohne Durst und ohne Schweiß *1-252.   Die ganze Nacht, Schauder, ohne Durst und ohne nachfolgende Hitze *1-254.   Große Hitzempfindung, die Nacht, in den Händen und Füßen, er mußte sie entblößt halten *1-263.   Hitze in der Nacht, vorzüglich um die Stirne, so daß sie von 3 Uhr an nicht mehr schlafen konnte, dann, vormittags, um 9 Uhr, Frostschauder *1-264.   Mehrere Nächte, nach Mitternacht, viel Schweiß *1-266. Nachtschweiß, faulichten Geruchs *1-267.   Gegen Mitternacht, Schweiß von Fauleiergestanke *1A-268.   Starke Nachtschweiße *1-269.   In der Nacht wacht er oft auf über Frostgefühl, kann sich aber nicht recht besinnen *8HA-691.   Wenn er nachts erwacht, so ist er, ohne Durst, mit warmem Schweiße bedeckt, am Bauche, an den Füßen und den Zeugungsteilen, obgleich mäßig zugedeckt; bei der Entblößung aber weht es ihn so kalt an, der Schweiß verschwindet und er glaubt sich zu verkälten *4-703.   Nachts übelriechender, dumpfiger Schweiß *2. Patientin litt an Nachtschweißen *62.   Nächtliche Schweiße *87.   Nachts Entblößen *110.   Unangenehm ist ihm ein Frostgefühl nachmittags, nachts tritt Schweiß auf, der übel riecht *139.   Äußere Hitze mit Durst nach Mitternacht, gefolgt von Frost gegen Morgen *LM.   Nachts Hitze in Händen und Füßen, entblößt sie *AP.   Nachtschweiße *XA. Reichlich Schweiß im Bett, wenn ich über alles nachdenke *b.   Nachtschweiß, nach dem Aufwachen beginnt sie zu schwitzen *d.

2   **Abends:** Fieber, Hitze, kalte Füße, Frostschauder, Frost, Schweiß:

Aus Kälte bestehendes Abendfieber *1-253.   In freier Luft bekam sie etwas Hitze und etwas Kopfweh (gegen Abend) *1-261.   Bloß abends, im Bette, kalte Füße *13-689.   Abends, vor dem Einschlafen, so heftiger Frostschauder, daß es ihn im Bette durchschüttelte, und er sich nicht erwärmen konnte *11-690.   Angina; Fieber mäßig, mit abendlichen Exacerbationen *31.   Klagte über Gefäßfieber, das abendliche Exacerbationen mache *42.   Bei abendlicher Kälte ohne darauf folgende Hitze *HA.   Heftiger Frost abends, mit Gesichtshitze *LM.   Reichlich Schweiß im Bett, wenn ich über alles nachdenke *b.

3   **Nachmittags:** Schauder, Schweiß, Frostgefühl:

Mehrere Tage, nachmittags um 3 Uhr, innerlicher Schauder mit starkem Durste, ohne nachfolgende Hitze *1-255.   Mehrere Tage, nachmittags um 3 Uhr, Schauder mit Gänsehaut, welcher in der freien Luft aufhörte und ohne Durst war *1-256.   Nachmittags, außerordentlicher Schweiß, mit Hitze am ganzen Körper, ohne Durst, ob er gleich ganz ruhig da sitzt *3-704.   Unangenehm ist ihm ein Frostgefühl nachmittags, nachts tritt Schweiß auf *139.

4   **Morgens, vormittags:** Frost, Hitze, Schauder, Schweiß:

Früh im Bette, Frost, ohne nachfolgende Hitze *1-257.   Früh im Bette, erst Frost und dann

Hitze; sie wollte früh nicht aufstehen *1-258.   Früh im Bette, eine Hitze um den Kopf, mit Stirnschweiße *1-260.   Hitze in der Nacht, vorzüglich um die Stirne, so daß sie von 3 Uhr an nicht mehr schlafen konnte, dann, vormittags, um 9 Uhr, Frostschauder *1-264.   Früh, Munterkeit, dann Schläfrigkeit mit Frostschauder im Rücken *3-672.   Ob er gleich am Ofen stand, konnte er doch nicht warm werden im Rücken und an den Armen; dabei öftere Schauder über den Rücken und die Arme, nach dem Genicke, über den Kopf und das Gesicht, früh nach dem Aufstehen *12-695.   Morgens nach Schlaf, nicht am Tage, Schweiß am Scrotum mit unangenehmem, fleischigem Geruch *64.   Äußere Hitze mit Durst nach Mitternacht, gefolgt von Frost gegen Morgen *LM.

5   **Folge von Ärger, Indignation, Aufregung:** Frösteln, Fieber, Schweiß:
Es kommen ihm ängstliche Gedanken und Dinge aus der Vergangenheit vor, als wenn sie gegenwärtig wären und vor ihm ständen, welche ihm Angst und Angstschweiß erregen *1-270.   Hüftschmerz; Weinen und nervöses Frösteln nach jeder osteopathischen Behandlung *136.   Febris gastrica, durch Ärgernis entstanden. Ist mit der Ärgernis Indignation verbunden: Staphisagria *HB.   Reichlich Schweiß im Bett, wenn ich über alles nachdenke *b.

6   **Beim oder nach dem Essen, durch bestimmte Nahrungsmittel:** Schauder, Frostgefühl, Wärmegefühl, Frösteln:
Schauder und Frostgefühl beim Essen, ohne Durst, zwei Stunden vor der Hitze *8H-693.   Nach dem Essen, ein flüchtiger Frostschauder den Rücken herab *12-698.   Drei Stunden nach dem Essen, ein nicht unangenehmes Wärmegefühl über den Rücken *12-700.   Kann Fleisch und Eier nicht essen, sie verursachen Frösteln *77.

7   **Im Freien:** Schauder, Hitze:
Mehrere Tage, nachmittags um 3 Uhr, Schauder mit Gänsehaut, welcher in der freien Luft aufhörte und ohne Durst war *1-256.   In freier Luft bekam sie etwas Hitze und etwas Kopfweh (gegen Abend) *1-261.

8   **Beim Liegen im Bett:** Frost, Hitze, kalte Füße, Schweiß:
Früh im Bette, Frost, ohne nachfolgende Hitze *1-257.   Früh im Bette, erst Frost und dann Hitze; sie wollte früh nicht aufstehen *1-258.   Früh im Bette, eine Hitze um den Kopf, mit Stirnschweiße *1-260.   Bloß abends, im Bette, kalte Füße *13-689.   Abends, vor dem Einschlafen, so heftiger Frostschauder, daß es ihn im Bette durchschüttelte, und er sich nicht erwärmen konnte *11-690.   Reichlich Schweiß im Bett, wenn ich über alles nachdenke *b.

TEMPERATUR   Begleitsymptome

1   **Bauchschmerzen, Magen- und Stuhlsymptome:** Gesichtshitze, Frösteln im Kopf, Tertianfieber:
In den Därmen, Schneiden, vorzüglich nach jedem Essen und Trinken, und dabei so übel, daß ihr das Wasser im Munde zusammenlief und zugleich große Mattigkeit; nach dem Schneiden bekommt sie eine große Hitze im Gesichte und das Blut tritt ihr nach dem Kopfe, auch die Adern treten an den Händen auf *1-123.   Schneiden im Bauche, mit heftigem Stuhldrange, worauf ganz flüssiger, aber wenig Kot abgeht, unter innerlichem Frösteln im Kopfe; gleich nach dem Abgange folgt eine Art Stuhlzwang *4-493.   Tertianfieber mit scorbutischer Affektion *13.   Tertianfieber mit scorbutischen Symptomen wie fauliger Mundgeschmack, Zahnfleischbluten, Appe-

titlosigkeit und Stuhlverstopfung *LM.

2   **Kopfschmerzen, Zahnschmerzen, Gesichtsschmerzen:** Hitze oder Schweiß im Gesicht, kalte Hände oder Füße, Frostgefühl, Schweiß:
Geschwulst des Zahnfleisches, mit Hitze im Backen *1-161.   Heftig ziehender Zahnschmerz, mit Backengeschwulst, drückendem Kopfschmerze derselben Seite und Hitze im Gesichte *1-75. Prosopalgie; In Folge der Heftigkeit des Schmerzes treten Weinkrampf, beklommener Atem, Kälte der Hände, kalte Schweiße im Gesicht ein *15.   Zahnschmerzen; Sie treten besonders auf nach Zugluft in der Kirche. Unangenehm ist ihm ein Frostgefühl nachmittags, nachts tritt Schweiß auf, der übel riecht *139.   Kopfschmerz, dabei manchmal kalte Füße *I.

3   **Andere Schmerzen:** Hitze der kranken Teile:
Mehr Hitzempfindung, als Hitze der re Hand, welche auch röter war, als die andere, mit feinem Reißen im Mittelgelenke der vier Finger *7-604.   Thoraxprellung; Er entblößte gern die kranke Brust oder lag ganz nackt *26.   Kniegelenksentzündung; Schweiß am Scrotum und viel Harnsäure ist vorhanden *138.

4   **Schwäche:** Nachtschweiß, Gesichtshitze:
In den Gedärmen, Schneiden, vorzüglich nach jedem Essen und Trinken, und dabei so übel, daß ihr das Wasser im Munde zusammen lief und zugleich große Mattigkeit; nach dem Schneiden bekommt sie eine große Hitze im Gesichte und das Blut tritt ihr nach dem Kopfe, auch die Adern treten an den Händen auf *1-123.   Scrophulose; Nachts übelriechender, dumpfiger Schweiß. Fauliger Körpergeruch, der sich schon beim Auskleiden bemerkbar macht. Er möchte immer sitzen, oft schläft er im Sessel *2.   Cruralneuralgie; Außerdem litt Patientin an Nachtschweißen und großer allgemeiner Prostration *62.

5   **Hunger:** vor Fieberanfällen:
Vor und nach den Anfällen bei Intermittens Wolfshunger *LM.   Wolfshunger tagelang vor Beginn eines Wechselfiebers *LT.

6   **Schläfrigkeit:** Frost, Schauder:
Früh, Munterkeit, dann Schläfrigkeit mit Frostschauder im Rücken *3-672.   Zusammenschaudern mit Schläfrigkeit und Trockenheit des Mundes *3-692.

7   **Emotionen:** Hitze, Schweiß, Frösteln:
Mehrere Nächte fuhr er oft am ganzen Körper zusammen, an Armen und Beinen, wie wenn jemand jähling gekitzelt wird — eine Art krampfhaften Zuckens, doch unschmerzhaft; dabei war es ihm, ob er sich schon leicht zudeckte, doch so heiß, aber ohne Durst und ohne Schweiß *1-252.   Es kommen ihm ängstliche Gedanken und Dinge aus der Vergangenheit vor, als wenn sie gegenwärtig wären und vor ihm ständen, welche ihm Angst und Angstschweiß erregen — dann wird es ihm schwarz vor den Augen; er weiß nicht, ob die Vorstellungen wahr sind, oder Täuschung; dann sieht er alles für etwas Anderes an und es vergeht ihm die Lust zum Leben *1-270.   Hüftschmerz; Weinen und nervöses Frösteln nach jeder osteopathischen Behandlung *136.   Reichlich Schweiß im Bett, wenn ich über alles nachdenke *b.

8   **Mundtrockenheit, Zahnfleischentzündung:** Hitze im Gesicht, Schauder, Tertianfieber:
Geschwulst des Zahnfleisches, mit Hitze im Backen *1-61.   Zusammenschaudern mit Schläfrigkeit und Trockenheit des Mundes *3-692.   Tertianfieber mit scorbutischer Affektion *13. Tertianfieber mit scorbutischen Symptomen wie fauliger Mundgeschmack, Zahnfleischbluten, Appetitlosigkeit und Stuhlverstopfung *LM.

9   **Backenröte:** Wärmegefühl an der Stirn:
Schneiden in den Gedärmen; Nach dem Schneiden bekommt sie eine große Hitze im Gesichte und das Blut tritt ihr nach dem Kopfe, auch die Adern treten an den Händen auf *1-123.   Ein Wärmegefühl an der Stirne, wie wenn ein beständiger, warmer Hauch dahin ginge — bisweilen auch ein kalter Hauch — mit Backenröte und äußerlicher Körperwärme *12-702.

10   **Hautausschlag:** Frostüberlaufen, Hitze, Schweiß:
An den unteren Rippen, ein flechtenartiger Ausschlag, aus kleinen, dichten, roten Blütchen zusammengesetzt, mit brennend juckendem Feinstechen, wie von Brennesseln; nach Reiben schmerzt die Stelle; dabei ein Frostüberlaufen in dieser Gegend und über den Oberbauch *1-191.   Herpes zoster; Eine Gruppe von Bläschen erschien in der Lebergegend, zunächst einzeln, dann konfluierend, viel Hitze und Röte einen Zoll über und unter dem Ausschlag. *68.   Eitrige Kopfkrusten am Hinterkopf, mit sauer riechendem Schweiß *76.

KOPFSCHMERZEN   Orte

1   **Scheitel, Wirbel:** Stechen, Zusammenziehen, Drücken, Nadelstechen, Berührungsempfindlichkeit, Jucken, Klopfen:
Einzelne große, stumpfe Stiche vom Schädel bis in's Gehirn hinein, unweit des Wirbels; dabei tut die Stelle, vorzüglich beim Betasten, äußerlich sehr weh *1-16.   Früh ganz wüste im Kopf, mit zusammenziehendem Drücken im Scheitel *3-296.   Kopfweh im Scheitel, wie Zusammenziehen von allen Seiten und Drücken *3-297.   Harter Druck im Kopfe in der Gegend des re Schläfebeins und des Scheitels *8HA-309.   Auf dem Scheitel, zuweilen scharfes Drücken *3-317.   Bohrender Stich im Scheitel von innen heraus *5-321.   Feines, brennendes Nadelstechen äußerlich auf dem Scheitel *3A-333.   Wundheitsgefühl auf dem re Scheitelbeine bloß bei Berührung; er kann vor diesem Schmerze nachts nicht auf der re Seite liegen *4-340.   Auf dem Scheitel nässender Grind, juckend und fressend. Nach dem Kratzen schründet es und sie muß dann noch mehr kratzen *32.   Gefühl, als drücke etwas hartes auf den Schädel *69.   Manchmal Gefühl von Klopfen und Blutandrang zum Scheitel *72.

2   **An kleiner Stelle über der Nasenwurzel:** Eingenommenheit, Schwere, Bleikugel, Klumpen, Reißen mit Wundheitsschmerz, Zusammenziehen, Pfropf:
Eingenommenheit des Kopfes, bloß vorne in der Mitte der Stirne, auf einer kleinen Stelle, so groß, wie eine Fingerspitze, wie Dummheit — er wußte auf der Straße nicht, ob er rechts oder links ging; er mußte sich sehr zusammennehmen *1A-5.   Wenn er den Kopf schüttelte, so war es auf einer kleinen Stelle, in der Mitte der Stirne, als wenn da etwas Schweres, etwa eine Bleikugel, im Gehirne wäre, die da nicht los wollte *1A-9.   Im Kopfe liegt es schwer auf dem Siebbeine, über der Nasenwurzel, auf, wie ein zusammengeballter Klump *3-299.   Erlitt einen schweren, ihn

tief kränkenden Ärger, danach stellte sich ein reißendes Kopfweh in der Stirn ein, gerade über der Nase, mit einem Wundheitsschmerz in derselben *27.   Kopfschmerz mit dem Gefühl einer Kugel in der Stirn nach Zornanfällen, gewöhnlich weil sie ihren Willen nicht bekam *148.   Kopfschmerz mit Gefühl einer Kugel in der Stirn und Leeregefühl im Hinterkopf *KN.   Eine kreisrunde Stelle über der Nasenwurzel ist schmerzhaft, schlechter durch Wind und örtliche Kälte *f.   Vorn in der Stirn, über der Nasenwurzel Gefühl, als wenn sich etwas zusammenzieht, oder als ob etwas Schweres nach unten zieht, an einer kleinen Stelle *h.   Ich habe das Gefühl, als ob da, über der Nasenwurzel, etwas sitzen würde, wie ein Pfropf *j.

3   **Über dem rechten Auge:** Schwere, Druck, wie von etwas Hartem, Ziehen:
Schweres Drücken über der re Augenhöhle, im Freien *6-306.   Harter Druck rechts an der Stirne *8A-310.   Drücken über dem re Auge und Ziehen nach oben *3-311.   Drücken über dem re Auge, hinter dem Augenbraubogen, wie von etwas Hartem *3-312.

4   **Linke Stirnseite:** Auseinanderdrücken, Reißen, Drücken, Stechen, Ziehen, Bohren, Schneiden, Pulsieren, Jucken:
Ein nach außen drückender und auseinanderpressender Kopfschmerz in der li Stirnhälfte *6-304. Heftig reißendes Drücken durch die li Hirnhälfte, besonders heftig in der Stirne, allmählig sich verstärkend und allmählig verschwindend *6-315.   Dumpfes, schmerzhaftes, zuweilen stechendes Drücken nach außen, erst in der ganzen Stirne, dann bloß im li Stirnhügel, was in der Ruhe verging, bei Bewegung aber heftiger wieder kam *7-316.   Drückend stichartiger und ziehender Schmerz in der li Stirnseite *11-318.   Drückend bohrender Stich, eine Minute anhaltend, in der ganzen li Stirnhälfte, von innen heraus, welcher früh mit Heftigkeit zweimal nacheinander aus dem Schlafe weckt *6HA-322.   Ziehend schneidendes Reißen an der Stirnseite *11-326. Ziehend reißendes Stechen in der li Schläfe; wie im Knochen, pulsweise anhaltend; den Tag darauf kam es, von Zeit zu Zeit, bald in der li Schläfe, bald in der re, bald auch im li Stirnhügel, weniger heftig, wieder, einige Tage anhaltend *7-338.   Auf das fürchterlichste ward der Kranke von gichtischen reißenden, bohrenden Schmerzen teils im Auge selbst, insbesondere aber in dem li Augenbrauenbogen, in dem li Schlafbeine und der li Stirnseite, die sich in die übrigen Kopfteile verbreiteten, gefoltert *12.   Sogleich nach dem Putzen der Zähne brach ein unleidlicher, klopfender, bohrender Schmerz aus, der die Stirne und einen Teil der li Kopfseite in Anspruch nahm *35.

5   **Stirn:** Reißen, Stechen, Drehen, Drücken, Herausdrängen, Zusammendrücken, Ziehen, Kneipen, Brennen, Jucken, Berührungsempfindlichkeit, Wärme, Bersten, Völlegefühl:
Reißen in der Stirne, abends im Sitzen; beim Bücken stach es darin und beim Gehen erleichterte es sich *1-13.   Drehend in der Stirne und dumm vor dem Kopfe *12-287.   Drückend betäubendes Kopfweh, besonders in der Stirne, heftiger, bei Bewegung des Kopfes und beim Stehen *11HA-298.   Beim Vorbücken, Schmerz im Kopfe, als wollte alles zur Stirne heraus *12-300.   Kopfschmerz, als würde das Gehirn zusammengedrückt (am meisten in der Stirne), mit ruckweisem Ohrbrausen, welches weit eher endigt, als der Kopfschmerz *4HA-301. Von Zeit zu Zeit ziehendes Drücken in der Stirne *7-314.   Dumpf kneipender Kopfschmerz in der Stirne, mit Stichen an den Schläfen, welcher durch Gehen sich gab, von Sitzen und Stehen aber wiederkam *13-319.   Schnelle Stiche oben im Stirnbeine, daß er zusammenfährt *3-320.   Auf dem Stirnbeine, äußerlich, brennende Stiche *3-328.   Im Gesichte, kleine Ausschlagsblüten, an der Stirne, den Backen und neben den Mundwinkeln, welche stechendes Jucken verursachen, und, bei Berührung, wie unterkötig schmerzen *3-344.   Im Gesichte, an der Stirne, den Backen und um den Mund und die Handwurzel, Ausschlagsblüten, welche ziehendes Jucken verursachen, was von Kratzen nur kurze Zeit aufhört, dann aber stechend wiederkehrt *3-345.   Den ganzen Körper durchschüttelnder Frostschauder, bei warmer Stirne und heissen Wangen, aber kalten Händen, ohne Hitze darauf und ohne Durst *11-696.   Ein Wärme-

gefühl an der Stirne, wie wenn ein beständiger, warmer Hauch dahin ginge — bisweilen auch ein kalter Hauch — mit Backenröte und auch äußerlicher Körperwärme *12-702.   Mußte beim Husten die Stirn mit beiden Händen halten. Berstender Schmerz in der Stirn bei jedem Hustenanfall, so heftig, daß er fürchtete, es werde etwas Schlimmes passieren. Berstender Schmerz in der Stirn, als würde sie auseinandergerissen *94.   Quälende Neuralgie in beiden Seiten des Gesichts und der Stirn. Der Schmerz war ein feines Schneiden wie durch ein sehr scharfes Messer, das an den Lippen anfing und zu den Augen und über die Augen ausstrahlte *123.   Schmerz beim Bücken in der Stirn, als wolle der Kopf platzen *AP.   Wie ein Überdruck in der Stirn, ein Völlegefühl, in der Sirn sitzt etwas *b.

6   **Schläfen:** Stechen, Drücken, Brennen, Berührungsempfindlichkeit, Ziehen, Reißen, Bohren, Bersten, Klopfen:
Stechen in der li Schläfe *1-15.   Harter Druck im Kopfe in der Gegend des re Schläfebeins und des Scheitels *8HA-309.   Drückender Schmerz in der li Schläfe, außen und innen, als ob man mit dem Finger stark drauf drückte *8HA-313.   Dumpf kneipender Kopfschmerz in der Stirne, mit Stichen an den Schläfen, welcher durch Gehen sich gab, von Sitzen und Stehen aber wiederkam *13-319.   Scharfe brennende Nadelstiche in der li Schläfe *4HA-323.   Stumpfes Stechen in der re Schläfe, außen und innen, als wollte es den Knochen herauspressen, bei Berührung heftiger *8HA-325.   Ziehend reißendes Stechen in der li Schläfe; wie im Knochen, pulsweise anhaltend; den Tag darauf kam es, von Zeit zu Zeit, bald in der li Schläfe, bald in der re, bald auch im li Stirnhügel, weniger heftig, wieder, einige Tage anhaltend *7-338.   Brennend drückendes Reißen in der re Schläfe, dicht am Auge *6-348.   Syphilitische Iritis mit berstendem Schmerz im Augapfel, in der Schläfe und in der Gesichtsseite, schlechter abends bis morgens und beim Gebrauch der Augen bei künstlicher Beleuchtung *103.   Nagen und Reißen in schlechten Zähnen, Schießen bis in die Ohren, Klopfen in den Schläfen *LT.   Wie zusammengequetscht im Schraubstock in den Schläfen *h.

7   **Kopfseiten:** Drücken, Reißen, Brennen, Stechen, Klopfen, Bohren:
Heftig ziehender Zahnschmerz, mit Backengeschwulst, drückendem Kopfschmerze derselben Seite und Hitze im Gesichte *1-75.   Heftig reißendes Drücken durch die li Hirnhälfte, besonders heftig in der Stirne, allmählig sich verstärkend und allmählig verschwindend *6-315.   Brennend stechende Schmerzen am li Seitenbeine *8-327.   Nach innen zu brennend drückender Schmerz am li Scheitelbeine, dicht über dem Ohre *6-335.   Ein nicht unangenehmes Brennen im äußeren Winkel des re Auges, welches sich ziemlich weit hinter das Auge, nach dem Ohre zu, erstreckt und anfallsweise wiederkehrt *12-362.   Litt an überaus heftigem Kopfweh. Sogleich nach dem Putzen der Zähne brach ein unleidlicher, klopfender, bohrender Schmerz aus, der die Stirne und einen Teil der li Kopfseite in Anspruch nahm *35.

8   **Hinterkopf:** Zusammendrücken, Auswärtsdrücken, Schwere, Brennen, Stechen, Jucken, Wundheitsschmerz, Ziehen, Strammen, Leeregefühl, Taubheit:
Es ist, als würde das Hinterhaupt zusammengedrückt, innen und außen *8HA-302.   Ein Pressen des Gehirns, vorzüglich im Hinterhaupte gegen die Schädelknochen und Drücken darin, als wenn sich allzuviel Blut da angesammelt hätte, abends vor Schlafengehen, was nach dem Niederlegen fortdauert *7-303.   Drückend auseinanderpressender Schwerheitsschmerz im Hinterhaupte, beim Gehen im Freien *6-305.   Flüchtige brennende Stiche im Hinterhaupte, die ersten Tage von der re zur li Seite, die folgenden, von unten herauf *2-324.   Fressendes Jucken am ganzen Hinterhaupte, was zum Kratzen nötigt, sich aber dadurch eher verschlimmert, als bessert *7A-329.   Oben am Hinterhaupte, ein fressendes Jucken, mit Wundheitsschmerz, welches um dieselbe Abendzeit und an gleicher Stelle wiederkehrt *7A-330.   Am Hinterhaupte, vom Gelenke heran, rheumatisches, drückendes Ziehen beim Vorbiegen des Kopfes *3-336.   Schmerzhaftes Ziehen an und unter dem Hinterhauptshöcker, bei jeder Bewegung des Kopfes *8-

339.   Ein strammender Schmerz an der li Nacken- und Hinterkopfseite, bloß die Nacht, welcher ihn oft aus dem Schlafe weckt und wovor er weder auf der re Seite, noch auf der li Seite liegen kann *11-341.   Unangenehmes Gefühl im kleinen Gehirn. Es erstreckt sich von dem Hinterhauptshöcker nach dem li Ohr, als wenn es hohl wäre, und doch ist daselbst eine dumpfe Empfindung, kein starker Schmerz — ein Gefühl, als ob das Gehirn nicht groß genug sei, um den Schädel hinlänglich auszufüllen *60.   Druckgefühl über dem Nacken *72.   Eitrige Kopfkrusten am Hinterkopf mit Jucken, das den Schlaf verhinderte *76.   Tinea capitis; Heftiges Jucken, am stärksten am Hinterkopf. Nach dem Waschen Gefühl von Spannung in der Kopfhaut, besonders um den Hinterkopf, das sehr unangenehm und am Hinterkopf sogar schmerzhaft ist *79.   Der Schmerz geht vom Hinterkopf aus und zieht von da nach vorn. Gegen Kälte und Zug sind der Nacken und Hinterkopf auffallend empfindlich *93.   Lichen, trockener, juckender, papulöser Ausschlag im Gesicht und hinter den Ohren *130.   Tonsillitis, heftiger Hinterkopfschmerz, schlechter durch Liegen *145.   Gefühl wie taub oder gefühllos im Hinterkopf *KM.   Kopfschmerz mit Gefühl einer Kugel in der Stirn und Leeregefühl im Hinterkopf *KN.   Kopfschmerz wie verkrampft im Nacken und ein Leeregefühl im Kopf, besonders im Hinterkopf, mit Benommenheit, wie eine Art Konzentrationsschwäche, vor allem im Sitzen *l.

9   **Nacken:** Jucken, Steifigkeit, Drücken, Spannen, Ziehen, Drücken, Strammen, Schwäche, Abwärtsdrücken, lähmiges Ziehen, Stechen, Schauder, Kälteempfindlichkeit:
Im Nacken juckende Blütchen *1HA-23.   Im Nacken, Steifigkeit *1-192.   Im Nacken, Jucken *1-193.   In den Nacken- und den li Schultermuskeln, ein Drücken und Spannen *1-194.   Am Hinterhaupte, vom Gelenke heran, rheumatisches, drückendes Ziehen beim Vorbiegen des Kopfes *3-336.   Ein strammender Schmerz an der li Nacken- und Hinterkopfseite, bloß die Nacht, welcher ihn oft aus dem Schlafe weckt und wovor er weder auf der re Seite, noch auf der li Seite liegen kann *11-341.   Schwere des Kopfes und Schwäche der Halsmuskeln: er mußte den Kopf entweder rückwärts, oder an dieser, oder jener Seite anlehnen *7-401.   Niederdrückende Empfindung im Nacken *3-402.   Lähmiges Ziehen hinten im Nackengelenke, am Stachelfortsatze des ersten Rückenwirbels *4-403.   Zwischen dem letzten Hals- und ersten Rückenwirbel, ein Schmerz, als stäche man mit einem Messer hinein *3-551.   Öftere Schauder über den Rücken und die Arme, nach dem Genicke, über den Kopf und das Gesicht, früh nach dem Aufstehen *12-695.   Druckgefühl über dem Nacken *72.   Gegen Kälte und Zug sind der Nacken und Hinterkopf auffallend empfindlich *93.   Rheumatisches Ziehen, Drücken und Spannung im Nacken, mit Steifheit *HG.   Gefühl von Klemmen und Spannen im Genick, nicht direkt schmerzhaft *h.   Kopfschmerz wie verkrampft im Nacken und ein Leeregefühl im Kopf, besonders im Hinterkopf *l.

10   **Augen:** Klopfen, Beißen, Brennen, Drücken, Trockenheit, Ziehen, Herausdrücken, Stechen, Stöße, Reißen, Bohren, Bersten, Schneiden, Schießen, Nadelstechen, Pulsieren, Wehtun:
Klopfender und drückender Schmerz im ganzen Gesichte, von den Zähnen bis in's Auge, sechzehn Tage lang *1-25.   Die Augen fangen beim Schreiben bald an, weh zu tun (vorzüglich, nachmittags), ein Beißen und Brennen und dann laufen einige Tropfen heraus, welche beißen; er muß das Licht vermeiden, weil es da früher schmerzt *1-33.   Die Augen sind abends so trocken und es drückt darin *1A-43.   Drücken im Auge; sie muß oft blinken *1-44.   Die Augen sind früh beim Erwachen so trocken; es drückt darin, daß sie sie unbenetzt nicht aufmachen kann *1A-45.   Entzündung des Weißen im Auge, mit Schmerzen *1HA-49.   Schweres Drücken über der re Augenhöhle, im Freien *6-306.   Drücken über dem re Auge und Ziehen nach oben *3-311.   Drücken über dem re Auge, hinter dem Augenbraubogen, wie von etwas Hartem *3-312.   Brennend drückendes Reißen in der re Schläfe, dicht am Auge *6-348.   Brennend drückende Empfindung um das li Auge herum *6-349.   Ein das Auge von innen herausdrückender Schmerz an der oberen Wand der re Augenhöhle, gleich hinter

dem Auge, lang anhaltend und öfters wiederkehrend *7-357.   Drückender Schmerz im oberen Teile des re Augapfels *6-358.   Ein nicht unangenehmes Brennen im äußeren Winkel des re Auges, welches sich ziemlich weit hinter das Auge, nach dem Ohre zu, erstreckt und anfallsweise wiederkehrt *12-362.   Beim Anstrengen der Augen, grobe Stiche darin *3-364.   Stechende Stöße im Augapfel, als wollte er zerspringen *3-365.   Iritis arthritica; Unter den fürchterlichsten gichtigen Schmerzen, die den Kranken momentan besinnungslos machten, und fast bis zur Raserei brachten, hatte nun auch in dem li Auge eine gichtische Iritis sich fixiert. Auf das fürchterlichste ward der Kranke, jetzt auf's neue von gichtischen reißenden, bohrenden Schmerzen teils im Auge selbst, insbesondere aber in dem li Augenbrauenbogen, in dem li Schlafbeine und der li Stirnseite, die sich in die übrigen Kopfteile verbreiteten, gefoltert *12.   Bei der geringsten Anstrengung zu sehen, brennen die Augen, als ob sie ganz trocken wären *44.   Beim Sehen in die Sonne rinnen heiße Tränen aus dem li Auge; Sie machen die Wange wund und verursachen Beißen des Auges *59.   Schwäche der Augen, d.h. Schmerzen bei Anstrengung derselben *92.   Syphilitische Iritis mit berstendem Schmerz im Augapfel, in der Schläfe und in der Gesichtsseite, schlechter von abends bis morgens und beim Gebrauch der Augen bei künstlicher Beleuchtung *103.   Nadelstechen in den Augen, als wäre man schläfrig. Schmerzhafte Ophthalmie *TM.   Die Augen tun beim Schreiben bald weh *AO.

11   **Lider, Canthi:** Zusammenziehen, Drücken, Schneiden, wie von einem harten Körper, Stechen, Spannen, Brennen, Reißen, Trockenheitsgefühl:
Eine zusammenziehende Empfindung im oberen Augenlide, welche Tränen auspreßt *1-46.
Drücken am oberen Augenlide, den ganzen Tag — beim Schließen des Auges, stärker *1HA-47.
Starker, spitzig schneidender Schmerz unter dem li oberen Augenlide *5-355.   Unter dem li oberen Augenlide, Schmerz, als wenn ein harter Körper darunter läge *5A-356.   Harter Druck im inneren Winkel des re Auges *8-359.   Spannender Stich im äußeren Winkel des re Auges *5-360.   Ein nicht unangenehmes Brennen im äußeren Winkel des re Auges, welches sich ziemlich weit hinter das Auge, nach dem Ohre zu, erstreckt und anfallsweise wiederkehrt *12-362.   Reißender Druck im äußeren Augenwinkel in der Gegend der Tränendrüse *3-370.
Gerstenkörner; Patient klagt über Schmerz, meist drückend, wenn er das Auge nicht verbunden hat, auch zuweilen über Brennen in den Lidern *30.   Blepharitis; Drückender Schmerz und entstellende Röte am li inneren und unteren Augenwinkel. Patientin beschrieb den Schmerz als einen spannend reißenden, vom inneren Winkel zur Wange hinwandernden *42.   Es zuckt zuweilen krampfhaft in den Augenlidern *44.   Den ganzen Tag Schmerz im Oberlid. Schmerz stärker beim Augenschliessen. Gerstenkorn im re Oberlid *112.

12   **Von den Zähnen zum Gesicht, vom Gesicht zu den Augen ausstrahlend:** Klopfen, Drücken, Ziehen, Hitze, Stechen, Reißen, Fressen, Schneiden, Schießen:
Klopfender und drückender Schmerz im ganzen Gesichte, von den Zähnen bis in's Auge, sechzehn Tage lang *1-25.   Heftiges Zahnreißen in den Wurzeln der Zähne, wobei es ihr die Gesichtsmuskeln verzog, bald auf diese, bald auf jene Seite *8A-413.   Heftiger Zahnschmerz im ersten oberen Backenzahne der re Seite. Der Schmerz bestand in einem heftigen Fressen, mit empfindlichem Ziehen bald längs den Vorderzähnen, bald nach dem Auge hinauf *14.   Prosopalgie; Reißende Schmerzen in der li Wange. Reißen von einem hohlen Zahne im li Oberkiefer ausgehend, erstreckt sich dieser Schmerz durch die ganze li obere Zahnreihe, auf die li Wange, setzt sich im pes anserinus fest und erzeugt dort die heftigsten Schmerzen. Bei großer Heftigkeit der Schmerzen erstrecken sie sich bis hinter das li Ohr und in den li Arm *15.   Gesichtsneuralgie; Schmerzen, die von den Augen bis in die Zähne empfunden werden (besonders auf der einen oder auf der anderen Seite) *44.   Heftige Schmerzen in allen Zähnen rechter Seits, in Ohr und Auge dieser Seite. Wolle er zuweilen seinen Durst stillen, so entstehen die unleidlichsten Risse in einem hohlen Zahn, daß es ihm einen Schrei auspresse und darauf der tägliche Schmerz in den Zähnen und Gesichtshälfte auf Stunden unleidlich gesteigert werde *45.   Furchtbare Zahn-

schmerzen, welche nur von einem Stumpen herrühren. Der li Backen ist geschwollen, doch nicht recht rot, und die Geschwulst hart, welche sich bis zum Auge erstreckt, wohin der Schmerz ebenfalls zieht *47.   Vor 14 Tagen Gesichtsschmerzen, deren Sitz das Jochbein war und die in die li Augenhöhle ausstrahlten, mit Lichtscheu und gleichzeitigen Schmerzen in den Zähnen, die ziemlich rasch den Sitz wechseln. *93.   Quälende Neuralgie in beiden Seiten des Gesichts und der Stirn. Sie konnte nicht kauen, weil der Schmerz dadurch stärker wurde. Der Schmerz war ein feines Schneiden wie durch ein sehr scharfes Messer, das an den Lippen anfing und zu den Augen und über die Augen ausstrahlte *123.   Schießende Schmerzen gingen von den oberen Molaren beiderseits bis in die Ohren und Augenhöhlen, besonders re *125.   Drückender und pulsierender Schmerz vom kranken Zahn bis ins Auge. Nagen und Reißen in schlechten Zähnen, Schießen bis in die Ohren, Klopfen in den Schläfen *LT.   Drückendes Reißen im li Jochbeine, woran auch die Zähne Teil nehmen *4-381.   Es reißt und zerrt vom Kopfe herab durch die Backen bis in die Zähne *12H-382.

13   **Gesicht, Backen, Jochbein, um den Mund:** Jucken, Hitze, Berührungsempfindlichkeit, Nadelstechen, Ziehen, Drücken, Schneiden, Brennen, Stechen, Reißen, Spannen, Bersten, Zucken, Zusammenschnüren, Schwellungsgefühl:
Jucken an den Backen *1-56.   Heftig ziehender Zahnschmerz, mit Backengeschwulst, drückendem Kopfschmerze derselben Seite und Hitze im Gesichte *1-75.   Schneiden in den Gedärmen; Nach dem Schneiden bekommt sie eine große Hitze im Gesichte und das Blut tritt ihr nach dem Kopfe *1-123.   Im Gesichte, kleine Ausschlagsblüten, an der Stirne, den Backen und neben den Mundwinkeln, welche stechendes Jucken verursachen, und, bei Berührung, wie unterkötig schmerzen *3-344.   Im Gesichte, an der Stirne, den Backen und um den Mund und die Handwurzel, Ausschlagsblüten, welche ziehendes Jucken verursachen, was von Kratzen nur kurze Zeit aufhört, dann aber stechend wiederkehrt *3-345.   Der Blütenausschlag im Gesichte verursacht zuweilen für sich spannenden Wundheitsschmerz; bei Berührung ist er wie unterkötig schmerzhaft *3-346.   Ganz kleine Nadelstiche im Gesichte und am übrigen Körper *3-347.   Ziehen an beiden Wangen- (Joch-) Beinen *8-380.   Schneidendes Ziehen im li Jochbeine *4-383.   Brennender Stich im re Backenknochen *5-384.   Stumpfer Stich im li Jochbeine *5-385.   Brennendes Scharfstechen in der li Backe, welches zum Kratzen reizt *4HA-386.   Juckendes (fressendes), zum Kratzen reizendes Nadelstechen an beiden Backen *4-387.   Der li Backen schmerzt, beim Gähnen, wie geschwürig *3-388.   Den ganzen Körper druchschüttelnder Frostschauder, bei warmer Stirne und heißen Wangen, aber kalten Händen, ohne Hitze darauf und ohne Durst *11-696.   Hitzgefühl und Hitze im Gesichte, ohne Durst, eine Stunde nach dem Froste *8-699.   Litt an stechendem Schmerz in den Kiefergelenken beim Öffnen des Mundes, und ziehend reißendem Schmerz aus den Backen in die Ohren und Schläfen *6.   Angina; Die li Backe gegen den Winkel des Unterkiefers, so wie die ganze li Seite des Halses an dem Kopfnicker herunter beim Anfühlen sehr schmerzhaft, aber nicht gerötet *31.   Blepharitis; Patientin beschrieb den Schmerz als einen spannend reißenden, vom inneren Augenwinkel zur Wange hinwandernden *42.   Beim Sehen in die Sonne rinnen heiße Tränen aus dem li Auge; Sie machen die Wange wund *59.   Kopf- und Gesichtsausschlag; Brennendes Zucken, beim Kratzen die Stelle ändernd *98.   Pustulöser Ausschlag des Gesichts (Wangen und Stirn). Vor der Eruption Brennschmerz im Gesicht *100.   Syphilitische Iritis mit berstendem Schmerz im Augapfel, in der Schläfe und in der Gesichtseite *103. Tic douloureux *126.   Lichen, trockener, juckender, papulöser Ausschlag im Gesicht und hinter den Ohren *130.   Neuritische Schmerzen erst hier, dann da, besonders in Kopf und Gesicht. Schmerzen zusammenschnürend, wie wund, quälend, stundenlang anhaltend *140. Gefühl im Gesicht, wie geschwollen, wie aufgedunsen, ohne sichtbare Schwellung *I.

14   **Nase:** Wundheitsschmerz, Jucken, schmerzhafte Geruchsempfindlichkeit:
Im li Nasenloche, am Knorpel der Nasenscheidewand, entsteht bei Berührung ein Wundheits-

schmerz, als wollte sie geschwürig werden *4-389.   Jucken im li Nasenflügel, was bei Berührung verging *5-390.   Alle Sinne sind überempfindlich, die Fingerspitzen, die Ohren, die Zunge und die Nase, eine schmerzhafte Überempfindlichkeit der Sinnesorgane *KM.

15 **Ohren:** Stechen, Ziehen, Kneipen, Klemmen, Brennen, Drücken, Spannen, Kältegefühl, Bohren, Überempfindlichkeit:
Stumpfe, aber tiefe Stiche im Inneren erst des li, dann des re Ohres *1-51.   Ein ziehender Schmerz am Ohre *1-54.   Ein Kneipen und Zwicken im li Ohre *1-55.   Nach innen zu brennend drückender Schmerz am li Scheitelbeine, dicht über dem Ohre *6-335.   Ein nicht unangenehmes Brennen im äußeren Winkel des re Auges, welches sich ziemlich weit hinter das Auge, nach dem Ohre zu, erstreckt und anfallsweise wiederkehrt *12-362.   Auf der li hinteren Ohrmuschel, ein klammartiger, brennend drückender Schmerz *6-372.   Ein Stich im li Ohre *5-373.   Tief im re Ohre, ein dumpfer, schmerzlicher Stich, abends *10-374.   Ein spannender Stich im li Ohre *5H-375.   Im re Ohrgange, ein einströmendes Kältegefühl, wie ein kühler Hauch, einige Stunden lang *12-376.   Halsdrüsen- und Mandelgeschwulst, nebst stechendem Schmerz in den Kiefergelenken beim Öffnen des Mundes, und ziehend reißendem Schmerz aus den Backen in die Ohren und Schläfen *6.   Reißen von einem hohlen Zahne im li Oberkiefer ausgehend, ersteckt sich dieser Schmerz durch die ganze li obere Zahnreihe, auf die li Wange, setzt sich im pes anserinus fest und erzeugt dort die heftigsten Schmerzen. Bei großer Heftigkeit der Schmerzen erstrecken sie sich bis hinter das li Ohr und in den li Arm *15.   Das heftige Bohren und Stechen in dem li Ohre ist aussetzend, und mehr des Abends und Nachts vorhanden *31.   Heftige Schmerzen in allen Zähnen rechter Seits, in Ohr und Auge dieser Seite *45.   Unangenehmes Gefühl im kleinen Gehirn. Es erstreckt sich von dem Hinterhauptshöcker nach dem li Ohr, als wenn es hohl wäre, und doch ist daselbst eine dumpfe Empfindung, kein starker Schmerz — ein Gefühl, als ob das Gehirn nicht groß genug sei, um den Schädel hinlänglich auszufüllen *60.   Heftige Schmerzen im re Gehörgang *90.   Halsschmerzen; Ein leichter Stich fliegt beim Schlucken zum li Ohr *96.   Schießende Schmerzen gingen von den oberen Molaren beiderseits bis in die Ohren und Augenhöhlen, besonders re *125.   Nagen und Reißen in schlechten Zähnen, Schießen bis in die Ohren, Klopfen in den Schläfen *LT. Alle Sinne sind überempfindlich, die Fingerspitzen, die Ohren, die Zunge und die Nase, eine schmerzhafte Überempfindlichkeit der Sinnesorgane *KM.

16 **Zähne:** Reißen, Fressen, Ziehen, Drücken, Zusammenpressen, Stumpfheitsgefühl, Mucken, Stechen, Empfindlichkeit, wie locker, Nagen, Zucken, Zupfen, Pflockgefühl:
Äußerlich am Kopfe und in den Zähnen, Reißen *1-17.   Fressender Schmerz in den vier unteren Vorderzähnen, vorzüglich nachts *1-71.   Von Zeit zu Zeit, ein schmerzhafter Zug in den Zähnen und drauf Klopfen im Zahnfleische *1-72.   Drückend ziehender Zahnschmerz der vorderen Reihe, wie von Quecksilbergebrauche, am schlimmsten die Nacht, gegen Morgen zu *1-73.   Ein durchdringendes Ziehen in dem hohl werdenden Zahne selbst, und in dem ihm entsprechenden auf der anderen Seite, früh *1A-74.   Zusammenpressend ziehender Zahnschmerz der re Reihe, durch kaltes Wasser zu erregen *3-411.   Früh, ziehender Schmerz, bloß im hohlen Zahne *3-412.   Schmerzhaftes Ziehen im Zahnfleische der hintersten Backzähne und in ihren Wurzeln *8-416.   Schmerzhaftes Ziehen im Zahnfleische der Schneidezähne und des Eckzahns, und in den Wurzeln derselben, rechter Seite, was sich bis in die Muskeln des Unterkiefers herabzieht *8-417.   Beim Essen, Reißen in dem Zahnfleische und den Wurzeln der unteren Backzähne *8HA-419.   Reißen in den ganzen Zahnreihen, mit Stumpfheitsgefühle der Zähne, beim Draufbeißen *12A-420.   Zahnschmerz beim Essen; die Zähne stehen nicht fest, sondern wackeln beim Befühlen hin und her; er kann die Speisen nicht gehörig zermalmen; beim Kauen ist es, als würden die Zähne tiefer in das Zahnfleisch eingedrückt, und ebenso ist es, wenn sich beide Zahnreihen nur berühren *8H-421.   Die hohlen Zähne sind bei der geringsten Berührung empfindlich, und wenn nach dem Essen nur das Mindeste von der Speise in den

Höhlen derselben zurückbleibt, so entsteht ein heftiger, bis in die Wurzel sich erstreckender Schmerz, und das Zahnfleisch der Zähne schmerzt wundartig *6A-422.   Gleich nach dem Essen und Kauen, so wie nach kalt Trinken, ein reißender Zahnschmerz, welcher binnen einer halben Stunde verging, aber von abermaligem Kauen gleich wieder kam *3A-423.   Wenn sie etwas Kaltes trank, fuhr es ihr in die Zähne, als wenn sie hohl wären *12A-424.   Jedesmal gleich nach dem Essen, Zahnweh im hohlen Zahne — ein fressendes Ziehen (in den Schneidezähnen aber, Drücken), was sich in der freien Luft, selbst bei verschlossenem Munde, ungemein erhöht, in der Stube aber allmählig aufhört, mehrere Tage lang *3A-425.   Auch beim Kauen fangen die Zähne an, zu mucken *3-426.   Reißen, erst in der Wurzel des hohlen Zahns, dann bis vor in die Kronen der Zähne, bloß gleich nach dem Essen und Kauen, in der freien Luft sehr erhöhet; zugleich ein Druck oben auf die Krone der schmerzhaften Zähne nach ihren Wurzeln zu; bei Berührung mit dem Finger, fangen auch die übrigen Zähne zu schmerzen an *3A-427. Kitzelndes Stechen in den Backzähnen des re Unterkiefers *4HA-428.   Des Tages, vorzugsweise des Nachts anfallsweise sich einstellender Zahnschmerz in gesunden, wie cariösen Zähnen; fortwährende Empfindlichkeit und Schmerzhaftigkeit der Zähne. Wenn Patientin die geringste Speise oder ein wenig Getränk, sei es warm oder kalt, mit den Zähnen in Berührung bringt, so entsteht der unleidlichste Schmerz, daher kann sie nur mit Vorsicht trinken, beißen und kauen gar nicht *21.   Schmerz in den Kinnladen, wo ich zugleich das Gefühl von Lockersein der Zähne habe *43.   Sie hatte häufig quälendes Zahnweh, besonders in den frühen Schwangerschaftsmonaten *48.   Sie litt sehr unter Zahnweh in den ersten Schwangeschaftmonaten *49.   Äußerst heftiges Zahnweh. Zahn bedeutend cariös und äußerst empfindlich gegen Berührung. Überdies wurde das Trinken kalten Wassers, sowie das Kauen als in hohem Grade den Schmerz steigernd bezeichnet *66.   Zahnschmerz bald li, bald re, reißend *82.   Hatte einen cariösen Zahn, der sie sehr schmerzte *86.   Zahnschmerz nagend und zuckend, in einem li oberen Praemolaren *97.   Zähne berührungsempfindlich und schmerzhaft. Gefühl, als seien die Zähne verlängert *104.   Zahnschmerz in einem gesunden Backenzahn re oben *109.   Heftige Schmerzen in den Molaren li oben. Nur einer war kariös, aber der Schmerz, der als reißend zupfend (d.h. das „Ziehen" in unserer Pathogenese) beschrieben wurde, breitete sich auf die benachbarten gesunden Zähne aus *121.   Heftiges Zahnweh, besser, solange kaltes Wasser im Mund gehalten wurde *127.   Zahnschmerzen bald li, bald re *139.   Sehr empfindliche Zähne, beim Zahnarzt wird sie fast wahnsinnig *140.   Dumpfer Schmerz in zwei vorher vollkommen reizlosen, jahrelang vorher überkronten unteren Backenzähnen. Dieser Schmerz charakterisiert sich am besten durch die Bezeichnung „Pflockgefühl". *152.   Dumpfe, sonst uncharakteristische Schmerzen im ganzen Gebiß ohne Lokalisation an bestimmten Zähnen *153.   Schrie plötzlich wegen starker Zahnschmerzen auf *165.   Zahnweh mit Geschwulst der Unterkieferdrüsen *JS.   Sie hat viel Plage mit ihren Zähnen, sie schmerzen *GG.   Zahnschmerzen während der Menses *LT.   Neuralgie durch kariöse Zähne *LA.

17   **Zahnfleisch:** Berührungsempfindlichkeit, Stechen, Ziehen, Klopfen, Zusammenziehen, Reißen, Wundschmerz:

Das Zahnfleisch schmerzt bei Berührung *1-62.   Die innere Seite des Zahnfleisches ist schmerzhaft und geschwollen — auch beim Schlingen ist es schmerzhaft *1-66.   Eine in Geschwür übergehende Blase an der inneren Seite des Zahnfleisches, voll stechend ziehender Schmerzen *1-67.   Ein Knoten am Zahnfleische zwar für sich nicht, doch beim Aufdrücken mit etwas Hartem schmerzend *1-68.   Von Zeit zu Zeit, ein schmerzhafter Zug in den Zähnen und drauf Klopfen im Zahnfleische *1-72.   Schmerzhaftes Ziehen im Zahnfleische der hintersten Backzähne und in ihren Wurzeln *8-416.   Schmerzhaftes Ziehen im Zahnfleische der Schneidezähne und des Eckzahns, und in den Wurzeln derselben, rechter Seite, was sich bis in die Muskeln des Unterkiefers herabzieht *8-417.   Das Zahnfleisch der oberen und unteren Zähne rechter Seite wird krampfartig schmerzhaft zusammen gezogen, so daß sie vor Schmerz die

Zähne nicht von einander bringen konnte *9-418.   Beim Essen, Reißen in dem Zahnfleische und den Wurzeln der unteren Backzähne *8HA-419.   Beim Kauen ist es, als würden die Zähne tiefer in das Zahnfleisch eingedrückt, und ebenso ist es, wenn sich beide Zahnreihen nur berühren *8H-421.   Die hohlen Zähne sind bei der geringsten Berührung empfindlich, und wenn nach dem Essen nur das Mindeste von der Speise in den Höhlen derselben zurück bleibt, so entsteht ein heftiger, bis in die Wurzel sich erstreckender Schmerz, und das Zahnfleisch um die Zähne schmerzt wundartig *6A-422.   Zahnschmerz, Zahnfleisch empfindlich *82. Zahnschmerz in einem gesunden Backenzahn re oben. Zahnfleisch um die Backenzähne geschwollen und entzündet, sehr stark berührungsempfindlich *109.   Heftige Schmerzen in den Molaren li oben. Zahnfleisch schmerzhaft und leicht blutend *121.   Neuralgie der Innenseite der re Wange, zwischen dem unteren Zahnfleisch und der Wange und im Zahnfleisch, aber nicht in den Zähnen, schlechter durch Schneuzen der Nase *124.

18   **Lippen:** Schneiden, Brennen, Stechen, Ziehen, Jucken, Nagen:
Empfindung wie von feinen Schnitten in der Lippe, als wäre sie aufgesprungen *3-391.   Ein minutenlanges Brennen fast auf der Mitte der Oberlippe, am äußeren Rande *12-392.   Ein, bei Berührung stechend brennendes Bläschen am Rande des Roten der Unterlippe *13-393.   Drückende, scharfe Stiche in der Oberlippe von innen nach außen *4-394.   Ein Geschwür am Rande des Roten der Unterlippe, glänzend roten Ansehens, für sich stumpf stechenden, ziehenden Schmerzes, bisweilen mit nicht unangenehmem Jucken verbunden, welches zum Kratzen reizt, worauf ein stumpfes Stechen erfolgt *8-395.   Lippengeschwür mit nagend ziehendem Schmerze darin *8-396.   Quälende Neuralgie in beiden Seiten des Gesichts und der Stirn. Der Schmerz war ein feines Schneiden wie durch ein sehr scharfes Messer, das an den Lippen anfing und zu den Augen und über die Augen ausstrahlte *123.   Schorfige Lippen mit brennenden Schmerzen *LM.

19   **Unterkiefer:** Wehtun:
Schmerz im Kiefer. Er hat sich noch nicht, wie ehedem zu einem Reißen gesteigert, sondern läßt sich nur als ein einfaches Wehtun bezeichnen. Schmerz in den Kinnladen, wo ich zugleich das Gefühl von Lockersein der Zähne habe *43.   Zahnfleischgeschwür; Die Zähne waren in diesem Gebiet gelockert, das Kauen dadurch erschwert, jede kleine Bewegung des Unterkiefers war sehr schmerzhaft *107.

20   **Kiefergelenk:** Stechen:
Neigung des re Kiefergelenkes vor den Ohren, sich beim Gähnen mit Stichschmerz auszurenken *1-52.   Schmerz im Kiefergelenke beim Gähnen *1-53.   Halsdrüsen- und Mandelgeschwulst, mit stechendem Schmerz in den Kiefergelenken beim Öffnen des Mundes, und ziehend reißendem Schmerz aus den Backen in die Ohren und Schläfen *6.   Angina; den Mund kann sie nicht im geringsten öffnen, und die Zähne bleiben immer übereinander gelagert, so daß man sich durch Autopsie durchaus nicht über die innere Beschaffenheit des Mundes und des Rachens belehren kann. Die linke Backe gegen den Winkel des Unterkiefers, so wie die ganze li Seite des Halses an dem Kopfnicker herunter beim Anfühlen sehr schmerzhaft, aber nicht gerötet *31. Zahnfleischgeschwür; Die Zähne waren in diesem Gebiet gelockert, das Kauen dadurch erschwert, jede kleine Bewegung des Unterkiefers war sehr schmerzhaft *107.

21   **Unterkieferdrüsen:** Berührungsempfindlichkeit, Quetschungsschmerz, Spannen, Schwellungsgefühl, Ziehen:
Die Unterkieferdrüsen sind bei Berührung schmerzhaft und schmerzen auch für sich *1-78. Die Unterkieferdrüsen schmerzen wie geschwollen und gequetscht *1HA-79.   Vorne, unterm Kinne, unter dem Rande des Unterkiefers, eine spannende Empfindung, als wollte da ein Knoten entstehen *3-398.   Unter dem Kinne, vorne an der Vereinigung beider Unterkiefer,

ist es, als ob eine Drüse geschwollen wäre; es ist da etwas Hartes, wie Knorpel, von der Größe einer Haselnuß — beim Schlingen, wie beim Berühren oder Reiben vom Halstuche fühlt er darin einen hart drückenden Schmerz *8HA-399.   Schmerzhaftes Ziehen im Zahnfleische der Schneidezähne und des Eckzahns, und in den Wurzeln derselben, rechter Seite, was sich bis in die Muskeln des Unterkiefers herabzieht *8-417.   Schmerzhaftes Ziehen vom Zungenbeine an, tief im Halse, bis unter den Unterkiefer; bei Berührung der Halsseite, heftiger *8-431.   Scrophulose; Unterkieferdrüsen geschwollen, hart, bei Berührung schmerzhaft *2.   Das Zahnfleisch ist nicht gesund, mit diesem Zustand ist schmerzhafte Anschwellung der Submaxillardrüsen verbunden *FK.

22   **Halsseiten:** Stechen, Spannen, Drücken, Ziehen, Reißen, Steifheit, Berührungsempfindlichkeit:
Ruckweise Stiche an der Seite des Halses, fast hinterm Ohre, abends *12-404.   Spannender Stich in den li Halsmuskeln *5-405.   Drückendes Ziehen auf der re Seite des Halses, ohne Beziehung auf Bewegung oder Berührung *8-406.   Spannendes Drücken in der Seite des Halses *3-407.   Beim Vorbiegen des Halses, ein ziehend drückender (rheumatischer) Schmerz in der Seite desselben *3-408.   Feines Reißen in den Muskeln des Halses *8-409.   Beim Vorbiegen ist der Hals da, wo er auf der Schulter aufsitzt, rheumatisch schmerzhaft, wie Ziehen, Drücken, Steifheit *3-410.   Angina; Die li Backe gegen den Winkel des Unterkiefers, so wie die ganze li Seite des Halses an dem Kopfnicker herunter beim Anfühlen sehr schmerzhaft, aber nicht gerötet *31.

23   **Gehirn:** Reißen, Zusammenpressen, Herausfallen, locker, Stechen, wie hohl, wie wirr, wie aus Holz:
Früh, gleich nach dem Erwachen, arger Kopfschmerz, als wenn das Gehirn zerrissen wäre, was aber nachher unter häufigem, krämpfhaftem Gähnen verging *1-7.   Kopfweh beim Bewegen, als wenn alles Gehirn herausfallen wollte; auch in der Ruhe, als wenn das Gehirn zusammengepreßt, von der Hirnschale abstehend und locker drin läge *1-8.   Einzelne große, stumpfe Stiche vom Schädel bis in's Gehirn hinein, unweit des Wirbels; dabei tut auch die Stelle, vorzüglich beim Betasten, äußerlich sehr weh *1-16.   Stechen vom Gaumen, bis in's Gehirn *1-86.   Unangenehmes Gefühl im kleinen Gehirn. Ich kann es kaum beschreiben. Es ersteckt sich von dem Hinterhauptshöcker nach dem li Ohr, als wenn es hohl wäre, und doch ist daselbst eine dumpfe Empfindung, kein starker Schmerz — ein Gefühl, als ob das Gehirn nicht groß genug sei, um den Schädel hinlänglich auszufüllen *60.   Dumpfer, betäubender Schmerz im Kopf, Gefühl wie wirr im Gehirn, Gefühl, als drücke etwas hartes auf den Schädel *69.   Gefühl, als wäre das ganze Gehirn aus Holz *KM.

24   **Äußerlich am Kopf:** Berührungsempfindlichkeit, Reißen, Stechen, Brennen, Ziehen:
Einzelne große, stumpfe Stiche vom Schädel bis in's Gehirn hinein, unweit des Wirbels; dabei tut auch die Stelle, vorzüglich beim Betasten, äußerlich sehr weh *1-16.   Äußerlich am Kopfe und in den Zähnen, Reißen *1-17.   Drückender Schmerz in der li Schläfe, außen und innen, als ob man mit dem Finger stark drauf drückte *8H-313.   Stumpfes Stechen in der re Schläfe, außen und innen, als wollte es den Knochen herauspressen, bei Berührung heftiger *8HA-325. Auf dem Stirnbeine, äußerlich, brennende Stiche *3-328.   Feines, brennendes Nadelstechen äußerlich auf dem Scheitel *3A-323.   Schmerzhaftes Ziehen äußerlich an mehreren Stellen des Kopfes, bei Berührung heftiger *8HA-337.   Wundheitsgefühl auf dem re Scheitelbeine bloß bei Berührung; er kann vor diesem Schmerze nachts nicht auf der re Seite liegen *4-340. Alle behaarten Stellen waren steif und schmerzten *23.   Drückende, stechende und reißende Schmerzen in den Schädelknochen, im Periost. Brennen und Stechen in den äußeren Kopfteilen, besonders der li Schläfe, schlechter durch die Bettwärme, durch darauf Liegen und 3 Uhr nachmittags *LM.

KOPFSCHMERZEN   Empfindungen

1   **Druck und Schwere, wie von einer Kugel, die an einer kleinen Stelle festsitzt:**
Stirn, über der Nasenwurzel:
Eingenommenheit des Kopfes, bloß vorne in der Mitte der Stirne, auf einer kleinen Stelle, so groß,
wie eine Fingerspitze, wie Dummheit *1A-5.   Wenn er den Kopf schüttelte, so war es auf einer kleinen Stelle, in der Mitte der Stirne, als wenn da etwas Schweres, etwa eine Bleikugel, im Gehirne wäre, die da nicht los wollte *1A-9.   Im Kopfe liegt es schwer auf dem Siebbeine, über
der Nasenwurzel, auf, wie ein zusammengeballter Klump *3-299.   Gedächtnisschwäche;
dabei Gefühl wie ein schweres Gewicht zwischen den Augen *56.   Kopfschmerz mit dem
Gefühl einer Kugel in der Stirn nach Zornanfällen *148.   Kopfschmerz mit Gefühl einer Kugel in der Stirn und Leeregefühl im Hinterkopf *KN.   Wie ein Überdruck in der Stirn, ein
Völlegefühl, in der Stirn sitzt etwas *b.   Eine kreisrunde Stelle über der Nasenwurzel ist
schmerzhaft *f.   Gefühl von Klemmen und Spannen im Genick, nicht direkt schmerzhaft.
Vorn in der Stirn, über der Nasenwurzel Gefühl, als wenn sich etwas zusammenzieht, oder als ob
etwas Schweres nach unten zieht, an einer kleinen Stelle *h.   Ich habe das Gefühl, als ob da,
über der Nasenwurzel, etwas sitzen würde, wie ein Pfropf *j.

2   **Eingenommenheit, Betäubung, wie dumm vor dem Kopf, mit Denkbehinderung:**
Stirn, ganzer Kopf, Hinterkopf:
Eingenommenheit des Kopfes, bloß vorne in der Mitte der Stirne, auf einer kleinen Stelle, so groß,
wie eine Fingerspitze, wie Dummheit — er wußte auf der Straße nicht, ob er rechts oder links ging;
er mußte sich sehr zusammennehmen *1A-5.   Kopfweh abwechselnd betäubend und abwechselnd bohrend *1-6.   Eingenommenheit des Kopfes nur absatzweise; zuweilen war es
ihm sehr frei und hell im Kopfe *1-10.   Beim Stehen und Sprechen, Eingenommenheit des
Kopfes, als wenn Schwindel entstehen wollte, längere Zeit fortdauernd *7-286.   Drehend in
der Stirne und dumm vor dem Kopfe. — Wehtun im ganzen Kopfe, wie Sumsen *12–5Std–287,
294.   Eingenommen ist der Kopf, wie dumm und Schwere desselben *7-288.   Der
Kopf ist stets eingenommen und der Geist niedergedrückt *10-289.   Wüste im Kopfe, wie
beim Schnupfen *12-290.   Sumsen und Stechen im ganzen Kopfe *12-295.   Früh
ganz wüste im Kopfe, mit zusammenziehendem Drücken im Scheitel *3-296.   Drückend
betäubendes Kopfweh, besonders in der Stirne *11HA-298.   Öfteres Schlucksen, mit
Übelkeit und Kopfbetäubung verbunden *11-458.   Magenstörung: Benommener Kopf, als
sei er immer betrunken *40.   Klagte über eingenommenen Kopf *42.   Dumpfer,
betäubender Schmerz im Kopf, Gefühl wie wirr im Gehirn *69.   Betäubender Kopfschmerz,
als würde das Gehirn gequetscht *AP.   Dumpfes Gefühl im Kopf, kann nicht geistig arbeiten
*HG.   Kopfschmerz wie verkrampft im Nacken und ein Leeregefühl im Kopf, besonders im
Hinterkopf, mit Benommenheit, wie eine Art Konzentrationsschwäche, vor allem im Sitzen *l.

3   **Schwere:** Ganzer Kopf, Hinterkopf, Stirn, Nacken:
Wenn er den Kopf schüttelte, so war es auf einer kleinen Stelle, in der Mitte der Stirne, als wenn da
etwas Schweres, etwa eine Bleikugel, im Gehirne wäre, die da nicht los wollte *1A-9.   Eingenommen ist der Kopf, wie dumm und Schwere desselben *7-288.   Im Kopfe liegt es
schwer auf dem Siebbeine, über der Nasenwurzel, auf, wie ein zusammengeballter Klump *3-299.
Drückend auseinanderpressender Schwerheitsschmerz im Hinterhaupte, beim Gehen im Freien *6-
305.   Schweres Drücken über der re Augenhöhle, im Freien *6-306.   Schwere im
Kopfe *5-307.   Schwere des Kopfes, erleichtert durch Aufstützen auf die Hand *5HA-308.

Schwere des Kopfes und Schwäche der Halsmuskeln: er mußte den Kopf entweder rückwärts, oder an dieser, oder jener Seite anlehnen *7-401.   Niederdrückende Empfindung im Nacken *3-402.   Morgens der Kopf schwer, die Augen verklebt *37.   Gedächtnisschwäche; dabei Gefühl wie ein schweres Gewicht zwischen den Augen *56.   Vorn in der Stirn, über der Nasenwurzel Gefühl, als wenn sich etwas zusammenzieht, oder als ob etwas Schweres nach unten zieht, an einer kleinen Stelle *h.

4   **Drücken, harter Druck, drückendes Reißen, Ziehen, Stechen oder Brennen:** Augen, Gesicht, Zähne, Kopf, Nacken, Scheitel, Stirn, Schläfe, Ohrmuschel, Oberlippe, Hals:
Klopfender und drückender Schmerz im ganzen Gesichte, von den Zähnen bis in's Auge, sechzehn Tage lang *1-25.   Die Augen sind abends so trocken und es drückt darin *1A-43.   Drükken im Auge; sie muß oft blinken *1-44.   Die Augen sind früh beim Erwachen so trocken; es drückt darin, daß sie sie unbenetzt nicht aufmachen kann *1A-45.   Drücken am oberen Augenlide, den ganzen Tag — beim Schließen des Auges, stärker *1HA-47.   Drückend ziehender Zahnschmerz der vorderen Reihe, wie von Quecksilbergebrauche, am schlimmsten die Nacht, gegen Morgen zu *1-73.   Heftig ziehender Zahnschmerz, mit Backengeschwulst, drückendem Kopfschmerze derselben Seite und Hitze im Gesichte *1-75.   In den Nacken- und den li Schultermuskeln, ein Drücken und Spannen *1-194.   Früh ganz wüste im Kopfe, mit zusammenziehendem Drücken im Scheitel *3-296.   Kopfweh im Scheitel, wie Zusammenziehen von allen Seiten und Drücken *3-297.   Drückend betäubendes Kopfweh, besonders in der Stirne, heftiger, bei Bewegung des Kopfes und beim Stehen *11HA-298.   Harter Druck im Kopfe in der Gegend des re Schläfebeins und des Scheitels *8HA-309.   Harter Druck re an der Stirne *8A-310.   Drücken über dem re Auge und Ziehen nach oben *3-311.   Drücken über dem re Auge, hinter dem Augenbraubogen, wie von etwas Hartem *3-312.   Drükkender Schmerz in der li Schläfe, außen und innen, als ob man mit dem Finger stark drauf drückte *8H-313.   Von Zeit zu Zeit ziehendes Drücken in der Stirne *7-314.   Heftig reissendes Drücken durch die li Hirnhälfte, besonders heftig in der Stirne, allmählig sich verstärkend und allmählig verschwindend *6-315.   Dumpfes, schmerzhaftes, zuweilen stechendes Drükken nach außen, erst in der ganzen Stirne, dann bloß im li Stirnhügel, was in der Ruhe verging, bei Bewegung aber heftiger wieder kam *7-316.   Auf dem Scheitel, zuweilen scharfes Drücken *3-317.   Drückend stichartiger und ziehender Schmerz in der li Stirnseite *11-318.   Drükkend bohrender Stich, eine Minute anhaltend, in der ganzen li Stirnhälfte, von innen heraus, welcher früh mit Heftigkeit zweimal nacheinander aus dem Schlafe weckt *6HA-322.   Nach innen zu brennend drückender Schmerz am li Scheitelbeine, dicht über dem Ohre *6-335.   Am Hinterhaupte, vom Gelenke heran, rheumatisches, drückendes Ziehen beim Vorbiegen des Kopfes *3-336.   Brennend drückendes Reißen in der re Schläfe, dicht am Auge *6-348.   Brennend drückende Empfindung um das li Auge herum *6-349.   Unter dem li oberen Augenlide, Schmerz, als wenn ein harter Körper darunter läge *5A-356.   Ein das Auge von innen herausdrückender Schmerz an der oberen Wand der re Augenhöhle, gleich hinter dem Auge, lang anhaltend und öfters wiederkehrend *7-357.   Drückender Schmerz im oberen Teile des re Augapfels *6-358.   Harter Druck im inneren Winkel des re Auges *8-359.   Reißender Druck im äußeren Augenwinkel in der Gegend der Tränendrüse *3-370.   Auf der li hinteren Ohrmuschel, ein klammartiger, brennend drückender Schmerz *6-372.   Drückendes Reißen im li Jochbeine, woran auch die Zähne Teil nehmen *4-381.   Drückende, scharfe Stiche in der Oberlippe von innen nach außen *4-394.   Unter dem Kinne, vorne an der Vereinigung beider Unterkiefer, ist es, als ob eine Drüse geschwollen wäre; es ist da etwas Hartes, wie Knorpel, von der Größe einer Haselnuß — beim Schlingen, wie beim Berühren oder Reiben vom Halstuche fühlt er darin einen hart drückenden Schmerz *8HA-399.   Niederdrückende Empfindung im Nacken *3-402.   Drückendes Ziehen auf der re Seite des Halses, ohne Beziehung auf Bewegung oder Berührung *8-406.   Spannendes Drücken in der Seite des Halses *3-407.   Beim Vorbiegen des Halses, ein ziehend drückender (rheumatischer) Schmerz in der Seite desselben *3-

408.   Beim Vorbiegen ist der Hals da, wo er auf der Schulter aufsitzt, rheumatisch schmerzhaft, wie Ziehen, Drücken, Steifheit *3-410.   Beim Kauen ist es, als würden die Zähne tiefer in das Zahnfleisch eingedrückt, und ebenso ist es, wenn sich beide Zahnreihen nur berühren
*8H-421.   Reißen, erst in der Wurzel des hohlen Zahns, dann bis vor in die Kronen der
Zähne, bloß gleich nach dem Essen und Kauen, zugleich ein Druck von oben auf die Krone der
schmerzhaften Zähne nach ihren Wurzeln zu; bei Berührung mit dem Finger, fangen auch die übrigen Zähne zu schmerzen an *3A-427.   Gerstenkörner; Patient klagt über Schmerz, meist
drückend, wenn er das Auge nicht verbunden hat, auch zuweilen über Brennen in den Lidern *30.
Blepharitis; Drückender Schmerz und entstellende Röte am li inneren und unteren Augenwinkel
*42.   Dumpfer, betäubender Schmerz im Kopf, Gefühl wie wirr im Gehirn, Gefühl, als drük-
ke etwas hartes auf den Schädel *69.   Druckgefühl über dem Nacken, manchmal statt dessen Gefühl von Klopfen und Blutandrang zum Scheitel *72.   Blähsucht; Als Nebenwirkung
dumpfer Schmerz in zwei vorher vollkommen reizlosen, jahrelang vorher überkronten unteren Bak-
kenzähnen. Dieser Schmerz charakterisiert sich am besten durch die Bezeichnung „Pflockgefühl"
*152.   Potenzstörung; Als Nebenwirkung dumpfe, sonst uncharakteristische Schmerzen im
ganzen Gebiß ohne Lokalisation an bestimmten Zähnen *153.   Drückende, stechende und
reißende Schmerzen in den Schädelknochen, im Periost *LM.   Drückender und pulsierender
Schmerz vom kranken Zahn bis ins Auge *LT.   Dumpfes Gefühl im Kopf, kann nicht geistig arbeiten *HG.

5   **Ziehen, durchdringendes Ziehen, Ziehen mit Stechen, mit Drücken, Reißen, Jukken, Schneiden oder Fressen. Lähmiges Ziehen:** Ohr, Zahnfleisch, Zähne, Nacken, Stirn,
Hinterkopf, Schläfe, Jochbein, Gesicht, Unterlippe, Halsseite:
Ein ziehender Schmerz am Ohre *1-54.   Eine in Geschwür übergehende Blase an der inneren
Seite des Zahnfleisches, voll stechend ziehender Schmerzen *1-67.   Von Zeit zu Zeit, ein
schmerzhafter Zug in den Zähnen und darauf Klopfen im Zahnfleische *1-72.   Drückend
ziehender Zahnschmerz der vorderen Reihe, wie von Quecksilbergebrauche, am schlimmsten die
Nacht, gegen Morgen zu *1-73.   Ein durchdringendes Ziehen in dem hohl werdenden Zahne selbst, und in dem ihm entsprechenden auf der anderen Seite, früh *1A-74.   Heftig ziehender Zahnschmerz, mit Backengeschwulst. drückendem Kopfschmerze derselben Seite und Hitze im Gesichte *1-75.   Früh, rheumatischer Schmerz im Nacken und zwischen den Schulterblättern, wie Ziehen; sie konnte, beim Aufstehen aus dem Bette, mit den Armen sich vor
Schmerz nicht bewegen und den Hals nicht wenden *1-195.   Drücken über dem re Auge
und Ziehen nach oben *3-311.   Von Zeit zu Zeit ziehendes Drücken in der Stirne *7-314.
Drückend stichartiger und ziehender Schmerz in der li Stirnseite *11-318.   Ziehend schneidendes Reißen an der Stirnseite *11-326.   Am Hinterhaupte, vom Gelenke heran, rheumatisches, drückendes Ziehen beim Vorbiegen des Kopfes *3-336.   Schmerzhaftes Ziehen äußerlich an mehreren Stellen des Kopfes, bei Berührung heftiger *8HA-337.   Ziehend reißendes
Stechen in der li Schläfe; wie im Knochen, pulsweise anhaltend; den Tag darauf kam es, von Zeit
zu Zeit, bald in der li Schläfe, bald in der re, bald auch im li Stirnhügel, weniger heftig, wieder, einige Tage anhaltend *7-338.   Schmerzhaftes Ziehen an und unter dem Hinterhauptshöcker,
bei jeder Bewegung des Kopfes *8-339.   Im Gesichte, an der Stirne, den Backen und um
den Mund und die Handwurzel, Ausschlagsblüten, welche ziehendes Jucken verursachen, was von
Kratzen nur kurze Zeit aufhört, dann aber stechend wiederkehrt *3-345.   Ziehen an beiden
Wangen- (Joch-) Beinen *8-380.   Es reißt und zerrt vom Kopfe herab durch die Backen bis
in die Zähne *12H-382.   Schneidendes Ziehen im li Jochbeine *4-383.   Ein Geschwür
am Rande des Roten der Unterlippe, glänzend roten Ansehens, für sich stumpf stechenden, ziehenden Schmerzes, bisweilen mit nicht unangenehmem Jucken verbunden, welches zum Kratzen reizt,
worauf ein stumpfes Stechen erfolgt *8-395.   Lippengeschwür mit nagend ziehendem
Schmerze darin *8-396.   Lähmiges Ziehen hinten im Nackengelenke, am Stachelfortsatze
des ersten Rückenwirbels *4-403.   Drückendes Ziehen auf der re Seite des Halses, ohne Be-

ziehung auf Bewegung oder Berührung *8-406.   Beim Vorbiegen des Halses, ein ziehend drückender (rheumatischer) Schmerz in der Seite desselben *3-408.   Beim Vorbiegen ist der Hals da, wo er auf der Schulter aufsitzt, rheumatisch schmerzhaft, wie Ziehen, Drücken, Steifheit *3-410.   Zusammenpressend ziehender Zahnschmerz der re Reihe, durch kaltes Wasser zu erregen *3-411.   Früh, ziehender Schmerz, bloß im hohlen Zahne *3-412.   Schmerzhaftes Ziehen im Zahnfleische der hintersten Backzähne und in ihren Wurzeln *8-416.   Schmerzhaftes Ziehen im Zahnfleische der Schneidezähne und des Eckzahns, und in den Wurzeln derselben, rechter Seite, was sich bis in die Muskeln des Unterkiefers herabzieht *8-417.   Jedesmal gleich nach dem Essen, Zahnweh im hohlen Zahne — ein fressendes Ziehen (in den Schneidezähnen aber, Drücken), was sich in der freien Luft erhöht *3A-425.   Schmerzhaftes Ziehen vom Zungenbeine an, tief im Halse, bis unter den Unterkiefer; bei Berührung der Halsseite, heftiger *8-431.   Halsdrüsen- und Mandelgeschwulst, mit stechendem Schmerz in den Kiefergelenken beim Öffnen des Mundes, und ziehend reißendem Schmerz aus den Backen in die Ohren und Schläfen *6.   Heftiger Zahnschmerz im ersten oberen Backzahne der re Seite. Der Schmerz bestand in einem heftigen Fressen, mit empfindlichem Ziehen bald längs den Vorderzähnen, bald nach dem Auge hinauf *14.   Heftige Schmerzen in den Molaren li oben. Der Schmerz, der als reißend zupfend (d.h. das „Ziehen" in unserer Pathogenese) beschrieben wurde, breitete sich auf die benachbarten gesunden Zähne aus *121.   Gesichtsschmerz stechend, brennend, ziehend *LT.   Rheumatisches Ziehen, Drücken und Spannung im Nacken, mit Steifheit *HG.

6   **Spannen, Strammen. Spannen mit Drücken, Stechen oder Reißen:** Nacken, Hinterkopf, Gesicht, Auge, Ohr, unter dem Kinn, Halsseiten, Kopfhaut:
In den Nacken- und den li Schultermuskeln, ein Drücken und Spannen *1-194.   Ein strammender Schmerz an der li Nacken- und Hinterkopfseite, bloß die Nacht, welcher ihn oft aus dem Schlafe weckt und wovor er weder auf der re Seite, noch auf der li Seite liegen kann *11-341. Der Blütenausschlag im Gesichte verursacht zuweilen für sich spannenden Wundheitsschmerz; bei Berührung ist er wie unterkötig schmerzhaft *3-346.   Spannender Stich im äußeren Winkel des re Auges *5-360.   Ein spannender Stich im li Ohre *5H-375.   Vorne, unter dem Kinne, unter dem Rande des Unterkiefers, eine spannende Empfindung, als wollte da ein Knoten entstehen *3-398.   Spannender Stich in den li Halsmuskeln *5-405.   Spannendes Drücken in der Seite des Halses *8-409.   Blepharitis; Patientin beschrieb den Schmerz als einen spannend reißenden, vom inneren Winkel zur Wange hinwandernden *42.   Tinea capitis; Nach dem Waschen Gefühl von Spannung in der Kopfhaut, besonders um den Hinterkopf, das sehr unangenehm und am Hinterkopf sogar schmerzhaft ist *79.   Rheumatisches Ziehen, Drücken und Spannung im Nacken, mit Steifheit *HG.

7   **Steifheit:** Nacken, Halsseite, behaarte Stellen:
Im Nacken, Steifigkeit *1-192.   Beim Vorbiegen ist der Hals da, wo er auf der Schulter aufsitzt, rheumatisch schmerzhaft, wie Ziehen, Drücken, Steifheit *3-410.   Die Haut, besonders die Gesichtshaut, ist mit weißen Flecken übersät, alle behaarten Stellen waren steif und schmerzten; Anfangsstadium von Lepra *23.   Rheumatisches Ziehen, Drücken und Spannung im Nacken, mit Steifheit *HG.   Gefühl, als wäre das ganze Gehirn aus Holz. Gefühl wie taub oder gefühllos im Hinterkopf *KM.

8   **Das Gehirn ist auf kleinen Raum zusammengedrückt, so daß zwischen Hirn und Schädel ein Hohlraum entsteht:** Hinterkopf, Stirn:
Kopfweh beim Bewegen, als wenn alles Gehirn herausfallen wollte; auch in der Ruhe, als wenn das Gehirn zusammengepreßt, von der Hirnschale abstehend und locker drin läge *1-8.   Im Kopfe liegt es schwer auf dem Siebbeine, über der Nasenwurzel, auf, wie ein zusammengeballter Klump *3-299.   Kopfschmerz, als würde das Gehirn zusammengedrückt (am meisten in der

Stirne), mit ruckweisem Ohrbrausen, welches weit eher endigt, als der Kopfschmerz *4HA-301.
Unangenehmes Gefühl im kleinen Gehirn. Ich kann es kaum beschreiben. Es erstreckt sich von dem
Hinterhauptshöcker nach dem li Ohr, als wenn es hohl wäre, und doch ist daselbst eine dumpfe
Empfindung, kein starker Schmerz – ein Gefühl, als ob das Gehirn nicht groß genug sei, um den
Schädel hinlänglich auszufüllen. Die erwähnte Stelle am Kopfe ist gegen Druck empfindlich *60.
Betäubender Kopfschmerz, als würde das Gehirn gequetscht *AP.   Gefühl, als wäre das ganze
Gehirn aus Holz. Gefühl wie taub oder gefühllos im Hinterkopf *KM.   Leeregefühl im Hin-
terkopf *KN.   Gefühl von Klemmen oder Spannen im Genick, nicht direkt schmerzhaft *h.
Kopfschmerz wie verkrampft im Nacken und ein Leeregefühl im Kopf, besonders im Hinterkopf,
mit Benommenheit, wie eine Art Konzentrationsschwäche, vor allem im Sitzen *I.

9   **Zusammenziehen, Zusammendrücken, wie gequetscht, Klemmen, Drücken nach
innen:** Augenlid, Unterkieferdrüsen, Scheitel, Hinterkopf, Ohrmuschel, Zähne, Zahnfleisch, Kopf
und Gesicht, Nacken, Schläfen:
Eine zusammenziehende Empfindung im oberen Augenlide, welche Tränen auspreßt *1-46.   Die
Unterkieferdrüsen schmerzen wie geschwollen und gequetscht *1HA-79.   Früh ganz wüste
im Kopfe, mit zusammenziehendem Drücken im Scheitel *3-296.   Kopfweh im Scheitel,
wie Zusammenziehen von allen Seiten und Drücken *3-297.   Es ist, als würde das Hinterhaupt zusammengedrückt, innen und außen *8HA-302.   Nach innen zu brennend drückender Schmerz am li Scheitelbeine, dicht über dem Ohre *6-335.   Auf der li hinteren Ohrmuschel, ein klammartiger, brennend drückender Schmerz *6-372.   Zusammenpressend ziehender Zahnschmerz der re Reihe, durch kaltes Wasser zu erregen *3-411.   Das Zahnfleisch der
oberen und unteren Zähne rechter Seite wird krampfartig schmerzhaft zusammengezogen, so daß
sie vor Schmerz die Zähne nicht voneinander bringen konnte *9-418.   Neuritische Schmerzen erst hier, dann da, besonders in Kopf und Gesicht. Schmerzen zusammenschnürend, wie wund,
quälend, stundenlang anhaltend *140.   Gefühl von Klemmen oder Spannen im Genick,
nicht direkt schmerzhaft. Wie zusammengequetscht im Schraubstock in den Schläfen h.   Kopfschmerz wie verkrampft im Nacken und ein Leeregefühl im Kopf, besonders im Hinterkopf, mit
Benommenheit, wie eine Art Konzentrationsschwäche, vor allem im Sitzen *I.

10   **Herausdrücken, Auseinanderdrücken, Herausfallen, Schwellungsgefühl, Völlegefühl, Blutandrang, Bersten:** Gehirn, Unterkieferdrüsen, Stirn, Hinterkopf, Auge, Gesicht, Zähne, Scheitel:
Kopfweh beim Bewegen, als wenn alles Gehirn herausfallen wollte *1-8.   Die Unterkieferdrüsen schmerzen wie geschwollen und gequetscht *1HA-79.   Beim Vorbücken, Schmerz im
Kopfe, als wollte alles zur Stirne heraus *12-300.   Ein Pressen des Gehirns, vorzüglich im
Hinterhaupte gegen die Schädelknochen und Drücken darin, als wenn sich allzuviel Blut da angesammelt hätte, abends vor Schlafengehen, was nach dem Niederlegen fortdauert *7-303.   Ein
nach außen drückender und auseinanderpressender Schwerheitsschmerz im Hinterhaupte, beim
Gehen im Freien *6-305.   Dumpfes, schmerzhaftes, zuweilen stechendes Drücken nach aussen, erst in der ganzen Stirne, dann bloß im li Stirnhügel, was in der Ruhe verging, bei Bewegung
aber heftiger wieder kam *7-316.   Stumpfes Stechen in der re Schläfe, außen und innen,
als wollte es den Knochen herauspressen, bei Berührung heftiger *8HA-325.   Ein das Auge
von innen herausdrückender Schmerz an der oberen Wand der re Augenhöhle, gleich hinter dem
Auge, lang anhaltend und öfters wiederkehrend *7-357.   Unter dem Kinne, vorne an der
Vereinigung beider Unterkiefer, ist es, als ob eine Drüse geschwollen wäre; es ist da etwas Hartes,
wie Knorpel, von der Größe einer Haselnuß *8HA-399.   Gefühl, als wäre die li Wange geschwollen *15.   Druckgefühl über dem Nacken, manchmal statt dessen Gefühl von Klopfen
und Blutandrang zum Scheitel *72.   Berstender Schmerz in der Stirn bei jedem Hustenanfall, so heftig, daß er fürchtete, es werde etwas Schlimmes passieren. Berstender Schmerz in der
Stirn, als würde sie auseinandergerissen *94.   Syphilitische Iritis mit berstendem Schmerz

im Augapfel, in der Schläfe und in der Gesichtsseite, schlechter von abends bis morgens und beim Gebrauch der Augen bei künstlicher Beleuchtung *103.   Periodische kongestive Kopfschmerzen alle 7 Tage *115.   Dumpfer Schmerz in zwei vorher vollkommen reizlosen Backenzähnen. Dieser Schmerz charakterisiert sich am besten durch die Bezeichnung „Pflockgefühl" *152. Schmerz beim Bücken in der Stirn, als wolle der Kopf platzen *AP.   Wie ein Überdruck in der Stirn, ein Völlegefühl, in der Stirn sitzt etwas *b.   Gefühl im Gesicht wie geschwollen, wie aufgedunsen, ohne sichtbare Schwellung *I.

11   **Gerichtete Stiche, Stechen von außen nach innen oder von innen nach außen, tiefe Stiche, stechende Stöße, Hineinfahren, Schießen:** In das Gehirn, Ohr, Hals, Stirn, Scheitel, Hinterkopf, Schläfe, Oberlippe, Zähne, Nacken, Augen:
Einzelne große, stumpfe Stiche vom Schädel bis in's Gehirn hinein, unweit des Wirbels; dabei tut auch die Stelle, vorzüglich beim Betasten, äußerlich sehr weh *1-16.   Stumpfe, aber tiefe Stiche im Inneren erst des li, dann des re Ohres *1-51.   Stechen im Gaumen, bis in's Gehirn *1-86.   Dumpfes, zuweilen stechendes Drücken nach außen, erst in der ganzen Stirne, dann bloß im li Stirnhügel, was in der Ruhe verging, bei Bewegung aber heftiger wiederkam *7-316. Bohrender Stich im Scheitel von innen heraus *5-321.   Drückend bohrender Stich, eine Minute anhaltend, in der ganzen li Stirnhälfte, von innen heraus, welcher früh mit Heftigkeit zweimal nacheinander aus dem Schlafe weckt *6HA-322.   Flüchtige brennende Stiche im Hinterhaupte, die ersten Tage von der re zur li Seite, die folgenden, von unten hinauf *2-324.   Stumpfes Stechen in der re Schläfe, außen und innen, als wollte es den Knochen herauspressen, bei Berührung heftiger *8HA-325.   Drückende, scharfe Stiche in der Oberlippe von innen nach außen *4-394.   Ruckweise Stiche an der Seite des Halses, fast hinter dem Ohre, abends *12-404.   Wenn sie etwas Kaltes trank, fuhr es ihr in die Zähne, als wenn sie hohl wären *12A-424.   Zwischen dem letzten Hals- und ersten Rückenwirbel, ein Schmerz, als stäche man mit einem Messer hinein *3-551.   Halsschmerzen; Ein leichter Stich fliegt beim Schlucken zum li Ohr *96.   Schießende Schmerzen gingen von den oberen Molaren beiderseits bis in die Ohren und Augenhöhlen, besonders re *125.   Nagen und Reißen in schlechten Zähnen, Schießen bis in die Ohren *LT.

12   **Stechen, stumpfes Stechen, Stechen mit Reißen, mit Ziehen, Drücken, Brennen oder Bohren:** Stirn, Scheitel, Schläfe, Kiefergelenk, Ohr, Zahnfleisch, Augen, Jochbein, Lippe, Hals, Zähne:
Reißen in der Stirne, abends im Sitzen; beim Bücken stach's darin und beim Gehen erleichterte es sich *1-13.   Stechender Kopfschmerz, den ganzen Tag *1-14.   Stechen in der li Schläfe *1-15.   Einzelne große, stumpfe Stiche vom Schädel bis in's Gehirn hinein, unweit des Wirbels *1-16.   Stumpfe, aber tiefe Stiche im Inneren erst des li, dann des re Ohres *1-51.   Neigung des re Kiefergelenks vor den Ohren, sich beim Gähnen mit Stichschmerz auszurenken *1-52.   Eine in Geschwür übergehende Blase an der inneren Seite des Zahnfleisches, voll stechend ziehender Schmerzen *1-67.   Sumsen und Stechen im ganzen Kopfe, schlimmer beim Vorbücken und Gehen, abends, viele Stunden lang *12-295.   Drückend stichartiger und ziehender Schmerz in der li Stirnseite *11-318.   Dumpf kneipender Kopfschmerz in der Stirne, mit Stichen an den Schläfen, welcher durch Gehen sich gab, von Sitzen und Stehen aber wiederkam *13-319.   Schnelle Stiche oben im Stirnbeine, daß er zusammenfährt *3-320.   Ziehend reißendes Stechen in der li Schläfe; wie im Knochen, pulsweise anhaltend; den Tag darauf kam es, von Zeit zu Zeit, bald in der li Schläfe, bald in der re, bald auch im li Stirnhügel, weniger heftig, wieder, einige Tage anhaltend *7-338.   Spannender Stich im äußeren Winkel des re Auges *5-360.   Stechende Stöße im Augapfel, als wollte er zerspringen *3-365.   Ein Stich im li Ohre *5-373.   Tief im re Ohre, ein dumpfer, schmerzlicher Stich, abends *10-374.   Ein spannender Stich im li Ohre *5H-375.   Brennender Stich im re Backenknochen *5-384.   Stumpfer Stich im li Jochbeine *5-385.

Spannender Stich in den li Halsmuskeln *5-405.   Kitzelndes Stechen in den Backzähnen des
re Unterkiefers *4HA-428.   Mandelgeschwulst; Stechender Schmerz in den Kiefergelenken
beim Öffnen des Mundes *6.   Das heftige Bohren und Stechen in dem li Ohre ist aussetzend
*31.   Drückende, stechende und reißende Schmerzen in den Schädelknochen, im Periost
*LM.   Gesichtsschmerz stechend, brennend, ziehend *LT.

13   **Äußerliches Stechen, juckendes Stechen, brennendes Stechen, Nadelstechen, feine Stiche:** Schläfe, Kopfseite, Stirn, Scheitel, Gesicht, Backen, Unterlippe, Nacken, Augen:
Scharfe brennende Nadelstiche in der li Schläfe *4HA-323.   Flüchtige brennende Stiche im
Hinterhaupte, die ersten Tage von der re zur li Seite, die folgenden, von unten hinauf *2-324.
Brennend stechende Schmerzen am li Seitenbeine *8-327.   Auf dem Stirnbeine, äußerlich,
brennende Stiche *3-328.   Jucken auf dem Haarkopfe, wie Nadelstiche, und kleine Ausschlagsblüten vorne nach der Stirne zu *3-332.   Feines, brennendes Nadelstechen äußerlich
auf dem Scheitel *3A-333.   Im Gesichte, kleine Ausschlagsblüten, an der Stirne, den Bak-
ken und neben den Mundwinkeln, welche stechendes Jucken verursachen, und, bei Berührung, wie
unterkötig schmerzen *3-344.   Im Gesichte, an der Stirne, den Backen und um den Mund
und die Handwurzel, Ausschlagsblüten, welche ziehendes Jucken verursachen, was von Kratzen nur
kurze Zeit aufhört, dann aber stechend wiederkehrt *3-345.   Ganz kleine Nadelstiche im
Gesichte und am übrigen Körper *3-347.   Brennendes Scharfstechen in der li Backe, welches zum Kratzen reizt *4HA-386.   Juckendes (fressendes), zum Kratzen reizendes Nadelstechen an beiden Backen *4-387.   Ein bei Berührung stechend brennendes Bläschen am
Rande des Roten der Unterlippe *13-393.   Ein Geschwür am Rande des Roten der Unterlippe, glänzend roten Ansehens, für sich stumpf stechenden, ziehenden Schmerzes, bisweilen mit
nicht unangenehmem Jucken verbunden, welches zum Kratzen reizt, worauf ein stumpfes Stechen
erfolgt *8-395.   Juckende, scharfe Stiche an verschiedenen Stellen des Körpers *4HA-657.
Stiche, den Flohstichen ähnlich, an den Untergliedmaßen, der Hand, dem Nacken, am Kopfe, u.s.
w. *10-658.   Stechendes Brennen hie und da in der Haut *7-659.   Nadelstechen in
den Augen, als wäre man schläfrig *TM.

14   **Reißen. Reißen mit Stechen, mit Drücken, mit Ziehen, Brennen oder Bohren:**
Gehirn, Stirn, äußerlich am Kopf, Zähne, Schläfe, äußerer Augenwinkel, Jochbein, Halsseite, Auge,
Backen, Schädelknochen:
Früh, gleich nach dem Erwachen, arger Kopfschmerz, als wenn das Gehirn zerrissen wäre *1-7.
Reißen in der Stirne, abends im Sitzen; beim Bücken stach es darin und beim Gehen erleichterte es
sich *1-13.   Äußerlich am Kopfe und in den Zähnen, Reißen *1-17.   Heftig reißendes Drücken durch die li Hirnhälfte, besonders heftig in der Stirne, allmählig sich verstärkend und
allmählig verschwindend *6-315.   Ziehend reißendes Stechen in der li Schläfe, wie im Knochen, pulsweise anhaltend; den Tag darauf kam es, von Zeit zu Zeit, bald in der li Schläfe, bald in
der re, bald auch im li Stirnhügel, weniger heftig, wieder, einige Tage anhaltend *7-338.   Brennend drückendes Reißen in der re Schläfe, dicht am Auge *6-348.   Reißender Druck im
äußeren Augenwinkel in der Gegend der Tränendrüse *3-370.   Drückendes Reißen im li
Jochbeine, woran auch die Zähne Teil nehmen *4-381.   Es reißt und zerrt vom Kopfe herab durch die Backen bis in die Zähne *12H-382.   Feines Reißen in den Muskeln des Halses
*8-409.   Heftiges Zahnreißen in den Wurzeln der Zähne, wobei es ihr die Gesichtsmuskeln
verzog, bald auf diese, bald auf jene Seite *9A-413.   Beim Essen, Reißen in dem Zahnfleische und den Wurzeln der unteren Backzähne *8HA-419.   Reißen in den ganzen Zahnreihen,
mit Stumpfheitsgefühle der Zähne, beim Draufbeißen *12A-420.   Gleich nach dem Essen
und Kauen, so wie nach kalt Trinken, ein reißender Zahnschmerz, welcher binnen einer halben
Stunde verging, aber von abermaligem Kauen gleich wieder kam *3A-423.   Reißen, erst in
der Wurzel des hohlen Zahns, dann bis vor in die Kronen der Zähne, bloß gleich nach dem Essen
und Kauen; zugleich ein Druck oben auf die Krone der schmerzhaften Zähne nach ihren Wurzeln

zu *3A-427.   Mandelgeschwulst; ziehend reißender Schmerz aus den Backen in die Ohren und Schläfen *6.   Auf das fürchterlichste ward der Kranke von gichtischen reißenden, bohrenden Schmerzen teils im Auge selbst, insbesondere aber in dem li Augenbrauenbogen, in dem li Schlafbeine und der li Stirnseite, die sich in die übrigen Kopfteile verbreiteten, gefoltert *12. Reißende Schmerzen in der li Wange. Reißen von einem hohlen Zahne im li Oberkiefer ausgehend, erstreckt sich dieser Schmerz durch die ganze li obere Zahnreihe, auf die li Wange, setzt sich im pes anserinus fest und erzeugt dort die heftigsten Schmerzen. Bei großer Heftigkeit der Schmerzen erstrecken sie sich bis hinter das li Ohr und in den li Arm *15.   Blepharitis; Patientin beschrieb den Schmerz als einen spannend reißenden, vom inneren Winkel zur Wange hinwandernden *42. Wolle er zuweilen seinen Durst stillen, so entstehen die unleidlichsten Risse in einem hohlen Zahn, daß es ihm einen Schrei auspresse *45.   Zahnschmerz bald li, bald re, reißend *82.   Ein Zahn war kariös, aber der Schmerz, der als reißend zupfend (d.h. das „Ziehen" in unserer Pathogenese) beschrieben wurde, breitete sich auf die benachbarten gesunden Zähne aus *121.   Schrie plötzlich wegen starker Zahnschmerzen auf *165.   Drückende, stechende und reißende Schmerzen in den Schädelknochen, im Periost *LM.   Nagen und Reißen in schlechten Zähnen, Schießen bis in die Ohren, Klopfen in den Schläfen *LT.

15   **Schneiden, wie durch ein scharfes Messer, Schneiden mit Ziehen und Reißen:**
Stirn, Augenlider, Jochbein, Lippen, Gesicht:
Ziehend schneidendes Reißen an der Stirnseite *11-326.   Starker, spitzig schneidender Schmerz unter dem li oberen Augenlide *5-355.   Schneidendes Ziehen im li Jochbeine *5-385.   Empfindung wie von feinen Schnitten in der Lippe, als wäre sie aufgesprungen *3-391. Der Schmerz war ein feines Schneiden wie durch ein sehr scharfes Messer, das an den Lippen anfing und zu den Augen und über die Augen ausstrahlte *123.

16   **Kneipen:** Ohr, Stirn:
Ein Kneipen und Zwicken im li Ohre *1-55.   Dumpf kneipender Kopfschmerz in der Stirne, mit Stichen an den Schläfen, welcher durch Gehen sich gab, von Sitzen und Stehen aber wiederkam *13-319.

17   **Bohren, Fressen, Nagen:** Zähne, Scheitel, Stirn, Lippen, Auge, Kopfseite:
Kopfweh abwechselnd betäubend und abwechselnd bohrend *1-6.   Fressender Schmerz in den vier unteren Vorderzähnen, vorzüglich nachts *1-71.   Bohrender Stich im Scheitel von innen heraus *5-321.   Drückend bohrender Stich, eine Minute anhaltend, in der ganzen li Stirnhälfte, von innen heraus, welcher früh mit Heftigkeit zweimal nach einander aus dem Schlafe weckt *6HA-322.   Lippengeschwür mit nagend ziehendem Schmerze darin *8-396.   Jedesmal gleich nach dem Essen, Zahnweh im hohlen Zahne — ein fressendes Ziehen (in den Schneidezähnen aber, Drücken), was sich in der freien Luft ungemein erhöht, mehrere Tage lang *3A-425.   Auf das fürchterlichste ward der Kranke von gichtischen reißenden, bohrenden Schmerzen teils im Auge selbst, insbesondere aber in dem li Augenbrauenbogen, in dem li Schlafbeine und der li Stirnseite, die sich in die übrigen Kopfteile verbreiteten, gefoltert *12.   Der Schmerz bestand in einem heftigen Fressen, mit empfindlichem Ziehen bald längs den Vorderzähnen, bald nach dem Auge hinauf *14.   Das heftige Bohren und Stechen in dem li Ohre ist aussetzend *31.   Unleidlicher, klopfender, bohrender Schmerz, der die Stirne und einen Teil der li Kopfseite in Anspruch nahm *35.   Zahnschmerz nagend und zuckend, in einem li oberen Praemolaren *97.   Nagen und Reißen in schlechten Zähnen, Schießen bis in die Ohren, Klopfen in den Schläfen *LT.

18   **Beißen, Geschwürsschmerz, wie unterkötig, Fressen äußerlich, Jucken mit Beissen oder Fressen:** Augen, Hinterkopf, Kopfhaut, Scheitel:
Die Augen fangen beim Schreiben bald an, weh zu tun, ein Beißen und Brennen und dann laufen

einige Tropfen heraus, welche beißen; er muß das Licht vermeiden, weil es da früher schmerzt *1-33.   Fressendes Jucken am ganzen Hinterhaupte, was zum Kratzen nötigt, sich aber dadurch eher verschlimmert, als bessert *7A-329.   Oben am Hinterhaupte, ein fressendes Jucken, mit Wundheitsschmerz *7A-330.   Juckendes Fressen auf dem Haarkopfe, was sich durch Reiben vermehrt, mehrere Tage lang *7A-331.   Im Gesichte, kleine Ausschlagsblüten, an der Stirne, den Backen und neben den Mundwinkeln, welche stechendes Jucken verursachen, und, bei Berührung, wie unterkötig schmerzen *3;344.   Der Blütenausschlag im Gesichte verursacht zuweilen für sich spannenden Wundheitsschmerz; bei Berührung ist er wie unterkötig schmerzhaft *3-346.   Der li Backen schmerzt, beim Gähnen, wie geschwürig *3-388.   Auf dem Scheitel nässender Grind, juckend und fressend. Nach dem Kratzen schründet es und sie muß dann noch mehr kratzen *32.   Beim Sehen in die Sonne rinnen heiße Tränen aus dem li Auge; Sie machen die Wange wund und verursachen Beißen des Auges *59.   Schmerzhafte Empfindlichkeit der Kopfhaut mit Jucken und Beißen *LM.

19   **Berührungsempfindlichkeit, Wundheitsschmerz:** Scheitel, Zahnfleisch, Unterkieferdrüsen, Hinterkopf, Gesicht, Nasenscheidewand, Stirn, Backe:
Einzelne große, stumpfe Stiche vom Schädel bis in's Gehirn hinein, unweit des Wirbels; dabei tut auch die Stelle, vorzüglich beim Betasten, äußerlich sehr weh *1-16.   Das Zahnfleisch schmerzt bei Berührung *1-162.   Ein Knoten am Zahnfleische zwar für sich nicht, doch beim Aufdrücken mit etwas Hartem schmerzend *1-68.   Die Unterkieferdrüsen sind bei Berührung schmerzhaft und schmerzen auch für sich *1-78.   Oben am Hinterhaupte, ein fressendes Jucken, mit Wundheitsschmerz, welches um dieselbe Abendzeit und an gleicher Stelle wiederkehrt *7A-330.   Schmerzhaftes Ziehen äußerlich an mehreren Stellen des Kopfes, bei Berührung heftiger *8HA-337.   Wundheitsgefühl auf dem re Scheitelbeine bloß bei Berührung; er kann vor diesem Schmerze nachts nicht auf der re Seite liegen *4-340.   Der Blütenausschlag im Gesichte verursacht zuweilen für sich spannenden Wundheitsschmerz; bei Berührung ist er wie unterkötig schmerzhaft *3-346.   Im li Nasenloche, am Knorpel der Nasenscheidewand, entsteht bei Berührung ein Wundheitsschmerz, als wollte sie geschwürig werden *4-389. Die hohlen Zähne sind bei der geringsten Berührung empfindlich und das Zahnfleisch um die Zähne schmerzt wundartig *6A-422.   Unterkieferdrüsen geschwollen, hart, bei Berührung schmerzhaft *2.   Reißendes Kopfweh in der Stirn, gerade über der Nase, mit einem Wundheitsschmerz in derselben *27.   Die li Backe gegen den Winkel des Unterkiefers, so wie die ganze li Seite des Halses an dem Kopfnicker herunter beim Anfühlen sehr schmerzhaft, aber nicht gerötet *31.   Zahn bedeutend cariös und äußerst empfindlich gegen Berührung *66.   Zahnfleisch empfindlich *82.   Zähne berührungsempfindlich und schmerzhaft *104.   Zahnschmerz in einem gesunden Backenzahn re oben. Zahnfleisch um die Backenzähne geschwollen und entzündet, sehr stark berührungsempfindlich. Verschlechterung auch durch Berührung der Backe von außen oder beim Berühren des Zahnes mit der Zunge *109.   Zahnschmerzen bald li, bald re, sie verschlimmern sich von kalt Trinken und von Berührung, aber nicht vom Draufbeißen *139.   Sehr empfindliche Zähne, beim Zahnarzt wird sie fast wahnsinnig *140. Schmerzhafte Empfindlichkeit der Kopfhaut, mit Jucken und Beißen *LM.   Zähne schmerzhaft bei Berühung durch Getränke oder durch Speisen, aber nicht beim Beißen oder Kauen *AF.

20   **Jucken:** Kopfhaut, Nacken, Backen, Gesicht, Stirn, Nasenflügel, hinter den Ohren:
Jucken über den Haarkopf *1A-18.   Im Nacken juckende Blütchen *1HA-23.   Jucken an den Backen *1-56.   Im Nacken, Jucken *1-193.   Jucken über den Kopf und ganzen Körper, besonders früh, ein laufendes Jucken und Krabbeln, wie vom Kriechen eines Flohes, welches von einem Orte zu dem anderen geht *1-225.   Im Gesichte, an der Stirne, den Backen und um den Mund und die Handwurzel, Ausschlagsblüten, welche ziehendes Jucken verursachen, was von Kratzen nur kurze Zeit aufhört, dann aber stechend wiederkehrt *3-345. Jucken im li Nasenflügel, was bei Berührung verging *5-390.   Nässender, stark juckender Aus-

schlag über den ganzen Kopf. Ungewöhnliches Kopfjucken *25.   Eitrige Kopfkrusten am Hinterkopf mit Jucken, das den Schlaf verhinderte *76.   Tinea capitis; Heftiges Jucken, am stärksten am Hinterkopf *79.   Lichen, trockener, juckender, papulöser Ausschlag im Gesicht und hinter den Ohren *130.   Kopfekzem; Jucken im Bereich der Kopfhaut *162. Kopfekzem; Der Juckreiz wird schlimmer in der Wärme *163.   Kopfausschlag, wenn man kratzt, wechselt das Jucken die Stelle *LM.

21   Brennen äußerlich, Brennen und Jucken, Brennen mit Stechen oder Drücken:

Augen, Schläfe, Hinterkopf, Kopfseite, Scheitel, Ohrmuschel, Backen, Lippen, Gesicht:
Die Augen fangen beim Schreiben bald an, weh zu tun (vorzüglich, nachmittags), ein Beißen und Brennen und dann laufen einige Tropfen heraus, welche beißen; er muß das Licht vermeiden, weil es da früher schmerzt *1-33.   Scharfe brennende Nadelstiche in der li Schläfe *4HA-323. Flüchtige brennende Stiche im Hinterhaupte, die ersten Tage von der re zur li Seite, die folgenden, von unten hinauf *2-324.   Brennend stechende Schmerzen am li Seitenbeine *8-327. Feines, brennendes Nadelstechen äußerlich auf dem Scheitel *3A-333.   Nach innen zu brennend drückender Schmerz am li Scheitelbeine, dicht über dem Ohre *6-335.   Brennend drückendes Reißen in der re Schläfe, dicht am Auge *6-348.   Brennend drückende Empfindung um das li Auge herum *6-349.   Ein nicht unangenehmes Brennen im äußeren Winkel des re Auges, welches sich ziemlich weit hinter das Auge, nach dem Ohre zu, erstreckt und anfallsweise wiederkehrt *12-362.   Auf der li hinteren Ohrmuschel, ein klammartiger, brennend drückender Schmerz *6-372.   Brennender Stich im re Backenknochen *5-384.   Brennendes Scharfstechen in der li Backe, welches zum Kratzen reizt *4HA-386.   Ein minutenlanges Brennen fast auf der Mitte der Oberlippe, am äußeren Rande *12-392.   Ein bei Berührung stechend brennendes Bläschen am Rande des Roten der Unterlippe *13-393.   Stechendes Brennen hie und da in der Haut *7-659.   Gerstenkörner; Patient klagt über Schmerz, meist drückend, auch zuweilen über Brennen in den Lidern *30.   Bei der geringsten Anstrengung zu sehen, brennen die Augen, als ob sie ganz trocken wären *44.   Kopf- und Gesichtsausschlag; Brennendes Zucken, beim Kratzen die Stelle wechselnd *98.   Pustulöser Ausschlag des Gesichts. Vor der Eruption Brennschmerz im Gesicht *100.   Brennen und Stechen in den äußeren Kopfteilen, besonders der li Schläfe *LM.   Gesichtsschmerz stechend, brennend, ziehend *LT.

22   Hitzegefühl innerlich: Gesicht, Stirn, Wangen:

Heftig ziehender Zahnschmerz, mit Backengeschwulst, drückendem Kopfschmerze derselben Seite und Hitze im Gesichte *1-75.   Schneiden in den Gedärmen; Nach dem Schneiden bekommt sie eine große Hitze im Gesichte und das Blut tritt ihr nach dem Kopfe, auch die Adern treten an den Händen auf *1-123.   Den ganzen Körper durchschüttelnder Frostschauder, bei warmer Stirne und heißen Wangen, aber kalten Händen, ohne Hitze darauf und ohne Durst *11-696. Hitzegefühl und Hitze im Gesichte, ohne Durst, eine Stunde nach dem Froste *8-699.   Ein Wärmegefühl an der Stirne, wie wenn ein beständiger, warmer Hauch dahin ginge – bisweilen auch ein kalter Hauch – mit Backenröte und auch äußerlicher Körperwärme *12-702.

23   Kältegefühl, innerliches Frösteln, Schauder, Kälteempfindlichkeit: Gehörgang, innerlich im Kopf, Nacken, Gesicht, Stirn:

Im re Ohrgange, ein einströmendes Kältegefühl, wie ein kühler Hauch, einige Stunden lang *12-376.   Schneiden im Bauche, mit heftigem Stuhldrange, worauf ganz flüssiger, aber wenig Kot abgeht, unter innerlichem Frösteln im Kopfe; gleich nach dem Abgange folgt eine Art Stuhlzwang *4-493.   Ob er gleich am Ofen stand, konnte er doch nicht warm werden im Rücken und an den Armen; dabei öftere Schauder über den Rücken und die Arme, nach dem Genicke, über den Kopf und das Gesicht, früh nach Aufstehen *12-695.   Ein Wärmegefühl an der Stirne, wie wenn ein beständiger, warmer Hauch dahin ginge – bisweilen auch ein kalter Hauch – mit

Backenröte und auch äußerlicher Körperwärme *12-702.   Gegen Kälte und Zug sind der
Nacken und Hinterkopf auffallend empfindlich *93.

24 **Klopfen, Rucken, Zucken:** Gesicht, Zahnfleisch, Schläfe, Halsseite, Zähne, Stirn, Augenlider, Scheitel:
Klopfender und drückender Schmerz im ganzen Gesichte, von den Zähnen bis in's Auge, sechzehn
Tage lang *1-25.   Von Zeit zu Zeit, ein schmerzhafter Zug in den Zähnen und drauf Klopfen im Zahnfleische *1-72.   Ziehend reißendes Stechen in der li Schläfe; wie im Knochen,
pulsweise anhaltend; den Tag darauf kam es, von Zeit zu Zeit, bald in der li Schläfe, bald in der re,
bald auch im li Stirnhügel, weniger heftig, wieder, einige Tage anhaltend *7-338.   Ruckweise Stiche an der Seite des Halses, fast hinter dem Ohre, abends *12-404.   Auch beim Kauen
fangen die Zähne an, zu mucken *3-426.   Zuckender Kopfschmerz während des Magendrük-
kens, auch ohne dasselbe *19.   Unleidlicher, klopfender, bohrender Schmerz, der die Stirne
und einen Teil der li Kopfseite in Anspruch nahm *35.   Gesichtsneuralgie; es zuckt zuweilen
krampfhaft in den Augenlidern *44.   Druckgefühl über dem Nacken, manchmal statt dessen
Gefühl von Klopfen und Blutandrang zum Scheitel *72.   Zahnschmerz nagend und zuckend,
in einem li oberen Praemolaren *97.   Kopf- und Gesichtsausschlag; Brennendes Zucken,
beim Kratzen die Stelle ändernd *98.   Tic douloureux *126.   Drückender und pulsierender Schmerz vom kranken Zahn bis ins Auge. Nagen und Reißen in schlechten Zähnen, Klopfen
in den Schläfen *LT.

25 **Andere Empfindungen:**
Die Augen sind abends so trocken und es drückt darin *1A-43.   Die Augen sind früh beim Erwachen so trocken; es drückt darin, daß sie sie unbenetzt nicht aufmachen kann *1A-45.   Wehtun im ganzen Kopfe, wie Sumsen *12-294.   Sumsen und Stechen im ganzen Kopfe, schlimmer beim Vorbücken und Gehen, abends, viele Stunden lang *12-295.   Reißen in den ganzen Zahnreihen, mit Stumpfheitsgefühle der Zähne, beim Draufbeißen *12A-420.   Schmerz
im Kiefer. Er hat sich noch nicht, wie ehedem zu einem Reißen gesteigert, sondern läßt sich nur als
ein einfaches Wehtun bezeichnen. Schmerz 'n den Kinnladen, wo ich zugleich das Gefühl von Lok-
kersein der Zähne habe *43.   Bei der geringsten Anstrengung zu sehen, brennen die Augen,
als ob sie ganz trocken wären *44.   Dumpfer, betäubender Schmerz im Kopf, Gefühl wie
wirr im Gehirn, Gefühl, als drücke etwas hartes auf den Schädel *69.   Gefühl, als seien die
Zähne verlängert *104.

26 **Heftige, unerträgliche Schmerzen:** Gehirn, Zähne, Auge, Gesicht, Stirn, Ohr, Kopf:
Früh, gleich nach dem Erwachen, arger Kopfschmerz, als wenn das Gehirn zerrissen wäre *1-7.
Heftig ziehender Zahnschmerz * *1-75.   Heftiges Zahnreißen in den Wurzeln der Zähne,
wobei es ihr die Gesichtsmuskeln verzog, bald auf diese, bald auf jene Seite *9A-413.   Iritis
arthritica; Unter den fürchterlichsten gichtischen Schmerzen, die den Kranken momentan besinnungslos machten, und fast bis zur Raserei brachten, hatte nun auch in dem li Auge eine gichtische
Iritis sich fixiert. Auf das fürchterlichste ward der Kranke, jetzt auf's neue von gichtischen reißenden, bohrenden Schmerzen gefoltert. Diese hatten jetzt auch in den Tagesstunden so zugenommen,
daß Patient sein Bewußtsein momentan verloren hatte, und vor Schmerz fast in Wahnsinn verfiel
*12.   Heftiger Zahnschmerz im ersten oberen Backzahne der re Seite. Der Schmerz bestand
in einem heftigen Fressen, mit empfindlichem Ziehen *14.   Prosopalgie; Reißen von einem
hohlen Zahne im li Oberkiefer ausgehend, erstreckt sich dieser Schmerz durch die ganze li obere
Zahnreihe, auf die li Wange, setzt sich im pes anserinus fest und erzeugt dort die heftigsten Schmerzen. Bei großer Heftigkeit der Schmerzen erstrecken sie sich bis hinter das li Ohr und in den li
Arm. Infolge der Heftigkeit des Schmerzes treten Weinkrampf, beklommener Atem, Kälte der Hände, kalte Schweiße im Gesicht ein *15.   Wenn die Patientin die geringste Speise oder ein wenig Getränk, sei es warm oder kalt, mit den Zähnen in Berührung bringt, so entsteht der unleidlich-

ste Schmerz *21.   Litt an überaus heftigem Kopfweh. In der Regel erwachte sie am Morgen schmerzlos, sogleich nach dem Putzen der Zähne aber brach ein unleidlicher, klopfender, bohrender Schmerz aus, der die Stirne und einen Teil der li Kopfseite in Anspruch nahm und allmählich an Heftigkeit abnahm *35.   Heftige Schmerzen in allen Zähnen rechter Seits, in Ohr und Auge dieser Seite. Da er nichts Kaltes mehr trinken könne, so verleide ihm dieser Schmerz das Leben. Wolle er zuweilen seinen Durst stillen, so entstehen die unleidlichsten Risse in einem hohlen Zahn, daß es ihm einen Schrei auspresse und darauf der tägliche Schmerz in den Zähnen und Gesichtshälfte auf Stunden unleidlich gesteigert werde *45.   Furchtbare Zahnschmerzen, welche nur von einem Stumpen herrühren *47.   Sie hatte häufig quälendes Zahnweh *48. Äußerst heftiges Zahnweh. Zahn bedeutend cariös und äußerst empfindlich gegen Berührung *66. Heftige Schmerzen im re Gehörgang *90.   Heftige Kopfschmerzen *93.   Heftige Schmerzen in den Molaren li oben *121.   Quälende Neuralgie in beiden Seiten des Gesichts und der Stirn *123.   Neuritische Schmerzen erst hier, dann da, besonders in Kopf und Gesicht. Schmerzen zusammenschnürend, wie wund, quälend, stundenlang anhaltend. Sehr empfindliche Zähne, beim Zahnarzt wird sie fast wahnsinnig *140.   Heftiger Hinterkopfschmerz *145.   Schrie plötzlich wegen starker Zahnschmerzen auf, konnte nicht atmen *165.

KOPFSCHMERZEN   Zeit

1   **Morgens:** Kopfschmerzen, Augenschmerzen, Zahnschmerzen, Nackenschmerzen, Kopfjukken:

Früh, gleich nach dem Erwachen, arger Kopfschmerz, als wenn das Gehirn zerrissen wäre, was aber nachher unter häufigem, krampfhaftem Gähnen verging *1-7.   Die Augen sind früh beim Erwachen so trocken; es drückt darin, daß sie sie unbenetzt nicht aufmachen kann *1A-45.   Ein durchdringendes Ziehen in dem hohl werdenden Zahne selbst, und in dem ihm entsprechenden auf der anderen Seite, früh *1A-74.   Früh, rheumatischer Schmerz im Nacken und zwischen den Schulterblättern, wie Ziehen; sie konnte, beim Aufstehen aus dem Bette, mit den Armen sich vor Schmerz nicht bewegen und den Hals nicht wenden, den ganzen Vormittag, mehrere Morgen nacheinander, bei Mattigkeit des ganzen Körpers, bis Mittag *1-195.   Jucken über den Kopf und ganzen Körper, besonders früh, ein laufendes Jucken und Krabbeln, wie vom Kriechen eines Flohes, welches von einem Orte zu dem anderen geht *1-225.   Drückend bohrender Stich, eine Minute anhaltend, in der ganzen li Stirnhälfte, von innen heraus, welcher früh mit Heftigkeit zweimal nacheinander aus dem Schlafe weckt *6HA-322.   Ob er gleich am Ofen stand, konnte er doch nicht warm werden im Rücken und an den Armen; dabei öftere Schauder über den Rücken und die Arme, nach dem Genicke, über den Kopf und das Gesicht, früh nach dem Aufstehen *12-695.   Heftiger Zahnschmerz im ersten oberen Backzahne der re Seite. Der Schmerz bestand in einem heftigen Fressen, mit empfindlichem Ziehen bald länge den Vorderzähnen, bald nach dem Auge hinauf. Früh waren die Schmerzen am heftigsten *14.   Litt an überaus heftigem Kopfweh. In der Regel erwachte sie am Morgen schmerzlos, sogleich nach dem Putzen der Zähne aber brach ein unleidlicher, klopfender, bohrender Schmerz aus, der die Stirne und einen Teil der li Kopfseite in Anspruch nahm, allmälig an Heftigkeit abnahm, beim Mittagessen ganz schwand, sich aber nach dem Mittagsschlafe sogleich wieder, wiewohl mit minderer Intensität einstellte, und zu dieser Zeit ausblieb, wenn Patientin die Mittagsruhe mied *35.   Morgens der Kopf schwer, die Augen verklebt *37.   Kopfschmerz jeden Morgen beim Aufstehen *117b. Kopfschmerz morgens im Bett, geht mit viel Gähnen vorüber *LT.

2   **Vormittags:** Nackenschmerzen, Kopfschmerzen:
Früh, rheumatischer Schmerz im Nacken und zwischen den Schulterblättern, wie Ziehen; sie konnte, beim Aufstehen aus dem Bette, mit den Armen sich vor Schmerz nicht bewegen und den Hals
nicht wenden, den ganzen Vormittag, mehrere Morgen nacheinander, bei Mattigkeit des ganzen
Körpers, bis Mittag *1-195.   Litt an überaus heftigem Kopfweh. In der Regel erwachte sie
am Morgen schmerzlos, sogleich nach dem Putzen der Zähne aber brach ein unleidlicher, klopfender, bohrender Schmerz aus, der die Stirne und einen Teil der li Kopfseite in Anspruch nahm, allmählich an Heftigkeit abnahm, beim Mittagessen ganz schwand, sich aber nach dem Mittagsschlafe
sogleich wieder einstellte *35.   Heftige Kopfschmerzen, die in derselben Weise auftreten wie
vor Jahren, als sie in Folge des Todes ihres Mannes heftiger Gemütsbewegung ausgesetzt war. Der
Schmerz geht vom Hinterkopf aus und zieht von da nach vorn. Verschlimmerung am Tage, und besonders vormittags bald nach dem Aufstehen, vergeht oft nachmittags, oft auch nicht, verschlimmert sich gegen Abend, mindert aber sofort, nachdem Patientin das Bett aufgesucht hat, wo die
Kopfschmerzen sich verlieren *93.

3   **Mittags, nach dem Mittagsschlaf:** Nackenschmerzen, Kopfschmerzen:
Früh, rheumatischer Schmerz im Nacken und zwischen den Schulterblättern, wie Ziehen; sie konnte, beim Aufstehen aus dem Bette, mit den Armen sich vor Schmerz nicht bewegen und den Hals
nicht wenden, den ganzen Vormittag, mehrere Morgen nacheinander, bei Mattigkeit des ganzen
Körpers, bis Mittag *1-195.   Litt an überaus heftigem Kopfweh. In der Regel erwachte sie
am Morgen schmerzlos, sogleich nach dem Putzen der Zähne aber brach ein unleidlicher, klopfender, bohrender Schmerz aus, der die Stirne und einen Teil der li Kopfseite in Anspruch nahm,
allmählig an Heftigkeit abnahm, beim Mittagessen ganz schwand, sich aber nach dem Mittagsschlafe sogleich wieder, wiewohl mit minderer Intensität einstellte, und zu dieser Zeit ausblieb, wenn
Patientin die Mittagsruhe mied *35.

4   **Nachmittags:** Augenschmerzen, Kopfschmerzen:
Die Augen fangen beim Schreiben bald an, weh zu tun (vorzüglich, nachmittags), ein Beißen und
Brennen und dann laufen einige Tropfen heraus, welche beißen; er muß das Licht vermeiden, weil
es da früher schmerzt *1-33.   Brennen und Stechen in den äußeren Kopfteilen, besonders
der li Schläfe, schlechter durch die Bettwärme, durch darauf Liegen und 3 Uhr nachmittags *LM.

5   **Abends:** Kopfschmerzen, Augenschmerzen, Ohrschmerzen, Halsseiten, Kopfjucken:
Reißen in der Stirne, abends im Sitzen *1-13.   Die Augen sind abends so trocken und es
drückt darin *1A-43.   In freier Luft bekam sie etwas Hitze und etwas Kopfweh (gegen
Abend) *1-261.   Sumsen und Stechen im ganzen Kopfe, schlimmer beim Vorbücken und
Gehen, abends, viele Stunden lang *12-295.   Ein Pressen des Gehirns, vorzüglich im Hinterhaupte gegen die Schädelknochen und Drücken darin, als wenn sich allzuviel Blut da angesammelt
hätte, abends vor dem Schlafengehen, was nach dem Niederlegen fortdauert *7-303.   Oben
am Hinterhaupte, ein fressendes Jucken, mit Wundheitsschmerz, welches um dieselbe Abendzeit
und an gleicher Stelle wiederkehrt *7A-330.   Tief im re Ohre, ein dumpfer, schmerzlicher
Stich, abends *10-374.   Ruckweise Stiche an der Seite des Halses, fast hinterm Ohre,
abends *12-404.   Das heftige Bohren und Stechen in dem li Ohre ist aussetzend, und mehr
des Abends und Nachts vorhanden *31.   Der Schmerz geht vom Hinterkopf aus und zieht von
da nach vorn. Verschlimmerung am Tage, und besonders vormittags bald nach dem Aufstehen, vergeht oft nachmittags, oft auch nicht, verschlimmert sich gegen Abend, mindert aber sofort, nachdem Patientin das Bett aufgesucht hat, wo die Kopfschmerzen sich verlieren *93.   Schmerzhafte Empfindlichkeit der Kopfhaut, mit Jucken und Beißen, stärker abends und durch Warmwerden *LM.

6   **Nachts:** Zahnschmerzen, Kopfschmerzen, Nackenschmerzen, Augenschmerzen, Ohrschmerzen:

Fressender Schmerz in den vier unteren Vorderzähnen, vorzüglich nachts *1-71.   Drückend
ziehender Zahnschmerz der vorderen Reihe, wie von Quecksilbergebrauche, am schlimmsten die
Nacht, gegen Morgen zu *1-73.   Wundheitsgefühl auf dem re Scheitelbeine bloß bei Berührung; er kann vor diesem Schmerze nachts nicht auf der re Seite liegen *4-340.   Ein strammender Schmerz an der li Nacken- und Hinterkopfseite, bloß die Nacht, welcher ihn oft aus dem
Schlafe weckt und wovor er weder auf der re Seite, noch auf der li Seite liegen kann *11-341.
Auf das fürchterlichste ward der Kranke von gichtischen reißenden, bohrenden Schmerzen teils
im Auge selbst, insbesondere aber in dem li Augenbrauenbogen, in dem li Schlafbeine und der li
Stirnseite, die sich in die übrigen Kopfteile verbreiteten, gefoltert. In der mehrwöchentlichen Dau-
er der gichtischen Augenentzündung hatten diese, anfänglich mehr in abendlichen und nächtlichen
Exacerbationen eintretend, jetzt auch in den Tagesstunden so zugenommen, daß Patient sein
Bewußtsein momentan verloren hatte, und vor Schmerz fast in Wahnsinn verfiel *12.   Des
Tags, vorzugsweise des Nachts anfallsweise sich einstellender Zahnschmerz in gesunden, wie cariö-
sen Zähnen *21.   Das heftige Bohren und Stechen in dem li Ohre ist aussetzend, und mehr
des Abends und Nachts vorhanden *31.   Zahnschmerz nagend und zuckend, in einem li
oberen Praemolaren. Schmerz stärker nachts *97.   Syphilitische Iritis mit berstendem
Schmerz im Augapfel, in der Schläfe und in der Gesichtsseite, schlechter von abends bis morgens
und beim Gebrauche der Augen bei künstlicher Beleuchtung *103.   Periodische kongestive
Kopfschmerzen alle 7 Tage, regelmäßig Sonntags am Abend und in der Nacht. Nur Sonntags aß er
Roastbeef zu Mittag *115.

7   **Periodisch, anfallsweise:** Kopfhaut, Schläfe, Auge, Gesicht, Zähne, Kopf:

Oben am Hinterhaupte, ein fressendes Jucken, mit Wundheitsschmerz, welches um dieselbe Abendzeit und an gleicher Stelle wiederkehrt *7A-330.   Ziehend reißendes Stechen in der li
Schläfe; wie im Knochen, pulsweise anhaltend; den Tag darauf kam es, von Zeit zu Zeit, bald in
der li Schläfe, bald in der re, bald auch im li Stirnhügel, weniger heftig, wieder, einige Tage anhaltend *7-338.   Ein das Auge von innen herausdrückender Schmerz an der oberen Wand der
re Augenhöhle, gleich hinter dem Auge, lang anhaltend und öfters wiederkehrend *7-357.   Ein
nicht unangenehmes Brennen im äußeren Winkel des re Auges, welches sich ziemlich weit hinter
das Auge, nach dem Ohre zu, erstreckt und anfallsweise wiederkehrt *12-362.   Reißen von
einem hohlen Zahne im li Oberkiefer ausgehend, erstreckt sich dieser Schmerz durch die ganze li
obere Zahnreihe, auf die li Wange, setzt sich im pes anserinus fest und erzeugt dort die heftigsten
Schmerzen. Die Anfälle kehren öfters täglich wieder, ohne sich an eine bestimmte Zeit zu binden.
Die Dauer der verschiedenen Anfälle ist unbestimmt *15.   Das heftige Bohren und Stechen
in dem li Ohre ist aussetzend *31.   Wolle er zuweilen seinen Durst stillen, so entstehen die
unleidlichsten Risse in einem hohlen Zahn, daß es ihm einen Schrei auspresse und darauf der
tägliche Schmerz in den Zähnen und Gesichtshälfte auf Stunden unleidlich gesteigert werde *45.
Periodische kongestive Kopfschmerzen alle 7 Tage, regelmäßig Sonntags am Abend und in der
Nacht. Nur Sonntags aß er Roastbeef zu Mittag *115.   Kurz nach einer Influenza begann
eine Gesichtsneuralgie. Die Schmerzen kamen zu verschiedenen Zeiten *125.

8   **Den ganzen Tag:** Kopf, Augen, Zähne:

Stechender Kopfschmerz, den ganzen Tag *1-14.   Drücken am oberen Augenlide, den ganzen Tag – beim Schließen des Auges, stärker *1HA-47.   In der mehrwöchigen Dauer der
gichtischen Augenentzündung hatten diese, anfänglich mehr in abendlichen und nächtlichen Exacerbationen eintretend, jetzt auch in den Tagesstunden so zugenommen, daß Patient sein Bewußtsein momentan verloren hatte, und vor Schmerz fast in Wahnsinn verfiel *12.   Des Tags,
vorzugsweise des Nachts anfallsweise sich einstellender Zahnschmerz in gesunden, wie cariösen
Zähnen *21.

9   **Dauer:**
Klopfender und drückender Schmerz im ganzen Gesichte, von den Zähnen bis in's Auge, sechzehn
Tage lang *1-25.   Juckendes Fressen auf dem Haarkopfe, was sich durch Reiben vermehrt,
mehrere Tage lang *7A-331.   Ziehend reißendes Stechen in der li Schläfe; wie im Knochen,
pulsweise anhaltend; den Tag darauf kam es, von Zeit zu Zeit, bald in der li Schläfe, bald in der re,
bald auch im li Stirnhügel, weniger heftig, wieder, einige Tage anhaltend *7-338.   Im re
Ohrgange, ein einströmendes Kältegefühl, wie ein kühler Hauch, einige Stunden lang *12-376.
Jedesmal gleich nach dem Essen, Zahnweh im hohlen Zahne, mehrere Tage lang *3A-425.

KOPFSCHMERZEN   Modalitäten

1   **Ruhe bessert, Bewegung, Gehen, Aufstehen verschlechtert:**   Kopf, Hinterkopf,
Stirn, Zähne:
Sumsen und Stechen im ganzen Kopfe, schlimmer durch Vorbücken und Gehen, abends, viele
Stunden lang *12-295.   Drückend auseinanderpressender Schwerheitsschmerz im Hinterhaupte, beim Gehen im Freien *6-305.   Dumpfes, schmerzhaftes, zuweilen stechendes Drücken
nach außen, erst in der ganzen Stirne, dann bloß im li Stirnhügel, was in der Ruhe verging, bei Bewegung aber heftiger wieder kam *7-316.   Reißender Zahnschmerz; durch Bewegung ward
er nicht zum Vorscheine gebracht, aber wenn er schon da war, durch Bewegung verstärkt, am meisten durch Bewegung in freier Luft *3A-423.   Litt an überaus heftigem Kopfweh. In der Regel erwachte sie am Morgen schmerzlos, sogleich nach dem Putzen der Zähne aber brach ein unleidlicher, klopfender, bohrender Schmerz aus, der die Stirne und einen Teil der li Kopfseite in Anspruch nahm, durch Niederlegen verschlimmert, durch ruhiges, stilles Sitzen erträglicher wurde *35.
Neuralgischer Kopfschmerz besser durch Ruhe, Einsamkeit, Ausruhen *69.   Der Schmerz
geht vom Hinterkopf aus und zieht von da nach vorn. Verschlimmert sich gegen Abend, mindert
aber sofort, nachdem Patientin das Bett aufgesucht hat, wo die Kopfschmerzen sich verlieren *93.
Kopfschmerz jeden Morgen beim Aufstehen *117b.   Früh, gleich nach dem Erwachen, arger Kopfschmerz, als wenn das Gehirn zerrissen wäre, was aber nachher unter häufigem krampfhaftem Gähnen verging, schlechter durch Bewegung, besser durch Ruhe und Wärme *HG.

2   **Bewegung des Kopfes oder des Kiefers verschlechtert:** Kopf, Stirn, Nacken, Hinterkopf, Zähne:
Kopfweh beim Bewegen, als wenn alles Gehirn herausfallen wollte; auch in der Ruhe, als wenn das
Gehirn zusammengepreßt, von der Hirnschale abstehend und locker darin läge *1-8.   Wenn
er den Kopf schüttelte, so war es auf einer kleinen Stelle, in der Mitte der Stirne, als wenn da etwas Schweres, etwa eine Bleikugel, im Gehirne wäre, die da nicht los wollte *1A-9.   Früh,
rheumatischer Schmerz im Nacken und zwischen den Schulterblättern, wie Ziehen; sie konnte,
beim Aufstehen aus dem Bette, mit den Armen sich vor Schmerz nicht bewegen und den Hals
nicht wenden *1-195.   Drückend betäubendes Kopfweh, besonders in der Stirne, heftiger,
bei Bewegung des Kopfes und beim Stehen *11HA-298.   Schmerzhaftes Ziehen an und unter dem Hinterhauptshöcker, bei jeder Bewegung des Kopfes *8-339.   Zahnfleischgeschwür;
Die Zähne waren in diesem Gebiet gelockert, das Kauen dadurch erschwert, jede kleine Bewegung
des Unterkiefers war sehr schmerzhaft *107.

3   **Bücken, Vorbeugen des Kopfes verschlechtert:** Stirn, Kopf, Hinterkopf, Halsseite:
Reißen in der Stirne, abends im Sitzen; beim Bücken stach's darin und beim Gehen erleichterte es
sich *1-13.   Sumsen und Stechen im ganzen Kopfe, schlimmer beim Vorbücken und Gehen,

abends, viele Stunden lang *12-295.   Beim Vorbücken, Schmerz im Kopfe, als wollte alles zur Stirne heraus *12-300.   Am Hinterhaupte, vom Gelenke heran, rheumatisches, drücken-des Ziehen beim Vorbiegen des Kopfes *3-336.   Beim Vorbiegen des Halses, ein ziehend drückender (rheumatischer) Schmerz in der Seite desselben *3-408.   Beim Vorbiegen ist der Hals da, wo er auf der Schulter aufsitzt, rheumatisch schmerzhaft, wie Ziehen, Drücken, Steif-heit *3-410.   Um einschlafen zu können, muß sie etwas Hartes unter den Nacken legen, da-mit sich der Kopf in vorgebeugter Lage befindet *93.   Schmerz beim Bücken in der Stirn, als wolle der Kopf platzen *AP.

4   **Gehen bessert, Stehen, Sitzen, Liegen verschlechtert:** Stirn, Kopf, Schläfen, Hinter-kopf:
Reißen in der Stirne, abends im Sitzen; beim Bücken stach es darin und beim Gehen erleichterte es sich *1-13.   Beim Stehen und Sprechen, Eingenommenheit des Kopfes, als wenn Schwin-del entstehen wollte, längere Zeit fortdauernd *7-286.   Drückend betäubendes Kopf-weh, besonders in der Stirne, heftiger, bei Bewegung des Kopfes und beim Stehen *11HA-298. Dumpf kneipender Kopfschmerz in der Stirne, mit Stichen an den Schläfen, welcher durch Gehen sich gab, von Sitzen und Stehen aber wiederkam *13-319.   Litt an überaus heftigem Kopf-weh. In der Regel erwachte sie am Morgen schmerzlos, sogleich nach dem Putzen der Zähne aber brach ein unleidlicher, klopfender, bohrender Schmerz aus, der die Stirne und einen Teil der li Kopfseite in Anspruch nahm, durch Niederlegen verschlimmert, durch ruhiges, stilles Sitzen erträg-licher wurde, allmählig an Heftigkeit abnahm, beim Mittagessen ganz schwand, sich aber nach dem Mittagsschlafe sogleich wieder, wiewohl mit minderer Intensität einstellte, und zu dieser Zeit aus-blieb, wenn Patientin die Mittagsruhe mied *35.   Heftiger Hinterkopfschmerz, schlechter durch Liegen *145.   Kopfschmerz wie verkrampft im Nacken und ein Leeregefühl im Kopf, besonders im Hinterkopf, mit Benommenheit, wie eine Art Konzentrationsschwäche, vor allem im Sitzen *I.

5   **Seitenlage, Rückenlage:**
Wundheitsgefühl auf dem re Scheitelbeine bloß bei Berührung; er kann vor diesem Schmerze nachts nicht auf der re Seite liegen *4-340.   Ein strammender Schmerz an der li Nacken- und Hin-terkopfseite, bloß die Nacht, welcher ihn oft aus dem Schlafe weckt und wovor er weder auf der re Seite, noch auf der li Seite liegen kann *11-341.   Rückenlage macht Kopfschmerzen *e.

6   **Gähnen:**
Früh, gleich nach dem Erwachen, arger Kopfschmerz, als wenn das Gehirn zerrissen wäre, was aber nachher unter häufigem, krampfhaftem Gähnen verging *1-7.   Neigung des re Kiefergelenks vor den Ohren, sich beim Gähnen mit Stichschmerz auszurenken *1-52.   Schmerz im Kie-fergelenke beim Gähnen *1-53.   Der li Backen schmerzt, beim Gähnen, wie geschwürig *3-388.   Verrenkt sich leicht den Unterkiefer *TM.   Kopfschmerz morgens im Bett, geht mit viel Gähnen vorüber *LT.

7   **Aufstützen oder Anlehnen des Kopfes bessert:**
Schwere des Kopfes, erleichtert durch Aufstützen auf die Hand *5HA-308.   Schwere des Kopfes und Schwäche der Halsmuskeln: er mußte den Kopf entweder rückwärts, oder an dieser, oder jener Seite anlehnen *7-401.

8   **Augenanstrengung, Licht verschlechtert:**
Die Augen fangen beim Schreiben bald an, weh zu tun (vorzüglich, nachmittags), ein Beißen und Brennen und dann laufen einige Tropfen heraus, welche beißen; er muß das Licht vermeiden, weil es da früher schmerzt *1-33.   Beim Anstrengen der Augen, grobe Stiche darin *3-364. Gesichtsneuralgie; Schmerzen, die von den Augen bis in die Zähne empfunden werden (besonders

auf der einen oder auf der anderen Seite); bei der geringsten Anstrengung zu sehen, brennen die Augen, als ob sie ganz trocken wären; es zuckt zuweilen krampfhaft in den Augenlidern *44. Beim Sehen in die Sonne rinnen heiße Träen aus dem li Auge; Sie machen die Wange wund und verursachen Beißen des Auges *59.   Schwäche der Augen, d.h. Schmerzen bei Anstrengung derselben *92.   Gesichtsschmerzen, deren Sitz das Jochbein war und die in die li Augenhöhle ausstrahlten, mit Lichtscheu und gleichzeitigen Schmerzen in den Zähnen, die ziemlich rasch den Sitz wechseln *93.   Syphilitische Iritis mit berstendem Schmerz im Augapfel, in der Schläfe und in der Gesichtsseite, schlechter von abends bis morgens und beim Gebrauch der Augen bei künstlicher Beleuchtung *103.   Die Augen tun beim Schreiben bald weh *AO. Kopfschmerz beim Aussetzen der Periode. Kalte Luft, kalt Baden bessert, Licht und Geräusche verschlimmern *b.

9   **Augenschließen verschlechtert:**
Drücken am oberen Augenlide, den ganzen Tag — beim Schließen des Auges, stärker *1HA-47. Den ganzen Tag Schmerz im Oberlid. Schmerz stärker beim Augenschließen. Gerstenkorn im re Oberlid, das Lid ist stark geschwollen *112.

10   **Berührung verschlechtert:** Wirbel, Zahnfleisch, Unterkieferdrüsen, Schläfe, äußerlich am Kopf, Zähne, Halsseite, Gesicht:
Einzelne große, stumpfe Stiche vom Schädel bis in's Gehirn hinein, unweit des Wirbels; dabei tut auch die Stelle, vorzüglich beim Betasten, äußerlich sehr weh *1-16.   Das Zahnfleisch schmerzt bei Berührung *1-62.   Die Unterkieferdrüsen sind bei Berührung schmerzhaft und schmerzen auch für sich *1-78.   Stumpfes Stechen in der re Schläfe, außen und innen, als wollte es den Knochen herauspressen, bei Berührung heftiger *8HA-325.   Schmerzhaftes Ziehen äußerlich an mehreren Stellen des Kopfes, bei Berührung heftiger *8HA-337.   Wundheitsgefühl auf dem re Scheitelbeine bloß bei Berührung; er kann vor diesem Schmerze nachts nicht auf der re Seite liegen *4-340.   Unter dem Kinne, vorne an der Vereinigung beider Unterkiefer, ist es, als ob eine Drüse geschwollen wäre; es ist da etwas Hartes, wie Knorpel, von der Größe einer Haselnuß — beim Schlingen, wie beim Berühren oder Reiben vom Halstuche fühlt er darin einen drückenden Schmerz *8HA-399.   Die hohlen Zähne sind bei der geringsten Berührung empfindlich, und wenn nach dem Essen nur das Mindeste von der Speise in den Höhlen derselben zurückbleibt, so entsteht ein heftiger, bis in die Wurzel sich erstreckender Schmerz, und das Zahnfleisch um die Zähne schmerzt wundartig *6A-422.   Beim Kauen ist es, als würden die Zähne tiefer in das Zahnfleisch eingedrückt, und ebenso ist es, wenn sich beide Zahnreihen nur berühren *8HA-421.   Reißen, erst in der Wurzel das hohlen Zahns, dann bis vor in die Kronen der Zähne; bei Berührung mit dem Finger, fangen auch die übrigen Zähne zu schmerzen an *3A-427.   Schmerzhaftes Ziehen vom Zungenbeine an, tief im Halse, bis unter den Unterkiefer; bei Berührung der Halsseite, heftiger *8-431.   Unterkieferdrüsen geschwollen, hart, bei Berührung schmerzhaft *2.   Reißen von einem hohlen Zahne im li Oberkiefer ausgehend, erstreckt sich dieser Schmerz durch die ganze li obere Zahnreihe, auf die li Wange, setzt sich im pes anserinus fest und erzeugt dort die heftigsten Schmerzen, welche durch leise Berührung erregt, durch starken Druck aber nur wenig vermindert werden *15.   Fortwährende Empfindlichkeit und Schmerzhaftigkeit der Zähne. Wenn Patientin die geringste Speise oder ein wenig Getränk, sei es warm oder kalt, mit den Zähnen in Berührung bringt, so entsteht der unleidlichste Schmerz, daher kann sie nur mit Vorsicht trinken, beißen und kauen gar nicht. Beim Berühren, Drücken der Zähne mit dem Finger, beim Zusammenbeißen schmerzen sie nicht, so wie auch das Zahnfleisch gesund ist *21.   Angina: Die li Backe gegen den Winkel des Unterkiefers, so wie

die ganze li Seite des Halses an dem Kopfnicker herunter beim Anfühlen sehr schmerzhaft, aber nicht gerötet *31.   Äußerst heftiges Zahnweh. Zahn bedeutend cariös und äußerst empfindlich gegen Berührung *66.   Zahnschmerz bald li, bald re, reißend, Zahnfleisch empfindlich *82.   Zahnschmerz nagend und zuckend, in einem oberen Praemolaren. Schmerz stärker, wenn der Zahn berührt wird, besonders durch heiße Sachen *97.   Zähne berührungsempfindlich und schmerzhaft *104.   Zahnschmerz in einem gesunden Backenzahn re oben. Zahnfleisch um die Backenzähne geschwollen und entzündet, sehr stark berührungsempfindlich. Verschlechterung auch durch Berühung der Backe von außen oder beim Berühren des Zahns mit der Zunge *109.   Quälende Neuralgie in beiden Seiten des Gesichts und der Stirn. Sie konnte nicht kauen, weil der Schmerz dadurch stärker wurde. Sie mußte die flüssige Nahrung mit den Fingern in den Mund bringen, weil die geringste Berührung der Lippen mit Löffel, Gabel oder einem anderen metallischen Gegenstand jedesmal einen heftigen Schmerzanfall auslöste *123. Zahnschmerzen bald li, bald re, sie verschlimmern sich von Berührung, aber nicht vom Draufbeißen *139.   Sehr empfindliche Zähne, beim Zahnarzt wird sie fast wahnsinnig *140. Zähne schmerzhaft bei Berührung durch Getränke oder durch Speisen, aber nicht beim Beißen oder Kauen *AF.   Drückender und pulsierender Schmerz vom kranken Zahn bis ins Auge, schlechter durch leichten Druck oder durch Berührung mit einem metallischen Gegenstand, besser durch starken Druck. Nagen und Reißen in schlechten Zähnen, Schießen bis in die Ohren, Klopfen in den Schläfen, schlechter durch kalte Getränke und Berühung, aber nicht beim darauf Beißen *LT.

11 **Starker Druck, darauf Beißen bessert Zahnschmerzen, während bloße Berührung, vor allem mit einem metallischen Gegenstande, verschlechtert:**
Reißen von einem hohlen Zahne im Oberkiefer ausgehend, erstreckt sich dieser Schmerz durch die ganze li obere Zahnreihe, auf die li Wange, setzt sich im pes anserinus fest und erzeugt dort die heftigsten Schmerzen, welche durch leise Berührung erregt, durch starken Druck aber nur wenig vermindert werden *15.   Fortwährende Empfindlichkeit und Schmerzhaftigekt der Zähne. Wenn Patientin die geringste Speise oder ein wenig Getränk, sei es warm oder kalt, mit den Zähnen in Berührung bringt, so entsteht der unleidlichste Schmerz, daher kann sie nur mit Vorsicht trinken, beißen und kauen gar nicht. Beim Berühren, Drücken der Zähne mit dem Finger, beim Zusammenbeißen schmerzen sie nicht *21.   Sie mußte die flüssige Nahrung mit den Fingern in den Mund bringen, weil die geringste Berührung der Lippen mit Löffel, Gabel oder einem anderen metallischen Gegenstand jedesmal einen heftigen Schmerzanfall auslöste *123.   Zahnschmerzen, bald li, bald re, sie verschlimmern sich von Berührung, aber nicht vom Draufbeißen *139. Dumpfer Schmerz in zwei vorher vollkommen reizlosen unteren Backenzähnen. Dieser Schmerz charakterisiert sich am besten durch die Bezeichnung „Pflockgefühl". Durch kräftiges Zusammenbeißen besserte er sich vorübergehend *152.   Zähne schmerzhaft bei Berührung durch Getränke oder Speisen, aber nicht beim Beißen oder Kauen *AF.   Drückender und pulsierender Schmerz vom kranken Zahn bis ins Auge, schlechter durch leichten Druck oder durch Berührung mit einem metallischen Gegenstand, besser durch starken Druck. Nagen und Reißen in schlechten Zähnen, Schießen bis in die Ohren, Klopfen in den Schläfen, schlechter durch kalte Getränke und Berührung, aber nicht beim darauf Beißen *LT.

12 **Zahnschmerzen schlechter durch Kauen, darauf Beißen, gleich nach dem Essen:**
Die innere Seite des Zahnfleisches ist schmerzhaft und geschwollen — auch beim Schlingen ist es schmerzhaft *1-66.   Ein Knoten am Zahnfleische zwar für sich nicht, doch beim Aufdrükken mit etwas Hartem schmerzend *1-68.   Beim Essen, Reißen in dem Zahnfleische und den Wurzeln der unteren Backzähne *8HA-419.   Reißen in den ganzen Zahnreihen, mit Stumpfheitsgefühle der Zähne, beim Draufbeißen *12A-420.   Die hohlen Zähne sind bei der geringsten Berührung empfindlich, und wenn nach dem Essen nur das Mindeste von der Speise in den Höhlen derselben zurückbleibt, so entsteht ein heftiger, bis in die Wurzel sich erstreckender

Schmerz, und das Zahnfleisch um die Zähne schmerzt wundartig *6A-422.   Gleich nach
dem Essen und Kauen, so wie nach kalt Trinken, ein reißender Zahnschmerz, welcher binnen einer
halben Stunde verging, aber von abermaligem Kauen gleich wieder kam *3A-423.   Jedesmal
gleich nach dem Essen, Zahnweh im hohlen Zahne – ein fressendes Ziehen (in den Schneidezähnen
aber, Drücken) *3A-425.   Auch beim Kauen fangen die Zähne an, zu mucken *3-426.
Reißen, erst in der Wurzel des hohlen Zahns, dann bis vor in die Kronen der Zähne, bloß gleich
nach dem Essen und Kauen *3A-427.   Der Schmerz bestand in einem heftigen Fressen, mit
empfindlichem Ziehen bald längs den Vorderzähnen, bald nach dem Auge hinauf. Früh waren die
Schmerzen am heftigsten; nach dem Essen und Kauen wurden sie erregt oder vermehrt *14.
Äußerst heftiges Zahnweh. Zahn bedeutend cariös und äußerst empfindlich gegen Berührung.
Überdies wurde das Kauen als in hohem Grade den Schmerz steigernd bezeichnet *66.   Heftige Schmerzen in den Molaren li oben. Der Schmerz war stärker nach dem Essen *121.   Quä-
lende Neuralgie in beiden Seiten des Gesichts und der Stirn. Sie konnte nicht kauen, weil der
Schmerz dadurch stärker wurde *123.   Zahnschmerz schlechter nach dem Essen *AF.

13   Kopfschmerz schlechter durch den Druck des Hutes, durch darauf Liegen:

Wundheitsgefühl auf dem re Scheitelbeine bloß bei Berührung; er kann vor diesem Schmerze nachts
nicht auf der re Seite liegen *4-340.   Neuralgischer Kopfschmerz schlechter durch Druck
des Hutes *69.   Brennen und Stechen in den äußeren Kopfteilen, besonders der li Schläfe,
schlechter durch darauf Liegen *LM.

14   Schlechter im Freien, durch Zugluft, durch Kälte oder Wind, besser durch Wär-
me: Hinterkopf, über dem Auge, Zähne, Gesicht, Kopf:

Drückend auseinanderpressender Schwerheitsschmerz im Hinterhaupte, beim Gehen im Freien *6-
305.   Schweres Drücken über der re Augenhöhle, im Freien *6-306.   Reißender
Zahnschmerz; durch Bewegung ward er nicht zum Vorschein gebracht, aber wenn er schon da war,
durch Bewegung verstärkt, am meisten durch Bewegung in freier Luft *3A-423.   Zahnweh
im hohlen Zahne – ein fressendes Ziehen (in den Schneidezähnen aber, Drücken), was sich in der
freien Luft, selbst bei verschlossenem Munde, ungemein erhöht, in der Stube aber allmälig aufhört
*3A-425.   Reißen, erst in der Wurzel des hohlen Zahns, dann bis vor in die Kronen der
Zähne, in der freien Luft sehr erhöhet *3A-427.   Heftiger Zahnschmerz im ersten oberen
Backzahne der re Seite. Der Schmerz bestand in einem heftigen Fressen, mit empfindlichem Ziehen bald längs den Vorderzähnen, bald nach dem Auge hinauf. In freier Luft und durch kaltes
Trinken wurden sie erregt oder vermehrt, durch Wärme hingegen gemildert *14.   Neuralgischer Kopfschmerz schlechter durch Luftwechsel, besser im warmen Zimmer *69.   Gegen
Kälte und Zug sind der Nacken und Hinterkopf auffallend empfindlich *93.   Zahnschmerz
nagend und zuckend, in einem li oberen Praemolaren. Schmerz stärker im Freien *97.   Zähne berührungsempfindlich und schmerzhaft. Besserung durch Wärmeanwendung *104.   Heftige Schmerzen in den Molaren li oben. Der Schmerz war stärker in kalter Luft und durch kalt
Trinken, er wurde durch Wetterwechsel nicht beeinflußt *121.   Schießende Schmerzen gingen von den oberen Molaren beiderseits bis in die Ohren und Augenhöhlen, besonders re. Die
Schmerzen kamen zu verschiedenen Zeiten und wurden nur durch örtliche Wärme gebessert *125.
Zahnschmerzen, bald li, bald re, sie treten besonders auf nach Zugluft in der Kirche *139.   Arger Kopfschmerz, als wenn das Gehirn zerrissen wäre, besser durch Ruhe und Wärme *HG.   Eine kreisrunde Stelle über der Nasenwurzel ist schmerzhaft, schlechter durch Wind und örtliche Kälte *f.

15   **Mundatmung verursacht Zahnschmerzen:**
Zahnschmerz wird durch Einziehen der Luft in den Mund erregt *1A-70.   Zahnschmerz nagend und zuckend, in einem li oberen Praemolaren. Schmerz stärker im Freien oder beim Einatmen kalter Luft durch den Mund *97.   Schrie plötzlich wegen starker Zahnschmerzen auf,
konnte nicht atmen, schlechter durch kaltes Wasser *165.   Zahnschmerz, in gesunden und
kranken Zähnen, schlechter beim Einatmen kalter Luft durch den Mund *AF.

16   **Kaltes Wasser erregt Zahnschmerzen:**
Zusammenpressend ziehender Zahnschmerz der re Reihe, durch kaltes Wasser zu errregen *3-411.
Gleich nach dem Essen und Kauen, so wie nach kalt Trinken, ein reißender Zahnschmerz, welcher
binnen einer halben Stunde verging, aber von abermaligem Kauen gleich wieder kam; nach Trinken
eines nicht kalten Getränks und nach Genusse eines flüssigen Nahrungsmittels entstand er nicht
*3A-423.   Wenn sie etwas Kaltes trank, fuhr es ihr in die Zähne, als wenn sie hohl wären
12A-424.   Heftiger Zahnschmerz im ersten oberen Backzahne der re Seite. In freier Luft
und durch kaltes Trinken wurden sie erregt oder vermehrt, durch Wärme hingegen gemildert *14.
Heftige Schmerzen in allen Zähnen rechter Seits, in Ohr und Auge dieser Seite. Da er nichts Kaltes
mehr trinken könne, so verleide ihm dieser Schmerz das Leben. Wolle er zuweilen seinen Durst stillen, so entstehen die unleidlichsten Risse in einem hohlen Zahn, daß es ihm einen Schrei auspresse
und darauf der tägliche Schmerz in den Zähnen und Gesichtshälfte auf Stunden unleidlich gesteigert werde *45.   Äußerst heftiges Zahnweh. Das Trinken kalten Wassers wurde als in hohem
Grade den Schmerz steigernd bezeichnet *66.   Zahnschmerz in einem gesunden Backenzahn
re oben. Kaltes Wasser verschlimmert die Schmerzen erheblich *112.   Heftige Schmerzen in
den Molaren li oben. Der Schmerz war stärker durch kalt Trinken *121.   Zahnschmerzen,
bald li, bald re, sie verschlimmern sich von kalt trinken *139.   Schrie plötzlich wegen starker Zahnschmerzen auf, konnte nicht atmen, schlechter durch kaltes Wasser *165.   Zahnschmerz, schlechter durch kalte Getränke *AF.   Nagen und Reißen in schlechten Zähnen,
Schießen bis in die Ohren, Klopfen in den Schläfen, schlechter durch kalte Getränke *LT.

17   **Zahnschmerzen als Folge von Abkühlung im Schweiß:**
Furchtbare Zahnschmerzen, welche nur von einem Stumpen herrühren. Auf die Frage, ob er sich
vielleicht erkältet, glaubte er diese bejahen zu können denn er war vor einigen Tagen bei der Arbeit
in Schweiß gekommen und hatte die Jacke ausgezogen, worauf der Zahnschmerz eingetreten *47.

18   **Wärme verschlechtert, Kälte bessert:**
Zahnschmerz nagend und zuckend, in einem li oberen Praemolaren. Schmerz stärker, wenn der
Zahn berührt wird, besonders durch heiße Sachen *97.   Heftiges Zahnweh, besser, solange
kaltes Wasser im Mund gehalten wurde, es kam wieder, wenn das Wasser warm wurde *127.
Brennen und Stechen in den äußeren Kopfteilen, besonders der li Schläfe, schlechter durch die
Bettwärme *LM.   Kopfschmerz beim Aussetzen der Periode. Kalte Luft, kalt Baden bessert.
„Wie ein Überdruck in der Stirn, ein Völlegefühl, in der Stirn sitzt etwas" b.

19   **Ärger, Kränkung, Aufregung, geistige Arbeit verschlechtert:** Stirn, Kopf:
Polyp in der li Nasenhöhle. Erlitt einen schweren, ihn tief kränkenden Ärger, danach stellte sich
ein reißendes Kopfweh in der Stirn ein, gerade über der Nase, mit einem Wundheitsschmerz in
derselben *27.   Dumpfer, betäubender Schmerz im Kopf, Gefühl wie wirr im Gehirn, Gefühl, als drücke etwas hartes auf den Schädel. Jede geistige Arbeit fiel ihm schwer. Konnte das
richtige Wort nicht finden, um einen Gedanken auszudrücken. Gedanken verlangsamt. Neural-

gischer Kopfschmerz schlechter durch Erregung, Sorgen, geistige Arbeit, besser durch Ruhe, Einsamkeit, Ausruhen *69.   Heftige Kopfschmerzen, die in derselben Weise auftreten wie vor Jahren, als sie in Folge des Todes ihres Mannes heftiger Gemütsbewegung ausgesetzt war. Der Schmerz geht vom Hinterkopf aus und zieht von da nach vorn. Stimmung sehr gereizt, große Empfindlichkeit gegen Gemütsbewegungen, besonders Ärger *93.   Kopfschmerz mit dem Gefühl einer Kugel in der Stirn nach Zornanfällen, gewöhnlich weil sie ihren Willen nicht bekam *148. Dumpfes Gefühl im Kopf, kann nicht geistig arbeiten *HG.

20   **Periode, Schwangerschaft:**
Sie hatte häufig quälendes Zahnweh, besonders in den frühen Schwangerschaftsmonaten *48. Sie litt sehr unter Zahnweh in den ersten Schwangerschaftsmonaten *49.   Zahnschmerz, während der Periode, in gesunden und kranken Zähnen *AF.   Zahnschmerzen während der Menses *LT.   Kopfschmerz beim Aussetzen der Periode. „Wie ein Überdruck in der Stirn, ein Völlegefühl, in der Stirn sitzt etwas" *b.

21   **Bestimmte Nahrungsmittel:**
Kann Fleisch und Eier nicht essen, sie verursachen Frösteln, Schmerz in der Magengrube, Kopfschmerz mit Tränenfluß, Erweiterung der Stirnadern, Gliederschmerzen und Herzklopfen *77. Periodische kongestive Kopfschmerzen alle 7 Tage, regelmäßig Sonntags am Abend und in der Nacht. Nur Sonntags aß er Roastbeef zu Mittag *115.

22   **Anderes:**
Die Augen sind früh beim Erwachen so trocken; es drückt darin, daß sie sie unbenetzt nicht aufmachen kann *1A-45.   Beim Stehen und Sprechen, Eingenommenheit des Kopfes, als wenn Schwindel entstehen wollte, längere Zeit fortdauernd *7-286.   Gerstenkörner; Patient klagt über Schmerz, meist drückend, wenn er das Auge nicht verbunden hat, auch zuweilen über Brennen in den Lidern *30.   Litt an überaus heftigem Kopfweh. In der Regel erwachte sie am Morgen schmerzlos, sogleich nach dem Putzen der Zähne aber brach ein unleidlicher, klopfender, bohrender Schmerz aus, der die Stirne und einen Teil der li Kopfseite in Anspruch nahm *35.   Hodenneuralgie; In Verbindung mit dem Beschriebenen steht ein unangenehmes Gefühl im kleinen Gehirn. Wenn er sich, was öfters geschah, an dem Testikel stieß, so verschlimmerte sich jedesmal das Gefühl im Kopfe. Der geschlechtliche Umgang erleichtert ihm seine Beschwerden *60. Sehr heftiger, krampfartiger Husten, mußte beim Husten die Stirn mit beiden Händen halten. Berstender Schmerz in der Stirn bei jedem Hustenanfall, so heftig, daß er fürchtete, es werde etwas Schlimmes passieren *94.   Neuralgie der Innenseite der re Wange, zwischen dem unteren Zahnfleisch und der Wange und im Zahnfleisch, aber nicht in den Zähnen, schlechter durch Schneuzen der Nase *124.   Kopfschmerz beim Aussetzen der Periode. Kalte Luft, kalt Baden bessert, Licht und Geräusche verschlimmern. „Wie ein Überdruck in der Stirn, ein Völlegefühl, in der Stirn sitzt etwas" *b.

KOPFSCHMERZEN   Begleitsymptome

1   **Schmerzen an verschiedenen Stellen des Kopfes gleichzeitig:**
Heftig ziehender Zahnschmerz, mit Backengeschwulst, drückendem Kopfschmerze derselben Seite und Hitze im Gesichte *1-75.   Sumsen und Stechen im ganzen Kopfe, schlimmer beim Vorbücken und Gehen, abends, viele Stunden lang. — Es reißt und zerrt vom Kopfe herab durch die Backen bis in die Zähne *12—36Std—295,382.   Ein nach außen drückender und auseinan-

derpressender Kopfschmerz in der li Stirnhälfte. – Drückend auseinanderpressender Schwerheits-schmerz im Hinterhaupte, beim Gehen im Freien *6–30Min–304,305.   Drehend in der Stirne und dumm vor dem Kopfe. – Wehtun im ganzen Kopfe, wie Sumsen. – Beim Vorbücken, Schmerz im Kopfe, als wollte alles zur Stirne heraus *12–5Std–287,294,300.   Dumpf kneipender Kopfschmerz in der Stirne, mit Stichen an den Schläfen *13-319.   Schmerzhaf-tes Ziehen äußerlich an mehreren Stellen des Kopfes, bei Berührung heftiger *8HA-337.   Zie-hend reissendes Stechen in der li Schläfe; wie im Knochen, pulsweise anhaltend; den Tag darauf kam es, von Zeit zu Zeit, bald in der li Schläfe, bald in der re, bald auch im li Stirnhügel, weniger heftig, wieder, einige Tage anhaltend *7-338.   Reißender Druck im äußeren Augenwinkel in der Gegend der Tränendrüse. – Früh, ziehender Schmerz, bloß im hohlen Zahne *3–72Std–370, 412.   Der Schmerz geht vom Hinterkopf aus und zieht von da nach vorn. Vor 14 Tagen Gesichtsschmerzen, deren Sitz das Jochbein war und die in die li Augenhöhle ausstrahlten, mit Lichtscheu und gleichzeitigen Schmerzen in den Zähnen, die ziemlich rasch den Sitz wechseln. Gegen Kälte und Zug sind der Nacken und Hinterkopf auffallend empfindlich *93.

2 Gähnen:
Früh, gleich nach dem Erwachen, arger Kopfschmerz, als wenn das Gehirn zerrissen wäre, was aber nachher unter häufigem, krampfhaftem Gähnen verging *1-7.   Drückend stichartiger und ziehender Schmerz in der li Stirnseite. – Öfteres Niesen, ohne Schnupfen. – Öfteres Gähnen, als ob er nicht ausgeschlafen hätte *11–2Std–318,522,670.   Kopfschmerz morgens im Bett, geht mit viel vorüber *LT.

3 Schwäche, Mattigkeit:
Früh, rheumatischer Schmerz im Nacken und zwischen den Schulterblättern, wie Ziehen; sie konn-te, beim Aufstehen aus dem Bette, mit den Armen sich vor Schmerz nicht bewegen und den Hals nicht wenden, den ganzen Vormittag, mehrere Morgen nacheinander, bei Mattigkeit des ganzen Körpers, bis Mittag *1-195.   Reißen in den ganzen Zahnreihen, mit Stumpfheitsgefühle der Zähne, beim Draufbeißen. – Schmerzhaftigkeit des ganzen Körpers, wie Zerschlagenheit, mit unge-meinem Mattigkeitsgefühle, schlimmer bei Bewegung – wenn sie nach dem Sitzen etwas gegangen war, ward dies schmerzhafte Gefühl erneuet und verstärkt *12–40Std–420,664.

4 Schwindel:
Eingenommenheit des Kopfes, bloß vorne in der Mitte der Stirne, auf einer kleinen Stelle, so groß, wie eine Fingerspitze, wie Dummheit – er wußte auf der Straße nicht, ob er rechts oder links ging; er mußte sich sehr zusammennehmen *1A-5.   Drehend in der Stirne und dumm vor dem Kopfe. – Wehtun im ganzen Kopfe, wie Sumsen. – Beim Vorbücken, Schmerz im Kopfe, als woll-te alles zur Stirne heraus *12–5Std–287,294,300.

5 Ohrensausen:
Kopfschmerz, als würde das Gehirn zusammengedrückt (am meisten in der Stirne), mit ruckwei-sem Ohrbrausen, welches weit eher endigt, als der Kopfschmerz *4HA-301.

6 Denkbehinderung, Benommenheit, Bewußtseinsstörung:
Eingenommenheit des Kopfes, bloß vorne in der Mitte der Stirne, auf einer kleinen Stelle, so groß, wie eine Fingerspitze, wie Dummheit – er wußte auf der Straße nicht, ob er rechts oder links ging; er mußte sich sehr zusammennehmen *1A-5.   Der Kopf ist stets eingenommen und der Geist niedergedrückt *10-289.   Iritis arthritica; Unter den fürchterlichsten gichtigen Schmer-zen, die den Kranken momentan besinnungslos machten, und fast bis zur Raserei brachten, hatte nun auch in dem li Auge eine gichtische Iritis sich fixiert. Die Schmerzen hatten so zugenommen, daß Patient sein Bewußtsein momentan verloren hatte, und vor Schmerz fast in Wahnsinn verfiel. Er stand aus seinem Bette auf, redete irre, besann sich nicht, lief im Hause ohne Besinnung herum,

und ließ sich in seiner Heftigkeit von Niemand zurechtweisen *12.   Reißen von einem hohlen Zahn im li Oberkiefer ausgehend, erstreckt sich dieser Schmerz durch die ganze li obere Zahnreihe, auf die li Wange, setzt sich im pes anserinus fest und erzeugt dort die heftigsten Schmerzen. Infolge der Heftigkeit des Schmerzes treten Weinkrampf, beklommener Atem, Kälte der Hände, kalte Schweiße im Gesicht ein *15.   Dumpfer, betäubender Schmerz im Kopf, Gefühl wie wirr im Gehirn, Gefühl, als drücke etwas hartes auf den Schädel. Jede geistige Arbeit fiel ihm schwer. Konnte das richtige Wort nicht finden, um einen Gedanken auszudrücken. Gedanken verlangsamt *69.   Der Schmerz geht vom Hinterkopf aus und zieht von da nach vorn. Vor 14 Tagen Gesichtsschmerzen, deren Sitz das Jochbein war und die in die li Augenhöhle ausstrahlten, mit Lichtscheu und gleichzeitigen Schmerzen in den Zähnen, die ziemlich rasch den Sitz wechseln. Stimmung sehr gereizt, große Empfindlichkeit gegen Gemütsbewegungen, besonders Ärger *93. Kopfschmerz wie verkrampft im Nacken und ein Leeregefühl im Kopf, besonders im Hinterkopf, mit Benommenheit, wie eine Art Konzentrationsschwäche, vor allem im Sitzen *I.

7 Hodenneuralgie:

Hodenneuralgie; In Verbindung mit dem Beschriebenen steht ein unangenehmes Gefühl im kleinen Gehirn. Ich kann es kaum beschreiben. Es erstreckt sich von dem Hinterhauptshöcker nach dem li Ohr, als wenn es hohl wäre, und doch ist daselbst eine dumpfe Empfindung, kein starker Schmerz — ein Gefühl, als ob das Gehirn nicht groß genug sei, um den Schädel hinlänglich auszufüllen. Wenn er sich, was öfters geschah, an dem Testikel stieß, so verschlimmerte sich jedesmal das Gefühl im Kopfe. Die erwähnte Stelle am Kopfe ist gegen Druck empfindlich. Der geschlechtliche Umgang erleichtert ihm seine Beschwerden. Wenn der Hode schmerzhaft ist, ist auch der Kopf schlecht *60.

8 Stuhlverstopfung, Bauchschmerzen, Flatulenz:

Beim Stehen und Sprechen, Eingenommenheit des Kopfes, als wenn Schwindel entstehen wollte, längere Zeit fordauernd. — Stuhl, zwölf Stunden später als gewöhnlich, und hart und in kleinen Stücken abgehend *7−14Std−286,490.   Nach innen zu brennend drückender Schmerz am li Scheitelbeine, dicht über dem Ohre. — Heftiger, umherwindend kneipender Schmerz im ganzen Unterleibe, bald hie, bald da *6−150Min−335,485.   Unter dem li oberen Augenlide. Schmerz, als wenn ein harter Körper darunter läge. — Kneipen in den Gedärmen mit Blähungsabgang *5−13Std−356,484.   Ein nicht unangenehmes Brennen im äußeren Winkel des re Auges, welches sich ziemlich weit hinter das Auge, nach dem Ohre zu, erstreckt und anfallsweise wiederkehrt. — Ein starkes Poltern und Knurren im Unterleibe, ohne Schmerz und ohne Abgang von Blähungen *12−90Min−362,467.

9 Bitterer Mundgeschmack:

Kopfschmerz, dabei ein bitterer Geschmack im Munde *I.

10 Glieder-, Rücken- oder Brustschmerzen:

Eingenommen ist der Kopf, wie dumm und Schwere desselben. — Äußerlich, am unteren Teile des Kreuzbeins, ein heftiges Brennen *7−30Min−288,546.   Starker, spitzig schneidender Schmerz unter dem li oberen Augenlide. — Zucken im li Vorderarme, in der Ruhe *5−75Std−355, 581.   Drückendes Reißen im li Jochbeine, woran auch die Zähne Teil nehmen. — Kitzelnde, scharfe Stiche in der hohlen Hand *4−1Std−381,605.   Brennender Stich im re Backenknochen. — Stumpfe Stiche auf beiden Seiten in den Rippenmuskeln, beim Sitzen, schlimmer beim rückwärts Anlehnen, und beim Ein- und Ausatmen anhaltend. — Bohrender Stich im re Schienbeine, in der Ruhe *5−30Min−384,537,633.   Kitzelndes Stechen in den Backzähnen des re Unterkiefers. — Tief eindringende, in langen Pausen wiederkehrende, scharfe Stiche an verschiedenen Stellen der Gliedmaßen *4−15Min−428,661.

11 Hautjucken, Hauterscheinungen:

Beim Stehen und Sprechen, Eingenommenheit des Kopfes, als wenn Schwindel entstehen wollte, längere Zeit fortdauernd. – Fressendes Jucken am ganzen Hinterhaupte, was zum Kratzen nötigt, sich aber dadurch eher verschlimmert, als bessert *7–14Std–286,329.   Ein das Auge von innen herausdrückender Schmerz an der oberen Wand der re Augenhöhle, gleich hinter dem Auge, lang anhaltend und öfters wiederkehrend. – Eine Art Gänsehaut, ohne Frost, über beide Ober- und Unterschenkel, nämlich viele rote und weiße Blütchen an denselben, welche in ihrer Spitze weißlichten Eiter enthalten, ohne die mindeste Empfindung *7–10Tge–357,617.   Drücken-des Reißen im li Jochbeine, woran auch die Zähne Teil nehmen. – Kitzelnde, scharfe Stiche in der hohlen Hand *4–1Std–381,605.   Beim Essen, Reißen in dem Zahnfleische und den Wur-zeln der unteren Backzähne. – Lippengeschwür, woraus anfangs Eiter, dann nur grünliches Wasser kommt *8–72Std–419,397.

12 Husten, Niesen:

Früh ganz wüste im Kopfe, mit zusammenziehendem Drücken im Scheitel. – Gleich nach dem Es-sen, scharfer Hustenreiz im Kehlkopfe, aber wenig Husten *3–4Tge–296,529.   Drückend stichartiger und ziehender Schmerz in der li Stirnseite. – Öfteres Niesen, ohne Schnupfen *11–2Std–318,522.

13 Hitze:

Heftig ziehender Zahnschmerz, mit Backengeschwulst, drückendem Kopfschmerze derselben Sei-te und Hitze im Gesichte *1-75.   In freier Luft bekam sie etwas Hitze und etwas Kopfweh (gegen Abend) *1-261.

KOPFSCHMERZEN   Syndrome

1 An einer kleinen Stelle über der Nasenwurzel Gefühl, als sei da etwas Schweres, Rundes, das beim Kopfschütteln festsitzt:

Eingenommenheit des Kopfes, bloß vorne in der Mitte der Stirne, auf einer kleinen Stelle, so groß, wie eine Fingerspitze, wie Dummheit – er wußte auf der Straße nicht, ob er rechts oder links ging; er mußte sich sehr zusammennehmen *1A-5.   Wenn er den Kopf schüttelte, so war es auf ei-ner kleinen Stelle, in der Mitte der Stirne, als wenn da etwas Schweres, etwa eine Bleikugel, im Ge-hirne wäre, die da nicht los wollte *1A-9.   Gedächtnisschwäche; dabei Gefühl wie ein schwe-res Gewicht zwischen den Augen *56.   Kopfschmerz mit Gefühl einer Kugel in der Stirn *KN.   Eine kreisrunde Stelle über der Nasenwurzel ist schmerzhaft, schlechter durch Wind und örtliche Kälte *f.   Vorn in der Stirn, über der Nasenwurzel Gefühl, als wenn sich etwas zusammenzieht, oder als ob etwas Schweres nach unten zieht, an einer kleinen Stelle *h.   Ich habe das Gefühl, als ob da, über der Nasenwurzel, etwas sitzen würde, wie ein Pfropf *j.

2 Auseinanderdrücken, Bersten oder Stechen von innen heraus in der linken Stirn-seite, durch Bewegung oder Bücken verstärkt, weckt morgens aus dem Schlaf:

Kopfweh beim Bewegen, als wenn alles Gehirn herausfallen wollte *1-8.   Drückend betäu-bendes Kopfweh, besonders in der Stirne, heftiger, bei Bewegung des Kopfes und beim Stehen *11HA-298.   Beim Vorbücken, Schmerz im Kopfe, als wollte alles zur Stirne heraus *12-300.   Ein nach außen drückender und auseinanderpressender Kopfschmerz in der li Stirn-hälfte *6-304.   Dumpfes, schmerzhaftes, zuweilen stechendes Drücken nach außen, erst in der ganzen Stirne, dann bloß im li Stirnhügel, was in der Ruhe verging, bei Bewegung aber heftiger wiederkam *7-316.   Drückend bohrender Stich, eine Minute anhaltend, in der ganzen li Stirnhälfte, von innen heraus, welcher früh mit Heftigkeit zweimal nacheinander aus dem Schlafe weckt *6HA-322.   Berstender Schmerz in der Stirn bei jedem Hustenanfall *94. Schmerz beim Bücken in der Stirn, als wolle der Kopf platzen *AP.

3   Schneiden wie von sehr scharfen Messern in den Lippen und im ganzen Gesicht bis zur Stirn, hervorgerufen durch leise Berührung mit einem metallischen Gegenstande:
Empfindung wie von feinen Schnitten in der Lippe, als wäre sie aufgesprungen *3-391.   Ein, bei Berührung stechend brennendes Bläschen am Rande des Roten der Unterlippe *13-393.   Quälende Neuralgie in beiden Seiten des Gesichts und der Stirn. Sie mußte die flüssige Nahrung mit den Fingern in den Mund bringen, weil die geringste Berührung der Lippen mit Löffel, Gabel oder einem anderen metallischen Gegenstand jedesmal einen heftigen Schmerzanfall auslöste. Der Schmerz war ein feines Schneiden wie durch ein sehr scharfes Messer, das an den Lippen anfing und zu den Augen und über die Augen ausstrahlte *123.

4   Gefühl, als hätte sich im Hinterkopf das Gehirn auf kleinen Raum zusammengezogen, als läge es locker darin und könne den Schädelraum nicht hinreichend ausfüllen:
Kopfweh in der Ruhe, als wenn das Gehirn zusammengepreßt, von der Hirnschale abstehend und locker darin läge *1-8.   Es ist, als würde das Hinterhaupt zusammengedrückt, innen und außen *8HA-302.   Unangenehmes Gefühl im kleinen Gehirn. Ich kann es kaum beschreiben. Es erstreckt sich von dem Hinterhauptshöcker nach dem li Ohr, als wenn es hohl wäre, und doch ist daselbst eine dumpfe Empfindung, kein starker Schmerz – ein Gefühl, als ob das Gehirn nicht groß genug sei, um den Schädel hinlänglich auszufüllen *60.   Leeregefühl im Hinterkopf *KN.   Kopfschmerz wie verkrampft im Nacken und ein Leeregefühl im Kopf, besonders im Hinterkopf, mit Benommenheit, wie eine Art Konzentrationsschwäche, vor allem im Sitzen *I.

5   Stechen oder Reißen in Stirn und Schläfen in der Ruhe, besser durch Bewegung:
Reißen in der Stirne, abends im Sitzen; beim Bücken stach es darin und beim Gehen erleichterte es sich *1-13.   Dumpf kneipender Kopfschmerz in der Stirne, mit Stichen an den Schläfen, welcher durch Gehen sich gab, von Sitzen und Stehen aber wiederkam *13-319.   Brennen und Stechen in den äußeren Kopfteilen, besonders der li Schläfe, schlechter durch die Bettwärme, durch darauf Liegen und 3 Uhr nachmittags *LM.

6   Zahnschmerz, der sich vom kranken Zahn auf gesunde Zähne, zum Gesicht und zum Auge hinauf ausbreitet, in der frischen Luft, durch kaltes Wasser und gleich nach dem Essen sich verschlimmert, bei leichter Berührung wird er unerträglich, während festes darauf Beißen eher bessert:
Klopfender und drückender Schmerz im ganzen Gesichte, von den Zähnen bis in's Auge *1-25. Gleich nach dem Essen und Kauen, so wie nach kalt Trinken, ein reißender Zahnschmerz *3A-423. Jedesmal gleich nach dem Essen, Zahnweh im hohlen Zahne – ein fressendes Ziehen (in den Schneidezähnen aber, Drücken), was sich in der freien Luft, selbst bei verschlossenem Munde, ungemein erhöht, in der Stube aber allmählig aufhört *3A-425.   Reißen in der Wurzel des hohlen Zahnes; bei Berührung mit dem Finger, fangen auch die übrigen Zähne zu schmerzen an *3A-427.   Heftiger Zahnschmerz im ersten oberen Backenzahne der re Seite. Der Schmerz bestand in einem heftigen Fressen, mit empfindlichem Ziehen bald längs den Vorderzähnen, bald nach dem Auge hinauf. Nach dem Essen und Kauen, in freier Luft und durch kaltes Trinken wurden sie erregt oder vermehrt, durch Wärme hingegen gemildert *14.   Reißen von einem hohlen Zahne im li Oberkiefer ausgehend, erstreckt sich dieser Schmerz durch die ganze li obere Zahnreihe, auf die li Wange, setzt sich im pes anserinus fest und erzeugt dort die heftigsten Schmerzen,

welche durch leise Berührung erregt, durch starken Druck aber nur wenig vermindert werden *15. Heftige Schmerzen in allen Zähnen rechter Seits, in Ohr und Auge dieser Seite. Da er nichts Kaltes mehr trinken könne, so verleide ihm dieser Schmerz das Leben. Wolle er zuweilen seinen Durst stillen, so entstehen die unleidlichsten Risse in einem hohlen Zahn, daß es ihm einen Schrei auspresse und darauf der tägliche Schmerz in den Zähnen und Gesichtshälfte auf Stunden unleidlich gesteigert werde *45.　　　Zahnschmerzen, bald li, bald re, sie treten besonders auf nach Zugluft in der Kirche, verschlimmern sich von kalt trinken und von Berührung, aber nicht vom Draufbeißen *139.　　　Drückender und pulsierender Schmerz vom kranken Zahn bis ins Auge, schlechter durch leichten Druck oder durch Berühung mit einem metallischen Gegenstand, besser durch starken Druck *LT.

7　Empfindung von Schwellung des Gesichts, obwohl es nicht wirklich geschwollen ist:
Gesicht, wie von Schnupfen aufgedunsen *12-342.　　　Gefühl, als wäre die li Wange geschwollen *15.　　　Gefühl im Gesicht wie geschwollen, wie aufgedunsen, ohne sichtbare Schwellung *I.

RÜCKENSCHMERZEN　　　　　　　　　　Orte

1　**Nacken:** Jucken, Steifigkeit, Drücken, Spannen, Ziehen, Strammen, Schwäche, Abwärtsdrücken, lähmiges Ziehen, Stechen, Schauder, Kälteempfindlichkeit:　　　Siehe Seite 89, Nr. 9
Früh, rheumatischer Schmerz im Nacken und zwischen den Schulterblättern, wie Ziehen; sie konnte, beim Aufstehen aus dem Bette, mit den Armen sich vor Schmerz nicht bewegen und den Hals nicht wenden, den ganzen Vormittag, mehrere Morgen nacheinander, bei Mattigkeit des ganzen Körpers, bis Mittag *1-195.　　　Stiche, den Flohstichen ähnlich, an den Untergliedmaßen, der Hand, dem Nacken, am Kopfe, usw. *10-658.

2　**Halsmuskeln, Halsseiten:** Stechen, Spannen, Drücken, Ziehen, Reißen, Steifheit, Berührungsempfindlichkeit, Schwäche:　　　Siehe Seite 95, Nr. 22
Schwere des Kopfes und Schwäche der Halsmuskeln: er mußte den Kopf entweder rückwärts, oder an dieser, oder jener Seite anlehnen *7-401.

3　**Obere Dorsalwirbelsäule:** Ziehen, Drücken, Schründen. Stechen:
In den beiden ersten Rückenwirbeln, ein ziehendes Drücken, zugleich mit schründender Empfindung *3-549.　　　Zwischen dem letzten Hals- und ersten Rückenwirbel, ein Schmerz, als stäche man mit einem Messer hinein *3-551.

4　**Dorsalgegend, Schulterblätter:** Ziehen, Brennen, Drücken, Jucken, Stechen:
Früh, rheumatischer Schmerz im Nacken und zwischen den Schulterblättern, wie Ziehen; sie konn-

te, beim Aufstehen aus dem Bette, mit den Armen sich vor Schmerz nicht bewegen und den Hals nicht wenden, den ganzen Vormittag, mehrere Morgen nacheinander, bei Mattigkeit des ganzen Körpers, bis Mittag *1-195.   Brennend drückender Schmerz unter dem re Schulterblatte, dicht am Rückgrate, mit einer empfindlichen Schwerheitsempfindung auf der re Brust *6-550. Ausschlag von hirsekorngroßen konischen Knötchen zwischen den Schultern, abends und nachts sehr juckend, das Jucken durch Kratzen gebessert *37.   Stechende Schmerzen durch die ganze Brust bis zum Rücken *KM.

5   **Kurze Rippen:** Brennen, Jucken, Stechen, Frösteln, Drücken, Wundheitsschmerz, Berührungsempfindlichkeit, Klemmen:
Beim Bücken, ein stumpf stechend drückender Schmerz an den Knorpeln der letzten Rippen, auch beim Befühlen, wund schmerzhaft *1-189.   An den unteren Rippen, ein flechtenartiger Ausschlag, mit brennend juckendem Feinstechen, wie von Brennesseln; nach Reiben schmerzt die Stelle; dabei ein Frostüberlaufen in dieser Gegend und über den Oberbauch *1-191.   Flüchtig drückender Schmerz unter den letzten Rippen, wie von versetzten Blähungen *12-464.   Klemmendes Drücken unter den kurzen Rippen der re Seite *6-466.   Scharfe Stiche, welche sich am hintersten Teile der re Rippen anfangen und sich bis zu den Knorpeln hervorschlängeln *8-542.

6   **Lenden, Nierengegend:** Zerschlagenheit, Jucken, Stechen, Schießen:
Zerschlagenheitsschmerz über den Hüften, in den Lenden, welcher sich unter dem Nabel hinzieht, beim Vorbeugen am meisten bemerkbar, doch auch bei Berührung schmerzhaft ist *10-476. Juckende Nadelstiche in der Nierengegend *4HA-478.   Herpes zoster; Die Reizung, Brennen, Beißen usw. der Bläschen war höchst intensiv und hielt sie nachts wach. Nach 2 Monaten ähnlicher Ausschlag knapp oberhalb der re Crista ilica, der sich nach hinten, unten und vorn zur Leiste erstreckte. Dabei schießender Schmerz von dort den Oberschenkel und die Gesäßbacke hinunter *68.   Cystopyelitis; Patient habe starke Schmerzen in der Nierengegend bis in die Blase *158.   Eitergeschwulst im Lendenmuskel *JS.   Psoasabszeß *LM.

7   **Kreuz:** Stechen, wie verhoben, wie zerbrochen, Herabziehen, Pressen, wie zerschlagen, Hitze:
Im Kreuze, Stiche und Schmerz, wie von Verheben, in der Ruhe, welches beim Gehen aufhörte *1A-198.   Früh, im Bette, Schmerz im Kreuze, als wenn alles zerbrochen wäre; beim Aufstehen aus dem Bette konnte sie nichts von der Erde aufheben, bis 8, 9 Uhr *1A-199.   Ein herabziehender Schmerz im Kreuze, mehr beim Bücken, als gerade Stehen, am wenigsten im Sitzen *1-200.   Die ganze Nacht, ein Pressen im Kreuze, wie zerschlagen; sie wachte über diesen Schmerz auf, wo es früh um 4 Uhr am schlimmsten war; wie sie aufstand, war es weg *1-201. Kreuzschmerz weniger im Gehen hindernd, als beim Aufstehen vom Sitze, beim Wenden des Körpers im Bette, und bei jeder Seitenbewegung, mehrere Tage anhaltend *10A-545.   Ruckweise überläuft ihn eine Hitze über den unteren Teil des Rückens *12-701.   Haemorrhoiden mit intensiven Schmerzen im Rücken und durch das ganze Becken *128.   Schmerz im Kreuz wie von Verheben, schlechter in Ruhe nachts und morgens und beim Aufstehen vom Sitzen *LM.   Lumbago zwingt den Patienten, früh aufzustehen, fühlt sich besser nach dem Aufstehen *LT.   Kreuzschmerzen beim Liegen im Bett nachts, besser nach Aufstehen, kann nicht auf dem Rücken liegen *e.

8   **Kreuzbein:** Brennen, Ziehen, Stechen, Zucken, dumpfer Schmerz:
Äußerlich, am unteren Teile des Kreuzbeins, ein heftiges Brennen *7-546.   Im Sitzen, ziehendes Stechen, zuweilen Zucken im Kreuzbeine *7-547.   Dumpfer Schmerz in den Nates beim Sitzen, welche sich bis in die Gegend des Kreuzbeins und Hüftgelenks erstreckten *62. Sacrumschmerzen morgens im Bett, schlechter bei Rückenlage, besser durch Aufstehen *d.   Ziehende Sacrumschmerzen bis in die Vorderseite der Oberschenkel. Jede Nacht zwischen 1 und 2

Uhr geht es los, kann dann nicht mehr liegen, muß im Sessel schlafen wegen der Schmerzen. Der Druck der Stuhllehne auf das Sacrum ist unangenehm. Es ist kein ruhiger Schmerz, er muß während der Schmerzen die Beine bewegen *i.

9   **Steißbein:** Wunde Stellen:
Wunde Stellen über den Wirbeln und Steißbein *140.

10   **Gesäß:** Wehtun, Jucken, Bohren, Stechen, dumpfer Schmerz, Schießen, Ziehen:
Wenn er ein Weilchen gesessen hat, tut ihm die Hinterbacke weh *1A-209.   Brennend jukkendes Fressen an den Hinterbacken, wie wenn man etwas Schafwollenes auf die Haut zieht, abends im Bette; durch Kratzen verging es an der einen Stelle und kam an eine andere *13-606. Bohrender Schmerz in den li Gesäßmuskeln, im Sitzen *5-607.   Stechendes Jucken an den Gesäßmuskeln und mehreren Stellen des Körpers *8HA-608.   Dumpfer Schmerz in den Nates beim Sitzen, welcher sich bis in die Gegend des Kreuzbeins und Hüftgelenks erstreckte *62. Herpes zoster; Ausschlag knapp oberhalb der Crista ilica. Dabei schießender Schmerz von dort den Oberschenkel und die Gesäßbacke hinunter, schlechter beim Gehen oder beim Aufstehen vom Sitzen *68.   Schmerzen re im Gesäß morgens beim Aufstehen *g.   Gefühl, als ob jemand mit dem Messer hineinsticht oder als ob man eine Spritze bekommt, dann wieder ein ziehender Schmerz, im Gesäß bis in die Waden, schlechter nachts, besser vormittags, Herumgehen bessert etwas. Sitzen kann er nicht gut, dann tun die Gesäßbacken weh, er muß dann hin und herrutschen und die Beine ausstrecken und wieder anziehen *k.

11   **Hüfte, Sacroiliacalgelenk:** Steifheit, dumpfer Schmerz, Nadelstechen:
Früh, beim Aufstehen aus dem Bette, sind alle Gelenke steif, besonders Achseln, Kreuz und Hüftgelenk *1A-235.   Dumpfer Schmerz in den Nates beim Sitzen, welcher sich bis in die Gegend des Kreuzbeins und Hüftgelenks erstreckte *62.   Schmerz im li Sacroiliacalgelenk, schlechter im Stehen, kann sich deshalb morgens im Bett nicht umdrehen. Quälender Schmerz in den Muskeln der li Hüfte im Anfang des Gehens, nach Mittagsschlaf, nicht aber morgens nach Aufstehen. Wärmeanwendung bessert. Nadelstechen in der Hüfte, kann auf der li Seite nicht schlafen *136.

12   **Ganzer Rücken:** Rucken, Stechen, Drücken, Schauder, Wärmegefühl, wunde Stellen:
Schmerz im Rücken, die Nacht, vom Abend an bis früh 5 Uhr, wie Schläge und Rucke, so daß es ihm den Atem benahm, bei Schlummer *1-196.   Starke Stiche, den Rücken hinauf *1-197. Harter Druck li, neben der Wirbelsäule, an den Rückenmuskeln *8-548.   Frostschauder im Rücken *3-672.   Ob er gleich am Ofen stand, konnte er doch nicht warm werden im Rücken und an den Armen; dabei öftere Schauder über den Rücken und die Arme, nach dem Genicke, über den Kopf und das Gesicht *12-695.   Ein flüchtiger Frostschauder den Rücken herab *12-698.   Ein nicht unangenehmes Wärmegefühl über den Rücken *12-700.   Rückgratverkrümmung durch die Schmerzen, re Schulter viel höher als die li, kann nicht gerade stehen *136.   Wunde Stellen über den Wirbeln und Steißbein *140.   Eitergeschwulst im Lendenmuskel. Rückgratverkrümmung *JS.   Rückenschmerz, schlechter nachts im Bett und morgens vor dem Aufstehen *AF.   Rückenschmerz mit Schwäche der Beine *LT.

13   **Zum Bauch oder zur Brust ausstrahlende Rückenschmerzen:**
Zerschlagenheitsschmerz über den Hüften, in den Lenden, welcher sich unter dem Nabel hinzieht, beim Vorbeugen am meisten bemerkbar, doch auch bei Berührung schmerzhaft ist *10-476. Scharfe Stiche, welche sich am hintersten Teile der re Rippen anfangen und sich bis zu den Knorpeln hervorschlängeln *8-542.   Brennend drückender Schmerz unter dem re Schulterblatte, dicht am Rückgrate, mit einer empfindlichen Schwerheitsempfindung auf der re Brust *6-550. Herpes zoster; Ausschlag knapp oberhalb der re Crista ilica. Dabei schießender Schmerz von dort

den Oberschenkel und die Gesäßbacke hinunter *68.   Dauernder schießender Schmerz in
der Umgebung der li Niere. Stechen zur li Leiste und zum Hoden hin, auf jeden schießenden Stich
folgt so starkes Jucken, daß er kratzen muß *102.   Haemorrhoiden mit intensiven Schmerzen im Rücken und durch das ganze Becken *128.   Cystopyelitis; Patient habe starke
Schmerzen in der Nierengegend bis in die Blase *158.   Stechende Schmerzen durch die ganze Brust bis zum Rücken *KM.

14   **In die Beine ausstrahlende Kreuzschmerzen:**
Herpes zoster; Ausschlag knapp oberhalb der re Crista ilica. Dabei schießender Schmerz von dort
den Oberschenkel und die Gesäßbacke hinunter *68.   Rückenschmerz mit Schwäche der
Beine, besonders der Kniegelenke, muß den Fuß nachziehen *LT.   Ziehende Sacrumschmerzen bis in die Vorderseite der Oberschenkel. Der Druck der Stuhllehne auf das Sacrum ist unangenehm. Es ist kein ruhiger Schmerz, er muß während der Schmerzen die Beine bewegen *i.   Gefühl, als ob jemand mit dem Messer hineinsticht oder als ob man eine Spritze bekommt, dann wieder ein ziehender Schmerz, im Gesäß bis in die Waden. Sitzen kann er nicht gut, dann tun die Gesäßbacken weh, er muß dann hin und herrutschen und die Beine ausstrecken und wieder anziehen
*k.

RÜCKENSCHMERZEN   Empfindungen

1   **Drückendes Ziehen, Steifheit:**   Nacken, Kreuz, Halsseite, obere Dorsalwirbelsäule:
In den Nacken- und den li Schultermuskeln, ein Drücken und Spannen *1-194.   Früh, beim
Aufstehen aus dem Bette, sind alle Gelenke steif, besonders Achseln, Kreuz und Hüftgelenk *1A-
235.   Drückendes Ziehen auf der re Seite des Halses, ohne Beziehung auf Bewegung oder
Berührung *8-406.   Spannendes Drücken in der Seite des Halses *3-407.   Beim
Vorbiegen des Halses, ein ziehend drückender (rheumatischer) Schmerz in der Seite desselben *3-
408.   Beim Vorbiegen ist der Hals da, wo er auf der Schulter aufsitzt, rheumatisch schmerzhaft, wie Ziehen, Drücken, Steifheit *3-410.   In den beiden ersten Rückenwirbeln, ein ziehendes Drücken, zugleich mit schründender Empfindung *3-549.   Rheumatisches Ziehen,
Drücken und Spannung im Nacken, mit Steifheit *HG.

2   **Ziehendes Stechen:**   Kurze Rippen, Halsmuskeln, Kreuzbein, Gesäß:
Beim Bücken, ein stumpf stechend drückender Schmerz an den Knorpeln der letzten Rippen, auch
beim Befühlen, wund schmerzhaft *1-189.   Spannender Stich in den li Halsmuskeln *5-405.
Im Sitzen, ziehendes Stechen, zuweilen Zucken im Kreuzbeine *7-547.   Gefühl, als ob jemand mit dem Messer hineinsticht oder als ob man eine Spritze bekommt, dann wieder ein ziehender Schmerz, im Gesäß bis in die Waden, schlechter nachts, besser vormittags, Herumgehen bessert
etwas. Muß manchmal nachts weinen, so heftig sind die Schmerzen. Sitzen kann er nicht gut, dann
tun die Gesäßbacken weh, er muß dann hin und herrutschen und die Beine ausstrecken und wieder anziehen *k.

3   **Stechendes Jucken:**   Untere Rippen, Nierengegend, Gesäß, Nacken:
An den unteren Rippen, ein flechtenartiger Ausschlag, mit brennend juckendem Feinstechen, wie
von Brennesseln; nach Reiben schmerzt die Stelle, dabei ein Frostüberlaufen in dieser Gegend und
über den Oberbauch *1-191.   Juckende Nadelstiche in der Nierengegend *4HA-478.
Stechendes Jucken an den Gesäßmuskeln und mehreren Stellen des Körpers *8HA-608.   Juk-
kende, scharfe Stiche an verschiedenen Stellen des Körpers *4HA-657.   Stiche, den Floh-

stichen ähnlich, an den Untergliedmaßen, der Hand, dem Nacken, am Kopfe, u.s.w. *10-658.
Dauernder schießender Schmerz in der Umgebung der li Niere, schlechter durch Kälte, durch Liegen in einem kalten Bett, besser durch Hitze oder beim Warmwerden im Bett. Stechen zur li Leiste und zum Hoden hin, auf jeden schießenden Stich folgt so starkes Jucken, daß er kratzen muß.
Die schießenden Stiche begannen tief innen im Fleisch und endeten an der Oberfläche; der Punkt, wo sie endeten, war der Punkt, wo es dann juckte *102.

4   **Drücken, Pressen, dumpfer Schmerz:** Kreuz, Nacken, kurze Rippen, dorsal, Nates:
Die ganze Nacht, ein Pressen im Kreuze, wie zerschlagen; sie wachte über diesen Schmerz auf, wo es früh um 4 Uhr am schlimmsten war; wie sie aufstand, war es weg *1-201.   Niederdrückende Empfindung im Nacken *3-402.   Flüchtig drückender Schmerz unter den letzten Rippen, wie von versetzten Blähungen *12-464.   Klemmendes Drücken unter den kurzen Rippen der re Seite *6-466.   Harter Druck li, neben der Wirbelsäule, an den Rückenmuskeln *8-548.
Brennend drückender Schmerz unter dem re Schulterblatte, dicht am Rückgrate, mit einer empfindlichen Schwerheitsempfindung auf der re Brust *6-550.   Dumpfer Schmerz in den Nates beim Sitzen, welcher sich bis in die Gegend des Kreuzbeins und Hüftgelenks erstreckt *62.

5   **Ziehen, Strammen:** Nacken, dorsal, Rücken, Sacrum:
Früh, rheumatischer Schmerz im Nacken und zwischen den Schulterblättern, wie Ziehen; sie konnte, beim Aufstehen aus dem Bette, mit den Armen sich vor Schmerz nicht bewegen und den Hals nicht wenden, den ganzen Vormittag, mehrere Morgen nacheinander *1-195.   Ein strammender Schmerz an der li Nacken- und Hinterkopfseite, bloß die Nacht, welcher ihn oft aus dem Schlafe weckt und wovor er weder auf der re Seite, noch auf der li Seite liegen kann *11-341.
Lähmiges Ziehen hinten im Nackengelenke, am Stachelfortsatze des ersten Rückenwirbels *4-403.
Ziehend reißender Schmerz hie und da in den Muskeln des ganzen Körpers, beim Sitzen *7HA-653.   In den Gelenken der Achsel, des Ellbogens, des Rückens, der Knie, ein ziehender (?) Schmerz bei Bewegung der Teile, weniger in der Ruhe, vorzüglich abends *12-654.   Ziehende Sacrumschmerzen bis in die Vorderseite der Oberschenkel. Jede Nacht zwischen 1 und 2 Uhr geht es los, kann dann nicht mehr liegen, muß im Sessel schlafen wegen der Schmerzen. Der Druck der Stuhllehne auf das Sacrum ist unangenehm. Es ist kein ruhiger Schmerz, er muß während der Schmerzen die Beine bewegen *i.

6   **Bohren:** Gesäß:
Bohrender Schmerz in den li Gesäßmuskeln, im Sitzen *5-607.

7   **Klemmen:** Kurze Rippen:
Klemmendes Drücken unter den kurzen Rippen der re Seite *6-466.

8   **Schwere, Schwäche, lähmiger Schmerz:** Halsmuskeln, Nacken, dorsal:
Schwere des Kopfes und Schwäche der Halsmuskeln: er mußte den Kopf entweder rückwärts, oder an dieser, oder jener Seite anlehnen *7-401.   Niederdrückende Empfindung im Nacken *3-402.   Lähmiges Ziehen hinten im Nackengelenke, am Stachelfortsatze des ersten Rückenwirbels *4-403.   Brennend drückender Schmerz unter dem re Schulterblatte, dicht am Rückgrate, mit einer empfindlichen Schwerheitsempfindung auf der re Brust *6-550.   Schmerzhaftigkeit des ganzen Körpers, wie Zerschlagenheit, mit ungemeinem Mattigkeitsgefühle, schlimmer bei Bewegung — wenn sie nach dem Sitzen etwas gegangen war, ward dies schmerzhafte Gefühl erneuet und verstärkt *12A-664.

9   **Schmerz wie verhoben, wie zerbrochen, wie zerschlagen:** Kreuz, Lenden:
Im Kreuze, Stiche und Schmerz, wie von Verheben, in der Ruhe, welches beim Gehen aufhörte *1A-198.   Früh, im Bette, Schmerz im Kreuze, als wenn alles zerbrochen wäre; beim Auf-

stehen aus dem Bette konnte sie nichts von der Erde aufheben, bis 8, 9 Uhr *1A-199.   Die
ganze Nacht, ein Pressen im Kreuze, wie zerschlagen; sie wachte über diesen Schmerz auf, wo es
früh um 4 Uhr am schlimmsten war; wie sie aufstand, war es weg *1-201.   Zerschlagenheitsschmerz über den Hüften, in den Lenden, welcher sich unter dem Nabel hinzieht, beim Vorbeugen
am meisten bemerkbar ist, doch auch bei Berührung schmerzhaft ist *10-476.   Schmerzhaftigkeit des ganzen Körpers, wie Zerschlagenheit, mit ungemeinem Mattigkeitsgefühle, schlimmer
bei Bewegung — wenn sie nach dem Sitzen etwas gegangen war, ward dies schmerzhafte Gefühl erneuet und verstärkt *12A-664.   Schmerz im Kreuz wie von Verheben, schlechter in Ruhe
nachts und morgens und beim Aufstehen vom Sitzen *LM.

10   **Berührungsempfindlichkeit äußerlich:** Untere Rippen, Lenden:
Beim Bücken, ein stumpf stechend drückender Schmerz an den Knorpeln der letzten Rippen, auch
beim Befühlen, wund schmerzhaft *1-189.   An den unteren Rippen, Ausschlag; nach Reiben schmerzt die Stelle *1-191.   Zerschlagenheitsschmerz über den Hüften, in den Lenden,
welcher sich unter dem Nabel hinzieht, beim Vorbeugen am meisten bemerkbar ist, doch auch bei
Berührung schmerzhaft ist *10-476.

11   **Stechen:** Rücken, Kreuz, Halsseite, Rippen, Nacken, Hüfte, dorsal:
Starke Stiche, den Rücken herauf *1-197.   Im Kreuze, Stiche und Schmerz, wie von Verheben, in der Ruhe, welches beim Gehen aufhörte *1A-198.   Ruckweise Stiche an der Seite
des Halses, fast hinterm Ohre, abends *12-404.   Scharfe Stiche, welche sich am hintersten
Teile der re Rippen anfangen und sich bis zu den Knorpeln hervorschlängeln *8-542.   Zwischen dem letzten Hals- und ersten Rückenwirbel, ein Schmerz, als stäche man mit einem Messer
hinein *3-551.   Schmerz im li Sacroiliacalgelenk, schlechter im Stehen, kann sich deshalb
morgens im Bett nicht umdrehen. Nadelstechen in der Hüfte, kann auf der li Seite nicht schlafen
*136.   Stechende Schmerzen durch die ganze Brust bis zum Rücken *KM.

12   **Schießen, Reißen:** Halsmuskeln, Lende, Gesäß, Nierengegend:
Feines Reißen in den Muskeln des Halses *8-409.   Ziehend reißender Schmerz hie und da in
den Muskeln des ganzen Körpers, beim Sitzen *7HA-653.   Herpes zoster; Ausschlag knapp
oberhalb der re Crista ilica. Dabei schießender Schmerz von dort den Oberschenkel und die Gesäßbacke hinunter, schlechter beim Gehen oder beim Aufstehen vom Sitzen und etwa 5 Uhr morgens
*68.   Dauernder schießender Schmerz in der Umgebung der li Niere, schlechter durch Kälte,
durch Liegen in einem kalten Bett, besser durch Hitze oder beim Warmwerden im Bett *102.

13   **Brennen, Schründen, Fressen, Beißen:** Untere Rippen, Kreuzbein, obere Dorsalwirbelsäule, Schulterblatt, Gesäß, Lende:
An den unteren Rippen, ein flechtenartiger Ausschlag, mit brennend juckendem Feinstechen, wie
von Brennesseln; nach Reiben schmerzt die Stelle *1-191.   Äußerlich, am unteren Teile des
Kreuzbeins, ein heftiges Brennen *7-546.   In den beiden ersten Rückenwirbeln, ein ziehendes Drücken, zugleich mit schründender Empfindung *3-549.   Brennend drückender
Schmerz unter dem re Schulterblatte, dicht am Rückgrate, mit einer empfindlichen Schwerheitsempfindung auf der re Brust *6-550.   Brennend juckendes Fressen an den Hinterbacken,
wie wenn man etwas Schafwollenes auf die Haut zieht, abends im Bette; durch Kratzen verging
es an der einen Stelle und kam an eine andere *13-606.   Herpes zoster; Die Reizung, Brennen, Beißen usw. der Bläschen war höchst intensiv und hielt sie nachts wach. Nach 2 Monaten ähnlicher Ausschlag knapp oberhalb der re Crista ilica, der sich nach hinten, unten und vorn zur Leiste
erstreckte *68.

14   **Frostschauder, Wärmegefühl, Hitze:** Untere Rippen, Rücken, Nacken:
An den unteren Rippen, ein flechtenartiger Ausschlag; dabei ein Frostüberlaufen in dieser Gegend

und über den Oberbauch *1-191.   Ob er gleich am Ofen stand, konnte er doch nicht warm werden im Rücken und an den Armen; dabei öftere Schauder über den Rücken und die Arme, nach dem Genicke, über den Kopf und das Gesicht, früh nach dem Aufstehen *12-695.   Nach dem Essen, ein flüchtiger Frostschauder den Rücken herab *12-698.   Drei Stunden nach dem Essen, ein nicht unangenehmes Wärmegefühl über den Rücken *12-700.   Ruckweise überläuft ihn eine Hitze über den unteren Teil des Rückens, bei übrigens bloß warmem Körper, ohne nachfolgenden Schweiß *12-701.

15   Jucken: Nacken, Gesäß, dorsal:
Im Nacken, juckende Blütchen *1HA-23.   Im Nacken, Jucken *1-193.   Brennend juckendes Fressen an den Hinterbacken, wie wenn man etwas Schafwollenes auf die Haut zieht, abends im Bette; durch Kratzen verging es an der einen Stelle und kam an eine andere *13-606. Ausschlag von hirsekorngroßen konischen Knötchen zwischen den Schultern, abends und nachts sehr juckend, das Jucken durch Kratzen gebessert *37.

16   Rucken: Rücken, Halsseite:
Schmerz im Rücken, die Nacht, vom Abend an bis früh 5 Uhr, wie Schläge und Rucke, so daß es ihm den Atem benahm, bei Schlummer *1-196.   Ruckweise Stiche an der Seite des Halses, fast hinter dem Ohre, abends *12-404.

RÜCKENSCHMERZEN   Zeit

1   Frühmorgens im Bett, besser nach Aufstehen: Kreuz, Rücken, Lende, Gesäß, Sacroiliacalgelenk, Sacrum:
Früh, im Bette, Schmerz im Kreuze, als wenn alles zerbrochen wäre; beim Aufstehen aus dem Bette konnte sie nichts von der Erde aufheben, bis 8, 9 Uhr *1A-199.   Die ganze Nacht, ein Pressen im Kreuze, wie zerschlagen; sie wachte über diesen Schmerz auf, wo es früh um 4 Uhr am schlimmsten war; wie sie aufstand, war es weg *1-201.   Früh, Munterkeit, dann Schläfrigkeit mit Frostschauder im Rücken *3-672.   Herpes zoster knapp oberhalb der re Crista ilica; Dabei schießender Schmerz von dort den Oberschenkel und die Gesäßbacke hinunter, schlechter etwa 5 Uhr morgens. Er war besser im Sitzen oder Liegen, sie mußte aber um 5 oder 6 Uhr aufstehen und sitzen oder stehen, wodurch der Schmerz erträglicher wurde *68.   Schmerz im li Sacroiliacalgelenk, kann sich deshalb morgens im Bett nicht umdrehen *136.   Schmerz im Kreuz wie von Verheben, schlechter in Ruhe nachts und morgens *LM.   Rückenschmerz, schlechter nachts im Bett und morgens vor dem Aufstehen *AF.   Lumbago zwingt den Patienten, früh aufzustehen, fühlt sich besser nach dem Aufstehen *LT.   Kreuzschmerzen beim Liegen im Bett nachts, besser nach Aufstehen *e.   Ziehende Sacrumschmerzen bis in die Vorderseite der Oberschenkel. Jede Nacht zwischen 1 und 2 Uhr geht es los, kann dann nicht mehr liegen, muß im Sessel schlafen wegen der Schmerzen *i.

2   Morgens beim Aufstehen: Nacken, dorsal, Kreuz, Rücken, Gesäß:
Früh, rheumatischer Schmerz im Nacken und zwischen den Schulterblättern, wie Ziehen; sie konnte, beim Aufstehen aus dem Bette, mit den Armen sich vor Schmerz nicht bewegen und den Hals nicht wenden *1-195.   Früh, im Bette, Schmerz im Kreuze, als wenn alles zerbrochen wäre; beim Aufstehen aus dem Bette konnte sie nichts von der Erde aufheben, bis 8, 9 Uhr *1A-199. Ob er gleich am Ofen stand, konnte er doch nicht warm werden im Rücken und an den Armen; dabei öftere Schauder über den Rücken und die Arme, nach dem Genicke, über den Kopf und das

Gesicht, früh nach dem Aufstehen *12-695.   Früh, beim Aufstehen aus dem Bette, sind alle
Gelenke steif, besonders Achseln, Kreuz und Hüftgelenk *1A-325.   Schmerzen re im Gesäß
morgens beim Aufstehen *g.

3   **Vormittags:** Nacken, dorsal:
Früh, rheumatischer Schmerz im Nacken und zwischen den Schulterblättern, wie Ziehen; sie konnte, beim Aufstehen aus dem Bette, mit den Armen sich vor Schmerz nicht bewegen und den Hals
nicht wenden, den ganzen Vormittag, mehrere Morgen nacheinander, bei Mattigkeit des ganzen
Körpers, bis Mittag *1-195.

4   **Nach dem Mittagsschlaf:** Sacroiliacalgelenk, Hüfte:
Schmerz im li Sacroiliacalgelenk, schlechter im Stehen, kann sich deshalb morgens im Bett nicht
umdrehen. Quälender Schmerz in den Muskeln der li Hüfte im Anfang des Gehens, nach Mittagsschlaf, nicht aber morgens nach Aufstehen *136.

5   **Abends:** Halsseite, Rücken, Gesäß, dorsal (Jucken):
Ruckweise Stiche an der Seite des Halses, fast hinter dem Ohre, abends *12-404.   Brennend
juckendes Fressen an den Hinterbacken, wie wenn man etwas Schafwollenes auf die Haut zieht,
abends im Bette; durch Kratzen verging es an der einen Stelle und kam an eine andere *13-606.
In den Gelenken der Achsel, des Ellbogens, des Rückens, der Knie, ein ziehender (?) Schmerz, bei
Bewegung der Teile, weniger in der Ruhe, vorzüglich abends *4HA-657.   Ausschlag von
hirsekorngroßen konischen Knötchen zwischen den Schultern, abends und nachts sehr juckend,
das Jucken durch Kratzen gebessert *37.

6   **Nachts:** Rücken, Kreuz, Nacken, Kreuzbein, Gesäß:
Schmerz im Rücken, die Nacht, vom Abend an bis früh 5 Uhr, wie Schläge und Rucke, so daß es
ihm den Atem benahm, bei Schlummer *1-196.   Die ganze Nacht, ein Pressen im Kreuze,
wie zerschlagen; sie wachte über diesen Schmerz auf, wo es früh um 4 Uhr am schlimmsten war;
wie sie aufstand, war es weg *1-201.   Ein strammender Schmerz an der li Nacken- und Hinterkopfseite, bloß die Nacht, welcher ihn oft aus dem Schlafe weckt und wovor er weder auf der re
Seite, noch auf der li Seite liegen kann *11-341.   Schmerz im Kreuz wie von Verheben,
schlechter in Ruhe nachts und morgens und beim Aufstehen vom Sitzen *LM.   Rückenschmerz, schlechter nachts im Bett und morgens vor dem Aufstehen *AF.   Kreuzschmerzen
beim Liegen im Bett nachts, besser nach Aufstehen, kann nicht auf dem Rücken liegen *e.   Ziehende Sacrumschmerzen bis in die Vorderseite der Oberschenkel. Jede Nacht zwischen 1 und 2
Uhr geht es los, kann dann nicht mehr liegen, muß im Sessel schlafen wegen der Schmerzen *i.
Gefühl, als ob jemand mit dem Messer hineinsticht oder als ob man eine Spritze bekommt, dann
wieder ein ziehender Schmerz, im Gesäß bis in die Waden, schlechter nachts, besser vormittags,
Herumgehen bessert etwas. Muß manchmal nachts weinen, so heftig sind die Schmerzen *k.

RÜCKENSCHMERZEN   Modalitäten

1   **Kann frühmorgens nicht mehr liegen, muß im Sessel weiterschlafen oder aufstehen:** Kreuz, Gesäß, Kreuzbein:
Die ganze Nacht, ein Pressen im Kreuze, wie zerschlagen; sie wachte über diesen Schmerz auf, wo
es früh um 4 Uhr am schlimmsten war; wie sie aufstand, war es weg *1-201.   Herpes
zoster; Ausschlag knapp oberhalb der re Crista ilica. Dabei schießender Schmerz von dort den

Oberschenkel und die Gesäßbacke hinunter, schlechter beim Gehen oder beim Aufstehen vom Sitzen und etwa 5 Uhr morgens. Er war besser im Sitzen oder Liegen, sie mußte aber um 5 oder 6 Uhr aufstehen und sitzen oder stehen, wodurch der Schmerz erträglicher wurde *68.   Lumbago zwingt den Patienten, früh aufzustehen, fühlt sich besser nach dem Aufstehen *LT.   Sacrumschmerzen morgens im Bett, schlechter bei Rückenlage, besser durch Aufstehen *d.   Kreuzschmerzen beim Liegen im Bett nachts, besser nach Aufstehen, kann nicht auf dem Rücken liegen *e.   Ziehende Sacrumschmerzen bis in die Vorderseite der Oberschenkel. Jede Nacht zwischen 1 und 2 Uhr geht es los, kann dann nicht mehr liegen, muß im Sessel schlafen wegen der Schmerzen *i.

2 Sitzen verschlechtert Gesäß- oder Sacrumschmerzen, er muß dann die Beine bewegen:

Im Sitzen, ziehendes Stechen, zuweilen Zucken im Kreuzbeine *7-547.   Bohrender Schmerz in den li Gesäßmuskeln, im Sitzen *5-607.   Dumpfer Schmerz in den Nates beim Sitzen, welcher sich bis in die Gegend des Kreuzbeins und Hüftgelenks erstreckte *62.   Der Druck der Stuhllehne auf das Sacrum ist unangenehm. Es ist kein ruhiger Schmerz, er muß während der Schmerzen die Beine bewegen *i.   Sitzen kann er nicht gut, dann tun die Gesäßbacken weh, er muß dann hin und herrutschen und die Beine ausstrecken und wieder anziehen *k.

3 Gehen bessert: Kreuz:

Im Kreuze, Stiche und Schmerz, wie von Verheben, in der Ruhe, welches beim Gehen aufhörte *1A-198.   Schmerz im Kreuz wie von Verheben, schlechter in Ruhe nachts und morgens und beim Aufstehen vom Sitzen *LM.   Gefühl, als ob jemand mit dem Messer hineinsticht oder als ob man eine Spritze bekommt, dann wieder ein ziehender Schmerz, im Gesäß bis in die Waden, schlechter nachts, besser vormittags, Herumgehen bessert etwas *k.

4 Aufstehen vom Sitzen oder Liegen verschlechtert: Nacken, dorsal, Kreuz, Gesäß, Sacroiliacalgelenk:

Früh, rheumatischer Schmerz im Nacken und zwischen den Schulterblättern, wie Ziehen, sie konnte, beim Aufstehen aus dem Bette, mit den Armen sich vor Schmerz nicht bewegen und den Hals nicht wenden *1-195.   Früh, im Bette, Schmerz im Kreuze, als wenn alles zerbrochen wäre; beim Aufstehen aus dem Bette konnte sie nichts von der Erde aufheben *1A-199.   Früh, beim Aufstehen aus dem Bette, sind alle Gelenke steif, besonders Achseln, Kreuz und Hüftgelenk *1A-235.   Kreuzschmerz weniger im Gehen hindernd, als beim Aufstehen vom Sitze, beim Wenden des Körpers im Bette, und bei jeder Seitenbewegung *10A-545.   Ausschlag knapp oberhalb der re Crista ilica. Dabei schießender Schmerz von dort den Oberschenkel und die Gesäßbacke hinunter, schlechter beim Gehen oder beim Aufstehen vom Sitzen *68.   Quälender Schmerz in den Muskeln der li Hüfte im Anfang des Gehens, nach Mittagsschlaf *136. Schmerz im Kreuz wie von Verheben, schlechter in Ruhe nachts und morgens und beim Aufstehen vom Sitzen *LM.   Schmerzen re im Gesäß morgens beim Aufstehen *g.

5 Bücken, Vorwärtsbeugen verschlechtert: Letzte Rippen, Kreuz, Halsseite, Lenden:

Beim Bücken, ein stumpf stechend drückender Schmerz an den Knorpeln der letzten Rippen, auch beim Befühlen, wund schmerzhaft *1-189.   Ein herabziehender Schmerz im Kreuze, mehr beim Bücken, als gerade Stehen, am wenigsten im Sitzen *1-200.   Beim Vorbiegen des Halses, ein ziehend drückender (rheumatischer) Schmerz in der Seite desselben *3-408.   Beim Vorbiegen ist der Hals da, wo er auf der Schulter aufsitzt, rheumatisch schmerzhaft, wie Ziehen, Drücken, Steifheit *3-410.   Zerschlagenheitsschmerz über den Hüften, in den Lenden, welcher sich unter dem Nabel hinzieht, beim Vorbeugen am meisten bemerkbar, doch auch bei Berührung schmerzhaft ist *10-476.

6   **Bewegung oder Gehen verschlechtert, Sitzen oder Liegen bessert:** Rücken, Gesäß:
In den Gelenken der Achsel, des Ellbogens, des Rückens, der Knie, ein ziehender (?) Schmerz bei
Bewegung der Teile, weniger in der Ruhe, vorzüglich abends *12-654.   Schmerzhaftigkeit
des ganzen Körpers, wie Zerschlagenheit, mit ungemeinem Mattigkeitsgefühle, schlimmer bei Bewegung — wenn sie nach dem Sitzen etwas gegangen war, ward dies schmerzhafte Gefühl erneuet und
verstärkt *12A-664.   Herpes zoster knapp oberhalb der re Crista ilica. Dabei schießender
Schmerz von dort den Oberschenkel und die Gesäßbacke hinunter, schlechter beim Gehen oder
beim Aufstehen vom Sitzen. Er war besser im Sitzen oder Liegen *68.

7   **Umdrehen im Bett, Seitwärtsbewegung des Körpers verschlechtert:** Kreuz, Sacroiliacalgelenk:
Kreuzschmerz weniger im Gehen hindernd, als beim Aufstehen vom Sitze, beim Wenden des Körpers im Bette, und bei jeder Seitenbewegung, mehrere Tage anhaltend *10A-545.   Schmerz
im li Sacroiliacalgelenk, schlechter im Stehen, kann sich deshalb morgens im Bett nicht umdrehen
*136.

8   **Seitenlage, Rückenlage:**
Ein strammender Schmerz an der li Nacken- und Hinterkopfseite, bloß die Nacht, welcher ihn oft
aus dem Schlafe weckt und wovor er weder auf der re Seite, noch auf der li Seite liegen kann *11-
341.   Nadelstechen in der (li) Hüfte, kann auf der li Seite nicht schlafen *136.   Sacrumschmerzen morgens im Bett, schlechter bei Rückenlage, besser durch Aufstehen *d.   Kreuzschmerzen beim Liegen im Bett nachts, besser nach Aufstehen, kann nicht auf dem Rücken liegen *e.

9   **Stehen verschlechtert:** Sacroiliacalgelenk:
Schmerz im li Sacroiliacalgelenk, schlechter im Stehen *136.

10   **Kälte verschlechtert, Wärmeanwendung bessert:** Niere, Hüfte:
Dauernder schießender Schmerz in der Umgebung der li Niere, schlechter durch Kälte, durch Liegen in einem kalten Bett, besser durch Hitze oder beim Warmwerden im Bett. Stechen zur li Leiste
und zum Hoden hin, auf jeden schießenden Stich folgt so starkes Jucken, daß er kratzen muß
*102.   Quälender Schmerz in den Muskeln der li Hüfte im Anfang des Gehens. Wärmean-
wendung bessert *136.

11   **Berührung, Reiben verschlechtert:** Kurze Rippen, Lenden:
Beim Bücken, ein stumpf stechend drückender Schmerz an den Knorpeln der letzten Rippen, auch
beim Befühlen, wund schmerzhaft *1-189.   An den unteren Rippen, ein flechtenartiger Ausschlag, mit brennend juckendem Feinstechen, wie von Brennesseln; nach Reiben schmerzt die Stelle *1-191.   Zerschlagenheitsschmerz über den Hüften, in den Lenden, welcher sich unter
dem Nabel hinzieht, beim Vorbeugen am meisten bemerkbar, doch auch bei Berührung schmerzhaft ist *10-476.

12   **Anderes:**
Schwere des Kopfes und Schwäche der Halsmuskeln: er mußte den Kopf entweder rückwärts, oder
an dieser, oder jener Seite anlehnen *7-401.   Nach dem Essen, ein flüchtiger Frostschauder
den Rücken herab *12-698.   Drei Stunden nach dem Essen, ein nicht unangenehmes Wärmegefühl über den Rücken *12-700.

RÜCKENSCHMERZEN   Begleitsymptome

1   Mattigkeit, Schwäche:

Früh, rheumatischer Schmerz im Nacken und zwischen den Schulterblättern, wie Ziehen; sie konn-te, beim Aufstehen aus dem Bette, mit den Armen sich vor Schmerz nicht bewegen und den Hals nicht wenden, den ganzen Vormittag, mehrere Morgen nacheinander, bei Mattigkeit des ganzen Körpers, bis Mittag *1-195.   Kreuzschmerz weniger im Gehen hindernd, als beim Aufstehen vom Sitze, beim Wenden des Körpers im Bette, und bei jeder Seitenbewegung, mehrere Tage anhal-tend. − Mehrtägige Schwäche des Ober- und Unterschenkels, besonders im Kniegelenke − er muß den Fuß schleppen; dabei stechendes Reißen in der Wade und Kreuzschmerzen *10−10Std−545, 618.   Schmerzhaftigkeit des ganzen Körpers, wie Zerschlagenheit, mit ungemeinem Mattig-keitsgefühle, schlimmer bei Bewegung − wenn sie nach dem Sitzen etwas gegangen war, ward dies schmerzhafte Gefühl erneuet und verstärkt *12A-664.   Rückenschmerz mit Schwäche der Beine, besonders der Kniegelenke, muß den Fuß nachziehen *LT.

2   Beinschmerzen, Kopfschmerzen:

Kreuzschmerz weniger im Gehen hindernd, als beim Aufstehen vom Sitze, beim Wenden des Kör-pers im Bette, und bei jeder Seitenbewegung, mehrere Tage anhaltend. − Mehrtägige Schwäche des Ober- und Unterschenkels, besonders im Kniegelenke − er muß den Fuß schleppen; dabei stechen-des Reißen in der Wade und Kreuzschmerzen. − Stechendes Reißen unter und in der re Wade und über der li Ferse *10−10Std−545,618,637.   Äußerlich, am unteren Teile des Kreuzbeins, ein heftiges Brennen. − Eingenommen ist der Kopf, wie dumm und Schwere desselben *7− 30Min−546,288.   Dumpfer Schmerz in den Nates beim Sitzen, welches sich bis in die Ge-gend des Kreuzbeins und Hüftgelenks erstreckte. Dumpfe Ruhe bei Bewegung und Gefühl von Zie-hen in der Gegend des Knies und der Patella in der Ruhe *62.

3   Frost, Schnupfen:

An den unteren Rippen ein flechtenartiger Ausschlag, mit brennend juckendem Feinstechen, wie von Brennesseln, nach Reiben schmerzt die Stelle; dabei ein Frostüberlaufen in dieser Gegend und über dem Oberbauch *1-191.   Harter Druck li, neben der Wirbelsäule, an den Rückenmus-keln. − Schnupfen: Anfangs schnaubt er nur dicken Schleim aus, nachgehends dünnflüssigen *8− 4Tge−548,523.

4   Bauchsymptome:

Früh, im Bette, Schmerz im Kreuze, als wenn alles zerbrochen wäre; beim Aufstehen aus dem Bet-te konnte sie nichts von der Erde aufheben, bis 8, 9 Uhr; dann erfolgte Hunger, dann, mit Leib-schneiden, Durchfall, welcher zuletzt schleimig war *1A-199.

RÜCKENSCHMERZEN   Syndrome

1   Drückender oder ziehender Kreuzschmerz frühmorgens im Liegen, besonders bei Rückenlage; muß aufstehen und im Sessel weiterschlafen:

Die ganze Nacht, ein Pressen im Kreuze, wie zerschlagen; sie wachte über diesen Schmerz auf, wo es früh um 4 Uhr am schlimmsten war; wie sie aufstand, war es weg *1-201.   Ausschlag knapp oberhalb der re Crista ilica. Dabei schießender Schmerz von dort den Oberschenkel und die Gesäßbacke hinunter, schlechter beim Gehen oder beim Aufstehen vom Sitzen und etwa 5 Uhr morgens. Er war besser im Sitzen oder Liegen, sie mußte aber um 5 oder 6 Uhr aufstehen und

sitzen oder stehen, wodurch der Schmerz erträglicher wurde *68.   Lumbago zwingt
den Patienten, früh aufzustehen, fühlt sich besser nach dem Aufstehen *LT.   Sacrumschmerzen morgens im Bett, schlechter bei Rückenlage, besser durch Aufstehen *d.   Kreuzschmerzen beim Liegen im Bett nachts, besser nach Aufstehen, kann nicht auf dem Rücken liegen
*e.   Ziehende Sacrumschmerzen bis in die Vorderseite der Oberschenkel. Jede Nacht zwi-
schen 1 und 2 Uhr geht es los, kann dann nicht mehr liegen, muß im Sessel schlafen wegen der
Schmerzen *i.

2   **Im Sitzen Wehtun oder dumpfes Bohren im Gesäß, muß deshalb die Beine be-
wegen:**
Wenn er ein Weilchen gesessen hat, tut ihm die Hinterbacke weh *1A-209.   Bohrender
Schmerz in den li Gesäßmuskeln, im Sitzen *5-607.   Dumpfer Schmerz in den Nates beim
Sitzen, welcher sich bis in die Gegend des Kreuzbeins und Hüftgelenks erstreckte *62.   Muß
im Sessel schlafen wegen der Sacrumschmerzen. Der Druck der Stuhllehne auf das Sacrum ist unangenehm. Es ist kein ruhiger Schmerz, er muß während der Schmerzen die Beine bewegen *i.
Sitzen kann er nicht gut, dann tun die Gesäßbacken weh, er muß dann hin und herrutschen und
die Beine ausstrecken und wieder anziehen *k.

3   **Stechend schießender Schmerz von der Niere zur Leiste; da, wo dieser Schmerz
unter der Haut endet, entsteht ein heftiges Jucken:**
Juckende Nadelstiche in der Nierengegend *4HA-478.   Dauernder schießender Schmerz in
der Umgebung der li Niere. Stechen zur li Leiste und zum Hoden hin, auf jeden schießenden Stich
folgt so starkes Jucken, daß er kratzen muß. Die schießenden Stiche begannen tief innen im
Fleisch und endeten an der Oberfläche; der Punkt, wo sie endeten, war der Punkt, wo es dann
juckte *102.

ARMSCHMERZEN   Orte

1   **Achselhöhle:** Stechen, Jucken, Drücken:
Stiche in der li Achselhöhle *5-552.   Juckende Nadelstiche in der re Achselhöhle *8-553.
Juckende Stiche in beiden Achselhöhlen *4HA-554.   In der re Achselgrube, ein stumpfer,
drückender Schmerz *12-555.

2   **Schulter:** Drücken, Spannen, Steifheit, Ziehen, Stechen, Berührungsempfindlichkeit, Verrenkungsschmerz, Reißen:
In den Nacken- und den li Schultermuskeln, ein Drücken und Spannen *1-194.   Früh,
beim Aufstehen aus dem Bette, sind alle Gelenke steif, besonders Achseln, Kreuz und Hüftgelenk
*1A-235.   Im li Schultergelenke, ein ziehendes Stechen, vorzüglich bei Bewegung des

Arms nach der Brust *7-556.   Drückender Stich in der re Schulter, von unten herauf *5-557.   Lockerer Druck auf der Achsel, welche beim Berühren schmerzt, als ob das Fleisch los wäre, beim Gehen *3-558.   Ein Herabdrücken der Achsel, als läge eine Last auf der Schulter, im Sitzen *3-559.   Schmerz, wie Verrenkung, im re Schultergelenke, bloß bei Bewegung *8HA-560.   Stumpf stechende Schmerzen am Schultergelenke, bei Bewegung und Berührung heftiger *8HA-561.   Drückendes Ziehen in den Schultergelenken, früh im Bette und gleich nach dem Aufstehen; bei Bewegung heftiger *8-562.   Feines Reißen am Kopfe des li Schulterknochens, bei Bewegung heftiger *8-563.   Lähmiges Ziehen im Schultergelenke, bisweilen auch im ganzen Arme, wenn er ihn beim Liegen, im Bette, unter den Kopf legt *4-564. Heftig drückender Schmerz im li Schultergelenke, durch keine Bewegung verschwindend *6HA-568.   In den Gelenken der Achsel, des Ellbogens, der Hand, der Finger, des Rückens, der Knie, ein ziehender (?) Schmerz bei Bewegung der Teile, weniger in der Ruhe, vorzüglich abends *12-654.   Die Glieder sind unter dem Schulter- und unter dem Hüftgelenke wie zerschlagen, und wie nach einer großen Fußreise, schmerzhaft *3-662.   Verhob sich die li Achsel, als er eine geringe Last auf dieselbe heben wollte; es stach darin, wenn er den vom Körper abgezogenen Arm in gerader Richtung in die Höhe führen wollte, und die Hand konnte er nicht höher als bis zur Stirne bringen *3.   Heftig drückender Schmerz vom li Ellbogen bis zur Schulterhöhe, später nur im Deltoid *101.

3   **Deltoid:** Reißen, Drücken, Ziehen:
Reißender Schmerz im li Oberarme, im dreieckigen Muskel, im Sitzen, welcher von Bewegung vergeht *3-565.   Drückendes Ziehen im dreieckigen Muskel *3-574.   Myalgie des li Deltoid. Heftiger drückender Schmerz vom li Ellbogen bis zur Schulterhöhe, später nur im Deltoid. Der Schmerz verhindert den Gebrauch des li Oberarmes und ist im Bett stärker *101.

4   **Oberarm:** Drücken, Berührungsempfindlichkeit, Ziehen, Reißen, Stechen, wie zerschlagen:
Am re Oberarmknochen Schmerz, ein unleidliches Drücken in der Beinhaut, in Ruhe und Bewegung; beim Befühlen schmerzt die Stelle noch mehr *1-203.   Im re Oberarme, ein drückendes Ziehen, abends im Bette *1-204.   Reißender Schmerz in den Muskeln des li Oberarms, dicht am Ellbogen *11-566.   Stichartiges Reißen in den Muskeln des re Oberarms, nahe beim Ellbogengelenke *11-567.   Lähmig drückender Schmerz am li Oberarme, bei Berührung heftiger *8-569.   Hartes Drücken am re Oberarme, nach innen, bei Berührung heftiger 8-570.   Lähmig drückender Schmerz im li Oberarme, bei Berührung und Bewegung heftiger *8HA-571.   Lähmiger Druck an beiden Ober- und Unterarmen; bei Bewegung und Berührung heftiger *8HA-573.   Die Glieder sind unter dem Schulter- und unter dem Hüftgelenke wie zerschlagen, und wie nach einer großen Fußreise, schmerzhaft *3-662.

5   **Ellbogen:** Jucken, Reißen, Stechen, Schwäche, Grießeln, Brennen, Drücken, Ziehen:
Am Ellbogen und gegen die Hände zu, juckende Ausschlagsblüten *1-205.   Reißender Schmerz in den Muskeln des li Oberarms, dicht am Ellbogen *11-566.   Stichartiges Reißen in den Muskeln des re Oberarms, nahe beim Ellbogengelenke *11-567.   Lähmige Schwäche um das Ellbogengelenk *3-576.   Neben der Beugung des Ellbogens, mehr nach dem Vorderarme zu, eine Empfindung, als wäre ein Hautausschlag ausgebrochen, oder wie wenn man sich mit einer Nadel geritzt hat — eine Art Grießeln, etwas brennend; doch sieht man nichts an der Stelle, welche vorzüglich bei Berührung schmerzt *12-577.   Unterhalb des li Ellbogens an der äußeren Seite der Speiche, drückendes Ziehen, wie ein Klemmen *4-578.   In den Gelenken der Achsel, des Ellbogens, der Hand, der Finger, des Rückens, der Knie, ein ziehender (?) Schmerz bei Bewegung der Teile, weniger in der Ruhe, vorzüglich abends *12-654.

6   **Unterarm:** Jucken, Ziehen, Reißen, Brennen, Berührungsempfindlichkeit, Drücken, Stechen, Grießeln, Reißen, Zucken:

Am Ellbogen und gegen die Hände zu, juckende Ausschlagsblüten *1-205.   Ziehend reißender Schmerz im Vorderarme, vorzüglich bei Bewegung des Arms und der Hand *1-206.   Am Vorderarme, eine rote Erhöhung, in deren Mitte ein Eiterbläschen sitzt, mit brennendem Schmerze in der Ruhe und für sich, beim Befühlen aber mehr wie ein Schwär schmerzend *1-207.   Lähmiger Druck an beiden Ober- und Unterarmen; bei Bewegung und Berührung heftiger *8HA-573. Langsame, stumpfe Stiche, wie Drücken, in der Mitte des Vorderarms *4-575.   Neben der Beugung des Ellbogens, mehr nach dem Vorderarme zu, eine Empfindung, als wäre ein Hautausschlag ausgebrochen, oder wie wenn man sich mit einer Nadel geritzt hat – eine Art Grießeln, etwas brennend; doch sieht man nichts an der Stelle, welche vorzüglich bei Berührung schmerzt *12-577.   Unterhalb des li Ellbogens an der äußeren Seite der Speiche, drückendes Ziehen, wie ein Klemmen *4-578.   Stechendes Reißen im li Vorderarme *10-579.   Drückendes Ziehen in den Muskeln des Vorderarms und auf dem Handrücken *3-580.   Zucken im li Vorderarme, in der Ruhe *5-581.

7 **Handgelenk**: Ziehen, Jucken, Klemmen, Drücken, Stechen, Reißen:
Im Gesichte, an der Stirne, den Backen und um den Mund und die Handwurzel, Ausschlagsblüten, welche ziehendes Jucken verursachen, was von Kratzen nur kurze Zeit aufhört, dann aber stechend wiederkehrt *3-345.   Klammartiger Schmerz um das re Handgelenk, der beim Ausstrecken der Finger vergeht, beim Einschlagen derselben aber zurückkehrt und dann zugleich auch einen reißenden Stich durch den ganzen Arm bis in die Schulter erzeugt *6-582.   In der Handwurzel querüberziehendes Drücken, besonders bei Bewegung *3-583.   Stechendes Reißen im li Handgelenke *10-584.   In den Gelenken der Achsel, des Ellbogens, der Hand, der Finger, des Rückens, der Knie, ein ziehender (?) Schmerz bei Bewegung der Teile, weniger in der Ruhe, vorzüglich abends *12-654.

8 **Hand**: Jucken, Brennen, Hitze, Stechen, Kälte:
Schneiden in den Därmen; nach dem Schneiden bekommt sie eine große Hitze im Gesichte, auch die Adern treten an den Händen auf *1-123.   Flechten (Schwinden) auf den Händen, welche abends jucken und nach dem Kratzen brennen *1AA-208.   Mehr Hitzempfindung, als Hitze der re Hand, welche auch röter war, als die andere, mit feinem Reißen im Mittelgelenke der vier Finger derselben *7-604.   Stiche, den Flohstichen ähnlich, an den Untergliedmaßen, der Hand, dem Nacken, am Kopfe, u.s.w. *10-658.   Den ganzen Körper durchschüttelnder Frostschauder, bei warmer Stirne und heißen Wangen, aber kalten Händen *11-696.   Prosopalgie; Infolge der Heftigkeit des Schmerzes Kälte der Hände *15.   Die Hände waren geschwollen, die Finger steif und gefühllos *23.   Nachts Hitze in den Händen und Füßen, entblößt sie *AP.

9 **Handrücken**: Drücken, Ziehen:
Drückendes Ziehen in den Muskeln des Vorderarmes und auf dem Handrücken *3-580.   Ziehender Schmerz durch die Knochen des Handrückens, besonders bei Bewegung *3-585.

10 **Handteller**: Jucken, Stechen:
Kitzelndes Jucken am li Handteller, zu kratzen reizend *11-586.   Kitzelnde, scharfe Stiche in der hohlen Hand *4-605.

11 **Mittelhandknochen**: Ziehen, Drücken, Berührungsempfindlichkeit:
Ziehender Schmerz durch die Knochen des Handrückens, besonders bei Bewegung *3-585.   Lähmig ziehender Schmerz in den hinteren Gelenken der Finger, wo sie sich mit den Mittelhandknochen vereinigen – bei Bewegung heftiger *8H-588.   Hartes Drücken am Mittelhandknochen des li Zeigefingers, bei Berührung und bei Bewegung des Fingers heftiger *8-589.   Absetzend drückender Schmerz an den Mittelhandknochen des li Daumens, bei Berührung heftiger *8-590.

12   **Fingerballen:** Zucken, Reißen, Drücken, Klemmen:
Feines, zuckendes Reißen in den Muskeln des Daumens, vorzüglich stark an der Spitze *8HA-592.
Reißender Schmerz in den Muskeln des li Daumenballens, welcher bei Bewegung des Daumens verging *11-593.   Drückend klammartiger Schmerz am Ballen des re, kleinen Fingers, bei Bewegung der Hand *11-597.

13   **Fingergelenke:** Ziehen, Stechen, Reißen:
Schmerzhaftes Ziehen im Mittelgelenke des re Zeigefingers *8-587.   Lähmig ziehender
Schmerz in den hinteren Gelenken der Finger, wo sie sich mit den Mittelhandknochen vereinigen
– bei Bewegung heftiger *8H-588.   Nadelstichartiger Schmerz im mittelsten Gliede des re
Zeigefingers und dem anstoßenden Gelenke, anhaltend in der Bewegung *5-601.   Mehr
Hitzempfindung, als Hitze der re Hand, welche auch röter war, als die andere, mit feinem Reißen
im Mittelgelenke der vier Finger derselben *7-604.   In den Gelenken der Achsel, des Ellbo-
gens, der Hand, der Finger, des Rückens, der Knie, ein ziehender (?) Schmerz bei Bewegung der
Teile, weniger in der Ruhe, vorzüglich abends *12-654.   Gicht bei älteren Menschen. Die
Schmerzen sind in den kleinen Gelenken der Hände und Füße, dabei viel Schwellung und Härte.
Akuter Gelenkrheumatismus mit wandernden Schmerzen *CA.

14   **Finger:** Ziehen, Kriebeln, Jucken, Brennen, Stechen, Klemmen, Steifheit:
Schmerzhaftes Ziehen in den Gliedern der Finger rechter Hand *8-591.   Wenn er die Finger
frei ausstreckt, so geraten sie in konvulsive Bewegung auf und nieder *4-595.   Kriebeln in
den Fingern, als wollten sie einschlafen *7-596.   Tiefe, juckend brennende, scharfe Nadelstiche im li Daumen, welche zum Kratzen reizen *4HA-599.   Klamm in den Fingern und
verschiedenen Teilen der Gliedmaßen *4-602.   Tumor am Mittelglied des li Daumens.
Die Hände waren geschwollen, die Finger steif und gefühllos. Anfangsstadium von Lepra *23.
Paedarthrocace der ersten Phalanx des li Zeigefingers. Geschwür und Geschwulst des Knochens
*29.   Ekzem der Finger beider Hände, Jucken, besonders in der Bettwärme *88.   Bei
der geringsten Veranlassung standen beiderseits, besonders aber re, die Finger steif. Schreiben war
fast ganz unmöglich *106.   Knochen, besonders der Finger, unvollständig entwickelt *BD.

15   **Fingerspitzen:** Zucken, Reißen, Drücken, Spannen, Stechen, Taubheit:
Feines, zuckendes Reißen in den Muskeln des Daumens, vorzüglich stark an der Spitze *8HA-592.
Feines, zuckendes Reißen in den Muskeln mehrerer Finger, vorzüglich in den Spitzen derselben
8HA-594.   Anhaltend drückender Schmerz vom Mittelgelenke des re Mittelfingers an, nach
vorne zu, auch in der Bewegung anhaltend *5-598.   Spannende Stiche in der li Daumenspitze *5-600.   Es ist, als wäre eine harte Haut über die Fingerspitzen der li Hand gezogen; er
hat wenig Gefühl darin und kann beim Betasten nichts gut unterscheiden *8HA-603.   Taubheit der Fingerspitzen *HG.

16   **Knochen:** Drücken, Reißen, Ziehen, Klemmen:
Schmerz in den Knochen des Arms, nicht für sich in der Ruhe, auch nicht beim Betasten, sondern
bloß bei Bewegung *1-202.   Am re Oberarmknochen Schmerz, ein unleidliches Drücken
in der Beinhaut, in Ruhe und Bewegung; beim Befühlen schmerzt die Stelle noch mehr *1-203.
Feines Reißen am Kopfe des li Schulterknochens, bei Bewegung heftiger *8-563.   Unterhalb des li Ellbogens an der äußeren Seite der Speiche, drückendes Ziehen, wie ein Klemmen
*4-578.

17   **Ganzer Arm:** Ziehen, Drücken, Reißen, Stechen:
Lähmiges Ziehen im Schultergelenke, bisweilen auch im ganzen Arme, wenn er ihn beim Liegen,
im Bette, unter den Kopf legt *4-564.   Lähmiger Druck an beiden Ober- und Unterarmen;
bei Bewegung und Berührung heftiger *8HA-573.   Klammartiger Schmerz um das re Handge-

lenk, der beim Ausstrecken der Finger vergeht, beim Einschlagen derselben aber zurückkehrt und dann zugleich auch einen reißenden Stich durch den ganzen Arm bis in die Schulter erzeugt *6-582.　　　　Vorzüglich von der articulatio humeri bis zur ulna entlang war alles stark intumesciert *5.　　　　Prosopalgie; Bei großer Heftigkeit der Schmerzen erstrecken sie sich bis hinter das li Ohr und in den li Arm *15.

ARMSCHMERZEN   Empfindungen

1　**Drückendes Ziehen:** Schulter, Oberarm, Deltoid, Unterarm, Handrücken:
In den Nacken- und den li Schultermuskeln, ein Drücken und Spannen *1-194.　　　　Im re Oberarme, ein drückendes Ziehen, abends im Bette *1-204.　　　　Drückendes Ziehen in den Schultergelenken, früh im Bette und gleich nach dem Aufstehen; bei Bewegung heftiger *8-562. Drückendes Ziehen hie und da an den Obergliedmaßen, bei Berührung heftiger *8-572.　　　　Drückendes Ziehen im dreieckigen Muskel *3-574.　　　　Unterhalb des li Ellbogens an der äußeren Seite der Speiche, drückendes Ziehen, wie ein Klemmen *4-578.　　　　Drückendes Ziehen in den Muskeln des Vorderarms und auf dem Handrücken *3-580.

2　**Stechendes Reißen:** Oberarm, Unterarm, ganzer Arm, Handgelenk:
Stichartiges Reißen in den Muskeln des re Oberarms, nahe beim Ellbogengelenke *11-567.　　　　Stechendes Reißen im li Vorderarme *10-579.　　　　Klammartiger Schmerz um das re Handgelenk, der beim Ausstrecken der Finger vergeht, beim Einschlagen derselben aber zurückkehrt und dann zugleich auch einen reißenden Stich durch den ganzen Arm bis in die Schulter erzeugt *6-582. Stechendes Reißen im li Handgelenke *10-584.

3　**Lähmiges Drücken oder Ziehen:** Schulter, Oberarm, Unterarm, Fingergrundgelenke:
Lähmiges Ziehen im Schultergelenke, bisweilen auch im ganzen Arme, wenn er ihn beim Liegen, im Bette, unter den Kopf legt *4-564.　　　　Lähmig drückender Schmerz am li Oberarme, bei Berührung heftiger *8-569.　　　　Lähmig drückender Schmerz im li Oberarme, bei Berührung und Bewegung heftiger; der Arm ist geschwächt *8HA-571.　　　　Lähmiger Druck an beiden Ober- und Unterarmen; bei Bewegung und Berührung heftiger *8HA-573.　　　　Lähmig ziehender Schmerz in den hinteren Gelenken der Finger, wo sie sich mit den Mittelhandknochen vereinigen — bei Bewegung heftiger *8H-588.

4　**Drücken:** Oberarm, Achselhöhle, Schulter, Unterarme, Handgelenk, Mittelhandknochen, Finger:
Am re Oberarmknochen Schmerz, ein unleidliches Drücken in der Beinhaut, in Ruhe und Bewegung; beim Befühlen schmerzt die Stelle noch mehr *1-203.　　　　In der re Achselgrube, ein stumpfer, drückender Schmerz *12-555.　　　　Drückender Stich in der re Schulter, von unten herauf *5-557.　　　　Lockerer Druck auf der Achsel, welche beim Berühren schmerzt, als ob das Fleisch los wäre, beim Gehen *3-558.　　　　Ein Herabdrücken der Achsel, als läge eine Last auf der Schulter, im Sitzen *3-559.　　　　Heftig drückender Schmerz im li Schultergelenke, durch keine Bewegung verschwindend *6HA-568.　　　　Hartes Drücken am re Oberarme, nach innen, bei Berührung heftiger *8-570.　　　　Langsame, stumpfe Stiche, wie Drücken, in der Mitte des Vorderarms *4-575.　　　　In der Handwurzel querüberziehendes Drücken, besonders bei Bewegung *3-583.　　　　Hartes Drücken am Mittelhandknochen des li Zeigefingers, bei Berührung und bei Bewegung des Fingers heftiger *8-589.　　　　Absetzend drückender Schmerz an den Mittelhandknochen des li Daumens, bei Berührung heftiger *8-590.　　　　Drückend klammartiger

Schmerz am Ballen des re, kleinen Fingers, bei Bewegung der Hand *11-597.   Anhaltend drückender Schmerz vom Mittelgelenke des re Mittelfingers an, nach vorne zu, auch in der Bewegung anhaltend *5-598.   Myalgie des li Deltoid. Heftiger drückender Schmerz vom li Ellbogen bis zur Schulterhöhe, später nur im Deltoid. Der Schmerz verhindert den Gebrauch des li Oberarmes und ist im Bett stärker *101.

5   **Ziehen:** Unterarm, Handgelenk, Schulter, Handrücken, Finger, Ellbogen, Hand:
Ziehend reißender Schmerz im Vorderarme, vorzüglich bei Bewegung des Armes und der Hand *1-206.   Im Gesichte, an der Stirne, den Backen und um den Mund und die Handwurzel, Ausschlagsblüten, welche ziehendes Jucken verursachen, was von Kratzen nur kurze Zeit aufhört, dann aber stechend wiederkehrt *3-345.   Im li Schultergelenke, ein ziehendes Stechen, vorzüglich bei Bewegung des Armes nach der Brust *7-556.   Ziehender Schmerz durch die Knochen des Handrückens, besonders bei Bewegung *3-585.   Schmerzhaftes Ziehen im Mittelgelenke des re Zeigefingers *8-587.   Schmerzhaftes Ziehen in den Gliedern der Finger rechter Hand *8-591.   Spannende Stiche in der li Daumenspitze *5-600.   In den Gelenken der Achsel, des Ellbogens, der Hand, der Finger, des Rückens, der Knie, ein ziehender (?) Schmerz bei Bewegung der Teile, weniger in der Ruhe, vorzüglich abends *12-654.   Bekam kleine Pusteln auf beide Arme und Hände, welche Flüssigkeit absonderten, die heftige spannende und brennende Schmerzen verursachte *20.

6   **Klemmen, Schmerz wie von einem Band:** Unterarm, Handgelenk, Kleinfingerballen, Finger, Arme:
Unterhalb des li Ellbogens an der äußeren Seite der Speiche, drückendes Ziehen wie ein Klemmen *4-578.   Klammartiger Schmerz um das re Handgelenk, der beim Ausstrecken der Finger vergeht, beim Einschlagen derselben aber zurückkehrt und dann zugleich auch einen reißenden Stich durch den ganzen Arm bis in die Schulter erzeugt *6-582.   Drückend klammartiger Schmerz am Ballen des re, kleinen Fingers, bei Bewegung der Hand *11-597.   Klamm in den Fingern und verschiedenen Teilen der Gliedmaßen *4-602.   Schmerzen wie von einem Band an Armen, Handgelenken, Knöcheln *140.

7   **Schwere, Schwäche, Steifheit:** Arme, Schultern, Ellbogen, Finger:
Nach einer nächtlichen Pollution, Mattigkeit und Schwere in beiden Armen, als hätte er Blei darin *1-152.   Früh, beim Aufstehen aus dem Bette, sind alle Gelenke steif, besonders Achseln, Kreuz und Hüftgelenk *1A-235.   Ein Herabdrücken der Achsel, als läge eine Last auf der Schulter, im Sitzen *3-559.   Lähmige Schwäche um das Ellbogengelenk *3-576.   Verhob sich die li Achsel; es stach darin. Dabei fühlte er eine Schwäche im ganzen Arme *3.   Tumor am Mittelglied des li Daumens. Die Hände waren geschwollen, die Finger steif und gefühllos. Alle behaarten Stellen waren steif und schmerzten. Anfangsstadium von Lepra *23.   Sehr unangenehmer Schmerz im Ellbogen seit zwölf Monaten. Das Gelenk war steif und geschwollen, schien aber nicht ernstlich erkrankt zu sein. Der Schmerz jedoch wurde als qualvoll beschrieben *38.   Schreibekrampf. Bei der geringsten Veranlassung standen beiderseits, besonders aber re, die Finger steif. Schreiben war fast ganz unmöglich *106.

8   **Schmerz wie verrenkt oder zerschlagen:** Schulter, Oberarm:
Lockerer Druck auf der Achsel, welche beim Berühren schmerzt, als ob das Fleisch los wäre, beim Gehen *3-558.   Schmerz, wie Verrenkung, im re Schultergelenke, bloß bei Bewegung *8HA-560.   Die Glieder sind unter dem Schulter- und unter dem Hüftgelenke wie zerschlagen, und wie nach einer großen Fußreise, schmerzhaft *3-662.

9   **Brennen, Geschwürsschmerz:** Unterarm, Ellbogen, Daumen, Hände:
Am Vorderarme, eine rote Erhöhung, in deren Mitte ein Eiterbläschen sitzt, mit brennendem

Schmerze in der Ruhe und für sich, beim Befühlen aber mehr wie ein Schwär schmerzend *1-207.
Flechten auf den Händen, welche abends jucken und nach dem Kratzen brennen *1AA-208.
Neben der Beugung des Ellbogens, mehr nach dem Vorderarme zu, eine Empfindung, als wäre ein
Hautausschlag ausgebrochen, oder wie wenn man sich mit einer Nadel geritzt hat — eine Art
Grießeln, etwas brennend; doch sieht man nichts an der Stelle, welche vorzüglich bei Berührung
schmerzt *12-577.   Tiefe, juckend brennende, scharfe Nadelstiche in li Daumen, welche
zum Kratzen reizen *4HA-599.   Bekam kleine Pusteln auf beide Arme und Hände, welche
größere Flächen einnahmen, und eine scharfe gelbe Flüssigkeit absonderten, welche jede damit benetzte Hautstelle corrodierte, und heftige spannende und brennende Schmerzen verursachte *20.

10 **Hitze, Kälte:** Hände, Arme:
Mehr Hitzempfindung, als Hitze der re Hand, welche auch röter war, als die andere, mit feinem
Reißen im Mittelgelenke der vier Finger derselben *7-604.   Ob er gleich am Ofen stand,
konnte er doch nicht warm werden im Rücken und an den Armen; dabei öftere Schauder über den
Rücken und die Arme, nach dem Genicke, über den Kopf und das Gesicht, früh nach dem Aufste-
hen *12-695.   Den ganzen Körper durchschüttelnder Frostschauder, bei warmer Stirne und
heißen Wangen, aber kalten Händen *11-696.   Prosopalgie; Infolge der Heftigkeit des
Schmerzes Kälte der Hände *15.   Nachts Hitze in Händen und Füßen, entblößt sie *AP.

11 **Zucken, absetzender Schmerz:** Unterarm, Mittelhand:
Zucken im li Vorderarme, in der Ruhe *5-581.   Absetzend drückender Schmerz an den Mittelhandknochen des li Daumens, bei Berührung heftiger *8-590.

12 **Gefühllosigkeit, als wäre eine harte Haut darübergezogen, Taubheit, Eingeschla-
fensein:** Finger, Fingerspitzen:
Kriebeln in den Fingern, als wollten sie einschlafen *7-596.   Es ist, als wäre eine harte Haut
über die Fingerspitzen der li Hand gezogen; er hat wenig Gefühl darin und kann beim Betasten
nichts gut unterscheiden *8HA-603.   Die Hände waren geschwollen, die Finger steif und gefühllos *23.   Taubheit der Fingerspitzen beider Hände *136.   Taubheit der Fingerspitzen *HG.

13 **Jucken:** Ellbogen, Unterarme, Hände, Handgelenk, Achselhöhle, Handteller, Daumen:
Am Ellbogen und gegen die Hände zu, juckende Ausschlagsblüten *1-205.   Flechten
(Schwinden) auf den Händen, welche abends jucken und nach dem Kratzen brennen *1AA-208.
Im Gesichte, an der Stirne, den Backen und um den Mund und die Handwurzel, Ausschlagsblüten,
welche ziehendes Jucken verursachen, was von Kratzen nur kurze Zeit aufhört, dann aber stechend
wiederkehrt *3-345.   Juckende Nadelstiche in der re Achselhöhle *8-553.   Juckende
Stiche in beiden Achselhöhlen *4HA-554.   Kitzelndes Jucken am li Handteller, zu kratzen
reizend *11-586.   Tiefe, juckend brennende, scharfe Nadelstiche im li Daumen, welche zum
Kratzen reizen *4HA-599.   Kitzelnde, scharfe Stiche in der hohlen Hand *4-605.   Vorzüglich zur Nachtzeit stattfindendes, schlafstörendes Jucken im Hautorgan *5.   Ekzem der
Finger beider Hände, Jucken, besonders in der Bettwärme *88.   Myalgie des li Deltoid.
Nach örtlicher Anwendung von Staphisagria roter, juckender Ausschlag wie Lichen urticatus *101.

14 **Stechen:** Handgelenk, Achselhöhle, Schulter, Unterarm, Daumen, Zeigefinger, Handteller:
Um die Handwurzel, Ausschlagsblüten, welche ziehendes Jucken verursachen, was von Kratzen nur
kurze Zeit aufhört, dann aber stechend wiederkehrt *3-345.   Stiche in der li Achselhöhle
*5-552.   Juckende Nadelstiche in der re Achselhöhle *8-553.   Juckende Stiche in
beiden Achselhöhlen *4HA-554.   Im li Schultergelenke, ein ziehendes Stechen, vorzüglich
bei Bewegung des Armes nach der Brust *7-556.   Drückender Stich in der re Schulter, von

unten herauf *5-557.   Stumpf stechende Schmerzen am Schultergelenke, bei Bewegung und Berührung heftiger *8HA-561.   Langsame, stumpfe Stiche, wie Drücken, in der Mitte des Vorderarms *4-575.   Tiefe, juckend brennende, scharfe Nadelstiche im li Daumen, welche zum Kratzen reizen *4HA-599.   Spannende Stiche in der li Daumenspitze *5-600.   Nadelstichartiger Schmerz im mittelsten Gliede des re Zeigefingers und dem anstoßenden Gelenke, anhaltend in der Bewegung *5-601.   Kitzelnde, scharfe Stiche in der hohlen Hand *4-605.   Verhob sich die li Achsel, als er eine geringe Last auf dieselbe heben wollte; es stach darin, wenn er den vom Körper abgezogenen Arm in gerader Richtung in die Höhe führen wollte *3.

15   **Reißen:** Unterarm, Schulter, Oberarm, Daumen, Finger:
Ziehend reißender Schmerz im Vorderarme, vorzüglich bei Bewegung des Arms und der Hand *1-206.   Feines Reißen am Kopfe des li Schulterknochens, bei Bewegung heftiger *8-563. Reißender Schmerz im li Oberarme, im dreieckigen Muskel, im Sitzen, welcher von Bewegung vergeht *3-565.   Reißender Schmerz in den Muskeln des li Oberarms, dicht am Ellbogen *11-566.   Feines, zuckendes Reißen in den Muskeln des Daumens, vorzüglich stark an der Spitze *8HA-592.   Reißender Schmerz in den Muskeln des li Daumenballens, welcher bei Bewegung des Daumens verging *11-593.   Feines, zuckendes Reißen in den Muskeln mehrerer Finger, vorzüglich in den Spitzen derselben *8HA-594.   Mehr Hitzempfindung, als Hitze der re Hand, welche auch röter war, als die andere, mit feinem Reißen im Mittelgelenke der vier Finger derselben *7-604.

ARMSCHMERZEN   Zeit

1   **Morgens:** Schultern, Arme:
Früh, beim Aufstehen aus dem Bette, sind alle Gelenke steif, besonders Achseln, Kreuz und Hüftgelenk *1A-235.   Drückendes Ziehen in den Schultergelenken, früh im Bette und gleich nach dem Aufstehen; bei Bewegung heftiger *8-562.   Früh, innerliches Zittern in den Gliedern, wenn er sie lange in einer Richtung erhält *3-655.   Ob er gleich am Ofen stand, konnte er doch nicht warm werden im Rücken und an den Armen; dabei öftere Schauder über den Rücken und die Arme, nach dem Genicke, über den Kopf und das Gesicht, früh nach dem Aufstehen *12-695.

2   **Abends:** Oberarm, Hände, Gelenke:
Im re Oberarme, ein drückendes Ziehen, abends im Bette *1-204.   Flechten (Schwinden) auf den Händen, welche abends jucken und nach dem Kratzen brennen *1AA-208.   In den Gelenken der Achsel, des Ellbogens, der Hand, der Finger, des Rückens, der Knie, ein ziehender (?) Schmerz bei Bewegung der Teile, weniger in der Ruhe, vorzüglich abends *12-654.   Myalgie des li Deltoid. Heftiger drückender Schmerz vom li Ellbogen bis zur Schulterhöhe, später nur im Deltoid. Der Schmerz verhindert den Gebrauch des li Oberarmes und ist im Bett stärker *101.

3   **Nachts:** Jucken, Hitze:
Ich fand den re Arm von einer exostosis notha ergriffen. Vorzüglich zur Nachtszeit stattfindendes, schlafstörendes Jucken im Hautorgan *5.   Nachts Hitze in Händen und Füßen, entblößt sie *AP.

ARMSCHMERZEN   Modalitäten

1 **Bewegung verschlechtert, Ruhe bessert:** Armknochen, Unterarm, Schulter, Oberarm, Handgelenk, Handrücken, Fingergrundgelenke, Zeigefinger, Gelenke:
Schmerz an den Knochen des Arms, nicht für sich in der Ruhe, auch nicht beim Betasten, sondern bloß bei Bewegung *1-202.   Ziehend reißender Schmerz im Vorderarme, vorzüglich bei Bewegung des Arms und der Hand *1-206.   Schmerz, wie Verrenkung, im re Schultergelenke, bloß bei Bewegung *8HA-560.   Stumpf stechende Schmerzen am Schultergelenke, bei Bewegung und Berührung heftiger *8HA-561.   Drückendes Ziehen in den Schultergelenken, früh im Bette und gleich nach dem Aufstehen, bei Bewegung heftiger *8-562.   Feines Reissen am Kopfe des li Schulterknochens, bei Bewegung heftiger *8-563.   Lähmig drückender Schmerz im li Oberarme, bei Berührung und Bewegung heftiger; der Arm ist geschwächt *8HA-571.   Lähmiger Druck an beiden Ober- und Unterarmen; bei Bewegung und Berührung heftiger *8HA-573.   In der Handwurzel querüberziehendes Drücken, besonders bei Bewegung *3-583.   Ziehender Schmerz durch die Knochen des Handrückens, besonders bei Bewegung *3-585.   Lähmig ziehender Schmerz in den hinteren Gelenken der Finger, wo sie sich mit den Mittelhandknochen vereinigen — bei Bewegung heftiger *8H-588.   Hartes Drücken am Mittelhandknochen des li Zeigefingers, bei Berührung und bei Bewegung des Fingers heftiger *8-589.   Drückend klammartiger Schmerz am Ballen des re, kleinen Fingers, bei Bewegung der Hand *11-597.   Anhaltend drückender Schmerz vom Mittelgelenke des re Mittelfingers an, nach vorne zu, auch in der Bewegung anhaltend *5-598.   Nadelstichartiger Schmerz im mittelsten Gliede des re Zeigefingers und dem anstoßenden Gelenke, anhaltend in der Bewegung *5-601.   In den Gelenken der Achsel, des Ellbogens, der Hand, der Finger, des Rückens, der Knie, ein ziehender (?) Schmerz bei Bewegung der Teile, weniger in der Ruhe, vorzüglich abends *12-654.   Stechen in der li Achsel. Hatte schon vor 30 Jahren sich bei starker Handarbeit einen ähnlichen Schmerz an derselben Stelle zugezogen, der denn auch bei Anstrengungen eine Zeit lang öfters zurückgekehrt war *3.   Myalgie des li Deltoid. Heftig drückender Schmerz vom li Ellbogen bis zur Schulterhöhe, später nur im Deltoid. Der Schmerz verhindert den Gebrauch des li Oberarmes *101.   Lähmiges Reißen in den Armen, schlechter durch Bewegung und Berührung *AP.

2 **Ruhe verschlechtert, Bewegung bessert:** Deltoid, Unterarm, Daumen:
Reißender Schmerz im li Oberarme, im dreieckigen Muskel, im Sitzen, welcher von Bewegung vergeht *3-565.   Zucken im li Vorderarme, in der Ruhe *5-581.   Reißender Schmerz in den Muskeln des li Daumenballens, welcher bei Bewegung des Daumens verging *11-593.

3 **Bewegung des Armes nach der Brust, Heben des Armes:** Brust, Rücken, Schulter:
Schmerz in den Brustmuskeln, früh, wenn sie sich im Bette bewegt, und am Tage, wenn sie die Arme zusammenlegt, wie zerschlagen *1-187.   Früh, rheumatischer Schmerz im Nacken und zwischen den Schulterblättern, wie Ziehen; sie konnte, beim Aufstehen aus dem Bette, mit den Armen sich vor Schmerz nicht bewegen und den Hals nicht wenden *1-195.   Im li Schultergelenke, ein ziehendes Stechen, vorzüglich bei Bewegung des Armes nach der Brust *7-556. Verhob sich die li Achsel, als er eine geringe Last auf dieselbe heben wollte; es stach darin, wenn er den vom Körper abgezogenen Arm in gerader Richtung in die Höhe führen wollte, und die Hand konnte er nur bis an die Stirne bringen. Dabei fühlte er eine Schwäche im ganzen Arme *3.

4 **Faustschluß, Schreiben:** Handgelenk, Finger:
Klammartiger Schmerz um das re Handgelenk, der beim Ausstrecken der Finger vergeht, beim Einschlagen derselben aber zurückkehrt und dann zugleich auch einen reißenden Stich durch den ganzen Arm bis in die Schulter erzeugt *6-582.   Wenn er die Finger frei ausstreckt, so geraten

sie in konvulsive Bewegung auf und nieder *4-595.   Schreibekrampf. Bei der geringsten Veranlassung standen beiderseits, besonders aber re, die Finger steif. Schreiben war fast ganz unmöglich *106.

5   **Morgens beim Aufstehen:** Schultern:
Früh, beim Aufstehen aus dem Bette, sind alle Gelenke steif, besonders Achseln, Kreuz und Hüftgelenk *1A-235.   Drückendes Ziehen in den Schultergelenken, früh im Bette und gleich nach dem Aufstehen; bei Bewegung heftiger *8-562.

6   **Sitzen:** Schulter, Deltoid:
Ein Herabdrücken der Achsel, als läge eine Last auf der Schulter, im Sitzen *3-559.   Reißender Schmerz im li Oberarme, im dreieckigen Muskel, im Sitzen, welcher von Bewegung vergeht *3-565.

7   **Liegen mit dem Arm unter dem Kopf:** Schulter, Arm:
Lähmiges Ziehen im Schultergelenke, bisweilen auch im ganzen Arme, wenn er ihn beim Liegen, im Bette, unter den Kopf legt *4-564.

8   **Im Bett:** Oberarm, Deltoid:
Im re Oberarme, ein drückendes Ziehen, abends im Bette *1-204.   Myalgie des li Deltoid. Heftiger drückender Schmerz vom li Ellbogen bis zur Schulterhöhe, später nur im Deltoid. Der Schmerz verhindert den Gebrauch des li Oberarmes und ist im Bett stärker *101.

9   **Gehen:** Schulter:
Lockerer Druck auf der Achsel, welche beim Berühren schmerzt, als ob das Fleisch los wäre, beim Gehen *3-558.

10   **Berührung:** Oberarmknochen, Haut des Unterarmes, Schulter, Mittelhandknochen:
Am re Oberarmknochen Schmerz, ein unleidliches Drücken in der Beinhaut, in Ruhe und Bewegung; beim Befühlen schmerzt die Stelle noch mehr *1-203.   Am Vorderarme, eine rote Erhöhung, in deren Mitte ein Eiterbläschen sitzt, mit brennendem Schmerze in der Ruhe und für sich, beim Befühlen aber mehr wie ein Schwär schmerzend *1-207.   Lockerer Druck auf der Achsel, welche beim Berühren schmerzt, als ob das Fleisch los wäre, beim Gehen *3-558. Stumpf stechende Schmerzen am Schultergelenke, bei Bewegung und Berührung heftiger *8HA-561.   Lähmig drückender Schmerz am li Oberarme, bei Berührung heftiger *8-569.   Hartes Drücken am re Oberarme, nach innen, bei Berührung heftiger *8-570.   Lähmig drückender Schmerz im li Oberarme, bei Berührung und Bewegung heftiger; der Arm ist geschwächt *8HA-571.   Drückendes Ziehen hie und da an den Obergliedmaßen, bei Berührung heftiger *8-572.   Lähmiger Druck an beiden Ober- und Unterarmen; bei Bewegung und Berührung heftiger *8HA-573.   Neben der Beugung des Ellbogens, mehr nach dem Vorderarme zu, eine Empfindung, als wäre ein Hautausschlag ausgebrochen, oder wie wenn man sich mit einer Nadel geritzt hat — eine Art Grießeln, etwas brennend; doch sieht man nichts an der Stelle, welche vorzüglich bei Berührung schmerzt *12-577.   Hartes Drücken am Mittelhandknochen des li Zeigefingers, bei Berührung und bei Bewegung des Fingers heftiger *8-589.   Absetzend drückender Schmerz an den Mittelhandknochen des li Daumens, bei Berührung heftiger *8-590.

11   **Kälte bessert, Wärme verschlechtert:** Haut, Schreibkrampf:
Ekzem der Finger beider Hände, Jucken, besonders in der Bettwärme *88.   Schreibkrampf. Bei der geringsten Veranlassung standen beiderseits, besonders aber re, die Finger steif. Schreiben war fast ganz unmöglich. Wärme, warmes Zimmer, Gemütsbewegungen wirken ungünstig ein, günstig dagegen Kaltwerden der Hände, Eintauchen derselben in kaltes Wasser. Die Dame trägt auch

im kältesten Winter keine Handschuhe *106.

12   **Anderes:**
Schreibekrampf. Gemütsbewegungen wirken ungünstig ein. Acht Tage vor den Menses oft Verschlimmerung *106.

ARMSCHMERZEN   Begleitsymptome

1   **Beinschmerzen:**
Drückender Stich in der re Schulter, von unten herauf. – Drückendes Brennen in der Spitze der re
großen Zehe, in der Ruhe *5–270Min–557,647.   Lähmiger Druck an beiden Ober- und Unterarmen; bei Bewegung und Berührung heftiger. – Früh, gleich nach dem Aufstehen, stumpfe Stiche im re Kniegelenke, bei Bewegung heftiger *8–5Tge–573,626.   Stechendes Reißen im li
Handgelenke. – Stechendes Reißen unter und in der re Wade und über der li Ferse *10–1Std–584.

2   **Gesichtsschmerzen:**
Zucken im li Vorderarme, in der Ruhe. – Starker, spitzig schneidender Schmerz unter dem li oberen Augenlide *5–75Std–581.   Kitzelnde, scharfe Stiche in der hohlen Hand. – Drückendes Reißen im li Jochbeine, woran auch die Zähne Teil nehmen *4–1Std–605,381.

3   **Mattigkeit:**
In den Gedärmen, Schneiden, und dabei so übel, daß ihr das Wasser im Munde zusammen lief und
zugleich große Mattigkeit; nach dem Schneiden bekommt sie eine große Hitze im Gesichte und das
Blut tritt ihr nach dem Kopfe, auch die Adern treten an den Händen auf *1-123.   Kriebeln
in den Fingern, als wollten sie einschlafen. – Müdigkeit und Mattigkeit im Körper, früh *7–
270Min–569,667.

4   **Leistendrüsenschwellung:**
Am re Oberarmknochen Schmerz, ein unleidliches Drücken in der Beinhaut, in Ruhe und Bewegung; beim Befühlen schmerzt die Stelle noch mehr. – Unschmerzhafte Schoßdrüsengeschwulst,
welche beim Gehen und Stehen am sichtbarsten wird, und viele Tage anhält *1–36Std–203,138.

5   **Pollution:**
Nach einer nächtlichen Pollution, Mattigkeit und Schwere in beiden Armen, als hätte er Blei darin *1-152.

ARMSCHMERZEN   Syndrome

1   **Bei Berührung und bei Bewegung drückende Schmerzen in Schultern und Ober-
armen:**
Lockerer Druck auf der Achsel, welche beim Berühren schmerzt, als ob das Fleisch los wäre, beim
Gehen *3-558.   Stumpf stechende Schmerzen am Schultergelenke, bei Bewegung und Berührung heftiger *8HA-561.   Lähmig drückender Schmerz am li Oberarme, bei Berührung

heftiger *8-569.　　　　　　Hartes Drücken am re Oberarme, nach innen, bei Berührung heftiger *8-570.　　　　　　Lähmig drückender Schmerz im li Oberarme, bei Berührung und Bewegung heftiger; der Arm ist geschwächt *8HA-571.　　　　Lähmiger Druck an beiden Ober- und Unterarmen; bei Bewegung und Berührung heftiger *8HA-573.

2　Bei Berührung und bei Bewegung drückender oder ziehender Schmerz in den Mittelhandknochen:
Ziehender Schmerz durch die Knochen des Handrückens, besonders bei Bewegung *3-585.　　　Lähmig ziehender Schmerz in den hinteren Gelenken der Finger, wo sie sich mit den Mittelhandknochen vereinigen — bei Bewegung heftiger *8H-588.　　　　　Hartes Drücken am Mittelhandknochen des li Zeigefingers, bei Berührung und bei Bewegung des Fingers heftiger *8-589.　　　　Absetzend drückender Schmerz an den Mittelhandknochen des li Daumens, bei Berührung heftiger *8-590.

3　Bei Faustschluß klemmender Schmerz im Handgelenk und ein reißender Stich bis hinauf zur Schulter:
Klammartiger Schmerz um das re Handgelenk, der beim Ausstrecken der Finger vergeht, beim Einschlagen derselben aber zurückkehrt und dann zugleich auch einen reißenden Stich durch den ganzen Arm bis in die Schulter erzeugt *6-582.

4　Die Finger bewegen sich krampfhaft auf und nieder, wenn sie ausgestreckt werden:
Wenn er die Finger frei ausstreckt, so geraten sie in konvulsive Bewegung auf und nieder *4-595.

5　Gefühl, als wäre eine harte Haut über die Fingerspitzen gezogen, die das Tastgefühl beeinträchtigt:
Es ist, als wäre eine harte Haut über die Fingerspitzen der li Hand gezogen; er hat wenig Gefühl darin und kann beim Betasten nichts gut unterscheiden *8HA-603.

6　Tetanischer Krampf in den Fingern besonders der rechten Hand bei jedem Versuch zu schreiben, besser durch Eintauchen der Hand in kaltes Wasser:
Schreibekrampf. Bei der geringsten Veranlassung standen beiderseits, besonders aber re, die Finger steif. Schreiben war fast ganz unmöglich. Wärme, warmes Zimmer, Gemütsbewegungen wirken ungünstig ein, günstig dagegen Kaltwerden der Hände, Eintauchen derselben in kaltes Wasser. Die Dame trägt auch im kältesten Winter keine Handschuhe. Acht Tage vor den Menses oft Verschlimmerung *106.

BEINSCHMERZEN   Orte

1　Gesäß: Wehtun, Jucken, Bohren, Stechen, dumpfer Schmerz, Schießen, Ziehen:
Wenn er ein Weilchen gesessen hat, tut ihm die Hinterbacke weh *1A-209.　　　　　Brennend juckendes Fressen an den Hinterbacken, wie wenn man etwas Schafwollenes auf die Haut zieht, abends im Bett; durch Kratzen verging es an der einen Stelle und kam an eine andere *13-606.

Bohrender Schmerz in den li Gesäßmuskeln, im Sitzen *5-607.   Stechendes Jucken an den Gesäßmuskeln und mehreren Stellen des Körpers *8HA-608.   Dumpfer Schmerz in den Nates beim Sitzen, welche sich bis in die Gegend des Kreuzbeins und Hüftgelenkes erstreckten *62. Herpes zoster; Ausschlag knapp oberhalb der Crista ilica. Dabei schießender Schmerz von dort den Oberschenkel und die Gesäßbacke hinunter, schlechter beim Gehen oder beim Aufstehen vom Sitzen und etwa 5 Uhr morgens. Er war besser im Sitzen oder Liegen, sie mußte aber um 5 oder 6 Uhr aufstehen und sitzen oder stehen, wodurch der Schmerz erträglicher wurde *68.   Schmerzen re im Gesäß morgens beim Aufstehen *g.   Gefühl, als ob jemand mit dem Messer hineinsticht oder als ob man eine Spritze bekommt, dann wieder ein ziehender Schmerz, im Gesäß bis in die Waden, schlechter nachts, besser vormittags, Herumgehen bessert etwas. Muß manchmal nachts weinen, so heftig sind die Schmerzen. Sitzen kann er nicht gut, dann tun die Gesäßbacken weh, er muß dann hin und her rutschen und die Beine ausstrecken und wieder anziehen *k.

2 **Hüfte:** Taubheit, Drücken, Steifheit, dumpfer Schmerz, Schießen, Klopfen, Wehtun: Beim Stehen, eine Taubheitsempfindung in der li Hüfte, bis zum Unterleibe *1-210.   Um das Hüftgelenke, ein drückender Schmerz im Gehen und Sitzen *1-211.   Früh, beim Aufstehen aus dem Bette, sind alle Gelenke steif, besonders Achseln, Kreuz und Hüftgelenk *1A-235. Die Glieder sind unter dem Schulter- und unter dem Hüftgelenke wie zerschlagen, und wie nach einer großen Fußreise, schmerzhaft *3-662.   Etwa 10 bis 14 Tage vor Eintritt der Menses wurde sie jedes Mal durch acute Schmerzen daran erinnert, welche während der Bewegung sich einstellten; dieselben erstreckten sich von der Austrittsstelle des Schenkelknochen an der inneren Fläche des Oberschenkels herunter bis zum Knie. Dumpfer Schmerz in den Nates beim Sitzen, welche sich bis in die Gegend des Kreuzbeins und Hüftgelenks erstreckten *62.   Herpes zoster. Ausschlag knapp oberhalb der re Crista ilica, der sich nach hinten, unten und vorn zur Leiste erstreckte. Dabei schießender Schmerz von dort den Oberschenkel und die Gesäßbacke hinunter, schlechter beim Gehen oder beim Aufstehen vom Sitzen und etwa 5 Uhr morgens *68. Abszeß in der re regio iliaca. Schmerz in der Leistengegend. Druck auf die Hüftgegend etwas empfindlich *87.   Schmerz in der re Hüfte. Quälender Schmerz in den Muskeln der li Hüfte im Anfang des Gehens, nach Mittagsschlaf, nicht aber morgens nach Aufstehen. Wärmeanwendung bessert. Nadelstechen in der Hüfte. Kann auf der li Seite nicht schlafen *136.   Klopfende Schmerzen im Hüftgelenk wie von beginnender Eiterung *LM.   Drückende Schmerzen um das Hüftgelenk beim Gehen oder Sitzen *LT.   Uterusprolaps mit Wehtun um die Hüften *AP.

3 **Innenseite des Oberschenkels:** Wundheitsschmerz, Stechen, Jucken: Wundheitsschmerz oben, innerhalb des Oberschenkels *1-212.   Feine, höchst schmerzhafte, durchdringende Stiche am inneren li Oberschenkel, gleich über dem Knie *7-615.   Juckendes Feinstechen an den inneren Seiten der Oberschenkel, was zum Kratzen nötigt *4HA-616. Eine grob stechende, fast kratzende Empfindung am re Oberschenkel, innerlich über dem Kniegelenke *3-619.   Etwa 10 bis 14 Tage vor Eintritt der Menses wurde sie jedes Mal durch acute Schmerzen daran erinnert, welche während der Bewegung sich einstellten; dieselben erstreckten sich von der Austrittsstelle des Schenkelknochen an der inneren Fläche des Oberschenkels herunter bis zum Knie *62.

4 **Oberschenkel:** Zerschlagenheit, wie Verrenkung, Spannen, Ziehen, Brennen, Stechen, Jukken, Schießen: Zerschlagenheitsschmerz aller Muskeln der Oberschenkel, beim Schnellgehen, zwei Tage lang *1-213.   Ausschlag erbsengroßer Knoten am ganzen Leibe und den Oberschenkeln, welche jukken und, beim Kratzen aufgerieben, nässen, dann aber einen brennenden Schmerz verursachen *1A-226.   Beim Liegen, ein Müdigkeitsschmerz quer über die Oberschenkel und als ob sie zerschlagen wären; dabei Empfindung von allzu großer Straffheit in den Gelenken und etwas Be-

bendes und Unruhiges darin, so daß er sie nicht still halten kann *3-609.   Schmerz, wie von Verrenkung in der Mitte des li Oberschenkels, vorzüglich beim Gehen *8-610.   Spannen im äußeren großen Oberschenkelmuskel, beim Gehen *3-611.   Lähmiger Schmerz, wie Ziehen, vorne in der Mitte des Oberschenkels, in Ruhe und Bewegung *4-612.   Brennendes Scharfstechen an der hinteren Fläche des li Oberschenkels *4-613.   Tief eindringender, stumpfer Stich in der Mitte des li Oberschenkels, nach der äußeren Seite zu *4-614.   Beim Gehen, Wehtun in den Oberschenkeln (mehr im li), welche sie fast schleppen muß *12HA-623.   Die Glieder sind unter dem Schulter- und unter dem Hüftgelenke wie zerschlagen, und wie nach einer großen Fußreise, schmerzhaft *3-662.   Der größte Teil der oberen Fläche des li Oberschenkels ist mit einer schuppenartigen Rinde bedeckt. Auch die Oberfläche des re Oberschenkels ist schon teilweise mit dem Ausschlage bedeckt. Das Exanthem juckt unerträglich, besonders in der Wärme und vorzüglich in der Bettwärme *1.   Herpes zoster. Ausschlag knapp oberhalb der re Crista ilica, der sich nach hinten, unten und vorn zur Leiste erstreckte. Dabei schießender Schmerz von dort den Oberschenkel und die Gesäßbacke hinunter, schlechter beim Gehen oder beim Aufstehen vom Sitzen und etwa 5 Uhr morgens. Er war besser im Sitzen oder Liegen, sie mußte aber um 5 oder 6 Uhr aufstehen und sitzen oder stehen, wodurch der Schmerz erträglicher wurde *68.   Ziehende Sacrumschmerzen bis in die Vorderseite der Oberschenkel. Jede Nacht zwischen 1 und 2 Uhr geht es los, kann dann nicht mehr liegen, muß im Sessel schlafen wegen der Schmerzen. Es ist kein ruhiger Schmerz, er muß während der Schmerzen die Beine bewegen *i.

5   **Knie:** Drücken, Stechen, Schwäche, Zucken, Ziehen, Reißen, Verrenkungsschmerz, Beben, Brennen, Steifheit, Zusammenziehen:

An der äußeren Knieseite, ein drückend stechender Schmerz, beim Auftreten und beim Befühlen *1-216.   Feine, höchst schmerzhafte, durchdringende Stiche am inneren li Oberschenkel, gleich über dem Knie *7-615.   Mehrtägige Schwäche des Ober- und Unterschenkels, besonders im Kniegelenke, — er muß den Fuß schleppen *10-618.   Eine grob stechende, fast kratzende Empfindung am re Oberschenkel, innerlich über dem Kniegelenke *3-619.   Stichartiger Schmerz am inneren Rande des Knies *11-620.   Zucken über der re Kniescheibe *7-621.   Unter der li Kniescheibe, ein ziehendes Reißen, was durch Bewegung nicht vergeht *6-622.   Ziehendes Stechen im re Kniegelenke, bei Bewegung heftiger *8HA-624.   Stumpfe Stiche am Kniegelenke, neben der Kniescheibe; bei Berührung wurden die Stiche zu einem drückenden Schmerze *8HA-625.   Früh, gleich nach dem Aufstehen, stumpfe Stiche im re Kniegelenke, bei Bewegung heftiger *8HA-626.   In dem re Kniegelenke und den Köpfen der Wadenmuskeln, beim Gehen, ein lähmiges Ziehen wie eine Schwäche, welches, nach dem Gehen, auch beim Sitzen noch lange anhält, ehe es sich allmählig ganz verliert *4-627.   Im re Knie, ein minutenlanger Schmerz (wie von Vertreten?), beim Gehen und bei Bewegung des Fußes *12-628. Beim Aufstehen vom Sitze, ein Gefühl, als wollten die Beine in der Kniekehle zusammenknicken — ein bebendes, überreiztes Heranziehen in der Kniekehle *3-629.   Sobald er sich legt, entsteht ein Gefühl von Heranziehen in den Kniekehlen — eine Art Überreiztheit und wohllüstiger Unruhe darin, daß er nicht liegen bleiben kann, sondern aufstehen muß *3-630.   Ziehendes Stechen im li Kniegelenke, beim Sitzen; zuweilen Zucken darin *7-631.   Brennendes Stechen unter dem li Knie, auf der Außenseite, bisweilen in Absätzen *4HA-632.   In den Gelenken der Achsel, des Ellbogens, der Hand, der Finger, des Rückens, der Knie, ein ziehender (?) Schmerz bei Bewegung der Teile, weniger in der Ruhe, vorzüglich abends *12-654.   Früh, gleich nach dem Aufstehen große Mattigkeit in den Kniegelenken, welche ihn zum Sitzen nötigt; das Gehen und Stehen ist ihm beschwerlich *8-665.   Matt im ganzen Körper, vorzüglich in den Knien, beim Gehen *5HA-666.   Etwa 10 bis 14 Tage vor Eintritt der Menses wurde sie jedes Mal durch acute Schmerzen daran erinnert, welche während der Bewegung sich einstellten; dieselben erstreckten sich vor der Austrittsstelle des Schenkelknochen an der inneren Fläche des Oberschenkels herunter bis zum Knie, und bis zur großen Zehe. Dumpfe Ruhe bei Bewegung und

Gefühl von Ziehen in der Gegend des Knies und der Patella in der Ruhe *62.   Das ganze Kniegelenk ist geschwollen und druckempfindlich und knackt. Schmerzen treten meist plötz-
lich auf. Nach Thuja fühlt er noch große Schwäche in den Knien, zuweilen auch Stiche *138.
Schmerz im re Unterbauch bis zum Knie, besser durch Anziehen des Beines und gefolgt von grossem, dunklem, erdigem Stuhl, schlechter durch die leiseste Erschütterung, durch Ärger *140.
Schmerzhafte Schwäche der Beine, besonders der Knie *LM.   Viel Schwäche der Knie *CA.
Gefühl von Steifheit und Zusammenziehen in der Kniekehle *SB.   Rückenschmerz mit
Schwäche der Beine, besonders der Kniegelenke, muß den Fuß nachziehen *LT.   Brennen-
de Stiche auf der Außenseite unterhalb des li Knies, in Abständen *HG.

6   **Wade:** Schwere, Spannen, Klemmen, Stechen, Reißen, lähmiger Schmerz, Ziehen, Drücken,
Jucken, Zerschlagenheit, Unruhe, Krampf:
Schwere und Spannen in der Wade *1-219.   Ein unerträglicher Klamm in der Wade
und Fußsohle des Beines, worauf er liegt, weckt ihn aus dem Nachmittagsschlafe auf *1-220.
Klamm vorzüglich in dem oberen und unteren Teile der Wade, beim Erwachen aus dem Schlafe,
welcher weder durch Ausstrecken, noch durch Biegen des Schenkels zu mildern ist, durch Richtung der Gedanken aber auf diesen Schmerz, wenn er schon sich vermindert hat, sich gleich wieder
vermehrt und empfindlicher wird *1-221.   Mehrtägige Schwäche des Ober- und Unterschenkels, besonders im Kniegelenke, — er muß den Fuß schleppen; dabei stechendes Reißen in der
Wade und Kreuzschmerzen *10-618.   In dem re Kniegelenke und den Köpfen der Wadenmuskeln, beim Gehen, ein lähmiges Ziehen wie eine Schwäche, welches, nach dem Gehen, auch
beim Sitzen noch lange anhält, ehe es sich allmählig ganz verliert *4-627.   Lähmiger Druck
an den Wadenmuskeln des re Fußes, nach außen; bei Berührung heftiger *8-635.   Stechendes Reißen unter und in der re Wade und über der li Ferse *10HA-637.   Ein im Stehen und Gehen anhaltender, juckender Stich in der re Wade, welcher von Kratzen verging *5-638.
Allgemeine Zerschlagenheit, beim Gehen schlimmer, besser beim Sitzen und Liegen; besonders in
den Waden, ein ungeheuerer Mattigkeitsschmerz, wie zerprügelt — sie konnte die Füße kaum erschleppen *12A-663.   Sie konnte abends vor Schmerz in den Waden im Bett nicht einschlafen; sie wußte nicht, wo sie die Beine hinlegen sollte, sie mußte sie immer wo anders hinlegen, um
einige Erleichterung zu haben; auch da sie die Nacht einmal aufgestanden war und sich dann wieder in's Bett legte, hatte sie dieselbe Empfindung in den Waden *12-686.   Wadenkrämpfe,
die jeden Morgen früh aus dem Schlafe weckten *51.   Rückenschmerz mit Schwäche der
Beine, besonders der Kniegelenke, muß den Fuß nachziehen, mit Stechen und Reißen in der Wade
*LT.   Gefühl, als ob jemand mit dem Messer hineinsticht oder als ob man eine Spritze
bekommt, dann wieder ein ziehender Schmerz, im Gesäß bis in die Waden, schlechter nachts, besser vormittags, Herumgehen bessert etwas *<.

7   **Schienbein:** Bohren, Stechen, Jucken, Drücken, Ziehen:
Bohrender Stich im re Schienbeine, in der Ruhe *5HA-633.   Jucken am re Schienbeine über
den äußeren Knöchel, was durch Reiben nicht verging *5-634.   Auf dem Schienbeine, drük-
kendes Ziehen, im Sitzen *3-639.

8   **Unterschenkelgeschwür:** Jucken, Reißen, Zucken, Stechen, Beißen:
Jucken, abends im Bett, am Unterschenkel, nach dem Reiben entstehen flache Geschwüre, welche
heftig schmerzen *1-218.   Abends und früh, Reißen und Zucken um die Geschwüre,
in der Ruhe, beim Gehen hört es auf *1-227.   Reißendes Stechen im Geschwüre *1-228.
Beißen im Geschwüre, wie von Salze *1-229.   Ein salzig beißendes Jucken im Geschwüre
*1-230.   Die Haut am geschwürigen Unterschenkel überzieht sich, unter zuckenden und pik-
kenden Schmerzen, mit einer dünnen Kruste, aus welcher gilbliches Wasser hervordringt *1-231.
Heftig brennende Schmerzen im Geschwüre, abends nach dem Niederlegen, Stunden lang, so daß
er nicht einschlafen konnte *1-250.

9   **Unterschenkel:** Brennen, Jucken, Reißen, Stechen:
Am Unterschenkel, Blüten, brennend juckenden Schmerzes *1-217.   Reißender Schmerz
in den Muskeln des einen oder des anderen Unterschenkels, im Stehen und Sitzen *11HA-636.
Anfallsweise auftretende stechende Schmerzen die Fibula entlang in der Nähe des Malleolus *62.

10   **Fußgelenk, Knöchel:** Ziehen, Drücken, Reißen, Zusammenziehen, Schwere, Jucken, Stechen, Brennen:
In der Fußwurzel, quer herüber, ein ziehendes Drücken, besonders bei Bewegung *3-640.   Drückendes Reißen in den li Unterfußknochen, dicht an der Fußwurzel *6-641.   Zusammenziehende Schwerheitsempfindung in den li Unterfußknochen, dicht am Fußgelenke *6-642.   Stechendes Jucken gleich über dem re äußeren Fußknöchel; es nötigt zum Kratzen, hinterläßt dann aber keine besondere Empfindung *8HA-643.   Brennendes Jucken am re inneren Fußknöchel *8-644.   Anfallsweise auftretende stechende Schmerzen die Fibula entlang in der Nähe des Malleolus *62.   Schmerzen wie von einem Band an Armen, Handgelenken, Knöcheln *140.

11   **Ferse, Achillessehne:** Stechen, Reißen, Jucken:
Stechendes Reißen unter und in der re Wade und über der li Ferse *10HA-637.   Jucken über der Ferse, auf der Achillessehne *3-645.

12   **Mittelfußknochen:** Berührungsempfindlichkeit, Drücken, Reißen, Schwere, Zusammenziehen:
Knochengeschwulst des Mittelfußknochens der re kleinen Zehe, schmerzhaft beim Berühren *1-122.   Drückendes Reißen in den li Unterfußknochen, dicht an der Fußwurzel *6-641.
Zusammenziehende Schwerheitsempfindung in den li Unterfußknochen, dicht am Fußgelenke *6-642.   Knochenfraß des Metatarsus *GA.

13   **Fußsohle:** Klemmen, Drücken, Kriebeln, Prickeln, Empfindlichkeit:
Ein unterträglicher Klamm in der Wade und Fußsohle des Beines, worauf er liegt, weckt ihn aus dem Nachmittagsschlafe auf *1-220.   Drückender Schmerz an der inneren Seite der li Fußsohle, in der Ruhe *5-651.   Kriebeln und Prickeln in der Sohle des Fußes, den man beim Sitzen über den anderen schlägt, wie eingeschlafen *7-652.   Beim Aufsetzen des Fußes Prickeln in den Zehenballen, als ob es die Zehen nach unten ziehen wollte *57.   Die Fußsohlen sind empfindlich *CA.

14   **Füße:** Kälte, Hitze:
Große Hitzempfindung, die Nacht, in den Händen und Füßen; er mußte sie entblößt halten *1-263.   Bloß abends, im Bette, kalte Füße *13-689.   Stets kalte Füße *95.   Nachts Hitze in Händen und Füßen, entblößt sie *AP.   Kopfschmerz, dabei manchmal kalte Füße *I.

15   **Zehen:** Jucken, Stechen, Drücken, Brennen, Kriebeln:
Im Inneren zweier Zehen, ein brennendes, schmerzhaftes Jucken, gleich als wären sie erfroren gewesen *1-224.   Stechendes Jucken an der re großen Zehe *8-646.   Drückendes Brennen in der Spitze der re großen Zehe, in der Ruhe *5-647.   Abends, brennendes Jucken der kleinen Zehen, als wären sie erfroren; sie schmerzen bei Berührung und die schmerzenden Stellen sind rot, vier Tage lang *10-648.   Abends, juckendes Brennen an der re kleinen Zehe, als wäre sie erfroren, und sie schmerzte schon beim gelinden Drücken *7-649.   Kriebeln an der unteren Fläche der Zehen, welches nicht zum Kratzen reizt; es ist als wenn sie eingeschlafen gewesen wäre *4-650.   Beim Aufsetzen des Fußes Prickeln in den Zehenballen, als ob es die Zehen nach unten ziehen wollte *57.   Die Schmerzen erstreckten sich von der Austrittsstelle des Schenkelknochen an der inneren Fläche des Oberschenkels herunter bis zum Knie, und bis

zur großen Zehe *62.   Gicht. Die Schmerzen sind in den kleinen Gelenken der Hände und Füße, dabei viel Schwellung und Härte *CA.

16   **Zum Kreuz ausstrahlend:** Steifheit, Stechen, Reißen, dumpfer Schmerz, Ziehen: Früh, beim Aufstehen aus dem Bette, sind alle Gelenke steif, besonders Achseln, Kreuz und Hüftgelenk *1A-235.   Mehrtägige Schwäche des Ober- und Unterschenkels, besonders im Kniegelenke, – er muß den Fuß schleppen; dabei stechendes Reißen in der Wade und Kreuzschmerzen *10-618.   Dumpfer Schmerz in den Nates beim Sitzen, welche sich bis in die Gegend des Kreuzbeins und Hüftgelenks erstreckten. Dumpfe Ruhe bei Bewegung und Gefühl von Ziehen in der Gegend des Knies und der Patella in der Ruhe. Anfallsweise auftretende stechende Schmerzen die Fibula entlang in der Nähe des Malleolus *62.   Schmerz in der re Hüfte. Schmerz im li Sacroiliacalgelenk, schlechter im Stehen, kann sich deshalb morgens im Bett nicht umdrehen. Quälender Schmerz in den Muskeln der li Hüfte im Anfang des Gehens, nach Mittagsschlaf, nicht aber morgens nach Aufstehen. Wärmeanwendung bessert. Nadelstechen in der Hüfte. Kann auf der li Seite nicht schlafen *136.   Ziehende Sacrumschmerzen bis in die Vorderseite der Oberschenkel. Jede Nacht zwischen 1 und 2 Uhr geht es los, kann dann nicht mehr liegen, muß im Sessel schlafen wegen der Schmerzen. Es ist kein ruhiger Schmerz, er muß während der Schmerzen die Beine bewegen *i.

17   **Zu den Genitalien oder Leisten ausstrahlend:** Schießen: Ischias: Äußerst heftiger Schmerz im re Bein bis in die Genitalien, besonders bis in die Hoden, gefolgt von großer Schwäche *61.   Herpes zoster; Ausschlag knapp oberhalb der re Crista ilica, der sich nach hinten, unten und vorn zur Leiste erstreckte. Dabei schießender Schmerz von dort den Oberschenkel und die Gesäßbacken hinunter, schlechter beim Gehen oder beim Aufstehen vom Sitzen und etwa 5 Uhr morgens. Er war besser im Sitzen oder Liegen, sie mußte aber um 5 oder 6 Uhr aufstehen und sitzen oder stehen, wodurch der Schmerz erträglicher wurde *68. Abszeß in der re regio iliaca. Schmerz in der Leistengegend. Druck auf die Hüftgegend etwas empfindlich *87.

18   **Zum Bauch ausstrahlend:** Jucken, Brennen, blitzartige Schmerzen: Ausschlag erbsengroßer Knoten am ganzen Leibe und den Oberschenkeln, welche jucken und, beim Kratzen aufgerieben, nässen, dann aber einen brennenden Schmerz verursachen *1A-226. Schmerz im re Unterbauch bis zum Knie, besser durch Anziehen des Beines und gefolgt von grossem, dunklem, erdigem Stuhl, schlechter durch die leiseste Erschütterung, durch Ärger *140. Tabes mit gastrischen Krisen. Blitzartige Schmerzen die Ischiasnerven abwärts *142.

19   **Beine:** Kriebeln, Hitze, Auseinandertreiben, Schwere, Schwäche, Stechen, Lähmung, Ausschlag, blitzartige Schmerzen: Ein Kriebeln in den lange Jahre hart elastisch geschwollenen Ober- und Unterschenkeln, mit Gefühl, als wenn der Teil innerlich heiß wäre, auseinandergetrieben würde und sehr schwer wäre *1-215.   Mehrtägige Schwäche des Ober- und Unterschenkels, besonders im Kniegelenke, – er muß den Fuß schleppen *10-618.   Stiche, den Flohstichen ähnlich, an den Untergliedmassen *10-658.   Ischias: Äußerst heftiger Schmerz im re Bein bis in die Genitalien, besonders bis in die Hoden *61.   Etwa 10 bis 14 Tage vor Eintritt der Menses wurde sie jedes Mal durch acute Schmerzen daran erinnert, welche während der Bewegung sich einstellten; dieselben erstreckten sich von der Austrittsstelle des Schenkelknochen an der inneren Fläche des Oberschenkels herunter bis zum Knie, und bis zur großen Zehe. Dazu gesellte sich ein anhaltender dumpfer Schmerz im ganzen Gliede mit dem Gefühl großer Schwere in der Ruhe. Nach der ersten Schmerzempfindung jedoch stellte sich eine complete Lähmung des ganzen Gliedes ein, welche anhielt, bis der Menstrualfluß vollständig sich eingestellt, von welcher Zeit an das Glied nach und nach seine normale Kraft wieder erlangte *62.   Gichtknoten. Nach Staphisagria Ausschlag auf den Bei-

nen *115.   Muskelatrophie im li Bein *136.   Blitzartige Schmerzen die Ischiasnerven abwärts *142.   Schmerzhafte Schwäche der Beine, besonders der Knie *LM.   Rük-
kenschmerz mit Schwäche der Beine, besonders der Kniegelenke, muß den Fuß nachziehen *LT.
Uterusprolaps mit Wehtun um die Hüften und Schwäche der Beine *AP.

BEINSCHMERZEN   Empfindungen

1   **Drücken, drückendes Stechen, drückendes Ziehen:** Knie, Wade, Schienbein, Fußgelenk, Mittelfußknochen, Zehe, Fußsohle, Gesäß, Hüfte:
An der äußeren Knieseite, ein drückend stechender Schmerz, beim Auftreten und beim Befühlen
*1-216.   Stumpfe Stiche am Kniegelenke, neben der Kniescheibe; bei Berührung wurden die
Stiche zu einem drückenden Schmerze *8HA-625.   Lähmiger Druck an den Wadenmuskeln
des re Fußes, nach außen; bei Berührung heftiger *8-635.   Auf dem Schienbeine, drückendes Ziehen, im Sitzen *3-639.   In der Fußwurzel, quer herüber, ein ziehendes Drücken, besonders bei Bewegung *3-640.   Drückendes Reißen in den li Unterfußknochen, dicht an der
Fußwurzel *6-641.   Drückendes Brennen in der Spitze der großen Zehe, in der Ruhe *5-647.
Drückender Schmerz an der inneren Seite der li Fußsohle, in der Ruhe *5-651.   Dumpfer
Schmerz in den Nates beim Sitzen, welche sich bis in die Gegend des Kreuzbeins und Hüftgelenks
erstreckten *62.   Drückende Schmerzen um das Hüftgelenk beim Gehen oder Sitzen *LT.

2   **Ziehen, Spannen, Heranziehen, ziehendes Stechen, ziehendes Reißen, ziehendes
Drücken:** Wade, Oberschenkel, Knie, Schienbein, Fußgelenk, Gesäß:
Schwere und Spannen in der Wade *1-219.   Spannen im äußeren großen Oberschenkelmuskel, beim Gehen *3-611.   Lähmiger Schmerz, wie Ziehen, vorne in der Mitte des Oberschenkels, in Ruhe und Bewegung *4-612.   Unter der li Kniescheibe, ein ziehendes Reißen, was
durch Bewegung nicht vergeht *6-622.   Ziehendes Stechen im re Kniegelenke, bei Bewegung heftiger *8HA-624.   In dem re Kniegelenke und den Köpfen der Wadenmuskeln, beim
Gehen, ein lähmiges Ziehen wie eine Schwäche, welches, nach dem Gehen, auch beim Sitzen noch
lange anhält, ehe es sich allmählig ganz verliert *4-627.   Beim Aufstehen vom Sitze, ein Gefühl, als wollten die Beine in der Kniekehle zusammenknicken – ein bebendes, überreiztes Heranziehen in der Kniekehle *3-629.   Sobald er sich legt, entsteht ein Gefühl von Heranziehen in
den Kniekehlen – eine Art Überreiztheit und wohllüstiger Unruhe darin, daß er nicht liegen bleiben kann, sondern aufstehen muß *3-630.   Ziehendes Stechen im li Kniegelenke, beim Sitzen; zuweilen Zucken darin *7-631.   Auf dem Schienbeine, drückendes Ziehen, im Sitzen
*3-639.   In der Fußwurzel, quer herüber, ein ziehendes Drücken, besonders bei Bewegung
*3-640.   In den Gelenken der Achsel, des Ellbogens, der Hand, der Finger, des Rückens, der
Knie, ein ziehender (?) Schmerz bei Bewegung der Teile, weniger in der Ruhe, vorzüglich abends
*12-654.   Dumpfe Ruhe bei Bewegung und Gefühl von Ziehen in der Gegend des Knies und
der Patella in der Ruhe *62.   Ziehende Sacrumschmerzen bis in die Vorderseite der Oberschenkel. Jede Nacht zwischen 1 und 2 Uhr geht es los, kann dann nicht mehr liegen, muß im Sessel schlafen wegen der Schmerzen. Es ist kein ruhiger Schmerz, er muß während der Schmerzen die
Beine bewegen *i.   Gefühl, als ob jemand mit dem Messer hineinsticht oder als ob man eine
Spritze bekommt, dann wieder ein ziehender Schmerz, im Gesäß bis in die Waden, schlechter
nachts, besser vormittags, Herumgehen bessert etwas. Muß manchmal nachts weinen, so heftig sind
die Schmerzen. Sitzen kann er nicht gut, dann tun die Gesäßbacken weh, er muß dann hin und her
rutschen und die Beine ausstrecken und wieder anziehen *k.

3 **Bohren:** Gesäß, Schienbein:
Bohrender Schmerz in den li Gesäßmuskeln, im Sitzen *5-607.   Bohrender Stich im re
Schienbeine, in der Ruhe *5HA-633.

4 **Klemmen, Zusammenziehen:** Wade, Fußsohle, Gelenke, Mittelfußknochen, Fußgelenke,
Zehenballen, Kniekehlen:
Ein unerträglicher Klamm in der Wade und Fußsohle des Beines, worauf er liegt, weckt ihn aus
dem Nachmittagsschlafe auf *1-220.   Klamm vorzüglich in dem oberen und unteren Teile
der Wade, beim Erwachen aus dem Schlafe, welcher weder durch Ausstrecken, noch durch Biegen
des Schenkels zu mildern ist, durch Richtung der Gedanken aber auf diesen Schmerz, wenn er
schon sich vermindert hat, sich gleich wieder vermehrt und empfindlicher wird *1-221.   Beim
Liegen, ein Müdigkeitsschmerz quer über die Oberschenkel und als ob sie zerschlagen wären; dabei
Empfindung von allzu großer Straffheit in den Gelenken und etwas Bebendes und Unruhiges darin,
so daß er sie nicht still halten kann *3-609.   Zusammenziehende Schwerheitsempfindung in
den li Unterfußknochen, dicht am Fußgelenke *6-642.   Wadenkrämpfe, die jeden Morgen
früh aus dem Schlafe weckten *51.   Beim Aufsetzen des Fußes Prickeln in den Zehenballen,
als ob es die Zehen nach unten ziehen wollte *57.   Schmerzen wie von einem Band an Armen, Handgelenken, Knöcheln *140.   Gefühl von Steifheit und Zusammenziehen in der
Kniekehle *SB.

5 **Auseinandertreiben:** Ober- und Unterschenkel:
Ein Kriebeln in den lange Jahr hart elastisch geschwollenen Ober- und Unterschenkeln, mit Gefühl,
als wenn der Teil innerlich heiß wäre, auseinandergetrieben würde und sehr schwer wäre *1-215.

6 **Schweregefühl, Schwäche, daß man den Fuß kaum schleppen kann, Lähmige
Schmerzen, Steifheit:** Ober- und Unterschenkel, Wade, Hüften, Oberschenkel, Knie, Mittelfußknochen, ganzes Bein:
Ein Kriebeln in den lange Jahr hart elastisch geschwollenen Ober- und Unterschenkeln, mit Gefühl,
als wenn der Teil innerlich heiß wäre, auseinander getrieben würde und sehr schwer wäre *1-215.
Schwere und Spannen in der Wade *1-219.   Früh, beim Aufstehen aus dem Bette, sind alle
Gelenke steif, besonders Achseln, Kreuz und Hüftgelenk *1A-235.   Beim Liegen, ein Müdigkeitsschmerz quer über die Oberschenkel und als ob sie zerschlagen wären; dabei Empfindung von
allzu großer Straffheit in den Gelenken und etwas Bebendes und Unruhiges darin, so daß er sie
nicht still halten kann *3-609.   Lähmiger Schmerz, wie Ziehen, vorne in der Mitte des Oberschenkels, in Ruhe und Bewegung *4-612.   Mehrtägige Schwäche des Ober- und Unterschenkels, besonders im Kniegelenke, — er muß den Fuß schleppen; dabei stechendes Reißen in der Wade und Kreuzschmerzen *10-618.   Beim Gehen, Wehtun in den Oberschenkeln (mehr im li),
welche sie fast schleppen muß *12HA-623.   In dem re Kniegelenke und den Köpfen der Wadenmuskeln, beim Gehen, ein lähmiges Ziehen wie eine Schwäche, welches, nach dem Gehen, auch
beim Sitzen noch lange anhält, ehe es sich allmählig ganz verliert *4-627.   Beim Aufstehen
vom Sitze, ein Gefühl, als wollten die Beine in der Kniekehle zusammenknicken — ein bebendes,
überreiztes Heranziehen in der Kniekehle *3-629.   Lähmiger Druck an den Wadenmuskeln
des re Fußes, nach außen; bei Berührung heftiger *8-635.   Zusammenziehende Schwerheitsempfindung in den li Unterfußknochen, dicht am Fußgelenke *6-642.   Allgemeine Zerschlagenheit, beim Gehen schlimmer, besser beim Sitzen und Liegen; besonders in den Waden, ein ungeheurer Mattigkeitsschmerz, wie zerprügelt — sie konnte die Füße kaum erschleppen *12A-663.
Früh, gleich nach dem Aufstehen große Mattigkeit in den Kniegelenken, welche ihn zum Sitzen
nötigt; das Gehen und Stehen ist ihm beschwerlich *8-665.   Matt im ganzen Körper, vorzüglich in den Knien, beim Gehen *5HA-666.   Etwa 10 bis 14 Tage vor Eintritt der Menses
wurde sie jedes Mal durch acute Schmerzen daran erinnert, welche während der Bewegung sich einstellten; dieselben erstreckten sich von der Austrittsstelle des Schenkelknochen an der inneren Flä-

che des Oberschenkels herunter bis zum Knie, und bis zur großen Zehe. Dazu gesellte sich ein anhaltender dumpfer Schmerz im ganzen Gliede mit dem Gefühl großer Schwere in der Ruhe. Nach der ersten Schmerzempfindung jedoch stellte sich eine complete Lähmung des ganzen Gliedes ein, welche anhielt bis der Menstrualfluß vollständig sich eingestellt, von welcher Zeit an das Glied nach und nach seine normale Kraft wieder erlangte *62.   Abszeß in der re regio iliaca. Bei der Messung der Beine ergab sich, daß das re einen halben Zoll kürzer als das li war. Der re Fuß war nach auswärts rotiert, und die Glutaeofemoralfalte war verstrichen; Patient hinkte *87.   Muskelatrophie im li Bein. Geht mit einem Stab in der re und einem Stock in der li Hand, lehnt sich auf beide *136.   Im allgemeinen besteht ein großes Müdigkeitsgefühl, besonders bei längerem Stehen. Nach Thuja fühlt er noch große Schwäche in den Knien, zuweilen auch Stiche *138. Schmerzhafte Schwäche der Beine, besonders der Knie *LM.   Steifigkeit der Gelenkknorren *GA.   Viel Schwäche der Knie *CA.   Gefühl von Steifheit und Zusammenziehen in der Kniekehle *SB.   Rückenschmerz mit Schwäche der Beine, besonders der Kniegelenke, muß den Fuß nachziehen *LT.   Uterusprolaps mit Wehtun um die Hüften und Schwäche der Beine *AP.

7   **Zerschlagenheit, wie von Verrenkung, Wehtun:** Gesäß, Oberschenkel, Knie, Waden, Hüften:
Wenn er ein Weilchen gesessen hat, tut ihm die Hinterbacke weh *1A-209.   Zerschlagenheitsschmerz aller Muskeln der Oberschenkel, beim Schnellgehen, zwei Tage lang *1-213.   Beim Liegen, ein Müdigkeitsschmerz quer über die Oberschenkel und als ob sie zerschlagen wären; dabei Empfindung von allzu großer Straffheit in den Gelenken und etwas Bebendes und Unruhiges darin, so daß er sie nicht still halten kann *3-609.   Schmerz, wie von Verrenkung in der Mitte des li Oberschenkels, vorzüglich beim Gehen *8-610.   Beim Gehen, Wehtun in den Oberschenkeln (mehr im li), welche sie fast schleppen muß *12HA-623.   Im re Knie, ein minutenlanger Schmerz (wie von Vertreten?), beim Gehen und bei Bewegung des Fußes *12-628. Die Glieder sind unter dem Schulter- und unter dem Hüftgelenke wie zerschlagen, und wie nach einer großen Fußreise, schmerzhaft *3-662.   Allgemeine Zerschlagenheit, beim Gehen schlimmer, besser beim Sitzen und Liegen; besonders in den Waden, ein ungeheurer Mattigkeitsschmerz, wie zerprügelt – sie konnte die Füße kaum erschleppen *12A-663.   Uterusprolaps mit Wehtun um die Hüften und Schwäche der Beine *AP.

8   **Berührungs- oder Druckempfindlichkeit:** Knie, Mittelfußknochen, kleine Zehen, Ballen der Zehen, Hüfte, Fußsohlen:
An der äußeren Knieseite, ein drückend stechender Schmerz, beim Auftreten und beim Befühlen *1-216.   Knochengeschwulst des Mittelfußknochens der re kleinen Zehe, schmerzhaft beim Berühren *1-222.   Abends, brennendes Jucken der kleinen Zehen, als wären sie erfroren; sie schmerzen bei Berührung und die schmerzenden Stellen sind rot, vier Tage lang *10-648. Abends, juckendes Brennen an der re kleinen Zehe, als wäre sie erfroren, und sie schmerzte schon beim gelinden Drücken *7-649.   Beim Aufsetzen des Fußes Prickeln in den Zehenballen, als ob es die Zehen nach unten ziehen wollte *57.   Abszeß in der re regio iliaca. Schmerz in der Leistengegend. Druck auf die Hüftgegend etwas empfindlich *87.   Das ganze Kniegelenk ist geschwollen und druckempfindlich und knackt *138.   Die Fußsohlen sind empfindlich *CA.

9   **Brennen, Beißen, Fressen:** Unterschenkelgeschwür, Hautausschläge, Gesäß, Oberschenkel, Knie, Fußgelenk, große Zehe:
Am Unterschenkel, Blüten, brennend juckenden Schmerzes *1-217.   Im Inneren zweier Zehen, ein brennendes, schmerzhaftes Jucken, gleich als wären sie erfroren gewesen *1-224. Ausschlag erbsengroßer Knoten am ganzen Leibe und den Oberschenkeln, welche jucken und, beim Kratzen aufgerieben, nässen, dann aber einen brennenden Schmerz verursachen *1A-226. Beissen im Geschwüre, wie von Salze *1-229.   Ein salzig beißendes Jucken im Geschwüre

*1-230.   Heftig brennende Schmerzen im Geschwüre, abends nach dem Niederlegen, stun-
denlang, so daß er nicht einschlafen konnte *1-250.   Brennend juckendes Fressen an den
Hinterbacken, wie wenn man etwas Schafwollenes auf die Haut zieht, abends im Bett; durch Kratzen verging es an der einen Stelle und kam an eine andere *13-606.   Brennendes Scharfstechen an der hinteren Fläche des li Oberschenkels *4-613.   Eine grob stechende, fast kratzende Empfindung am re Oberschenkel, innerlich über dem Kniegelenke *3-619.   Brennendes Stechen unter dem li Knie, auf der Außenseite, bisweilen in Absätzen *4HA-632.   Brennendes Jucken am re inneren Fußknöchel *8-644.   Drückendes Brennen in der Spitze der re
großen Zehe, in der Ruhe *5-647.   Abends, brennendes Jucken der kleinen Zehen, als
wären sie erfroren; sie schmerzen bei Berührung und die schmerzenden Stellen sind rot, vier Tage
lang *10-648.   Abends, juckendes Brennen an der re kleinen Zehe, als wäre sie erfroren, und
sie schmerzte schon beim gelinden Drücken *7-649.   Brennende Stiche auf der Außenseite
unterhalb des li Knies, in Abständen *HG.

10   **Hitze:** Beine, Füße:
Ein Kriebeln in den lange Jahre hart elastisch geschwollenen Ober- und Unterschenkeln, mit Gefühl, als wenn der Teil innerlich heiß wäre, auseinandergetrieben würde und sehr schwer wäre *1-
215.   Große Hitzempfindung, die Nacht, in den Händen und Füßen; er mußte sie entblößt
halten *1-263.   Nachts Hitze in Händen und Füßen, entblößt sie *AP.

11   **Kälte:** Füße:
Bloß abends, im Bette, kalte Füße *13-689.   Stets kalte Füße *95.   Kopfschmerz, dabei manchmal kalte Füße *I.

12   **Zucken, Klopfen:** Unterschenkelgeschwür, Kniescheibe, Knie, Hüfte:
Abends und früh, Reißen und Zucken um die Geschwüre, in der Ruhe, beim Gehen hört es auf *1-
227.   Die Haut am geschwürigen Unterschenkel überzieht sich, unter zuckenden und pickenden Schmerzen, mit einer dünnen Kruste, aus welcher gilbliches Wasser hervordringt *1-231.
Zucken über der re Kniescheibe *7-621.   Ziehendes Stechen im li Kniegelenke, beim Sitzen;
zuweilen Zucken darin *7-631.   Klopfende Schmerzen im Hüftgelenk wie von beginnender
Eiterung *LM.

13   **Taubheit, Kriebeln, Prickeln:** Hüfte, Beine, Zehen, Fußsohle, Zehenballen:
Beim Stehen, eine Taubheitsempfindung in der li Hüfte, bis zum Unterleibe *1-210.   Ein
Kriebeln in den lange Jahre hart elastisch geschwollenen Ober- und Unterschenkeln, mit Gefühl,
als ob der Teil innerlich heiß wäre, auseinandergetrieben würde und sehr schwer wäre *1-215.
Kriebeln an der unteren Fläche der Zehen, welches nicht zum Kratzen reizt; es ist als wenn sie ein-
geschlafen gewesen wären *4-650.   Kriebeln und Prickeln in der Sohle des Fußes, den man
beim Sitzen über den anderen schlägt, wie eingeschlafen *7-652.   Beim Aufsetzen des Fußes
Prickeln in den Zehenballen, als ob es die Zehen nach unten ziehen wollte *57.

14   **Jucken, Jucken mit Brennen, Jucken mit Stechen:** Unterschenkel, Zehen, Leib und
Oberschenkel, Gesäß, Schienbein, Wade, Fußgelenk, Achillessehne:
Am Unterschenkel, Blüten, brennend juckendes Schmerzes *1-217.   Jucken, abends im
Bett, am Unterschenkel, nach dem Reiben entstehen flache Geschwüre, welche heftig schmerzen
*1-218.   Im Innern zweier Zehen, ein brennendes, schmerzhaftes Jucken, gleich als wären
sie erfroren gewesen *1-224.   Ausschlag erbsengroßer Knoten am ganzen Leibe und den
Oberschenkeln, welche jucken, und, beim Kratzen aufgerieben, nässen, dann aber einen brennen-
den Schmerz verursachen *1A-226.   Ein salzig brennendes Jucken im Geschwüre *1-230.
Brennend juckendes Fressen an den Hinterbacken, wie wenn man etwas Schafwollenes auf die
Haut zieht, abends im Bett; durch Kratzen verging es an der einen Stelle und kam an eine andere

*13-606.   Stechendes Jucken an den Gesäßmuskeln und mehreren Stellen des Körpers *8HA-608.   Juckendes Feinstechen an den inneren Seiten der Oberschenkel, was zum Kratzen nötigt *4HA-616.   Jucken am re Schienbein über dem äußeren Knöchel, was durch Reiben nicht verging *5-634.   Ein im Stehen und Gehen anhaltender, juckender Stich in der re Wade, welcher von Kratzen verging *5-638.   Stechendes Jucken gleich über dem re äußeren Fußknöchel; es nötigt zum Kratzen, hinterläßt dann aber keine besondere Empfindung *8HA-643. Brennendes Jucken am re inneren Fußknöchel *8-644.   Jucken über der Ferse, auf der Achillessehne *3-645.   Stechendes Jucken an der re großen Zehe *8-646.   Abends, brennendes Jucken der kleinen Zehen, als wären sie erfroren; sie schmerzen bei Berührung und die schmerzenden Stellen sind rot, vier Tage lang *10-648.   Abends, juckendes Brennen an der re kleinen Zehe, als wäre sie erfroren, und sie schmerzte schon beim gelinden Drücken *7-649. Oberschenkelausschlag; Das Exanthem juckt unerträglich, besonders in der Wärme und vorzüglich in der Bettwärme, so, daß Kratzen unvermeidlich ist; aber dadurch wird das Jucken nur auf Augenblicke gemildert *1.

15   **Stechen, Schießen, Stechen mit Drücken, Stechen mit Reißen, Stechen mit Jucken, Stechen mit Brennen, Feinstechen, Grobstechen, Stechen mit Ziehen, Stumpfstechen, Stechen mit Bohren, wie von Flohstichen:** Knie, Unterschenkelgeschwür, Gesäß, Oberschenkel, Wade, Schienbein, Fußgelenk, Achillessehne, Hüfte:
An der äußeren Knieseite, ein drückend stechender Schmerz, beim Auftreten und beim Befühlen *1-216.   Reißendes Stechen im Geschwüre *1-228.   Stechendes Jucken an den Gesäßmuskeln und mehreren Stellen des Körpers *8HA-608.   Brennendes Scharfstechen an der hinteren Fläche des li Oberschenkels *4-613.   Tief eindringender, stumpfer Stich in der Mitte des li Oberschenkels, nach der äußeren Seite zu *4-614.   Feine, höchst schmerzhafte, durchdringende Stiche am inneren li Oberschenkel, gleich über dem Knie *7-615.   Juckendes Feinstechen an den inneren Seiten der Oberschenkel, was zum Kratzen nötigt *4HA-616. Mehrtägige Schwäche des Ober- und Unterschenkels, besonders im Kniegelenke, — er muß den Fuß schleppen; dabei stechendes Reißen in der Wade und Kreuzschmerzen *10-618.   Eine grob stechende, fast kratzende Empfindung am re Oberschenkel, innerlich über dem Kniegelenke *3-619.   Stichartiger Schmerz am inneren Rande des Knies *11-620.   Ziehendes Stechen im re Kniegelenke, bei Bewegung heftiger *8HA-624.   Stumpfe Stiche am Kniegelenke, neben der Kniescheibe; bei Berührung wurden die Stiche zu einem drückenden Schmerze *8HA-625.   Früh, gleich nach dem Aufstehen, stumpfe Stiche im re Kniegelenke, bei Bewegung heftiger *8HA-626.   Ziehendes Stechen im li Kniegelenke, beim Sitzen; zuweilen Zucken darin *7-631.   Brennendes Stechen unter dem li Knie, auf der Außenseite, bisweilen in Absätzen *4HA-632.   Bohrender Stich im re Schienbeine, in der Ruhe *5HA-633.   Stechendes Reißen unter und in der re Wade und über der li Ferse *10HA-637.   Ein im Stehen und Gehen anhaltender, juckender Stich in der re Wade, welcher von Kratzen verging *5-638. Stechendes Jucken gleich über dem re äußeren Fußknöchel; es nötigt zum Kratzen, hinterläßt dann aber keine besondere Empfindung *8HA-643.   Stechendes Jucken an der re großen Zehe *8-646.   Stiche, den Flohstichen ähnlich, an den Untergliedmaßen, der Hand, dem Nacken, am Kopfe u.s.w. *10-658.   Anfallsweise auftretende stechende Schmerzen die Fibula entlang in der Nähe des Malleolus *62.   Ausschlag knapp oberhalb der Crista ilica. Dabei schiessender Schmerz von dort den Oberschenkel und die Gesäßbacke hinunter, schlechter beim Gehen oder beim Aufstehen vom Sitzen und etwa 5 Uhr morgens. Er war besser im Sitzen oder Liegen, sie mußte aber um 5 oder 6 Uhr aufstehen und sitzen oder stehen, wodurch der Schmerz erträglicher wurde *68.   Nadelstechen in der Hüfte *136.   Noch große Schwäche in den Knien, zuweilen auch Stiche *138.   Tabes; Blitzartige Schmerzen die Ischiasnerven abwärts *142.   Rückenschmerzen mit Schwäche der Beine, besonders der Kniegelenke, muß den Fuß nachziehen, mit Stechen und Reißen in der Wade *LT.   Brennende Stiche auf der Aussenseite unterhalb des li Knies, in Abständen *HG.

16   **Reißen, Reißen mit Zucken, Reißen mit Stechen, Reißen mit Ziehen, Reißen mit Drücken:** Unterschenkelgeschwüre, Wade, Kniescheibe, Unterschenkel, Ferse, Fußgelenk:
Abends und früh, Reißen und Zucken um die Geschwüre, in der Ruhe, beim Gehen hört es auf *1-227.   Reißendes Stechen im Geschwüre *1-228.   Mehrtägige Schwäche des Ober- und Unterschenkels, besonders im Kniegelenke, – er muß den Fuß schleppen; dabei stechendes Reißen in der Wade und Kreuzschmerzen *10-618.   Unter der li Kniescheibe, ein ziehendes Reißen, was durch Bewegung nicht vergeht *6-622.   Reißender Schmerz in den Muskeln des einen oder des anderen Unterschenkels, im Stehen und Sitzen *11HA-636.   Stechendes Reißen unter und in der re Wade und über der li Ferse *10HA-637.   Drückendes Reißen in den li Unterfußknochen, dicht an der Fußwurzel *6-641.   Rückenschmerz mit Schwäche der Beine, besonders der Kniegelenke, muß den Fuß nachziehen, mit Stechen und Reißen in der Wade *LT.

17   **Unruhe, Beben, Heranziehen in den Kniekehlen:**
Beim Liegen, ein Müdigkeitsschmerz quer über die Oberschenkel und als ob sie zerschlagen wären; dabei Empfindung von allzu großer Straffheit in den Gelenken und etwas Bebendes und Unruhiges darin, so daß sie sie nicht still halten kann *3-609.   Beim Aufstehen vom Sitze, ein Gefühl, als wollten die Beine in der Kniekehle zusammenknicken – ein bebendes, überreiztes Heranziehen in der Kniekehle *3-629.   Sobald er sich legt, entsteht ein Gefühl von Heranziehen in den Kniekehlen – eine Art Überreiztheit und wollüstiger Unruhe darin, daß er nicht liegen bleiben kann, sondern aufstehen muß *3-630.   Sie konnte abends vor Schmerz in den Waden im Bett nicht einschlafen; sie wußte nicht, wo sie die Beine hinlegen sollte, sie mußte sie immer wo anders hinlegen, um einige Erleichterung zu haben; auch da sie die Nacht einmal aufgestanden war und sich dann wieder in's Bett legte, hatte sie dieselbe Empfindung in den Waden *12-686. Ziehende Sacrumschmerzen bis in die Vorderseite der Oberschenkel. Jede Nacht zwischen 1 und 2 Uhr geht es los, kann dann nicht mehr liegen, muß im Sessel schlafen wegen der Schmerzen. Es ist kein ruhiger Schmerz, er muß während der Schmerzen die Beine bewegen *i.   Sitzen kann er nicht gut, dann tun die Gesäßbacken weh, er muß dann hin und her rutschen und die Beine ausstrecken und wieder anziehen *k.

18   **Schwellung, Atrophie:**
Abszeß in der regio iliaca. Bei der Messung der Beine ergab sich, daß das re einen halben Zoll kürzer als das li war. Der re Fuß war nach auswärts rotiert, und die Glutaeofemoralfalte war verstrichen; Patient hinkte. Kurz vor Beginn der jetzigen Krankheit hatte er einen schweren Fall erlitten *87.   Gichtknoten. Die geschwollenen Gelenke besserten sich *115.   Muskelatrophie im li Bein. Geht mit einem Stab in der re und einem Stock in der li Hand, lehnt sich auf beide *136.   Das ganze Kniegelenk ist geschwollen und druckempfindlich und knackt *133. Gicht bei älteren, korpulenten Menschen mit schwacher Blutzirkulation. Die Schmerzen sind in den kleinen Gelenken der Hände und Füße, dabei viel Schwellung und Härte *CA.

BEINSCHMERZEN   Zeit

1   **Abends im Bett:** Jucken, Schmerz im Geschwür, Unruhe, kalte Füße:
Jucken, abends im Bett, am Unterschenkel, nach dem Reiben entstehen flache Geschwüre, welche heftig schmerzen *1-218.   Abends und früh, Reißen und Zucken um die Geschwüre, in der Ruhe, beim Gehen hört es auf *1-227.   Heftig brennende Schmerzen im Geschwüre, abends nach dem Niederlegen, stundenlang, so daß er nicht einschlafen konnte *1-250.   Brennend juckendes Fressen an den Hinterbacken, wie wenn man etwas Schafwollenes auf die Haut zieht,

abends im Bett; durch Kratzen verging es an der einen Stelle und kam an eine andere *13-606. Abends, brennendes Jucken der kleinen Zehen, als wären sie erfroren; sie schmerzen bei Berührung und die schmerzenden Stellen sind rot, vier Tage lang *10-648.   Abends, juckendes Brennen an der re kleinen Zehe, als wäre sie erfroren, und sie schmerzte schon beim gelinden Drücken *7-649.   In den Gelenken der Achsel, des Ellbogens, der Hand, der Finger, des Rückens, der Knie, ein ziehender (?) Schmerz bei Bewegung der Teile, weniger in der Ruhe, vorzüglich abends *12-654.   Sie konnte abends vor Schmerz in den Waden im Bett nicht einschlafen; sie wußte nicht, wo sie die Beine hinlegen sollte, sie mußte sie immer wo anders hinlegen, um einige Erleichterung zu haben *12-686.   Bloß abends, im Bett, kalte Füße *13-689.   Oberschenkelausschlag; Das Exanthem juckt unerträglich, besonders in der Wärme und vorzüglich in der Bettwärme, so, daß Kratzen unvermeidlich ist; aber dadurch wird das Jucken nur auf Augenblicke gemildert *1.

2   **5 Uhr morgens, 1 bis 2 Uhr morgens, nachts:** Schmerz im Gesäß und im Oberschenkel, Hüftschmerzen:
Wadenkrämpfe, die jeden Morgen früh aus dem Schlafe weckten *51.   Herpes zoster, Ausschlag knapp oberhalb der re Crista ilica, der sich nach hinten, unten und vorn zur Leiste erstreckte. Dabei schießender Schmerz von dort den Oberschenkel und die Gesäßbacke hinunter, schlechter beim Gehen oder beim Aufstehen vom Sitzen und etwa 5 Uhr morgens. Er war besser im Sitzen oder Liegen, sie mußte aber um 5 oder 6 Uhr aufstehen und sitzen oder stehen, wodurch der Schmerz erträglicher wurde *68.   Abszeß in der regio iliaca. Schmerz in der Leistengegend. Druck auf die Hüftgegend etwas empfindlich. Nachts war der Schmerz nicht sehr verschlimmert; dabei traten nächtliche Schweiße ein *87.   Nachts Hitze in Händen und Füßen, entblößt sie *AP.   Ziehende Sacrumschmerzen bis in die Vorderseite der Oberschenkel. Jede Nacht zwischen 1 und 2 Uhr geht es los, kann dann nicht mehr liegen, muß im Sessel schlafen wegen der Schmerzen *i.   Gefühl, als ob jemand mit dem Messer hineinsticht oder als ob man eine Spritze bekommt, dann wieder ein ziehender Schmerz, im Gesäß bis in die Waden, schlechter nachts, besser vormittags. Herumgehen bessert etwas. Muß manchmal nachts weinen, so heftig sind die Schmerzen *k.

3   **Morgens bei oder nach Aufstehen:** Schmerz im Geschwür, Gelenke steif, Stechen im Knie, Schwäche der Knie, Gesäßschmerzen:
Abends und früh, Reißen und Zucken um die Geschwüre, in der Ruhe, beim Gehen hört es auf *1-227.   Früh, beim Aufstehen aus dem Bette, sind alle Gelenke steif, besonders Achseln, Kreuz und Hüftgelenk *1A-235.   Früh, gleich nach dem Aufstehen, stumpfe Stiche im re Kniegelenke, bei Bewegung heftiger *8HA-626.   Früh, gleich nach dem Aufstehen große Mattigkeit in den Kniegelenken, welche ihn zum Sitzen nötigt; das Gehen und Stehen ist ihm beschwerlich *8-665.   Wadenkrämpfe, die jeden Morgen früh aus dem Schlafe weckten *51. Schmerz im li Sacroiliacalgelenk, schlechter im Stehen, kann sich deshalb morgens im Bett nicht umdrehen *136.   Schmerzen re im Gesäß morgens beim Aufstehen *g.

4   **Nach dem Mittagsschlaf:** Wadenkrampf, Hüftschmerzen:
Ein unerträglicher Klamm in der Wade und Fußsohle des Beines, worauf er liegt, weckt ihn aus dem Nachmittagsschlafe auf *1-220.   Klamm vorzüglich in dem oberen und unteren Teile der Wade, beim Erwachen aus dem Schlafe, welcher weder durch Ausstrecken, noch durch Biegen des Schenkels zu mildern ist, durch Richtung der Gedanken aber auf diesen Schmerz, wenn er schon seit vermindert hat, sich gleich wieder vermehrt und empfindlicher wird *1-221.   Wadenkrämpfe, die jeden Morgen früh aus dem Schlafe weckten *51.   Schmerz in der re Hüfte. Schmerz im li Sacroiliacalgelenk, schlechter im Stehen, kann sich deshalb morgens im Bett nicht umdrehen. Quälender Schmerz in den Muskeln der li Hüfte im Anfang des Gehens, nach Mittagsschlaf, nicht aber morgens nach Aufstehen *136.

5   **Anfallsweise, absatzweise, plötzlich:** Knieschmerzen, Wadenbeinschmerzen:
Brennendes Stechen unter dem li Knie, auf der Außenseite, bisweilen in Absätzen *4HA-632.
Anfallsweise auftretende Schmerzen die Fibula entlang in der Nähe des Malleolus *62.   Das
ganze Kniegelenk ist geschwollen und druckempfindlich und knackt. Schmerzen treten meist
plötzlich auf *138.   Brennende Stiche auf der Außenseite unterhalb des li Knies, in Abständen *HG.

6   **Im Herbst:** Ischias:
Der Husten und die Ischias bestanden nie zur gleichen Zeit; der Husten trat nur im Winter auf, die
Ischias nur im Herbst *54.

BEINSCHMERZEN   Modalitäten

1   **Muß sich bewegen, Ruhe verschlechtert:** Schmerz im Unterschenkelgeschwür, Heranziehen in den Kniekehlen, Stechen im Schienbein, Brennen in der großen Zehe, Drücken in der
Fußsohle, Schmerz in den Waden, Schwere im Bein, Ziehen im Knie, Ziehen im Becken oder Gesäß:
Abends und früh, Reißen und Zucken um die Geschwüre, in der Ruhe, beim Gehen hört es auf *1-
227.   Unter der li Kniescheibe, ein ziehendes Reißen, was durch Bewegung nicht vergeht *6-
622.   Sobald er sich legt, entsteht ein Gefühl von Heranziehen in den Kniekehlen — eine Art
Überreiztheit und wohllüstiger Unruhe darin. daß er nicht liegen bleiben kann, sondern aufstehen
muß *3-630.   Bohrender Stich im re Schienbeine, in der Ruhe *5HA-633.   Drückendes Brennen in der Spitze der re großen Zehe, in der Ruhe *5-647.   Drückender Schmerz an
der inneren Seite der li Fußsohle, in der Ruhe *5-651.   Sie konnte abends vor Schmerz in
den Waden nicht einschlafen; sie wußte nicht, wo sie die Beine hinlegen sollte, sie mußte sie immer
wo anders hinlegen, um einige Erleichterung zu haben; auch da sie die Nacht einmal aufgestanden
war und sich dann wieder ins Bett legte, hatte sie dieselbe Empfindung in den Waden *12-686.
Anhaltender dumpfer Schmerz im ganzen Gliede mit dem Gefühl großer Schwere in der Ruhe. Gefühl von Ziehen in der Gegend des Knies und der Patella in der Ruhe *62.   Schießender
Schmerz von der Crista ilica den Oberschenkel und die Gesäßbacke hinunter, schlechter beim Gehen oder beim Aufstehen vom Sitzen. Er war besser im Sitzen oder Liegen, sie mußte aber um
5 oder 6 Uhr aufstehen und sitzen oder stehen, wodurch der Schmerz erträglicher wurde *68.
Ziehende Sacrumschmerzen bis in die Vorderseite der Oberschenkel. Jede Nacht zwischen 1 und
2 Uhr geht es los, kann dann nicht mehr liegen, muß im Sessel schlafen wegen der Schmerzen. Es
ist kein ruhiger Schmerz, er muß während der Schmerzen die Beine bewegen *i.   Gefühl, als
ob jemand mit dem Messer hineinsticht oder als ob man eine Spritze bekommt, dann wieder ein
ziehender Schmerz, im Gesäß bis in die Waden, schlechter nachts, besser vormittags, Herumgehen
bessert etwas. Sitzen kann er nicht gut, dann tun die Gesäßbacken weh, er muß dann hin und her
rutschen und die Beine ausstrecken und wieder anziehen *k.

2   **Gehen, Bewegung, Auftreten verschlechtert:** Drücken in der Hüfte, Zerschlagenheitsschmerz oder Spannen im Oberschenkel, Stechen oder Ziehen am Knie, Drücken in der Fußwurzel, Zerschlagenheit in den Waden, Schwäche in den Knien:
Um das Hüftgelenke, ein drückender Schmerz im Gehen und Sitzen *1-211.   Zerschlagenheitsschmerz aller Muskeln der Oberschenkel, beim Schnellgehen, zwei Tage lang *1-213.   An
der äußeren Knieseite, ein drückend stechender Schmerz, beim Auftreten und beim Befühlen *1-
216.   Schmerz, wie von Verrenkung in der Mitte des li Oberschenkels, vorzüglich beim Ge-

hen *8-610.   Spannen im äußeren großen Oberschenkelmuskel, beim Gehen *3-611.   Ziehendes Stechen im re Kniegelenke, bei Bewegung heftiger *8HA-624.   Früh, gleich nach dem Aufstehen, stumpfe Stiche im re Kniegelenke, bei Bewegung heftiger *8HA-626.   In dem re Kniegelenke und den Köpfen der Wadenmuskeln, beim Gehen, ein lähmiges Ziehen wie eine Schwäche, welches, nach dem Gehen, auch beim Sitzen noch lange anhält, ehe es sich allmählig ganz verliert *4-627.   Im re Knie, ein minutenlanger Schmerz (wie von Vertreten?), beim Gehen und bei Bewegung des Fußes *12-628.   Ein im Stehen und Gehen anhaltender, juckender Stich in der re Wade, welcher von Kratzen verging *5-638.   In der Fußwurzel, quer herüber, ein ziehendes Drücken, besonders bei Bewegung *3-640.   In den Gelenken der Achsel, des Ellbogens, der Hand, der Finger, des Rückens, der Knie, ein ziehender (?) Schmerz bei Bewegung der Teile, weniger in der Ruhe, vorzüglich abends *12-654.   Allgemeine Zerschlagenheit, beim Gehen schlimmer, besser beim Sitzen und Liegen; besonders in den Waden, ein ungeheurer Mattigkeitsschmerz, wie zerprügelt – sie konnte die Füße kaum erschleppen *12A-663. Früh, gleich nach dem Aufstehen große Mattigkeit in den Kniegelenken, welche ihn zum Sitzen nötigt; das Gehen und Stehen ist ihm beschwerlich *8-665.   Matt im ganzen Körper, vorzüglich in den Knien, beim Gehen *5HA-666.   Beim Aufsetzen des Fußes Prickeln in den Zehenballen, als ob es die Zehen nach unten ziehen wollte *57.   Etwa 10 bis 14 Tage vor Eintritt der Menses wurde sie jedes Mal durch acute Schmerzen daran erinnert, welche während der Bewegung sich einstellten; dieselben erstreckten sich von der Austrittsstelle des Schenkelknochen an der inneren Fläche des Oberschenkels herunter bis zum Knie, und bis zur großen Zehe. Dumpfe Ruhe bei Bewegung und Gefühl von Ziehen in der Gegend des Knies und der Patella in der Ruhe. Nachts in der Ruhe vollkommener Nachlaß aller Schmerzen *62.   Herpes zoster knapp oberhalb der re Crista ilica. Dabei schießender Schmerz von dort den Oberschenkel und die Gesäßbacke hinunter, schlechter beim Gehen oder beim Aufstehen vom Sitzen. Er war besser im Sitzen oder Liegen *68.

3   **Beim Aufstehen:** Steifheit der Hüfte, Stechen im Knie, Heranziehen in der Kniekehle, Schießen im Gesäß und Oberschenkel:
Früh, beim Aufstehen aus dem Bette, sind alle Gelenke steif, besonders Achseln, Kreuz und Hüftgelenk *1A-235.   Früh, gleich nach dem Aufstehen, stumpfe Stiche im re Kniegelenke, bei Bewegung heftiger *8HA-626.   Beim Aufstehen vom Sitze, ein Gefühl, als wollten die Beine in der Kniekehle zusammenknicken – ein bebendes, überreiztes Heranziehen in der Kniekehle *3-629.   Herpes zoster knapp oberhalb der re Crista ilica. Dabei schießender Schmerz von dort den Oberschenkel und die Gesäßbacke hinunter, schlechter beim Gehen oder beim Aufstehen vom Sitzen *68.   Schmerzen re im Gesäß morgens beim Aufstehen *g.

4   **Beim Umdrehen im Bett:** Linkes Sacroiliacalgelenk:
Schmerz im li Sacroiliacalgelenk, schlechter im Stehen, kann sich deshalb morgens im Bett nicht umdrehen *136.

5   **Im Liegen:** Jucken, Wadenkrampf, Schmerzen im Geschwür, Heranziehen in den Kniekehlen, Schmerz in den Oberschenkeln, Knieschmerzen bei linker Seitenlage:
Jucken, abends im Bett, am Unterschenkel, nach dem Reiben entstehen flache Geschwüre, welche heftig schmerzen *1-218.   Ein unterträglicher Klamm in der Wade und Fußsohle des Beines, worauf er liegt, weckt ihn aus dem Nachmittagsschlafe auf *1-220.   Heftig brennende Schmerzen im Geschwüre, abends nach dem Niederlegen, Stunden lang, so daß er nicht einschlafen konnte *1-250.   Brennend juckendes Fressen an den Hinterbacken, wie wenn man etwas Schafwollenes auf die Haut zieht, abends im Bett; durch Kratzen verging es an der einen Stelle und kam an eine andere *13-606.   Sobald er sich legt, entsteht ein Gefühl von Heranziehen in den Kniekehlen – eine Art Überreiztheit und wohllüstiger Unruhe darin, daß er nicht liegen bleiben kann, sondern aufstehen muß *3-630.   Sie konnte abends vor Schmerz in den Waden

im Bett nicht einschlafen; sie wußte nicht, wo sie die Beine hinlegen sollte, sie mußte sie immer wo anders hinlegen, um einige Erleichterung zu haben; auch da sie die Nacht einmal aufgestanden war und sich dann wieder ins Bett legte, hatte sie dieselbe Empfindung in den Waden *12-686.   Ausschlag an den Oberschenkeln; Das Exanthem juckt unerträglich, besonders in der Wärme und vorzüglich in der Bettwärme *1.   Herpes zoster knapp oberhalb der re Crista ilica. Dabei schiessender Schmerz von dort den Oberschenkel und die Gesäßbacke hinunter, schlechter beim Gehen oder beim Aufstehen vom Sitzen und etwa 5 Uhr morgens. Er war besser im Sitzen oder Liegen, sie mußte aber um 5 oder 6 Uhr aufstehen und sitzen oder stehen, wodurch der Schmerz erträglicher wurde *68.   Das ganze Kniegelenk ist geschwollen und druckempfindlich und knackt. Patient kann nicht auf der li Seite liegen *138.   Ziehende Sacrumschmerzen bis in die Vorderseite der Oberschenkel. Jede Nacht zwischen 1 und 2 Uhr geht es los, kann dann nicht mehr liegen, muß im Sessel schlafen wegen der Schmerzen *i.

6   **Im Stehen:** Taubheit der Hüfte, Stechen am Knie, Reißen im Unterschenkel, Jucken in der Wade, Schwäche in den Knien, Schmerz im Sacroiliacalgelenk:
Beim Stehen, eine Taubheitsempfindung in der li Hüfte, bis zum Unterleibe *1-210.   An der äußeren Knieseite, ein drückend stechender Schmerz, beim Auftreten und beim Befühlen *1-216. Reißender Schmerz in den Muskeln des einen oder des anderen Unterschenkels, im Stehen und Sitzen *11HA-636.   Ein im Stehen und Gehen anhaltender, juckender Stich in der re Wade, welcher von Kratzen verging *5-638.   Allgemeine Zerschlagenheit, beim Gehen schlimmer, besser beim Sitzen und Liegen; besonders in den Waden, ein ungeheurer Mattigkeitsschmerz, wie zerprügelt − sie konnte die Füße kaum erschleppen *12A-663.   Früh, gleich nach dem Aufstehen große Mattigkeit in den Kniegelenken, welche ihn zum Sitzen nötigt; das Gehen und Stehen ist ihm beschwerlich *8-665.   Beim Aufsetzen des Fußes Prickeln in den Zehenballen, als ob es die Zehen nach unten ziehen wollte *57.   Schmerz im li Sacroiliacalgelenk, schlechter im Stehen, kann sich deshalb morgens im Bett nicht umdrehen *136.   Im allgemeinen besteht ein großes Müdigkeitsgefühl, besonders bei längerem Stehen. Nach Thuja fühlt er noch große Schwäche in den Knien, zuweilen auch Stiche *138.

7   **Im Sitzen:** Gesäßschmerzen, Drücken im Hüftgelenk, Ziehen und Stechen im Knie, Reissen im Unterschenkel:
Wenn er ein Weilchen gesessen hat, tut ihm die Hinterbacke weh *1A-209.   Um das Hüftgelenke, ein drückender Schmerz im Gehen und Sitzen *1-211.   Bohrender Schmerz in den li Gesäßmuskeln, im Sitzen *5-607.   In dem re Kniegelenke und den Köpfen der Wadenmuskeln, beim Gehen, ein lähmiges Ziehen wie eine Schwäche, welches, nach dem Gehen, auch beim Sitzen noch lange anhält, ehe es sich allmählig ganz verliert *4-627.   Ziehendes Stechen im li Kniegelenke, beim Sitzen; zuweilen Zucken darin *7-631.   Kriebeln und Prickeln in der Sohle des Fußes, den man beim Sitzen über den anderen schlägt, wie eingeschlafen *7-652. Dumpfer Schmerz in den Nates beim Sitzen, welcher sich bis in die Gegend des Kreuzbeins und Hüftgelenks erstreckte *62.   Sitzen kann er nicht gut, dann tun die Gesäßbacken weh, er muß dann hin und herrutschen und die Beine ausstrecken und wieder anziehen *k.

8   **Besser durch Anziehen des Beines:** Schmerz vom rechten Unterbauch zum Knie:
Schmerz im re Unterbauch bis zum Knie, besser durch Anziehen des Beines *140.

9   **Beim Auftreten oder bei Erschütterung:** Knie, Zehenballen:
An der äußeren Knieseite, ein drückend stechender Schmerz, beim Auftreten und beim Befühlen *1-216.   Beim Aufsetzen des Fußes Prickeln in den Zehenballen, als ob es die Zehen nach unten ziehen wollte *57.   Schmerz im re Unterbauch bis zum Knie, besser durch Anziehen des Beines und gefolgt von großem, dunklem, erdigem Stuhl, schlechter durch die leiseste Erschütterung, durch Ärger *140.

10   **Folge eines schweren Falles:** Hüftabszeß:
Abszeß in der regio iliaca, Fieber, Puls 120. Schmerz in der Leistengegend. Druck auf die Hüftgegend etwas empfindlich. Bei der Messung der Beine ergab sich, daß das re einen halben Zoll kürzer als das li war. Der re Fuß war nach auswärts rotiert, und die Glutaeofemoralfalte war verstrichen; Patient hinkte. Kurz vor Beginn der jetzigen Krankheit hatte er einen schweren Fall erlitten *87.

11   **Druck, Berührung, Daraufliegen, Daraufsitzen:** Gesäß, Stechen im Knie, Unterschenkelgeschwüre, Wadenkrampf, Knochengeschwulst, kleine Zehen, Prickeln der Zehenballen, Hüfte:
Wenn er ein Weilchen gesessen hat, tut ihm die Hinterbacke weh *1A-209.   An der äusseren Knieseite, ein drückend stechender Schmerz, beim Auftreten und beim Befühlen *1-216. Jucken, abends im Bett, am Unterschenkel, nach dem Reiben entstehen flache Geschwüre, welche heftig schmerzen *1-218.   Ein unerträglicher Klamm in der Wade und Fußsohle des Beines, worauf er liegt, weckt ihn aus dem Nachmittagsschlafe auf *1-220.   Knochengeschwulst des Mittelfußknochens der re kleinen Zehe, schmerzhaft beim Berühren *1-222.   Stumpfe Stiche am Kniegelenke, neben der Kniescheibe; bei Berührung wurden die Stiche zu einem drückenden Schmerze *8HA-625.   Lähmiger Druck an den Wadenmuskeln des re Fußes, nach aussen; bei Berührung heftiger *8-635.   Abends, brennendes Jucken der kleinen Zehen, als wären sie erfroren; sie schmerzen bei Berührung und die schmerzenden Stellen sind rot, vier Tage lang *10-648.   Abends, juckendes Brennen an der re kleinen Zehe, als wäre sie erfroren, und sie schmerzte schon beim gelinden Drücken *7-649.   Kriebeln und Prickeln in der Sohle des Fußes, den man beim Sitzen über den anderen schlägt, wie eingeschlafen *7-652.   Beim Aufsetzen des Fußes Prickeln in den Zehenballen, als ob es die Zehen nach unten ziehen wollte *57. Abszeß in der re regio iliaca. Druck auf die Hüftgegend etwas empfindlich *87.   Quälender Schmerz in den Muskeln der li Hüfte im Anfang des Gehens. Nadelstechen in der Hüfte. Kann auf der li Seite nicht schlafen. Muskelatrophie im li Bein *136.   Sitzen kann er nicht gut, dann tun die Gesäßbacken weh, er muß dann hin und herrutschen und die Beine ausstrecken und wieder anziehen *k.

12   **Darandenken, Ärger verschlimmert:** Wadenkrampf, Schmerzen vom Unterbauch zum Knie:
Klamm vorzüglich in dem oberen und unteren Teile der Wade, beim Erwachen aus dem Schlafe, welcher weder durch Ausstrecken, noch durch Biegen des Schenkels zu mildern ist, durch Richtung der Gedanken aber auf diesen Schmerz, wenn er schon sich vermindert hat, sich gleich wieder vermehrt und empfindlicher wird *1-221.   Schmerzen wie von einem Band an Armen, Handgelenken, Knöcheln. Schmerz im re Unterbauch bis zum Knie, besser durch Anziehen des Beines, schlechter durch die leiseste Erschütterung, durch Ärger *140.

13   **Wärmeanwendung bessert, Folgen von Erkältung:** Ischias, Hüftschmerzen:
Ließ sich vor 3 Jahren überreden, einen Abend lang in einem engen Schulzimmer zu sitzen, wo er sich, wie vorhergesehen, schwer erkältete. Der Husten trat nur im Winter auf, die Ischias nur im Herbst *54.   Quälender Schmerz in den Muskeln der li Hüfte im Anfang des Gehens, nach Mittagsschlaf, nicht aber morgens nach Aufstehen. Wärmeanwendung bessert. Nadelstechen in der Hüfte. Kann auf der li Seite nicht schlafen. Muskelatrophie im li Bein. Geht mit einem Stab in der re und einem Stock in der li Hand, lehnt sich auf beide. Besser in hellem, sonnigem, warmem Wetter, im Freien *136.

14   **Vor der Periode:** Schmerzhafte Beinlähmung:
Etwa 10 bis 14 Tage vor Eintritt der Menses wurde sie jedes Mal durch acute Schmerzen daran erinnert, welche während der Bewegung sich einstellten; dieselben erstreckten sich von der Austrittsstelle des Schenkelknochen an der inneren Fläche des Oberschenkels herunter bis zum Knie, und bis zur großen Zehe. Dazu gesellte sich ein anhaltender dumpfer Schmerz im ganzen Gliede mit

dem Gefühl großer Schwere in der Ruhe. Nach der ersten Schmerzensempfindung jedoch stellte sich eine complete Lähmung des ganzen Gliedes ein, welche anhielt bis der Menstrualfluß vollständig sich eingestellt, von welcher Zeit an das Glied nach und nach seine normale Kraft wieder erlangte *62.

BEINSCHMERZEN   Begleitsymptome

1   Abwechselnd mit Hautausschlägen:
Ein im Stehen und Gehen anhaltender, juckender Stich in der re Wade, welcher von Kratzen verging. — Jucken im li Nasenflügel, was bei Berührung verging *5—78Std—638,390.   Gichtknoten. Nach Staphisagria Ausschlag auf den Beinen. Die geschwollenen Gelenke besserten sich *115. Gicht bei älteren, korpulenten Menschen mit schwacher Blutzirkulation. Die Schmerzen sind in den kleinen Gelenken der Hände und Füße, dabei viel Schwellung und Härte. In der Mehrzahl der Fälle leiden die Patienten an einer Hautaffektion, die mit den Gelenkschmerzen abwechselt. Die Fußsohlen sind empfindlich, viel Schwäche der Knie *CA.

2   Abwechselnd mit Husten:
Ließ sich vor 3 Jahren überreden, einen Abend lang in einem engen Schulzimmer zu sitzen, wo er sich, wie vorhergesehen, schwer erkältete. Der Husten und die Ischias bestanden nie zur gleichen Zeit; der Husten trat nur im Winter auf, die Ischias nur im Herbst *54.

3   Vermehrte Harnabsonderung:
Ein unerträglicher Klamm in der Wade und Fußsohle des Beines, worauf er liegt, weckt ihn aus dem Nachmittagsschlafe auf. — Reichliches, sehr häufiges Harnen, mehrere Tage lang *1—24Std— 220,140.   Früh, gleich nach dem Aufstehen große Mattigkeit in den Kniegelenken, welche ihn zum Sitzen nötigt; das Gehen und Stehen ist ihm beschwerlich. — Er harnet oft, doch jedesmal nur wenig, etwa eine Obertasse dunklen Urins *8—24Std—665,509.

4   Obstipation:
Schmerzen wie von einem Band an Armen, Handgelenken, Knöcheln. Schmerz im re Unterbauch bis zum Knie, besser durch Anziehen des Beines und gefolgt von großem, dunklem, erdigem Stuhl, schlechter durch die leiseste Erschütterung, durch Ärger *140.

5   Bauchschmerzen, Hodenschmerzen:
Klamm vorzüglich in dem oberen und unteren Teile der Wade, beim Erwachen aus dem Schlafe, welcher weder durch Ausstrecken, noch durch Biegen des Schenkels zu mildern ist, durch Richtung der Gedanken aber auf diesen Schmerz, wenn er schon sich vermindert hat, sich gleich wieder vermehrt und empfindlicher wird. — Früh, nach dem Erwachen, im Bette, ein Drücken im Magen, wie von einer Last, durch keine Veränderung der Lage zu bessern *1—6Std—221,109. Schmerz, wie von Verrenkung in der Mitte des li Oberschenkels, vorzüglich beim Gehen. — Drückender Schmerz am li Hoden, beim Gehen, so wie nach jeder Reibung; bei Berührung wird er heftiger *8HA—8Std—610,520.   Ischias: Äußerst heftiger Schmerz im re Bein bis in die Genitalien, besonders bis in die Hoden, gefolgt von großer Schwäche *61.

6   Gesichtsschmerzen:
Bohrender Stich im re Schienbeine, in der Ruhe. — Brennender Stich im re Backenknochen *5— 30Min—633,384.   Ein im Stehen und Gehen anhaltender, juckender Stich in der re Wade,

welcher von Kratzen verging. – Jucken im li Nasenflügel, was bei Berührung verging *5–78Std–638,390.

7   Armschmerzen:

Früh, gleich nach dem Aufstehen, stumpfe Stiche im re Kniegelenke, bei Bewegung heftiger. – Lähmiger Druck an beiden Ober- und Unterarmen; bei Bewegung und Berührung heftiger *8–5Tge –626,573.   Stechendes Reißen unter und in der re Wade und über der li Ferse. – Stechendes Reißen im li Handgelenke *10–1Std–637,584.   Drückendes Brennen in der Spitze der re großen Zehe, in der Ruhe. – Drückender Stich in der re Schulter, von unten herauf *5–270Min –647,557.

8   Kreuzschmerzen, Brustschmerzen:

Mehrtägige Schwäche des Ober- und Unterschenkels, besonders im Kniegelenke, – er muß den Fuß schleppen; dabei stechendes Reißen in der Wade und Kreuzschmerzen. – Kreuzschmerz weniger im Gehen hindernd, als beim Aufstehen vom Sitze, beim Wenden des Körpers im Bette und bei jeder Seitenbewegung, mehrere Tage anhaltend. – Stechendes Reißen unter und in der re Wade und über der Ferse *10–10Std–618,545,637.   Bohrender Stich im re Schienbeine, in der Ruhe. – Stumpfe Stiche auf beiden Seiten in den Rippenmuskeln, beim Sitzen, schlimmer beim rückwärts Anlehnen, und beim Ein- und Ausatmen anhaltend *5–30Min–633,537.

9   Schwäche:

Ischias: Äußerst heftiger Schmerz im re Bein bis in die Genitalien, besonders bis in die Hoden, gefolgt von großer Schwäche *61.

BEINSCHMERZEN   Syndrome

1   Gesäßschmerzen im Sitzen:

Wenn er ein Weilchen gesessen hat, tut ihm die Hinterbacke weh *1A-209.   Um das Hüftgelenke, ein drückender Schmerz im Gehen und Sitzen *1-211.   Bohrender Schmerz in den li Gesäßmuskeln, im Sitzen *5-607.   Dumpfer Schmerz in den Nates beim Sitzen, welche sich bis in die Gegend des Kreuzbeins und Hüftgelenks erstreckten *62.   Sitzen kann er nicht gut, dann tun die Gesäßbacken weh, er muß dann hin und herrutschen und die Beine ausstrecken und wieder anziehen *k.

2   Stechendes Jucken am Gesäß, das beim Kratzen die Stelle wechselt:

Brennend juckendes Fressen an den Hinterbacken, wie wenn man etwas Schafwollenes auf die Haut zieht, abends im Bett; durch Kratzen verging es an der einen Stelle und kam an eine andere *13-606.   Stechendes Jucken an den Gesäßmuskeln und mehreren Stellen des Körpers *8HA-608.

3   Hüftschmerz, der den Patienten zwingt, frühmorgens aufzustehen und im Sessel weiterzuschlafen:

Schießender Schmerz von der Crista ilica den Oberschenkel und die Gesäßbacke hinunter, schlechter beim Gehen oder beim Aufstehen vom Sitzen und etwa 5 Uhr morgens. Er war besser im Sitzen oder Liegen, sie mußte aber um 5 oder 6 Uhr aufstehen und sitzen oder stehen, wodurch der Schmerz erträglicher wurde *68.   Ziehende Sacrumschmerzen bis in die Vorderseite der Oberschenkel. Jede Nacht zwischen 1 und 2 Uhr geht es los, kann dann nicht mehr liegen, muß im

Sessel schlafen wegen der Schmerzen *i.

4   **Hüftschmerz im Anfang des Gehens nach dem Mittagsschlaf, nicht aber morgens nach dem Aufstehen:**
Quälender Schmerz in den Muskeln der li Hüfte im Anfang des Gehens, nach Mittagsschlaf, nicht aber morgens nach Aufstehen *136.

5   **Schmerz im Gesäß oder in den Oberschenkeln mit einer bebenden Unruhe in den Beinen, so daß sie sie nicht stillhalten kann und mit einem Gefühl von Heranziehen in den Kniekehlen:**
Beim Liegen, ein Müdigkeitsschmerz quer über die Oberschenkel und als ob sie zerschlagen wären; dabei Empfindung von allzugroßer Straffheit in den Gelenken und etwas Bebendes und Unruhiges darin, so daß er sie nicht still halten kann *3-609.   Sobald er sich legt, entsteht ein Gefühl von Heranziehen in den Kniekehlen — eine Art Überreiztheit und wohllüstiger Unruhe darin, daß er nicht liegen bleiben kann, sondern aufstehen muß *3-630.   Sie konnte abends vor Schmerz in den Waden im Bett nicht einschlafen; sie wußte nicht, wo sie die Beine hinlegen sollte, sie mußte sie immer wo anders hinlegen, um einige Erleichterung zu haben; auch da sie die Nacht einmal aufgestanden war und sich dann wieder in's Bett legte, hatte sie dieselbe Empfindung in den Waden *12-686.   Ziehende Sacrumschmerzen bis in die Vorderseite der Oberschenkel. Es ist kein ruhiger Schmerz, er muß während der Schmerzen die Beine bewegen *i. Sitzen kann er nicht gut, dann tun die Gesäßbacken weh, er muß dann hin und herrutschen und die Beine ausstrecken und wieder anziehen *k.

6   **Beim Gehen ein solcher Schmerz in den Oberschenkeln, daß sie die Beine nachziehen muß:**
Schmerz, wie von Verrenkung in der Mitte des li Oberschenkels, vorzüglich beim Gehen *8-610. Spannen im äußeren großen Oberschenkelmuskel, beim Gehen *3-611.   Beim Gehen, Wehtun in den Oberschenkeln (mehr im li), welche sie fast schleppen muß *12HA-623.   Die Glieder sind unter dem Schulter- und unter dem Hüftgelenke wie zerschlagen, und wie nach einer großen Fußreise, schmerzhaft *3-662.   Schmerzen, welche während der Bewegung sich einstellten; dieselben erstreckten sich von der Austrittsstelle des Schenkelknochen an der inneren Fläche des Oberschenkels herunter bis zum Knie, und bis zur großen Zehe. Dazu gesellte sich ein anhaltend dumpfer Schmerz im ganzen Gliede mit dem Gefühl großer Schwere in der Ruhe *62.

7   **Vorübergehende schmerzhafte Lähmung eines Beines jedesmal vor der Periode:**
Etwa 10 bis 14 Tage vor Eintritt der Menses wurde sie jedes Mal durch acute Schmerzen daran erinnert, welche während der Bewegung sich einstellten; dieselben erstreckten sich von der Austrittsstelle des Schenkelknochen an der inneren Fläche des Oberschenkels herunter bis zum Knie, und bis zur großen Zehe. Dazu gesellte sich ein anhaltender dumpfer Schmerz im ganzen Gliede mit dem Gefühl großer Schwere in der Ruhe. Nach der ersten Schmerzempfindung jedoch stellte sich eine complete Lähmung des ganzen Gliedes ein, welche anhielt bis der Menstrualfluß vollständig sich eingestellt, von welcher Zeit an das Glied nach und nach seine normale Kraft wieder erlangte *62.

8   **Stechende Schmerzen um das Knie bei Bewegung, beim Auftreten und beim Befühlen:**
An der äußeren Knieseite, ein drückend stechender Schmerz, beim Auftreten und beim Befühlen *1-216.   Feine, höchst schmerzhafte, durchdringende Stiche am inneren li Oberschenkel. gleich über dem Knie *7-615.   Eine grob stechende, fast kratzende Empfindung am re Oberschenkel, innerlich über dem Kniegelenke *3-619.   Stichartiger Schmerz am inneren Rande des Knies *11-620.   Ziehendes Stechen im re Kniegelenke, bei Bewegung heftiger

*8HA-624.   Stumpfe Stiche am Kniegelenke, neben der Kniescheibe; bei Berührung wurden die Stiche zu einem drückenden Schmerze *8HA-625.   Früh, gleich nach dem Aufstehen, stumpfe Stiche im re Kniegelenke, bei Bewegung heftiger *8HA-626.   Brennendes Stechen unter dem li Knie, auf der Außenseite, bisweilen in Absätzen *4HA-632.

9   Wadenkrampf, der aus dem Nachmittagsschlaf weckt und durch Darandenken verschlimmert wird:
Ein unerträglicher Klamm in der Wade und Fußsohle des Beines, worauf er liegt, weckt ihn aus dem Nachmittagsschlafe auf *1-220.   Klamm vorzüglich in dem oberen und unteren Teile der Wade, beim Erwachen aus dem Schlafe, welcher weder durch Ausstrecken, noch durch Biegen des Schenkels zu mildern ist, durch Richtung der Gedanken aber auf diesen Schmerz, wenn er schon sich vermindert hat, sich gleich wieder vermehrt und empfindlicher wird *1-221.   Wadenkrämpfe, die jeden Morgen früh aus dem Schlafe weckten *51.

10   Fußsohlen empfindlich: Prickeln und Zusammenziehen in den Fußsohlen beim Übereinanderschlagen der Beine oder beim Aufsetzen des Fußes:
Kriebeln an der unteren Fläche der Zehen, welches nicht zum Kratzen reizt; es ist als wenn sie eingeschlafen gewesen wären *4-650.   Kriebeln und Prickeln in der Sohle des Fußes, den man beim Sitzen über den anderen schlägt, wie eingeschlafen *7-652.   Beim Aufsetzen des Fußes Prickeln in den Zehenballen, als ob es die Zehen nach unten ziehen wollte *57.   Die Fußsohlen sind empfindlich *CA.

BRUSTSCHMERZEN   Orte

1   Zunge: Stechen, Wundheitsschmerz, Trockenheitsgefühl, Brennen, Ätzen:
Stechen in der Spitze der Zunge, ohne mit etwas berührt zu sein *1-81.   Stichschmerz am Rande der Zunge, wenn er sie an den Gaumen drückt, gleich als stäke ein Stachel darin — beim Essen verging es *1-82.   Wundheitsschmerz des vorderen Teils der Zunge *1-83.   Trokkenheitsempfindung der Zunge, Zusammenfluß säuerlichen Wassers im Munde und zugleich fester, die Choanen verstopfender Schleim *3-439.   Magendruck; sehr quälendes Stechen und Brennen auf der Zunge *91.   Ätzender Schmerz in der Zunge, dadurch Stechen bei Tabakrauch *TM.

2   Gaumen: Brennen, Kratzen, Rauhheit, Drücken, Schründen, Stechen:
Brennendes Kratzen im Gaumen, außer und bei dem Schlucken *8-433.   Rauh und kratzig, doch sehr feucht am Gaumen *12-434.   Drückendes Schründen hinten am Gaumen, bloß außer dem Schlingen *4-435.   Stechen am Gaumen, wenn er trocken ist, abends *3-441.

3   Retronasal, Gaumensegel: Drücken, Schründen, Kratzen:
Drückendes Schründen hinten am Gaumen, bloß außer dem Schlingen *4-435.   Kratzende Empfindung im Rachen, hinter den Nasenöffnungen, als wenn man Tabak hindurch geschnupft

hätte *5-436.   Stechen im Gaumen, bis in's Gehirn *1-86.

4   **Schlund, Rachen:** Ziehen, Schneiden, Krampf, Verengerungsgefühl, Stechen, Klopfen, Rohheit:
Schmerzhaftes Ziehen vom Zungenbeine an, tief im Halse, bis unter den Unterkiefer; bei Berührung der Halsseite, heftiger *8-431.   Kurz nach dem Essen jedesmal scharfer Husten und Wasserzusammenlaufen im Munde — es ist, als würde dies Wasser mit Gewalt durch den Schlund getrieben und schnitte darin *3-530.   Prosopalgie; Schlundkrampf *15.   Im Halse ein immerwährendes Stechen, Kratzen, und ein Gefühl als wenn der Schlund durch einen zollangen Zapfen verengert wäre. Bei dem Herabschlucken einiger Tropfen Flüssigkeit ein Erstickungsgefühl mit vermehrtem Stechen im Schlunde. Immerwährender klopfender Schmerz im Schlunde *31. Gefühl von Rohheit im Rachen, dadurch Sprechen und Schlucken schmerzhaft *TM.

5   **Tonsillen, Hals:** Rauhheit, Trockenheit, Stechen, Reißen, Kratzen:
Rauher Hals, wie wundschmerzend, beim Reden und Schlingen *1HA-85.   Trockenheit im Halse, vorzüglich abends, vor dem Einschlafen; es sticht im Halse beim Schlingen *1-87. Scharfer Husten, welcher die Kehle aufzureißen droht, wie von einer beständigen Verengerung der Luftröhre, ohne vorgängigen besonderen Reiz *6-466.   Hatte an einer Halsentzündung (mit Verschwärung der li Mandel) gelitten, die in 3 Tagen verlief und Empfindlichkeit im Rachen zurückließ. Nach 6 Tagen wurde der Hals ohne alle bekannte Veranlassung wieder schmerzhafter. Im Halse ein immerwährendes Stechen, Kratzen *31.   Schmerz im Hals und in der Brust, schlechter morgens. Tonsillen ziemlich groß, die li schmerzhaft bei Berührung. Ein Stich fliegt beim Schlucken zum li Ohr *96.   Tonsillitis, die Schmerzen kommen nach dem Essen *KM.

6   **Kehlkopf:** Kratzen, Reißen, Rauhheit, Rohheit:
Kratziges Aufstoßen, was den Kehlkopf angreift und zum Husten zwingt (kratziger Sod) *1-98. Scharfer Husten, welcher die Kehle aufzureißen droht, wie von einer beständigen Verengerung der Luftröhre, ohne vorgängigen Reiz *3-528.   Rauhheit des Kehlkopfes, nach vielem Sprechen *JS.   Rohheit im Kehlkopf beim Sprechen *LM.

7   **Halsgrube:** Jucken, Stechen, Drücken, Zusammenziehen:
Oben am Brustbeine, gleich unter dem Halsgrübchen, juckende, feine, scharfe Stiche, die zum Kratzen nötigen *4HA-531.   Drücken und Zusammenziehen im Halsgrübchen, nach Ärger, und erhöht beim Schlingen *JS.

8   **Luftröhre:** Fest Darinliegen, Geschwürsschmerz, Klemmender Druck, Verengerunsgefühl, Wundheit:
Sie fühlt ihre Brust schwach; es liegt ihr etwas fest in der Luftröhre, was sie zum Kotzen nötigt *1-172.   Beim Husten, Schmerz hinterm Brustbeine, wie unterschworen *1-177.   Klemmender Druck unterhalb dem Brustbeine, gleich li neben dem Schwertknorpel *4-463.   Scharfer Husten, welcher die Kehle aufzureißen droht, wie von einer beständigen Verengerung der Luftröhre, ohne vorgängigen besonderen Reiz *3-528.   Gefühl von Wundheit hinter dem Brustbeine *4-538.

9   **Speiseröhre:** Brennen, Drücken, Stechen, Übelkeit, Kratzen:
Beim (gewohnten) Tabakrauchen, Sodbrennen *1-97.   Wenn es ihr aufstoßen will, drückt und sticht es ihr bis in die Brust *1-99.   Übelkeit morgens mit Stechen in der Brust (im Verlauf des Oesophagus), kratzendes Aufstoßen nach dem Essen, das einen trockenen Husten hervorruft *TM.

10   **Brustbein:** Geschwürsschmerz, klemmender Druck, Jucken, Stechen:

Immerwährender Schmerz in der Mitte des Brustbeins, als wenn da etwas Böses (Geschwüriges) wäre, am schlimmsten beim Aufrichten und Ausdehnen des Körpers, auch beim Betasten schmerzhafter, wie Spannen und Drücken, so daß es zuweilen den Atem versetzt *1-186.   Klemmender Druck unterhalb dem Brustbeine, gleich li neben dem Schwertknorpel *4-463.   Oben am Brustbeine, gleich unter dem Halsgrübchen, juckende, feine, scharfe Stiche, die zum Kratzen nötigen *4HA-531.

11   **Achselhöhle:** Stechen, Jucken, Drücken:
Stiche in der li Achselhöhle *5-552.   Juckende Nadelstiche in der re Achselhöhle *8-553.
Juckende Stiche in beiden Achselhöhlen *4HA-554.   In der re Achselgrube, ein stumpfer, drückender Schmerz *12-555.

12   **Eine Brustseite:** Drücken, Klemmen, Stechen, Schneiden, Berührungsempfindlichkeit:
Drücken in der li Brust, ohne daß das Atemholen darauf Einfluß hat *1-179.   Klemmendes Drücken unter den kurzen Rippen der re Seite *6-466.   Stumpfer Stich in der li Brust, nach einigen Minuten wiederkehrend *5-533.   Beim Biegen des Oberkörpers auf die re Seite, schief nach vorne, ein heftiger Stich in der re Brust, beim Sitzen *7-534.   Spannende Stiche in der li Brust, beim Liegen und bei Bewegung, heftiger beim Ausatmen als beim Einatmen, am schlimmsten beim Treppensteigen, wo zuletzt ein anhaltender Stich erfolgt, welcher fast den Odem hemmt *5-535.   Ein anhaltender, bohrender, stumpfer Stich in der li Brust *5-536.   Stechendes Schneiden an den Rippenknorpeln der li Seite; es ist, als ob man da einen Einschnitt machte, mit Stichen verbunden *8-541.   Scharfe Stiche, welche sich am hintersten Teile der re Rippen anfangen und sich bis zu den Knorpeln hervorschlängeln *8-542.   Litt öfters an Stechen in der li Brust, doch nicht anhaltend. Heftiger Schmerz in der ganzen li Brustseite, der jedoch nur anfallsweise eintrat, und ihn zum lauten Schreien zwang. Empfindlichkeit der li Brust, welche keine eng anliegende Kleidung vertrug *26.   Gallensteinkoliken; Die Schmerzen strahlen aus in den Leib und die re Brust *95.   Klagt über Herzschmerzen bei der kleinsten Aufregung *161.   Stechende Schmerzen im Herz oder in der Herzgegend, die den Atem unterbrechen *HG.   Stechende, reißende Schmerzen entlang dem Verlauf der Nerven, in der Herzgegend. Patienten mit Schmerzen am Herz erzählen von einem Streit, den sie gehabt haben und von unterdrücktet Wut *KM.

13   **Mamma:** Stechen, Knötchen in der Haut:
Verspüre zeitweilig einen heftigen Stich in der li äußeren Brust, die auch bei Berührung etwas schmerze. Ich fand die Brust etwas geschwellt und bei leiser Berührung empfindlich, während ein stärkerer Druck mit Ausnahme einer kleinen Stelle gut vertragen wurde, und an eben dieser Stelle, etwa eineinhalb Centimeter oberhalb der Brustwarze war, nicht tief unter der Hautdecke, ein Knötchen in der Größe und Form einer kleineren Haselnuß fühlbar *66.

14   **An den Rippen entlang:** Stechen, Reißen:
Scharfe Stiche, welche sich am hintersten Teile der re Rippen anfangen und sich bis zu den Knorpeln hervorschlängeln *8-542.   Stechende, reißende Schmerzen entlang dem Verlauf der Nerven, in der Herzgegend *KM.

15   **Rippenknorpel:** Stechen, Drücken, Schneiden, Jucken, von innen nach außen Stechen:
Beim Bücken, ein stumpf stechend drückender Schmerz an den Knorpeln der letzten Rippen, auch beim Befühlen, wund schmerzhaft *1-189.   Stechendes Schneiden an den Rippenknorpeln der li Seite; es ist, als ob man da einen Einschnitt machte, mit Stichen verbunden *8-541. Scharfe Stiche, welche sich am hintersten Teile der re Rippen anfangen und sich bis zu den Knorpeln hervorschlängeln *8-542.   Stechendes Jucken zwischen den Rippenknorpeln *8HA-543.   Scharfe, in Pausen von mehreren Sekunden absetzende und länger als gewöhnlich

dauernde Stiche in der Gegend des vierten Rippenknorpels re und li Seite; sie dringen langsam von innen nach außen, ohne Beziehung auf Ein- oder Ausatmen *8HA-544.

16 **Unterste Rippen, Zwerchfell:** Brennen, Jucken, Stechen, Drücken, Zusammenziehen, Klemmen, Krampf:
An den unteren Rippen, ein flechtenartiger Ausschlag, aus kleinen, dichten, roten Blütchen zusammengesetzt, mit brennend juckendem Feinstechen, wie von Brennesseln; nach Reiben schmerzt die Stelle; dabei ein Frostüberlaufen in dieser Gegend und über den Oberbauch *1-191.   Flüchtig drückender Schmerz unter den letzten Rippen, wie von versetzten Blähungen *12-464.   Eine, die Brust beklemmende und den Atem hemmende Zusammengezogenheit in der Unterrippengegend, drei Tage anhaltend *10-465.   Klemmendes Drücken unter den kurzen Rippen der re Seite *6-466.   Schmerz manchmal stechend in und durch das Zwerchfell und den unteren Teil der Brust. Der Schmerz kommt nur morgens beim Umdrehen und beim Aufstehen, besonders nach lange Liegen, d.h. wenn sie vorher früh zu Bett ging, oder wenn sie längere Zeit die Arme ausstreckte beim Zeichnen *55.   Krampf im Zwerchfelle, nach Ärger *JS.

17 **Herzgrube, Magengrube:** Vollheit, Drücken, Stechen, Kneipen, Beklemmung, Wundheit, Übelkeit, Spannen, Druckempfindlichkeit, Gefühl als sei etwas locker, Lastgefühl:
Vollheit in der Herzgrube und Drücken und Stechen darin *1-108.   In der Herzgrube, ein kneipend beklemmender Schmerz, welcher nur im Sitzen, beim Vorbeugen des Körpers sich wieder verlor *6-462.   Klemmender Druck unterhalb dem Brustbeine, gleich li neben dem Schwertknorpel *4-463.   Druck über der Herzgrube, wie Wundheit, mit Übelkeit daselbst *4-540.   Drücken, Spannen und Kneipen in der Herzgrube, welche beim Druck sehr empfindlich war, die Schmerzen wurden durch den geringsten Genuß, besonders aber durch Gradeliegen im Bett gesteigert, resp. hervorgerufen. Patient konnte nur durch Vornüberbiegen die heftigen Schmerzen lindern, sobald er nur versuchte sich gerade zu richten, kehrten sie wieder oder wurden ganz unerträglich *41.   Husten mit dem Gefühl, als sei in der Magengrube etwas locker, wie loses Fleisch, an dem bei jedem Husten gezupft würde *54.   Eine arge Brustbeklemmung mit Atemnot stellte sich ein, so daß X zu ersticken glaubte. Er empfand einen Druck auf den Magen, als läge eine schwere Last auf demselben *85.

18 **Äußerlich:** Zerschlagenheit, Berührungsempfindlichkeit, Wundheit, Stechen:
Immerwährender Schmerz in der Mitte des Brustbeins, als wenn da etwas Böses (Geschwüriges) wäre, am schlimmsten beim Aufrichten und Ausdehnen des Körpers, auch beim Betasten schmerzhafter, wie Spannen und Drücken, so daß es zuweilen den Atem versetzt *1-186.   Schmerz in den Brustmuskeln, früh, wenn sie sich im Bette bewegt, und am Tage, wenn sie die Arme zusammenlegt, wie zerschlagen; beim Betasten der Teile selbst fühlt sie nichts, auch nicht beim Atmen *1-187.   Die Brust schmerzt äußerlich, beim Befühlen *1-188.   Beim Bücken, ein stumpf stechend drückender Schmerz an den Knorpeln der letzten Rippen, auch beim Befühlen, wund schmerzhaft *1-189.   An den unteren Rippen, ein flechtenartiger Ausschlag, aus kleinen, dichten, roten Blütchen zusammengesetzt, mit brennend juckendem Feinstechen, wie von Brennesseln; nach Reiben schmerzt die Stelle; dabei ein Frostüberlaufen in dieser Gegend und über den Oberbauch *1-191.   Schmerzhaftes Ziehen vom Zungenbeine an, tief im Halse, bis unter den Unterkiefer; bei Berührung der Halsseite, heftiger *8-431.   Stumpfe Stiche auf beiden Seiten in den Rippenmuskeln, beim Sitzen, schlimmer beim rückwärts Anlehnen, und beim Ein- und Ausatmen anhaltend *5-537.   Heftiger Schmerz in der ganzen li Brustseite. Bei der leisesten Berührung der äußeren Bedeckungen der Brust trat dieser Schmerz sogleich ein *26. Halsentzündung; Die li Backe gegen den Winkel des Unterkiefers, so wie die ganze li Seite des Halses an dem Kopfnicker herunter beim Anfühlen sehr schmerzhaft, aber nicht gerötet *31. Drücken, Spannen und Kneipen in der Herzgrube, welche beim Druck sehr empfindlich war *41. Verspüre zeitweilig einen heftigen Stich in der li äußeren Brust, die auch bei Berührung etwas

schmerzte. Ich fand die Brust etwas geschwellt und bei leiser Berührung empfindlich, während ein stärkerer Druck mit Ausnahme einer kleinen Stelle gut vertragen wurde, und an eben dieser Stelle, etwa eineinhalb Centimeter oberhalb der Brustwarze war, nicht tief unter der Hautdecke, ein Knötchen in der Größe und Form einer kleineren Haselnuß fühlbar *66.

19   **Von unten her ausstrahlend, zum Rücken ausstrahlend:** Drücken, Stechen:
Wenn es ihr aufstoßen will, drückt und sticht es ihr bis in die Brust *1-99.   Brennend drük-kender Schmerz unter dem re Schulterblatte, dicht am Rückgrate, mit einer empfindlichen Schwer-heitsempfindung auf der re Brust *6-550.   Gallensteinkoliken; Die Schmerzen strahlen aus in den Leib und die re Brust *95.   Stechende Schmerzen durch die ganze Brust bis zum Rücken *KM.

BRUSTSCHMERZEN   Empfindungen

1   **Drücken mit Stechen:** Vom Magen bis in die Brust, Herzgrube, letzte Rippen:
Wenn es ihr aufstoßen will, drückt und sticht es ihr bis in die Brust *1-99.   Vollheit in der Herzgrube und Drücken und Stechen darin *1-108.   Beim Bücken, ein stumpf stechend drückender Schmerz an den Knorpeln der letzten Rippen, auch beim Befühlen, wund schmerzhaft *1-189.

2   **Drücken mit Schwäche- oder Schweregefühl:** Luftröhre, Brust, Rücken und Brust, Magengrube:
Sie fühlt ihre Brust schwach; es liegt ihr etwas fest in der Luftröhre, was sie zum Kotzen nötigt *1-172.   In der Brust, ein Drücken, und eine Schwere darin, beim Sitzen, welches beim Gehen nachließ *1-178.   Brennend drückender Schmerz unter dem re Schulterblatte, dicht am Rückgrate, mit einer empfindlichen Schwerheitsempfindung auf der re Brust *6-550.   Er empfand einen Druck auf dem Magen, als läge eine schwere Last auf demselben *85.

3   **Drücken mit Spannen, Ziehen, Klemmen oder Zusammenschnüren:** Brustbeinmit-te, Schwertknorpel, kurze Rippen, Brust, Herzgrube, Halsgrübchen:
Immerwährender Schmerz in der Mitte des Brustbeins, als wenn da etwas Böses (Geschwüriges) wä-re, am schlimmsten beim Aufrichten und Ausdehnen des Körpers, auch beim Betasten schmerzhaf-ter, wie Spannen und Drücken, so daß es zuweilen den Atem versetzt *1-186.   Klemmender Druck unterhalb dem Brustbeine, gleich li neben dem Schwertknorpel *4-463.   Klemmen-des Drücken unter den kurzen Rippen der re Seite *6-466.   Morgens Druck auf der Brust, manchmal drückende, beim Husten zusammenschnürende Brustschmerzen *2.   Drücken, Spannen und Kneipen in der Herzgrube, welche beim Druck sehr empfindlich war, die Schmerzen wurden durch den geringsten Genuß, besonders aber durch Gradeliegen im Bett gesteigert, resp. hervorgerufen. Patient konnte nur durch Vornüberbiegen die heftigen Schmerzen lindern, sobald er nur versuchte sich gerade zu richten, kehrten sie wieder oder wurden ganz unerträglich *41. Drücken und Zusammenziehen im Halsgrübchen, nach Ärger, und erhöht beim Schlingen *JS.

4   **Drücken:** Brust, letzte Rippen, Herzgrube, Achselhöhle:
Drücken in der li Brust, ohne daß das Atemholen darauf Einfluß hat *1-179.   Flüchtig drük-kender Schmerz unter den letzten Rippen, wie von versetzten Blähungen *12-464.   Druck über der Hergrube, wie Wundheit, mit Übelkeit daselbst *4-540.   In der re Achselgrube, ein stumpfer, drückender Schmerz *12-555.

5   **Ziehen, Spannen:** Hals, Brust:
Schmerzhaftes Ziehen vom Zungenbeine an, tief im Halse, bis unter den Unterkiefer; bei Berührung der Halsseite, heftiger *8-431.   Spannende Stiche in der li Brust, beim Liegen und bei Bewegung, heftiger beim Ausatmen als beim Einatmen, am schlimmsten beim Treppensteigen, wo zuletzt ein anhaltender Stich erfolgt, welcher fast den Odem hemmt *5-535.

6   **Gefühl von Verengerung des Schlundes oder der Luftröhre:**
Sie fühlt ihre Brust schwach; es liegt ihr etwas fest in der Luftröhre, was sie zum Kotzen nötigt *1-172.   Scharfer Husten, welcher die Kehle aufzureißen droht, wie von einer beständigen Verengerung der Luftröhre, ohne vorgängigen besonderen Reiz *3-528.   Kurz nach dem Essen jedesmal scharfer Husten und Wasserzusammenlaufen im Munde – es ist, als würde dies Wasser mit Gewalt durch den Schlund getrieben und schnitte darin *3-530.   Im Halse ein immerwährendes Stechen, Kratzen, und ein Gefühl als wenn der Schlund durch einen zollangen Zapfen verengert wäre. Bei dem Herabschlucken einiger Tropfen Flüssigkeit ein Erstickungsgefühl mit vermehrtem Stechen im Schlunde *31.

7   **Beklemmung, Zusammenziehen der Brust:**
Nachmittags eine Beklemmung auf der Brust und ein Unruhegefühl, was ihn von einem Orte zum anderen treibt und auf keinem zu bleiben verstattet *1-180.   Gegen Ende des Beischlafes, Engbrüstigkeit *1HA-181.   In der Herzgrube, ein kneipend beklemmender Schmerz, welcher nur im Sitzen, beim Vorbeugen des Körpers sich wieder verlor *6-462.   Eine, die Brust beklemmende und den Atem hemmende Zusammengezogenheit in der Unterrippengegend, drei Tage anhaltend *10-465.   Schmerzliche Stiche auf der Brust, das Ausatmen erschwerend *11-532.   Spannende Stiche in der li Brust, beim Liegen und bei Bewegung, heftiger beim Ausatmen als beim Einatmen, am schlimmsten beim Treppensteigen, wo zuletzt ein anhaltender Stich erfolgt, welcher fast den Odem hemmt *5-535.   Beklemmung der Brust, wie Zusammenziehen derselben; davon langsames und sehr schwieriges Einatmen; das Ausatmen ist erleichternd; zugleich Unruhe und Ängstlichkeit, am schlimmsten beim Sitzen, leichter beim Gehen, 5 Stunden anhaltend *2-539.   Eine arge Brustbeklemmung mit Atemnot stellte sich ein, so daß X zu ersticken glaubte *85.   Klagt über Herzschmerzen bei der kleinsten Aufregung, Erstickungsgefühle *161.   Atemnot mit Zusammenziehen und Unruhe in der Brust *LM.

8   **Schlundkrampf, Zwerchfellkrampf:**
Prosopalgie; Schlundkrampf *15.   Ein Gefühl als wenn der Schlund durch einen zollangen Zapfen verengert wäre *31.   Krampf im Zwerchfelle, nach Ärger *JS.

9   **Völlegefühl:** Herzgrube:
Vollheit in der Herzgrube und Drücken und Stechen darin *1-108.

10   **Zerschlagenheitsschmerz:** Brustmuskeln:
Schmerz in den Brustmuskeln, früh, wenn sie sich im Bette bewegt, und am Tage, wenn sie die Arme zusammenlegt, wie zerschlagen; beim Betasten der Teile selbst fühlt sie nichts, auch nicht beim Atmen *1-187.

11   **Schmerz wie von einem Geschwür im Brustbein:**
Beim Husten, Schmerz hinterm Brustbeine, wie unterschworen *1-177.   Immerwährender Schmerz in der Mitte des Brustbeins, als wenn da etwas Böses (Geschwüriges) wäre, am schlimmsten beim Aufrichten und Ausdehnen des Körpers, auch beim Betasten schmerzhafter, wie Spannen und Drücken, so daß es zuweilen den Atem versetzt *1-186.   Gefühl von Wundheit hinter dem Brustbeine *4-538.   Druck über der Herzgrube, wie Wundheit, mit Übelkeit daselbst *4-540.

12   **Kratzen:** Speiseröhre, Kehlkopf, Brust, Gaumen, Rachen, Hals:
Kratziges Aufstoßen, was den Kehlkopf angreift und zum Husten zwingt (kratziger Sod) *1-98.
Hustenauswurf jedesmal mit 5 bis 8 Tropfen Blut, und jedesmal vorher eine kratzende Empfindung in der Brust *1-175.   Brennendes Kratzen im Gaumen, außer und bei dem Schlucken *8-433.   Rauh und kratzig, doch sehr feucht am Gaumen *12-434.   Drückendes Schründen hinten am Gaumen, bloß außer dem Schlingen *4-435.   Kratzende Empfindung im Rachen, hinter den Nasenöffnungen, als wenn man Tabak hindurch geschnupft hätte *5-436. Im Halse ein immerwährendes Stechen, Kratzen *31.   Kratzendes Aufstoßen nach dem Essen, das einen trockenen Husten hervorruft *TM.

13   **Rauhheit, Rohsein, Wundheit:** Zunge, Hals, Luftröhre, Herzgrube, Kehlkopf, Rachen, Brust:
Wundheitsschmerz des vorderen Teils der Zunge *1-83.   Rauher Hals, wie wundschmerzend, beim Reden und Schlingen *1HA-85.   Gefühl von Wundheit hinter dem Brustbeine *4-538.
Druck über der Herzgrube, wie Wundheit, mit Übelkeit daselbst *4-540.   Rauhheit des Kehlkopfes, nach vielem Sprechen *JS.   Ätzender Schmerz in der Zunge, dadurch Stechen bei Tabakrauch; Gefühl von Rohheit im Rachen, dadurch Sprechen und Schlucken schmerzhaft *TM.   Rohheit im Kehlkopf beim Sprechen. Wundheit und Rohheit in der Brust, besonders beim Husten *LM.

14   **Trockenheitsgefühl:** Hals, Zunge, Gaumen:
Trockenheit im Halse, vorzüglich abends, vor dem Einschlafen; es sticht im Halse beim Schlingen *1-87.   Trockenheitsempfindung der Zunge, Zusammenfluß säuerlichen Wassers im Munde und zugleich fester, die Choanen verstopfender Schleim *3-439.   Stechen am Gaumen, wenn er trocken ist, abends *3-441.

15   **Berührungsempfindlichkeit:** Zunge, Brustbein, Brust äußerlich, letzte Rippenknorpel, untere Rippen, Hals äußerlich, linke Brustseite, Rachen, Herzgrube, Mamma:
Stichschmerz am Rande der Zunge, wenn er sie an den Gaumen drückt, gleich als stäke ein Stachel darin – beim Essen verging es *1-82.   Immerwährender Schmerz in der Mitte des Brustbeins, als wenn da etwas Böses (Geschwüriges) wäre, am schlimmsten beim Aufrichten und Ausdehnen des Körpers, auch beim Betasten schmerzhafter, wie Spannen und Drücken, so daß es zuweilen den Atem versetzt *1-186.   Schmerz in den Brustmuskeln, früh, wenn sie sich im Bette bewegt, und am Tage, wenn sie die Arme zusammenlegt, wie zerschlagen; beim Betasten der Teile selbst fühlt sie nichts, auch nicht beim Atmen *1-187.   Beim Bücken, ein stumpf stechend drückender Schmerz an den Knorpeln der letzten Rippen, auch beim Befühlen, wund schmerzhaft *1-189.   An den unteren Rippen, ein flechtenartiger Ausschlag, aus kleinen, dichten, roten Blütchen zusammengesetzt, mit brennend juckendem Feinstechen, wie von Brennnesseln; nach Reiben schmerzt die Stelle *1-191.   Schmerzhaftes Ziehen vom Zungenbeine an, tief im Halse, bis unter den Unterkiefer; bei Berührung der Halsseite, heftiger *8-431. Heftiger Schmerz in der ganzen li Brustseite. Später: Empfindlichkeit der li Brust, welche keine eng anliegende Kleidung vertrug *26.   Halsentzündung, die eine Empfindlichkeit im Rachen zurückließ. Sie konnte nur mit der größten Anstrengung und unter den heftigsten Schmerzen einen Kaffeelöffel voll einer Flüssigkeit herabschlucken. Die li Backe gegen den Winkel des Unterkiefers, so wie die ganze li Seite des Halses an dem Kopfnicker herunter beim Anfühlen sehr schmerzhaft, aber nicht gerötet *31.   Drücken, Spannen und Kneipen in der Herzgrube, welche beim Druck sehr empfindlich war *41.   Verspüre zeitweise einen heftigen Stich in der li äußeren Brust, die auch bei Berührung etwas schmerze. Ich fand die Brust etwas geschwellt und bei leiser Berührung empfindlich, während ein stärkerer Druck mit Ausnahme einer kleinen Stelle gut vertragen wurde, und an eben dieser Stelle, etwa eineinhalb Centimeter oberhalb der Brustwarze war, nicht tief unter der Hautdecke, ein Knötchen in der Größe und Form einer kleineren Haselnuß

fühlbar *66.   Tonsillen ziemlich groß, die li schmerzhaft bei Berührung *96.

16   **Brennen:** Sodbrennen, Haut der unteren Rippen, Gaumen, Zunge:
Beim (gewohnten) Tabakrauchen, Sodbrennen *1-97.   An den unteren Rippen, ein flechtenartiger Ausschlag, aus kleinen, dichten, roten Blütchen zusammengesetzt, mit brennend juckendem Feinstechen, wie von Brennesseln; nach Reiben schmerzt die Stelle; dabei ein Frostüberlaufen in dieser Gegend und über den Oberbauch *1-191.   Brennendes Kratzen im Gaumen, außer und bei dem Schlucken *8-433.   Magendruck; sehr quälendes Stechen und Brennen auf der Zunge *91.

17   **Frostüberlaufen:** Untere Rippen und Oberbauch:
An den unteren Rippen, ein flechtenartiger Ausschlag, aus kleinen, dichten, roten Blütchen zusammengesetzt, mit brennend juckendem Feinstechen, wie von Brennesseln; nach Reiben schmerzt die Stelle; dabei ein Frostüberlaufen in dieser Gegend und über den Oberbauch *1-191.

18   **Zupfen, als sei etwas locker:** Magengrube:
Husten mit dem Gefühl, als sei in der Magengrube etwas locker, wie loses Fleisch, an dem bei jedem Husten gezupft würde *54.

19   **Klopfen:** Schlund:
Immerwährender klopfender Schmerz im Schlunde *31.

20   **Hustenreiz:** Kehlkopf, Luftröhre, Brust, Speiseröhre:
Kratziges Aufstoßen, was den Kehlkopf angreift und zum Husten zwingt (kratziger Sod) *1-98. Sie fühlt ihre Brust schwach; es liegt ihr etwas fest in der Luftröhre, was sie zum Kotzen nötigt *1-172.   Hustenauswurf jedesmal mit 5 bis 8 Tropfen Blut, und jedesmal vorher eine kratzende Empfindung in der Brust *1-175.   Immerwährender Reiz zum Kotzen, wegen zähen Schleims im Luftröhrkopfe, den er nicht los husten kann *4-526.   Gleich nach dem Essen, scharfer Hustenreiz im Kehlkopfe, aber wenig Husten *3-529.   Kratzendes Aufstoßen nach dem Essen, das einen trockenen Husten hervorruft *TM.

21   **Jucken, stechendes Jucken:** Brust, untere Rippen, Brustbein, zwischen den Rippenknorpeln, Achselhöhle:
Friesel auf der Brust; wenn er warm wird, wird es rot und juckt *1-190.   An den unteren Rippen, ein flechtenartiger Ausschlag, aus kleinen, dichten, roten Blütchen zusammengesetzt, mit brennend juckendem Feinstechen, wie von Brennesseln; nach Reiben schmerzt die Stelle; dabei ein Frostüberlaufen in dieser Gegend und über den Oberbauch *1-191.   Oben am Brustbeine, gleich unter dem Halsgrübchen, juckende, feine scharfe Stiche, die zum Kratzen nötigen *4HA-531.   Stechendes Jucken zwischen den Rippenknorpeln *8HA-543.   Juckende Stiche in beiden Achselhöhlen *4HA-554.   In der re Achselgrube, ein stumpfer, drückender Schmerz *12-555.

22   **Lang anhaltende, langsame, spannende Stiche:** Linke Brustseite, rechte Rippen, vierte Rippenknorpel:
Spannende Stiche in der li Brust, beim Liegen und bei Bewegung, heftiger beim Ausatmen als beim Einatmen, am schlimmsten beim Treppensteigen, wo zuletzt ein anhaltender Stich erfolgt, welcher fast den Odem hemmt *5-535.   Ein anhaltender, bohrender, stumpfer Stich in der li Brust *5-536.   Scharfe Stiche, welche sich am hintersten Teile der re Rippen anfangen und sich bis zu den Knorpeln hervorschlängeln *8-542.   Scharfe, in Pausen von mehreren Sekunden absetzende und länger als gewöhnlich dauernde Stiche in der Gegend des vierten Rippenknorpels re und li Seite; sie dringen langsam von innen nach außen, ohne Beziehung auf Ein- oder Ausatmen

*8HA-544.

23   **Stechen, stumpfes Stechen:** Zunge, Gaumen, Hals, Brust, Rippenmuskeln, Rippenknorpel, Achselhöhle, unterer Brustteil, Zwerchfell, Mamma, vom Hals zum Ohr, Herz, durch die Brust zum Rücken:
Stechen in der Spitze der Zunge, ohne mit etwas berührt zu sein *1-81.   Stichschmerz am Rande der Zunge, wenn er sie an den Gaumen drückt, gleich als stäke ein Stachel darin – beim Essen verging es *1-82.   Stechen im Gaumen, bis in's Gehirn *1-86.   Trockenheit im Halse, vorzüglich abends, vor dem Einschlafen; es sticht im Halse beim Schlingen *1-87.   Stechen am Gaumen, wenn er trocken ist, abends *3-441.   Schmerzliche Stiche auf der Brust, das Ausatmen erschwerend *11-532.   Stumpfer Stich in der li Brust, nach einigen Minuten wiederkehrend *5-533.   Beim Biegen des Oberkörpers auf die re Seite, schief nach vorne, ein heftiger Stich in der re Brust, beim Sitzen *7-534.   Stumpfe Stiche auf beiden Seiten in den Rippenmuskeln, beim Sitzen, schlimmer beim rückwärts Anlehnen, und beim Ein- und Ausatmen anhaltend *5-537.   Stechendes Schneiden an den Rippenknorpeln der li Seite; es ist, als ob man da einen Einschnitt machte, mit Stichen verbunden *8-541.   Stiche in der li Achselhöhle *5-552.   Litt öfters an Stechen in der li Brust, doch nicht anhaltend. Vor zwei Monaten strengte er sich durch tägliches Gehen nach der eine Stunde entfernten Stadt sehr an, bekam heftiges Bruststechen und mußte zu Hause bleiben. Heftiger Schmerz in der ganzen li Brustseite, der jedoch nur anfallsweise eintrat, und ihn zum lauten Schreien zwang, wobei die Gesichtsmuskeln verzerrt wurden *26.   Im Halse ein immerwährendes Stechen, Kratzen *31.
Schmerz manchmal stechend in und durch das Zwerchfell und den unteren Teil der Brust *55. Verspüre zeitweilig einen heftigen Stich in der li äußeren Brust, die auch bei Berührung etwas schmerze *66.   Magendruck; sehr quälendes Stechen und Brennen auf der Zunge *91.
Tonsillen ziemlich groß, die li schmerzhaft bei Berührung. Ein leichter Stich fliegt beim Schlucken zum li Ohr *96.   Übelkeit morgens mit Stechen in der Brust (im Verlauf des Oesophagus) *TM.   Stechende Schmerzen im Herz oder in der Herzgegend, die den Atem unterbrechen *HG.   Stechende Schmerzen durch die ganze Brust zum Rücken. Stechende, reißende Schmerzen entlang dem Verlauf der Nerven, in der Hergegend *KM.

24   **Reißen, Schneiden:** Kehle, Schlund, Rippenknorpel, an den Rippen entlang:
Scharfer Husten, welcher die Kehle aufzureißen droht, wie von einer beständigen Verengerung der Luftröhre, ohne vorgängigen besonderen Reiz *3-528.   Kurz nach dem Essen jedesmal scharfer Husten und Wasserzusammenlaufen im Munde – es ist, als würde dies Wasser mit Gewalt durch den Schlund getrieben und schnitte darin *3-530.   Stechendes Schneiden an den Rippenknorpeln der li Seite; es ist, als ob man da einen Einschnitt machte, mit Stichen verbunden *8-541.   Stechende, reißende Schmerzen entlang dem Verlauf der Nerven, in der Herzgegend *KM.

25   **Unruhe:** Auf der Brust, in der Brust, mit Beklemmung:
Nachmittags eine Beklemmung auf der Brust und ein Unruhegefühl, was ihn von einem Orte zum anderen treibt und auf keinem zu bleiben verstattet *1-180.   Unruhe in der Brust *1-182.
Beklemmung der Brust, wie Zusammenziehen derselben; davon langsames und sehr schwieriges Einatmen; das Ausatmen ist erleichternd; zugleich Unruhe und Ängstlichkeit, am schlimmsten beim Sitzen, leichter beim Gehen, 5 Stunden anhaltend *2-539.   Atemnot mit Zusammenziehen und Unruhe in der Brust *LM.

BRUSTSCHMERZEN   Zeit

1   **Morgens:** Schmerz in den Brustmuskeln, Druck auf der Brust, Stechen im Zwerchfell, Beklemmung mit Atemnot und Magendruck, Hals- und Brustschmerz:
Schmerz in den Brustmuskeln, früh, wenn sie sich im Bette bewegt, und am Tage, wenn sie die Arme zusammenlegt, wie zerschlagen; beim Betasten der Teile selbst fühlt sie nichts, auch nicht beim Atmen *1-187.   Scrophulose; Morgens Druck auf der Brust, manchmal drückende, beim Husten zusammenschnürende Brustschmerzen *2.   Schmerz manchmal stechend in und durch das Zwerchfell und den unteren Teil der Brust. Der Schmerz kommt nur morgens beim Umdrehen und beim Aufstehen, besonders nach lange Liegen, d.h. wenn sie vorher früh zu Bett ging, oder wenn sie längere Zeit die Arme ausstreckte beim Zeichnen *55.   Beschwerden in Folge eines großen Ärgers. Eine arge Brustbeklemmung mit Atemnot stellte sich ein, so daß X zu ersticken glaubte. Er empfand einen Druck auf den Magen, als läge eine schwere Last auf demselben. Gegen 2 Uhr des Morgens hatten die Schmerzen des Kranken ihren Höhepunkt erreicht: er rief auf seinem Schmerzenslager den Tod um Erlösung an *85.   Schmerz im Hals und in der Brust, schlechter morgens *96.

2   **Nachmittags:** Beklemmung, Unruhe:
Nachmittags eine Beklemmung auf der Brust und ein Unruhegefühl, was ihn von einem Orte zum anderen treibt und auf keinem zu bleiben verstattet *1-180.

3   **Abends:** Trockenheit im Hals, Stechen im Gaumen:
Trockenheit im Halse, vorzüglich abends, vor dem Einschlafen; es sticht im Halse beim Schlingen *1-87.   Stechen am Gaumen, wenn er trocken ist, abends *3-441.

4   **Anfallsweise:** Schmerz in der li Brustseite:
Heftiger Schmerz in der ganzen li Brustseite, der jedoch nur anfallsweise eintrat, und ihn zum lauten Schreien zwang, wobei die Gesichtsmuskeln verzerrt wurden *26.

BRUSTSCHMERZEN   Modalitäten

1   **Sitzen verschlechtert, Gehen bessert Brustschmerzen:** Drücken, Schwere, Beklemmung, Unruhe:
In der Brust, ein Drücken, und eine Schwere darin, beim Sitzen, welches beim Gehen nachließ *1-178.   Beklemmung der Brust, wie Zusammenziehen derselben; davon langsames und sehr schwieriges Einatmen; das Ausatmen ist erleichternd; zugleich Unruhe und Ängstlichkeit, am schlimmsten beim Sitzen, leichter beim Gehen, 5 Stunden anhaltend *2-539.

2   **Bewegung, Bücken, Treppensteigen, Umdrehen oder Aufstehen verschlechtert Brustschmerzen:** Brustmuskeln, Rippenknorpel, Stechen in der li Brust, im Zwerchfell:
Schmerz in den Brustmuskeln, früh, wenn sie sich im Bette bewegt, und am Tage, wenn sie die Arme zusammenlegt, wie zerschlagen; beim Betasten der Teile selbst fühlt sie nichts, auch nicht beim Atmen *1-187.   Beim Bücken, ein stumpf stechend drückender Schmerz an den Knorpeln der letzten Rippen, auch beim Befühlen, wund schmerzhaft *1-189.   Spannende Stiche in der li Brust, beim Liegen und bei Bewegung, heftiger beim Ausatmen als beim Einatmen, am schlimmsten beim Treppensteigen, wo zuletzt ein anhaltender Stich erfolgt, welcher fast den Odem

hemmt *5-535.   Schmerz manchmal stechend in und durch das Zwerchfell und den unteren Teil der Brust. Der Schmerz kommt nur morgens beim Umdrehen und beim Aufstehen, besonders nach lange Liegen, d.h. wenn sie vorher früh zu Bett ging, oder wenn sie längere Zeit die Arme ausstreckte beim Zeichnen *55.

3   **Stechen in der Brust beim Ausatmen:**
Schmerzliche Stiche auf der Brust, das Ausatmen erschwerend *11-532.   Spannende Stiche in der li Brust, beim Liegen und bei Bewegung, heftiger beim Ausatmen als beim Einatmen, am schlimmsten beim Treppensteigen, wo zuletzt ein anhaltender Stich erfolgt, welcher fast den Odem hemmt *5-535.   Stechende Schmerzen im Herz oder in der Herzgegend, die den Atem unterbrechen *HG.

4   **Beklemmung der Brust besonders beim Einatmen, das Ausatmen bessert:**
Beklemmung der Brust, wie Zusammenziehen derselben; davon langsames und sehr schwieriges Einatmen; das Ausatmen ist erleichternd; zugleich Unruhe und Ängstlichkeit, am schlimmsten beim Sitzen, leichter beim Gehen, 5 Stunden anhaltend *2-539.

5   **Das Atmen hat auf die Brustschmerzen keinen Einfluß:**
Drücken in der li Brust, ohne daß das Atemholen darauf Einfluß hat *1-179.   Schmerz in den Brustmuskeln, früh, wenn sie sich im Bette bewegt, und am Tage, wenn sie die Arme zusammenlegt, wie zerschlagen; beim Betasten der Teile selbst fühlt sie nichts, auch nicht beim Atmen *1-187.   Scharfe, in Pausen von mehreren Sekunden absetzende und länger als gewöhnlich dauernde Stiche in der Gegend des vierten Rippenknorpels re und li Seite; sie dringen langsam von innen nach außen, ohne Beziehung auf Ein- oder Ausatmen *8HA-544.

6   **Halsschmerzen beim Schlucken oder beim Nichtschlucken:** Wundschmerz, Stechen, Brennen, Kratzen, Drücken, Erstickungsgefühl, Zusammenziehen, Rohheit, Wehtun:
Rauher Hals, wie wundschmerzend, beim Reden und Schlingen *1HA-85.   Trockenheit im Halse, vorzüglich abends, vor dem Einschlafen; es sticht im Halse beim Schlingen *1-87. Brennendes Kratzen im Gaumen, außer und bei dem Schlucken *8-433.   Halsentzündung; Sie konnte nur mit der größten Anstrengung und unter den heftigsten Schmerzen einen Kaffeelöffel voll einer Flüssigkeit herabschlucken. Den Mund kann sie nicht im geringsten öffnen, und die Zähne bleiben immer übereinander gelagert, so daß man sich durch Autopsie durchaus nicht über die innere Beschaffenheit des Mundes und des Rachens belehren kann. Bei dem Herabschlucken einiger Tropfen Flüssigkeit ein Erstickungsgefühl mit vermehrtem Stechen im Schlunde *31. Tonsillen ziemlich groß, die li schmerzhaft bei Berührung. Ein leichter Stich fliegt beim Schlucken zum li Ohr *96.   Drücken und Zusammenziehen im Halsgrübchen, nach Ärger, und erhöht beim Schlingen *JS.   Gefühl von Rohheit im Rachen, dadurch Sprechen und Schlucken schmerzhaft *TM.   Hals trocken und rauh, mit Wehtun beim Sprechen und Schlucken *JCS.

7   **Kehlkopfschmerzen beim Sprechen:** Rauheit, Wundschmerz:
Rauher Hals, wie wundschmerzend, beim Reden und Schlingen *1HA-85.   Rauhheit des Kehlkopfes, nach vielem Sprechen *JS.   Gefühl von Rohheit im Rachen, dadurch Sprechen und Schlucken schmerzhaft *TM.   Rohheit im Kehlkopf beim Sprechen *LM.

8   **Brustschmerzen als Folgen von Anstrengung oder Fall:**
Vor etlichen Jahren war er von einem Wagen herabgeworfen worden, wobei er auf die linke Seite gefallen und an der Brust etwas beschädigt worden war. Seit jener Zeit litt er öfters an Stechen in der li Brust, doch nicht anhaltend. Vor zwei Monaten strengte er sich durch tägliches Gehen nach der eine Stunde entfernten Stadt sehr an, bekam heftiges Bruststechen und mußte zu Hause bleiben. Heftiger Schmerz in der ganzen li Brustseite, der jedoch nur anfallsweise eintrat und ihn zum

lauten Schreien zwang, wobei die Gesichtsmuskeln verzerrt wurden *26.

9   **Aufrichten und Ausdehnen des Körpers verschlechtert, Vorwärtsbeugen des Körpers im Sitzen bessert:** Geschwürsschmerz im Brustbein, Kneipen, Beklemmung in der Herzgrube, Stechen in der re Brust, in den Rippenmuskeln:
Immerwährender Schmerz in der Mitte des Brustbeins, als wenn da etwas Böses (Geschwüriges) wäre, am schlimmsten beim Aufrichten und Ausdehnen des Körpers, auch beim Betasten schmerzhafter, wie Spannen und Drücken, so daß es zuweilen den Atem versetzt *1-186.   In der Herzgrube, ein kneipend beklemmender Schmerz, welcher nur im Sitzen, beim Vorbeugen des Körpers sich wieder verlor *6-462.   Beim Biegen des Körpers auf die re Seite, schief nach vorne, ein heftiger Stich in der re Brust, beim Sitzen *7-534.   Stumpfe Stiche auf beiden Seiten in den Rippenmuskeln, beim Sitzen, schlimmer beim rückwärts Anlehnen, und beim Ein- und Ausatmen anhaltend *5-537.   Drücken, Spannen und Kneipen in der Herzgrube, welche beim Druck sehr empfindlich war, die Schmerzen wurden durch den geringsten Genuß, besonders aber durch Gradeliegen im Bett gesteigert, resp. hervorgerufen. Patient konnte nur durch Vornüberbiegen die heftigen Schmerzen lindern, sobald er nur versuchte sich gerade zu richten, kehrten sie wieder oder wurden ganz unerträglich *41.

10   **Ausstrecken der Arme beim Zeichnen verursacht Brustschmerzen:** Stechen durch das Zwerchfell:
Schmerz manchmal stechend in und durch das Zwerchfell und den unteren Teil der Brust. Der Schmerz kommt nur morgens beim Umdrehen und beim Aufstehen, besonders nach lange Liegen, d.h. wenn sie vorher früh zu Bett ging, oder wenn sie längere Zeit die Arme ausstreckte beim Zeichnen *55.

11   **Brustschmerzen im Sitzen:** Drücken, Schwere, Stechen, Beklemmung, Zusammenziehen:
In der Brust, ein Drücken, und eine Schwere darin, beim Sitzen, welches beim Gehen nachließ *1-178.   Beim Biegen des Oberkörpers auf die re Seite, schief nach vorne, ein heftiger Stich in der re Brust, beim Sitzen *7-534.   Stumpfe Stiche auf beiden Seiten in den Rippenmuskeln, beim Sitzen, schlimmer beim rückwärts Anlehnen, und beim Ein- und Ausatmen anhaltend *5-537.   Beklemmung der Brust, wie Zusammenziehen derselben; davon langsames und sehr schwieriges Einatmen; das Ausatmen ist erleichternd; zugleich Unruhe und Ängstlichkeit, am schlimmsten beim Sitzen, leichter beim Gehen, 5 Stunden anhaltend *2-539.

12   **Brustschmerzen im Liegen, besonders beim Geradeliegen im Bett, nach lange Liegen:** In den Brustmuskeln, Spannen, Stechen, Drücken, Kneipen in der Herzgrube, Stechen durch das Zwerchfell:
Schmerz in den Brustmuskeln, früh, wenn sie sich im Bette bewegt, und am Tage, wenn sie die Arme zusammenlegt, wie zerschlagen; beim Betasten der Teile selbst fühlt sie nichts, auch nicht beim Atmen *1-187.   Spannende Stiche in der li Brust, beim Liegen und bei Bewegung, heftiger beim Ausatmen als beim Einatmen, am schlimmsten beim Treppensteigen, wo zuletzt ein anhaltender Stich erfolgt, welcher fast den Odem hemmt *5-535.   Drücken, Spannen und Kneipen in der Herzgrube, welche beim Druck sehr empfindlich war, die Schmerzen wurden durch den geringsten Genuß, besonders aber durch Gradeliegen im Bett gesteigert, resp. hervorgerufen. Patient konnte nur durch Vornüberbiegen die heftigen Schmerzen lindern, sobald er nur versuchte sich gerade zu richten, kehrten sie wieder oder wurden ganz unerträglich *41.   Schmerz manchmal stechend in und durch das Zwerchfell und den unteren Teil der Brust. Der Schmerz kommt nur morgens beim Umdrehen und beim Aufstehen, besonders nach lange Liegen, d.h. wenn sie vorher früh zu Bett ging, oder wenn sie längere Zeit die Arme ausstreckte beim Zeichnen *55.

13   **Aufstoßen verschlechtert:** Hustenreiz im Kehlkopf, Drücken und Stechen in der Brust:

Kratziges Aufstoßen, was den Kehlkopf angreift und zum Husten zwingt (kratziger Sod) *1-98. Wenn es ihr aufstoßen will, drückt und sticht es ihr bis in die Brust *1-99.

14   **Vor dem Husten:** Kratzen in der Brust:
Hustenauswurf jedesmal mit 5 bis 8 Tropfen Blut, und jedesmal vorher eine kratzende Empfindung in der Brust *1-175.

15   **Beim Husten:** Geschwürsschmerz hinter dem Brustbein, Reißen in der Kehle, Schneiden im Schlund, Zusammenschnüren in der Brust, Zupfen in der Magengrube, Wundheit in der Brust: Beim Husten, Schmerz hinterm Brustbeine, wie unterschworen *1-177.   Scharfer Husten, welcher die Kehle aufzureißen droht, wie von einer beständigen Verengerung der Luftröhre, ohne vorgängigen besonderen Reiz *3-528.   Kurz nach dem Essen jedesmal scharfer Husten und Wasserzusammenlaufen im Munde – es ist, als würde dies Wasser mit Gewalt durch den Schlund getrieben und schnitte darin *3-530.   Manchmal drückende, beim Husten zusammenschnürende Brustschmerzen *2.   Husten mit dem Gefühl, als sei in der Magengrube etwas locker, wie loses Fleisch, an dem bei jedem Husten gezupft würde *54.   Wundheit und Rohheit in der Brust, besonders beim Husten *LM.

16   **Bei Berührung:** Brustbein, Rippenknorpel, Halsseite, linke Brustseite, Mamma, Mandeln: Immerwährender Schmerz in der Mitte des Brustbeins, als wenn da etwas Böses (Geschwüriges) wäre, am schlimmsten beim Aufrichten und Ausdehnen des Körpers, auch beim Betasten schmerzhafter, wie Spannen und Drücken, so daß es zuweilen den Atem versetzt *1-186.   Die Brust schmerzt äußerlich, beim Befühlen *1-188.   Beim Bücken, ein stumpf stechend drückender Schmerz an den Knorpeln der letzten Rippen, auch beim Befühlen, wund schmerzhaft *1-189. Schmerzhaftes Ziehen vom Zungenbeine an, tief im Halse, bis unter den Unterkiefer; bei Berührung der Halsseite, heftiger *8-431.   Heftiger Schmerz in der ganzen li Brustseite, der jedoch nur anfallsweise eintrat, und ihn zum lauten Schreien zwang. Bei der leisesten Berührung der äußeren Bedeckungen der Brust trat dieser Schmerz sogleich ein *26.   Halsentzündung; Die li Backe gegen den Winkel des Unterkiefers, so wie die ganze li Seite des Halses an dem Kopfnicker herunter beim Anfühlen sehr schmerzhaft, aber nicht gerötet *31.   Verspüre zeitweilig einen heftigen Stich in der li äußeren Brust, die auch bei Berührung etwas schmerze. Ich fand die Brust etwas geschwellt und bei leiser Berührung empfindlich, während ein stärkerer Druck mit Ausnahme einer kleinen Stelle gut vertragen wrude *66.   Tonsillen ziemlich groß, die li schmerzhaft bei Berührung *96.

17   **Bei Druck, Kleiderdruck, darauf Liegen:** Zunge, Brustmuskeln, linke Brustseite, Herzgrube: Stichschmerz am Rande der Zunge, wenn er sie an den Gaumen drückt, gleich als stäke ein Stachel darin – beim Essen verging es *1-82.   Schmerz in den Brustmuskeln, früh, wenn sie sich im Bette bewegt, und am Tage, wenn sie die Arme zusammenlegt, wie zerschlagen; beim Betasten der Teile fühlt sie nichts, auch nicht beim Atmen *1-187.   Heftiger Schmerz in der ganzen li Brustseite, der jedoch nur anfallsweise eintrat. Pat. lag gewöhnlich auf der kranken Seite, doch konnte er auch auf der gesunden liegen, wenn er auf dieselbe gelegt wurde. Empfindlichkeit der li Brust, welche keine eng anliegende Kleidung vertrug *26.   Drücken, Spannen und Kneipen in der Herzgrube, welche beim Druck sehr empfindlich war *41.

18   **Essen, Rauchen:** Essen bessert Zungenschmerzen, Rauchen macht Sodbrennen oder Zungenschmerz, nach dem Essen scharfer Hustenreiz, Schmerz im Epigastrium, schmerzhaftes Aufstossen, Halsschmerzen: Stichschmerz am Rande der Zunge, wenn er sie an den Gaumen drückt, gleich als stäke ein Stachel darin – beim Essen verging es *1-82.   Beim (gewohnten) Tabakrauchen, Sodbrennen *1-97.

Gleich nach dem Essen, scharfer Hustenreiz im Kehlkopfe, aber wenig Husten *3-529.   Kurz
nach dem Essen jedesmal scharfer Husten und Wasserzusammenlaufen im Munde – es ist, als würde
dies Wasser mit Gewalt durch den Schlund getrieben und schnitte darin *3-530.   Drücken,
Spannen und Kneipen in der Herzgrube, welche beim Druck sehr empfindlich war, die Schmerzen
wurden durch den geringsten Genuß gesteigert, resp. hervorgerufen *41.   Kratzendes Aufstoßen nach dem Essen, das einen trockenen Husten hervorruft *TM.   Tonsillitis, die
Schmerzen kommen nach dem Essen *KM.

19   **Folgen von Ärger, Frustration, Aufregung:** Beklemmung, Herzschmerzen, Krampf im
Zwerchfell, Zusammenziehen in der Halsgrube:
Beschwerden in Folge eines großen Ärgers. Der Hufschmied schlug ihm, gegen alles Erwarten, eine
Bitte ab. X kehrte nach Hause zurück und verschloß seinen Ärger darüber in sich. Es dauerte indeß
keine Stunde, als er am ganzen Körper zu zittern anfing und eine arge Brustbeklemmung mit
Atemnot stellte sich ein, so daß X zu ersticken glaubte. Er empfand einen Druck auf dem Magen, als läge eine schwere Last auf demselben *85.   Klagt über Herzschmerzen bei der kleinsten Aufregung, Erstickungsgefühle *161.   Drücken und Zusammenziehen im Halsgrübchen,
nach Ärger, und erhöht beim Schlingen. Krampf im Zwerchfelle, nach Ärger *JS.   Patienten
mit Schmerzen am Herz erzählen von einem Streit, den sie gehabt haben und von unterdrückter
Wut *KM.

20   **Wärme verschlechtert:** Hautjucken, Brustschmerzen:
Friesel auf der Brust; wenn er warm wird, wird es rot und juckt *1-190.   Heftiger Schmerz
in der ganzen li Brustseite, der jedoch nur anfallsweise eintrat, und ihn zum lauten Schreien zwang.
Er entblößte gern die kranke Brust oder lag ganz nackt *26.

21   **Beim Coitus:** Engbrüstigkeit:
Gegen Ende des Beischlafs, Engbrüstigkeit *1HA-181.

22   **Wenn der Gaumen trocken ist:** Stechen:
Stechen am Gaumen, wenn er trocken ist, abends *3-441.

BRUSTSCHMERZEN   Begleitsymptome

1   **Unruhe bei Brustbeklemmung:**
Nachmittags eine Beklemmung auf der Brust und ein Unruhegefühl, was ihn von einem Orte zum
anderen treibt und auf keinem zu bleiben verstattet *1-180.   Unruhe in der Brust *1-182.
Beklemmung der Brust, wie Zusammenziehen derselben; davon langsames und sehr schwieriges
Einatmen; das Ausatmen ist erleichternd; zugleich Unruhe und Ängstlichkeit, am schlimmsten
beim Sitzen, leichter beim Gehen, 5 Stunden anhaltend *2-539.   Atemnot mit Zusammenziehen und Unruhe in der Brust *LM.

2   **Muskelkrämpfe, Bewußtseinsstörungen, Schwäche bei Brustschmerzen oder Beklemmung:**
Vor etlichen Jahren war er von einem Wagen herabgeworfen worden, wobei er auf die li Seite gefallen und an der Brust etwas beschädigt worden war. Seit jener Zeit litt er öfters an Stechen in der
li Brust, doch nicht anhaltend. Vor zwei Monaten strengte er sich durch tägliches Gehen nach der
eine Stunde entfernten Stadt sehr an, bekam heftiges Bruststechen und mußte zu Hause bleiben.

Heftiger Schmerz in der ganzen li Brustseite, der jedoch nur anfallsweise eintrat, und ihn zum lauten Schreien zwang, wobei die Gesichtsmuskeln verzerrt wurden; auch außer den Anfällen ein Zug um den Mund, welcher anhaltenden Schmerz andeutete. Bei der leisesten Berührung der äußeren Bedeckungen der Brust trat dieser Schmerz sogleich ein. Pat. lag gewöhnlich auf der kranken Seite, doch konnte er auch auf der gesunden liegen, wenn er auf dieselbe gelegt wurde; ohne fremde Hilfe konnte er sich nicht umdrehen. Nach den Schmerzanfällen werde er blaß und schlafe ein, zucke aber mit den Fingern und verdrehe die Augen etwas *26.   Beschwerden in Folge eines grossen Ärgers. Es dauerte indeß keine Stunde, als er am ganzen Körper zu zittern anfing, und eine arge Brustbeklemmung mit Atemnot stellte sich ein, so daß X zu ersticken glaubte. Gegen 2 Uhr des Morgens hatten die Schmerzen des Kranken ihren Höhepunkt erreicht: er rief auf seinem Schmerzenslager den Tod um Erlösung an *85.   Tobsuchtsanfälle; Klagt über Herzschmerzen bei der kleinsten Aufregung, Erstickungsgefühle, Schweißausbrüche, Muskelzuckungen und Zittern *161.

3   Übelkeit bei Schmerz im Epigastrium oder Beklemmung:
Druck über der Herzgrube, wie Wundheit, mit Übelkeit daselbst *4-540.   Es dauerte indeß keine Stunde, als er am ganzen Körper zu zittern anfing, und eine arge Brustbeklemmung mit Atemnot stellte sich ein, so daß X zu ersticken glaubte. Er empfand einen Druck auf den Magen, als läge eine schwere Last auf demselben. Diese Symptome wurden von Übelsein und salzig bitterem Aufstoßen begleitet *85.   Übelkeit morgens mit Stechen in der Brust (im Verlauf des Oesophagus) *TM.

4   Wasserzusammenlaufen im Munde:
Trockenheitsempfindung der Zunge, Zusammenfluß säuerlichen Wassers im Munde und zugleich fester, die Choanen verstopfender Schleim *3-439.   Kurz nach dem Essen jedesmal scharfer Husten und Wasserzusammenlaufen im Munde — es ist, als würde dies Wasser mit Gewalt durch den Schlund getrieben und schnitte darin *3-530.

5   Gesichtsschmerz, Gliederschmerzen bei Brustschmerzen:
Stumpfe Stiche auf beiden Seiten in den Rippenmuskeln, beim Sitzen, schlimmer beim rückwärts Anlehnen, und beim Ein- und Ausatmen anhaltend. — Brennender Stich im re Backenknochen. — Bohrender Stich im re Schienbeine, in der Ruhe *5−30Min−537,384,633.   Prosopalgie; Schlundkrampf *15.

6   Frostüberlaufen bei Schmerzen durch Hautausschlag:
An den unteren Rippen, ein flechtenartiger Ausschlag, aus kleinen, dichten, roten Blütchen zusammengesetzt, mit brennend juckendem Feinstechen, wie von Brennesseln; nach Reiben schmerzt die Stelle; dabei ein Frostüberlaufen in dieser Gegend und über den Oberbauch *1-191.

BRUSTSCHMERZEN   Syndrome

1   Halsentzündung mit Schluckschmerzen und auffallender Empfindlichkeit der Halsseite gegen Berührung von außen:
Schmerzhaftes Ziehen vom Zungenbeine an, tief im Halse, bis unter den Unterkiefer; bei Berührung der Halsseite, heftiger *8-431.   Halsentzündung; Sie konnte nur mit der größten Anstrengung und unter den heftigsten Schmerzen einen Kaffeelöffel voll einer Flüssigkeit herabschlucken. Den Mund kann sie nicht im geringsten öffnen, und die Zähne bleiben immer überein-

ander gelagert, so daß man sich durch Autopsie durchaus nicht über die innere Beschaffenheit des Mundes und des Rachens belehren kann. Die li Backe gegen den Winkel des Unterkiefers, so wie die ganze li Seite des Halses an dem Kopfnicker herunter beim Anfühlen sehr schmerzhaft, aber nicht gerötet *31.

2   Gefühl, als seien die Luftröhre oder der Schlund verengt und als würden sie bei Husten aufgerissen:
Scharfer Husten, welcher die Kehle aufzureißen droht, wie von einer beständigen Verengerung der Luftröhre, ohne vorgängigen besonderen Reiz *3-528.   Kurz nach dem Essen jedesmal scharfer Husten und Wasserzusammenlaufen im Munde — es ist, als würde dies Wasser mit Gewalt durch den Schlund getrieben und schnitte darin *3-530.   Manchmal drückende, beim Husten zusammenschnürende Brustschmerzen *2.   Im Halse ein immerwährendes Stechen, Kratzen, und ein Gefühl, als wenn der Schlund durch einen zollangen Zapfen verengert wäre. Bei dem Herabschlucken einiger Tropfen Flüssigkeit ein Erstickungsgefühl mit vermehrtem Stechen im Schlunde *31.

3   Beklemmung und Unruhegefühl in der Brust, das ihn zwingt, hin- und herzulaufen:
Nachmittags eine Beklemmung auf der Brust und ein Unruhegefühl, was ihn von einem Orte zum anderen treibt und auf keinem zu bleiben verstattet *1-180.   Beklemmung der Brust, wie Zusammenschnüren derselben; davon langsames und sehr schwieriges Einatmen; das Ausatmen ist erleichternd; zugleich Unruhe und Ängstlichkeit, am schlimmsten beim Sitzen, leichter beim Gehen *2-539.   Atemnot mit Zusammenziehen und Unruhe in der Brust *LM.

4   Langsames Stechen an den Rippen entlang oder in den Rippenknorpeln von innen nach außen:
Scharfe Stiche, welche sich am hintersten Teile der re Rippen anfangen und sich bis zu den Knorpeln hervorschlängeln *8-542.   Scharfe, in Pausen von mehreren Sekunden absetzende und länger als gewöhnlich dauernde Stiche in der Gegend des vierten Rippenknorpels re und li Seite; sie dringen langsam von innen nach außen, ohne Beziehung auf Ein- oder Ausatmen *8HA-544.

5   Stechen in der Brust beim Ausatmen:
Schmerzliche Stiche auf der Brust, das Ausatmen erschwerend *11-532.   Spannende Stiche in der li Brust, beim Liegen und bei Bewegung, heftiger beim Ausatmen als beim Einatmen, am schlimmsten beim Treppensteigen, wo zuletzt ein anhaltender Stich erfolgt, welcher fast den Odem hemmt *5-535.

6   Schmerz im Brustbein oder in der Magengrube, der durch Vorwärtsbeugen im Sitzen gebessert wird:
Immerwährender Schmerz in der Mitte des Brustbeins, als wenn da etwas Böses (Geschwüriges) wäre, am schlimmsten beim Aufrichten und Ausdehnen des Körpers, auch beim Betasten schmerzhafter, wie Spannen und Drücken, so daß es zuweilen den Atem versetzt *1-186.   In der Herzgrube, ein kneipend beklemmender Schmerz, welcher nur im Sitzen, beim Vorbeugen des Körpers sich wieder verlor *6-462.   Drücken, Spannen und Kneipen in der Herzgrube, welche beim Druck sehr empfindlich war, die Schmerzen wurden durch den geringsten Genuß, besonders aber durch Gradeliegen im Bett gesteigert, resp. hervorgerufen. Patient konnte nur durch Vornüberbiegen die heftigen Schmerzen lindern, sobald er nur versuchte sich gerade zu richten, kehrten sie wieder oder wurden ganz unerträglich *41.

BAUCHSCHMERZEN   Orte

1   **Epigastrium, Herzgrube, Magengrube:** Völle, Drücken, Stechen, Kneipen, Beklemmung, Spannen, Berührungsempfindlichkeit, Zupfen, Schwere:
Vollheit in der Herzgrube und Drücken und Stechen darin *1-108.   In der Herzgrube, ein kneipend beklemmender Schmerz, welcher nur im Sitzen, beim Vorbeugen des Körpers sich wieder verlor *6-462.   Klemmender Druck unterhalb dem Brustbeine, gleich li neben dem Schwertknorpel *4-463.   Druck über der Herzgrube, wie Wundheit, mit Übelkeit daselbst *4-540. Manchmal Druckgefühl mit Spannung in der Magengrube, gewöhnlich schlechter nach dem Essen, besonders von Brot *19.   Das Epigastrium ist bei Berührung schmerzhaft *40.   Drükken, Spannen und Kneipen in der Herzgrube, welche beim Druck sehr empfindlich war, die Schmerzen wurden durch den geringsten Genuß, besonders aber durch Gradeliegen im Bett gesteigert, resp. hervorgerufen *41.   Husten mit dem Gefühl, als sei in der Magengrube etwas locker, wie loses Fleisch, an dem bei jedem Husten gezupft würde *54.   Kann Fleisch und Eier nicht essen, sie verursachen Schmerz in der Magengrube *77.   Am Epigastrium hatte er das Gefühl, als befände sich dort ein Gewicht *87.

2   **Magen:** Leere, Herunterhängen, Wühlen, Drücken, Schwere, Spannen, wie von Dornen, Schwäche, Stechen, Krabbeln, Brennen, wie verschlossen:
Scheinhungerempfindung im Magen, als hinge er schlaff herunter und doch kein Appetit *1-105. Wühlender Schmerz im Magen *1-107.   Früh, nach dem Erwachen, im Bette, ein Drücken im Magen, wie von einer Last, durch keine Veränderung der Lage zu bessern *1-109.   Spannschmerz in der Magengegend *12-461.   Im Magen Gefühl, als sei er mit Dornen gefüllt *40. Litt an einem Schwächegefühl in der Magengegend und im Unterleib *62.   Er empfand einen Druck auf dem Magen, als läge eine schwere Last auf demselben und fühlte ein peinliches Spannen in der Magengegend. Diese Symptome wurden von Übelsein und salzig-bitterem Aufstossen begleitet *85.   Anhaltender Druck in der Magengegend mit vermindertem Appetit *91. Haßt den Winter, weil sie seit 20 Jahren beim Gehen in kaltem Wind Magenschmerzen bekommt *136.   Tabes mit gastrischen Krisen *142.   Ekel, Übelkeit und Erbrechen und ein ständiges hohles Gefühl im Magen, wegen dem er jetzt eine Magenbinde trägt *150.   Klagt über Appetitlosigkeit, Schmerzen in der Magengegend unmittelbar nach der Nahrungsaufnahme mit Übelkeit und Brechneigung, ferner über ein gewisses Völlegefühl im Magen. „Ich muß gähnen, wenn ich die Beschwerden habe und wenn ich viel und heftig gähne, bessern sich diese Beschwerden" *151.   Akute Magenbeschwerden *167.   Drücken im Magen mit Spannen, und erhöht oder erneuert durch Essen und besonders von Brotgenuß *JS.   Alte Gastralgie, entweder durch Kaffee oder durch Schlucken des Tabakrauches verursacht *TM.   Gefühl, als ob der Magen schlaff herunterhinge *GG.   Gefühl, als hingen Magen und Bauch schlaff herunter *AF.   Schweregefühl im Magen, als hinge der Magen herunter, besser durch Essen. Aufregung verursacht Magenschmerz. Eine Stunde nach Essen Magenschmerzen *c.   Schwächegefühl im Magen, eine Art Hungergefühl. Aufregung verursacht Magenschmerzen. Krabbeln im Magen *e.   Aufregung macht Magendrücken und -stechen und sauer Aufstoßen. Zwei Stunden nach Essen Druck auf dem Magen *g.   Druckgefühl im Magen beim darauf Drücken *h. Sodbrennen vom Magen aus die Speiseröhre hinauf, nach Genuß von Hefekranz, es drückt mir beim Essen den Magen ab, als wenn mir der Magen verschlossen würde *I.

3   **Hypochondrien, unter den Rippen, Zwerchfell, Oberbauch:** Spannen, Jucken, Zusammenziehen, Drücken, Kneipen, Schneiden, Wühlen, Stechen:
Früh nüchtern (im Bette), ein beängstigendes und Atem beengendes Spannen quer durch den Oberbauch, in den Hypochondern (wie die Hypochondristen zu klagen pflegen) *1-110.   An den unteren Rippen, ein flechtenartiger Ausschlag mit brennend juckendem Feinstechen, wie von

Brennesseln; nach Reiben schmerzt die Stelle; dabei ein Frostüberlaufen in dieser Gegend und über den Oberbauch *1-191.   Flüchtig drückender Schmerz unter den letzten Rippen, wie von versetzten Blähungen *12-464.   Eine, die Brust beklemmende und den Atem hemmende Zusammengezogenheit in der Unterrippengegend, drei Tage anhaltend *10-465.   Früh, Kneipen im Oberbauche, als wollte ein Durchfall entstehen und dennoch konnte er nicht zu Stuhle gehen *3-487.   Schneiden und Herumwühlen im Ober- und Unterbauche, mit Stuhldrang *4-492.   Schmerz manchmal stechend in und durch das Zwerchfell und den unteren Teil der Brust *55.

4   **Rechter Oberbauch, Leber, Gallenblase:** Stechen, Klemmen, Drücken, Brennen äußerlich, Kolik:
Bloß anfangs beim Gehen im Freien, ein anhaltend stichartiger Schmerz im Unterleibe, unter den re Rippen *1-121.   Klemmendes Drücken unter den kurzen Rippen der re Seite *6-466. Eine Gruppe von Bläschen erschien in der Lebergegend, viel Hitze und Röte einen Zoll über und unter dem Ausschlag. Die Reizung, Brennen, Beißen usw. der Bläschen war höchst intensiv und hielt sie nachts wach *68.   Gallensteinkolik. Liegt bei den Anfällen am besten rechts und krumm, ist nachher gelb. Linksliegen unangenehm. Nicht die Lebergegend, sondern die Gegend des re Eierstockes ist empfindlich auf Druck. Die Schmerzen strahlen aus in den Leib und die re Brust *95.   Schmerzen im re Oberbauch, Übelkeit und Ekel *b.

5   **Linker Oberbauch:** Kollern, Klemmen, Stechen:
Kollern in der li Seite des Oberbauchs *7-468.   Li über dem Nabel, klemmende Stiche, welche scharf sind und taktmäßig erfolgen *4-472.

6   **Nabelgegend, Gürtellinie:** Schneiden, Drücken, Klemmen, Stechen, Schmerz wie zerschlagen, Empfindlichkeit:
Schneiden in der Nabelgegend, wie äußerlich, abends im Bette, in drei Anfällen *1-122.   Harter, schmerzhafter Druck, rechter Seite, unterhalb des Nabels *4HA-471.   Li über dem Nabel, klemmende Stiche, welche scharf sind und taktmäßig erfolgen *4-472.   Lang anhaltender, stumpfer Stich in der Gegend um den Nabel, schlimmer beim Ausatmen und Aufdrücken *5-474.   Zerschlagenheitsschmerz über den Hüften, in den Lenden, welcher sich unter dem Nabel hinzieht, beim Vorbeugen am meisten bemerkbar, doch auch bei Berührung schmerzhaft ist *10-476.   Schmerz um die Gürtellinie, kann einen Gürtel deshalb nicht vertragen, Druck mit der Hand verstärkt den Schmerz jedoch nicht *c.

7   **Lenden, Nieren, von einer Niere bis zur Leiste oder zur Blase:** Zerschlagenheitsschmerz, Jucken, Stechen, Schießen:
Zerschlagenheitsschmerz über den Hüften, in den Lenden, welcher sich unter dem Nabel hinzieht, beim Vorbeugen am meisten bemerkbar, doch auch bei Berührung schmerzhaft ist *10-476. Juckende Nadelstiche in der Nierengegend *4HA-478.   Ausschlag knapp oberhalb der re Crista ilica, der sich nach hinten, unten und vorn zur Leiste erstreckte. Dabei schießender Schmerz von dort den Oberschenkel und die Gesäßbacke hinunter *68.   Nierenkolik; Dauernder schießender Schmerz in der Umgebung der li Niere, schlechter durch Kälte, durch Liegen in einem kalten Bett, besser durch Hitze oder beim Warmwerden im Bett. Stechen zur li Leiste und zum Hoden hin, auf jeden schießenden Stich folgt so starkes Jucken, daß er kratzen muß. Die schießenden Stiche begannen tief innen im Fleisch und endeten an der Oberfläche; der Punkt, wo sie endeten, war der Punkt, wo es dann juckte *102.   Cystopyelitis; Patient habe starke Schmerzen in der Nierengegend bis in die Blase *158.

8   **Unterleib:** Drücken, Schwere, Spannen, Zusammenpressen, Ziehen, Knurren, Schneiden, Poltern, Kneipen, Zerschlagenheitsschmerz, Beben, Herabfallen:

Drücken und zugleich Schwere und Spannen im Unterleibe *1-111.   Der Unterleib ist wie
zusammengepreßt, Atem verengend *1-112.   Ein spannend schmerzhaftes Drücken im Unterleibe, als wenn er zu viel gegessen hätte und sich dann auf den Leib drückte, mit Übelkeit und
Zusammenlaufen des Speichels im Munde *1-113.   Ziehender Schmerz quer durch den Unterleib *1-114.   Ein Ziehen in den Seiten des Unterleibes herab, als sollte das Monatliche erscheinen *1-115.   Ziehender Schmerz im Unterleibe, wie von Blähungen *1-116.   Die
Blähungen versetzen sich im Unterbauche *1HA-117.   Lautes Knurren im Unterleibe *1-
119.   Krampfhaftes Schneiden im Unterleibe, mit Zittern der Knie; am Tage, bei der mindesten Bewegung, vorzüglich stark nach dem Harnen; Abends, Schneiden auch ohne Bewegung,
welches vom Zusammenkrümmen besser ward *1-124.   Ein starkes Poltern und Knurren
im Unterleibe, ohne Schmerz und ohne Abgang von Blähungen *12-467.   Nach dem
Mittagessen, ein Poltern im Unterleibe, hörbar wie entstehende und zerplatzende Blasen *10-469.
Zerschlagenheitsschmerz im Unterleibe *12-477.   Heftiger, umherwindend kneipender
Schmerz im ganzen Unterleibe, bald hie, bald da *6HA-485.   Quer herüber im Unterleibe,
Kneipen, und auf den Seiten in den Unterbauchsmuskeln, Ziehen, als wenn ein Durchfall entste-
hen wollte *3-486.   Im Unterleibe, eine bebende Empfindung und Durchfallsregung *3-488.
Schneiden und Herumwühlen im Ober- und Unterbauche, mit Stuhldrang, worauf dünner Stuhl,
aber wenig abgeht; ist er abgegangen, so erfolgt, unter vermehrtem Leibschneiden, neuer Stuhldrang, doch, ungeachtet aller Anstrengung, ohne Ausleerung — eine Art von Stuhlzwang, der sich,
so wie die Leibschmerzen, erst dann verliert, nachdem er vom Stuhle aufgestanden ist *4-492.
Schneiden im Bauche, mit heftigem Stuhldrange, worauf ganz flüssiger, aber wenig Kot abgeht, unter innerlichem Frösteln im Kopfe; gleich nach dem Abgange folgt eine Art Stuhlzwang *4-493.
Als Folge eines heftigen Verdrusses, der ausgehalten werden mußte: Täglich zwischen 5 und 6 Uhr
morgens Schmerz mit Schweregefühl im Hypogastrium, gefolgt von einem heftigen, zunächst vergeblichen Stuhldrange. Gefühl eines harten Klumpens (corps dur) im Bauch *17.   Thoraxprellung; Spannung des Unterleibs ohne fühlbare Verhärtung, hartnäckige Verstopfung *26.
Litt an einem Schwächegefühl in der Magengegend und im Unterleib *62.   Ziehen im Leib,
als ob der Leib wegfällt *95.   Gefühl von Schwäche im Bauch, als sollte er verschwinden
*LM.   Gefühl einer Schwäche im Bauche, als wollte alles hinunterfallen *GG.   Ge-
fühl, als hingen Magen und Bauch schlaff herunter *AF.   Krampfhafte, schneidende Bauchschmerzen mit Stuhl- und Urindrang und Übelkeit, besser durch Zusammenkrümmen, schlechter
nach Essen und Trinken *AB.   Im Bauche Schwächegefühl, als sollte derselbe abfallen,
möchte ihn hochheben *LT.   Uterusprolaps mit Gefühl von Herausfallen im Bauch *AP.
Der Bauchinhalt will unten raus, muß den Leib festhalten *e.

9   **Einseitig im Unterleib:** Stechen, Taubheit, Drücken, Druckempfindlichkeit:
Bloß anfangs beim Gehen im Freien, ein anhaltend stichartiger Schmerz im Unterleibe, unter den
re Rippen *1-121.   Beim Stehen, eine Taubheitsempfindung in der li Hüfte, bis zum Unterleibe *1-210.   Harter, schmerzhafter Druck, rechter Seite, unterhalb des Nabels *4HA-471.
Kneipender Stich in den Eingeweiden des Unterleibes, linker Seite *5H-473.   Nicht die Lebergegend, sondern die Gegend des re Eierstockes ist empfindlich auf Druck. Die Schmerzen strahlen aus in den Leib und die re Brust *95.   Leidet seit langer Zeit an Schmerzen im Unterleib. Bei der Untersuchung ist die Gegend vom Uterus nach dem re Eierstocke ganz besonders empfindlich *105.   Neuralgien; Schmerz im re Unterbauch bis zum Knie, besser durch Anziehen
des Beines und gefolgt von großem, dunklem, erdigem Stuhl, schlechter durch die leiseste Erschütterung, durch Ärger *140.

10   **Darm:** Schneiden, Ziehen, Kneipen:
In den Gedärmen, Schneiden, vorzüglich nach jedem Essen und Trinken, und dabei so übel, daß ihr
das Wasser im Munde zusammenlief und zugleich große Mattigkeit *123.   Knurren im Unterbauche und Ziehen im Darmkanale *8-470.   Kneipen in den Gedärmen mit Blähungsab-

gang *5-484.

11   Mastdarm: Quetschungsschmerz, Wundheitsschmerz, Drücken, Zusammenschnüren, Stechen, Tenesmus:
Nach hartem Stuhlgange, wie ein Quetschungsschmerz tief im Mastdarme, 3 Viertelstunden lang *1-134.   Lange nach dem Stuhlgange, ein schründender Wundheitsschmerz im Mastdarme *1A-135.   Anhaltend drückender Schmerz im Mastdarme, beim Sitzen *5-496.   Schwieriger Stuhl; erst ging harter Kot ab; diesem folgte weicher, welcher ihn aber, gleich als wäre der Mastdarm zusammengeschnürt, sehr quälte und drängte; es wollte fort, und konnte nicht; drauf noch Stuhlzwang *13-497.   Sofort nach Stuhlabgang heftiges Brennen am Anus, häufig mit Stechen im Rectum, Tenesmus und vergeblichem Stuhldrang verbunden *17.   Tenesmus in Rectum und Blase während des Stuhlganges, schlechter nach Essen und Trinken kalten Wassers *LT.

12   After: Zerspringen, Jucken, Schneiden, Brennen, Drücken, Zusammenschnüren:
Er ward oft zum Stuhle genötigt, ohne Leibweh; es ging jedesmal sehr wenig und sehr Hartes fort, mit einem Schmerze im After, als wenn er zerspringen sollte *1-132.   Starkes Jucken am After, mit Knötchen am After *1-137.   Harter, weniger Stuhl, mit brennend schneidendem Schmerze im After *7-494.   Geringer, harter, dünn geformter Stuhl, welcher unter drückendem Schmerze im After abgeht *7-495.   Weicher, doch schwierig abgehender Stuhlgang, wegen Zusammenschnürung des Afters, wie bei Haemorrhoiden *3-499.   Jucken im After beim Sitzen, außer dem Stuhlgange *5HA-501.   Sofort nach Stuhlabgang heftiges Brennen am Anus, häufig mit Stechen im Rectum, Tenesmus und vergeblichem Stuhldrang verbunden *17. Es hatten sich ganz in der Nähe des Afters große Feuchtwarzen gebildet. Die brennenden, zuckenden und stechenden Schmerzen, welche sich bei der Stuhlausleerung bis auf's fürchterlichste erhöhten, ließen den Kranken nirgends Ruhe und Schlaf finden *28.   Jucken des Anus durch Haemorrhoiden *129.   Chronische Prostatitis alter Männer. Der Schmerz geht vom Anus die Harnröhre entlang, er kommt nach dem Gehen oder Fahren *CA.   Brennen im Anus *LT. Kleine Nervengeschwülstchen oder Polypen von der Größe eines Weizenkornes bilden sich, eine bloße Berührung macht den Patienten halb wahnsinnig, er leidet dann tage- und nächtelang; ein kleines, warzenähnliches Gebilde an den Genitalien oder am Anus *KM.

13   Leisten, Samenstränge, Ovarien: Stechen, Ziehen, Brennen, Klemmen, Schießen, Reissen, Druckempfindlichkeit:
Stumpfer Stich im li Schoße, beim Aufdrücken heftiger, beim Ein- und Ausatmen aber vergehend *5-479.   Heftig, ziehend brennende Stiche aus dem Bauchringe rechter Seite, wie im Samenstrange, bis in den re Hoden (welcher jedoch beim Befühlen unschmerzhaft ist), im Sitzen, Stehen und Gehen, doch beim Bücken am heftigsten *7H-518.   Unterhalb der Hüfte, von der Leistengegend eineinhalb Zoll vorwärts nach dem Bauche zu, in beiden Seiten — bei starkem Druck mit der Hand eine gelinde, wie spannende, fast brennende Empfindung. Lehnt sie sich mit diesen Stellen des Bauches eine Zeit lang an den Tisch, so fühlt sie zwar nichts, während sie dies tut, aber nachher eine Art Klamm eine Minute lang, der allmählig vergeht. Beim Liegen auf dem Rücken, wenn sie sich schnell umdreht und aufrichtet, entsteht daselbst ein Schmerz, ein Wadenklamm, von der heftigsten Art, der dann allmählig vergeht, doch bleibt noch längere Zeit ein dumpfer Schmerz zurück, besonders, wenn sie auf die Stelle drückt. Wenn sie aber bei der Rückenlage sich erst ganz sacht halb aufrichtet und dann behutsam umwendet, geht es ohne Schmerz ab *32.   Ausschlag knapp oberhalb der re Crista ilica, der sich nach hinten, unten und vorn zur Leiste erstreckte. Dabei schießender Schmerz von dort den Oberschenkel und die Gesäßbacke hinunter *68. Vor den Menses noch etwas Schmerz, reißend, stechend, hat seinen Sitz besonders in der Gegend des re Ovarium. Empfindlichkeit bei Druck und etwas Anschwellung *82.   Hüftleiden, Abszeß in der regio iliaca. Der Schmerz in der Leistengegend unverändert *87.   Nicht die Le-

bergegend, sondern die Gegend des re Eierstockes ist empfindlich auf Druck. Die Schmerzen strahlen aus in den Leib und die re Brust *95.   Samenergüsse; Vor den Abgängen ist der Samenstrang voll und knotig. Nach dem Abgang weniger Völle und keine Knoten im Samenstrang. Schiessende Schmerzen durch den re Hoden und den re Samenstrang hinauf *64.   Dauernder schießender Schmerz in der Umgebung der li Niere. Stechen zur li Leiste und zum Hoden hin, auf jeden schießenden Stich folgt so starkes Jucken, daß er kratzen muß *102.   Bei der Untersuchung ist die Gegend vom Uterus nach dem re Eierstocke ganz besonders empfindlich *105. Gequält von Schmerzen im Bereich des li Ovars *113.   Konnte nicht gehen wegen Schmerzen in der Narbe der vor einer Woche ausgeführten bilateralen Herniotomie *154.   Orchitis, bei drückendem Schmerz mit ziehend brennenden Stichen in den Hoden und Samensträngen *HT. Schmerzhafte Schwellung der Leistendrüsen *LM.

14   **Harnblase:** Verrenkungsschmerz, Brennen, Druck, Tenesmus:
Gleich nach dem Harnen, ein Verrenkungsschmerz oberhalb der Harnröhre, hinter dem Schambeine *11-511.   Der Harn geht in der Nacht mit Steifigkeit der Rute und zuletzt nur tropfenweise ab, mit Brennen am Blasenhalse, und es trieb zugleich vergeblich auf den Stuhl; das Krummliegen erleichterte es *13-512.   Der Stuhlgang erfolgte alle 2 – 3 Tage unter Anstrengung und Druck auf die Blase, ohne daß Urin dabei abgeht *34.   Cystopyelitis; Patient habe starke Schmerzen in der Nierengegend bis in die Blase *158.   Tenesmus in Rectum und Blase während des Stuhlganges, schlechter nach Essen und Trinken kalten Wassers *LT.   Prostatitis; Der Patient ist empfindlich über der Blase *BF.

15   **Uterus:** Krampfhafte Kontraktionen, Druckempfindlichkeit:
Krampfhafte Contractionen des Uterus *62.   Bei der Untersuchung ist die Gegend vom Uterus nach dem re Eierstocke ganz besonders empfindlich *105.   Hysterische Krämpfe; Uterus sehr empfindlich, eine leichte Berührung verursacht sofort die Krämpfe *134.   Krampfartige Schmerzen in Uterus und Vagina *LT.

16   **Penis, Eichel:** Jucken, Stechen, Brennen:
Ein beißendes und brennendes Kriebeln an der Harnröhrenmündung, außer dem Harnen *1-143. Feuchtender weicher Auswuchs in der Rinne, hinter der Eichelkrone und ein ähnlicher an der Krone selbst, welche beide vom Reiben des Hemdes jucken *1-158.   Stechender Schmerz an der re Seite der Eichel, beim Stehen und Gehen *11-521.   Litt an häufigem Harndrang, mit heftigem Brennen än der Spitze des Penis. Es bestand ein chordaähnlicher Krampf im Glied, besonders nachts, nur durch Harnabgang gebessert *131.

17   **Harnröhre, Prostata:** Schneiden, Beißen, Brennen, Hitze:
Beim Harnen schneidet's und nach dem Harnen wird's noch schlimmer *1-142.   Ein beißendes und brennendes Kriebeln an der Harnröhrenmündung, außer dem Harnen *1-143.   Bloß außer dem Harnen, im Sitzen, ein Brennen tief hinten in der Harnröhre *1-144.   Bei jedem Urinieren, ein Brennen in der ganzen Harnröhre, viele Tage lang *1HA-145.   Eine Art Brennen in der Mitte der Harnröhre, außer dem Harnen *10-513.   Neigung zu häufigem Urinieren, mit einem Gefühl von Hitze oder Brennen in der Harnröhre, mehr in dem mittleren und hinteren Teil, und zwar gerade beim Nicht-Urinieren; stärker auch im Sitzen *84.   Der Kathederismus war wegen hochgradiger Empfindlichkeit unmöglich. Die rektale Untersuchung zeigte eine stark vergrößerte Prostata und eine Menge innerer Haemorrhoiden *131.   Während und nach der Miktion Brennen in der Harnröhre *LM.   Chronische Prostatitis alter Männer. Der Schmerz geht vom Anus die Harnröhre entlang, er kommt nach dem Gehen oder Fahren *CA. Akute Prostatitis, die Prostata ist sehr empfindlich und reizbar. Im Sitzen Gefühl, als säße er auf einer Kugel, wenn Urin abgeht, brennt er in der ganzen Länge der Harnröhre. Chronische Prostatitis; Der Patient ist empfindlich über der Blase *BF.

18   **Scrotum, Hoden:** Jucken, Gluckern, Ziehen, Brennen, Stechen, Drücken, Berührungsempfindlichkeit, Zusammenziehen, Schießen:
Ein Jucken im Inneren des Hodensäcks, was bloß durch Drücken und Reiben zwischen den Fingern sich etwas tilgen läßt *1-154.   Wohllüstiges Jucken um den Hodensack, welches beim Reiben immer mehr zunimmt, oberflächlich zu Wundschmerze wird, während tiefer noch das Jucken fortbesteht und endlich einen Samenerguß bewirkt *1-155.   Ein schmerzloses Gluckern im Hodensacke *1-156.   Heftig, ziehend brennende Stiche aus dem Bauchringe rechter Seite, wie im Samenstrange, bis in den re Hoden (welcher jedoch beim Befühlen unschmerzhaft ist), im Sitzen, Stehen und Gehen, doch beim Bücken am heftigsten *7H-518.   Drückendes Ziehen (Reißen) im re Hoden, als würde er mit Gewalt zusammengedrückt *4-519.   Drückender Schmerz am li Hoden, beim Gehen, so wie nach jeder Reibung; Bei Berührung wird er heftiger *8HA-520.   Vor 25 Jahren Hodenatrophie nach Parotitis. Seit jener Zeit leidet er an einem drückenden Schmerz in dem Hoden mehr äußerlich, welcher auch sehr empfindlich gegen Berührung ist. Durch diese wird der Schmerz heftiger und verbreitet sich längs des Samenstrangs bis in den Leib, er wird scharf und stechend nach der geringsten Reibung. Das Scrotum zieht sich an der leidenden Seite oft zusammen und juckt, und er muß es oft kratzen und zwischen dem Daumen und den Fingern reiben *60.   Ischias; Äußerst heftiger Schmerz im re Bein bis in die Genitalien, besonders bis in die Hoden *61.   Schießende Schmerzen durch den re Hoden und den re Samenstrang hinauf *64.   Dauernder schießender Schmerz in der Umgebung der li Niere. Stechen zur li Leiste und zum Hoden hin, auf jeden schießenden Stich folgt so starkes Jucken, daß er kratzen muß *102.   Hodenanschwellung; Drückender Schmerz und mehr brennende Stiche *HH.   Orchitis, bei drückendem Schmerz mit ziehend brennenden Stichen in den Hoden und Samensträngen *HT.   Testes entzündet mit brennenden, stechenden und drückendziehenden Schmerzen; Wehtun an der Außenseite des li Testikels beim Gehen, schlechter durch Berührung *LT.

19   **Vulva, Vagina:** Empfindlichkeit, Krampfschmerz, Stechen, Jucken, Beißen, Wundheitsschmerz:
Schmerzhafte Empfindlichkeit der weiblichen Geschlechtsteile; wenn sie sitzt, tut es ihr da weh *1A-159.   Krampfhafter Schmerz in den weiblichen Schamteilen und der Mutterscheide *1-160.   Fein stechendes Jucken an den weiblichen Schamteilen *1-161.   Ein Beißen an den weiblichen Schamteilen, auch außer dem Harnen *1-162.   Hinten, innerhalb der großen, re Schamlefze, eine Blase, welche für sich ein Beißen, beim Berühren aber Wundheitsschmerz verursacht *1-163.   Leidet seit ihrer Entbindung an unwillkürlichem Urinabgang, der eine so bedeutende Schärfe angenommen hat, daß die nahegelegenen Teile excoriiert werden, sehr heftig brennende Schmerzen verursachen, die bei der geringsten Bewegung zunehmen *34.
Der Operateur versuchte, zwei Finger in die Urethra zu bringen und hatte schließlich den Fremdkörper entfernen können. Danach im Bett mußten sechs Schwestern die Frau festhalten, so intensiv waren die Schmerzen *146.   Beißende Bläschen, innerhalb der großen Schamlippen, die bei Berührung schmerzen *GO.   Krampfhafte Schmerzen in den weiblichen Teilen, besonders in der Scheide. Stechendes Jucken in der Scheide *GG.   Schmerzhafte Empfindlichkeit der weiblichen Geschlechtsorgane, Vulva so empfindlich, daß sie kaum eine Binde tragen kann *AF.   Schmerzhafte Empfindlichkeit der weiblichen Geschlechtsorgane. Pruritus genitalis bei frisch Verheirateten. Stechendes Jucken der Vulva. Krampfartige Schmerzen in Uterus und Vagina *LT.   Frauen leiden nicht nur körperlich, sondern auch geistig nach dem ersten Coitus. Die Genitalien waren immer empfindlich, besonders im Sitzen *FA.   Kleine Nervengeschwülstchen oder Polypen von der Größe eines Weizenkornes bilden sich, eine bloße Berührung macht den Patienten halb wahnsinnig, er leidet dann tage- und nächtelang; ein kleines, warzenähnliches Gebilde an den Genitalien oder am Anus *KM.   Die weiblichen Genitalien jucken, haben stechende Schmerzen und sind berührungsempfindlich, so daß der Verkehr schmerzhaft ist und gefürchtet wird *NM.

BAUCHSCHMERZEN   Empfindungen

1   **Einfacher Druck:** Unterleib, After, Mastdarm, Hoden, Magengrube, Blase, Bauch:
Harter, schmerzhafter Druck, rechter Seite, unterhalb des Nabels *4HA-471.   Geringer,
harter, dünn geformter Stuhl, welcher unter drückendem Schmerze im After abgeht *7-495.
Anhaltend drückender Schmerz im Mastdarme, beim Sitzen *5-496.   Drückender Schmerz
am li Hoden, beim Gehen, so wie nach jeder Reibung; Bei Berührung wird er heftiger *8HA-520.
Druck über der Herzgrube, wie Wundheit, mit Übelkeit daselbst *4-540.   Der Stuhlgang er-
folgt unter Anstrengung und Druck auf die Blase, ohne daß Urin dabei abgeht *34.   Leidet
an einem drückenden Schmerz in dem Hoden mehr äußerlich, welcher auch sehr empfindlich gegen
Berührung ist *60.   Anhaltender Druck in der Magengegend mit vermindertem Appetit *91.
Hodenanschwellung; Drückender Schmerz und mehr brennende Stiche *HH.   Orchitis, bei
drückendem Schmerz mit ziehend-brennenden Stichen in den Hoden und Samensträngen *HT.
Ruhrstühle mit Drücken und Schneiden im Bauch vor, während und nach dem Stuhlgange *LM.
Testes entzündet mit brennenden, stechenden und drückend-ziehenden Schmerzen *LT.   Auf-
regung macht Magendrücken und -stechen und sauer Aufstoßen *g.   Druckgefühl im Magen
beim darauf Drücken *h.

2   **Schwerer Druck, Schweregefühl mit Druck:** Magen, Unterleib:
Früh, nach dem Erwachen, im Bette, ein Drücken im Magen, wie von einer Last, durch keine Veränderung der Lage zu bessern *1-109.   Drücken und zugleich Schwere und Spannen im Unterleibe *1-111.   Als Folge eines heftigen Verdrusses, der ausgehalten werden mußte: Täglich zwischen 5 und 6 Uhr morgens Schmerz mit Schweregefühl im Hypogastrium, gefolgt von einem heftigen, zunächst vergeblichen Stuhldrange *17.   Beschwerden in Folge eines großen
Ärgers. Er empfand einen Druck auf den Magen, als läge eine schwere Last auf demselben und fühlte ein peinliches Spannen in der Magengegend *85.   Am Epigastrium hatte er das Gefühl, als
befände sich dort ein Gewicht *87.   Schweregefühl im Magen, als hinge der Magen herunter,
besser durch Essen *c.   Zwei Stunden nach dem Essen Druck auf dem Magen *g.

3   **Völlegefühl oder Spannen mit Druck:** Magen, Unterleib, unter den Rippen:
Vollheit in der Herzgrube und Drücken und Stechen darin *1-108.   Drücken und zugleich
Schwere und Spannen im Unterleibe *1-111.   Ein spannend schmerzhaftes Drücken im Unterleibe, als wenn er zu viel gegessen hätte und sich dann auf den Leib drückte, mit Übelkeit und
Zusammenlaufen des Speichels im Munde *1-113.   Flüchtig drückender Schmerz unter den
letzten Rippen, wie von versetzten Blähungen *12-464.   Manchmal Druckgefühl mit Spannung in der Magengrube, gewöhnlich schlechter nach dem Essen, besonders von Brot. Häufig Übelkeit *19.   Er empfand einen Druck auf dem Magen, als läge eine schwere Last auf demselben und fühlte ein peinliches Spannen in der Magengegend. Diese Symptome wurden von Übelsein und salzig-bitterem Aufstoßen begleitet *85.   Druck im Magen mit Spannen, und erhöht oder erneuert durch Essen und besonders von Brotgenuß *JS.

4   **Klemmen, Zusammenziehen mit Druck:** Epigastrium, rechter Oberbauch, Hoden:
Klemmender Druck unterhalb dem Brustbeine, gleich li neben dem Schwertknorpel *4-463.
Klemmendes Drücken unter den kurzen Rippen der re Seite *6-466.   Drückendes Ziehen
(Reißen) im re Hoden, als würde er mit Gewalt zusammengedrückt *4-519.   Drücken, Span-
nen und Kneipen in der Herzgrube, welche beim Druck sehr empfindlich war *41.   Es drückt
mir beim Essen den Magen ab, als wenn mir der Magen verschlossen würde *I.

5   **Ziehen, Spannen:** Oberbauch, Unterleib, Magen, Darm, Leiste, Hoden:
Früh nüchtern (im Bette), ein beängstigendes und Atem beengendes Spannen quer durch den Ober-

bauch, in den Hypochondern (wie die Hypochondristen zu klagen pflegen) *1-110.   Ziehender Schmerz quer durch den Unterleib *1-114.   Ein Ziehen in den Seiten des Unterleibes herab, als sollte das Monatliche erscheinen *1-115.   Ziehender Schmerz im Unterleibe, wie von Blähungen *1-116.   Spannschmerz in der Magengegend *12-461.   Knurren im Unterbauche und Ziehen im Darmkanale *8-470.   Quer herüber im Unterleibe, Kneipen, und auf den Seiten in den Unterbauchsmuskeln, Ziehen, als wenn ein Durchfall entstehen wollte 3-486.   Drückendes Ziehen (Reißen) in re Hoden, als würde er mit Gewalt zusammengedrückt *4-519.   Spannung des Unterleibs ohne fühlbare Verhärtung *26.   Unterhalb der Hüfte, von der Leistengegend eineinhalb Zoll vorwärts nach dem Bauche zu, in beiden Seiten — bei starkem Druck mit der Hand eine gelinde, wie spannende, fast brennende Empfindung *32. Drücken, Spannen und Kneipen in der Herzgrube, welche beim Druck sehr empfindlich war *41.

6   **Ziehen oder Spannen mit Stechen und Brennen:** Bauchmuskeln, Samenstrang, Hoden:
Spannender Stich in den li Bauchmuskeln *5-475.   Heftig, ziehend brennende Stiche aus dem Bauchringe rechter Seite, wie im Samenstrange, bis in den re Hoden (welcher jedoch beim Befühlen unschmerzhaft ist), im Sitzen, Stehen und Gehen, doch beim Bücken am heftigsten *7H-518.   Orchitis, bei drückendem Schmerz mit ziehend-brennenden Stichen in den Hoden und Samensträngen *HT.   Testes entzündet mit brennenden, stechenden und drückend-ziehenden Schmerzen; Wehtun an der Außenseite des li Testikels beim Gehen, schlechter durch Berührung *LT.

7   **Gefühl, als sei etwas locker in der Magengrube, an dem bei jedem Husten gezupft würde:**
Husten mit dem Gefühl, als sei in der Magengrube etwas locker, wie loses Fleisch, an dem bei jedem Husten gezupft würde *54.

8   **Wühlen, Winden, Nagen:** Magen, Unterleib, Ober- und Unterbauch:
Wühlender Schmerz im Magen *1-107.   Heftiger, umher windend kneipender Schmerz im ganzen Unterleibe, bald hie, bald da *6HA-485.   Schneiden und Herumwühlen im Ober- und Unterbauche, mit Stuhldrang *4-492.   Kolik mit eingeklemmten Blähungen und nagenden, schießenden Schmerzen, besser durch Blähungsabgang *LT.

9   **Zusammenziehen:** Oberbauch, Unterleib, Mastdarm, After, Hoden, Scrotum, Uterus, Magen:
Früh nüchtern (im Bette), ein beängstigendes und Atem beengendes Spannen quer durch den Oberbauch, in den Hypochondern (wie die Hypochondristen zu klagen pflegen) *1-110.   Der Unterleib ist wie zusammengepreßt, Atem verengend *1-112.   In der Herzgrube, ein kneipend beklemmender Schmerz, welcher nur im Sitzen, beim Vorbeugen des Körpers sich wieder verlor *6-462.   Eine, die Brust beklemmende und den Atem hemmende Zusammengezogenheit in der Unterrippengegend, drei Tage anhaltend *10-465.   Schwieriger Stuhl; erst ging harter Kot ab; diesem folgte weicher, welcher ihn aber, gleich als wäre der Mastdarm zusammengeschnürt, sehr quälte und drängte; es wollte fort, und konnte nicht; drauf noch Stuhlzwang *13-497.   Weicher, doch schwierig abgehender Stuhlgang, wegen Zusammenschnürung des Afters, wie bei Haemorrhoiden *3-499.   Drückendes Ziehen (Reißen) im re Hoden, als würde er mit Gewalt zusammengedrückt *4-519.   Prosopalgie; Zusammengreifen im Unterleibe *15.   Hodenneuralgie; Das Scrotum zieht sich an der leidenden Seite oft zusammen und juckt *60.   Krampfhafte Contractionen des Uterus *62.   Es drückt mir beim Essen den Magen ab, als wenn mir der Magen verschlossen würde *I.

10   **Klemmen, Kneifen:** Epigastrium, rechter Oberbauch, Nabel, Unterleib, Darm, Leiste:

In der Herzgrube, ein kneipend beklemmender Schmerz, welcher nur im Sitzen, beim Vorbeugen des Körpers sich wieder verlor *6-462.   Klemmender Druck unterhalb dem Brustbeine, gleich li neben dem Schwertknorpel *4-463.   Klemmendes Drücken unter den kurzen Rippen der re Seite *6-466.   Li über dem Nabel, klemmende Stiche, welche scharf sind und taktmäßig erfolgen *4-472.   Kneipender Stich in den Eingeweiden des Unterleibes, linker Seite *5H-473.   Kneipen in den Gedärmen mit Blähungsabgang *5-484.   Heftiger, umher windend kneipender Schmerz im ganzen Unterleibe, bald hie, bald da *6HA-485. Quer herüber im Unterleibe, Kneipen, und auf den Seiten in den Unterbauchsmuskeln, Ziehen, als wenn ein Durchfall entstehen wollte *3-486.   Früh, Kneipen im Oberbauche, als wollte ein Durchfall entstehen und dennoch konnte er nicht zu Stuhle gehen *3-487.   Unterhalb der Hüfte, von der Leistengegend eineinhalb Zoll vorwärts nach dem Bauche zu, in beiden Seiten — bei starkem Druck mit der Hand eine gelinde, wie spannende, fast brennende Empfindung. Lehnt sie sich mit diesen Stellen des Bauches eine Zeit lang an den Tisch, so fühlt sie zwar nichts, während sie dies tut, aber nachher eine Art Klamm eine Minute lang, der allmählig vergeht. Beim Liegen auf dem Rücken, wenn sie sich schnell umdreht und aufrichtet, entsteht daselbst ein Schmerz, ein Wadenklamm, von der heftigsten Art, der dann allmählig vergeht, doch bleibt noch längere Zeit ein dumpfer Schmerz zurück, besonders, wenn sie auf die Stelle drückt. Wenn sie aber bei der Rückenlage sich erst ganz sacht halb aufrichtet und dann behutsam umwendet, geht es ohne Schmerz ab *32.   Drücken, Spannen und Kneipen in der Herzgrube, welche beim Druck sehr empfindlich war, die Schmerzen wurden durch den geringsten Genuß, besonders aber durch Gradeliegen im Bett gesteigert, resp. hervorgerufen. Patient konnte nur durch Vornüberbiegen die heftigen Schmerzen lindern, sobald er nur versuchte sich gerade zu richten, kehrten sie wieder oder wurden ganz unerträglich *41.   Nach dem geringsten Essen oder Trinken kneipende Schmerzen und Ruhrstühle *AB.

11   **Krampfschmerz, Kolik:** Unterleib, Vagina, Bauch, Uterus:
Krampfhaftes Schneiden im Unterleibe, mit Zittern der Knie; am Tage, bei der mindesten Bewegung, vorzüglich stark nach dem Harnen; Abends, Schneiden auch ohne Bewegung, welches vom Zusammenkrümmen besser ward *1-124.   Krampfhafter Schmerz in den weiblichen Schamteilen und der Mutterscheide *1-160.   Krampfhaftes Schneiden im Bauch nach Essen und Trinken. Kolik mit Harndrang *LM.   Krampfhafte Schmerzen in den weiblichen Teilen, besonders in der Scheide *GG.   Krampfhafte, schneidende Bauchschmerzen mit Stuhl- und Urindrang und Übelkeit, besser durch Zusammenkrümmen, schlechter nach Essen und Trinken *AB.   Bei Kindern, wenn Kolik auf Ärger folgt *FK.   Kolik mit eingeklemmten Blähungen und nagenden, schießenden Schmerzen, besser durch Blähungsabgang. Krampfartige Schmerzen in Uterus und Vagina *LT.

12   **Klumpengefühl, Kugelgefühl, berstender Schmerz:** Anus, Bauch, Samenstrang, Prostata:
Er ward oft zum Stuhle genötigt, ohne Leibweh; es ging jedesmal sehr wenig und sehr Hartes fort, mit einen Schmerze im After, als wenn er zerspringen sollte *1-132.   Gefühl eines harten Klumpens (corps dur) im Bauch *17.   Samenergüsse; Vor den Abgängen ist der Samenstrang voll und knotig. Nach dem Abgang weniger Völle und keine Knoten im Samenstrang *64. Akute Prostatitis, die Prostata ist sehr empfindlich und reizbar. Im Sitzen Gefühl, als säße er auf einer Kugel *BF.

13   **Schwächegefühl, Herunterhängen, Herabfallen, Leere, Hohlsein, weichliches Gefühl, Beben:** Magen, Bauch, Unterleib:
Drei Tage lang ist es ihm wabblicht und weichlicht *1-102.   Scheinhungerempfindung im Magen, als hinge er schlaff herunter und doch kein Appetit *1-105.   Weichlich; es läuft ihm das Wasser im Munde zusammen, mit einzelnem, kurzem Aufstoßen, wie wenn man ein Brechmit-

tel eingenommen hat, was nicht gehen will *12-450.   Im Unterleibe, eine bebende Empfindung und Durchfallsregung *3-488.   Litt an einem Schwächegefühl in der Magengegend und im Unterleib *62.   Gallensteinkolik. Die Anfälle treten alle 4 bis 10 Wochen auf, beginnen mit Hunger, Ziehen im Leib, Gefühl, als ob der Leib wegfällt. Das Gefühl, als ob der Leib wegfällt, tritt sofort mit dem Anfalle auf und bleibt während des ganzen Anfalls *95.   Ekel, Übelkeit und Erbrechen und ein ständiges hohles Gefühl im Magen, wegen dem er jetzt eine Magenbinde trägt *150.   Schwächegefühl im Bauche, als sollte derselbe abfallen *JS.   Gefühl von Schwäche im Bauch, als sollte er verschwinden *LM.   Gefühl, als ob der Magen schlaff herunterhinge. Gefühl einer Schwäche im Bauche, als wollte Alles hinunterfallen *GG.   Gefühl, als hingen Magen und Bauch schlaff herunter *AF.   Im Bauche Schwächegefühl, als solle derselbe abfallen, möchte ihn hochheben *LT.   Uterusprolaps mit Gefühl von Herausfallen im Bauch *AP.   Schweregefühl im Magen, als hinge der Magen herunter, besser durch Essen *c.   Der Bauchinhalt will unten raus, muß den Leib festhalten. Schwächegefühl im Magen, eine Art Hungergefühl *e.

14   **Quetschungsschmerz, Zerschlagenheitsschmerz, Verrenkungsschmerz:**   Mastdarm, Lenden, Unterleib, Harnblase:
Nach hartem Stuhlgange, wie ein Quetschungsschmerz tief im Mastdarme, 3 Viertelstunden lang *1-134.   Zerschlagenheitsschmerz über den Hüften, in den Lenden, welcher sich unter dem Nabel hinzieht, beim Vorbeugen am meisten bemerkbar, doch auch bei Berührung schmerzhaft ist *10-476.   Zerschlagenheitsschmerz im Unterleibe *12-477.   Gleich nach dem Harnen, ein Verrenkungsschmerz oberhalb der Harnröhre, hinter dem Schambeine *11-511.

15   **Empfindlichkeit gegen Druck und Berührung:**   Vulva, untere Rippen, Lenden, Unterleib, Hoden, Epigastrium, Harnröhre, Uterus, Anus, Prostata:
Schmerzhafte Empfindlichkeit der weiblichen Geschlechtsteile; wenn sie sitzt, tut es ihr da weh *1A-159.   Hinten, innerhalb der großen, re Schamlefze, eine Blase, welche für sich ein Beissen, beim Berühren aber Wundheitsschmerz verursacht *1-163.   An den unteren Rippen, ein flechtenartiger Ausschlag, mit brennend juckendem Feinstechen, wie von Brennesseln; nach Reiben schmerzt die Stelle; dabei ein Frostüberlaufen in dieser Gegend und über den Oberbauch *1-191.   Zerschlagenheitsschmerz über den Hüften, in den Lenden, welcher sich unter dem Nabel hinzieht, beim Vorbeugen am meisten bemerkbar, doch auch bei Berührung schmerzhaft ist *10-476.   Stumpfer Stich im li Schoße, beim Aufdrücken heftiger, beim Ein- und Ausatmen aber vergehend *5-479.   Drückender Schmerz am li Hoden, beim Gehen, so wie nach jeder Reibung; Bei Berührung wird er heftiger *8HA-520.   Unterhalb der Hüfte, von der Leistengegend eineinhalb Zoll vorwärts nach dem Bauche zu, in beiden Seiten — bei starkem Druck mit der Hand eine gelinde, wie spannende, fast brennende Empfindung. Doch bleibt noch längere Zeit ein dumpfer Schmerz zurück, besonders, wenn sie auf die Stelle drückt *32.   Das Epigastrium ist bei Berührung schmerzhaft *40.   Drücken, Spannen und Kneipen in der Herzgrube, welche beim Druck sehr empfindlich war *41.   Leidet an einem drückenden Schmerz in dem Hoden mehr äußerlich, welcher auch sehr empfindlich gegen Berührung ist. Durch diese wird der Schmerz heftiger und verbreitet sich längs des Samenstrangs bis in den Leib, er wird scharf und stechend nach der geringsten Reibung *60.   Vor den Menses noch etwas Schmerz, reißend, stechend, hat seinen Sitz besonders in der Gegend des re Ovarium. Empfindlichkeit bei Druck und etwas Anschwellung *82.   Hüftleiden, Abszeß in der re regio iliaca. Druck auf die Hüftgegend etwas empfindlich *87.   Nicht die Lebergegend, sondern die Gegend des re Eierstockes ist empfindlich auf Druck *95.   Bei der Untersuchung ist die Gegend vom Uterus nach dem re Eierstocke ganz besonders empfindlich *105.   Der Katheterismus ist wegen hochgradiger Empfindlichkeit unmöglich *131.   Hysterische Krämpfe. Uterus sehr empfindlich, eine leichte Berührung verursacht sofort die Krämpfe *134.   Schmerzhafte Empfindlichkeit der weiblichen Geschlechtsorgane, Vulva so empfindlich, daß sie kaum eine Binde tragen kann *AF.

Wehtun an der Außenseite des li Testikels beim Gehen, schlechter durch Berührung. Schmerzhafte Empfindlichkeit der weiblichen Geschlechtsorgane. Scharfe, schießende Schmerzen im geschwollenen Ovar, das bei Druck sehr empfindlich ist *LT.   Frauen leiden nicht nur körperlich, sondern auch geistig nach dem ersten Coitus. Die Genitalien waren immer empfindlich, besonders im Sitzen *FA.   Kleine Nervengeschwülstchen oder Polypen von der Größe eines Weizenkornes bilden sich, eine bloße Berührung macht den Patienten halb wahnsinnig, er leidet dann tageund nächtelang; ein kleines, warzenähnliches Gebilde an den Genitalien oder am Anus *KM. Die weiblichen Genitalien jucken, haben stechende Schmerzen und sind berührungsempfindlich, so daß der Verkehr schmerzhaft ist und gefürchtet wird *NM.   Akute Prostatitis, die Prostata ist sehr empfindlich und reizbar. Chronische Prostatitis; Der Patient ist empfindlich über der Blase *BF.

16   **Wundheit, Schründen, Beißen, wie mit Dornen gefüllt:** Mastdarm, Harnröhrenmündung, Scrotum, Vulva, Herzgrube, Magen, Bauchhaut, Operationsnarbe:
Lange nach dem Stuhlgange, ein schründender Wundheitsschmerz im Mastdarme *1A-135.   Ein beißendes und brennendes Kriebeln an der Harnröhrenmündung, außer dem Harnen *1-143. Wohllüstiges Jucken um den Hodensack, welches beim Reiben immer zunimmt, oberflächlich zu Wundschmerze wird, während tiefer noch das Jucken fortbesteht und endlich einen Samenerguß bewirkt *1-155.   Ein Beißen an den weiblichen Schamteilen, auch außer dem Harnen *1-162. Hinten, innerhalb der großen, re Schamlefze, eine Blase, welche für sich ein Beißen, beim Berühren aber Wundheitsschmerz verursacht *1-163.   Druck über der Herzgrube, wie Wundheit, mit Übelkeit daselbst *4-540.   Im Magen Gefühl, als sei er mit Dornen gefüllt *40.   Eine Gruppe von Bläschen erschien in der Lebergegend, viel Hitze und Röte einen Zoll über und unter dem Ausschlag. Die Reizung, Brennen, Beißen usw. der Bläschen war höchst intensiv und hielt sie nachts wach *68.   Beißende Bläschen, innerhalb der großen Schamlippen, die bei Berührung schmerzen *GO.   Nach Bauchoperationen, wenn der Patient über scharfe, beißende Schmerzen klagt *MA.   Krabbeln im Magen *e.

17   **Brennen:** Harnröhre, Bauchhaut, Anus, Leisten, Vulva, Hoden, Magen:
Ein beißendes und brennendes Kriebeln an der Harnröhrenmündung, außer dem Harnen *1-143. Bloß außer dem Harnen, im Sitzen, ein Brennen tief hinten in der Harnröhre *1-144.   Bei jedem Urinieren, ein Brennen in der ganzen Harnröhre, viele Tage lang *1HA-145.   An den unteren Rippen, ein flechtenartiger Ausschlag, mit brennend juckendem Feinstechen, wie von Brennnesseln; nach Reiben schmerzt die Stelle *1-191.   Ausschlag erbsengroßer Knoten am ganzen Leibe und den Oberschenkeln, welche jucken und, beim Kratzen aufgerieben, nässen, dann aber einen brennenden Schmerz verursachen *1A-226.   Heiße Blähungen *4HA-481. Harter, weniger Stuhl, mit brennend schneidendem Schmerze im After *7-494.   Der Harn geht in der Nacht mit Steifigkeit der Rute und zuletzt nur tropfenweise ab, mit Brennen am Blasenhalse, und es trieb zugleich vergeblich auf den Stuhl *13-512.   Eine Art Brennen in der Mitte der Harnröhre, außer dem Harnen *10-513.   Sofort nach Stuhlabgang heftiges Brennen am Anus, häufig mit Stechen im Rectum, Tenesmus und vergeblichem Stuhldrang verbunden *17.   In der Nähe des Afters große Feuchtwarzen. Die brennenden, zuckenden und stechenden Schmerzen, welche sich bei der Stuhlausleerung bis auf's fürchterlichste erhöhten, ließen den Kranken nirgends Ruhe und Schlaf finden *28.   Unterhalb der Hüfte, von der Leistengegend eineinhalb Zoll vorwärts nach dem Bauche zu, in beiden Seiten — bei starkem Druck mit der Hand eine gelinde, wie spannende, fast brennende Empfindung *32.   Leidet seit ihrer Entbindung an unwillkürlichem Urinabgang, der eine so bedeutende Schärfe angenommen hat, daß die nahegelegenen Teile excoriiert werden, sehr heftig brennende Schmerzen verursachen, die bei der geringsten Bewegung zunehmen *34.   Eine Gruppe von Bläschen erschien in der Lebergegend, viel Hitze und Röte einen Zoll über und unter dem Ausschlag. Die Reizung, Brennen, Beissen usw. der Bläschen war höchst intensiv und hielt sie nachts wach *68.   Neigung zu häufi-

gem Urinieren, mit einem Gefühl von Hitze oder Brennen in der Harnröhre, mehr in dem mittleren und hinteren Teil, und zwar gerade beim Nicht-Urinieren; stärker auch im Sitzen *84.   Litt an häufigem Harndrang, mit heftigem Brennen an der Spitze des Penis *31.   Hodenanschwellung; Drückender Schmerz und mehr brennende Stiche *HH.   Während und nach der Miktion Brennen in der Harnröhre *LM.   Brennen in der Harnröhre, wenn man nicht uriniert *AF.   Wenn Urin abgeht, brennt er in der ganzen Länge der Harnröhre *BF.   Sodbrennen vom Magen aus die Speiseröhre hinauf, nach Genuß von Hefekranz *I.

18 **Kälteschauder:** Oberbauch:
An den unteren Rippen, ein flechtenartiger Ausschlag, mit brennend juckendem Feinstechen, wie von Brennesseln; nach Reiben schmerzt die Stelle; dabei ein Frostüberlaufen in dieser Gegend und über den Oberbauch *1-191.

19 **Zucken:** Haut am Anus:
Es hatten sich ganz in der Nähe des Afters große Feuchtwarzen gebildet. Die brennenden, zuckenden und stechenden Schmerzen, welche sich bei der Stuhlausleerung bis auf's fürchterlichste erhöhten, ließen den Kranken nirgends Ruhe und Schlaf finden *28.

20 **Taubheit:** Unterleib:
Beim Stehen, eine Taubheitsempfindung in der li Hüfte, bis zum Unterleibe *1-210.

21 **Jucken:** Anus, Scrotum, Penis, Vulva, untere Rippen, Nierengegend, Leiste, Magen:
Starkes Jucken am After, mit Knötchen am After *1-137.   Ein beißendes und brennendes Kriebeln an der Harnröhrenmündung, außer dem Harnen *1-143.   Ein Jucken im Inneren des Hodensacks, was bloß durch Drücken und Reiben zwischen den Fingern sich etwas tilgen läßt *1-154.   Wohllüstiges Jucken um den Hodensack, welches beim Reiben immer zunimmt, oberflächlich zu Wundschmerze wird, während tiefer noch das Jucken fortbesteht und endlich einen Samenerguß bewirkt *1-155.   Feuchtender weicher Auswuchs in der Rinne, hinter der Eichelkrone und ein ähnlicher an der Krone selbst, welche beide vom Reiben des Hemdes jucken *1-158.   Fein stechendes Jucken an den weiblichen Schamteilen *1-161.   Ausschlag erbsengroßer Knoten am ganzen Leibe und den Oberschenkeln, welche jucken und, beim Kratzen aufgerieben, nässen, dann aber einen brennenden Schmerz verursachen *1A-226.   Jucken im After beim Sitzen, außer dem Stuhlgange *5HA-501.   Hodenneuralgie; Das Scrotum zieht sich an der leidenden Seite oft zusammen und juckt, und er muß es oft kratzen und zwischen dem Daumen und den Fingern reiben *60.   Krabbeln im Magen *e.

22 **Juckendes Stechen, Nadelstechen in der Haut:** Nierengegend, Anus, Leiste, Vulva:
An den unteren Rippen, ein flechtenartiger Ausschlag, mit brennend juckendem Feinstechen, wie von Brennesseln; nach Reiben schmerzt die Stelle *191.   Juckende Nadelstiche in der Nierengegend *4HA-478.   Es hatten sich ganz in der Nähe des Afters große Feuchtwarzen gebildet, an denen verdächtig aussehende eiternde Flächen stoßen. Die brennenden, zuckenden und stechenden Schmerzen, welche sich bei der Stuhlausleerung bis auf's fürchterlichste erhöhten, ließen den Kranken nirgends Ruhe und Schlaf finden *28.   Nierenkolik; Dauernder schiessender Schmerz in der Umgebung der li Niere. Stechen zur li Leiste und zum Hoden hin, auf jeden schießenden Stich folgt so starkes Jucken, daß er kratzen muß. Die schießenden Stiche begannen tief innen im Fleisch und endeten an der Oberfläche; der Punkt, wo sie endeten, war der Punkt, wo es dann juckte *102.   Stechendes Jucken in der Scheide *GG.   Stechendes Jucken der Vulva *LT.   Die weiblichen Genitalien jucken, haben stechende Schmerzen und sind berührungsempfindlich *MM.

23 **Stechen, Schießen:** Epigastrium, Unterleib, linker Oberbauch, Nabelgegend, Bauchmus-

keln, Samenstrang, Eichel, Rectum, Zwerchfell, Ovar, Magen:
Vollheit in der Herzgrube und Drücken und Stechen darin *1-108.   Fein stechendes
Jucken an den weiblichen Schamteilen *1-161.   Bloß anfangs beim Gehen im Freien, ein
anhaltend stichartiger Schmerz im Unterleibe, unter den re Rippen *1-121.   Links über
dem Nabel, klemmende Stiche, welche scharf sind und taktmäßig erfolgen *4-472.   Kneipender Stich in den Eingeweiden des Unterleibes, linker Seite *5H-473.   Lang anhaltender stumpfer Stich in der Gegend um den Nabel, schlimmer beim Ausatmen und Aufdrücken
*5-474.   Spannender Stich in den li Bauchmuskeln *5-475.   Stumpfer Stich im li
Schoße, beim Aufdrücken heftiger, beim Ein- und Ausatmen aber vergehend *5-479.   Heftig, ziehend brennende Stiche aus dem Bauchringe rechter Seite, wie im Samenstrange, bis in den
re Hoden (welcher jedoch beim Befühlen unschmerzhaft ist), im Sitzen, Stehen und Gehen, doch
beim Bücken am heftigsten *7H-518.   Stechender Schmerz an der re Seite der Eichel, beim
Stehen und Gehen *11-521.   Sofort nach Stuhlabgang heftiges Brennen am Anus, häufig
mit Stechen im Rectum, Tenesmus und vergeblichem Stuhldrang verbunden *17.   Schmerz
manchmal stechend in und durch das Zwerchfell und den unteren Teil der Brust *55.   Drük-
kender Schmerz im Hoden. Durch Berührung wird der Schmerz heftiger und verbreitet sich längs
des Samenstrangs bis in den Leib, er wird scharf und stechend nach der geringsten Reibung *60.
Schießende Schmerzen durch den re Hoden und den re Samenstrang hinauf *64.   Ausschlag knapp oberhalb der re Crista ilica. Dabei schießender Schmerz von dort den Oberschenkel und die Gesäßbacke hinunter *68.   Vor den Menses noch etwas Schmerz, reißend, stechend, hat seinen Sitz besonders in der Gegend des re Ovarium *82.   Hodenanschwellung;
Drückender Schmerz und mehr brennende Stiche *HH.   Orchitis, bei drückendem Schmerz
mit ziehend-brennenden Stichen in den Hoden und Samensträngen *HT.   Kolik mit eingeklemmten Blähungen und nagenden, schießenden Schmerzen, besser durch Blähungsabgang *LT.
Aufregung macht Magendrücken und -stechen und sauer Aufstoßen *g.

24   **Reißen:** Hoden, Ovar:
Drückendes Ziehen (Reißen) im re Hoden, als würde er mit Gewalt zusammengedrückt *4-519.
Vor den Menses noch etwas Schmerz, reißend, stechend, hat seinen Sitz besonders in der Gegend
des re Ovarium. Empfindlichkeit bei Druck und etwas Anschwellung *82.

25   **Schneiden:** Leib, Nabelgegend, Därme, Unterleib, Harnröhre, Ober- und Unterbauch, After:
Kollern und Leibschneider, viele Tage lang *1-120.   Schneiden in der Nabelgegend, wie
äußerlich, abends im Bette, in drei Anfällen *1-122.   In den Gedärmen, Schneiden, vorzüglich nach jedem Essen und Trinken *1-123.   Krampfhaftes Schneiden im Unterleibe, mit Zittern der Knie, am Tage, bei der mindesten Bewegung, vorzüglich stark nach dem Harnen; abends, Schneiden auch ohne Bewegung, welches vom Zusammenkrümmen besser ward
*1-124.   Früh, Leibschneiden vor dem Stuhlgange *1-125.   Früh, nach Leibschnei-
den und Übelkeit, erfolgt Durchfall *1-126.   Leibschneiden, durchfälliger Stuhl *1-127.
Beim Harnen schneidet's und nach dem Harnen wird's noch schlimmer *1-142.   Ausbruch
des ein Jahr ausgebliebenen Monatlichen unter Leibschneiden und starkem Kollern, zum Neumonde *1-164.   Früh im Bette, Schmerz im Kreuze, dann erfolgte Hunger, dann mit Leibschneiden, Durchfall *1A-199.   Schneiden und Herumwühlen im Ober- und Unterbauche, mit
Stuhldrang, worauf dünner Stuhl, aber wenig abgeht; ist er abgegangen, so erfolgt, unter vermehrtem Leibschneiden, neuer Stuhldrang *4-492.   Schneiden im Bauche, mit heftigem Stuhldrange *4-493.   Harter, aber weniger Stuhl, mit brennend schneidendem Schmerze im After *7-494.   Bei öfteren ruhrartigen meist gelbschleimigen Stühlen mit viel Tenesmus und
erhöhtem Leibschneiden *HT.   Krampfhaftes Schneiden im Bauch nach Essen und Trinken.
Ruhrstühle mit Drücken und Schneiden im Bauch vor, während und nach dem Stuhlgange *LM.
Krampfhafte, schneidende Bauchschmerzen mit Stuhl- und Urindrang und Übelkeit, besser durch

Zusammenkrümmen, schlechter nach Essen und Trinken. Nach Becken- oder Bauchoperationen: wenn die für das Mittel charakteristischen schneidenden Schmerzen den Patienten am Essen und Trinken hindern *AB.   Harter, spärlicher Stuhl mit Schneiden und Brennen im Anus *LT.

26   **Kollern, Knurren, Gluckern, Poltern, Blähungen:** Unterleib, Scrotum, Oberbauch, **unter den Rippen:**
Ziehender Schmerz im Unterleibe, wie von Blähungen *1-116.   Die Blähungen versetzen sich im Unterbauche *1HA-117.   Lautes Knurren im Unterleibe *1-119.   Kollern und Leibschneiden, viele Tage lang *1-120.   Ein schmerzloses Gluckern im Hodensacke *1-156.   Ausbruch des ein Jahr ausgebliebenen Monatlichen unter Leibschneiden und starkem Kollern, zum Neumonde *1-164.   Flüchtig drückender Schmerz unter den letzten Rippen, wie von versetzten Blähungen *12-464.   Ein starkes Poltern und Knurren im Unterleibe, ohne Schmerz und ohne Abgang von Blähungen *12-467.   Kollern in der li Seite des Oberbauchs *7-468.   Nach dem Mittagessen, ein Poltern im Unterleibe, hörbar wie entstehende und zerplatzende Blasen *10-469.   Knurren im Unterbauche und Ziehen im Darmkanale *8-470.   Kolik mit eingeklemmten Blähungen und nagenden, schießenden Schmerzen, besser durch Blähungsabgang *LT.

27   **Gefühl, als solle Durchfall, Blähungen, das Monatliche erscheinen. Stuhlzwang, Tenesmus:**
Ein Ziehen in den Seiten des Unterleibs herab, als sollte das Monatliche erscheinen *1-115.   Unter der Empfindung, als wolle eine Blähung abgehen, erfolgt unbewußt dünner Stuhl *1HA-128. Nach vollendetem Stuhlgange, noch ein gleiches, aber vergebliches Nottun, ohne Stuhlgang im Mastdarme *1-133.   Quer herüber im Unterleibe, Kneipen, und auf den Seiten in den Unterbauchsmuskeln, Ziehen, als wenn ein Durchfall entstehen wollte *3-486.   Früh, Kneipen im Oberbauche, als wollte ein Durchfall entstehen und dennoch konnte er nicht zu Stuhle gehen *3-487.   Im Unterleibe, eine bebende Empfindung und Durchfallsregung *3-488. Schneiden und Herumwühlen im Ober- und Unterbauche, mit Stuhldrang, worauf dünner Stuhl, aber wenig abgeht; ist er abgegangen, so erfolgt, unter vermehrtem Leibschneiden, neuer Stuhldrang, doch, ungeachtet aller Anstrengung, ohne Ausleerung — eine Art von Stuhlzwang, der sich, so wie die Leibschmerzen, erst dann verliert, nachdem er vom Stuhle aufgestanden ist *4-492. Schneiden im Bauche, mit heftigem Stuhldrange, worauf ganz flüssiger, aber wenig Kot abgeht, unter innerlichem Frösteln im Kopfe; gleich nach dem Abgange folgt eine Art Stuhlzwang *4-493. Schwieriger Stuhl, erst ging harter Kot ab; diesem folgte weicher, welcher ihn aber, gleich als wäre der Mastdarm zusammengeschnürt, sehr quälte und drängte; es wollte fort, und konnte nicht; drauf noch Stuhlzwang *13-497.   Der Harn geht in der Nacht mit Steifkeit der Rute und zuletzt nur tropfenweise ab, mit Brennen am Blasenhalse, und es trieb zugleich vergeblich auf den Stuhl; das Krummliegen erleichterte es *13-512.   Als Folge eines heftigen Verdrusses, der ausgehalten werden mußte: Täglich zwischen 5 und 6 Uhr morgens Schmerz mit Schweregefühl im Hypogastrium, gefolgt von einem heftigen, zunächst vergeblichen Stuhldrange. Sofort nach Stuhlabgang heftiges Brennen am Anus, häufig mit Stechen im Rectum, Tenesmus und vergeblichem Stuhldrang verbunden *17.   Mangel an Stuhldrang und nach dem Stuhl Gefühl unvollständiger Entleerung *100.   Bei öfteren ruhrartigen meist gelbschleimigen Stühlen mit viel Tenesmus und erhöhtem Leibschneiden *HT.   Während und nach der Miktion Brennen in der Harnröhre, nach der Miktion Drang, als wäre die Blase noch nicht leer *LM.   Krampfhafte, schneidende Bauchschmerzen mit Stuhl- und Urindrang und Übelkeit, besser durch Zusammenkrümmen, schlechter nach Essen und Trinken *AB.   Tenesmus in Rectum und Blase während des Stuhlganges, schlechter nach Essen und Trinken kalten Wassers *LT.

BAUCHSCHMERZEN   Zeit

1   **Frühmorgens:** Drücken im Magen, Spannen im Oberbauch, Leibschneiden und Durchfall, Kneipen im Oberbauch, Schwere im Hypogastrium, Stechen im Zwerchfell, Schießen von der Lende zur Hüfte:
Früh, nach dem Erwachen, im Bette, ein Drücken im Magen, wie von einer Last, durch keine Veränderung der Lage zu bessern *1-109.   Früh nüchtern (im Bette), ein beängstigendes und Atem beengendes Spannen quer durch den Oberbauch, in den Hypochondern (wie die Hypochondristen zu klagen pflegen) *1-110.   Früh, Leibschneiden vor dem Stuhlgange *1-125.
Früh, nach Leibschneiden und Übelkeit, erfolgt Durchfall; der letzte Stuhl ist bloßer Schleim *1-126.   Früh, Kneipen im Oberbauche, als wollte ein Durchfall entstehen und dennoch konnte er nicht zu Stuhle gehen *3-487.   Als Folge eines heftigen Verdrusses, der ausgehalten werden mußte: Täglich zwischen 5 und 6 Uhr morgens Schmerz mit Schweregefühl im Hypogastrium, gefolgt von einem heftigen, zunächst vergeblichen Stuhldrange. Gefühl eines harten Klumpens (corps dur) im Bauch. Erst nach zwei Stunden produziert er zähe Schleimstühle mit weißer, pastöser, manchmal blutiger Beimengung *17.   Schmerz manchmal stechend in und durch das Zwerchfell und den unteren Teil der Brust. Der Schmerz kommt nur morgens beim Umdrehen und beim Aufstehen, besonders nach lange Liegen, d.h. wenn sie vorher früh zu Bett ging, oder wenn sie längere Zeit die Arme ausstreckte beim Zeichnen *55.   Ausschlag knapp oberhalb der re Crista ilica, der sich nach hinten, unten und vorn zur Leiste erstreckte. Dabei schießender Schmerz von dort den Oberschenkel und die Gesäßbacke hinunter, schlechter beim Gehen oder beim Aufstehen vom Sitzen und etwa 5 Uhr morgens. Er war besser im Sitzen oder Liegen, sie mußte aber um 5 oder 6 Uhr aufstehen und sitzen oder stehen, wodurch der Schmerz erträglicher wurde *68.

2   **Vormittags:** Leibschneiden mit Durchfall:
Früh, im Bette, Schmerz im Kreuze, als wenn alles zerbrochen wäre; beim Aufstehen aus dem Bette konnte sie nichts von der Erde aufheben, bis 8, 9 Uhr; dann erfolgte Hunger, dann mit Leibschneiden, Durchfall, welcher zuletzt schleimig war *1A-199.

3   **Tagsüber:** Schneiden im Unterleibe:
Krampfhaftes Schneiden im Unterleibe, mit Zittern der Knie; am Tage, bei der mindesten Bewegung, vorzüglich stark nach dem Harnen; Abends, Schneiden auch ohne Bewegung, welches vom Zusammenkrümmen besser ward *1-124.

4   **Abends:** Schneiden äußerlich in der Nabelgegend, Schneiden im Unterleib:
Schneiden in der Nabelgegend, wie äußerlich, abends im Bette, in drei Anfällen *1-122.   Krampfhaftes Schneiden im Unterleibe, mit Zittern der Knie; am Tage, bei der mindesten Bewegung, vorzüglich stark nach dem Harnen; Abends, Schneiden auch ohne Bewegung, welches vom Zusammenkrümmen besser ward *1-124.

5   **Nachts:** Brennen beim Wasserlassen, Brennen des Hautausschlages, Druck auf dem Magen, Peniskrampf:
Der Harn geht in der Nacht mit Steifigkeit der Rute und zuletzt nur tropfenweise ab, mit Brennen am Blasenhalse, und es trieb zugleich vergeblich auf den Stuhl; das Krummliegen erleichterte es *13-512.   Eine Gruppe von Bläschen erschien in der Lebergegend. Die Reizung, Brennen, Beißen usw. der Bläschen war höchst intensiv und hielt sie nachts wach *68.   Er empfand einen Druck auf den Magen, als läge eine schwere Last auf demselben und fühlte ein peinliches Spannen in der Magengegend. Gegen 2 Uhr des Morgens hatten die Schmerzen des Kranken ihren Höhepunkt erreicht: er rief auf seinem Schmerzenslager den Tod um Erlösung an *85.
Litt an häufigem Harndrang, mit heftigem Brennen an der Spitze des Penis. Es bestand ein chorda-

ähnlicher Krampf im Glied, besonders nachts, nur durch Harnabgang gebessert *131.

6   **Bei Neumond:** Leibschneiden und Kollern:
Ausbruch des ein Jahr ausgebliebenen Monatlichen unter Leibschneiden und starkem Kollern, zum Neumonde *1-164.

7   **Anfallsweise:** Schneiden äußerlich in der Nabelgegend, Gallensteinkolik, Gefühl, als ob der Leib wegfällt:
Schneiden in der Nabelgegend, wie äußerlich, abends im Bette, in drei Anfällen *1-122.   Gallensteinkolik; Die Anfälle treten alle 4 bis 10 Wochen auf, beginnen mit Hunger, Ziehen im Leib, Gefühl, als ob der Leib wegfällt. Nicht die Lebergegend, sondern die Gegend des re Eierstockes ist empfindlich auf Druck. Die Schmerzen strahlen aus in den Leib und die re Brust. Das Gefühl, als ob der Leib wegfällt, tritt sofort mit dem Anfalle auf und bleibt während des ganzen Anfalls *95.

BAUCHSCHMERZEN   Modalitäten

1   **Beim Gehen:** Stechen im Unterleib, im Samenstrang, Drücken im Hoden, Stechen in der Eichel, Schießen in der Leiste, Ovarschmerzen, Prostataschmerzen:
Bloß anfangs beim Gehen im Freien, ein anhaltend stichartiger Schmerz im Unterleibe, unter den re Rippen *1-121.   Heftig, ziehend brennende Stiche aus dem Bauchringe rechter Seite, wie im Samenstrange, bis in den re Hoden (welcher jedoch beim Befühlen unschmerzhaft ist), im Sitzen, Stehen und Gehen, doch beim Bücken am heftigsten *7H-518.   Drückender Schmerz am li Hoden, beim Gehen, so wie nach jeder Reibung; Bei Berührung wird er heftiger *8HA-520. Stechender Schmerz an der re Seite der Eichel, beim Stehen und Gehen *11-521.   Ausschlag knapp oberhalb der re Crista ilica, der sich nach hinten, unten und vorn zur Leiste erstreckte. Dabei schießender Schmerz von dort den Oberschenkel und die Gesäßbacke hinunter, schlechter beim Gehen oder beim Aufstehen vom Sitzen und etwa 5 Uhr morgens. Er war besser im Sitzen oder Liegen, sie mußte aber um 5 oder 6 Uhr aufstehen und sitzen oder stehen, wodurch der Schmerz erträglicher wurde *68.   Chronische Prostatitis alter Männer. Der Schmerz geht vom Anus die Harnröhre entlang, er kommt nach dem Gehen oder Fahren *CA.   Wehtun an der Außenseite des li Testikels beim Gehen, schlechter durch Berührung *LT.

2   **Die geringste Bewegung verschlechtert:** Schneiden im Unterleib, Wundheit der Vulva, Dysmenorrhoe:
Krampfhaftes Schneiden im Unterleibe, mit Zittern der Knie; am Tage, bei der mindesten Bewegung, vorzüglich stark nach dem Harnen; Abends, Schneiden auch ohne Bewegung, welches vom Zusammenkrümmen besser ward *1-124.   Leidet seit ihrer Entbindung an unwillkürlichem Urinabgang, der eine so bedeutende Schärfe angenommen hat, daß die nahegelegenen Teile excoriiert werden, sehr heftig brennende Schmerzen verursachen, die bei der geringsten Bewegung zunehmen *34.   Cruralneuralgie; Menses unregelmäßig. Dazwischen stellten sich krampfartige Contractionen des Uterus ein. Litt an einem Schwächegefühl in der Magengegend und im Unterleib. Nachts in der Ruhe vollkommener Nachlaß aller Schmerzen *62.

3   **Umdrehen, Aufrichten, Aufstehen verschlechtert:** Klammschmerz im Unterbauch, Stechen im Zwerchfell, Schießen in der Leiste:
Unterhalb der Hüfte, von der Leistengegend eineinhalb Zoll vorwärts nach dem Bauche zu, in beiden Seiten. Beim Liegen auf dem Rücken, wenn sie sich schnell umdreht und aufrichtet, entsteht

daselbst ein Schmerz, ein Wadenklamm, von der heftigsten Art, der dann allmählig vergeht, doch bleibt noch längere Zeit ein dumpfer Schmerz zurück, besonders, wenn sie auf die Stelle drückt. Wenn sie aber bei der Rückenlage sich erst ganz sacht halb aufrichtet und dann behutsam umwendet, geht es ohne Schmerz ab *32.   Schmerz manchmal stechend in und durch das Zwerchfell und den unteren Teil der Brust. Der Schmerz kommt nur morgens beim Umdrehen und beim Aufstehen, besonders nach lange Liegen, d.h. wenn sie vorher früh zu Bett ging, oder wenn sie längere Zeit die Arme ausstreckte beim Zeichnen *55.   Ausschlag knapp oberhalb der re Crista ilica, der sich nach hinten, unten und vorn zur Leiste erstreckte. Dabei schießender Schmerz von dort den Oberschenkel und die Gesäßbacke hinunter, schlechter beim Gehen oder beim Aufstehen vom Sitzen *68.

4   **Beim Bücken:** Stechen im Samenstrang:
Heftig, ziehend brennende Stiche aus dem Bauchringe rechter Seite, wie im Samenstrange, bis in den re Hoden (welcher jedoch beim Befühlen unschmerzhaft ist), im Sitzen, Stehen und Gehen, doch beim Bücken am heftigsten *7H-518.

5   **Gähnen bessert, Ein- und Ausatmen bessert, Ausatmen verschlechtert:** Stechen um den Nabel, im linken Schoß, Schmerzen und Völlegefühl im Magen:
Lang anhaltender, stumpfer Stich in der Gegend um den Nabel, schlimmer beim Ausatmen und Aufdrücken *5-474.   Stumpfer Stich im li Schoße, beim Aufdrücken heftiger, beim Ein- und Ausatmen aber vergehend *5-479.   Klagt über Appetitlosigkeit, Schmerzen in der Magengegend unmittelbar nach der Nahrungsaufnahme mit Übelkeit und Brechneigung, ferner über ein gewisses Völlegefühl im Magen. „Ich muß gähnen, wenn ich die Beschwerden habe und wenn ich viel und heftig gähne, bessern sich diese Beschwerden" *151.

6   **Vorbeugen im Sitzen, Zusammenkrümmen, Anziehen der Beine im Liegen bessert:** Kneipen in der Herzgrube, (Zerschlagenheit in den Lenden), Brennen am Blasenhals und Stuhldrang, Gallenkolik, Schmerz vom Unterbauch zum Knie, Schneiden im Bauch:
In der Herzgrube, ein kneipend beklemmender Schmerz, welcher nur im Sitzen, beim Vorbeugen des Körpers sich wieder verlor *6-462.   Zerschlagenheitsschmerz über den Hüften, in den Lenden, welcher sich unter dem Nabel hinzieht, beim Vorbeugen am meisten bemerkbar, doch auch bei Berührung schmerzhaft ist *10-476.   Der Harn geht in der Nacht mit Steifigkeit der Rute und zuletzt nur tropfenweise ab, mit Brennen am Blasenhalse, und es trieb zugleich vergeblich auf den Stuhl; das Krummliegen erleichterte es *13-512.   Drücken, Spannen und Kneipen in der Herzgrube, welche beim Druck sehr empfindlich war, die Schmerzen wurden durch den geringsten Genuß, besonders aber durch Gradeliegen im Bett gesteigert, resp. hervorgerufen. Patient konnte nur durch Vornüberbiegen die heftigen Schmerzen lindern, sobald er nur versuchte sich gerade zu richten, kehrten sie wieder oder wurden ganz unerträglich *41.   Gallensteinkolik. Die Anfälle treten alle 4 bis 10 Wochen auf, beginnen mit Hunger, Ziehen im Leib, Gefühl, als ob der Leib wegfällt. Liegt bei den Anfällen am besten rechts und krumm, ist nachher gelb. Linksliegen unangenehm. Nicht die Lebergegend, sondern die Gegend des re Eierstockes ist empfindlich auf Druck. Die Schmerzen strahlen aus in den Leib und die re Brust *95.   Schmerz im re Unterbauch bis zum Knie, besser durch Anziehen des Beines und gefolgt von großem, dunklem, erdigem Stuhl, schlechter durch die leiseste Erschütterung, durch Ärger *140.   Tabes mit gastrischen Krisen. Sitzt mit angezogenen Knien im Bett und knirscht mit den Zähnen vor Schmerzen. Er ärgerte sich über die Schwester, dadurch wurde der Anfall ausgelöst *142. Krampfhafte, schneidende Bauchschmerzen mit Stuhl- und Urindrang und Übelkeit, besser durch Zusammenkrümmen, schlechter nach Essen und Trinken *AB.

7   **Im Sitzen:** Brennen in der Harnröhre, Empfindlichkeit der Vulva, Drücken im Mastdarme, Jucken im After, Stechen im Samenstrang, Kugelgefühl der Prostata:

Bloß außer dem Harnen, im Sitzen, ein Brennen tief hinten in der Harnröhre *1-144.   Schmerz-
hafte Empfindlichkeit der weiblichen Geschlechtsteile; wenn sie sitzt, tut es ihr da weh *1A-159.
Anhaltend drückender Schmerz im Mastdarme, beim Sitzen *5-496.   Jucken im After beim
Sitzen, außer dem Stuhlgange *5HA-501.   Heftig, ziehend brennende Stiche aus dem
Bauchringe rechter Seite, wie im Samenstrange, bis in den re Hoden (welcher jedoch beim Befüh-
len unschmerzhaft ist), im Sitzen, Stehen und Gehen, doch beim Bücken am heftigsten *7H-518.
Neigung zu häufigem Urinieren, mit einem Gefühl von Hitze oder Brennen in der Harnröhre, mehr
in dem mittleren und hinteren Teil, und zwar gerade beim Nicht-Urinieren; stärker auch im Sitzen
*84.   Die Genitalien waren immer empfindlich, besonders im Sitzen *FA.   Akute
Prostatitis. Im Sitzen Gefühl, als säße er auf einer Kugel *BF.

8   **Beim Stehen:** Taubheit im Unterleib, Stechen im Samenstrang, an der Eichel:
Beim Stehen, eine Taubheitsempfindung in der li Hüfte, bis zum Unterleibe *1-210.   Heftig,
ziehend brennende Stiche aus dem Bauchringe rechter Seite, wie im Samenstrange, bis in die re
Hoden (welcher jedoch beim Befühlen unschmerzhaft ist), im Sitzen, Stehen und Gehen, doch
beim Bücken am heftigsten *7H-518.   Stechender Schmerz an der re Seite der Eichel, beim
Stehen und Gehen *11-521.

9   **Im Liegen:** Drücken im Magen, Spannen im Oberbauch, Schneiden äußerlich in der Nabelgegend, Klamm in den Leisten, Schießen in der Leiste:
Früh, nach dem Erwachen, im Bette, ein Drücken im Magen, wie von einer Last, durch keine Veränderung der Lage zu bessern *1-109.   Früh nüchtern (im Bette), ein beängstigendes und
Atem beengendes Spannen quer durch den Oberbauch, in den Hypochondern (wie die Hypochondristen zu klagen pflegen *1-110.   Schneiden in der Nabelgegend, wie äußerlich, abends im
Bette, in drei Anfällen *1-122.   Unterhalb der Hüfte, von der Leistengegend eineinhalb Zoll
vorwärts nach dem Bauche zu, in beiden Seiten; Beim Liegen auf dem Rücken, wenn sie sich
schnell umdreht und aufrichtet, entsteht daselbst ein Schmerz, ein Wadenklamm, von der heftigsten Art *32.   Ausschlag knapp oberhalb der re Crista ilica, der sich nach hinten, unten und
vorn zur Leiste erstreckte. Dabei schießender Schmerz von dort den Oberschenkel und die Gesäßbacke hinunter, schlechter beim Gehen oder beim Aufstehen vom Sitzen und etwa 5 Uhr morgens.
Er war besser im Sitzen oder Liegen, sie mußte aber um 5 oder 6 Uhr aufstehen und sitzen oder
stehen, wodurch der Schmerz erträglicher wurde *68.

10   **Beim Ausstrecken der Arme:** Stechen durch das Zwerchfell:
Schmerz manchmal stechend in und durch das Zwerchfell und den unteren Teil der Brust. Der
Schmerz kommt nur morgens beim Umdrehen und beim Aufstehen, besonders nach lange Liegen,
d.h. wenn sie vorher früh zu Bett ging, oder wenn sie längere Zeit die Arme ausstreckte beim Zeichnen *55.

11   **Erschütterung beim Auftreten, Fahren oder Husten verschlechtert:**   Zupfen im
Magen, Drücken im Hoden, Ovarschmerzen, Schmerz vom rechten Unterbauch zum Knie, Schmerz
in der Prostata:
Husten mit dem Gefühl, als sei in der Magengrube etwas locker, wie loses Fleisch, an dem bei je-
dem Husten gezupft würde *54.   Vor 25 Jahren Hodenatrophie nach Parotitis. Seit jener
Zeit leidet er an einem drückenden Schmerz in dem Hoden mehr äußerlich, welcher auch sehr emp-
findlich gegen Berührung ist. Durch diese wird der Schmerz heftiger und verbreitet sich längs des
Samenstrangs bis in den Leib, er wird scharf und stechend nach der geringsten Reibung. Selbst
Gehen auf gefrorenem Boden verursacht oft eine unangenehme Empfindlichkeit. Wenn er sich, was
öfters geschah, an dem Testikel stieß, so verschlimmerte sich jedesmal das Gefühl im Kopfe *60.
Gequält von Schmerzen im Bereich des li Ovars. Häufiges, spärliches Wasserlassen. Glaubt, daß ihr
das Radfahren über ein paar Meilen, von dem sie gerade zurückkommt, geschadet hat. Auf dem

Weg trieben Fleischerjungen arme müde Kühe in die Stadt und waren unnötig grausam zu den Tieren, darüber hat sie sich so aufgeregt, daß sie innerlich kochte *113.   Neuralgien; Schmerz im re Unterbauch bis zum Knie, besser durch Anziehen des Beines und gefolgt von großem, dunklem, erdigem Stuhl, schlechter durch die leiseste Erschütterung, durch Ärger *140.   Chronische Prostatitis alter Männer. Der Schmerz geht vom Anus die Harnröhre entlang, er kommt nach dem Gehen oder Fahren *CA.

12   **Druck oder Berührung verschlechtert Bauchschmerzen:** Stechen um den Nabel, Zerschlagenheit in den Lenden, Stechen im Schoß, Drücken am Hoden, Klamm in den Leisten, Magen, Epigastrium, Ovar, Hüfte:
Lang anhaltender, stumpfer Stich in der Gegend um den Nabel, schlimmer beim Ausatmen und Aufdrücken *5-474.   Zerschlagenheitsschmerz über den Hüften, in den Lenden, welcher sich unter dem Nabel hinzieht, beim Vorbeugen am meisten bemerkbar, doch auch bei Berührung schmerzhaft ist *10-476.   Stumpfer Stich im li Schoße, beim Aufdrücken heftiger, beim Ein- und Ausatmen aber vergehend *5-479.   Drückender Schmerz am li Hoden, beim Gehen, so wie nach jeder Reibung; Bei Berührung wird er heftiger *8HA-520.   Unterhalb der Hüfte, von der Leistengegend eineinhalb Zoll vorwärts nach dem Bauche zu, in beiden Seiten — bei starkem Druck mit der Hand eine gelinde, wie spannende, fast brennende Empfindung. Lehnt sie sich mit diesen Stellen des Bauches eine Zeit lang an den Tisch, so fühlt sie zwar nichts, während sie dies tut, aber nachher eine Art Klamm eine Minute lang, der allmählig vergeht *32.   Das Epigastrium ist bei Berührung schmerzhaft *40.   Drücken, Spannen und Kneipen in der Herzgrube, welche beim Druck sehr empfindlich war *41.   Vor 25 Jahren Hodenatrophie nach Parotitis. Seit jener Zeit leidet er an einem drückenden Schmerz in dem Hoden mehr äußerlich, welcher auch sehr empfindlich gegen Berührung ist. Durch diese wird der Schmerz heftiger und verbreitet sich längs des Samenstrangs bis in den Leib, er wird scharf und stechend nach der geringsten Reibung. Zuweilen ist die Empfindlichkeit so groß, daß er nicht schlafen kann, ohne die Knie auseinanderzuhalten *60.   Vor den Menses noch etwas Schmerz, reißend, stechend, hat seinen Sitz besonders in der Gegend des re Ovarium. Empfindlichkeit bei Druck und etwas Anschwellung *82.   Hüftleiden, Druck auf die Hüftgegend etwas empfindlich *87.   Wehtun an der Außenseite des li Testikels beim Gehen, schlechter durch Berührung *LT.   Schmerz um die Gürtellinie, kann einen Gürtel deshalb nicht vertragen, Druck mit der Hand verstärkt den Schmerz jedoch nicht *c.   Druckgefühl im Magen beim darauf Drücken *h.

13   **Empfindlichkeit der weiblichen Genitalien gegen Druck beim Sitzen und bei Untersuchung, Folgen des ersten Coitus bei Frauen:**
Schmerzhafte Empfindlichkeit der weiblichen Geschlechtsteile; wenn sie sitzt, tut es ihr da weh *1A-159.   Nicht die Lebergegend, sondern die Gegend des re Eierstockes ist empfindlich auf Druck *95.   Bei der Untersuchung ist die Gegend vom Uterus nach dem re Eierstock ganz besonders empfindlich *105.   Der Katheterismus war wegen hochgradiger Empfindlichkeit unmöglich. Die rektale Untersuchung zeigte eine stark vergrößerte Prostata *131. Hysterische Krämpfe. Uterus sehr empfindlich, eine leichte Berührung verursacht sofort die Krämpfe *134.   Schmerzhafte Empfindlichkeit der weiblichen Geschlechtsorgane, Vulva so empfindlich, daß sie kaum eine Binde tragen kann *AF.   Schmerzhafte Empfindlichkeit der weiblichen Geschlechtsorgane. Scharfe, schießende Schmerzen im geschwollenen Ovar, das bei Druck sehr empfindlich ist. Pruritus genitalis bei frisch Verheirateten, mit häufigem Urindrang *LT.   Frauen leiden nicht nur körperlich, sondern auch geistig nach dem ersten Coitus. Die Genitalien waren immer empfindlich, besonders im Sitzen *FA.   Die weiblichen Genitalien jucken, haben stechende Schmerzen und sind berührungsempfindlich, so daß der Verkehr schmerzhaft ist und gefürchtet wird *NM.   Akute Prostatitis, die Prostata ist sehr empfindlich und reizbar. Im Sitzen Gefühl, als säße er auf einer Kugel. Chronische Prostatitis; Der Patient ist emp-

findlich über der Blase *BF.

14   **Glaubt, den Leib festhalten zu müssen, weil er herabfallen will:**
Ekel, Übelkeit und Erbrechen und ein ständiges hohles Gefühl im Magen, wegen dem er jetzt eine
Magenbinde trägt *150.   Im Bauche Schwächegefühl, als solle derselbe abfallen, möchte ihn
hochheben *LT.   Der Bauchinhalt will unten raus, muß den Leib festhalten *e.

15   **Hautjucken, das nach Reiben zunimmt oder schmerzhaft wird:** Scrotum, Eichel,
Vulva, untere Rippen, Bauchhaut, Anus:
Wohllüstiges Jucken um den Hodensack, welches beim Reiben immer zunimmt, oberflächlich zu
Wundschmerze wird, während tiefer noch das Jucken fortbesteht und endlich einen Samener-
guß bewirkt *1-155.   Feuchtender weicher Auswuchs in der Rinne, hinter der Eichel-
krone und ein ähnlicher an der Krone selbst, welche beide vom Reiben des Hemdes jucken *1-158.
Hinten, innerhalb der großen, re Schamlefze, eine Blase, welche für sich ein Beißen, beim Berühren
aber Wundheitsschmerz verursacht *1-163.   An den unteren Rippen, ein flechtenartiger
Ausschlag, aus kleinen, dichten, roten Blütchen zusammengesetzt, mit brennend juckendem Feinstechen, wie von Brennesseln; nach Reiben schmerzt die Stelle; dabei ein Frostüberlaufen in dieser
Gegend und über den Oberbauch *1-191.   Ausschlag erbsengroßer Knoten am ganzen Leibe
und den Oberschenkeln, welche jucken und, beim Kratzen aufgerieben, nässen, dann aber einen
brennenden Schmerz verursachen *1A-226.   Kleine Nervengeschwülstchen oder Polypen
von der Größe eines Weizenkornes bilden sich, eine bloße Berührung macht den Patienten halb
wahnsinnig, er leidet dann tage- und nächtelang; ein kleines, warzenähnliches Gebilde an den Genitalien oder am Anus *KM.

16   **Drücken und Reiben macht das Jucken im Scrotum erträglich:**
Ein Jucken im Innern des Hodensacks, was bloß durch Drücken und Reiben zwischen den Fingern
sich etwas tilgen läßt *1-154.   Hodenneuralgie; Das Scrotum zieht sich an der leidenden Seite oft zusammen und juckt, und er muß es oft kratzen und zwischen dem Daumen und den Fingern reiben *60.

17   **Folgen von Operationen oder Sphinkterdehnungen:**
Der Operateur versuchte, zwei Finger in die Urethra zu bringen und hatte schließlich den Fremdkörper entfernen können. Danach im Bett mußten sechs Schwestern die Frau festhalten, so intensiv waren die Schmerzen *146.   Konnte nicht gehen wegen Schmerzen in der Narbe der vor
einer Woche ausgeführten bilateralen Herniotomie *154.   Nach Becken- oder Bauchoperationen: wenn die für das Mittel charakteristischen schneidenden Schmerzen den Patienten am Essen
und Trinken hindern *AB.   Nach Bauchoperationen, wenn der Patient über scharfe, beißende Schmerzen klagt *MA.

18   **Sofort nach jedem Essen und Trinken:** Schneiden in den Gedärmen, Poltern im Unterleib, Spannung im Magen, Tenesmus:
In den Gedärmen, Schneiden, vorzüglich nach jedem Essen und Trinken, und dabei so übel, daß ihr
das Wasser im Munde zusammen lief und zugleich große Mattigkeit *1-123.   Nach dem Mittagessen, ein Poltern im Unterleibe, hörbar wie entstehende und zerplatzende Blasen *10-469.
Manchmal Druckgefühl mit Spannung in der Magengrube, gewöhnlich schlechter nach dem Essen,
besonders von Brot. Häufig Übelkeit. Zuckender Kopfschmerz während des Magendrückens *19.
Drücken, Spannen und Kneipen in der Herzgrube, welche beim Druck sehr empfindlich war, die
Schmerzen wurden durch den geringsten Genuß gesteigert, resp. hervorgerufen *41.   Klagt
über Appetitlosigkeit, Schmerzen in der Magengegend unmittelbar nach der Nahrungsaufnahme
mit Übelkeit und Brechneigung, ferner über ein gewisses Völlegefühl im Magen *151.   Drükken im Magen mit Spannen, und erhöht oder erneuert durch Essen und besonders von Brotgenuß

*JS.   Krampfhaftes Schneiden im Bauch nach Essen und Trinken *LM.   Diarrhoe,
wenn der Schmerz nach Essen und Trinken wiederkam *JCS.   Krampfhafte, schneidende
Bauchschmerzen mit Stuhl- und Urindrang und Übelkeit, besser durch Zusammenkrümmen,
schlechter nach Essen und Trinken. Nach dem geringsten Essen oder Trinken kneipende Schmerzen und Ruhrstühle. Nach Becken- oder Bauchoperationen: wenn die für das Mittel charakteristischen schneidenden Schmerzen den Patienten am Essen und Trinken hindern *AB.   Tenesmus in Rectum und Blase während des Stuhlganges, schlechter nach Essen und Trinken kalten
Wassers *LT.   Es drückt mir beim Essen den Magen ab, als wenn mir der Magen verschlossen würde *I.

19   Brot wird nicht vertragen und verursacht Magenschmerzen:
Manchmal Druckgefühl mit Spannung in der Magengrube, gewöhnlich schlechter nach dem Essen,
besonders von Brot *19.   Drücken im Magen mit Spannen, und erhöht oder erneuert durch
Essen und besonders von Brotgenuß *JS.

20   Andere Nahrungsmittel: Fleisch, Eier, Kaffee, Tabakrauch, kaltes Wasser, Hefekranz:
Kann Fleisch und Eier nicht essen, sie verursachen Frösteln, Schmerz in der Magengrube, Kopfschmerzen mit Tränenfluß, Erweiterung der Stirnadern, Gliederschmerzen und Herzklopfen *77.
Alte Gastralgie, entweder durch Kaffee oder durch Schlucken des Tabakrauches verursacht *TM.
Tenesmus in Rectum und Blase während des Stuhlganges, schlechter nach Essen und Trinken kalten Wassers *LT.   Sodbrennen vom Magen aus die Speiseröhre hinauf, nach Genuß von Hefekranz, es drückt mir beim Essen den Magen ab, als wenn mir der Magen verschlossen würde *I.

21   Essen bessert: Herunterhängen des Magens, Druck im Magen:
Ungeheurer Heißhunger, auch wenn der Magen voll Speisen war, und wenn er dann wieder aß, so
schmeckte es dennoch *1-106.   Wenige Stunden nach einer sehr reichlichen, nahrhaften
Mahlzeit bekommt er ein heftiges Hungergefühl, mit Wasserzusammenlaufen im Munde *12-460.
Schweregefühl im Magen, als hinge der Magen herunter, besser durch Essen. Eine Stunde nach Es-
sen Magenschmerzen *c.   Zwei Stunden nach Essen Druck auf dem Magen *g.

22   Folge von Frustration oder Ärger: Schwere im Hypogastrium, Druck auf dem Magen,
Ovarschmerzen, Magenschmerzen, Kolik:
Als Folge eines heftigen Verdrusses, der ausgehalten werden mußte: Täglich zwischen 5 und 6 Uhr
morgens Schmerz mit Schweregefühl im Hypogastrium, gefolgt von einem heftigen, zunächst vergeblichen Stuhldrange. Gefühl eines harten Klumpens (corps dur) im Bauch *17.   Beschwer-
den in Folge eines großen Ärgers. Der Hufschmied schlug ihm, gegen alles Erwarten, eine Bitte ab.
X kehrte nach Hause zurück und verschloß seinen Ärger darüber in sich. Es dauerte indeß keine
Stunde als er am ganzen Körper zu zittern anfing, und eine arge Brustbeklemmung stellte sich ein.
Er empfand einen Druck auf den Magen, als läge eine schwere Last auf demselben und fühlte ein
peinliches Spannen in der Magengegend. Diese Symptome wurden von Übelsein und salzig-bitterem
Aufstoßen begleitet *85.   Gequält von Schmerzen im Bereich des li Ovars. Häufiges, spärliches Wasserlassen. Glaubt, daß ihr das Radfahren über ein paar Meilen, von dem sie gerade zurückkommt, geschadet hat. Auf dem Weg trieben Fleischerjungen arme müde Kühe in die Stadt und waren unnötig grausam zu den Tieren, darüber hat sie sich so aufgeregt, daß sie innerlich kochte
*113.   Nach Zorn und Entrüstung, die sie unterdrücken und in sich verbergen mußte, be-
kam sie heftige Verdauungsstörungen mit Schmerzen *136.   Neuralgien; Schmerz im re Unterbauch bis zum Knie, besser durch Anziehen des Beines und gefolgt von großem, dunklem, erdigem Stuhl, schlechter durch die leiseste Erschütterung, durch Ärger *140.   Tabes mit gastrischen Krisen. Sitzt mit angezogenen Knien im Bett und knirscht mit den Zähnen vor Schmerzen.
Er ärgerte sich über die Schwester, dadurch wurde der Anfall ausgelöst *142.   Akute Magenbeschwerden. Er nehme an, daß Ärger mit hereinspiele. Er habe seinen Söhnen das Geschäft über-

geben und diese machten nur das, was sie wollten. Seine Erfahrung, sein Rat, würden in den Wind geschlagen; er werde nur angeschrien und das lege sich bei ihm wohl auf den Magen. Er müsse alles runterschlucken. Die Beschwerden sind unabhängig vom Essen *167.   Bei Kindern, wenn Kolik auf Ärger folgt *FK.   Bauchweh der Kinder nach einem Zornanfall oder schlechter Laune der Amme *LT.   Aufregung verursacht Magenschmerz *c.   Aufregung verursacht Magenschmerzen *e.   Aufregung macht Magendrücken und -stechen und sauer Aufstoßen *g.

23 **Kälte verschlechtert:** Stechen im Unterleib, Schießen von der Niere zur Leiste, Magenschmerzen:
Bloß anfangs beim Gehen im Freien, ein anhaltend stichartiger Schmerz im Unterleibe, unter den re Rippen *1-121.   Nierenkolik; Dauernder schießender Schmerz in der Umgebung der li Niere, schlechter durch Kälte, durch Liegen in einem kalten Bett, besser durch Hitze oder beim Warmwerden im Bett. Stechen zur li Leiste und zum Hoden hin, auf jeden schießenden Stich folgt so starkes Jucken, daß er kratzen muß *102.   Haßt den Winter, weil sie seit 20 Jahren beim Gehen im kalten Wind Magenschmerzen bekommt *136.

24 **Vor Stuhlgang:** Leibschneiden, Wühlen im Ober- und Unterbauch, Schwere im Hypogastrium, Schmerz im rechten Unterbauch bis zum Knie:
Früh, Leibschneiden vor dem Stuhlgang *1-125.   Früh, nach Leibschneiden und Übelkeit, erfolgt Durchfall; der letzte Stuhl ist bloßer Schleim *1-126.   Leibschneiden, durchfälliger Stuhl und der letzte, schleimig *1-127.   Schneiden und Herumwühlen im Ober- und Unterbauche, mit Stuhldrang, worauf dünner Stuhl, aber wenig abgeht; ist er abgegangen, so erfolgt, unter vermehrtem Leibschneiden, neuer Stuhldrang, doch, ungeachtet aller Anstrengung, ohne Ausleerung – eine Art von Stuhlzwang, der sich, so wie die Leibschmerzen, erst dann verliert, nachdem er vom Stuhle aufgestanden ist *4-492.   Schneiden im Bauche, mit heftigem Stuhldrange, worauf ganz flüssiger, aber wenig Kot abgeht, unter innerlichem Fröstelin im Kopfe; gleich nach dem Abgange folgt eine Art Stuhlzwang *4-493.   Täglich zwischen 5 und 6 Uhr morgens Schmerz mit Schweregefühl im Hypogastrium, gefolgt von einem heftigen, zunächst vergeblichen Stuhldrange. Gefühl eines harten Klumpens (corps dur) im Bauch. Erst nach zwei Stunden produziert er zähe Schleimstühle mit weißer, pastöser, manchmal blutiger Beimengung *17.   Neuralgien; Schmerz im re Unterbauch bis zum Knie, besser durch Anziehen des Beines und gefolgt von großem, dunklem, erdigem Stuhl *140.   Ruhrstühle mit Drücken und Schneiden im Bauch vor, während und nach dem Stuhlgange *LM.   Schneidende Schmerzen vor und nach Stuhlgang *LT.

25 **Beim Stuhlgang:** Schmerz im Anus oder Rectum:
Er ward oft zum Stuhle genötigt, ohne Leibweh; es ging jedesmal sehr wenig und sehr Hartes fort, mit einem Schmerze im After, als wenn er zerspringen sollte *1-132.   Harter, weniger Stuhl, mit brennend schneidendem Schmerze im After *7-494.   Geringer, harter, dünn geformter Stuhl, welcher unter drückendem Schmerze im After abgeht *7-495.   Schwieriger Stuhl; erst ging harter Kot ab; diesem folgte weicher, welcher ihn aber, gleich als wäre der Mastdarm zusammengeschnürt, sehr quälte und drängte; es wollte fort, und konnte nicht; drauf noch Stuhlzwang *13-497.   Weicher, doch schwierig abgehender Stuhlgang, wegen Zusammenschnürung des Afters, wie bei Haemorrhoiden *3-499.   Sofort nach Stuhlabgang heftiges Brennen am Anus, häufig mit Stechen im Rectum, Tenesmus und vergeblichem Stuhldrang verbunden *17. Es hatten sich ganz in der Nähe des Afters große Feuchtwarzen gebildet, an denen verdächtig aussehende eiternde Flächen stoßen. Die brennenden, zuckenden und stechenden Schmerzen, welche sich bei der Stuhlausleerung bis auf's fürchterlichste erhöhten, ließen den Kranken nirgends Ruhe und Schlaf finden *28.   Ruhrstühle mit Drücken und Schneiden im Bauch vor, während und nach dem Stuhlgange *LM.   Tenesmus in Rectum und Blase während des Stuhlganges *LT.

26   **Nach Stuhlgang:** Stuhlzwang, vergeblicher Stuhldrang, Schmerz im Rectum:
Nach vollendetem Stuhlgange, noch ein gleiches, aber vergebliches Nottun, ohne Stuhlgang im
Mastdarme *1-133.   Nach hartem Stuhlgange, wie ein Quetschungsschmerz tief im Mastdarme, 3 Viertelstunden lang *1-134.   Lange nach dem Stuhlgange, ein schründender Wundheitsschmerz im Mastdarme *1A-135.   Schneiden und Herumwühlen im Ober- und Unterbauche, mit Stuhldrang, worauf dünner Stuhl, aber wenig abgeht; ist er abgegangen, so erfolgt, unter vermehrtem Leibschneiden, neuer Stuhldrang, doch, ungeachtet aller Anstrengung, ohne Ausleerung — eine Art von Stuhlzwang, der sich, so wie die Leibschmerzen, erst dann verliert, nachdem er vom Stuhle aufgestanden ist *4-492.   Schneiden im Bauche, mit heftigem Stuhldrange, worauf ganz flüssiger, aber wenig Kot abgeht, unter innerlichem Frösteln im Kopfe; gleich
nach dem Abgange folgt eine Art Stuhlzwang *4-493.   Schwieriger Stuhl; erst ging harter Kot ab; diesem folgte weicher, welcher ihn aber, gleich als wäre der Mastdarm zusammengeschnürt, sehr quälte und drängte; es wollte fort, und konnte nicht; drauf noch Stuhlzwang *13-
497.   Als Folge eines heftigen Verdrusses, der ausgehalten werden mußte: Täglich zwischen
5 und 6 Uhr morgens Schmerz mit Schweregefühl im Hypogastrium, gefolgt von einem heftigen,
zunächst vergeblichen Stuhldrange. Sofort nach Stuhlabgang heftiges Brennen am Anus, häufig mit
Stechen im Rectum, Tenesmus und vergeblichem Stuhldrang verbunden *17.   Mangel an
Stuhldrang und nach dem Stuhl Gefühl unvollständiger Entleerung *100.

27   **Wenn man nicht uriniert:** Brennen der Harnröhre, Beißen der Vulva, Krampf im Penis:
Ein beißendes und brennendes Kriebeln an der Harnröhrenmündung, außer dem Harnen *1-143.
Bloß außer dem Harnen, im Sitzen, ein Brennen tief hinten in der Harnröhre *1-144.   Ein
Beißen an den weiblichen Schamteilen, auch außer dem Harnen *1-162.   Jucken im After
beim Sitzen, außer dem Stuhlgange *5HA-501.   Eine Art Brennen in der Mitte der Harnröhre, außer dem Harnen *10-513.   Neigung zu häufigem Urinieren, mit einem Gefühl von
Hitze oder Brennen in der Harnröhre, mehr in dem mittleren und hinteren Teil, und zwar gerade
beim Nicht-Urinieren; stärker auch im Sitzen *84.   Litt an häufigem Harndrang, mit heftigem Brennen an der Spitze des Penis. Es bestand ein chordaähnlicher Krampf im Glied, besonders
nachts, nur durch Harnabgang gebessert *131.   Brennen in der Harnröhre, wenn man nicht
uriniert *AF.

28   **Beim Urinieren:** Brennen in der Harnröhre, Erektionen, Stuhldrang:
Bei jedem Urinieren, ein Brennen in der ganzen Harnröhre, viele Tage lang *1HA-145.   Der
Harn geht in der Nacht mit Steifigkeit der Rute und zuletzt nur tropfenweise ab, mit Brennen am
Blasenhalse, und es trieb zugleich vergeblich auf den Stuhl; das Krummliegen erleichterte es *13-
512.   Der Urin wird fast nur tropfenweise und unter großem Wehklagen, obwohl nicht zu
oft gelassen *7.   Sehr schmerzhaftes Harnen *JS.   Während und nach der Miktion
Brennen in der Harnröhre *LM.   Akute Prostatitis; wenn Urin abgeht, brennt er in der ganzen Länge der Harnröhre *BF.

29   **Nach Urinieren:** Schneiden im Unterleib, Verrenkungsschmerz in der Blase, Harndrang:
Krampfhaftes Schneiden im Unterleibe, mit Zittern der Knie; am Tage, bei der mindesten Bewe-
gung, vorzüglich stark nach dem Harnen *1-124.   Beim Harnen schneidet's und nach dem
Harnen wird's noch schlimmer *1-142.   Gleich nach dem Harnen, ein Verrenkungsschmerz
oberhalb der Harnröhre, hinter dem Schambeine *11-511.   Während und nach der Miktion
Brennen in der Harnröhre, nach der Miktion Drang, als wäre die Blase noch nicht leer *LM.

30   **Samenabgang bessert:** Hodenneuralgie, Völle im Samenstrang:
Vor 25 Jahren Hodenatrophie nach Parotitis. Seit jener Zeit leidet er an einem drückenden
Schmerz in dem Hoden mehr äußerlich, welcher auch sehr empfindlich gegen Berührung ist. Durch
diese wird der Schmerz heftiger und verbreitet sich längs des Samenstrangs bis in den Leib, er wird

scharf und stechend nach der geringsten Reibung. Selbst Gehen auf gefrorenem Boden verursacht oft eine unangenehme Empfindlichkeit. Wenn er sich, was öfters geschah, an dem Testikel stieß, so verschlimmerte sich jedesmal das Gefühl im Kopfe. Der geschlechtliche Umgang erleichtert ihm seine Beschwerden *60.   Samenergüsse; Vor den Abgängen ist der Samenstrang voll und knotig. Nach dem Abgang weniger Völle und keine Knoten im Samenstrang. Schießende Schmerzen durch den re Hoden und den re Samenstrang hinauf *64.

31   **Zwischen den Menses, vor den Menses:** Uteruskontraktionen, Ovarschmerzen:
Menses unregelmäßig. Das Blut war zuerst blaß, wurde aber nach dem ersten Tage dunkel und klumpig und dazwischen stellten sich krampfhafte Contractionen des Uterus ein *62.   Vor den Menses noch etwas Schmerz, reißend, stechend, hat seinen Sitz besonders in der Gegend des re Ovarium. Empfindlichkeit bei Druck und etwas Anschwellung *82.

BAUCHSCHMERZEN   Begleitsymptome

1   **Psyche:**
Beschwerden in Folge eines großen Ärgers. Er empfand einen Druck auf den Magen, als läge eine schwere Last auf demselben und fühlte ein peinliches Spannen in der Magengegend. Gegen 2 Uhr des Morgens hatten die Schmerzen des Kranken ihren Höhepunkt erreicht; er rief auf seinem Schmerzenslager den Tod um Erlösung an *85.   Tabes mit gastrischen Krisen. Sitzt mit angezogenen Knien im Bett und knirscht mit den Zähnen vor Schmerz. Er ärgerte sich über die Schwester, dadurch wurde der Anfall ausgelöst *142.   Der Operateur versuchte, zwei Finger in die Urethra zu bringen und hatte schließlich den Fremdkörper entfernen können. Danach im Bett mußten sechs Schwestern die Frau festhalten, so intensiv waren die Schmerzen *146. Frauen leiden nicht nur körperlich, sondern auch geistig nach dem ersten Coitus *FA.

2   **Schwäche:**
In den Gedärmen, Schneiden, vorzüglich nach jedem Essen und Trinken, und dabei so übel, daß ihr das Wasser im Munde zusammen lief und zugleich große Mattigkeit; nach dem Schneiden bekommt sie eine große Hitze im Gesichte *1-123.   Krampfhaftes Schneiden im Unterleibe, mit Zittern der Knie; am Tage, bei der mindesten Bewegung, vorzüglich stark nach dem Harnen; Abends, Schneiden auch ohne Bewegung, welches vom Zusammenkrümmen besser ward *1-124.   Äusserst heftiger Schmerz im re Bein bis in die Genitalien, besonders bis in die Hoden, gefolgt von großer Schwäche *61.   Beschwerden in Folge eines großen Ärgers, verschloß seinen Ärger in sich. Es dauerte indeß keine Stunde als er am ganzen Körper zu zittern anfing, und eine arge Brustbeklemmung mit Atemnot stellte sich ein. Er empfand einen Druck auf den Magen, als läge eine schwere Last auf demselben und fühlte ein peinliches Spannen in der Magengegend *85.   Bei öfteren ruhrartigen meist gelbschleimigen Stühlen mit viel Tenesmus und erhöhtem Leibschneiden, bei großem Zerschlagenheitsschmerz des ganzen Körpers und allgemeiner Abspannung *HT. Uterusprolaps mit Gefühl von Herausfallen im Bauch, Wehtun um die Hüften und Schwäche der Beine *AP.

3   **Frost, Hitze, Schweiß:**
Ein Ziehen in den Seiten des Unterleibs herab, als sollte das Monatliche erscheinen *1-115. — Gegen Mitternacht, Schweiß von Fauleiergestanke *1–4Tge–115,268.   In den Gedärmen, Schneiden, vorzüglich nach jedem Essen und Trinken, und dabei so übel, daß ihr das Wasser im Munde zusammenlief und zugleich große Mattigkeit; nach dem Schneiden bekommt sie eine gros-

se Hitze im Gesichte und das Blut tritt ihr nach dem Kopfe, auch die Adern treten an den Händen auf *1-123.   An den unteren Rippen, ein flechtenartiger Ausschlag, aus kleinen, dichten, roten Blütchen zusammengesetzt, mit brennend juckendem Feinstechen, wie von Brennesseln; nach Reiben schmerzt die Stelle; dabei ein Frostüberlaufen in dieser Gegend und über den Oberbauch *1-191.   Schneiden im Bauche, mit heftigem Stuhldrange, worauf ganz flüssiger, aber wenig Kot abgeht, unter innerlichem Frösteln im Kopfe; gleich nach dem Abgange folgt eine Art Stuhlzwang *4-493.   Kann Fleisch und Eier nicht essen, sie verursachen Frösteln, Schmerz in der Magengrube, Kopfschmerz mit Tränenfluß, Erweiterung der Stirnadern, Gliederschmerzen und Herzklopfen *77.

4   Kopfschmerzen:
Kneipen in den Gedärmen mit Blähungsabgang. – Unter dem li oberen Augenlide, Schmerz, als wenn ein harter Körper darunter läge *5–13Std–484,356.   Heftiger, umher windend kneipender Schmerz im ganzen Unterleibe, bald hie, bald da. – Nach innen zu brennend drückender Schmerz am li Scheitelbeine, dicht über dem Ohre *6–150Min–485,335.   Schneiden im Bauche, mit heftigem Stuhldrange, worauf ganz flüssiger, aber wenig Kot abgeht, unter innerlichem Frösteln im Kopfe; gleich nach dem Abgange folgt eine Art Stuhlzwang *4-493.   Manchmal Druckgefühl mit Spannung in der Magengrube, gewöhnlich schlechter nach dem Essen, besonders von Brot. Häufig Übelkeit. Zuckender Kopfschmerz während des Magendrückens, auch ohne dasselbe *19.   Kann Fleisch und Eier nicht essen, sie verursachen Frösteln, Schmerz in der Magengrube, Kopfschmerz mit Tränenfluß, Erweiterung der Stirnadern, Gliederschmerzen und Herzklopfen *77.

5   Kreuschmerzen:
Früh, im Bette, Schmerz im Kreuze, als wenn alles zerbrochen wäre; beim Aufstehn aus dem Bette konnte sie nichts von der Erde aufheben, bis 8, 9 Uhr; dann erfolgte Hunger, dann mit Leibschneiden, Durchfall, welcher zuletzt schleimig war *1A-199.

6   Gliederschmerzen:
Früh, nach dem Erwachen, im Bette, ein Drücken im Magen, wie von einer Last, durch keine Veränderung der Lage zu bessern. – Klamm vorzüglich in dem oberen und unteren Teil der Wade, beim Erwachen aus dem Schlafe, welcher weder durch Ausstrecken, noch durch Biegen des Schenkels zu mildern ist, durch Richtung der Gedanken aber auf diesen Schmerz, wenn er schon sich vermindert hat, sich gleich wieder vermehrt und empfindlicher wird *1–6Std–109,221.   Drückender Schmerz am li Hoden, beim Gehen, so wie nach jeder Reibung; Bei Berührung wird er heftiger. – Schmerz, wie von Verrenkung in der Mitte des li Oberschenkels, vorzüglich beim Gehen *8–8Std–520,610.   Kann Fleisch und Eier nicht essen, sie verursachen Frösteln, Schmerz in der Magengrube, Kopfschmerz mit Tränenfluß, Erweiterung der Stirnadern, Gliederschmerzen und Herzklopfen *77.

7   Herzklopfen, Atemnot:
Kann Fleisch und Eier nicht essen, sie verursachen Frösteln, Schmerz in der Magengrube, Kopfschmerz mit Tränenfluß, Erweiterung der Stirnadern, Gliederschmerzen und Herzklopfen *77. Er verschloß seinen Ärger in sich. Es dauerte indeß keine Stunde als er am ganzen Körper zu zittern anfing, und eine arge Brustbeklemmung mit Atemnot stellte sich ein, so daß X zu ersticken glaubte. Er empfand einen Druck auf den Magen, als läge eine schwere Last auf demselben und fühlte ein peinliches Spannen in der Magengegend *85.

8   Übelkeit, Aufstoßen, Wasserzusammenlaufen im Munde:
Ein spannend schmerzhaftes Drücken im Unterleibe, als wenn er zu viel gegessen hätte und sich dann auf den Leib drückte, mit Übelkeit und Zusammenlaufen des Speichels im Munde *1-113.

In den Gedärmen, Schneiden, vorzüglich nach jedem Essen und Trinken, und dabei so übel, daß ihr das Wasser im Munde zusammen lief und zugleich große Mattigkeit *1-123.   Früh, nach Leibschneiden und Übelkeit, erfolgt Durchfall, der letzte Stuhl ist bloßer Schleim *1-126. Manchmal Druckgefühl mit Spannung in der Magengrube, gewöhnlich schlechter nach dem Essen, besonders von Brot. Häufig Übelkeit *19.   Beschwerden in Folge eines großen Ärgers. Er empfand einen Druck auf den Magen, als läge eine schwere Last auf demselben und fühlte ein peinliches Spannen in der Magengegend. Diese Symptome wurden von Übelsein und salzig-bitterm Aufstoßen begleitet *85.   Am Epigastrium hatte er das Gefühl, als befände sich dort ein Gewicht. Dabei Erbrechen. Der Schmerz in der Leistengegend unverändert *87.   Anhaltender Druck in der Magengegend mit vermindertem Appetit *91.   Ekel, Übelkeit und Erbrechen und ein ständiges hohles Gefühl im Magen, wegen dem er jetzt eine Magenbinde trägt *150. Klagt über Appetitlosigkeit, Schmerzen in der Magengegend unmittelbar nach der Nahrungsaufnahme mit Übelkeit und Brechneigung, ferner über ein gewisses Völlegefühl im Magen. „Ich muß gähnen, wenn ich die Beschwerden habe und wenn ich viel und heftig gähne, bessern sich diese Beschwerden *151.   Krampfhafte, schneidende Bauchschmerzen mit Stuhl- und Urindrang und Übelkeit, besser durch Zusammenkrümmen, schlechter nach Essen und Trinken *AB. Schmerzen im re Oberbauch, Übelkeit und Ekel *b.   Aufregung macht Magendrücken und -stechen und sauer Aufstoßen *g.

BAUCHSCHMERZEN   Syndrome

1   Der Magen hängt schlaff herunter, eine Art Hungergefühl:
Scheinhungerempfindung im Magen, als hinge er schlaff herunter und doch kein Appetit *1-105. Gefühl, als ob der Magen schlaff herunterhinge *GG.   Schweregefühl im Magen, als hinge der Magen herunter, besser durch Essen *c.   Schwächegefühl im Magen, eine Art Hungergefühl *e.

2   Morgens im Bett schwerer Druck im Oberbauch, wie von einer Last, der die Atmung behindert:
Früh, nach dem Erwachen, im Bette, ein Drücken im Magen, wie von einer Last, durch keine Veränderung der Lage zu bessern *1-109.   Früh nüchtern (im Bette), ein beängstigendes und Atem beengendes Spannen quer durch den Oberbauch, in den Hypochondern *1-110.   Eine arge Brustbeklemmung mit Atemnot stellte sich ein. Er empfand einen Druck auf den Magen, als läge eine schwere Last auf demselben und fühlte ein peinliches Spannen in der Magengegend. Gegen 2 Uhr des Morgens hatten die Schmerzen des Kranken ihren Höhepunkt erreicht *85.

3   Das geringste Essen oder Trinken, besonders aber Brot, verursacht drückende, spannende Magenschmerzen:
Manchmal Druckgefühl mit Spannung in der Magengrube, gewöhnlich schlechter nach dem Essen, besonders von Brot *19.   Drücken, Spannen und Kneipen in der Herzgrube, welche beim Druck sehr empfindlich war, die Schmerzen wurden durch den geringsten Genuß hervorgerufen *41.   Drücken im Magen mit Spannen, und erhöht oder erneuert durch Essen und besonders von Brotgenuß *JS.

4   Nach dem Essen Völlegefühl im Magen mit Übelkeit, das durch häufiges Gähnen gebessert wird:
Klagt über Appetitlosigkeit, Schmerzen in der Magengegend unmittelbar nach der Nahrungsauf-

nahme mit Übelkeit und Brechneigung, ferner über ein gewisses Völlegefühl im Magen. „Ich muß gähnen, wenn ich die Beschwerden habe und wenn ich viel und heftig gähne, bessern sich diese Beschwerden" *151.

5   Vorwärtsbeugen im Sitzen oder Liegen bessert schneidende oder kneifende Bauchschmerzen:
Krampfhaftes Schneiden im Unterleibe, welches von Zusammenkrümmen besser ward *1-124. In der Herzgrube, ein kneipend beklemmender Schmerz, welcher nur im Sitzen, beim Vorbeugen des Körpers sich wieder verlor *6-462.   Drücken, Spannen und Kneipen in der Herzgrube, die Schmerzen wurden besonders durch Gradeliegen im Bett gesteigert. Patient konnte nur durch Vornüberbiegen die heftigen Schmerzen lindern, sobald er nur versuchte, sich gerade zu richten, kehrten sie wieder oder wurden ganz unerträglich *41.   Krampfhafte, schneidende Bauchschmerzen, besser durch Zusammenkrümmen *AB.

6   Morgens Schneiden vor Durchfall, danach Stuhlzwang, solange er sitzen bleibt:
Früh, Leibschneiden vor dem Stuhlgange *1-125.   Früh, nach Leibschneiden und Übelkeit, erfolgt Durchfall; der letzte Stuhl ist bloßer Schleim *1-126.   Früh im Bette, Schmerz im Kreuze, bis 8, 9 Uhr, dann erfolgte Hunger, dann mit Leibschneiden Durchfall, welcher zuletzt schleimig war *1A-199.   Früh, Kneipen im Oberbauche, als wollte ein Durchfall entstehen und dennoch konnte er nicht zu Stuhle gehen *3-487.   Schneiden und Herumwühlen im Ober- und Unterbauche, mit Stuhldrang, worauf dünner Stuhl, aber wenig abgeht; ist er abgegangen, so erfolgt, unter vermehrtem Leibschneiden, neuer Stuhldrang, doch, ungeachtet aller Anstrengung, ohne Ausleerung — eine Art von Stuhlzwang, der sich, so wie die Leibschmerzen, erst dann verliert, nachdem er vom Stuhle aufgestanden ist *4-492.   Schneiden im Bauche, mit heftigem Stuhldrange, worauf ganz flüssiger, aber wenig Kot abgeht; gleich nach dem Abgange folgt eine Art Stuhlzwang *4-493.   Täglich zwischen 5 und 6 Uhr morgens Schmerz mit Schweregefühl im Hypogastrium, gefolgt von einem heftigen, zunächst vergeblichen Stuhldrange. Erst nach zwei Stunden produziert er zähe Schleimstühle. Nach Stuhlabgang häufig Tenesmus und vergeblicher Stuhldrang *17.

7   Krampfschmerz auf beiden Seiten des Unterbauches, nachdem man sich mit diesen Stellen an den Tisch gelehnt hat:
Unterhalb der Hüfte, von der Leistengegend eineinhalb Zoll vorwärts nach dem Bauche zu, in beiden Seiten — bei starkem Druck mit der Hand eine gelinde, wie spannende, fast brennende Empfindung. Lehnt sie sich mit diesen Stellen des Bauches eine Zeit lang an den Tisch, so fühlt sie zwar nichts, während sie dies tut, aber nachher eine Art Klamm eine Minute lang, der allmählig vergeht. Beim Liegen auf dem Rücken, wenn sie sich schnell umdreht und aufrichtet, entsteht daselbst ein Schmerz, ein Wadenklamm, von der heftigsten Art, der dann allmählig vergeht, doch bleibt noch längere Zeit ein dumpfer Schmerz zurück, besonders, wenn sie auf die Stelle drückt. Wenn sie aber bei der Rückenlage sich erst ganz sacht halb aufrichtet und dann behutsam umwendet, geht es ohne Schmerz ab *32.

8   Gefühl, als wolle der Unterbauch wegfallen, und als müsse man ihn festhalten:
Schwächegefühl im Bauche, als solle derselbe abfallen *JS.   Gefühl einer Schwäche im Bauche, als wollte Alles hinunterfallen *GG.   Im Bauche Schwächegefühl, als solle derselbe abfallen, möchte ihn hochheben *LT.   Der Bauchinhalt will unten raus, muß den Leib festhalten *e.

ALLGEMEINE SCHMERZEN   Orte

1   **Abwärts gerichtete Schmerzen:** Magen, Unterleib, Kreuz, Kopf, Gesicht, Nacken, Zähne, Samenstrang, Schulter, Rücken, Auge, Bein, Gesäß, Unterleib, Niere — Leiste und Hoden, Unterbauch — Knie, Niere — Blase:
Scheinhungerempfindung im Magen, als hinge er schlaff herunter *1-105.   Ein Ziehen in
den Seiten des Unterleibs herab, als sollte das Monatliche erscheinen *1-115.   Ein herabziehender Schmerz im Kreuze *1-200.   Es reißt und zerrt vom Kopfe herab durch die
Backen bis in die Zähne *12H-382.   Niederdrückende Empfindung im Nacken *3-402.
Schmerzhaftes Ziehen im Zahnfleische der Schneidezähne und des Eckzahns, und in den Wurzeln
derselben, rechter Seite, was sich bis in die Muskeln des Unterkiefers herabzieht *8-417.   Heftig, ziehend brennende Stiche aus dem Bauchringe rechter Seite, wie im Samenstrange, bis in die
re Hoden *7H-518.   Ein Herabdrücken der Achsel, als läge eine Last auf der Schulter *3-
559.   Ein flüchtiger Frostschauder den Rücken herab *12-698.   Beschrieb den
Schmerz als einen spannend reißenden, vom inneren Augenwinkel zur Wange hinwandernden *42.
Schmerzen, die von den Augen bis in die Zähne empfunden werden (besonders auf der einen oder
auf der anderen Seite) *44.   Die Schmerzen erstreckten sich von der Austrittsstelle des
Schenkelknochen an der innern Fläche des Oberschenkels herunter bis zum Knie und bis zur
großen Zehe *62.   Schießender Schmerz von der re Crista ilica den Oberschenkel und
die Gesäßbacke hinunter *68.   Gefühl, als ob der Leib wegfällt *95.   Dauernder schießender Schmerz in der Umgebung der li Niere, Stechen zur li Leiste und zum Hoden
hin *102.   Ischiasschmerzen, die zuweilen stichartig durch das ganze Bein schießen bis zum
Fuß *137.   Schmerz im re Unterbauch bis zum Knie *140.   Blitzartige Schmerzen
die Ischiasnerven abwärts *142.   Starke Schmerzen in der Nierengegend bis in die Blase
*158.   Schwächegefühl im Bauche, als sollte derselbe abfallen *JS.   Gefühl, als ob
der Magen schlaff herunterhinge. Gefühl einer Schwäche im Bauche, als wollte Alles hinunterfallen
*GG.   Gefühl, als hingen Magen und Bauch schlaff herunter *AF.   Im Bauche Schwä-
chegefühl, als solle derselbe abfallen, möchte ihn hochheben *LT.   Uterusprolaps mit Gefühl von Herausfallen im Bauch *AP.   Schweregefühl im Magen, als hinge der Magen herunter *c.   Der Bauchinhalt will unten raus, muß den Leib festhalten *e.   Vorn in der
Stirn, über der Nasenwurzel Gefühl, als ob etwas Schweres nach unten zieht, an einer kleinen Stelle *h.

2   **Aufwärts gerichtete Schmerzen:** Zahn — Auge, Gaumen — Gehirn, Rücken, Auge, Hinterkopf, Schulter, Bein — Hoden, Samenstrang, Eierstock — Brust:
Klopfender und drückender Schmerz im ganzen Gesichte, von den Zähnen bis in's Auge *1-
25.   Stechen im Gaumen, bis in's Gehirn *1-86.   Starke Stiche, den Rücken herauf *1-197.   Drücken über dem re Auge und Ziehen nach oben *3-311.   Flüchtige brennende Stiche im Hinterhaupte, die ersten Tage von der re zur li Seite, die folgenden,
von unten hinauf *2-324.   Drückender Stich in der re Schulter, von unten herauf *5-
557.   Der Schmerz bestand in einem heftigen Fressen, mit empfindlichem Ziehen bald
längs den Vorderzähnen, bald nach dem Auge hinauf *14.   Der li Backen ist geschwollen, die Geschwulst hart, welche sich bis zum Auge erstreckt, wohin der Schmerz ebenfalls zieht
*47.   Äußerst heftiger Schmerz im re Bein bis in die Genitalien, besonders bis in die
Hoden *61.   Schießende Schmerzen durch den re Hoden und den re Samenstrang hinauf *64.   Nicht die Lebergegend, sondern die Gegend des re Eierstocks empfindlich
auf Druck. Die Schmerzen strahlen aus in den Leib und die re Brust *95.   Schießende
Schmerzen gingen von den oberen Molaren beiderseits bis in die Ohren und Augenhöhlen, besonders re *125.   Drückender und pulsierender Schmerz vom kranken Zahn bis in's
Auge *LT.

3   **Von innen nach außen gerichtete Schmerzen:** Kopf, Stirn, Scheitel, Schläfe, Auge, Oberlippe, Schlund, Rippenknorpel, Oberkiefer:
Kopfweh beim Bewegen, als wenn alles Gehirn herausfallen sollte *1-8.   Beim Vorbücken, Schmerz im Kopfe, als wollte alles zur Stirne heraus *12-300.   Ein nach außen drückender und auseinanderpressender Kopfschmerz in der li Stirnhälfte *6-304.   Drückend auseinanderpressender Schwerheitsschmerz im Hinterhaupte *6-305.   Dumpfes, schmerzhaftes, zuweilen stechendes Drücken nach außen, erst in der ganzen Stirne, dann bloß im li Stirnhügel *7-316.   Bohrender Stich im Scheitel von innen heraus *5-321.   Drückend bohrender Stich in der ganzen li Stirnhälfte, von innen heraus *6-322.   Stumpfes Stechen in der re Schläfe, außen und innen, als wollte es den Knochen herauspressen *8HA-325.   Ein das Auge von innen herausdrückender Schmerz an der oberen Wand der re Augenhöhle, gleich hinter dem Auge *7-357.   Drückende, scharfe Stiche in der Oberlippe von innen nach außen *4-394. Scharfer Husten und Wasserzusammenlaufen im Munde — es ist, als würde dies Wasser mit Gewalt durch den Schlund getrieben *3-530.   Scharfe Stiche in der Gegend des vierten Rippenknorpels re und li Seite; sie dringen langsam von innen nach außen *8HA-544.   Reißen von einem hohlen Zahne im li Oberkiefer ausgehend, erstreckt sich dieser Schmerz durch die ganze li obere Zahnreihe, auf die li Wange, setzt sich im pes anserinus fest und erzeugt dort die heftigsten Schmerzen *15.   Schießende Schmerzen gingen von den oberen Molaren beiderseits bis in die Ohren und Augenhöhlen, besonders re *125.

4   **Von außen nach innen gerichtete Schmerzen:** Gehirn, Scheitel, Gehörgang, Wirbelsäule, Oberarm, Oberschenkel, Gliedmaßen, Gesäß:
Kopfweh, als wenn das Gehirn zusammengepreßt, von der Hirnschale abstehend und locker drin läge *1-8.   Einzelne große, stumpfe Stiche vom Schädel bis in's Gehirn hinein, unweit des Wirbels *1-16.   Nach innen zu brennend drückender Schmerz am li Scheitelbeine, dicht über dem Ohre *6-335.   Im re Ohrgange, ein einströmendes Kältegefühl, wie ein kühler Hauch *12-376.   Zuweilen leise Knalle in beiden Ohren, als stieße der Wind jähling hinein *3-379. Zwischen dem letzten Hals- und ersten Rückenwirbel, ein Schmerz, als stäche man mit einem Messer hinein *3-551.   Hartes Drücken am re Oberarme, nach innen *8-570.   Tief eindringender, stumpfer Stich in der Mitte des li Oberschenkels, nach der äußeren Seite zu *4-614. Tief eindringende, scharfe Stiche an verschiedenen Stellen der Gliedmaßen *4-661.   Gefühl, als ob jemand mit dem Messer hineinsticht oder als ob man eine Spritze bekommt im Gesäß *k.

5   **Von einer Seite zur anderen, von hinten nach vorn oder von vorn nach hinten gerichtete Schmerzen:** Oberbauch, Unterleib, Hinterkopf, Rippen, Handgelenk, Vorderkopf, Zwerchfell, Kopf, Damm, Brust:
Ein beängstigendes und Atem beengendes Spannen quer durch den Oberbauch, in den Hypochondern *1-110.   Ziehender Schmerz quer durch den Unterleib *1-114.   Flüchtige brennende Stiche im Hinterhaupte, von der rechten zur linken Seite *2-324.   Scharfe Stiche, welche sich am hintersten Teile der re Rippen anfangen und sich bis zu den Knorpeln hervorschlängeln *8-542.   In der Handwurzel querüber ziehendes Drücken *3-583. Reißende, bohrende Schmerzen teils im Auge selbst, insbesondere aber in dem li Augenbrauenbogen, in dem li Schlafbeine und der li Stirnseite, die sich in die übrigen Kopfteile verbreiten *12. Schmerz manchmal stechend in und durch das Zwerchfell und den unteren Teil der Brust *55. Der Schmerz geht vom Hinterkopf aus und zieht von da nach vorn *93.   Prostatitis; Der Schmerz geht vom Anus die Harnröhre entlang *CA.   Stechende Schmerzen durch die ganze Brust bis zum Rücken *KM.

6   **Schmerzen tief drin:** Ohr, Nase, Mastdarm, Harnröhre, Hals, Kopf, Oberschenkel, Gliedmaßen:
Stumpfe, aber tiefe Stiche im Inneren erst des li, dann des re Ohres *1-51.   Innerlich böse

Nase, mit Schorf tief innen *1-58.   Wie ein Quetschungsschmerz tief im Mastdarme *1-134.
Ein Brennen tief hinten in der Harnröhre *1-144.   Tief im re Ohre, ein dumpfer, schmerzlicher Stich *10-374.   Schmerzhaftes Ziehen vom Zungenbeine an, tief im Halse, bis unter
den Unterkiefer *8-431.   Innerliches Frösteln im Kopfe *4-493.   Tief eindringender,
stumpfer Stich in der Mitte des li Oberschenkels, nach der äußeren Seite zu *4-614.   Tief
eindringende, scharfe Stiche an verschiedenen Stellen der Gliedmaßen *4-661.   Geschwürige
Nasenlöcher mit Krusten tief in der Nase *LM.

7   **Schmerzen äußerlich:** Wirbel, Kopf, Nabelgegend, Kreuzbein:
Stiche unweit des Wirbels; dabei tut auch die Stelle, vorzüglich beim Betasten, äußerlich sehr weh
*1-16.   Äußerlich am Kopfe, Reißen *1-17.   Schneiden in der Nabelgegend, wie
äußerlich *1-122.   Feines, brennendes Nadelstechen äußerlich auf dem Scheitel *3A-333.
Schmerzhaftes Ziehen äußerlich an mehreren Stellen des Kopfes, bei Berührung heftiger *8HA-337.   Äußerlich, am unteren Teile des Kreuzbeins, ein heftiges Brennen *7-546.   Brennen und Stechen in den äußeren Kopfteilen, besonders der li Schläfe *LM.

8   **Ortswechsel:** Hautjucken, Kopfschmerzen, Unterleib, Arme, Muskeln, Gliedmaßen, Zähne,
Gesicht, Gelenke, Neuralgien:
Ein laufendes Jucken und Krabbeln, wie vom Kriechen eines Flohes, welches von einem Orte zu
dem andern geht *1-225.   Ziehend reißendes Stechen in der li Schläfe; den Tag darauf kam
es, von Zeit zu Zeit, bald in der li Schläfe, bald in der re, bald auch im li Stirnhügel, wieder *7-338.
Heftiger, umherwindend kneipender Schmerz im ganzen Unterleibe, bald hie, bald da *6HA-485.
Brennend juckendes Fressen an den Hinterbacken, durch Kratzen verging's an der einen Stelle und
kam an eine andere *13-606.   Brennende Empfindung bald da, bald dort, doch stets bloß an
den Gliedmaßen, nie am übrigen Körper *6-660.   Zahnschmerz bald li, bald re, reißend *82.
Zahnschmerzen, bald li, bald re *139.   Neuritische Schmerzen erst hier, dann da, besonders
in Kopf und Gesicht *140.   Sie litt zeitweise an Hautjucken, das beim Kratzen die Stelle
wechselte *147.   Juckreiz am Körper, der immer wieder die Stelle wechselt *163.   Akuter Gelenkrheumatismus mit wandernden Schmerzen *CA.   Die Neuralgien wechseln häufig
die Seite *DS.

9   **Knochen:** Drücken, Berührungsempfindlichkeit, Geschwulst, Karies, Stechen, Reißen:
Schmerz an den Knochen des Arms, nicht für sich in der Ruhe, auch nicht beim Betasten, sondern
bloß bei Bewegung *1-202.   Am re Oberarmknochen Schmerz, ein unleidliches Drücken in
der Beinhaut, in Ruhe und Bewegung; beim Befühlen schmerzt die Stelle noch mehr *1-203.
Knochengeschwulst des Mittelfußknochens der re kleinen Zehe, schmerzhaft beim Berühren *1-222.   Schmerz in allen Knochen *1HA-234.   Schmerzen in den Schädelknochen
im Periost, Schwellung und Eiterung der Knochen, Caries mit faulig riechendem Schweiß *LM.
Knochen, besonders der Finger, unvollständig entwickelt *BD.   Syphilitische Ulcerationen;
Eine Untersuchung mit der Sonde weist nach, daß der darunter liegende Knochen erkrankt ist.
Antidot für Mercur, sehr ausgesprochene Knochenschmerzen *FK.   Caries, schmerzhafte
Geschwüre mit spärlicher oder wässriger Absonderung, Knochen brüchig *LT.
Mittelhandknochen S. 134. Mittelfußknochen S. 147.

10   **Gelenke:** Wehtun, Steifheit, Straffheit, Ziehen:
Es liegt ihm in allen Gliedern und tut ihm alles weh – die Muskeln beim Befühlen, die Gelenke
beim Bewegen – mehr Vormittags als Nachmittags *1A-233.   Früh, beim Aufstehen aus
dem Bette, sind alle Gelenke steif, besonders Achseln, Kreuz und Hüftgelenk *1A-235.   Beim
Liegen, ein Müdigkeitsschmerz quer über die Oberschenkel und als ob sie zerschlagen wären; dabei
Empfindung von allzu großer Straffheit in den Gelenken und etwas Bebendes und Unruhiges darin,
so daß er sie nicht still halten kann *3-609.   In den Gelenken der Achsel, des Ellbogens, des

Rückens, der Knie, ein ziehender (?) Schmerz bei Bewegung der Teile, weniger in der Ruhe, vorzüglich abends *12-654.   Lähmiges Ziehen an verschiedenen Stellen des Körpers, besonders in den Gelenken, wenn er die Glieder eine Zeit lang in ungewöhnlicher und bequemer Lage läßt *4-656.   Gicht bei älteren, korpulenten Menschen mit schwacher Blutzirkulation. Die Schmerzen sind in den kleinen Gelenken der Hände und Füße, dabei viel Schwellung und Härte. In der Mehrzahl der Fälle leiden die Patienten an einer Hautaffektion, die mit den Gelenkschmerzen abwechselt. Akuter Gelenkrheumatismus mit wandernden Schmerzen *CA.   Müdigkeit und Steifheit in allen Gliedern und Gelenken, besonders Schultern, Rücken und Hüften *AP.
Kiefergelenk S. 94, Schulter S. 132, Ellbogen S. 133, Handgelenk S. 134, Fingergelenke S. 135, Hüfte S. 144, Knie S. 145, Fußgelenke S. 147.

11   **Muskeln:** Zerschlagenheit, Wehtun, Spannen, Stechen, Ziehen, Schwäche, Druck nach aussen, Reißen, Zucken:
Zerschlagenheitsschmerz aller Muskeln der Oberschenkel, beim Schnellgehen, zwei Tage lang *1-213.   Es liegt ihm in allen Gliedern und tut ihm alles weh – die Muskeln beim Befühlen, die Gelenke beim Bewegen – mehr vormittags als nachmittags *1A-233.   Spannender Stich in den li Halsmuskeln *5-405.   Spannender Stich in den li Bauchmuskeln *5-475.   Quer herüber im Unterleibe, Kneipen, und auf den Seiten in den Unterbauchsmuskeln, Ziehen, als wenn ein Durchfall entstehen wollte *3-486.   In dem re Kniegelenke und den Köpfen der Wadenmuskeln, beim Gehen, ein lähmiges Ziehen, wie eine Schwäche, welches, nach dem Gehen, auch beim Sitzen noch lange anhält, ehe es sich allmählig ganz verliert *4-627.   Lähmiger Druck an den Wadenmuskeln des re Fußes, nach außen; bei Berührung heftiger *8-635.   Ziehend reißender Schmerz hie und da in den Muskeln des ganzen Körpers, beim Sitzen *7HA-653. Epilepsie; Große Schwäche mit krampfhaftem Ziehen und Zucken in den Muskeln, Neigung zu Lähmung *LT.   Alle Muskeln sind wie zerschlagen und schmerzhaft, besonders die Waden, bei Berührung und bei Bewegung *AP.
Schwäche S. 29, Krämpfe S. 36.

12   **Glieder:** Wehtun, Zerschlagenheit, Zusammenfahren, innerliches Zittern, Brennen, Stechen, Schwere, Müdigkeit, Steifheit:
Es liegt ihm in allen Gliedern und tut ihm alles weh – die Muskeln beim Befühlen, die Gelenke beim Bewegen – mehr vormittags als nachmittags *1A-233.   Früh im Bette ist sie sehr müde, ohne Schläfrigkeit, alle Glieder tun ihr wie zerschlagen weh, und als wenn keine Kräfte drin wären, eine Stunde lang *1AA-236.   Mehrere Nächte fuhr er oft am ganzen Körper zusammen, an Armen und Beinen, wie wenn jemand jähling gekitzelt wird – eine Art krampfhaften Zuckens, doch unschmerzhaft *1-252.   Früh, innerliches Zittern in den Gliedern, wenn er sie lange in einer Richtung erhält *3-655.   Brennende Empfindung bald da, bald dort, doch stets bloß an den Gliedmaßen, nie am übrigen Körper *6-660.   Tief eindringende, in langen Pausen wiederkehrende, scharfe Stiche an verschiedenen Stellen der Gliedmaßen *4-661.   Die Glieder sind unter dem Schulter- und unter dem Hüftgelenke wie zerschlagen, und wie nach einer grossen Fußreise, schmerzhaft *3-662.   Erwacht düster und schwer in den Gliedern *12A-671. Nach dem Mittagschlafe, Düsterheit und Schwere in den Gliedern *JH.   Müdigkeit und Steifheit in allen Gliedern und Gelenken, besonders Schultern, Rücken und Hüften *AP.

ALLGEMEINE SCHMERZEN   Empfindungen

1   Drückendes Ziehen:

Kopf S. 97, Rücken S. 124, Arme S. 136, Beine S. 150, Brust S. 167, Bauch S. 185.

2   Ziehender Schmerz, Ziehendes Reißen, lähmiges Ziehen:

Ziehend reißender Schmerz hie und da in den Muskeln des ganzen Körpers, beim Sitzen *7HA-653.   In den Gelenken der Achsel, des Ellbogens, der Hand, der Finger, des Rückens, der Knie, ein ziehender (?) Schmerz bei Bewegung der Teile, weniger in der Ruhe, vorzüglich abends *12-654.   Lähmiges Ziehen an verschiedenen Stellen des Körpers, besonders in den Gelenken, wenn er die Glieder eine Zeit lang in ungewöhnlicher und unbequemer Lage läßt *4-656.

Schwäche S. 30, Kopf S. 98,99, Rücken S. 124,125, Arme S. 137, Beine S. 145, Brust S. 168, Bauch S. 185.

3   Zusammenziehen:

Kopf S. 23,99,100, Arme S. 137, Beine S. 150, Brust S. 37,168, Bauch S. 37,185,186,187.

4   Steifheit der Gelenke bei Bewegung:

Es liegt ihm in allen Gliedern und tut ihm alles weh — die Muskeln beim Befühlen, die Gelenke beim Bewegen — mehr vormittags als nachmittags *1A-233.   Früh, beim Aufstehen aus dem Bette, sind alle Gelenke steif, besonders Achseln, Kreuz und Hüftgelenk *1A-235.   Steifigkeit der Gelenkknorren. Wirkt mehr auf die Enden der Knochen *GA.   Die Muskeln sind schmerzhaft bei Berührung, die Gelenke bei Bewegung *LM.   Müdigkeit und Steifheit in allen Gliedern und Gelenken, besonders Schultern, Rücken und Hüften *AP.

Schwäche S. 32, Nacken S. 38, Kopf S. 99, Rücken S. 124, Beine S. 150.

5   Allgemeine Zerschlagenheit aller Muskeln und Gelenke wie Muskelkater mit Schwäche- und Schweregefühl in den Muskeln:

Es liegt ihm in allen Gliedern und tut ihm alles weh — die Muskeln beim Befühlen, die Gelenke beim Bewegen — mehr vormittags als nachmittags *1A-233.   Früh im Bette ist sie sehr müde, ohne Schläfrigkeit, alle Glieder tun ihr wie zerschlagen weh, und als wenn keine Kräfte drin wären, eine Stunde lang *1AA-236.   Die Glieder sind unter dem Schulter- und unter dem Hüftgelenke wie zerschlagen, und wie nach einer großen Fußreise, schmerzhaft *3-662.   Schmerzhaftigkeit des ganzen Körpers, wie Zerschlagenheit, mit ungemeinem Mattigkeitsgefühle, schlimmer bei Bewegung — wenn sie nach dem Sitzen etwas gegangen war, ward dies schmerzhafte Gefühl erneuet und verstärkt *12A-664.   Matt im ganzen Körper, vorzüglich in den Knien, beim Gehen *5HA-666.   Müdigkeit und Mattigkeit im Körper, früh *7A-667.   Große Müdigkeit und Schläfrigkeit nach dem Essen; er fühlt Bedürfnis, sich zu legen, schläft schnell ein, erwacht aber düster und schwer in den Gliedern und fürchtet sich vor dem Gehen; als er aber ging, ward es ihm sehr sauer, vorzüglich das Bergsteigen — bei weiterem Gehen aber fühlte er sich sehr munter und heiter, ja kraftvoll sogar, nach einer stärkeren Wanderung *12A-671.   Nach dem Mittagschlafe, Düsterheit und Schwere in den Gliedern *JH.   Großer Zerschlagenheitsschmerz des ganzen Körpers und allgemeine Abspannung *HT.   Zerschlagenheitsschmerz des ganzen Körpers; wie nach großer Fußreise, besonders unter dem Achsel- und Hüftgelenke *JS.   Große Empfindlichkeit und Schwäche überall im Körper *BD.   Schläfrig den ganzen Tag, hellwach die ganze Nacht, überall tut es weh *JCS.   Gliederschmerzen mit Schweregefühl in der Ruhe *LT.   Alle Muskeln sind wie zerschlagen und schmerzhaft, besonders die Waden, bei Berührung und bei Bewegung. Müdigkeit und Steifheit in allen Gliedern und Gelenken, besonders Schultern, Rücken und Hüften. Möchte sich immer hinlegen, aber nach Mittagschlaf Schwere der Glieder und allgemeine Schwäche *AP.

Schlaf S. 18,20, Schwäche S. 29, Schweregefühl S. 30, Rücken S. 125, Arme S. 137, Beine S. 31,150,151,

Brust S. 168, Bauch S. 188.

6   Druckempfindlichkeit und Berührungsempfindlichkeit der Muskeln und der Haut:

Es liegt ihm in allen Gliedern und tut ihm alles weh — die Muskeln beim Befühlen, die Gelenke beim Bewegen — mehr Vormittags als Nachmittags *1A-233.   Die Muskeln sind schmerzhaft bei Berührung, die Gelenke bei Bewegung *LM.   Große Empfindlichkeit und Schwäche überall im Körper *BD.   Größte Empfindlichkeit der kranken Teile. Große Empfindlichkeit der Haut, besonders bei Berührung. Sensible Nervenendigungen im Reizzustand überempfindlich *SK.   Wie überhaupt der Patient durch Reizbarkeit und Empfindlichkeit charakterisiert ist, so zeigt auch die Haut eine große Empfindlichkeit, besonders bei Berührung *KC.
Haut S. 57, Kopf S. 104, Rücken S. 126, Arme S. 141, Beine S. 151, Brust S. 169, Bauch S. 197.

7   Brennendes Stechen, Brennen an kleinen Stellen:

Stechendes Brennen hie und da in der Haut *7-659.   Brennende Empfindung bald da, bald dort, doch stets bloß an den Gliedmaßen, nie am übrigen Körper *6-660.
Haut S. 55,58,59, Temperatur S. 80, Kopf S. 102, Rücken S. 126, Arme S. 137, Beine S. 151, Brust S. 170, Bauch S. 189.

8   Jucken und Stechen miteinander verbunden:

Juckende, scharfe Stiche an verschiedenen Stellen des Körpers *4HA-657.   Stiche, den Flohstichen ähnlich, an den Untergliedmaßen, der Hand, dem Nacken, am Kopfe, u.s.w. *10-658.
Haut S. 54, Kopf S. 102, Rücken S. 124, Arme S. 138, Beine S. 152, Brust S. 170, Bauch S. 190.

9   Hautjucken, das nach dem Kratzen die Stelle wechselt:

Jucken über den Kopf und ganzen Körper, besonders früh, ein laufendes Jucken und Krabbeln, wie vom Kriechen eines Flohes, welches von einem Orte zu dem andern geht *1-225.
Haut S. 54.

10   Tief eindringende, langsame, scharfe Stiche:

Tief eindringende, in langen Pausen wiederkehrende, scharfe Stiche an verschiedenen Stellen der Gliedmaßen *4-661.
Kopf S. 101, Rücken S. 124, Arme S. 136,138, Beine S. 153, Brust S. 170,171, Bauch S. 190.

11   Reißen:

Ziehend reißender Schmerz hie und da in den Muskeln des ganzen Körpers, beim Sitzen *7HA-653.
Kopf S. 102, Rücken S. 126, Arme S. 139, Beine S. 154, Brust S. 171, Bauch S. 191.

12   Schneiden:

Nach Becken- oder Bauchoperationen: wenn die für das Mittel charakteristischen schneidenden Schmerzen den Patienten am Essen und Trinken hindern *AB.
Kopf S. 103, Brust S. 171, Bauch S. 191.

13   Gefühl von Unruhe:

Psyche S. 9,14, Schlaf S. 15,16,22, Krämpfe S. 36, Beine S. 14,154, Brust S. 15,171.

ALLGEMEINE MODALITÄTEN   Zeit

1   Morgens im Bett, nach Schlaf:

Alle Morgen, Übelkeit zum Erbrechen *1-103.   Klamm vorzüglich in dem oberen und unteren Teile der Wade, beim Erwachen aus dem Schlafe *1-221.   Früh im Bette ist sie sehr müde, ohne Schläfrigkeit, alle Glieder tun ihr wie zerschlagen weh, und als wenn keine Kräfte drin wären, eine Stunde lang *1AA-236.   Früh, beim Erwachen, große Müdigkeit, die sich aber bald verliert *1-237.   Früh, Brecherlichkeitsempfindung *3-447.   Drückendes Ziehen in den Schultergelenken, früh im Bett und gleich nach dem Aufstehen; bei Bewegung heftiger *8-562.   Früh, innerliches Zittern in den Gliedern, wenn er sie lange in einer Richtung erhält *3-655.   Müdigkeit und Mattigkeit im Körper, früh *7A-667.   Morgens Abneigung gegen jede Bewegung und Verlangen, im Bett liegen zu bleiben, weil er sich wie zerschlagen und gerädert fühlt *40.   Wadenkrämpfe, die jeden Morgen aus dem Schlafe weckten *51.   Nach Schlaf marode *99.   Kinder sind schlecht gelaunt, sie heulen und verlangen alle möglichen Sachen, und wenn sie sie bekommen haben, werfen sie sie zornig wieder weg, besonders am frühen Morgen *JCS.   Das Kind schiebt beim Erwachen alles von sich weg, alle anderen sollen weggehen *LT.

Nach Schlaf Tränen der Augen, Druck auf die Blase, Herzklopfen, Schweiß: s. S. 20.   Hautjucken frühmorgens: s. S. 71.   Früh im Bett Frost, Hitze, Schweiß: s. S. 83.   Morgens beim Erwachen Kopfschmerzen, Zahnschmerzen: s. S. 107.   Kreuzschmerzen morgens im Bett: s. S. 127.   Brustschmerzen morgens: s. S. 172.   Bauchschmerzen morgens im Bett: s. S. 193.

2   Morgens beim Aufstehen oder bald nach dem Aufstehen:

Früh, beim Aufstehen aus dem Bette, sind alle Gelenke steif, besonders Achseln, Kreuz und Hüftgelenk *1A-235.   Drückendes Ziehen in den Schultergelenken, früh im Bette und gleich nach dem Aufstehen; bei Bewegung heftiger *8-562.   Früh, gleich nach dem Aufstehen, große Mattigkeit in den Kniegelenken, welche ihn zum Sitzen nötigt; das Gehen und Stehen ist ihm beschwerlich *8-665.   Ob er gleich am Ofen stand, konnte er doch nicht warm werden im Rücken und an den Armen; dabei öftere Schauder über den Rücken und die Arme, nach dem Genicke, über den Kopf und das Gesicht, früh nach dem Aufstehen *12-695.   In der Regel erwachte sie am Morgen schmerzlos, sogleich nach dem Putzen der Zähne aber brach ein unleidlicher, klopfender, bohrender Schmerz aus, der die Stirne und einen Teil der li Kopfseite in Anspruch nahm *35.   Schmerz manchmal stechend in und durch das Zwerchfell und den unteren Teil der Brust. Der Schmerz kommt nur morgens beim Umdrehen und beim Aufstehen *55.   Der Schmerz geht vom Hinterkopf aus und zieht von da nach vorn. Verschlimmerung besonders vormittags bald nach dem Aufstehen *93.   Kopfschmerz jeden Morgen beim Aufstehen *117b.

Kreuzschmerzen, Rückenschmerzen morgens beim Aufstehen: s. S. 127.

3   Vormittags:

Husten mit gelbem Auswurfe, wie Eiter, am schlimmsten Vormittags, von 9 bis 12 Uhr, früh wenig *1-176.   Früh, rheumatischer Schmerz im Nacken und zwischen den Schulterblättern, wie Ziehen; sie konnte, beim Aufstehen aus dem Bette, mit den Armen sich vor Schmerz nicht bewegen und den Hals nicht wenden, den ganzen Vormittag, mehrere Morgen nacheinander, bei Mattigkeit des ganzen Körpers, bis Mittag *1-195.   Vormittags, nach Aufstehen vom Sitze, wird er blaß, schwindlicht und drehend, fällt auf die Seite, wie ohnmächtig; den folgenden Tag, um dieselbe Zeit, ein ähnlicher Anfall *1-232.   Es liegt ihm in allen Gliedern und tut ihm alles weh — die Muskeln beim Befühlen, die Gelenke beim Bewegen — mehr vormittags als nachmittags *1A-233.   Reizbarkeit, jedesmal schlimmer am Vormittag. Den ganzen Vormittag hörte sie nicht auf zu streiten, war mit nichts und niemandem zufrieden und bestrafte die Kinder oft ohne jeden Grund *133.

4   **Nach dem Mittagsschlaf:**
Er erwacht aus dem Nachmittagschlafe mit dem heftigsten Herzklopfen *1-185.   Ein unerträglicher Klamm in der Wade und Fußsohle des Beines, worauf er liegt, weckt ihn aus dem Nachmittagsschlafe auf *1-220.   Große Müdigkeit und Schläfrigkeit nach dem Essen; er fühlt Bedürfnis, sich zu legen, schläft schnell ein, erwacht aber düster und schwer in den Gliedern und fürchtet sich vor dem Gehen; als er aber ging, ward es ihm sehr sauer, vorzüglich das Bergsteigen *12A-671.   Sogleich nach dem Putzen der Zähne brach ein unleidlicher, klopfender, bohrender Schmerz aus, der die Stirne und einen Teil der li Kopfseite in Anspruch nahm, allmählich an Heftigkeit abnahm, beim Mittagessen ganz schwand, sich aber nach dem Mittagsschlafe sogleich wieder, wiewohl mit minderer Intensität einstellte, und zu dieser Zeit ausblieb, wenn Patientin die Mittagsruhe mied *35.   Eigentümlich ist, daß nach Mittagschlaf die Verdrießlichkeit besonders hervortritt *88.   Quälender Schmerz in den Muskeln der li Hüfte im Anfang des Gehens, nach Mittagsschlaf, nicht aber morgens nach Aufstehen *136.   Nach dem Mittagschlafe, Düsterheit und Schwere in den Gliedern *JH.   Schlechtes Befinden nach dem Schlaf, besonders nach dem Mittagsschlaf *KA.   Möchte sich immer hinlegen, aber nach Mittagsschlaf Schwere der Glieder und allgemeine Schwäche *AP.   Hunger nach dem Mittagsschlaf *c.

5   **Nachmittags gegen 15 Uhr:**
Die Augen fangen beim Schreiben bald an, weh zu tun (vorzüglich, nachmittags), ein Beißen und Brennen *1-33.   Nachmittags eine Beklemmung auf der Brust und ein Unruhegefühl, was ihn von einem Orte zum anderen treibt und auf keinem zu bleiben verstattet *1-180.   Mehrere Tage, nachmittags um 3 Uhr, innerlicher Schauder mit starkem Durste, ohne nachfolgende Hitze *1-255.   Mehrere Tage, nachmittags um 3 Uhr, Schauder mit Gänsehaut, welcher in der freien Luft aufhörte und ohne Durst war *1-256.   Er weiß nicht, ob das wirklich geschehen sei, was ihm vor der Einbildungskraft, wie etwas aus dem Gedächtnisse, vorschwebt, oder ob er es nur geträumt habe (nachmittags von 5, bis 7 Uhr) *1-271.   Nachmittags, ausserordentlicher Schweiß, mit Hitze am ganzen Körper, ohne Durst, ob er gleich ganz ruhig da sitzt *3-704.   Unangenehm ist ihm ein Frostgefühl nachmittags *139.   Brennen und Stechen in den äußeren Kopfteilen, besonders der li Schläfe, schlechter 3 Uhr nachmittags *LM.

6   **Abends im Bett:**
Schwindel im Liegen, abends im Bette, als wenn sich alles um ihn herum drehte *1-4.   Brennend juckendes Fressen an den Hinterbacken, wie wenn man etwas Schafwollenes auf die Haut zieht, abends im Bette; durch Kratzen verging es an der einen Stelle und kam an eine andere *13-606.   In den Gelenken der Achsel, des Ellbogens, der Hand, der Finger, des Rückens, der Knie, ein ziehender (?) Schmerz bei Bewegung der Teile, weniger in der Ruhe, vorzüglich abends *12-654.   Sie konnte abends vor Schmerz in den Waden im Bette nicht einschlafen; sie wußte nicht, wo sie die Beine hinlegen sollte *12-686.
Hautjucken abends im Bett: s. S. 70.   Das abendliche Fieber besteht nur aus Kälte: s. S. 77, 83.   Abends Kopfschmerzen, Augenschmerzen, Ohrschmerzen: s. S. 108.   Abends Armschmerzen: s. S. 139.   Abends Halsschmerzen: s. S. 172.   Abends Bauchschmerzen: s. S. 193.

7   **Nachts:**
Schmerz im Rücken, die Nacht, vom Abend an bis früh 5 Uhr, wie Schläge und Rucke, so daß es ihm den Atem benahm, bei Schlummer *1-196.   Mehrere Nächte fuhr er oft am ganzen Körper zusammen, an Armen und Beinen, wie wenn jemand jähling gekitzelt wird — eine Art krampfhaften Zuckens, doch unschmerzhaft; dabei war es ihm, ob er sich schon leicht zudeckte, doch so heiß, aber ohne Durst und ohne Schweiß *1-252.   Mehrere Nächte unruhig; er konnte auf keiner Seite liegen; die Vormitternacht war er sehr mit mancherlei Gedanken angefüllt *13-679.
Hautjucken in der Nacht: s. S. 71.   Nachts Frost, Hitze, Schweiß: s. S. 83.   Nachts Kopfschmerzen, Zahn-

schmerzen, Augen- oder Ohrschmerzen: s. S. 109.   Nachts Rückenschmerzen und Kreuzschmerzen: s. S. 128.
Bauchbeschwerden nachts: s. S. 193.

8   **In den frühen Morgenstunden, zwischen 2 und 5 Uhr:**
Drückend ziehender Zahnschmerz der vorderen Reihe, am schlimmsten die Nacht, gegen Morgen
zu *1-73.   Die ganze Nacht, ein Pressen im Kreuze, wie zerschlagen; sie wachte über diesen
Schmerz auf, wo es früh um 4 Uhr am schlimmsten war; wie sie aufstand, war es weg *1-201.
Hitze in der Nacht, vorzüglich um die Stirne, so daß sie von 3 Uhr an nicht mehr schlafen konnte
*1-264.   Schießender Schmerz von der Crista ilica den Oberschenkel und die Gesäßbacke
hinunter, schlechter beim Gehen oder beim Aufstehen vom Sitzen und etwa 5 Uhr morgens. Er
war besser im Sitzen oder Liegen, sie mußte aber um 5 oder 6 Uhr aufstehen und sitzen oder stehen, wodurch der Schmerz erträglicher wurde *68.   Eine arge Brustbeklemmung mit Atemnot stellte sich ein, so daß X zu ersticken glaubte. Er empfand einen Druck auf den Magen, als läge
eine schwere Last auf demselben und fühlte ein peinliches Spannen in der Magengegend. Gegen
2 Uhr des Morgens hatten die Schmerzen des Kranken ihren Höhepunkt erreicht: er rief auf seinem Schmerzenslager den Tod um Erlösung an *85.   Samenabgänge zweimal wöchentlich
und immer gegen Morgen *111.   Ziehende Sacrumschmerzen bis in die Vorderseite der
Oberschenkel. Jede Nacht zwischen 1 und 2 Uhr geht es los, kann dann nicht mehr liegen, muß im
Sessel schlafen wegen der Schmerzen *i.

9   **Jahreszeiten:**
Flechte, die anfangs nur eine kleine Stelle auf der vorderen Fläche des li Oberschenkels eingenommen und gewöhnlich in den Sommermonaten merklich ab-, im Herbste und Winter aber stets wieder zugenommen hatte. Später breitete sie sich weiter aus, zeigte keine Abnahme in der wärmeren
Jahreszeit *1.   Bekam kleine Pusteln auf beide Arme und Hände, welche sich vermehr-
ten, größere Flächen einnahmen, und eine scharfe, gelbe Flüssigkeit absonderten. Das Übel verlor
sich, selbst im Sommer, niemals ganz, sondern kehrte jedes Frühjahr mit neuer Kraft wieder *20.
Im Sommer ging der Husten jedesmal vorüber, im Winter kam er wieder. Der Husten und die
Ischias bestanden nie zur gleichen Zeit, der Husten trat nur im Winter auf, die Ischias nur im
Herbst *54.   Hat im Frühjahr Gerstenkörner gehabt *I.

10   **Mond:**
Ausbruch des ein Jahr ausgebliebenen Monatlichen unter Leibschneiden und starkem Kollern, zum
Neumonde *1-164.   Flechte; Später breitete sie sich weiter aus und schien sich nur bei abnehmendem Monde etwas zu vermindern *1.   Drückender Schmerz und entstellende Röte
am li inneren und unteren Augenwinkel. Gleichzeitig erwähnte sie, daß dieses Übel sie nun zum 3.
Mal und zwar jedesmal einige Tage vor Vollmond zu überfallen pflege, sich 8 – 10 Tage hinziehe,
dann an diesem Schauplatze – bis auf eine kleine innere unempfindliche und äußerlich unsichtbare
Verhärtung – verschwinde, dafür aber zum Schluß am li inneren oder äußeren Nasenflügel in Gestalt eines kleinen, nie reifenden Schwäres (wenn auch nur auf einige Tage) wieder auftauche *42.

ALLGEMEINE MODALITÄTEN   Bewegung, Erschütterung, Druck

1   **Bewegung der Teile verschlechtert:**
Es liegt ihm in allen Gliedern und tut ihm alles weh – die Muskeln beim Befühlen, die Gelenke
beim Bewegen – mehr vormittags als nachmittags *1A-233.   Früh, beim Aufstehen aus dem
Bette, sind alle Gelenke steif, besonders Achseln, Kreuz und Hüftgelenk *1A-235.   In den

Gelenken der Achsel, des Ellbogens, der Hand, der Finger, des Rückens, der Knie, ein ziehender (?) Schmerz bei Bewegung der Teile, weniger in der Ruhe, vorzüglich abends *12-654.   Allgemeine Zerschlagenheit, beim Gehen schlimmer, besser beim Sitzen und Liegen, besonders in den Waden, ein ungeheurer Mattigkeitsschmerz, wie zerprügelt — sie konnte die Füße kaum erschleppen *12A-663.   Schmerzhaftigkeit des ganzen Körpers, wie Zerschlagenheit, mit ungemeinem Mattigkeitsgefühle, schlimmer bei Bewegung — wenn sie nach dem Sitzen etwas gegangen war, ward dies schmerzhafte Gefühl erneuet und verstärkt *12A-664.   Matt im ganzen Körper, vorzüglich in den Knien, beim Gehen *5HA-666.   Große Müdigkeit und Schläfrigkeit nach dem Essen; er fühlt Bedürfnis, sich zu legen, schläft schnell ein, erwacht aber düster und schwer in den Gliedern und fürchtet sich vor dem Gehen; als er aber ging, ward es ihm sehr sauer, vorzüglich das Bergsteigen *12A-671.   Die Gelenke sind schmerzhaft bei Bewegung *LM.   Alle Muskeln sind wie zerschlagen und schmerzhaft, besonders die Waden, bei Berührung und bei Bewegung *AP.

Schwindel beim Kopfdrehen: s. S. 25.   Kopfschmerzen bei Bewegung des Kopfes: s. S. 110.   Zahnschmerzen beim Kauen: s. S. 113.   Rückenschmerzen beim Aufstehen, Bücken, Umdrehen, Bewegung: s. S. 129.   Armschmerzen bei Bewegung: s. S. 140.   Beinschmerzen beim Aufstehen, bei Bewegung: s. S. 156.   Brustschmerzen bei Bewegung: s. S. 172.   Halsschmerzen beim Schlucken, Kehlkopfschmerzen beim Sprechen: s. S. 173.

2   Die kleinste Bewegung verschlechtert:

Krampfhaftes Schneiden im Unterleibe, mit Zittern der Knie; am Tage, bei der mindesten Bewegung, vorzüglich stark nach dem Harnen; Abends, Schneiden auch ohne Bewegung *1-124.   Schmerz in den Brustmuskeln, früh, wenn sie sich im Bette bewegt, und am Tage, wenn sie die Arme zusammenlegt, wie zerschlagen; beim Betasten der Teile selbst fühlt sie nichts, auch nicht beim Atmen *1-187.   Bei Bewegung des Kopfs, Klingen in dem einen, oder dem anderen Ohre, welches in der Ruhe wieder verschwand *11-378.   Reißender Zahnschmerz, durch Bewegung ward er nicht zum Vorscheine gebracht, aber, wenn er schon da war, durch Bewegung verstärkt, am meisten durch Bewegung in freier Luft *3A-423.   Im re Knie, ein minutenlanger Schmerz (wie von Vertreten?), beim Gehen und bei Bewegung des Fußes *12-628.   Unwillkürlicher Urinabgang, der eine so bedeutende Schärfe angenommen hat, daß die nahegelegenen Teile excoriiert werden, sehr heftig brennende Schmerzen verursachen, die bei der geringsten Bewegung zunehmen *34.   Das Brennen im Gesicht stellt sich nur bei rascher Bewegung und bei Schreck ein, dauert aber nie lange *100.

Abneigung gegen körperliche Tätigkeit: s. S. 29.

3   Gehen verschlechtert:

Unschmerzhafte Schoßdrüsengeschwulst, welche beim Gehen und Stehen am sichtbarsten wird *1-138.   Herzklopfen beim Gehen und beim Anhören von Musik *1-183.   Wenn er stark gehet, ist's ihm, als komme jemand hinter ihm drein; dies macht ihm Angst und Furcht, und er muß sich immer umdrehen *1-272.   Sumsen und Stechen im ganzen Kopfe, schlimmer beim Vorbücken und Gehen, abends *12-295.   Drückend auseinanderpressender Schwerheitsschmerz im Hinterhaupte, beim Gehen im Freien *6-305.   Lockerer Druck auf der Achsel, welche beim Berühren schmerzt, als ob das Fleisch los wäre, beim Gehen *3-558.   Während der Intervalle auch Schwindel, besonders beim Gehen im Freien *72.

Beinschmerzen beim Gehen: s. S. 156.   Bauchschmerzen, Hodenschmerzen beim Gehen: s. S. 194.

4   Anstrengung, Treppensteigen verschlechtert, Folgen von Anstrengung:

Spannende Stiche in der li Brust, beim Liegen und bei Bewegung, heftiger beim Ausatmen als beim Einatmen, am schlimmsten beim Treppensteigen, wo zuletzt ein anhaltender Stich erfolgt, welcher fast den Odem hemmt *5-535.   Verhob sich die li Achsel, als er eine geringe Last auf dieselbe heben wollte; Zugleich erfuhr ich, daß dieser Mann schon vor 30 Jahren sich bei starker Handarbeit einen ähnlichen Schmerz an derselben Stelle zugezogen hatte, der denn auch bei Anstrengungen eine Zeit lang öfters zurückgekehrt war *3.   Vor etlichen Jahren war er von einem Wagen herabgeworfen worden, wobei er auf die li Seite gefallen und an der Brust etwas beschädigt worden war. Seit jener Zeit litt er öfters an Stechen in der li Brust, doch nicht anhaltend. Vor zwei Monaten strengte er sich durch tägliches Gehen nach der eine Stunde entfernten Stadt sehr an, bekam heftiges Bruststechen und mußte zu Hause bleiben *26.   Schmerz manchmal stechend in und durch das Zwerchfell und den unteren Teil der Brust. Der Schmerz kommt nur morgens beim Umdrehen und beim Aufstehen, besonders wenn sie während des Tages längere Zeit die Arme ausgestreckt hatte beim Zeichnen *55.   Herzklopfen beim Steigen *95.   Gequält von Schmerzen im Bereich des li Ovars. Glaubt, daß ihr das Radfahren über ein paar Meilen, von dem sie gerade zurückkommt, geschadet hat *113.   Schwacher Puls, Herzklopfen und Dyspnoe bei Anstrengung *CA.   Unregelmäßiger Herzschlag nach jeder Erregung und jeder Anstrengung *TM.

5   **Aufstehen vom Sitzen oder Liegen verschlechtert:**
Vormittags, nach Aufstehen vom Sitze, wird er blaß, schwindlicht und drehend, fällt auf die Seite, wie ohnmächtig *1-232.   Früh, beim Aufstehen aus dem Bette, sind alle Gelenke steif, besonders Achseln, Kreuz und Hüftgelenk *1A-235.   Früh im Bette, erst Frost und dann Hitze; sie wollte früh nicht aufstehen *1-258.   Gesichtstäuschung: wenn er vom Sitze aufsteht, kommt er sich viel größer vor, als sonst, und alles unter ihm scheint tiefer zu sein *3-369. Beim Aufstehen vom Sitze, ein Gefühl, als wollten die Beine in der Kniekehle zusammenknicken — ein bebendes, überreiztes Heranziehen in der Kniekehle *3-629.   Schmerz manchmal stechend in und durch das Zwerchfell und den unteren Teil der Brust. Der Schmerz kommt nur morgens beim Umdrehen und beim Aufstehen, besonders nach lange Liegen, d. h. wenn sie vorher früh zu Bett ging *55.
Aufstehen vom Sitzen oder Liegen verschlechtert Rückenschmerzen oder Kreuzschmerzen: s. S. 129.

6   **Umdrehen im Liegen oder Seitwärtsdrehen des Oberkörpers im Sitzen verschlechtert:**
Beim Biegen des Oberkörpers auf die re Seite, schief nach vorne, ein heftiger Stich in der re Brust, beim Sitzen *7-534.   Unterhalb der Hüfte, von der Leistengegend eineinhalb Zoll vorwärts nach dem Bauche zu, in beiden Seiten —. Beim Liegen auf dem Rücken, wenn sie sich schnell umdreht und aufrichtet, entsteht daselbst ein Schmerz, ein Wadenklamm, von der heftigsten Art, der dann allmählig vergeht. Wenn sie aber bei der Rückenlage sich erst ganz sacht halb aufrichtet und dann behutsam umwendet, geht es ohne Schmerz ab *32.   Schmerz manchmal stechend in und durch das Zwerchfell und den unteren Teil der Brust. Der Schmerz kommt nur morgens beim Umdrehen und beim Aufstehen, besonders nach lange Liegen, d. h. wenn sie vorher früh zu Bett ging *55.
Umdrehen im Bett, Seitwärtsbewegung des Körpers verschlechtert Kreuzschmerzen: s. S. 130.

7   **Bücken, Vorwärtsbeugen verschlechtert:**
Beim Bücken und schnellen Drehen des Kopfes, Schwindel; es drehte sich (nur einmal) alles halb im Kreise herum *1-2.   Heftig, ziehend brennende Stiche aus dem Bauchringe rechter Seite, wie im Samenstrange, bis in den re Hoden, im Sitzen, Stehen und Gehen, doch beim Bücken am heftigsten *7H-518.   Beim Biegen des Oberkörpers auf die re Seite, schief nach vorne, ein heftiger Stich in der re Brust, beim Sitzen *7-534.
Bücken, Vorwärtsbeugen des Kopfes verschlechtert Kopfschmerzen oder Nackenschmerzen: s. S. 110.   Bücken, Vorwärtsbeugen verschlechtert Rückenschmerzen: s. S. 129.

8   **Vorwärtsbeugen des Körpers im Sitzen oder Liegen bessert; Aufrichten, Rückwärtsbeugen, Strecken verschlechtert:**
Krampfhaftes Schneiden im Unterleibe; am Tage, bei der mindesten Bewegung, vorzüglich stark

nach dem Harnen; Abends, Schneiden auch ohne Bewegung, welches vom Zusammenkrümmen besser ward *1-124.   Um einschlafen zu können, muß sie etwas Hartes unter den Nacken legen, damit sich der Kopf in vorgebeugter Lage befindet *93.

Aufrichten und Ausdehnen des Körpers verschlechtert, Vorwärtsbeugen des Körpers im Sitzen bessert Brustschmerzen: s. S. 174.   Vorbeugen im Sitzen, Zusammenkrümmen, Anziehen der Beine im Liegen bessert Bauchschmerzen, Miktionsstörungen und Stuhldrang: s. S. 195.

9   Bewegung der Teile bessert; Verschlechterung in der Ruhe:

Muß wegen Unruhe immer umhergehen. Fühlt sich bei der Arbeit wohler. Kann die Beine nicht stillhalten, Unrugefühl in den Beinen: s. S. 14.   Ruhe verschlechtert, Bewegung bessert Armschmerzen: s. S. 140.   Muß sich bewegen, Ruhe verschlechtert Beinschmerzen: s. S. 156.

10   Gehen bessert, schlechter im Sitzen:

Reißen in der Stirne, abends im Sitzen; beim Gehen erleichterte es sich *1-13.   In der Brust, ein Drücken, und eine Schwere darin, beim Sitzen, welches beim Gehen nachließ *1-178.   Im Kreuze, Stiche und Schmerz, wie von Verheben, in der Ruhe, welches beim Gehen aufhörte *1A-198.   Abends und früh, Reißen und Zucken um die Geschwüre, in der Ruhe, beim Gehen hört es auf *1-227.   Drehender Schwindel, vorzüglich beim Sitzen, durch Herumgehen vermindert *2-284.   Dumpf kneipender Kopfschmerz in der Stirne, mit Stichen an den Schläfen, welcher durch Gehen sich gab, von Sitzen und Stehen aber wiederkam *13-319.   Beklemmung der Brust, wie Zusammenziehen derselben; zugleich Unruhe und Ängstlichkeit, am schlimmsten beim Sitzen, leichter beim Gehen *2-539.   Sie fühlt den Drang, spazierenzugehen. Sie geht, mit ihrem kleinen Kind auf dem Arm, vor dem Fenster hin und her *22.   Ziehender Schmerz, im Gesäß bis in die Waden, Herumgehen bessert etwas *k.

11   Tanzen bessert:

Schwindel, der aufhört, wenn man sich mehrmals schnell auf dem Absatz herumdreht, nach Walzertanzen z. B. *TM.   Drehschwindel beim Sitzen oder Liegen, besser durch Aufstehen und sich im Kreis drehen *NM.

12   Liegen morgens im Bett, nach langem Nachtschlaf, verschlechtert:

Schmerz manchmal stechend in und durch das Zwerchfell und den unteren Teil der Brust. Der Schmerz kommt nur morgens beim Umdrehen und beim Aufstehen, besonders nach lange Liegen, d. h. wenn sie vorher früh zu Bett ging *55.

Kann frühmorgens nicht mehr liegen, muß im Sessel weiterschlafen oder aufstehen: s. S. 128.

13   Seitenlage verschlechtert:

Ein strammender Schmerz an der li Nacken- und Hinterkopfseite, bloß die Nacht, welcher ihn oft aus dem Schlafe weckt und wovor er weder auf der rechten Seite, noch auf der linken Seite liegen kann *11-341.   Lähmiges Ziehen im Schultergelenke, bisweilen auch im ganzen Arme, wenn er ihn beim Liegen, im Bette, unter den Kopf legt *4-564.   Mehrere Nächte unruhig; er konnte auf keiner Seite liegen *13-679.   Kann auf der li Seite nicht schlafen *136.   Patient kann nicht auf der li Seite liegen *138.

Kreuzschmerzen schlechter bei Rückenlage: s. S. 130.

14   Liegen verschlechtert:

Schwindel im Liegen, abends im Bette, als wenn sich alles mit ihm herum drehte *1-4.   Starker Husten, nach dem Niederlegen, abends. Mittags, mit zähem Schleimauswurfe *1-174.   Im re Oberarme, ein drückendes Ziehen, abends im Bette *1-204.   Beim Liegen, ein Müdigkeitsschmerz quer über die Oberschenkel und als ob sie zerschlagen wären; dabei Empfindung von allzu großer Straffheit in den Gelenken und etwas Bebendes und Unruhiges darin, so daß er sie nicht still halten kann *3-609.   Unleidlicher, klopfender, bohrender Schmerz, der die Stirne und einen Teil der li Kopfseite in Anspruch nahm, durch Niederlegen verschlimmert, durch ruhiges, stilles Sitzen erträglicher wurde *35.   Der Husten war kruppartig, er trieb ihn häufig aus dem Bett und zwang ihn, die Nacht sitzend zu verbringen, weil er im Liegen nicht atmen konnte *54. Heftiger drückender Schmerz vom li Ellbogen bis zur Schulterhöhe, später nur im Deltoid. Der Schmerz verhindert den Gebrauch des li Oberarmes und ist im Bett stärker *108.   Heftiger Hinterkopfschmerz, schlechter durch Liegen *145.

Beinschmerzen im Liegen: s. S. 157.

15   Sitzen verschlechtert:

Dumpf kneipender Kopfschmerz in der Stirne, mit Stichen an den Schläfen, welcher durch Gehen sich gab, vom Sitzen und Stehen aber wiederkam *13-319.   Beim Biegen des Oberkörpers auf die re Seite, schief nach vorne, ein heftiger Stich in der re Brust, beim Sitzen *7-534. Stumpfe Stiche auf beiden Seiten in den Rippenmuskeln, beim Sitzen, schlimmer beim rückwärts Anlehnen *5-537.   Reißender Schmerz in den Muskeln des einen oder des anderen Unterschenkels, im Stehen und Sitzen *11HA-636.   Ziehend reißender Schmerz hie und da in den Muskeln des ganzen Körpers, beim Sitzen *7HA-653.   Zucke öfters während des ruhigen Stehens und Sitzens, aber auch selbst während eines Spazierganges momentan mit dem Oberkörper und verziehe dabei das Gesicht *66.

Schläft im Sitzen ein: s. S. 18.   Schwindel im Sitzen, besser durch Aufstehen und Herumgehen *25.   Sitzen verschlechtert Gesäß- oder Sacrumschmerzen, er muß dann die Beine bewegen: s. S. 129.   Im Sitzen Armschmerzen: s. S. 141.   Im Sitzen Beinschmerzen: s. S. 158.   Sitzen verschlechtert, Gehen bessert Brustschmerzen: s. S. 172.   Im Sitzen Brennen in der Harnröhre, Empfindlichkeit der Vulva, Drücken im Mastdarm, Jucken im After, Stechen im Samenstrang: s. S. 195.

16   Stehen verschlechtert:

Dumpf kneipender Kopfschmerz in der Stirne, mit Stichen an den Schläfen, welcher durch Gehen sich gab, von Sitzen und Stehen aber wiederkam *13-319.   Zucke öfters während des ruhigen Stehens oder Sitzens, aber auch selbst während eines Spazierganges momentan mit dem Oberkörper und verziehe dabei das Gesicht *66.

Schwindel im Stehen: s. S. 25.   Aufstehen, Stehen verschlechtert Taubheit in der Hüfte, Ohnmacht, Schwäche in den Knien, Müdigkeitsgefühl: s. S. 34.   Schmerz im Sacroiliacalgelenk, schlechter im Stehen: s. S. 130.   Beinschmerzen im Stehen: s. S. 158.   Taubheit im Unterleib, Stechen an den männlichen Genitalien im Stehen: s. S. 196.

17   Die Extremitäten lange in einer Richtung halten verschlechtert:

Klammartiger Schmerz um das re Handgelenk, der beim Ausstrecken der Finger vergeht, beim Einschlagen derselben aber zurückkehrt und dann zugleich auch einen reißenden Stich durch den ganzen Arm bis in die Schulter erzeugt *6-582.   Wenn er die Finger frei ausstreckt, so geraten sie in konvulsive Bewegung auf und nieder *4-595.   Früh, innerliches Zittern in den Gliedern, wenn er sie lange in einer Richtung erhält *3-655.   Lähmiges Ziehen an verschiedenen Stellen des Körpers, besonders in den Gelenken, wenn er die Glieder eine Zeit lang in ungewöhnlicher und unbequemer Lage läßt *4-656.   Verhob sich die li Achsel, als er eine geringe Last auf dieselbe heben wollte; es stach darin, wenn er den vom Körper abgezogenen Arm in gerader Richtung in die Höhe führen wollte, und die Hand konnte er nicht höher als bis an die Stirne bringen *3.   Schmerz manchmal stechend in und durch das Zwerchfell und den unteren Teil der Brust. Der Schmerz kommt nur morgens beim Umdrehen und beim Aufstehen, besonders nach lange Liegen, d. h. wenn sie vorher früh zu Bett ging, oder wenn sie längere Zeit die Arme ausstreckte beim Zeichnen *55.

18   **Erschütterung verschlechtert. Fallfolgen:**

An der äußeren Knieseite, ein drückend stechender Schmerz, beim Auftreten und beim Befühlen *1-216.   Vor etlichen Jahren war er von einem Wagen herabgeworfen worden, wobei er auf die li Seite gefallen und an der Brust etwas beschädigt worden war. Brustschmerzen und hochgradige Schwäche *26.   Hodenneuralgie; Selbst Gehen auf gefrorenem Boden verursacht oft eine unangenehme Empfindlichkeit. Dumpfe Empfindung im Hinterkopf; Wenn er sich, was öfters geschah, an dem Testikel stieß, so verschlimmerte sich jedesmal das Gefühl im Kopfe *60. Hüftleiden; Kurz vor Beginn der jetzigen Krankheit hatte er einen schweren Fall erlitten *87. Ovarschmerzen; Glaubt, daß ihr das Radfahren über ein paar Meilen, von dem sie gerade zurückkommt, geschadet hat *113.   Neuralgie der Innenseite der re Wange, zwischen dem unteren Zahnfleisch und der Wange und im Zahnfleisch, aber nicht in den Zähnen, schlechter durch Schneuzen der Nase *124.   Schmerz im re Unterbauch bis zum Knie, besser durch Anziehen des Beines und gefolgt von großem, dunklem, erdigem Stuhl, schlechter durch die leiseste Erschütterung *140.   Chronische Prostatitis alter Männer. Der Schmerz geht vom Anus die Harnröhre entlang, er kommt nach dem Gehen oder Fahren *CA.

19   **Seekrankheit. Folgen von fortgesetzter passiver Bewegung auf dem Schiff:**

Größere Beschwerden hatte ich von einer anderen Seekrankheit zu ertragen, die sich nach einiger Zeit bei mir, wie bei fast allen übrigen Reisenden, einstellte. Der Stuhlgang hörte nach und nach ganz auf; gänzlicher Mangel an Drang dazu; bei allem Zwingen dazu bleibt der Mastdarm durchaus ganz untätig, der After öffnete sich garnicht, dabei fortwährend starker Hunger und täglich starke Mahlzeiten von schwerer Kost. Den sechsten Tag stellte sich Appetitlosigkeit ein und fauliger fader Geschmack im Munde und Rachen; dann Speichelfluß und ganz außerordentliche Mattigkeit mit stetem allgemeinem Kopfweh. Nun wollte auch der Harn nicht recht fort; er ging nur nach sehr langem Warten und sehr mühsamen, fast ununterbrochenem Pressen ab. Das Zahnfleisch wurde blutend *8.   Langdauernder Schwindel, begleitet von anhaltender Übelkeit, wie bei Seekrankheit. Wirksam als Vorbeugungsmittel gegen Seekrankheit *TM.

20   **Husten verschlechtert:**

Wenn sie hustete, spritzte der Urin von ihr, unwillkürlich *1-147.   Sehr heftiger, krampfartiger Husten, mußte beim Husten die Stirn mit beiden Händen halten. „Wenn ich noch so einen Anfall bekomme, werde ich sicher sterben", sagte er und brach in Tränen aus. Berstender Schmerz in der Stirn bei jedem Hustenanfall, so heftig, daß er fürchtete, es werde etwas Schlimmes passieren *94.   Unwillkürlicher und reichlicher Harnabgang, besonders beim Husten *AP.   Husten mit Wasserzusammenlaufen im Munde *DA.   Harnträufeln beim Husten *MG.

Brustschmerzen vor dem Husten oder beim Husten: s. S. 175.

21   **Ausatmen, Einatmen, Sprechen verschlechtert:**

Beim Stehen und Sprechen, Eingenommenheit des Kopfs, als wenn Schwindel entstehen sollte, längere Zeit fortdauernd *7-286.   Lang anhaltender, stumpfer Stich in der Gegend um den Nabel, schlimmer beim Ausatmen und Aufdrücken *5-474.   Auswuchs am Zahnfleische des li Oberkiefers, der ihm schon beim Sprechen etwas weh tue *4.

Stechen in der Brust beim Ausatmen; Beklemmung der Brust besonders beim Einatmen, das Ausatmen bessert; Kehlkopfschmerzen beim Sprechen: s. S. 173.

22   **Ausgiebiges Gähnen bessert:**

Früh, gleich nach dem Erwachen, arger Kopfschmerz, als wenn das Gehirn zerrissen wäre, was aber nachher unter häufigem, krampfhaftem Gähnen verging *1-7.   Starke Neigung zum Gähnen und Dehnen; sie kann sich nicht genug ausdehnen *1HA-238.   Stumpfer Stich im li Schoße, beim Aufdrücken heftiger, beim Ein- und Ausatmen aber vergehend *5-479.   Spannende

Stiche in der li Brust, beim Liegen und bei Bewegung, heftiger beim Ausatmen als beim Einatmen *5-535.   Appetitlosigkeit, Schmerzen in der Magengegend unmittelbar nach der Nahrungs-aufnahme mit Übelkeit und Brechneigung. Völlegefühl im Magen, allgemeine Müdigkeit und Abge-spanntheit. „Ich muß gähnen, wenn ich die Beschwerden habe und wenn ich viel und heftig gähne, bessern sich diese Beschwerden" *151.   Kopfschmerz morgens im Bett, geht mit viel Gäh-nen vorüber *LT.
Kiefergelenkschmerzen beim Gähnen: vgl. S. 111.

23   **Leise Berührung, vor allem mit einem metallischen Gegenstande, verschlechtert, harter Druck bessert eher:**
Reißen von einem hohlen Zahne im li Oberkiefer ausgehend, erstreckt sich dieser Schmerz durch die ganze li obere Zahnreihe, auf die li Wange, setzt sich im pes anserinus fest und erzeugt dort die heftigsten Schmerzen, welche durch leise Berührung erregt, durch starken Druck aber nur wenig vermindert werden *15.   Anfallsweise sich einstellender Zahnschmerz in gesunden, wie cari-ösen Zähnen; Wenn Patientin die geringste Speise oder ein wenig Getränk, sei es warm oder kalt, mit den Zähnen in Berührung bringt, so entsteht der unleidlichste Schmerz, daher kann sie nur mit Vorsicht trinken, beißen und kauen garnicht. Beim Berühren, Drücken der Zähne mit dem Finger, beim Zusammenbeißen schmerzen sie nicht *21.   Heftiger Schmerz in der ganzen li Brust-seite, der jedoch nur anfallsweise eintrat, und ihn zum lauten Schreien zwang. Bei der leisesten Be-rührung der äußeren Bedeckungen der Brust trat dieser Schmerz sogleich ein. Pat. lag gewöhnlich auf der kranken Seite *26.   Verspüre zeitweilig einen heftigen Stich in der li äußeren Brust, die auch bei Berührung etwas schmerze. Ich fand die Brust etwas geschwellt und bei leiser Berüh-rung empfindlich, während ein stärkerer Druck mit Ausnahme einer kleinen Stelle gut vertragen wurde *66.   Quälende Neuralgie in beiden Seiten des Gesichts und der Stirn. Sie mußte die flüssige Nahrung mit den Fingern in den Mund bringen, weil die geringste Berührung der Lippen mit Löffel, Gabel oder einem anderen metallischen Gegenstand jedesmal einen heftigen Schmerz-anfall auslöste *123.   Zahnschmerzen bald li, bald re, sie verschlimmern sich von Berührung, aber nicht vom Draufbeißen *139.   Dumpfer Schmerz in zwei Backenzähnen. Durch kräfti-ges Zusammenbeißen besserte er sich vorübergehend *152.   Zahnschmerz in gesunden und kranken Zähnen, Zähne schmerzhaft bei Berührung durch Getränke oder durch Speisen, nicht aber beim Beißen oder Kauen *AF.   Drückender und pulsierender Schmerz vom kranken Zahn bis ins Auge, schlechter durch leichten Druck oder durch Berührung mit einem metallischen Gegenstand, besser durch starken Druck. Nagen und Reißen in schlechten Zähnen, schlechter durch Berührung, aber nicht beim Daraufbeißen *LT.

24   **Berührung verschlechtert:**
Es liegt ihm in allen Gliedern und tut ihm alles weh — die Muskeln beim Befühlen, die Gelenke beim Bewegen *233.
Berührungsempfindlichkeit der Haut, Berührung macht Schmerzen: s. S. 57.   Berührung verschlechtert Kopf-schmerzen und Zahnschmerzen: s. S. 112.   Rückenschmerzen, durch Berührung verschlechtert: s. S. 130. Berührung verschlechtert Armschmerzen: s. S. 141.   Beinschmerzen: s. S. 159.   Brustschmerzen bei Berüh-rung: s. S. 175.   Berührung verschlechtert Bauchschmerzen: s. S. 197.

25   **Druck, Daraufsitzen oder -liegen verschlechtert, Folgen von Druck:**
Wenn er ein Weilchen gesessen hat, tut ihm die Hinterbacke weh *1A-209.   Ein unerträgli-cher Klamm in der Wade und Fußsohle des Beines, worauf er liegt, weckt ihn aus dem Nachmit-tagsschlafe auf *1-220.   Wundheitsgefühl auf dem re Scheitelbeine bloß bei Berührung; er kann vor diesem Schmerze Nachts nicht auf der re Seite liegen *4-340.   Lang anhaltender, stumpfer Stich in der Gegend um den Nabel, schlimmer beim Ausatmen und Aufdrücken *5-474.

Stumpfer Stich im li Schoße, beim Aufdrücken heftiger *5-479.   Juckendes Brennen an der re kleinen Zehe, als wäre sie erfroren, und sie schmerzte schon beim gelinden Drücken *7-649. Kriebeln und Prickeln in der Sohle des Fußes, den man beim Sitzen über den anderen schlägt, wie eingeschlafen *7-652.   Unterhalb der Hüfte, von der Leistengegend eineinhalb Zoll vorwärts nach dem Bauche zu, in beiden Seiten — bei starkem Druck mit der Hand eine gelinde, wie spannende, fast brennende Empfindung. Lehnt sie sich mit diesen Stellen des Bauches eine Zeit lang an den Tisch, so fühlt sie zwar nichts, während sie dies tut, aber nachher eine Art Klamm eine Minute lang, der allmählig vergeht. Beim Liegen auf dem Rücken, wenn sie sich schnell umdreht und aufrichtet, entsteht daselbst ein Schmerz, ein Wadenklamm, von der heftigsten Art, der dann allmählig vergeht, doch bleibt noch längere Zeit ein dumpfer Schmerz zurück, besonders, wenn sie auf die Stelle drückt *32.   Beim Aufsetzen des Fußes Prickeln in den Zehenballen, als ob es die Zehen nach unten ziehen wollte *57.   Neuralgischer Kopfschmerz, schlechter durch den Druck des Hutes *69.   Brennen und Stechen in den äußeren Kopfteilen, schlechter durch darauf Liegen *LM.   Schmerz um die Gürtellinie, kann einen Gürtel deshalb nicht vertragen, Druck mit der Hand verstärkt den Schmerz jedoch nicht *c.   Druckgefühl im Magen beim darauf Drücken *h.   Sitzen kann er nicht gut, dann tun die Gesäßbacken weh *k. Zahnschmerzen schlechter durch Kauen und darauf Beißen: s. S. 113.   Brustschmerzen schlechter bei Druck, Kleiderdruck, darauf Liegen: s. S. 175.   Empfindlichkeit der weiblichen Genitalien gegen Druck beim Sitzen und bei Untersuchung: s. S. 197.

26   Druck oder Berührung bessert:
Jucken im li Nasenflügel, was bei Berührung verging *5-390.   Ständiges hohles Gefühl im Magen, wegen dem er jetzt eine Magenbinde trägt *150.   Dumpfer Schmerz in zwei Backenzähnen. Durch kräftiges Zusammenbeißen besserte er sich vorübergehend *152. Drücken und Reiben macht das Jucken im Scrotum erträglich. Glaubt, den Leib festhalten zu müssen, weil er herabfallen will: s. S. 198.

27   Operationsfolgen:
Folgen von Operationen oder Sphinkterdehnungen: s. S. 198.

ALLGEMEINE MODALITÄTEN   Nahrungsaufnahme, Sinneseindrücke, Psyche

1   Beim Essen schlechter:
Beim Essen entsteht im Munde und Schlunde Übelkeit, als sollte er sich erbrechen *11-448. Schauder und Frostgefühl beim Essen, ohne Durst, zwei Stunden vor der Hitze *8H-693. Beim Kauen, beim darauf Beißen Zahnschmerzen: vgl. S. 113.

2   Sofort nach dem Essen schlechter:
Schlucksen jedesmal nach dem Essen *1-100.   Zusammenlaufen des Wassers im Munde, nach dem Essen — eine Art Würmerbeseigen *3-449.   Aufstoßen einer geschmacklosen Feuchtigkeit, nach dem Essen *12-453.   Gleich nach dem Essen, scharfer Hustenreiz im Kehlkopfe, aber wenig Husten *3-529.   Kurz nach dem Essen jedesmal scharfer Husten und Wasserzusammenlaufen im Munde — es ist, als würde dies Wasser mit Gewalt durch den Schlund getrieben und schnitte darin *3-530.   Große Müdigkeit und Schläfrigkeit nach dem Essen; er fühlt Bedürfnis, sich zu legen, schläft schnell ein, erwacht aber düster und schwer in den Gliedern und fürchtet sich vor dem Gehen *12A-671.   Nach dem Essen, ein flüchtiger Frostschauder den Rücken herab *12-698.   Kratzendes Aufstoßen nach dem Essen, das einen

trockenen Husten hervorruft *TM.   Stuhlgang tritt bei jedem Versuch, zu essen oder zu
trinken, ein *FK.   Tonsillitis, die Schmerzen kommen nach dem Essen *KM.
Bauchbeschwerden sofort nach jedem Essen und Trinken: s. S. 198.   Zahnschmerzen gleich nach dem Essen: s.
S. 113.

3   **Längere Zeit nach dem Essen schlechter:**
Viel Schlucksen, eine halbe Stunde nach dem Abendessen *1-101.   Drei Stunden nach dem
Essen, ein nicht unangenehmes Wärmegefühl über den Rücken *12-700.   Eine Stunde nach
dem Essen Magenschmerzen *c.   Zwei Stunden nach dem Essen Druck auf dem Magen *g.

4   **Essen bessert:**
Stichschmerz am Rande der Zunge, wenn er sie an den Gaumen drückt, gleich als stäke ein Stachel
darin – beim Essen verging's *1-82.
Essen bessert Bauchschmerzen: s. S. 199.

5   **Einfluß bestimmter Nahrungsmittel:**
Beim (gewohnten) Tabakrauchen, Sodbrennen *1-97.   Große Schwäche im ganzen Körper,
Verlangen nach Branntwein oder etwas Anregendem *LT.
Kaltes Wasser erregt Zahnschmerzen: s. S. 115.   Fleisch und Eier machen Beschwerden: s. S. 116.   Brot wird
nicht vertragen und verursacht Magenschmerzen. Andere Nahrungsmittel: Fleisch, Eier, Kaffee, Tabakrauch, kal-
tes Wasser, Hefekranz: s. S. 199.

6   **Aufstoßen verschlechtert:**
Kratziges Aufstoßen, was den Kehlkopf angreift und zum Husten zwingt (kratziger Sod) *1-98.
Wenn es ihr aufstoßen will, drückt und sticht es ihr bis in die Brust *1-99.   Kratzendes Auf-
stoßen nach dem Essen, das einen trockenen Husten hervorruft *TM.

7   **Geräusche, Musik, Sinneseindrücke:**
Herzklopfen beim Gehen und beim Anhören von Musik *1-183.   Beim Stehen und Spre-
chen, Eingenommenheit des Kopfs, als wenn Schwindel entstehen wollte *7-286.   Alle Sin-
ne sind überempfindlich, die Fingerspitzen, die Ohren, die Zunge und die Nase, eine schmerzhafte
Überempfindlichkeit der Sinnesorgane *KM.   Beim Sprechen schluckt sie dauernd *AB.
Geräusche machen sie nervös. Kopfschmerz, Licht und Geräusche verschlimmern *b.   Ge-
räuschempfindlich *g.
Licht verschlechtert Augenschmerzen: s. S. 111.

8   **Folgen von unverdienter Kränkung, die ertragen werden muß:**
Siehe Seite 1.

9   **Folgen von unterdrücktem Zorn:**
Siehe Seite 1.

10   **Folgen von Entrüstung über fremdes Unrecht:**
Siehe Seite 2.

11   **Folgen von Ärger:**
Siehe Seite 3.

12   **Folgen von Sorgen, Schreck, Aufregung:**
Siehe Seite 3, 11.

13   **Folgen von geistiger Anstrengung:**
Siehe Seite 7, 8.

14   **Folgen von geringster Ablenkung im Gespräch:**
Siehe Seite 6.

15   **Darandenken verschlechtert, Ablenkung bessert:**
Klamm vorzüglich in den oberen und unteren Teilen der Wade, beim Erwachen aus dem Schlafe, welcher weder durch Ausstrecken, noch durch Biegen des Schenkels zu mildern ist, durch Richtung der Gedanken aber auf diesen Schmerz, wenn er schon sich vermindert hat, sich gleich wieder vermehrt und empfindlicher wird *1-221.   Klagt über Interesselosigkeit, Gleichgültigkeit, Apathie. Fühlt sich während der Arbeit wohler *b.

16   **Folgen von Onanie, sexuellen Exzessen, dauerndem Denken an Sexuelles:**
Nach einer nächtlichen Pollution, Mattigkeit und Schwere in beiden Armen, als hätte er Blei darin *1-152.   Masturbation mehrere Jahre lang. Seitdem fühlt er sich unwohl und klagt besonders über gedrückte Stimmung, unruhigen, unterbrochenen Schlaf und Verdauungsstörungen *99. Samenabgänge zweimal wöchentlich und immer gegen Morgen. Schwach und müde, besonders morgens. Herzklopfen, wenn er einer Frau nahe kommt *111.
Siehe Seite 4, 5.

17   **Folgen der Unterdrückung des Sexualtriebes. Sexuelle Betätigung bessert:**
Hodenneuralgie, Kopfbeschwerden. Der geschlechtliche Umgang erleichtert ihm seine Beschwerden *60.   Samenabgänge. Vor den Abgängen ist der Samenstrang voll und knotig. Nach dem Abgang weniger Völle und keine Knoten im Samenstrang *64.   Nervöse Schwäche durch Liebesenttäuschung und Erregung des Sexualtriebes bei Frauen *LT.   Nachts ruhelos bei nicht befriedigtem Geschlechtstrieb *SK.   Ihrer Ansicht nach sind die Depressionen, die sie hat, Folge der schlechten Behandlung durch den Ehemann. Sie erzählt mir, daß sie seit sieben Jahren keinen ehelichen Verkehr mehr gehabt habe *b.

18   **Folgen der ersten Erregung des Sexualtriebes bei Frauen:**
Cystitis nach erstem Coitus bei Frauen *UA.
Siehe Seite 5.

ALLGEMEINE MODALITÄTEN   Temperatur, Wetter, Absonderungen

1   **Kälte in jeder Form bessert:**
In der Stube, Schwindel, wie Betäubung, im Freien nicht *1-1.   Schauder mit Gänsehaut, welcher in der freien Luft aufhörte *1-256.   Große Hitzempfindung, die Nacht, in den Händen und Füßen; er mußte sie entblößt halten *1-263.   Heftiger Schmerz in der ganzen li Brustseite. Er entblößte gern die kranke Brust oder lag ganz nackt *26.   Gerstenkörner am li Oberlid. Besserung durch Anwendung kalten Wassers *80.   Zahnschmerz nagend und zuckend, in einem li oberen Praemolaren. Schmerz stärker, wenn der Zahn berührt wird, besonders durch heiße Sachen *97.   Myalgie des li Deltoid. Der Schmerz ist im Bett stärker *101.

Schreibkrampf. Wärme, warmes Zimmer wirken ungünstig ein, günstig dagegen Kaltwerden der Hände, Eintauchen derselben in kaltes Wasser. Die Dame trägt auch im kältesten Winter keine Handschuhe *106.   Nachts Entblößen *110.   Heftiges Zahnweh, besser, solange kaltes Wasser im Mund gehalten wurde, es kam wieder, wenn das Wasser warm wurde *127. Nachts Hitze in Händen und Füßen, entblößt sie *AP.   Kopfschmerz beim Aussetzen der Periode. Kalte Luft, Kaltbaden bessert *b.
Warmwerden abends im Bett verschlechtert Hautsymptome: s. S. 70.

2   Friert so, daß er selbst am warmen Ofen nicht warm werden kann:
Mangel an Lebenswärme, muß deshalb im Sommer Winterkleidung tragen *TM.
Siehe Seite 78.

3   Fürchtet, sich bei geringster Abkühlung im Schweiß zu erkälten:
Siehe Seite 77.

4   In freier Luft schlechter:
Auch beim Sehen im Freien kamen zuweilen schwarze Blitze vor die Augen, wie eine Art Flimmern *1-29.   In inneren Augenwinkel, ein starkes Jucken, am schlimmsten in freier Luft *1-37.   An freier Luft trocknet die Augenbutter an und es spannt dann *1-39.   Bloß anfangs beim Gehen im Freien, ein anhaltend stichartiger Schmerz im Unterleibe, unter den re Rippen *1-121.   In freier Luft bekam sie etwas Hitze und etwas Kopfweh *1-261.   Jukken am oberen Augenlidrande, im Freien *1JA-363.   Schwindel, besonders beim Gehen im Freien *72.
Zahnschmerzen schlechter im Freien: s. S. 114.

5   Luftzug, kalter Wind verschlechtert:
Wenn er nachts erwacht, so ist er mit warmem Schweiße bedeckt; bei der Entblößung aber weht es ihn so kalt an, der Schweiß verschwindet und er glaubt sich zu verkälten *4-703.   Vom leisesten Windhauch Gefühl, als würden seine Beine unter ihm weggeweht und als fiele er rückwärts *72.   Schwäche der Augen, Tränen derselben im Winde, leichtes Erkälten, Empfindlichkeit gegen Zug *92.   Gegen Kälte und Zug sind der Nacken und Hinterkopf auffallend empfindlich *93.   Haßt den Winter, weil sie seit 20 Jahren beim Gehen in kaltem Wind Magenschmerzen bekommt *136.   Zahnschmerzen, sie treten besonders auf nach Zugluft in der Kirche *139.   Zahnfleischentzündung durch Luftzug *d.   Eine kreisrunde Stelle über der Nasenwurzel ist schmerzhaft, schlechter durch Wind und örtliche Kälte *f.

6   Wärmeanwendung, warmes Zimmer bessert:
Neuralgischer Kopfschmerz, schlechter durch Luftwechsel, besser im warmen Zimmer *69.   Dauernder schießender Schmerz in der Umgebung der li Niere, schlechter durch Kälte, durch Liegen in einem kalten Bett, besser durch Hitze oder beim Warmwerden im Bett *102.   Zähne berührungsempfindlich und schmerzhaft. Besserung durch Wärmeanwendung *104.   Gesichtsneuralgie. Die Schmerzen wurden nur durch örtliche Wärme gebessert *125.   Hüftschmerzen. Wärmeanwendung bessert *136.   Arger Kopfschmerz, als wenn das Gehirn zerrissen wäre, besser durch Ruhe und Wärme *HG.

7   Wettereinflüsse:
Blepharitis; Bei trüber, nebelichter Witterung kann er nicht lesen, besonders bei beginnendem Schnupfen *33.   Neuralgischer Kopfschmerz, schlechter durch Luftwechsel *69.   Haßt den Winter, weil sie seit 20 Jahren beim Gehen in kaltem Wind Magenschmerzen bekommt *136.

Durst vor Regenwetter *c.   Fühlt sich bei Regenwetter besser *f.

8   **Periode:**
Etwa 10 — 14 Tage vor Eintritt der Menses wurde sie jedesmal durch acute Schmerzen daran erinnert, welche sich von der Austrittsstelle des Schenkelknochen an der inneren Fläche des Oberschenkels herunter bis zum Knie und bis zur großen Zehe erstreckten. Nach der ersten Schmerzempfindung stellte sich eine complete Lähmung des ganzen Gliedes ein, welche anhielt bis der Menstrualfluß vollständig sich eingestellt *62.   Vor den Menses noch etwas Schmerz, reissend, stechend, hat seinen Sitz besonders in der Gegend des re Ovarium *82.   Schreibkrampf; Acht Tage vor den Menses oft Verschlimmerung *106.   Sehr nervös bei jeder Periode *134.   Zahnschmerz, während der Periode, in gesunden und kranken Zähnen *AF. Kopfschmerz beim Aussetzen der Periode *b.   Aufgeregt, findet keine Ruhe in der Nacht, kann die Gedanken nicht abschalten, besonders vor der Periode *e.

9   **Schwangerschaft:**
Zahnschmerzen in den ersten Schwangerschaftsmonaten: s. S. 116.

10   **Stuhlgang:**
Bei Abgang harten Stuhls, Ausfluß des Vorsteherdrüsensaftes *1-148.   Jucken im After beim Sitzen, außer dem Stuhlgange *5HA-501.
Bauchschmerzen vor Stuhlgang, beim Stuhlgang und nach Stuhlgang: s. S. 200, 201.

11   **Urinabgang:**
Bauchschmerzen, wenn man nicht uriniert, beim Urinieren und nach Urinieren: s. S. 201.

AUGEN   Schmerzen — Orte

1   **Oberer Teil des Augapfels:** Von innen Herausdrücken, Drücken, Schweres Drücken, Ziehen nach oben:
Ein das Auge von innen herausdrückender Schmerz an der oberen Wand der re Augenhöhle, gleich hinter dem Auge, lang anhaltend und öfters wiederkehrend *7-357.   Drückender Schmerz im oberen Teile des re Augapfels *6-358.
Schmerzen über dem re Auge: s. S. 87.

2   **Im oder unter dem Oberlid:** Zusammenziehen, Drücken, Schneiden, wie von einem harten Körper:
Eine zusammenziehende Empfindung im oberen Augenlide, welche Tränen auspreßt *1-46.   Drücken am oberen Augenlide, den ganzen Tag — beim Schließen des Auges, stärker *1HA-47.   Starker, spitzig schneidender Schmerz unterm li oberen Augenlide *5-355.   Unter dem li oberen

Augenlide, Schmerz, als wenn ein harter Körper darunter läge *5A-356.   Den ganzen Tag
Schmerz im Oberlid. Schmerz stärker beim Augenschließen. Gerstenkorn im re Oberlid *112.

3   **Innere Augenwinkel:** Beißen, Schründen, Jucken, Harter Druck, Brennen, Spannen, Reissen:
Ein beißend schründender Schmerz in den inneren Augenwinkeln *1HA-34.   Im inneren li
Augenwinkel, ein mehr beißender, als juckender Schmerz *1-35.   Im inneren Augenwinkel,
ein starkes Jucken, am schlimmsten in freier Luft − er muß reiben *1-37.   Harter Druck im
inneren Winkel des re Auges *8-359.   Jucken und Brennen im inneren Augenwinkel, muß
reiben *10.   Drückender Schmerz und entstellende Röte am li inneren und unteren Augenwinkel. Patientin beschrieb den Schmerz als einen spannend reißenden, vom inneren Winkel zur
Wange hinwandernden *42.

4   **Äußere Canthi; von den äußeren Augenwinkeln bis zum Ohr:** Brennen, Drücken,
Reißen, Spannen, Stechen, Bohren:
Brennend drückendes Reißen in der re Schläfe, dicht am Auge *6-348.   Spannender Stich
im äußeren Winkel des re Auges *5-360.   Ein nicht unangenehmes Brennen im äußeren Winkel des re Auges, welches sich ziemlich weit hinter das Auge, nach dem Ohre zu, erstreckt und anfallsweise wiederkehrt *12-362.   Reißender Druck im äußeren Augenwinkel in der Gegend
der Tränendrüse *3-370.   Gichtische, reißende, bohrende Schmerzen teils im Auge selbst,
insbesondere aber in dem li Augenbrauenbogen, in dem li Schlafbeine und der li Stirnseite, die sich
in die übrigen Kopfteile verbreiteten *12.

5   **Lidränder:** Jucken, Spannen:
Jucken an den Augenlidrändern *1AA-48.   Jucken am oberen Augenlidrande, im Freien;
zwei Stunden später, auch am anderen Auge − durch Reiben verging es *10A-363.   Der
Rand des li Oberlides juckt, besser durch Reiben *58.   Spannungsschmerz im Rand des re
Oberlides *143.

6   **Im Augapfel oder im Augenweiß:** Stechende Stöße, Bersten:
Entzündung des Weißen im Auge, mit Schmerzen *1HA-49.   Stechende Stöße im Augapfel,
als wollte er zerspringen *3-365.   Das Augenweiß ist entzündet und schmerzhaft *10.
Syphilitische Iritis mit berstendem Schmerz im Augapfel, in der Schläfe und in der Gesichtsseite,
schlechter von abends bis morgens und beim Gebrauch der Augen bei künstlicher Beleuchtung
*103.

7   **Von den Zähnen oder vom Gesicht bis ins Auge:**
Drückender Schmerz und entstellende Röte am li inneren und unteren Augenwinkel. Patientin beschrieb den Schmerz als einen spannend reißenden, vom inneren Winkel zur Wange hinwandernden
*42.
Siehe Seite 90.

8   **Lider:**
Siehe Seite 90.

9   **Augen:**
Siehe Seite 89.

AUGEN   Schmerzen — Empfindungen

1   Drücken wie von einem harten Fremdkörper:
·Drücken über dem re Auge, hinter dem Augenbrauenbogen, wie von etwas Hartem *3-312.   Unter dem li oberen Augenlide, Schmerz, als wenn ein harter Körper darunter läge *5A-356.   Harter Druck im inneren Winkel des re Auges *8-359.

2   Drücken und Brennen gleichzeitig:
Brennend drückendes Reißen in der re Schläfe, dicht am Auge *6-348.   Brennend drückende Empfindung um das i Auge herum *6-349.   Reißender Druck im äußeren Augenwinkel in der Gegend der Tränendrüse *3-370.   Gerstenkörner; Patient klagt über Schmerz, meist drückend, wenn er das Auge nicht verbunden hat, auch zuweilen über Brennen in den Lidern *30. Die Augenlider sind dick und rot. Er klagt über Drücken und Brennen *33.

3   Drücken:
Schweres Drücken über der re Augenhöhle, im Freien *6-306.   Harter Knoten im re Oberlid, keine Beschwerden außer Druckgefühl *117.   Knoten im re Oberlid, nur Druckgefühl beim Blinzeln, sonst keine Beschwerden *118.
Siehe Seite 97.

4   Spannendes Stechen:
Spannender Stich im äußeren Winkel des re Auges *5-360.   Patientin beschrieb den Schmerz als einen spanrend reißenden, vom inneren Winkel zur Wange hinwandernden *42. Spannungsschmerz im Rand des re Oberlides *143.

5   Bohren und Reißen:
Auf das fürchterlichste ward der Kranke von gichtischen reißenden, bohrenden Schmerzen teils im Auge selbst, insbesondere aber in dem li Augenbrauenbogen, in dem li Schlafbeine und der li Stirnseite, die sich in die übrigen Kopfteile verbreiteten, gefoltert *12.

6   Zusammenziehen der Augen, als wären sie voll Schlaf:
Gefühl in den Augen, als wären sie voll Schlaf *1-42.   Eine zusammenziehende Empfindung im oberen Augenlide, welche Tränen auspreßt *1-46.   Es zieht ihm zuweilen die Augen zu, ob er gleich nicht schläfrig ist *3-371.   Krampfhafte Verschließung der Lider *JS.   Nadelstechen in den Augen, als wäre man schläfrig *TM.

7   Von innen Herausdrücken, Bersten:
Ein das Auge von innen herausdrückender Schmerz an der oberen Wand der re Augenhöhle, gleich hinter dem Auge, lang anhaltend und öfters wiederkehrend *7-357.   Stechende Stöße im Augapfel, als wollte er zerspringen *3-365.   Syphilitische Iritis mit berstendem Schmerz im Augapfel, in der Schläfe und in der Gesichtsseite, schlechter von abends bis morgens und beim Gebrauch der Augen bei künstlicher Beleuchtung *103.

8   Beißen:
Ein beißend schründender Schmerz in den inneren Augenwinkeln *1HA-34.   Im inneren li Augenwinkel, ein mehr beißender, als juckender Schmerz *1-35.   Es läuft beißendes Wasser aus den Augen, früh *1-36.   Beim Sehen in die Sonne rinnen heiße Tränen aus dem li Auge; Sie machen die Wange wund und verursachen Beißen des Auges *59.   Wenn die Augen leicht zuschwären, beißen und brennen, besonders in den Winkeln *HH.   Beißende Schmerzen in den Augenlidern abends, kann die Augen nicht bei künstlichem Licht gebrauchen *BA.

9   **Heiße Tränen:**
Die Augen sind trübsichtig und so heiß, daß das Augenglas davon anläuft *1-31.   Heißer
Tränenfluß *10.   Eine heftige Photophobie erlaubte nur mühsam, das Auge öffnen und un-
tersuchen zu können. Ein Strom heißer Tränen stürzte dabei an der Wange herunter *12.   Beim
Sehen in die Sonne rinnen heiße Tränen aus dem li Auge; Sie machen die Wange wund und verursa-
chen Beißen des Auges *59.

10   **Brennen:**
Siehe Seite 105.

11   **Jucken, muß das Auge reiben:**
Trübsichtigkeit, als wären die Augen voll Wasser, mit Jucken und Feinstechen im inneren Winkel;
er muß die Stelle reiben *1-32.   Im inneren Augenwinkel, ein starkes Jucken, am schlimmsten in freier Luft — er muß reiben *1-37.   Jucken an den Augenlidrändern *1AA-48.
Jucken am oberen Augenlidrande, im Freien; zwei Stunden später, auch am anderen Auge — durch
Reiben verging es *10A-363.   Jucken und Brennen im inneren Augenwinkel, muß reiben
*10.   Der Rand des li Oberlides juckt, besser durch Reiben *58.   Winzige, stark juk-
kende, zum Kratzen zwingende Knötchen *155.

12   **Heftiges Stechen:**
Starker, spitzig schneidender Schmerz unter dem li oberen Augenlide *5-355.   Beim Anstrengen der Augen, grobe Stiche darin *3-364.   Stechende Stöße im Augapfel, als wollte er
zerspringen *3-365.   Gerstenkorn mit stechenden Schmerzen *147.

13   **Feinstechen, Nadelstechen:**
Trübsichtigkeit, als wären die Augen voll Wasser, mit Jucken und Feinstechen im inneren Winkel;
er muß die Stelle reiben *1-32.   Nadelstechen in den Augen, als wäre man schläfrig *TM.

14   **Reißen:**
Brennend drückendes Reißen in der re Schläfe, dicht am Auge *6-348.   Reißender Druck im
äußeren Augenwinkel in der Gegend der Tränendrüse *3-370.

15   **Schmerzarme Gerstenkörner:**
Harter Knoten, erbsgroß, im re Oberlid, keine Beschwerden außer Druckgefühl *117.   Halb-
erbsgroßer Knoten im re Oberlid, nur Druckgefühl beim Blinzeln, sonst keine Beschwerden *118.
Gerstenkorn am re Oberlid; Schmerzen sind kaum dabei *168.

AUGEN   Sehstörungen

1   **Kleine schwarze Blitze:**
Beim Lesen war's, als wenn kleine, schwarze Blitze zwischen die Buchstaben kämen, und dann waren ganze Zeilen verschwunden *1-28.   Auch beim Sehen im Freien kamen zuweilen
schwarze Blitze vor die Augen, wie eine Art Flimmern *1-29.   Schmerzhafte Ophthalmie;
Verengerung der Pupillen, kleine schwarze glänzende Flecke ziehen von Zeit zu Zeit schnell vor
den Augen vorüber *TM.

2   **Feuersäule:**

In der dunklen Nacht, im Bette, sieht sie eine Feuersäule vor den Augen *1-30.

3   Hof um das Licht:
Um die Abendkerze sieht er einen Schein *1-38.

4   Weißer Flor:
Beim Sehen zieht sich wie ein weißer Flor vor den Gegenstand, wodurch er unsichtbar ward *1-27.

5   Trübsichtigkeit:
Die Augen sind trübsichtig und so heiß, daß das Augenglas davon anläuft *1-31.   Trübsichtigkeit, als wären die Augen voll Wasser, mit Jucken und Feinstechen im inneren Winkel; er muß die Stelle reiben *1-32.   Trübsichtigkeit in der Nähe und Ferne *7-368.

6   Schwarzwerden vor Augen:
Es kommen ihm ängstliche Gedanken und Dinge aus der Vergangenheit vor, als wenn sie gegenwärtig wären und vor ihm ständen, welche ihm Angst und Angstschweiß erregen — dann wird's ihm schwarz vor den Augen; er weiß nicht, ob die Vorstellungen wahr sind, oder Täuschung; dann sieht er alles für etwas anderes an und es vergeht ihm die Lust zum Leben *1-270.

7   Verschwimmen der Buchstaben, Verschwinden ganzer Zeilen beim Lesen:
Beim Lesen war's, als wenn kleine, schwarze Blitze zwischen die Buchstaben kämen, und dann waren ganze Zeilen verschwunden *1-28.   Unfähigkeit zu lesen, weil die Buchstaben verschwimmen *72.

8   Schwachsichtigkeit: Schmerzen beim Gebrauch der Augen:
Die Augen fangen beim Schreiben bald an, weh zu tun (vorzüglich, nachmittags), ein Beißen und Brennen und dann laufen einige Tropfen heraus, welche beißen; er muß das Licht vermeiden, weil es da früher schmerzt *1-33.   Beim Anstrengen der Augen, grobe Stiche darin *3-364. Bei trüber, nebeliger Witterung kann er nicht lesen, besonders bei beginnendem Schnupfen *33. Bei der geringsten Anstrengung zu sehen, brennen die Augen, als ob sie ganz trocken wären, obgleich sie fortwährend in Tränen schwimmen; es zuckt zuweilen krampfhaft in den Augenlidern *44.   Unfähigkeit zu lesen, weil die Buchstaben verschwimmen *72.   Klagt über Schwäche der Augen, d. h. Schmerzen bei Anstrengung derselben *92.   Syphilitische Iritis mit berstendem Schmerz, schlechter beim Gebrauch der Augen bei künstlicher Beleuchtung *103. Die Augen tun beim Schreiben bald weh *AO.   Schwäche des Sehnerven und beißende Schmerzen in den Augenlidern abends, kann die Augen nicht bei künstlichem Licht gebrauchen *BA.

9   Kommt sich größer vor:
Gesichtstäuschung: wenn er vom Sitze aufsteht, kommt er sich viel größer vor, als sonst, und alles unter ihm scheint tiefer zu sein *3-369.

10   Blinzeln:
Drücken im Auge; sie muß oft blinken *1-44.   Augenblinzeln *2.   Halberbsgroßer Knoten im re Oberlid, nur Druckgefühl beim Blinzeln, sonst keine Beschwerden *118.

AUGEN   Befunde

1   Gerstenkörner werden nicht reif, sondern bilden sich um zu harten Knötchen:
Neigt zu Gerstenkörnern, die nach Eiterung vergrößerte Drüsen hinterlassen *73.   Lider ulceriert und mit Gerstenkörnern und Knötchen bedeckt, sahen aus wie ein Haufen faules Fleisch
*75.   Früher neigte er zu Gerstenkörnern, die jetzt schmerzhaften Indurationen gewichen
waren, welche kleine, höchst unangenehme Knötchen bildeten *143.   Litt an immer wiederkehrenden Gerstenkörnern. Auch jetzt saß wieder eins am re unteren Augenlid mit Röte und
Schwellung und stechenden Schmerzen ohne Abszeßbildung, am anderen Auge war auf dem Lidknorpel eine erbsengroße Geschwulst von früher *147.   Das beginnende Gerstenkorn war
zurückgegangen, jedoch traten winzige, stark juckende, zum Kratzen zwingende Knötchen auf
*155.   Wenn die Gerstenkörner an den Lidern oft wiederkommen, oder lassen harte Stellen
nach, oder wenn sie nicht aufgehen, sondern hart werden *HH.   Gerstenkörner, Hagelkörner auf den Augenlidern oder Oberlidern, eins nach dem anderen, hinterlassen harte Knötchen
*AF.   Das Gerstenkorn wird nicht reif, eitert nicht und geht nicht auf, sondern bleibt ein
harter Knoten *HG.

2   Ein Gerstenkorn nach dem anderen:
Gerstkorn am re oberen Augenlide, später auch eins am unteren Augenlid, beide gingen in Eiterung
über und öffneten sich bald, bald erschienen aber auch neue Geschwürchen mit demselben Verlaufe. Beide Augenlider sind mit einer Anzahl hordeolis, in ihrer ersten Entwicklung begriffen, besetzt
*30.   Lidränder entzündet, drei oder vier Gerstenkörner, in verschiedenen Stadien ihrer Ent-
wicklung *87.   Ein Gerstenkorn nach dem anderen, im Ganzen mehr als zwanzig *122.
Vier Gerstenkörner nacheinander *132.   Hat schon das zweite Gerstenkorn am li Auge,
welches ihn sehr belästigt *160.   Wenn die Gerstenkörner an den Lidern oft wiederkommen *HH.   Gerstenkörner, Hagelkörner auf den Augenlidern oder Oberlidern, eins nach
dem anderen *AF.

3   Hagelkörner, Lidknötchen, Steatome:
Das Steatom war linsengroß, es befand sich auf der Innenseite des li Unterlides. Subjektiv: Jucken
*52.   Erbsengroße, verschiebbare, elastische, schmerzlose Geschwulst am re unteren Augen-
lide *53.   Chalazion *71.   Tumor des Unterlides, Rand des Oberlides verdickt durch
Knötchen von Tarsaltumoren *73.   Bohnengroßes Steatom am Oberlid, das jahrelang immer
größer geworden war *74.   Harter Knoten im li Oberlid mit wenig Beschwerden. Rezidiv eines Chalazion nach einem Jahr, kleiner, jetzt im re Oberlid. Nach 4 Jahren Rezidiv im Unterlid
*116.   Harter Knoten, erbsgroß, im re Oberlid, keine Beschwerden außer Druckgefühl *117.
Halberbsgroßer Knoten im re Oberlid, nur Druckgefühl beim Blinzeln, sonst keine Beschwerden
*118.   Chalazea auf den Lidern beider Augen *119.   Erbsgroßer harter Knoten im
re Oberlid, das Baby reibt häufig daran, er wurde dann hellpurpurrot *120.   Talgcyste auf
dem re Unterlid, stark erbsengroß, gelbweiß, schmerzhaft *135.   Knoten in den Lidrändern
*JS.   Harte Knötchen auf den Lidrändern *AO.   Neubildungen an den Lidern sind
extrem berührungsempfindlich *KM.

4   Gerstenkörner:
Gerstenkorn am li Oberlid. Wegen der Schmerzen mußte sie im dunklen Raum und gewöhnlich im
Bett bleiben. Besserung durch Anwendung kalten Wassers *80.   Leidet viel an Hordeolis
*110.   Gerstenkorn im re Oberlid, das Lid ist stark geschwollen *112.   Hordeolum
am li Auge, das sie sehr irritierte *157.   Das Gerstenkorn besteht seit 4 Wochen. Es ist das
erste Gerstenkorn im Leben des Mannes und sitzt, ziemlich dick und hart, mäßig entzündet, am re
Oberlid; Schmerzen sind kaum dabei *168.   Hatte als Kind viel Gerstenkörner *e.   Hat

im Frühjahr Gerstenkörner gehabt *I.

5   Antrocknende Augenbutter in den Winkeln. Verklebung der Augen morgens, muß sie anfeuchten:

Nachts setzt sich an den Augenwimpern und am äußeren Augenwinkel trockner Eiter an; an freier Luft trocknet ebenfalls die Augenbutter an, und es spannt dann *1-39.   Die Lider verkleben sich nachts durch eine zähe Absonderung *10.   Im inneren Augenwinkel sitzt immer trockne Materie, die er des Tags oft abreiben muß *1-40.   Die Augen sind früh zugeschworen im inneren Winkel *1-41.   Die Augen sind früh beim Erwachen so trocken; es drückt darin, daß sie sie unbenetzt nicht aufmachen kann *1A-45.   Die Nacht über kleben die Lider durch harte, gelbe, sich bildende Schorfe zusammen *30.   Früh sind die Augen zugeschworen. Früh fand sich an den äußeren Winkeln eine trockene Masse, die sich beim Waschen leicht auflöste und den Tag über eine rote, feuchte Stelle zurückließ *33.   Morgens die Augen verklebt *37.   Nächtliches Zuschwären des leidenden Augenlides *42.   Wenn die Augen leicht zuschwären, beißen und brennen, besonders in den Winkeln, wo trockene Augenbutter sich ansetzt *HH.

6   Lidschwellung, Lidrandentzündung, begleitende Injektion der Bindehaut:

Entzündung des Weißen im Auge, mit Schmerzen *1H-49.   Scrophulose. Neigt zu scrophulösen Augenentzündungen *2.   Chronische Entzündung des re Auges. Das Augenweiß ist entzündet und schmerzhaft. Er mußte dauernd eine Binde über dem kranken Auge tragen. Jucken und Brennen im inneren Augenwinkel, muß reiben *10.   Beide Augenlider des re Auges sind etwas geschwollen, blaurot von Farbe. Die Albuginea oculi ist etwas gerötet, dieselbe wie injiziert, vorzüglich am inneren Augenwinkel. Beide Augenlider sind mit einer Anzahl hordeolis besetzt *30.   Folge einer Erkältung auf dem Dampfwagen: Die Augenlider sind dick und rot, ohne Wimpern, auch das Augenweiß gerötet. Er klagt über Drücken und Brennen. Besonders sind die Winkel entzündet und geschwürig. Später: Nur die unteren Lider zeigten an den äußeren Winkeln sich noch etwas entzündet *33.   Tinea capitis; Lidrandentzündung und Ektropion li *79.   Seit drei Wochen Blepharitis *110.   Gerstenkorn im re Oberlid, das Lid ist stark geschwollen *112.   Blepharitis mit trockenen Lidrändern, harten Knötchen auf den Lidrändern und Zerstörung der Haarfollikel *AO.   Lider schuppend *SK.

7   Trockene Augen:

Die Augen sind abends so trocken und es drückt darin *1A-43.   Die Augen sind früh beim Erwachen so trocken; es drückt darin, daß sie sie unbenetzt nicht aufmachen kann *1A-45. Trockenheit der Augen, den ganzen Tag anhaltend *7A-361.   Bei der geringsten Anstrengung zu sehen, brennen die Augen, als ob sie ganz trocken wären, obgleich sie fortwährend in Tränen schwimmen *44.   Trockenheit der Augäpfel und der Lider *LM.   Blepharitis mit trockenen Lidrändern *AO.

8   Pusteln in der Umgebung des Auges, rote Stellen an den Augenwinkeln:

Blüten um das entzündete Auge *1-50.   Früh fand sich an den äußeren Winkeln eine trockene Masse, die sich beim Waschen leicht auflöste und den Tag über eine rote, feuchte Stelle zurückließ *33.   Drückender Schmerz und entstellende Röte am li inneren und unteren Augenwinkel. Dieses Übel pflegt sie nun zum dritten Mal, und zwar jedesmal einige Tage vor Vollmond zu überfallen, zieht sich 8 – 10 Tage hin, verschwindet dann an diesem Schauplatze, bis auf eine kleine innere unempfindliche und äußerlich unsichtbare Verhärtung, taucht dafür aber zum Schluß am li inneren oder äußeren Nasenflügel in Gestalt eines kleinen, nie reifenden Schwäres (wenn auch nur auf einige Tage) wieder auf *42.   Entzündung der Augen mit Pusteln in der Umgebung *LM.

9   **Ophthalmie, Iritis:**
Schwere Ophthalmie beiderseits *11.   In dem li Auge gichtische Iritis. Das li Auge erschien
in seinem Umfange viel kleiner, eine heftige Photophobie erlaubte nur mühsam es öffnen und untersuchen zu können. Ein Strom heißer Tränen stürzte dabei an der Wange herunter, und der bul-
bus oculi rollte nach oben. Eine starke gichtische Entzündung, die an dem mit einem bläulichten
Ringe umkleideten Rande der Hornhaut am intensivsten ausgeprägt war, hatte die Conjunktiva und
Sclerotica ergriffen und sich gleichzeitig der Iris, deren Pupillarrand eckig, verzerrt und höchst verengt, fast gar keine Contraktilität mehr wahrnehmen ließ, und deren Färbung dunkler geworden
war, mitgeteilt *12.   Syphilitische Iritis *103.   Schmerzhafte Ophthalmie: Verengerung der Pupillen *TM.

10   **Pupillen: Erweiterung, Verengerung, träge Lichtreaktion:**
Erweiterung der Pupillen *1-26.   Die Pupillen sind nach einer halben Stunde verengert, worauf sie sich sehr erweitern *12-350.   Erweiterte Pupillen, die ersten Tage *12-351.   Sehr
erweiterte Pupillen, viele Stunden lang *12HA-352.   Verengerte Pupillen *11-353.   Erweiterte Pupillen *11-354.   Thoraxprellung; Große Erweiterung der Augensterne, die sich
nur auf stärkeren Lichtreiz verengten *26.   Ophthalmie: Verengerung der Pupillen *TM.

11   **Scharfe Tränen:**
Die Augen fangen beim Schreiben bald an, weh zu tun (vorzüglich, nachmittags), ein Beißen und
Brennen und dann laufen einige Tropfen heraus, welche beißen *1-33.   Es läuft beißendes
Wasser aus den Augen, früh *1-36.   Chronische Entzündung des re Auges. Heißer Tränenfluß *10.   Untersuchung des Auges: ein Strom heißer Tränen stürzte dabei an der Wange
herunter *12.   Beim Sehen in die Sonne rinnen heiße Tränen aus dem li Auge; Sie machen
die Wange wund und verursachen Beißen des Auges *59.

12   **Tränenfluß:**
Eine zusammenziehende Empfindung im oberen Augenlide, welche Tränen auspreßt *1-46.   Heftiger Fließschnupfen; Tränen der Augen *10-524.   Heftiges Gähnen, daß ihm die Tränen in
die Augen treten *10HA-669.   Zeichen einer Atonie des Tränensacks *42.   Bei der
geringsten Anstrengung zu sehen, brennen die Augen, als ob sie ganz trocken wären, obgleich sie
fortwährend in Tränen schwimmen *44.   Kann Fleisch und Eier nicht essen, sie verursachen Kopfschmerz mit Tränenfluß *77.   Tränen im Winde *92.   Heftiger Schnupfen,
viel Niesen und Tränenfluß *LM.

13   **Tiefliegende Augen mit blauen Ringen:**
Er sieht so hohläugig und weitäugig und so angegriffen und spitzig im Gesichte aus, wie auf Nachtschwärmerei, oder wie nach unangenehmen Gemütserschütterungen *12-343.   Äußerst tief
liegende Augen, mit blauen, erhabenen Rändern, wie einer, der sehr ausgeschweift hat, vier Tage
lang *12HA-366.   Unsteter Blick, glänzende, fast thyreotische Augen *150.   Hohle
Augen, glanzlos, halbgeschlossen, als hätte man nicht lange genug geschlafen *TM.

14   **Verkleinerung oder Vergrößerung eines Auges:**
Das re Auge ist viel größer (erweiterter, eröffneter), als gewöhnlich *3-367.   Gichtische Iritis; Das li Auge erschien in seinem Umfange viel kleiner *12.

15   **Anderes:**
Die Augen sind trübsichtig und so heiß, daß das Augenglas davon anläuft *1-31.   Trübsichtigkeit, als wären die Augen voll Wasser *1-32.   Laceration der Cornea mit Irisprolaps durch
Splitterverletzung beim Holzhacken, die Cornea wurde durch den Splitter von unten nach oben
aufgerissen *83.

AUGEN   Zeit

1   Nachts:

In der dunklen Nacht, im Bette, sieht sie eine Feuersäule vor den Augen *1-30.   In der mehrwöchentlichen Dauer der gichtischen Augenentzündung hatten die Schmerzen, anfänglich mehr in abendlichen und nächtlichen Exacerbationen eintretend, jetzt auch in den Tagesstunden so zugenommen, daß Patient sein Bewußtsein momentan verloren hatte *12.   Syphilitische Iritis; schlechter von abends bis morgens *103.

2   Morgens:

Es läuft beißendes Wasser aus den Augen, früh *1-36.   Die Augen sind früh beim Erwachen so trocken; es drückt darin, daß sie sie unbenetzt nicht aufmachen kann *1A-45.
Verklebung der Augen morgens, muß sie anfeuchten: s. S. 231.

3   Nachmittags und abends:

Die Augen fangen beim Schreiben bald an, weh zu tun (vorzüglich, nachmittags), ein Beißen und Brennen und dann laufen einige Tropfen heraus, welche beißen *1-33.   Die Augen sind abends so trocken und es drückt darin *1A-43.   Schmerzen anfänglich mehr in abendlichen und nächtlichen Exacerbationen *12.

AUGEN   Modalitäten

1   Schreiben, Lesen, Augenanstrengung verschlechtert:

Beim Lesen war's, als wenn kleine, schwarze Blitze zwischen die Buchstaben kämen, und dann waren ganze Zeilen verschwunden *1-28.
Schmerzen beim Gebrauch der Augen: s. S. 229.

2   Augenschließen, Blinzeln verschlechtert:

Den ganzen Tag Schmerz im Oberlid. Schmerz stärker beim Augenschließen *112.   Halberbsgroßer Knoten im re Oberlid, nur Druckgefühl beim Blinzeln, sonst keine Beschwerden *118.

3   Reiben bessert das Jucken:

Siehe Seite 228.

4   Eine Augenbinde bessert:

Chronische Entzündung des re Auges. Er mußte dauernd eine Binde über dem kranken Auge tragen *10.   Gerstkorn am re oberen Augenlide. Patient klagt über Schmerz, meist drückend, wenn er das Auge nicht verbunden hat *30.

5   Berührung verschlechtert:

Neubildungen an den Lidern sind extrem berührungsempfindlich *KM.

6   Lichtscheu:

Die Augen fangen beim Schreiben bald an, weh zu tun (vorzüglich, nachmittags), ein Beißen und Brennen und dann laufen einige Tropfen heraus, welche beißen; er muß das Licht vermeiden, weil es da früher schmerzt *1-33.   Gichtische Iritis. Eine heftige Photophobie erlaubte nur müh-

sam, das Auge öffnen und untersuchen zu können *12.   Conjunctivitis, Blepharitis. Große
Lichtscheu *33.   Beim Sehen in die Sonne rinnen heiße Tränen aus dem li Auge; Sie machen die Wange wund und verursachen Beißen des Auges *59.   Gerstenkörner am li Oberlid.
Wegen der Schmerzen mußte sie im dunklen Raum und gewöhnlich im Bett bleiben *80.   Gesichtsschmerzen, deren Sitz das Jochbein war und die in die li Augenhöhle ausstrahlten, mit Lichtscheu und gleichzeitigen Schmerzen in den Zähnen *93.

7   Im Freien schlechter:

Auch beim Sehen im Freien kamen zuweilen schwarze Blitze vor die Augen, wie eine Art Flim-
mern *1-29.   Im inneren Augenwinkel, ein starkes Jucken, am schlimmsten in freier
Luft — er muß reiben *1-37.   Schweres Drücken über der re Augenhöhle, im Freien *6-306.
Jucken am oberen Augenlidrande, im Freien; zwei Stunden später, auch am anderen Auge — durch
Reiben verging es *10A-363.

8   Folgen von Erkältung:

Folge einer Erkältung auf dem Dampfwagen: Die Augenlider sind dick und rot, ohne Wimpern,
auch das Augenweiß gerötet. Er klagt über Drücken und Brennen. Besonders sind die Winkel entzündet und geschwürig *33.   Drückender Schmerz und entstellende Röte am li inneren und
unteren Augenwinkel. Dieses Übel pflegt sie nun zum dritten Mal zu überfallen, zieht sich 8 — 10
Tage hin, verschwindet dann an diesem Schauplatze, taucht dafür aber zum Schluß am li Nasenflügel auf. Krankheitsveranlassung öfter wiederholtes Abkühlen des Gesichts und der Hände mit Eisstückchen bei Gelegenheit einer lucullischen Mittagstafel *42.

9   Wind verschlechtert, Wärme bessert:

Tränen im Winde *92.   Schießende Schmerzen gingen von den oberen Molaren beiderseits
bis in die Ohren und Augenhöhlen, besonders re. Die Schmerzen kamen zu verschiedenen Zeiten
und wurden nur durch örtliche Wärme gebessert *125.

10   Kalte Umschläge bessern:

Gerstenkörner am li Oberlid. Besserung durch Anwendung kalten Wassers *80.

11   Wetter, Mond:

Bei trüber, nebeliger Witterung kann er nicht lesen, besonders bei beginnendem Schnupfen *33.
Drückender Schmerz und entstellende Röte am li inneren und unteren Augenwinkel. Dieses Übel
pflegt sie nun zum dritten Mal, und zwar jedesmal einige Tage vor Vollmond zu überfallen *42.

AUGEN   Begleitsymptome

1   Schnupfen:

Heftiger Fließschnupfen; das eine Nasenloch ist verstopft, das andere nicht, bei häufigem Niesen,
Tränen der Augen und aufgesprungenen Lippen *10-524.   Bei trüber, nebeliger Witterung
kann er nicht lesen, besonders bei beginnendem Schnupfen *33.   Drückender Schmerz und
entstellende Röte am li inneren und unteren Augenwinkel. Patientin beschrieb den Schmerz als einen spannend reißenden, vom inneren Winkel zur Wange hinwandernden. Zu alle dem kamen noch
die Zeichen einer Atonie des Tränensacks, die vielleicht über Jahresfrist schon bestanden haben
konnte. Sie behauptete nämlich, daß das Ganze ein versetzter Schnupfen sei, daß sie schon über
zwei Jahre von demselben nicht heimgesucht worden, jetzt aber, namentlich wenn die Augenent-

zündung auf dem Gipfel stehe, abends durch wiederholtes Niesen und Ausfließen einzelner heller Tropfen aus der leidenden Nasenseite an seine Nähe erinnert worden sei *42.   Heftiger Schnupfen, ein Nasenloch ist verstopft, mit viel Niesen und Tränenfluß *LM.

2   Tränen der Augen bei Gähnen, bei Kopfschmerzen:

Heftiges Gähnen, daß ihm die Tränen in die Augen treten *10HA-669.   Kann Fleisch und Eier nicht essen, sie verursachen Kopfschmerz mit Tränenfluß *77.

3   Bauchbeschwerden:

Jucken an den Augenlidrändern. − Unter der Empfindung, als wolle eine Blähung abgehen, erfolgt unbewußt dünner Stuhl *1−2Std−48,128.   Unter dem li oberen Augenlide, Schmerz, als wenn ein harter Körper darunter läge. − Kneipen in den Gedärmen mit Blähungsabgang *5A− 13Std−356,484.   Ein nicht unangenehmes Brennen im äußeren Winkel des re Auges, wel- ches sich ziemlich weit hinter das Auge, nach dem Ohre zu, erstreckt und anfallsweise wiederkehrt. − Ein starkes Poltern und Knurren im Unterleibe, ohne Schmerz und ohne Abgang von Blähungen *12−90Min−362,467.   Trübsichtigkeit in der Nähe und Ferne. − Harter, weniger Stuhl, mit brennend schneidendem Schmerze im After *7−10Std−368,494.

4   Verschiedenes:

Starker, spitzig schneidender Schmerz unterm li oberen Augenlide. − Zucken im li Vorderarme, in der Ruhe *5−75Std−355,581.   Gesichtstäuschung: wenn er vom Sitze aufsteht, kommt er sich viel größer vor, als sonst, und alles unter ihm scheint tiefer zu sein. − Kurz nach dem Essen jedesmal scharfer Husten und Wasserzusammenlaufen im Munde − es ist, als würde dies Wasser mit Gewalt durch den Schlund getrieben und schnitte darin *3−26Std−369,530.   Die Schmer- zen bei Iritis hatten so zugenommen, daß Patient sein Bewußtsein momentan verloren hatte und vor Schmerz fast in Wahnsinn verfiel *12.

AUGEN   Syndrome

1   Ein Gerstenkorn nach dem anderen; die Gerstenkörner werden nicht recht reif, sie hinterlassen harte Knötchen:

Neigt zu Gerstenkörnern, die nach Eiterung vergrößerte Drüsen hinterlassen. Rand des Oberlides verdickt durch Knötchen von Tarsaltumoren *73.   Lidränder entzündet, drei oder vier Ger- stenkörner, in verschiedenen Stadien ihrer Entwicklung *87.   Neigte zu Gerstenkörnern, die jetzt schmerzhaften Indurationen gewichen waren, welche kleine, höchst unangenehme Knötchen bildeten *143.   Litt an immer wiederkehrenden Gerstenkörnern. Auch jetzt saß wieder eins am re unteren Augenlid mit Röte und Schwellung und stechenden Schmerzen ohne Abszeßbil- dung, am anderen Auge war auf dem Lidknorpel eine erbsengroße Geschwulst von früher *147. Das beginnende Gerstenkorn war zurückgegangen, jedoch traten winzige, stark juckende, zum Kratzen zwingende Knötchen auf *155.   Wenn die Gerstenkörner an den Lidern oft wieder- kommen, oder lassen harte Stellen nach, oder wenn sie nicht aufgehen, sondern hart werden *HH. Das Gerstenkorn wird nicht reif, eitert nicht und geht nicht auf, sondern bleibt ein harter Knoten *HG.

2   Verklebung der Lider morgens durch in den Winkeln antrocknende Augenbut- ter, die sich durch Anfeuchten der Augen leicht entfernen läßt:

Nachts setzt sich an den Augenwimpern und am äußeren Augenwinkel trockner Eiter an; an freier

Luft trocknet ebenfalls die Augenbutter an, und es spannt dann *1-39.   Die Augen sind früh beim Erwachen so trocken; es drückt darin, daß sie sie unbenetzt nicht aufmachen kann *1A-45. Die Lider verkleben sich nachts durch eine zähe Absonderung. Morgens müssen die Augen zum Öffnen angefeuchtet werden *10.   Früh sind die Augen zugeschworen. Früh fand sich in den äußeren Winkeln eine trockene Masse, die sich beim Waschen leicht auflöste *33.

3   **Im Freien Jucken und Beißen der inneren Augenwinkel, durch Reiben gebessert:**

Trübsichtigkeit, als wären die Augen voll Wasser, mit Jucken und Feinstechen im inneren Winkel; er muß die Stelle reiben *1-32.   Ein beißend schründender Schmerz in den inneren Augenwinkeln *1HA-34.   Im inneren li Augenwinkel, ein mehr beißender, als juckender Schmerz *1-35.   In inneren Augenwinkel, ein starkes Jucken, am schlimmsten in freier Luft – er muß reiben *1-37.   Jucken am oberen Augenlidrande, im Freien; durch Reiben verging es *10A-363.   Jucken und Brennen im inneren Augenwinkel, muß reiben *10.

4   **Drückender Schmerz im oberen Teil des rechten Augapfels oder über dem rechten Auge, als würde das Auge herausgedrückt oder nach oben gezogen:**

Schweres Drücken über der re Augenhöhle, im Freien *6-306.   Drücken über dem re Auge und Ziehen nach oben *3-311.   Drücken über dem re Auge, hinter dem Augenbrauenbogen, wie von etwas Hartem *3-312.   Ein das Auge von innen herausdrückender Schmerz an der oberen Wand der re Augenhöhle, gleich hinter dem Auge *7-357.   Drückender Schmerz im oberen Teil des re Augapfels *6-358.

OHREN   Schmerzen

1   **Stechen tief im Ohr:**

Stumpfe, aber tiefe Stiche im Inneren erst des li, dann des re Ohres *1-51.   Ein Stich im li Ohre *5-373.   Tief im re Ohre, ein dumpfer, schmerzlicher Stich, abends *10-374.   Ein spannender Stich im li Ohre *5H-375.   Ruckweise Stiche an der Seite des Halses, fast hinter dem Ohr *12-404.   Das heftige Bohren und Stechen in dem li Ohre ist aussetzend, und mehr des Abends und Nachts vorhanden *31.   Halsschmerzen. Ein leichter Stich fliegt beim Schlucken zum li Ohr *96.   Stiche in den Ohren *TM.

2   **Einströmendes Kältegefühl im Ohr:**

Im re Ohrgange, ein einströmendes Kältegefühl, wie ein kühler Hauch, einige Stunden lang *12-376.

3   **Schmerz auf der Ohrmuschel:**

Auf der li hinteren Ohrmuschel, ein klammartiger, brennend drückender Schmerz *6-372.

4   **Heftiges Reißen und Schießen von den Zähnen zu den Ohren und gleichzeitig zu den Augen:**

Ziehend reißender Schmerz aus den Backen in die Ohren und Schläfen *6. Prosopalgie; Reißen von einem hohlen Zahne im li Oberkiefer ausgehend, erstreckt sich dieser Schmerz durch die ganze li obere Zahnreihe, auf die li Wange, setzt sich im pes anserinus fest und erzeugt dort die heftigsten Schmerzen. Bei großer Heftigkeit der Schmerzen erstrecken sie sich bis hinter das li Ohr und in den li Arm *15. Heftige Schmerzen in allen Zähnen rechter Seite, in Ohr und Auge dieser Seite *45. Gesichtsneuralgie; Schießende Schmerzen gingen von den oberen Molaren beiderseits bis in die Ohren und Augenhöhlen, besonders re *125. Nagen und Reißen in schlechten Zähnen, Schießen bis in die Ohren, Klopfen in den Schläfen *LT.

5 Schmerzen im Kiefergelenk beim Gähnen oder Mundöffnen:
Siehe Seite 94.

6 Andere Ohrschmerzen:
Ein ziehender Schmerz am Ohre *1-54. Ein Kneipen und Zwicken im li Ohre *1-55. Heftige Schmerzen im re Gehörgang. Neuralgia trigemini *90.

7 Abends Ohrschmerzen:
Sumsen und Stechen im ganzen Kopfe, schlimmer beim Vorbücken und Gehen, abends, viele Stunden lang *12-295. Tief im re Ohre, ein dumpfer, schmerzlicher Stich, abends *10-374. Angina; das heftige Bohren und Stechen in dem li Ohre ist aussetzend, und mehr des Abends und Nachts vorhanden *31.

OHREN   Gehör

1 Knallen, als schieße der Wind in die Ohren:
Kopfschmerz, als würde das Gehirn zusammengedrückt (am meisten in der Stirne), mit ruckweisem Ohrbrausen, welches weit eher endigt, als der Kopfschmerz *4HA-301. Zuweilen leise Knalle in beiden Ohren, als stieße der Wind jähling hinein — ohne Verminderung des Gehörs *3-379. Knacken im Ohr *k.

2 Sumsen im Kopf:
Wehtun im ganzen Kopfe, wie Sumsen *12-294. Sumsen und Stechen im ganzen Kopfe, schlimmer beim Vorbücken und Gehen, abends, viele Stunden lang *12-295. Im Kopfe öfters Schwindel; lästiges Sausen in den Ohren *26.

3 Klingen:
Klingen im li Ohre *10-377. Bei Bewegung des Kopfs, Klingen in dem einen, oder dem anderen Ohre, welches in der Ruhe wieder verschwand *11-378.

4 Überempfindlichkeit des Gehörs:
Alle Sinne sind überempfindlich, die Fingerspitzen, die Ohren, die Zunge und die Nase, eine schmerzhafte Überempfindlichkeit der Sinnesorgane *KM. Geräusche machen sie nervös. Licht und Geräusche verschlimmern Kopfschmerzen *b. Geräuschempfindlich *g.

5 Schwerhörigkeit:
Schwerhörigkeit mit Vergrößerung der Mandeln, besonders nach Quecksilbermißbrauch *JS.

6   **Ohrgeräusche bei Bewegung:**
Bei Bewegung des Kopfs, Klingen in dem einen, oder dem anderen Ohre, welches in der Ruhe wieder verschwand *11-378.

NASE

1   **Jucken, Schründen, Wundheit äußerlich an der Nase, geschwürige Nasenlöcher:**
Schründender Schmerz an dem einen Nasenloche, als ob es sehr geschwürig wäre *1-57.   Im
li Nasenloche, am Knorpel der Nasenscheidewand, entsteht bei Berührung ein Wundheitsschmerz,
als wollte sie geschwürig werden *4-389.   Jucken im li Nasenflügel, was bei Berührung
verging *5-390.   Scrophulose; Dauerschnupfen mit geschwürigen Nasenlöchern und glänzend roter, geschwollener Nasenspitze *2.   Drückender Schmerz und entstellende Röte am
li inneren und unteren Augenwinkel. Dieses Übel pflegt sie nun zum dritten Mal, und zwar jedesmal einige Tage vor Vollmond zu überfallen, zieht sich 8 – 10 Tage hin, verschwindet dann an
diesem Schauplatze, taucht dafür aber zum Schluß am li inneren oder äußeren Nasenflügel in
Gestalt eines kleinen, nie reifenden Schwäres (wenn auch nur auf einige Tage) wieder auf *42.
Schnupfen mit geschwürigen Nasenlöchern *JS.

2   **Schorf, Borken oder Wundheit in der Nase, dabei schmerzhafte Stelle über der
Nasenwurzel:**
Reißendes Kopfweh in der Stirn, gerade über der Nase, mit einem Wundheitsschmerz in derselben
*27.   Innerlich böse Nase, mit Schorf tief innen *1-58.   Trockene Krusten in der
Nase *TM.   Seit einem Jahr Nase ständig entzündet. Grünliche Borken in der Nase, manchmal blutig. Eine kreisrunde Stelle über der Nasenwurzel ist schmerzhaft *f.   Ich habe das
Gefühl, als ob da, über der Nasenwurzel, etwas sitzen würde, wie ein Pfropf. Beim Naseputzen
kommt etwas Blut *j.

3   **Verstopfte Nase, schnupfige Sprache, Nasenpolypen:**
Abends, ein Stocken in der Nase, so daß sie gar keine Luft durch hat und es ihr das Sprechen erschwert *1-165.   Schnell entstehender Fließschnupfen, mit schnupfiger Sprache, eine Viertelstunde anhaltend *1-167.   Fester Schleim in den hinteren Nasenöffnungen, wodurch sie
verstopft werden *3-437.   Fester, die Choanen verstopfender Schleim *3-439.   Polyp
in der li Nasenhöhle *27.   Hypertrophie der Tonsillen mit Nasenstimme verbunden *39.
Nasenpolypen beider Nasenlöcher. Beide Nasenlöcher waren so vollständig von den Polypen
verstopft, daß der Kranke nicht anders als durch den Mund zu atmen vermochte *46.   Nase
nachts verstopft *c.   Muß morgens die Nase lange Zeit schneuzen, bis sie wieder durchgängig ist *f.

4   **Schnupfen mit abwechselnd dicker und dünner Schleimabsonderung und Niesen:**
Niesen, mit Schnupfen *1-166.   Schnell entstehender Fließschnupfen, mit schnupfi-

ger Sprache, eine Viertelstunde anhaltend *1-167.   Starker Schnupfen, ohne Husten *1-168.
Schnupfen und Husten, mehrere Wochen *1-170.   Wüste im Kopfe, wie beim Schnupfen
*12-290.   Gesicht, wie von Schnupfen aufgedunsen *12-342.   Öfteres Niesen, ohne
Schnupfen *11HA-522.   Schnupfen: Anfangs schnaubt er nur dicken Schleim aus, nachgehends dünnflüssigen *8HA-523.   Heftiger Fließschnupfen; das eine Nasenloch ist verstopft, das andere nicht, bei häufigem Niesen, Tränen der Augen und aufgesprungenen Lippen *10-
524.   Heftiger Schnupfen: unter Kitzeln in der Nase und Niesen fließt bald häufige, milde,
wässrige Feuchtigkeit, bald dicker Schleim aus der Nase — späterhin, bloß die dickschleimige Materie *12-525.   Mercurialkrankheit; Schnupfen in der re Nasenseite *6.   Bei trüber, nebelichter Witterung kann er nicht lesen, besonders bei beginnendem Schnupfen *33.   Blepharitis. Zu alle dem kamen noch die Zeichen einer Atonie des Tränensacks, die vielleicht über
Jahresfrist schon bestanden haben konnte. Sie behauptete nämlich, daß das Ganze ein versetzter
Schnupfen sei, daß sie schon über zwei Jahr von demselben nicht heimgesucht worden, jetzt aber,
namentlich wenn die Augenentzündung auf dem Gipfel stehe, abends durch wiederholtes Niesen
und Ausfließen einzelner heller Tropfen aus der leidenden Nasenseite an seine Nähe erinnert worden sei *42.   Heftiger Schnupfen, ein Nasenloch ist verstopft, mit viel Niesen und Tränenfluß *LM.   Schnupfen mit benommenem Kopf und Unfähigkeit, geistig zu arbeiten *LT.
Häufiges Niesen, ohne Schnupfen *HG.

5   Zäher Retronasalschleim:

Kratzende Empfindung im Rachen, hinter den Nasenöffnungen, als wenn man Tabak hindurch geschnupft hätte *5-436.   Trockenheit der Zunge und zugleich fester Schleim in den hinteren
Nasenöffnungen, wodurch sie verstopft werden *3-437.   Trockenheitsempfindung der Zunge, Zusammenfluß säuerlichen Wassers im Munde und zugleich fester, die Choanen verstopfender
Schleim *3-439.

6   Überempfindlichkeit oder Beeinträchtigung des Geruchssinnes:

Nasenpolypen. Berichtete, daß der Geruch noch nicht wiederkehre *46.   Alle Sinne sind
überempfindlich, die Fingerspitzen, die Ohren, die Zunge und die Nase, eine schmerzhafte Überempfindlichkeit der Sinnesorgane *KM.

MUND   Schmerzen — Orte

1   Schmerz gleichzeitig in den Zähnen und im Gesicht, bis zu den Augen, Schläfen und Ohren ausstrahlend:

Äußerlich am Kopfe und in den Zähnen, Reißen *1-17.   Heftig ziehender Zahnschmerz, mit
Backengeschwulst, drückendem Kopfschmerze derselben Seite und Hitze im Gesichte *1-75.
Stechender Schmerz in den Kiefergelenken beim Öffnen des Mundes, und ziehend reißender
Schmerz aus den Backen in die Ohren und Schläfen *6.
Schmerz von den Zähnen zum Gesicht, vom Gesicht zu den Augen ausstrahlend: s. S. 90.

2   Zahnschmerz nicht nur im hohlen Zahne, sondern auch in angrenzenden oder gegenüberliegenden gesunden Zähnen:

Ein durchdringendes Ziehen in dem hohl werdenden Zahne selbst, und in dem ihm entsprechenden auf der anderen Seite, früh *1A-74.   Jedesmal gleich nach dem Essen, Zahnweh im hohlen Zahne — ein fressendes Ziehen (in den Schneidezähnen aber, Drücken), was sich in der freien Luft ungemein erhöht *3A-425.   Reißen, erst in der Wurzel des hohlen Zahns, dann bis vor in die Kronen der Zähne, bloß gleich nach dem Essen und Kauen, in der freien Luft sehr erhöht; zugleich ein Druck oben auf die Krone der schmerzhaften Zähne nach ihren Wurzeln zu; bei Berührung mit dem Finger, fangen auch die übrigen Zähne zu schmerzen an *3A-427.   Heftiger Zahnschmerz im ersten oberen Backzahne der re Seite. Der Schmerz bestand in einem heftigen Fressen, mit empfindlichem Ziehen bald längs den Vorderzähnen, bald nach dem Auge hinauf *14.   Reißen von einem hohlen Zahne im li Oberkiefer ausgehend, erstreckt sich dieser Schmerz durch die ganze li obere Zahnreihe, auf die li Wange, setzt sich im pes anserinus fest und erzeugt dort die heftigsten Schmerzen *15.   Zahnschmerz in gesunden, wie cariösen Zähnen *21.   Heftige Schmerzen in allen Zähnen rechter Seits, in Ohr und Auge dieser Seite. Wolle er zuweilen seinen Durst stillen, so entstehen die unleidlichsten Risse in einem hohlen Zahn, daß es ihm einen Schrei auspresse und darauf der tägliche Schmerz in den Zähnen und Gesichtshälfte auf Stunden unleidlich gesteigert werde *45.   Heftige Schmerzen in den Molaren li oben. Nur einer war kariös, aber der Schmerz, der als reißend zupfend (d. h. „Ziehen" in unserer Pathogenese) beschrieben wurde, breitete sich auf die benachbarten gesunden Zähne aus *121.

3   Zahnschmerz in ganzen Zahnreihen oder im ganzen Gebiß:

Fressender Schmerz in den vier unteren Vorderzähnen, vorzüglich nachts *1-71.   Drückend ziehender Zahnschmerz der vorderen Reihe, wie von Quecksilbergebrauche, am schlimmsten die Nacht, gegen Morgen zu *1-73.   Zusammenpressend ziehender Zahnschmerz der re Reihe, durch kaltes Wasser zu erzeugen *411.   Reißen in den ganzen Zahnreihen, mit Stumpfheitsgefühle der Zähne, beim Draufbeißen *12A-420.   Wenn sie etwas Kaltes trank, fuhr es ihr in die Zähne, als wenn sie hohl wären *12A-424.   Kitzelndes Stechen in den Backzähnen des re Unterkiefers *4HA-428.   Dumpfe, sonst uncharakteristische Schmerzen im ganzen Gebiß ohne Lokalisation an bestimmten Zähnen *153.

Zahnschmerz nicht nur im hohlen Zahne, sondern auch in angrenzenden gesunden Zähnen: vgl. S. 240.   In den Zahnwurzeln: vgl. S. 240.

4   In den Zahnwurzeln:

Heftiges Zahnreißen in den Wurzeln der Zähne, wobei es ihr die Gesichtsmuskeln verzog, bald auf diese, bald auf jene Seite *9A-413.   Reißen, erst in der Wurzel des hohlen Zahns, dann bis vor in die Kronen der Zähne; zugleich ein Druck oben auf die Krone der schmerzhaften Zähne nach ihren Wurzeln zu *3A-427.

Schmerz im Zahnfleisch und den Zahnwurzeln: vgl. S. 93.

5   Zahnfleisch:

Habe am Zahnfleische des li Oberkiefers einen Auswuchs, der ihm schon beim Sprechen etwas weh tue, beim Kauen aber einen empfindlichen drückenden Schmerz verursache *4.   Die Außenseite des li Oberkieferzahnfleisches war tief ulceriert, die aufliegende Innenseite der Oberlippe war ebenfalls affiziert und sehr empfindlich. Jede kleine Bewegung des Unterkiefers war sehr schmerzhaft *107.

Siehe Seite 93.   Vgl.: In den Zahnwurzeln, S. 240.

6   Die Zahnschmerzen sind einmal hier, einmal da:

Heftiges Zahnreißen in den Wurzeln der Zähne, wobei es ihr die Gesichtsmuskeln verzog, bald auf diese, bald auf jene Seite *9A-413.   Zahnschmerz bald li, bald re, reißend *82.   Gesichtsschmerzen, gleichzeitig Schmerzen in den Zähnen, die ziemlich rasch den Sitz wechseln *93. Zahnschmerzen, bald li, bald re *139.

Vgl.: Zahnschmerz nicht nur im hohlen Zahne, sondern auch in angrenzenden oder gegenüberliegenden gesunden Zähnen, S. 240.

7 Lippen:

Am Roten der Oberlippe, ein mit Schorf bedecktes Blütchen, von brennender Empfindung *1-60. Siehe Seite 94.

8 Gaumen:

Stechen im Gaumen, bis in's Gehirn *1-86. Siehe Seite 163.

9 Zunge:

Siehe Seite 163.

10 Mundschleimhaut:

Angina; Im ganzen inneren Munde ein Gefühl von Geschwulst, als wenn alles wund und voll Blasen wäre *31.

MUND   Schmerzen — Empfindungen

1 Drücken, dumpfer Schmerz, Stumpfheitsgefühl: Zähne — Auge (m. Klopfen), Vorderzähne (mit Ziehen), Jochbein — Zähne (m. Reißen), Oberlippe (m. Stechen), Zähne (Stumpfheitsgefühl), Schneidezähne, Krone — Wurzel, Gaumen (m. Schründen), Zahnfleischtumor, Kiefer (einf. Wehtun), 2 Backenzähne (dumpfer S.), ganzes Gebiß (dumpfer S.):

Reißen in den ganzen Zahnreihen, mit Stumpfheitsgefühle der Zähne, beim Draufbeißen *12A-420.   Jedesmal gleich nach dem Essen, Zahnweh im hohlen Zahne — ein fressendes Ziehen (in den Schneidezähnen aber, Drücken), was sich in der freien Luft ungemein erhöht *3A-425. Drückendes Schründen hinten am Gaumen, bloß außer dem Schlucken *3-435.   Habe am Zahnfleische des li Oberkiefers einen Auswuchs, der ihm schon beim Sprechen etwas weh tue, beim Kauen aber, wenn von den Speisen etwas in diese Gegend komme, einen empfindlichen drückenden Schmerz verursache *4.   Schmerz im Kiefer; er hat sich noch nicht, wie ehedem, zu einem Reißen gesteigert, sondern läßt sich nur als ein einfaches Wehtun bezeichnen *43. Siehe Seite 97.

2 Ziehend reißende Schmerzen: Kopf — Zähne, Backen — Ohren, li ob. Molaren:

Es reißt und zerrt vom Kopfe herab durch die Backen bis in die Zähne *12H-382.   Mercurialkrankheit; Ziehend reißender Schmerz aus den Backen in die Ohren und Schläfen *6.   Heftige Schmerzen in den Molaren li oben. Nur einer war kariös, aber der Schmerz, der als reißend zupfend (d. h. „Ziehen" in unserer Pathogenese) beschrieben wurde, breitete sich auf die benachbarten gesunden Zähne aus *121.

3 Ziehen: Zahnfleisch (m. Stechen), Zähne, vordere Zahnreihe (m. Drücken), hohler Zahn (durchdringend), Zahn (heftig z.), Unterlippengeschwür (m. Stechen, Jucken), Lippengeschwür (m. Nagen), re Reihe (m. Zusammenpressen), hohler Zahn, hint. Zahnfleisch, Schneidezähne, hohler Zahn (m. Fressen), Backzahn — Auge, Vorderzähne (m. Fressen):

Staphisagria   241

Schmerzhaftes Ziehen im Zahnfleische der hintersten Backzähne und in ihren Wurzeln *8-416.
Siehe Seite 98.

4   **Nagen:** Lippengeschwür (m. Ziehen), li ob. Praemolar (m. Zucken), schlechte Zähne (m. Reißen):
Siehe Seite 103.

5   **Zusammenpressen, Zusammenziehen:** Re Reihe (m. Ziehen), Zahnfleisch re Seite (krampfartig):
Zusammenpressend ziehender Zahnschmerz der re Reihe, durch kaltes Wasser zu erzeugen *3-411.
Das Zahnfleisch der oberen und unteren Zähne rechter Seite wird krampfartig schmerzhaft zusammengezogen, so daß sie vor Schmerz die Zähne nicht voneinander bringen konnte *9-418.

6   **Schwellungsgefühl, Pflockgefühl:**
Reißen von einem hohlen Zahne im li Oberkiefer ausgehend, erstreckt sich dieser Schmerz durch
die ganze li obere Zahnreihe, auf die li Wange, setzt sich im pes anserinus fest und erzeugt dort die
heftigsten Schmerzen. Gefühl, als wäre die li Wange geschwollen *15.   Dumpfer Schmerz in
zwei vorher vollkommen reizlosen, jahrelang vorher überkronten unteren Backenzähnen. Dieser
Schmerz charakterisiert sich am besten durch die Bezeichnung „Pflockgefühl" *152.

7   **Gefühl von Lockerung der Zähne, von Verlängerung der Zähne, als drückten sie**
sich tiefer in den Kiefer hinein beim Kauen:
Zahnschmerz beim Essen; die Zähne stehen nicht fest, sondern wackeln beim Befühlen hin und
her; er kann die Speisen nicht gehörig zermalmen; beim Kauen ist's, als würden die Zähne tiefer in
das Zahnfleisch eingedrückt, und eben so ist's, wenn sich beide Zahnreihen nur berühren *8H-421.
Schmerz in den Kinnladen, wo ich zugleich das Gefühl von Lockersein der Zähne habe *43.
Gefühl, als seien die Zähne verlängert *104.

8   **Berührungsempfindlichkeit:** Zahnfleisch, Knoten am Zahnfleisch, Zunge, Zähne beim Essen, ca-
riöser Zahn, Zahnfleischgeschwür, Zahnfleisch um Backenz., Lippen mit Metall, Zähne:
Stichschmerz am Rande der Zunge, wenn er sie an den Gaumen drückt, gleich als stäke ein Stachel
darin — beim Essen verging es *1-82.   Die Außenseite des li Oberkieferzahnfleisches war tief
ulceriert, die aufliegende Innenseite der Oberlippe war ebenfalls affiziert und sehr empfindlich
*107.   Heftige Schmerzen in den Molaren li oben. Zahnfleisch schmerzhaft und leicht
blutend *121.
Siehe Seiten 104, 112 und 113.

9   **Fressen, Kratzen, Wundheit, Schründen, Ätzen:** Vorderzähne (Fressen), Zunge (Wundheit), Zunge (Beißen), Zahnfleisch (wundartig), hohler Zahn (Fressen m. Ziehen), Gaumen (Kratzen mit Brennen), Gaumen (Kratzen mit Rauhheit), Gaumen (Schründen mit Drücken), Backzahn - Vorderzähne (Fressen mit
Ziehen), Zunge (Ätzen):
Fressender Schmerz in den vier unteren Vorderzähnen, vorzüglich nachts *1-71.   Wundheitsschmerz des vorderen Teils der Zunge *1-83.   Der Rauchtabak hat einen beißigen Geschmack *1-96.   Die hohlen Zähne sind bei der geringsten Berührung empfindlich, und
wenn nach dem Essen nur das Mindeste von der Speise in den Höhlen derselben zurückbleibt, so
entsteht ein heftiger, bis in die Wurzel sich erstreckender Schmerz, und das Zahnfleisch um die
Zähne schmerzt wundartig *6A-422.   Jedesmal gleich nach dem Essen, Zahnweh im hohlen
Zahne — ein fressendes Ziehen (in den Schneidezähnen aber, Drücken), was sich in der freien Luft
ungemein erhöht *3A-425.   Brennendes Kratzen im Gaumen, außer und bei dem Schlucken
*8-433.   Rauh und kratzig, doch sehr feucht am Gaumen *12-434.   Drückendes
Schründen hinten am Gaumen, bloß außer dem Schlingen *3-435.   Heftiger Zahnschmerz
im ersten oberen Backzahne der re Seite. Der Schmerz bestand in einem heftigen Fressen, mit emp-

findlichem Ziehen bald längs den Vorderzähnen, bald nach dem Auge hinauf *14.   Ätzender Schmerz in der Zunge, dadurch Stechen bei Tabakrauch *TM.

10   **Brennen:** Oberlippe, Oberlippe, Unterlippe (mit Stechen), Gaumen (mit Kratzen), Zunge (mit Stechen), Lippen:
Am Roten der Oberlippe, ein mit Schorf bedecktes Blütchen, von brennender Empfindung *1-60.
Ein minutenlanges Brennen fast auf der Mitte der Oberlippe, am äußeren Rande *12-392.   Ein, bei Berührung stechend brennendes Bläschen am Rande des Roten der Unterlippe *13-393.   Brennendes Kratzen im Gaumen, außer und bei dem Schlucken *8-433.   Sehr quälendes Stechen und Brennen auf der Zunge *91.   Schorfige Lippen mit brennenden Schmerzen *LM.

11   **Klopfen, Mucken, Zucken, Pulsieren:** Zähne — Auge (Klopfen mit Drücken), Zahnfleisch (Klopfen mit Ziehen i. d. Zähnen), Zähne (Mucken), oberer Praemolar (Nagen und Zucken), Zahn — Auge (Drücken und Pulsieren):
Siehe Seite 106.

12   **Jucken:**
Ein Geschwür am Rande des Roten der Unterlippe, glänzend roten Ansehens, für sich stumpf stechenden, ziehenden Schmerzes, bisweilen mit nicht unangenehmem Jucken verbunden, welches zum Kratzen reizt, worauf ein stumpfes Stechen erfolgt *8-395.   Kitzelndes Stechen in den Backzähnen des re Unterkiefers *4HA-428.

13   **Stechen:** Zahnfleischblase (mit Stechen), Zungenspitze, Zungenrand, Gaumen — Gehirn, Lippenbläschen (mit Stechen), Oberlippe (von innen nach außen, mit Drücken), Unterlippengeschwür (m. Ziehen und Jukken), untere Backzähne (kitzelnd), Gaumen, Zunge (m. Brennen):
Siehe Seiten 101, 102 und 163.

14   **Schießen:**
Wenn sie etwas Kaltes trank, fuhr es ihr in die Zähne, als wenn sie hohl wären *12A-424.   Schiessende Schmerzen gingen von den oberen Molaren beiderseits bis in die Ohren und Augenhöhlen, besonders re *125.   Nagen und Reißen in schlechten Zähnen, Schießen bis in die Ohren, Klopfen in den Schläfen *LT.

15   **Reißen:** Kopf u. Zähne, Jochbein u. Zähne (m. Drücken), Kopf — Zähne (m. Zerren), Zahnwurzeln (Heftig), Zahnfleisch u. Backzahnwurzeln, Zahnreihen, Zähne, hohler Zahn — Zähne (mit Drücken), hohler Zahn — obere Zahnreihe, Kiefer, hohler Zahn (unleidlich), Zähne li - re, li ob. Molaren (m. Ziehen), schlechte Zähne (m. Nagen u. Schießen):
Schmerz im Kiefer; er hat sich noch nicht, wie ehedem, zu einem Reißen gesteigert, sondern läßt sich nur als ein einfaches Wehtun bezeichnen *43.
Siehe Seite 102.

16   **Schneiden:** Lippe (feine Schnitte), Lippen — Augen (feines Schneiden):
Siehe Seite 103.

17   **Übelkeit:**
Beim Essen entsteht im Munde und Schlunde Übelkeit, als sollte er sich erbrechen *11-448.

18   **Heftige Schmerzen:** Zähne (Ziehen), Zahnwurzeln (Reißen), Zähne — Wurzeln, ob. re Backzahn (Fressen, Ziehen), hohler Zahn — Wange (Reißen), Zähne (unleidlich bei Berührung), Zahnstumpen (furchtbar), Zähne (quälend), Zähne, Zunge (Stechen, Brennen), Zähne:
Die hohlen Zähne sind bei der geringsten Berührung empfindlich, und wenn nach dem Essen nur das

Mindeste von der Speise in den Höhlen derselben zurückbleibt, so entsteht ein heftiger, bis in die Wurzel sich erstreckender Schmerz *6A-422.   Sehr quälendes Stechen und Brennen auf der Zunge *91.   Heftiges Zahnweh *127.
Siehe Seite 106.

19 **Trockenheit:**
Trockenheit der Zunge und zugleich fester Schleim in den hinteren Nasenöffnungen, wodurch sie verstopft werden *3-437.   Trockenheitsempfindung der Zunge, Zusammenfluß säuerlichen Wassers im Munde und zugleich fester, die Choanen verstopfender Schleim *3-439.   Zusammenschaudern mit Schläfrigkeit und Trockenheit des Mundes *3-692.

MUND   Geschmack

1 **Schlechter Mundgeschmack, aber richtiger Geschmack der Speisen:**
Ein weichlicher, lätschiger Geschmack im Munde, und doch schmecken die Speisen gut *1-90.
Wässriger Geschmack im Munde, obgleich die Speisen richtig schmecken *1-91.

2 **Verfälschter Geschmack der Speisen:**
Essen hat ihm keinen Geschmack und doch hat er Appetit *1-92.   Brot schmeckt ihm sauer *1-93.   Vom Biertrinken entsteht ein kratziger, widerlicher Geschmack im Halse *1-95.
Das Brot schmeckt säuerlich *3-442.   Garstiger, bitterlicher Geschmack der Speisen *12-444.

3 **Saurer Geschmack des Brotes:**
Brot schmeckt ihm sauer *1-93.   Trockenheitsempfindung der Zunge, Zusammenfluß säuerlichen Wassers im Munde *3-439.   Das Brot schmeckt säuerlich *3-442.

4 **Lätschig, wässrig, geschmacklos, fade:**
Ein weichlicher, lätschiger Geschmack im Munde, und doch schmecken die Speisen gut *1-90.
Wässriger Geschmack im Munde, obgleich die Speisen richtig schmecken *1-91.   Essen hat ihm keinen Geschmack und doch hat er Appetit *1-92.   Seekrankheit; Fauliger fader Geschmack im Munde und Rachen *8.

5 **Bitter:**
Im Munde, so für sich, ein garstiger, bitterlicher Geschmack *12-443.   Garstiger, bitterlicher Geschmack der Speisen *12-444.   Aufregung verursacht bitteren Mundgeschmack *b.
Kopfschmerz, dabei ein bitterer Geschmack im Munde *I.

6 **Kratzig, beißig:**
Von Biertrinken entsteht ein kratziger, widerlicher Geschmack im Halse *1-95.   Der Rauchtabak hat einen beißigen Geschmack *1-96.

7 **Überempfindlicher Geschmackssinn:**
Alle Sinne sind überempfindlich, die Fingerspitzen, die Ohren, die Zunge und die Nase, eine schmerzhafte Überempfindlichkeit der Sinnesorgane *KM.

MUND   Befunde

1   Wasserzusammenlaufen im Munde, Speichelfluß:

Zusammenlaufen des Speichels im Munde *1-88.   Speichelfluß *1-89.   Ein spannend
schmerzhaftes Drücken im Unterleibe, als wenn er zu viel gegessen hätte und sich dann auf den
Leib drückte, mit Übelkeit und Zusammenlaufen des Speichels im Munde *1-113.   In den
Gedärmen, Schneiden, und dabei so übel, daß ihr das Wasser im Munde zusammen lief und zu-
gleich große Mattigkeit *1-123.   Rauh und kratzig, doch sehr feucht am Gaumen *12-434.
Trockenheitsempfindung der Zunge, Zusammenfluß säuerlichen Wassers im Munde und zugleich
fester, die Choanen verstopfender Schleim *3-439.   Der Mund ist immer voll wässriger
Feuchtigkeit, wie bei starkem Hunger *12-446.   Zusammenlaufen des Wassers im Munde,
nach dem Essen — eine Art Würmerbeseigen *3-449.   Weichlich; es läuft ihm Wasser im
Munde zusammen, mit einzelnem, kurzem Aufstoßen, wie wenn man ein Brechmittel eingenommen hat, was nicht gehen will *12-450.   Wenige Stunden nach einer sehr reichlichen, nahrhaften Mahlzeit bekommt er ein heftiges Hungergefühl, mit Wasserzusammenlaufen im Munde *12-
460.   Kurz nach dem Essen jedesmal scharfer Husten und Wasserzusammenlaufen im Munde — es ist, als würde dies Wasser mit Gewalt durch den Schlund getrieben und schnitte darin *3-
530.   Angina; Im ganzen inneren Munde ein Gefühl von Geschwulst, als wenn alles wund
und voll Blasen wäre. Dabei immerwährendes Speicheln *31.   Zahnfleischgeschwulst; Die
Speichelabsonderung war so groß, daß die Frau genötigt war, beständig ihr Taschentuch zu gebrauchen *67.   Aphthen; sind stets von mehr oder weniger Speichelfluß und Gestank begleitet
RB.   Beim Sprechen schluckt sie dauernd *AB.   Husten mit Wasserzusammenlaufen
im Mund *DA.

2   Schleimansammlung im Munde, Schaum vor dem Munde:

Er hat stets sich anhäufenden Schleim im Munde, ohne Übelgeschmack *8HA-445.   Eine
Art Aufstoßen; es kommt aus dem oberen Teile des Halses eine Menge Schleim in den Mund *12-
451.   Prosopalgie, reißende Schmerzen in der li Wange und Verschleimung der ersten Wege
*15.   Konvulsionen; Schaum vor dem Munde *50.

3   Zähne schwarzgestreift bis ins Innere:

Die Zähne werden schnell schwarz; sie muß sie täglich zweimal putzen und dennoch bleiben sie
querüber schwarz gestreift *1A-65.   Sie hatte kaum einen gesunden Zahn im Munde, alle
waren schwarz, brüchig und kariös *48.   Ihre Zähne waren schwarz, brüchig und kariös *49.
Zähne schwarz, werden schnell kariös *104.   Die Zähne sehen schwarz aus, sind zum Teil
kariös *139.   Blauschwarzwerden der Krone eines anscheinend bis dahin gesunden unteren
Eckzahnes mit noch intakter Pulpa *149.   Zähne werden schwarz und blättern ab *LM.
Die Zähne werden angefressen, bröckeln ab, werden schwarz bis ins Innere; sie bleiben schwarz,
auch wenn sie dieselben noch so viel bürstet; schwarze Spuren und Streifen gehen durch bis zur
Mitte *GG.   Bei Kindern werden die Zähne rapid schlecht. Kaum sind die Milchzähne voll
ausgewachsen, so werden sie stellenweise schwarz und bröckeln ab *FK.

4   Abblättern des Zahnschmelzes, Abbröckeln der Zähne:

Es blättert sich ein Stück von der hinteren Fläche eines Schneidezahnes ab *8A-415.   Sie
hatte kaum einen gesunden Zahn im Munde, alle waren schwarz, brüchig und kariös *48.   Ihre Zähne waren schwarz, brüchig und kariös *49.   Zähne werden schwarz und blättern ab
*LM.   Die Zähne werden angefressen, bröckeln ab *GG.   Kaum sind die Milchzähne
voll ausgewachsen, so werden sie stellenweise schwarz und bröckeln ab *FK.

5   Zähne hohl, kariös:

Staphisagria

Ein, lange Zeit nur wenig angefressener Zahn ward schnell hohler, binnen acht Tagen *13A-414.
Zahnweh im hohlen Zahne *3A-425.   Reißen, erst in der Wurzel des hohlen Zahns, dann bis
vor in die Kronen der Zähne *3A-427.   Reißen von einem hohlen Zahne im li Oberkiefer
ausgehend *15.   Zahnschmerz in gesunden, wie cariösen Zähnen *21.   Risse in einem
hohlen Zahn *45.   Furchtbare Zahnschmerzen, welche nur von einem Stumpen herrühren
*47.   Sie hatte kaum einen gesunden Zahn im Munde, alle waren schwarz, brüchig und kari-
ös *48.   Ihre Zähne waren schwarz, brüchig und kariös *49.   Zahn bedeutend cariös
*66.   Hatte einen cariösen Zahn, der ihn sehr schmerzte *86.   Schlechte Zähne *95.
Zähne schwarz, werden schnell kariös *104.   Heftige Schmerzen in den Molaren li oben.
Nur einer war kariös *121.   Die Zähne sehen schwarz aus, sind zum Teil kariös *139.
Die Zähne werden angefressen *GG.   Die Zähne werden schlecht an den Rändern, nicht an
den Wurzeln *AF.   Bei Kindern werden die Zähne rapid schlecht *FK.   Schmerz
vom kranken Zahn bis ins Auge. Nagen und Reißen in schlechten Zähnen *LT.   Neuralgie
durch kariöse Zähne *LA.

6   Lockerung der Zähne:

Zahnschmerz beim Essen; die Zähne stehen nicht fest, sondern wackeln beim Befühlen hin und
her; er kann die Speisen nicht gehörig zermalmen; beim Kauen ist's als würden die Zähne tiefer in
das Zahnfleisch eingedrückt, und ebenso ist's, wenn sich beide Zahnreihen nur berühren *8H-421.
Die Außenseite des li Oberkieferzahnfleisches war tief ulceriert. Die Zähne waren in diesem Gebiet
gelockert, das Kauen dadurch erschwert *107.

7   Backengeschwulst bei Zahnschmerzen:

Heftig ziehender Zahnschmerz, mit Backengeschwulst, drückendem Kopfschmerze derselben Seite
und Hitze im Gesichte *1-75.   Backengeschwulst am Unterkiefer *1-76.   Furchtbare
Zahnschmerzen, welche nur von einem Stumpen herrühren. Der li Backen ist geschwollen, doch
nicht recht rot, und die Geschwulst hart, welche sich bis zum Auge erstreckt, wohin der Schmerz
ebenfalls zieht *47.

8   Geschwür, Bläschen oder Blütchen auf den Lippen:

In der Mitte auf der Oberlippe, ein schorfiges Geschwür *1-59.   Am Roten der Oberlippe,
ein mit Schorf bedecktes Blütchen, von brennender Empfindung *1-60.   Ein, bei Berührung
stechend brennendes Bläschen am Rande des Roten der Unterlippe *13-393.   Ein Geschwür
am Rande des Roten der Unterlippe, glänzend roten Ansehens, für sich stumpf stechenden, ziehenden Schmerzes, bisweilen mit nicht unangenehmem Jucken verbunden, welches zum Kratzen reizt,
worauf ein stumpfes Stechen erfolgt *8-395.   Lippengeschwür mit nagend ziehendem
Schmerze darin *8-396.   Lippengeschwür, woraus anfangs Eiter, dann nur grünlichtes Wasser kommt *8-397.

9   Aphthen, Geschwüre oder Bläschen auf dem Zahnfleisch, auf der Mundschleim-
haut:

Eine in Geschwür übergehende Blase an der inneren Seite des Zahnfleisches, voll stechend ziehender Schmerzen *1-67.   Eine Blase im Munde *1-84.   Mercurialkrankheit; geschwüriges und abstehendes Zahnfleisch des re hinteren Backzahnes *6.   Mundgeschwüre, die
schnell entstanden und sehr der Stomacace nahe kamen *16.   Angina; Im ganzen inneren
Munde ein Gefühl von Geschwulst, als wenn alles wund und voll Blasen wäre *31.   Hatte
einen cariösen Zahn, der ihn sehr schmerzte. Der Zahnarzt verletzte bei der Operation die re untere
Kinnlade und nahm davon einen Knochensplitter mit heraus. Eine Osteitis war die Folge und Knochenfraß stellte sich ein *86.   Kurz vor Beginn des Leidens sei Scorbut dagewesen, hatte
seit dieser Zeit sehr viel mit dem Zahnfleisch, Bluten, Geschwüren zu tun *106.   Die Aussenseite des li Oberkieferzahnfleisches war tief ulceriert, die aufliegende Innenseite der Oberlippe

war ebenfalls affiziert und sehr empfindlich. Die Zähne waren in diesem Gebiet gelockert, das Kauen dadurch erschwert. Jede kleine Bewegung des Unterkiefers war sehr schmerzhaft. Das Geschwür blutete im Beginn stark *107.   Diese exulcerösen Aphthen kommen häufig in den Zahnungsperioden, aber auch außer diesen, vor, erlauben oft den Kindern nicht den geringsten Genuß, sind stets von mehr oder weniger Speichelfluß und Gestank begleitet, die Geschwürchen mit bläulich rotem oder schmutzig gelblichem Grunde, die sich meistens aus zersprungenen Bläschen gebildet haben, sind meist oval *RB.   Wenn neben den Schwämmchen und leichtem Bluten derselben schwammige Auswüchse am Zahnfleische und im Munde, Geschwüre in demselben und an der Zunge, unter derselben Blätterchen, Ausfluß von zuweilen blutigem Speichel, dabei oft geschwollene Halsdrüsen vorhanden sind *HK.

10   Zahnfleischschwellung, -entzündung, -schwund:

Geschwulst des Zahnfleisches, mit Hitze im Backen *1-61.   Die innere Seite des Zahnfleisches ist schmerzhaft und geschwollen — auch beim Schlingen ist es schmerzhaft *1-66.   Das Zahnfleisch wird weggefressen *1-69.   Zahnfleisch um die Backenzähne geschwollen und entzündet, sehr stark berührungsempfindlich *109.   Das Zahnfleisch ist nicht gesund, geschwollen, schwammig und blutet leicht *FK.   Zahnfleischentzündung durch Luftzug (nach durchgemachter Kieferfraktur) *d.

11   Geschwulst am Zahnfleisch:

Ein Knoten am Zahnfleische zwar für sich nicht, doch beim Aufdrücken mit etwas Hartem schmerzend *1-68.   Habe am Zahnfleische des li Oberkiefers einen Auswuchs, der ihm schon beim Sprechen etwas weh tue, beim Kauen aber, wenn von den Speisen etwas in diese Gegend komme, einen empfindlichen drückenden Schmerz verursache. Ich fand den Auswuchs von der Größe einer halben Wallnuß, und zugleich bemerkte ich gegenüber am Backen einen zweiten ähnlichen, jedoch kleineren *4.   Hatte auf dem Zahnfleisch der oberen Kinnlade vor und hinter den mittleren Schneidezähnen eine vasculäre Geschwulst von der Größe einer Haselnuß. Die Geschwulst war beweglich *67.   Wenn neben den Schwämmchen und leichtem Bluten derselben schwammige Auswüchse am Zahnfleische und im Munde vorhanden sind *HK.

12   Zahnfleischbluten, blutiger Speichel:

Das Zahnfleisch blutet beim Draufdrücken und Putzen der Zähne, viele Tage lang *1HA-63. Blutiger Speichel *5-440.   Seekrankheit; Das Zahnfleisch wurde blutend *8.   Tertianfieber mit scorbutischer Affektion *13.   Zahnschmerz; Dabei leicht blutendes Zahnfleisch *14.   Kurz vor Beginn des Leidens sei Scorbut dagewesen, hatte seit dieser Zeit sehr viel mit dem Zahnfleisch, Bluten, Geschwüren zu tun *106.   Das Zahnfleischgeschwür blutete im Beginn stark *107.   Zahnfleisch schmerzhaft und leicht blutend *121.   Das Zahnfleisch blutet sehr leicht *139.   Wenn neben den Schwämmchen und leichtem Bluten derselben Ausfluß von zuweilen blutigem Speichel vorhanden ist *HK.   Das Zahnfleisch ist nicht gesund, geschwollen, schwammig und blutet leicht, wenn es durch Speisen oder mit dem Finger berührt wird *FK.

13   Das Zahnfleisch wird weiß:

Das Zahnfleisch wird blaß und weiß *1-64.   Zahnschmerz; beim Kauen ist's, als würden die Zähne tiefer in des Zahnfleisch eingedrückt, und ebenso ist's, wenn sich beide Zahnreihen nur berühren; dabei ist das Zahnfleisch weiß *8H-421.

14   Oberlippe geschwollen, nach außen gestülpt:

Scrophulose; Oberlippe geschwollen, nach außen gestülpt, glänzend *2.   Hatte auf dem Zahnfleisch der oberen Kinnlade vor und hinter den mittleren Schneidezähnen eine vasculäre Geschwulst von der Größe einer Haselnuß. Die Oberlippe war geschwollen und vorgetrieben *67.

Geschwulst der Lippen *JS.

15 Zungenbelag:
Weißlicht belegte Zunge *12-429.   Weiß belegte Zunge *11-430.   Seine Zunge war
stark und schleimig belegt *12.   Weißer Zungenbelag *26.

16 Trockenheit der Zunge, des Gaumens, der Lippen:
Stechen am Gaumen, wenn er trocken ist, abends *3-441.   Heftiger Fließschnupfen; bei
häufigem Niesen, Tränen der Augen und aufgesprungenen Lippen *10-524.   Zusammenschaudern mit Schläfrigkeit und Trockenheit des Mundes *3-692.   Schorfige Lippen mit
brennenden Schmerzen *LM.
Trockenheitsgefühl der Zunge: s. S. 244.

MUND   Zeit

1 Nachts:
Fressender Schmerz in den vier unteren Vorderzähnen, vorzüglich nachts *1-71.   Drückend
ziehender Zahnschmerz der vorderen Reihe, wie von Quecksilbergebrauche, am schlimmsten die
Nacht, gegen Morgen zu *1-73.   Des Tages, vorzugsweise des Nachts anfallsweise sich einstellender Zahnschmerz in gesunden, wie cariösen Zähnen *21.   Zahnschmerz nagend und
zuckend, in einem li oberen Praemolaren. Schmerzen stärker nachts *97.

2 Frühmorgens:
Ein durchdringendes Ziehen in dem hohl werdenden Zahne selbst, und in dem ihm entsprechenden
auf der anderen Seite, früh *1A-74.   Früh, ziehender Schmerz, bloß im hohlen Zahne *3-
412.   Heftiger Zahnschmerz im ersten oberen Backzahne der re Seite. Der Schmerz bestand
in einem heftigen Fressen, mit empfindlichem Ziehen bald längs den Vorderzähnen, bald nach dem
Auge hinauf. Früh waren die Schmerzen am heftigsten *14.

3 Abends:
Stechen am Gaumen, wenn er trocken ist, abends *3-441.

4 Anfallsweise, täglich:
Reißen von einem hohlen Zahne im li Oberkiefer ausgehend, erstreckt sich dieser Schmerz durch
die ganze li obere Zahnreihe, auf die li Wange, setzt sich im pes anserinus fest und erzeugt dort die
heftigsten Schmerzen. Die Anfälle kehren öfters täglich wieder, ohne sich an eine bestimmte Zeit
zu binden. Die Dauer der verschiedenen Anfälle ist unbestimmt *15.   Wolle er zuweilen seinen Durst stillen, so entstehen die unleidlichsten Risse in einem hohlen Zahn, daß es ihm einen
Schrei auspresse und darauf der tägliche Schmerz in den Zähnen und Gesichtshälfte auf Stunden
unleidlich gesteigert werde *45.

MUND   Modalitäten

1 Bewegung verschlechtert:
Reißender Zahnschmerz. Durch Bewegung ward er nicht zum Vorscheine gebracht, aber, wenn er

schon da war, durch Bewegung verstärkt, am meisten durch Bewegung in freier Luft *3A-423.
Die Außenseite des li Oberkieferzahnfleisches war tief ulceriert. Jede kleine Bewegung des Unterkiefers war sehr schmerzhaft *107.   Neuralgie der Innenseite der re Wange, schlechter durch
Schneuzen der Nase *124.

2   **Fester Druck bessert, leise Berührung verschlechtert Zahnschmerzen:**
Siehe Seite 113.

3   **Jede leise Berührung mit dem Finger oder mit einem metallischen Gegenstande
verschlechtert:**
Ein, bei Berührung stechend brennendes Bläschen am Rande des Roten der Unterlippe *13-393.
Beim Kauen ist's, als würden die Zähne tiefer in das Zahnfleisch eingedrückt, und ebenso ist's,
wenn sich beide Zahnreihen nur berühren *8H-421.   Das Zahnfleisch blutet leicht, wenn
es durch Speisen oder mit dem Finger berührt wird *FK.
Zahnschmerzen schlechter durch Berührung: s. S. 112.

4   **Jede Berührung mit den Speisen oder jedes Zurückbleiben von Speiseresten verschlechtert Zahnschmerzen:**
Die hohlen Zähne sind bei der geringsten Berührung empfindlich, und wenn nach dem Essen nur
das Mindeste von der Speise in den Höhlen derselben zurückbleibt, so entsteht ein heftiger, bis in
die Wurzel sich erstreckender Schmerz, und das Zahnfleisch um die Zähne schmerzt wundartig
*6A-422.   Wenn Patientin die geringste Speise oder ein wenig Getränk, sei es warm oder
kalt, mit den Zähnen in Berührung bringt, so entsteht der unleidlichste Schmerz, daher kann sie
nur mit Vorsicht trinken, beißen und kauen gar nicht. Beim Berühren, Drücken der Zähne mit dem
Finger, beim Zusammenbeißen schmerzen sie nicht, so wie auch das Zahnfleisch gesund ist *21.
Zahnschmerz nagend und zuckend, in einem li oberen Praemolaren. Schmerz stärker, wenn der
Zahn berührt wird, besonders durch heiße Sachen *97.   Zahnfleisch blutet leicht, wenn
es durch Speisen oder mit dem Finger berührt wird *FK.

5   **Zähne oder Zahnfleisch empfindlich:**
Zahnfleisch empfindlich *82.   Sehr empfindliche Zähne, beim Zahnarzt wird sie fast wahnsinnig *140.

6   **Druck verschlechtert:**
Das Zahnfleisch blutet beim Draufdrücken und Putzen der Zähne, viele Tage lang *1HA-63.
Ein Knoten am Zahnfleische zwar für sich nicht, doch beim Aufdrücken mit etwas Hartem schmerzend *1-68.   Stichschmerz am Rande der Zunge, wenn er sie an den Gaumen drückt, gleich
als stäke ein Stachel darin — beim Essen verging's *1-82.

7   **Nach dem Essen schlechter:**
Zahnschmerzen gleich nach dem Essen: s. S. 113.   Wasserzusammenlaufen im Munde nach dem Essen: s. S. 221.

8   **Kauen, Schlucken verschlechtert:**
Beim Kauen ist's, als würden die Zähne tiefer in das Zahnfleisch eingedrückt *8H-421.   Brennendes Kratzen im Gaumen, außer und bei dem Schlucken *8-433.   Habe am Zahnfleische
des li Oberkiefers einen Auswuchs, der ihm schon beim Sprechen etwas weh tue, beim Kauen aber,
wenn von den Speisen etwas in diese Gegend komme, einen empfindlichen drückenden Schmerz
verursache *4.   Diese exulcerösen Aphthen kommen häufig in den Zahnungsperioden,
aber auch außer diesen, vor, erlauben oft den Kindern nicht den geringsten Genuß *RB.
Zahnschmerzen schlechter durch Kauen, darauf Beißen: s. S. 113.

9   **Beim Essen schlechter:**
Beim Essen entsteht im Munde und Schlunde Übelkeit, als sollte er sich erbrechen *11-448.

10   **Essen, Schlucken bessert:**
Stichschmerz am Rande der Zunge, wenn er sie an den Gaumen drückt, gleich als stäke ein Stachel darin – beim Essen verging's *1-82.   Brennendes Kratzen im Gaumen, außer und bei dem Schlucken *8-433.   Drückendes Schründen hinten am Gaumen, bloß außer dem Schlingen *3-435.

11   **Aufregung verschlechtert:**
Aufregung verursacht bitteren Mundgeschmack *b.

12   **Im Freien Zahnschmerzen:** Reißender Zahnschmerz, Ziehen im hohlen Zahne, Reißen im hohlen Zahne, re ob. Backzahn, li ob. Praemolar, Molaren li oben:
Siehe Seite 114.

13   **Folgen von Erkältung:**
Furchtbare Zahnschmerzen, welche nur von einem Stumpen herrühren. Auf die Frage, ob er sich vielleicht erkältet, glaubte er diese bejahen zu können, denn er war vor einigen Tagen bei der Arbeit in Schweiß gekommen und hatte die Jacke ausgezogen, worauf der Zahnschmerz eingetreten *47.   Zahnschmerzen, bald li, bald re, sie treten besonders auf nach Zugluft in der Kirche *139.   Zahnfleischentzündung durch Luftzug (nach durchgemachter Kieferfraktur) *d.

14   **Einatmen kalter Luft verschlechtert Zahnschmerzen:**
Zahnschmerz wird durch Einziehen der Luft in den Mund erregt *1A-70.   Zahnschmerz nagend und zuckend, in einem li oberen Praemolaren. Schmerz stärker im Freien, oder beim Einatmen kalter Luft durch den Mund *97.   Schrie plötzlich wegen starker Zahnschmerzen auf, konnte nicht atmen, schlechter durch kaltes Wasser *165.

15   **Kalte Getränke verschlechtern Zahnschmerzen:** Rechte Reihe, reißender Zahnschmerz, Hineinfahren in die Zähne, re ob. Backzahn, rechtsseitige Zähne, heftiges Zahnweh, Backzahn re ob., Molaren li ob., Zahnschmerzen bald li, bald re, starke Zahnschmerzen, in schlechten Zähnen:
Zahnschmerz in einem gesunden Backenzahn re oben. Kaltes Wasser verschlimmert die Schmerzen erheblich *109.
Siehe Seite 115.

16   **Wärme bessert:**
Heftiger Zahnschmerz im ersten oberen Backzahne der rechten Seite. Der Schmerz bestand in einem heftigen Fressen, mit empfindlichem Ziehen bald längs den Vorderzähnen, bald nach dem Auge hinauf. In freier Luft und durch kaltes Trinken wurden sie erregt oder vermehrt, durch Wärme hingegen gemildert *14.   Zähne berührungsempfindlich und schmerzhaft. Gefühl, als seien die Zähne verlängert. Besserung durch Wärmeanwendung *104.   Schießende Schmerzen gingen von den oberen Molaren beiderseits bis in die Ohren und Augenhöhlen, besonders re. Die Schmerzen wurden nur durch örtliche Wärme gebessert *125.

17   **Wärme verschlechtert:**
Zahnschmerz nagend und zuckend, in einem li oberen Praemolaren. Schmerz stärker, wenn der Zahn berührt wird, besonders durch heiße Sachen *97.   Heftiges Zahnweh, besser, solange kaltes Wasser im Mund gehalten wurde, es kam wieder, wenn das Wasser warm wurde *127.

18   **In der Schwangerschaft, bei Dysmenorrhoe:**
Sie hatte häufig quälendes Zahnweh, besonders in den frühen Schwangerschaftsmonaten *48.
Sie litt sehr unter Zahnweh in den ersten Schwangerschaftsmonaten *49.   Dysmenorrhoe;
Zahnschmerz bald li, bald re, reißend, Zahnfleisch empfindlich *82.

MUND   Begleitsymptome

1   **Drüsenschwellung:**
Schmerzhaftes Ziehen im Zahnfleische der Schneidezähne und des Eckzahns, und in den Wurzeln
derselben, rechter Seite, was sich bis in die Muskeln des Unterkiefers herabzieht. – Unter dem
Kinne, vorne an der Vereinigung beider Unterkiefer, ist es, als ob eine Drüse geschwollen wäre; es
ist da etwas Hartes, wie Knorpel, von der Größe einer Haselnuß – beim Schlingen, wie beim Berühren oder Reiben vom Halstuche fühlt er darin einen hart drückenden Schmerz *8-417.   Zahnweh mit Geschwulst der Unterkieferdrüsen *JS.   Wenn neben den Schwämmchen und leichtem Bluten derselben schwammige Auswüchse am Zahnfleische und im Munde, Geschwüre in demselben und an der Zunge, unter derselben Blätterchen, Ausfluß von zuweilen blutigem Speichel, dabei oft geschwollene Halsdrüsen vorhanden sind *HK.   Bei Kindern werden die Zähne rapid
schlecht. Kaum sind die Milchzähne voll ausgewachsen, so werden sie stellenweise schwarz und
bröckeln ab. Das Zahnfleisch ist nicht gesund, geschwollen, schwammig und blutet leicht, wenn es
durch Speisen oder mit dem Finger berührt wird; mit diesem Zustand ist schmerzhafte Anschwellung der Submaxillardrüsen verbunden *FK.

2   **Kopfschmerzen:**
Ein Knoten am Zahnfleische zwar für sich nicht, doch beim Aufdrücken mit etwas Hartem schmerzend. – Stechender Kopfschmerz den ganzen Tag *1–17Tge–68,14.   Heftig ziehender
Zahnschmerz, mit Backengeschwulst, drückendem Kopfschmerze derselben Seite und Hitze im Gesichte *1-75.   Früh, ziehender Schmerz, bloß im hohlen Zahne. – Reißender Druck im äusseren Augenwinkel in der Gegend der Tränendrüse *3–72Std–412,370.   Iritis arthritica;
Seine Zunge war stark und schleimig belegt *12.   Kopfschmerz, dabei ein bitterer Geschmack
im Munde *I.

3   **Hitze im Gesicht:**
Geschwulst des Zahnfleisches, mit Hitze im Backen *1-61.   Heftig ziehender Zahnschmerz,
mit Backengeschwulst, drückendem Kopfschmerze derselben Seite und Hitze im Gesichte *1-75.

4   **Magendruck, Blähsucht, Obstipation:**
Magendruck; Sehr quälendes Stechen und Brennen auf der Zunge *91.   Blähsucht; Als Nebenwirkung dumpfe, sonst uncharakteristische Schmerzen im ganzen Gebiß ohne Lokalisation an
bestimmten Zähnen *153.   Je mehr Plage sie hat mit ihren Zähnen und dem Zahnfleische,
desto verstopfter wird sie *GG.

5   **Giederschmerzen, Brustschmerzen:**
Kitzelndes Stechen in den Backzähnen des re Unterkiefers. – Tief eindringende, in langen Pausen
wiederkehrende, scharfe Stiche an verschiedenen Stellen der Gliedmaßen *4–15Min–428,661.
Thoraxprellung, Brustschmerzen; Weißer Zungenbelag *26.

6   **Verziehen der Gesichtsmuskeln, Kieferkrampf:**

Heftiges Zahnreißen in den Wurzeln der Zähne, wobei es ihr die Gesichtsmuskeln verzog, bald auf diese, bald auf jene Seite *9A-413.   . Das Zahnfleisch der oberen und unteren Zähne rechter Seite wird krampfartig schmerzhaft zusammengezogen, so daß sie vor Schmerz die Zähne nicht voneinander bringen konnte *9-418.

7   **Anderes:**
Reißen in den ganzen Zahnreihen, mit Stumpfheitsgefühle der Zähne, beim Draufbeißen. — Schmerzhaftigkeit des ganzen Körpers, wie Zerschlagenheit, mit ungemeinem Mattigkeitsgefühle, schlimmer bei Bewegung — wenn sie nach dem Sitzen etwas gegangen war, ward dies schmerzhafte Gefühl erneuet und verstärkt *12—40Std—420,664.   Zusammenschaudern mit Schläfrigkeit und Trockenheit des Mundes *3-692.   Potenzstörung; Als Nebenwirkung dumpfe, sonst uncharakteristische Schmerzen im ganzen Gebiß ohne Lokalisation an bestimmten Zähnen *153.

MUND   Syndrome

1   **Zahnschmerz, der sich vom kranken Zahn auf gesunde Zähne, zum Gesicht und zum Auge hinauf ausbreitet, in der frischen Luft, durch kaltes Wasser und gleich nach dem Essen sich verschlimmert, bei leichter Berührung wird er unerträglich, während festes darauf Beißen eher bessert:**
Siehe Seite 120.

2   **Schneiden wie mit einem sehr scharfen Messer in den Lippen bei leisester Berührung mit einem metallischen Gegenstande, das von dort zum Gesicht, zu den Augen und zur Stirn ausstahlt:**
Siehe Seite 120.

3   **Bläschen oder Geschwürchen am Rande des Roten der Lippen mit ziehenden, stechenden oder brennenden Schmerzen:**
Am Roten der Oberlippe, ein mit Schorf bedecktes Blütchen, von brennender Empfindung *1-60.
Siehe Seite 94.

HALS

1   **Rauher, trockener Hals beim Sprechen und Schlucken:**
Rauher Hals, wie wundschmerzend, beim Reden und Schlingen *1HA-85.   Trockenheit im Halse, vorzüglich abends, vor dem Einschlafen; es sticht im Halse beim Schlingen *1-87.   Von Biertrinken entsteht ein kratziger, widerlcher Geschmack im Halse *1-95.   Gefühl von

Rohheit im Rachen, dadurch Sprechen und Schlucken schmerzhaft *TM.   Hals trocken und rauh, mit Wehtun beim Sprechen und Schlucken *LM.

2   Schmerzen in Schlund und Rachen:
Kratzende Empfindung im Rachen, hinter den Nasenöffnungen, als wenn man Tabak hindurch geschnupft hätte *5-436.   Kurz nach dem Essen jedesmal scharfer Husten und Wasserzusammenlaufen im Munde — es ist, als würde dies Wasser mit Gewalt durch den Schlund getrieben und schnitte darin *3-530.   Prosopalgie; Schlundkrampf *15.   Empfindlichkeit im Rachen. Gefühl, als wenn der Schlund durch einen zollangen Zapfen verengert wäre. Bei dem Herabschlucken einiger Tropfen Flüssigkeit ein Erstickungsgefühl mit vermehrtem Stechen im Schlunde. Immerwährender klopfender Schmerz im Schlunde *31.

3   Übelkeit, schlechter Geschmack im Rachen:
Von Biertrinken entsteht ein kratziger, widerlicher Geschmack im Halse *1-95.   Beim Essen entsteht im Munde und Schlunde Übelkeit, als sollte er sich erbrechen *11-448.   Seekrankheit; Fauliger fader Geschmack im Munde und Rachen *8.

4   Retronasal- und Halsschleim:
Trockenheit der Zunge und zugleich fester Schleim in den hinteren Nasenöffnungen, wodurch sie verstopft werden *3-437.   Trockenheitsempfindung der Zunge, Zusammenfluß säuerlichen Wassers im Munde und zugleich fester, die Choanen verstopfender Schleim *3-439.   Eine Art Aufstoßen; es kommt aus dem oberen Teile des Halses eine Menge Schleim in den Mund *12-451.   Leichtes Auswerfen einer Menge Schleims durch Kotzen *10-527.   Masturbation; Schleimräuspern *99.

5   Schwellung, Entzündung oder Geschwüre der Tonsillen:
Geschwulst der Mandel- und Unterkieferdrüsen *1-80.   Mercurialkrankheit; Halsdrüsen- und Mandelgeschwulst, nebst einer Geschwulst des re Tränenbeins, Schnupfen in der re Nasenseite, Geschwüre am Gaumenvorhange und den Tonsillen, mit großer Erweiterung der Ausführungsgänge derselben, mit geschwürigem und abstehendem Zahnfleische des re hinteren Backzahns, stechendem Schmerz in den Kiefergelenken beim Öffnen des Mundes, und ziehend reißendem Schmerz aus den Backen in die Ohren und Schläfen *6.   Hatte an einer Halsentzündung mit Verschwärung der li Mandel gelitten, die in 8 Tagen verlief und eine Empfindlichkeit im Rachen zurückließ. Nach 6 Tagen wurde der Hals ohne alle bekannte Veranlassung wieder schmerzhafter; das Leiden steigerte sich innerhalb 4 Tagen zu einem so bedeutendem Grade, daß die Pat. in Erstikkungsgefahr geriet. Sie konnte nur mit der größten Anstrengung und unter den heftigsten Schmerzen einen Kaffeelöffel voll einer Flüssigkeit herabschlucken. Die Sprache näselnd. Den Mund kann sie nicht im geringsten öffnen, und die Zähne bleiben immer übereinander gelagert, so daß man sich durch Autopsie durchaus nicht über die innere Beschaffenheit des Mundes und des Rachens belehren kann. Die li Backe gegen den Winkel des Unterkiefers, so wie die ganze li Seite des Halses an dem Kopfnicker herunter beim Anfühlen sehr schmerzhaft, aber nicht gerötet. Im ganzen inneren Munde ein Gefühl von Geschwulst, als wenn alles wund und voll Blasen wäre; im Halse ein immerwährendes Stechen, Kratzen und ein Gefühl, als wenn der Schlund durch einen zollangen Zapfen verengert wäre. Bei dem Herabschlucken einiger Tropfen Flüssigkeit ein Erstickungsgefühl mit vermehrtem Stechen im Schlunde. Alle diese Symptome sind anhaltend, aber das heftige Bohren und Stechen in dem li Ohre ist aussetzend, und mehr des Abends und Nachts vorhanden. — Dabei immerwährendes Speicheln. — Immerwährender klopfender Schmerz im Schlunde 31.   Hypertrophie der Tonsillen mit Nasenstimme verbunden *39.   Tonsillen ziemlich groß, die li schmerzhaft bei Berührung. Ein leichter Stich fliegt beim Schlucken zum li Ohr *96.   Akute Tonsillitis, vorwiegend li *145.   Tonsillitis, die Schmerzen kommen nach dem Essen *KM.

6 **Schwellung und Schmerzen der Unterzungendrüse:**
Vorne, unter dem Kinne, unter dem Rande des Unterkiefers, eine spannende Empfindung, als wollte da ein Knoten entstehen *3-398.   Unter dem Kinne, vorne an der Vereinigung beider Unterkiefer, ist es, als ob eine Drüse geschwollen wäre; es ist da etwas Hartes, wie Knorpel, von der Größe einer Haselnuß — beim Schlingen, wie beim Berühren oder Reiben vom Halstuche fühlt er darin einen hart drückenden Schmerz *8HA-399.   Schmerzhaftes Ziehen vom Zungenbeine an, tief im Halse, bis unter den Unterkiefer; bei Berührung der Halsseite, heftiger *8-431.   Anschwellung der Unterzungendrüse, die ihn am Schlingen hindert, vier Stunden lang *13-432.

7 **Schwellung und Schmerzen der Halslymphdrüsen:**
Die Unterkieferdrüsen sind bei Berührung schmerzhaft und schmerzen auch für sich *1-78.   Die Unterkieferdrüsen schmerzen wie geschwollen und gequetscht *1HA-79.   Geschwulst der Mandel- und Unterkieferdrüsen *1-80.   Halsdrüsen- und Mandelgeschwulst *6.   Zahnweh mit Geschwulst der Unterkieferdrüsen *JS.   Stomatitis, dabei oft geschwollene Halsdrüsen *HK.   Das Zahnfleisch ist nicht gesund; mit diesem Zustand ist schmerzhafte Anschwellung der Submaxillardrüsen verbunden *FK.

LUNGEN, KEHLKOPF   Husten, Heiserkeit

1 **Hustenreiz im Kehlkopf, Kitzelhusten:**
Kratziges Aufstoßen, was den Kehlkopf angreift und zum Husten zwingt (kratziger Sod) *1-98. Husten, mit kitzelndem Reize dazu, bloß am Tage *1-173.   Gleich nach dem Essen, scharfer Hustenreiz im Kehlkopfe, aber wenig Husten *3-529.   Hustenanfälle plötzlich, mit langen Intervallen, hervorgerufen durch einen Kitzel einmal im Kehlkopf, ein andermal in der Luftröhre *94.

2 **Scharfer, heftiger, krampfartiger, kruppartiger Husten:**
Scharfer Husten, welcher die Kehle aufzureißen droht, wie von einer beständigen Verengerung der Luftröhre, ohne vorgängigen besonderen Reiz *3-528.   Gleich nach dem Essen, scharfer Hustenreiz im Kehlkopfe, aber wenig Husten *3-529.   Kurz nach dem Essen jedesmal scharfer Husten und Wasserzusammenlaufen im Munde — es ist, als würde dies Wasser mit Gewalt durch den Schlund getrieben und schnitte darin *3-530.   Quälender Husten die ganze Nacht, mit eitrigem Auswurf, läßt ihn immer wieder wach werden, muß sich aufsetzen, heftiger, langanhaltender Husten *2.   Tag und Nacht ernster und ermüdender Husten. Der Husten war kruppartig, er trieb ihn häufig aus dem Bett und zwang ihn, die Nacht sitzend zu verbringen, weil er im Liegen nicht atmen konnte *54.   Sehr heftiger, krampfartiger Husten, mußte beim Husten die Stirn mit beiden Händen halten *94.   Heftiger krampfhafter Husten mit Auswurf in der Nacht *LM.

3 **Trockener, hohler Husten:**
Husten, trocken und hohl *JS.   Trockener Husten nach Essen. Chronischer trockener Hus-

ten, manchmal sehr heftig, besonders abends im Bett oder morgens nach dem Aufstehen. Aufstossen verursacht trockenen Husten *TM.

4   Heiserkeit:

Dauernde Heiserkeit, kann nur mit tiefer Stimme sprechen *2.   Morgens die Stimme heiser *37.   Rauhheit des Kehlkopfes, nach vielem Sprechen *JS.   Heiserkeit mit Wundheitsschmerz im Kehlkopfe, kann nicht sprechen oder laut lesen *TM.   Heiserkeit mit viel zähem Schleim in Kehlkopf und Brust *LM.

5   Aufstoßen verursacht Husten:

Kratziges Aufstoßen, was den Kehlkopf angreift und zum Husten zwingt (kratziger Sod) *1-98.
Kratzendes Aufstoßen nach Essen, verursacht trockenen Husten *TM.

6   Kratzen in Kehlkopf oder Brust vor Husten:

Kratziges Aufstoßen, was den Kehlkopf angreift und zum Husten zwingt (kratziger Sod) *1-98.
Hustenauswurf jedesmal mit 5 bis 8 Tropfen Blut, und jedesmal vorher eine kratzende Empfindung in der Brust *1-175.

7   Kehlkopfschmerzen bei Husten:

Kratziges Aufstoßen, was den Kehlkopf angreift und zum Husten zwingt (kratziger Sod) *1-98.
Scharfer Husten, welcher die Kehle aufzureißen droht, wie von einer beständigen Verengerung der Luftröhre, ohne vorgängigen besonderen Reiz *3-528.   Gleich nach dem Essen, scharfer Hustenreiz im Kehlkopfe, aber wenig Husten *3-529.   Kurz nach dem Essen jedesmal scharfer Husten und Wasserzusammenlaufen im Munde — es ist, als würde dies Wasser mit Gewalt durch den Schlund getrieben und schnitte darin *3-530.

8   Brustschmerz bei Husten:

Beim Husten, Schmerz hinterm Brustbeine, wie unterschworen *1-177.   Morgens Druck auf der Brust, manchmal drückende, beim Husten zusammenschnürende Brustschmerzen *2.   Husten mit dem Gefühl, als sei in der Magengrube etwas locker, wie loses Fleisch, an dem bei jedem Husten gezupft würde *54.   Chronischer trockener Husten, manchmal sehr heftig, mit Brustschmerz wie roh *TM.   Wundheit und Rohheit in der Brust, besonders beim Husten *LM.

9   Wasserzusammenlaufen im Mund bei Husten:

Kurz nach dem Essen jedesmal scharfer Husten und Wasserzusammenlaufen im Munde — es ist, als würde dies Wasser mit Gewalt durch den Schlund getrieben und schnitte darin *3-530.   Husten mit Wasserzusammenlaufen im Mund *DA.

10   Urinabgang bei Husten:

Wenn sie hustete, spritzte der Urin von ihr, unwillkürlich *1-147.   Unwillkürlicher und reichlicher Harnabgang, besonders beim Husten *AP.   Harnträufeln beim Husten *MG.

11   Kopfschmerzen bei Husten:

Sehr heftiger, krampfartiger Husten, mußte beim Husten die Stirn mit beiden Händen halten. Berstender Schmerz in der Stirn bei jedem Hustenanfall, so heftig, daß er fürchtete, es werde etwas Schlimmes passieren *94.

12   Schleimräuspern:

Sie fühlt ihre Brust schwach; es liegt ihr etwas fest in der Luftröhre, was sie zum Kotzen nötigt *1-172.   Immerwährender Reiz zum Kotzen, wegen zähen Schleims im Luftröhrkopfe, den er nicht loshusten kann *4-526.   Leichtes Auswerfen einer Menge Schleims durch Kotzen *10-

527.   Halsschmerzen; Bringt dicken, fadenziehenden Schleim herauf *96.   Schleimräuspern *99.   Heiserkeit mit viel zähem Schleim im Kehlkopf und Brust *LM.

13 Schleimauswurf:
Husten, mit Schleimauswurf *1-169.   Fester Schleim liegt ihm auf der Brust, die ersten 6, 8
Stunden und mehrere Morgen; in späteren Stunden und am Tage, leichte Schleimablösung von der
Brust *1HA-171.   Starker Husten, nach dem Niederlegen, abends. Mittags, mit zähem
Schleimauswurfe *1-174.   Husten, mit gelbem Auswurfe, wie Eiter, am schlimmsten vormit-
tags, von 9 bis 12 Uhr, früh wenig *1-176.   Quälender Husten die ganze Nacht, mit eitrigem
Auswurf *2.   Auswerfender Husten, besonders nachts *JS.   Heftiger krampfhafter
Husten mit Auswurf von zähem, gelbem, eitrigem Schleim in der Nacht *LM.

14 Blutiger Auswurf:
Hustenauswurf jedesmal mit 5 bis 8 Tropfen Blut, und jedesmal vorher eine kratzende Empfindung
in der Brust *1-175.   Herpes phlyctaenoides; dabei war der Kranke oft von pneumonischen
Zufällen mit Bluthusten befallen *36.

15 Zeit:
Fester Schleim liegt ihm auf der Brust, die ersten 6, 8 Stunden und mehrere Morgen; in späteren
Stunden und am Tage, leichte Schleimablösung von der Brust *1HA-171.   Husten, mit kitzelndem Reize dazu, bloß am Tage *1-173.   Starker Husten, nach dem Niederlegen, abends.
Mittags, mit zähem Schleimauswurfe *1-174.   Husten mit gelbem Auswurfe, wie Eiter, am
schlimmsten vormittags, von 9 bis 12 Uhr, früh wenig *1-176.   Quälender Husten die ganze
Nacht, mit eitrigem Auswurf, läßt ihn immer wieder wach werden, muß sich aufsetzen, heftiger,
langanhaltender Husten. Morgens Druck auf der Brust, manchmal drückende, beim Husten zusammenschnürende Brustschmerzen *2.   Auswerfender Husten, besonders nachts *JS.   Chronischer trockener Husten, manchmal sehr heftig, besonders abends im Bett oder morgens nach dem
Aufstehen, mit Brustschmerz wie roh *TM.   Heftiger krampfhafter Husten mit Auswurf von
zähem, gelbem, eitrigem Schleim in der Nacht *LM.   Husten nur tagsüber oder nur nach
dem Mittagessen *AF.

16 Modalitäten:
Gleich nach dem Essen, scharfer Hustenreiz im Kehlkopfe, aber wenig Husten *3-529.   Kurz
nach dem Essen jedesmal scharfer Husten und Wasserzusammenlaufen im Munde *3-530.   Quälender Husten die ganze Nacht, mit eitrigem Auswurf, läßt ihn immer wieder wach werden, muß
sich aufsetzen, heftiger, langanhaltender Husten. Er möchte immer sitzen, oft schläft er im Sessel
*2.   Ließ sich vor drei Jahren überreden, einen Abend lang in einem engen Schulzimmer zu
sitzen, wo er sich, wie vorhergesehen, schwer erkältete. Tag und Nacht ernster und ermüdender
Husten. Im Sommer ging der Husten jedesmal vorüber, im Winter kam er wieder. Der Husten war
kruppartig, er trieb ihn häufig aus dem Bett und zwang ihn, die Nacht sitzend zu verbringen, weil
er im Liegen nicht atmen konnte. Tabakrauch erzeugte jedesmal den Husten *54.   Husten
nur tagsüber oder nur nach dem Mittagessen, schlechter nach Fleischgenuß, nach Ärger oder Entrüstung, beim Zähneputzen. Husten durch Tabakrauch *AF.

17 Begleitsymptome:
Schnupfen und Husten, mehrere Wochen *1-170.   Husten mit gelbem Auswurfe, wie Eiter,
am schlimmsten vormittags, von 9 bis 12 Uhr, früh wenig. – Wohllüstiges Jucken um den Hodensack, welches beim Reiben immer zunimmt, oberflächlich zu Wundschmerze wird, während tiefer
noch das Jucken fortbesteht und endlich einen Samenerguß bewirkt *1–5Tge–176,153.   Gleich
nach dem Essen, scharfer Hustenreiz im Kehlkopfe, aber wenig Husten. – Früh ganz wüste im Kopfe, mit zusammenziehendem Drücken im Scheitel *3–4Tge–529,296.   Kurz nach dem

Essen jedesmal scharfer Husten und Wasserzusammenlaufen im Munde — es ist, als würde dies Wasser mit Gewalt durch den Schlund getrieben und schnitte darin. — Gesichtstäuschung: wenn er vom Sitze aufsteht, kommt er sich viel größer vor, als sonst, und alles unter ihm scheint tiefer zu sein *3–26Std–530,369.   Der Husten und die Ischias bestanden nie zur gleichen Zeit, der Husten trat nur im Winter auf, die Ischias nur im Herbst *54.

LUNGEN, KEHLKOPF   Atmung

1   Unruhe bei Brustbeklemmung:
Siehe Seite 171.

2   Atem beengt durch Spannen, Zusammenziehen in Brust oder Oberbauch:
Früh nüchtern (im Bette), ein beängstigendes und Atem beengendes Spannen quer durch den Oberbauch, in den Hypochondern *1-110.   Der Unterleib ist wie zusammengepreßt, Atem verengend *1-112.   Gegen Ende des Beischlafs, Engbrüstigkeit *1HA-181.   Immerwährender Schmerz in der Mitte des Brustbeins, als wenn da etwas Böses (Geschwüriges) wäre, am schlimmsten beim Aufrichten und Ausdehnen des Körpers, auch beim Betasten schmerzhafter, wie Spannen und Drücken, so daß es zuweilen den Atem versetzt *1-186.   Eine, die Brust beklemmende und den Atem hemmende Zusammengezogenheit in der Unterrippengegend, drei Tage anhaltend *10-465.   Beklemmung der Brust, wie Zusammenziehen derselben; davon langsames und sehr schwieriges Einatmen; das Ausatmen ist erleichternd; zugleich Unruhe und Ängstlichkeit, am schlimmsten beim Sitzen, leichter beim Gehen, 5 Stunden anhaltend *2-539.   Beschwerden in Folge eines großen Ärgers. Eine arge Brustbeklemmung mit Atemnot stellte sich ein, so daß X zu ersticken glaubte *85.   Zusammenziehung der Brust, die die Atmung behindert *TM. Atemnot mit Zusammenziehen und Unruhe in der Brust *LM.

3   Stechende, ruckende Brustschmerzen benehmen den Atem:
Schmerz im Rücken, die Nacht, vom Abend an bis früh 5 Uhr, wie Schläge und Rucke, so daß es ihm den Atem benahm, bei Schlummer *1-196.   Lang anhaltender, stumpfer Stich in der Gegend um den Nabel, schlimmer beim Ausatmen und Aufdrücken *5-474.   Schmerzliche Stiche auf der Brust, das Ausatmen erschwerend *11-532.   Spannende Stiche in der li Brust, beim Liegen und bei Bewegung, heftiger beim Ausatmen als beim Einatmen, am schlimmsten beim Treppensteigen, wo zuletzt ein anhaltender Stich erfolgt, welcher fast den Odem hemmt *5-535. Stechende Schmerzen im Herz oder in der Herzgegend, die den Atem unterbrechen *HG.

4   Gesichtsschmerzen oder Halsschmerzen sind so heftig, daß Atembeklemmung oder Erstickungsgefühl eintritt:
Prosopalgie; In Folge der Heftigkeit des Schmerzes tritt beklommener Atem ein *15.   Angina; Das Leiden steigerte sich zu einem so bedeutenden Grade, daß die Pat. in Erstickungsgefahr geriet. Bei dem Herabschlucken einiger Tropfen Flüssigkeit ein Erstickungsgefühl mit vermehrtem Stechen im Schlunde *31.   Tobsuchtsanfälle; Klagt über Herzschmerzen bei der kleinsten Aufregung, Erstickungsgefühle *161.   Schrie plötzlich wegen starker Zahnschmerzen auf, konnte nicht atmen *165.

5   Gähnt häufig und krampfhaft, weil das Gähnen andere Beschwerden bessert:
Stumpfer Stich im li Schoße, beim Aufdrücken heftiger, beim Ein- und Ausatmen aber vergehend *5-479.

Heftiges, krampfhaftes Gähnen bessert Kopfschmerzen und Magenbeschwerden. Neigung zum Gähnen und Dehnen. Gähnen mit Tränenfluß: s. S. 19.

6   **Schwächegefühl, Schweregefühl der Brust:**
Sie fühlt ihre Brust schwach, es liegt ihr etwas fest in der Luftröhre, was sie zum Kotzen nötigt *1-172.   In der Brust, ein Drücken, und eine Schwere darin, beim Sitzen, welches beim Gehen nachließ *1-178.

7   **Zeit:**
Früh nüchtern (im Bette), ein beängstigendes und Atem beengendes Spannen quer durch den Oberbauch, in den Hypochondern *1-110.   Nachmittags eine Beklemmung auf der Brust und ein Unruhegefühl, was ihn von einem Orte zum anderen treibt und auf keinem zu bleiben verstattet *1-180.   Schmerz im Rücken, die Nacht, vom Abend an bis früh 5 Uhr, wie Schläge und Rucke, so daß es ihm den Atem benahm, bei Schlummer *1-196.

8   **Modalitäten:**
In der Brust, ein Drücken, und eine Schwere darin, beim Sitzen, welches beim Gehen nachließ *1-178.   Gegen Ende des Beischlafs, Engbrüstigkeit *1HA-181.   Immerwährender Schmerz in der Mitte des Brustbeins, als wenn da etwas Böses (Geschwüriges) wäre, am schlimmsten beim Aufrichten und Ausdehnen des Körpers, auch beim Betasten schmerzhafter, wie Spannen und Drücken, so daß es zuweilen den Atem versetzt *1-186.   Spannende Stiche in der li Brust, beim Liegen und bei Bewegung, heftiger beim Ausatmen als beim Einatmen, am schlimmsten beim Treppensteigen, wo zuletzt ein anhaltender Stich erfolgt, welcher fast den Odem hemmt *5-535.   Beklemmung der Brust, wie Zusammenziehen derselben; davon langsames und sehr schwieriges Einatmen; das Ausatmen ist erleichternd; zugleich Unruhe und Ängstlichkeit, am schlimmsten beim Sitzen, leichter beim Gehen *2-539.   Beschwerden in Folge eines großen Ärgers. Der Hufschmied schlug ihm, gegen alles Erwarten, eine Bitte ab. X kehrte nach Hause zurück und verschloß seinen Ärger in sich. Es dauerte indeß keine Stunde, als er am ganzen Körper zu zittern anfing, und eine arge Brustbeklemmung mit Atemnot stellte sich ein, so daß X zu ersticken glaubte *85.   Krampf im Zwerchfelle, nach Ärger *JS.

HERZAKTION

1   **Nervöses Herzklopfen:** Bei Gehen, Anhören von Musik, geringer Bewegung, Erwachen aus dem Nachmittagsschlafe, Genuß von Fleisch oder Eiern, wenn er einer Frau zu nahe kommt, nach jeder Erregung: Herzklopfen beim Gehen und beim Anhören von Musik *1-183.   Bebendes Herzklopfen bei geringer Bewegung *1-184.   Er erwacht aus dem Nachmittagsschlafe mit dem heftigsten Herzklopfen *1-185.   Kann Fleisch und Eier nicht essen, sie verursachen Frösteln, Kopfschmerz, Erweiterung der Stirnadern, Gliederschmerzen und Herzklopfen *77.   Fingerekzem; Herzklopfen *88.   Samenabgänge; Herzklopfen, wenn er einer Frau zu nahe kommt *111.   Periodisch tritt Herzklopfen auf mit starkem Pulsieren der Adern *138.   Un-

regelmäßiger Herzschlag nach jeder Erregung und jeder Anstrengung *TM.

2   Organische Herzkrankheiten, Herzmuskelschwäche:
Bebendes Herzklopfen bei geringer Bewegung *1-184.   Thoraxprellung; Das Herz klopfte so stark, daß man es deutlich sah. Beim Auflegen der Hand fühlte man den Herzschlag stark und gleichmäßig in allen Teilen der Brust, auch in der Herzgrube. Der Pulsschlag war gleichförmig *26. Herzklopfen beim Steigen *95.   Kniegelenksentzündung; Periodisch tritt Herzklopfen auf mit starkem Pulsieren der Adern *138.   Unregelmäßiger Herzschlag nach jeder Anstrengung *TM.   Gicht bei älteren, korpulenten Menschen mit schwacher Blutzirkulation. Schwacher Puls, Herzklopfen und Dyspnoe bei Anstrengung *CA.   Der Herzschlag erschüttert den ganzen Körper. Zitternder Herzschlag, Puls oft zitternd *HG.

3   Pulsveränderungen:
Scrophulose; Abends beschleunigter Puls, Frösteln und Hitzewellen *2.   Iritis arthritica; Der Puls war klein und frequent *12.   Gerstenkörner; Der Puls ist etwas hart und frequent, sonst jedoch keine fieberhafte Erscheinung wahrnehmbar *30.   Unregelmäßger Herzschlag nach jeder Erregung und jeder Anstrengung *TM.   Gicht bei älteren, korpulenten Menschen mit schwacher Blutzirkulation. Schwacher Puls, Herzklopfen und Dyspnoe bei Anstrengung *CA. Verlangsamung der Herztätigkeit, Puls langsam und schwach *MG.

MAGEN   Übelkeit

1   Gefühl, als hinge der Magen schlaff herunter:
Siehe Seite 187.

2   Weichliches Gefühl im Bauch:
Ein weichlicher, lätschiger Geschmack im Munde, und doch schmecken die Speisen gut *1-90. Drei Tage ist es ihm wabblicht und weichlicht *1-102.   Brecherlichkeit *1-104.   Weichlich; es läuft ihm Wasser im Munde zusammen, mit einzelnem, kurzem Aufstoßen, wie wenn man ein Brechmittel eingenommen hat, was nicht gehen will *12-450.

3   Völlegefühl im Magen:
Appetitlosigkeit, Schmerzen in der Magengegend unmittelbar nach der Nahrungsaufnahme mit Übelkeit und Brechneigung. Völlegefühl im Magen. „Ich muß gähnen, wenn ich die Beschwerden habe und wenn ich viel und heftig gähne, bessern sich diese Beschwerden *151. Siehe Seite 185.

4   Übelkeit bei Magen- oder Bauchschmerzen:
Druck über der Herzgrube, wie Wundheit, mit Übelkeit daselbst *4-540. Siehe Seite 203.

5   Übelkeit mit Wasserzusammenlaufen im Munde, Aufstoßen oder Schluckauf verbunden:

In den Gedärmen, Schneiden, vorzüglich nach jedem Essen und Trinken, und dabei so übel, daß ihr das Wasser im Munde zusammenlief und zugleich große Mattigkeit *1-123.   Zusammenlaufen des Wassers im Munde, nach dem Essen – eine Art Würmerbeseigen *3-449.   Weichlich; es läuft ihm Wasser im Munde zusammen, mit einzelnem, kurzem Aufstoßen, wie wenn man ein Brechmittel eingenommen hat, was nicht gehen will *12-450.   Öfteres Schlucksen, mit Übelkeit und Kopfbetäubung verbunden *11-458.

6   Seekrankheit, Übelkeit mit Schwindel:
Öfteres Schlucksen, mit Übelkeit und Kopfbetäubung verbunden *11-458.   Langdauernder Schwindel, begleitet von anhaltender Übelkeit wie bei Seekrankheit. Wirksam als Vorbeugungsmittel gegen Seekrankheit *TM.

7   Morgens Übelkeit:
Alle Morgen, Übelkeit zum Erbrechen *1-103.   Früh, nach Leibschneiden und Übelkeit, erfolgt Durchfall *1-126.   Früh, Brecherlichkeitsempfindung *3-447.

8   Übelkeit durch Aufregung:
Wurde beleidigt, war zu vornehm, einen Streit anzufangen, verschluckte seinen Zorn und kam nach Hause mit Übelkeit, Zittern und Erschöpfung *89.   Aufregung verursacht bitteren Mundgeschmack, Schmerzen im re Oberbauch, Übelkeit und Ekel *b.

9   Nach dem Essen Übelkeit:
In den Gedärmen, Schneiden, vorzüglich nach jedem Essen und Trinken, und dabei so übel, daß ihr das Wasser im Munde zusammenlief und zugleich große Mattigkeit *1-123.   Beim Essen entsteht im Munde und Schlunde Übelkeit, als sollte er sich erbrechen *11-448.   Zusammenlaufen des Wassers im Munde, nach dem Essen – eine Art Würmerbeseigen *3-449.   Manchmal Druckgefühl mit Spannung in der Magengrube, gewöhnlich schlechter nach dem Essen, besonders von Brot. Häufig Übelkeit *19.   Appetitlosigkeit, Schmerzen in der Magengegend unmittelbar nach der Nahrungsaufnahme mit Übelkeit und Brechneigung. Völlegefühl im Magen *151.   Krampfhafte, schneidende Bauchschmerzen mit Stuhl- und Urindrang und Übelkeit, besser durch Zusammenkrümmen, schlechter nach Essen und Trinken *AB.

10   Nach Tabakgenuß Übelkeit:
Großes Verlangen nach Wein, Branntwein oder Tabak, aber Tabak verursacht Übelkeit *LT. Brechwürgen, oft Folgen von Nikotinwirkung *SK.

MAGEN   Appetit

1   Freßgier, Heißhunger nach einer vollen Mahlzeit:
Ungeheurer Heißhunger, auch wenn der Magen voll Speisen war, und wenn er dann wieder aß, so schmeckte es dennoch *1-106.   Wenige Stunden nach einer sehr reichlichen, nahrhaften Mahlzeit bekommt er ein heftiges Hungergefühl, mit Wasserzusammenlaufen im Munde *12-460. Scrophulose; Appetit sehr stark *2.   Seekrankheit; dabei fortwährend starker Hunger und täglich starke Mahlzeiten von schwerer Kost *8.   Scrophulose; Essgier *24.   Herpes zoster; Großer Appetit *68.   Wolfshunger, ißt alles, was man ihm vorsetzt, völliger Geschmacksverlust *72.   Bald nach einer tüchtigen Mahlzeit fühlt sie sich sehr hungrig *GG. Extremer Hunger wenn der Magen voll ist *AF.   Dauernde Gier nach Essen, selbst nach ei-

ner vollen Mahlzeit *AB.   Hunger nach dem Mittagschlaf *c.   Hunger nach dem Essen *g.

2   Hunger vor Anfällen:

Früh, im Bette, Schmerz im Kreuze, als wenn alles zerbrochen wäre; beim Aufstehen aus dem Bette konnte sie nichts von der Erde aufheben, bis 8, 9 Uhr; dann erfolgte Hunger, dann, mit Leibschneiden, Durchfall, welcher zuletzt schleimig war *1A-199.   Gallensteinkoliken; Die Anfälle treten alle 4 bis 10 Wochen auf, beginnen mit Hunger, Ziehen im Leib, Gefühl, als ob der Leib wegfällt *95.   Vor und nach den Anfällen bei Intermittens Wolfshunger *LM.   Wolfshunger tagelang vor Beginn eines Wechselfiebers *LT.

3   Scheinhungerempfindung, als hinge der Magen schlaff herunter:

Scheinhungerempfindung im Magen, als hinge er schlaff herunter und doch kein Appetit *1-105. Der Mund ist immer voll wässriger Feuchtigkeit, wie bei starkem Hunger *12-446.   Schwächegefühl im Magen, eine Art Hungergefühl *e.

4   Essen bessert Beschwerden:

Fühlt sich besser nach dem Frühstück *EA.   Schweregefühl im Magen, als hinge der Magen herunter, besser durch Essen *c.

5   Appetitlosigkeit:

Seekrankheit; Den sechsten Tag stellte sich Appetitlosigkeit ein *8.   Iritis arthritica; Der Appetit fehlte, der Durst war vermehrt *12.   Thoraxprellung; Gänzlich verlorene Eßlust *26.   Anhaltender Druck in der Magengegend mit vermindertem Appetit *91.   Samenabgänge; Kein Appetit *117b.   Bevor sie, wie jetzt, nur eine Mahlzeit am Tag aß, hatte sie Verstopfung gehabt. Guter Appetit, aber nie Hunger *136.

6   Verlangen nach bestimmten Nahrungsmitteln: Milch, Zucker, flüssige Nahrung, Wein, Tabak, Branntwein, Suppe, Brot:

Großer Appetit auf Milch *94.   Verlangen nach Zucker *136.   Appetit nur auf flüssige Dinge; großes Verlangen auf Milch, auf Wein, auf Tabakrauchen *JS.   Starkes Verlangen nach Branntwein und Tabak *LM.   Verlangen nach flüssiger Nahrung, Suppe, Brot und Milch, Milchbrei, Milchreis *AB.   Großes Verlangen nach Wein, Branntwein oder Tabak. Verlangen nach Branntwein oder etwas Anregendem *LT.

7   Unbekömmlichkeit einzelner Nahrungsmittel: Brot, Bier, Tabak, Fleisch, Eier, Fett, Saures, Kaffee, Hefekranz:

Brot schmeckt ihm sauer *1-93.   Von Biertrinken entsteht ein kratziger, widerlicher Geschmack im Halse *1-95.   Der Rauchtabak hat einen beißigen Geschmack *1-96.   Beim (gewohnten) Tabakrauchen, Sodbrennen *1-97.   Das Brot schmeckt ihm säuerlich *3-442. Öfteres Schlucksen, beim (gewohnten) Tabakrauchen *11HA-457.   Manchmal Druckgefühl mit Spannung in der Magengrube, gewöhnlich schlechter nach dem Essen, besonders von Brot *19. Tabakrauch erzeugte jedesmal den Husten *54.   Kann Fleisch und Eier nicht essen, sie verursachen Frösteln, Schmerz in der Magengrube, Kopfschmerz mit Tränenfluß, Erweiterung der Stirnadern, Gliederschmerzen und Herzklopfen *77.   Masturbation; Patient verträgt manche Speise, die früher der Magen gut vertrug, nicht mehr, z. B. Fettes und Saures; dabei Flatulenz, öfteres Aufstoßen *99.   Periodische kongestive Kopfschmerzen alle 7 Tage, regelmäßig Sonntags am Abend und in der Nacht. Nur Sonntags aß er Roastbeef zu Mittag *115.   Bevor sie, wie jetzt, nur eine Mahlzeit am Tag aß, hatte sie Verstopfung gehabt *136.   Bitteres Aufstoßen nach sauren Genüssen, salzig bitteres Aufstoßen nach Fleischgenuß. Drücken im Magen mit Spannen, erhöht oder erneuert durch Essen und besonders von Brotgenuß *JS.   Alte Gastralgie, entweder durch Kaffee oder durch Schlucken des Tabakrauches verursacht *TM.

8   Durstlosigkeit:
Durstlosigkeit, er trinkt weniger, als gewöhnlich *8HA-459.   Schauder und Frostgefühl
beim Essen, ohne Durst, zwei Stunden vor der Hitze *8H-693.   Wenn er nachts erwacht, so
ist er, ohne Durst, mit warmem Schweiße bedeckt *4-703.   Nachmittags, außerordentlicher
Schweiß, mit Hitze am ganzen Körper, ohne Durst, ob er gleich ganz ruhig da sitzt *3-704.
Fieber ohne Durst: s. S. 81.

9   Starker Durst:
Iritis arthritica; Der Appetit fehlte, der Durst war vermehrt *12.   Angina; Durst stark *31.
Großer Durst, Wolfshunger, ißt alles, was man ihm vorsetzt *72.
Fieber mit Durst: s. S. 81.

MAGEN   Aufstoßen, Schluckauf

1   Scharfes Aufstoßen, das Husten oder Schmerzen verursacht:
Kratziges Aufstoßen, was den Kehlkopf angreift und zum Husten zwingt (kratziger Sod) *1-98.
Wenn es ihr aufstoßen will, drückt und sticht es ihr bis in die Brust *1-99.   Kratzendes Auf-
stoßen nach Essen, verursacht trockenen Husten *TM.

2   Aufstoßen von Schleim oder einer geschmacklosen, bitteren oder sauren Flüssig-
keit:
Eine Art Aufstoßen; es kommt aus dem oberen Teile des Halses eine Menge Schleim in den Mund
*12-451.   Aufstoßen einer geschmacklosen Feuchtigkeit, nach dem Essen *12-453.   Auf-
stoßen nach dem Geschmacke der Speisen *12-454.   Bitteres Aufstoßen nach sauren Genüssen, salzig bitteres Aufstoßen nach Fleischgenuß, schluckendes Aufstoßen, mit Heraufkommen
bittern Wassers *JS.   Aufregung macht Magendrücken und -stechen und sauer Aufstoßen *g.

3   Leeres, geschmackloses Aufstoßen:
Weichlich; es läuft ihm Wasser im Munde zusammen, mit einzelnem, kurzem Aufstoßen, wie wenn
man ein Brechmittel eingenommen hat, was nicht gehen will *12-450.   Geschmackloses
Aufstoßen; es kommt aber weder Luft, noch sonst was heraus *12-452.   Häufiges, leeres
Aufstoßen *455.

4   Schluckauf:
Schlucksen jedesmal nach dem Essen *1-100.   Viel Schlucksen, eine halbe Stunde nach dem
Abendessen *1-101.   Öfteres Schlucksen, beim (gewohnten) Tabakrauchen *11HA-457.
Öfteres Schlucksen, mit Übelkeit und Kopfbetäubung verbunden *11-458.   Schlucksendes
Aufstoßen, mit Heraufkommen bitteren Wassers *JS.

5   Modalitäten:
Schlucksen jedesmal nach dem Essen *1-100.   Viel Schlucksen, eine halbe Stunde nach dem
Abendessen *1-101.   Aufstoßen einer geschmacklosen Feuchtigkeit, nach dem Essen *12-
453.   Öfteres Schlucksen, beim (gewohnten) Tabakrauchen *11HA-457.   Bitteres
Aufstoßen nach sauren Genüssen, salzig bitteres Aufstoßen nach Fleischgenuß *JS.   Krat-
zendes Aufstoßen nach Essen, verursacht trockenen Husten *TM.   Aufregung macht Magen-

drücken und -stechen und sauer Aufstoßen *g.

DARM   Stuhlgang

1   Erst harter, dann spärlicher weicher Stuhl, der weiche Stuhl quält ihn sehr, weil Stuhlzwang und Zusammenziehen des Afters eintritt:
Schneiden und Herumwühlen im Ober- und Unterbauche, mit Stuhldrang, worauf dünner Stuhl, aber wenig abgeht; ist er abgegangen, so erfolgt, unter vermehrtem Leibschneiden, neuer Stuhldrang, doch, ungeachtet aller Anstrengung, ohne Ausleerung — eine Art von Stuhlzwang, der sich, so wie die Leibschmerzen, erst dann verliert, nachdem er vom Stuhle aufgestanden ist *4-492. Schneiden im Bauche, mit heftigem Stuhldrange, worauf ganz flüssiger, aber wenig Kot abgeht, unter innerlichem Frösteln im Kopfe, gleich nach dem Abgange folgt eine Art Stuhlzwang *4-493. Schwieriger Stuhl; erst ging harter Kot ab; diesem folgte weicher, welcher ihn aber, gleich als wäre der Mastdarm zusammengeschnürt, sehr quälte und drängte; es wollte fort, und konnte nicht; drauf noch Stuhlzwang *13-497.   Früh, gleich nach derbem Stuhlgange ein sehr dünner, gelblicher, reichlicher *12-498.   Weicher, doch schwierig abgehender Stuhlgang, wegen Zusammenschnürung des Afters, wie bei Haemorrhoiden *3-499.   Weicher Stuhlgang *5-500. Stuhlgang träge, machmal diarrhoisch, schrecklich übelriechend *2.   Als Folge eines heftigen Verdrusses, der ausgehalten werden mußte: Täglich zwischen 5 und 6 Uhr morgens Schmerz mit Schweregefühl im Hypogastrium, gefolgt von einem heftigen, zunächst vergeblichen Stuhldrang. Erst nach zwei Stunden produzierte er zähe Schleimstühle. Sofort nach Stuhlabgang heftiges Brennen am Anus, häufig mit Stechen im Rectum, Tenesmus und vergeblichem Stuhldrang verbunden *17.   Bei öfteren ruhrartigen, meist gelbschleimigen Stühlen mit viel Tenesmus und erhöhtem Leibschneiden *HT.   Etwas Durchfall abwechselnd mit Verstopfung *TM.   Schwergehende, aber weiche Faeces *LM.   Sehr schwergehender Stuhl, Rectum oder Anus wie zusammengeschnürt, erst harter, dann weicher Stuhl. Tenesmus in Rectum und Blase während des Stuhlganges *LT.

2   Vergeblicher Stuhldrang, spärlicher harter Stuhl mit Schmerzen im After:
Die eigentliche Erstwirkung dieser Arznei scheint zu sein: bei zu Stuhle drängendem Leibweh, Leibverstopfung, oder doch ein sehr geringer, harter, oder auch (doch seltner) dünner Stuhlgang *1-126.   Er ward oft zum Stuhle genötigt, ohne Leibweh; es ging jedesmal sehr wenig und sehr Hartes fort, mit einem Schmerze im After, als wenn er zerspringen sollte *1-132.   Nach vollendetem Stuhlgange, noch ein gleiches, aber vergebliches Nottun, ohne Stuhlgang im Mastdarme *1-133.   Früh, Kneipen im Oberbauche, als wollte ein Durchfall entstehen und dennoch konnte er nicht zu Stuhle gehen *3-487.   Harter, weniger Stuhl, mit brennend schneidendem Schmerze im After *7-494.   Geringer, harter, dünn geformter Stuhl, welcher unter drückendem Schmerze im After abgeht *7-495.   Der Harn geht zuletzt nur tropfenweise ab, und es trieb zugleich vergeblich auf den Stuhl; das Krummliegen erleichterte es *13-512. Mangel an Stuhldrang und nach dem Stuhl Gefühl unvollständiger Entleerung *100.   Verstopfung mit Stuhldrang. Schwergehende, aber weiche Faeces *LM.   Harter, spärlicher

Stuhl mit Schneiden und Brennen im Anus *LT.

3 Bauchschmerzen vor Durchfall, der letzte Stuhl ist bloßer Schleim:

Früh, Leibschneiden vor dem Stuhlgange *1-125. Früh, nach Leibschneiden und Übelkeit, erfolgt Durchfall; der letzte Stuhl ist bloßer Schleim *1-126. Leibschneiden, durchfälliger Stuhl und der letzte, schleimig *1-127. Früh, im Bette, Schmerz im Kreuze; dann erfolgte Hunger, dann, mit Leibschneiden, Durchfall, welcher zuletzt schleimig war *1A-199. Schneiden und Herumwühlen im Ober- und Unterbauche, mit Stuhldrang, worauf dünner Stuhl, aber wenig abgeht; ist er abgegangen, so erfolgt, unter vermehrtem Leibschneiden, neuer Stuhldrang, doch, ungeachtet aller Anstrengung, ohne Ausleerung — eine Art von Stuhlzwang, der sich, so wie die Leibschmerzen, erst dann verliert, nachdem er vom Stuhle aufgestanden ist *4-492. Schneiden im Bauche, mit heftigem Stuhldrange, worauf ganz flüssiger, aber wenig Kot abgeht *4-493. Täglich zwischen 5 und 6 Uhr morgens Schmerz mit Schweregefühl im Hypogastrium, gefolgt von einem heftigen, zunächst vergeblichen Stuhldrang. Gefühl eines harten Klumpens im Bauch. Erst nach zwei Stunden produzierte er zähe Schleimstühle mit weißer, pastöser, machmal blutiger Beimengung *17. Bei öfteren ruhrartigen, meist gelbschleimigen Stühlen mit viel Tenesmus und erhöhtem Leibschneiden *HT. Ruhrstühle, Drücken und Schneiden im Bauch vor, während und nach dem Stuhlgange *LM. Schneidende Schmerzen vor und nach Stuhlgang *LT.

4 Gefühl, als wolle Durchfall entstehen:

Quer herüber im Unterleibe, Kneipen, und auf den Seiten in den Unterbauchsmuskeln, Ziehen, als wenn ein Durchfall entstehen wollte *3-486. Früh, Kneipen im Oberbauche, als wollte ein Durchfall entstehen und dennoch konnte er nicht zu Stuhle gehen *3-487. Im Unterleibe, eine bebende Empfindung und Durchfallsregung *3-488.

5 Unwillkürlicher Stuhlabgang:

Unter der Empfindung, als wolle eine Blähung abgehen, erfolgt unbewußt dünner Stuhl *1HA-128. Näßte ein, verlor auch bisweilen Stuhl *156. Stuhl geht mit den Flatus ab *LT.

6 Rectum völlig untätig, kein Drang, jede Anstrengung ist umsonst:

Früh zögert der Stuhl sehr lange, wegen Mangel an wurmförmiger Bewegung der dicken Gedärme *3-489. „Seekrankheit": Der Stuhlgang hörte nach und nach ganz auf; gänzlicher Mangel an Drang dazu; bei allem Zwingen dazu bleibt der Mastdarm durchaus ganz untätig, der After öffnete sich gar nicht, dabei fortwährend starker Hunger und täglich starke Mahlzeiten von schwerer Kost *8. Die Stuhlausleerungen zögerten *12. Der Stuhl erfolgt mehr träge *32. Der Stuhlgang erfolgte alle 2 — 3 Tage unter Anstrengung und Druck auf die Blase, ohne daß Urin dabei abgeht *34. Mangel an Stuhldrang und nach dem Stuhl Gefühl unvollständiger Entleerung *100. Gastritis; Der Stuhl ist seitdem enorm träge geworden. Obwohl er keinen Drang hat, setzt er sich stundenlang auf die Toilette, um dem Darm seinen Tribut mit Gewalt abzufordern, verläßt sie dann aber oft ohne Erfolg *150.

7 Harter, trockener Stuhl in kleinen Stücken, wie bei Hunden:

Nach hartem Stuhlgange, wie ein Quetschungsschmerz tief im Mastdarme, drei Viertelstunden lang *1-134. Bei Abgang harten Stuhls, Ausfluß des Vorsteherdrüsensaftes *1-148. Stuhl, zwölf Stunden später als gewöhnlich, und hart und in kleinen Stücken abgehend *7-490. Den ersten Tag harter Stuhl, den zweiten gar keiner, den dritten Tag wieder harter Stuhl, den vierten Tag, gewöhnlicher *10-491. Harter Stuhl bis zur Verstopfung *19. Hat arge Beschwerden durch ihre Verstopfung, Stuhlgang nur einmal in der Woche, der Stuhl ist hart, rund und trocken, kugelförmig wie bei einem Hund *65. Schmerz im re Unterbauch gefolgt von großem, dunklem, erdigem Stuhl. Täglich dunkler, trockener Stuhl *140. Häufige, aber

trockene und ungenügende Stühle *TM.   Abwechselnd Entleerung von hartem Stuhl und
Flatus. Stühle trocken und klumpig *LT.
Siehe auch Seite 263: Spärlicher, harter Stuhl.

8   **Verstopfung:**
Mehrtägige Hartleibigkeit *1HA-136.   Der Stuhlgang fehlt seit mehreren Tagen ganz *7.
Hartnäckige Verstopfung *26.   Patient ist zu Hartleibigkeit geneigt *30.   Stuhlver-
stopfung *31.   Verstopfung *37.   Stuhlverstopfung *68.   Neigung zu Stuhl-
verstopfung *88.   Hartnäckige Stuhlverstopfung *93.   Stuhlverstopfung *117a,117b.
Verstopfung *131.

9   **Eigenschaften:**
Früh, gleich nach derbem Stuhlgange ein sehr dünner, gelblicher, reichlicher *12-498.   Stuhlgang träge, manchmal diarrhoisch, schrecklich übelriechend *2.   Zähe Schleimstühle mit
weißer, pastöser, manchmal blutiger Beimengung *17.   Schmerz im re Unterbauch gefolgt
von großem, dunklem, erdigem Stuhl. Täglich dunkler, trockener Stuhl *140.   Bei öfteren
ruhrartigen, meist gelbschleimigen Stühlen mit viel Tenesmus *HT.

10   **Zeit, Modalitäten, Begleitsymptome:** Zeit: morgens. Modalitäten: Krummliegen bessert, Aufstehen bessert, Rotwein, Bier verschlechtert, Aufregung verschlechtert, Knappe Diät bessert, schlechter sofort
nach Essen, kalt Trinken macht Durchfall. Begleitsymptome: Übelkeit, Kreuzschmerzen, Hunger, Frösteln im
Kopf, Dysurie, Zahnfleischentzündung, Zahnschmerzen:
Früh, nach Leibschneiden und Übelkeit, erfolgt Durchfall *1-126.   Früh, im Bette, Schmerz
im Kreuze, bis 8, 9 Uhr; dann erfolgte Hunger, dann, mit Leibschneiden, Durchfall *1A-199.
Früh zögert der Stuhl sehr lange *3-489.   Eine Art von Stuhlzwang, der sich, so wie die
Leibschmerzen, erst dann verliert, nachdem er vom Stuhle aufgestanden ist *4-492.   Schneiden im Bauche, mit heftigem Stuhldrange, worauf ganz flüssiger, aber wenig Kot abgeht, unter innerlichem Frösteln im Kopfe *4-493.   Früh, gleich nach derbem Stuhlgange ein sehr dünner, gelblicher, reichlicher *12-498.   Der Harn geht in der Nacht mit Steifigkeit der Rute
und zuletzt nur tropfenweise ab, mit Brennen am Blasenhalse, und es trieb zugleich vergeblich auf
den Stuhl; das Krummliegen erleichterte es *13-512.   Der Stuhlgang hörte nach und nach
ganz auf; dabei fortwährend starker Hunger *8.   Rotwein ruft Verstopfung, Bier Durchfall
hervor *100.   Bevor sie, wie jetzt, nur eine Mahlzeit am Tag aß, hatte sie Verstopfung gehabt *136.   Durchfall durch Ärger *161.   Je mehr Plage sie hat mit ihren Zähnen
und dem Zahnfleische, desto verstopfter wird sie *GG.   Nach dem geringsten Essen oder
Trinken kneipende Schmerzen und Ruhrstühle *AB.   Stuhlgang tritt bei jedem Versuch, zu
essen oder zu trinken, ein *FK.   Tenesmus in Rectum und Blase während des Stuhlganges,
schlechter nach Essen und nach Trinken kalten Wassers *LT.   Durchfall nach Essen oder
nach kalt Wasser Trinken *AP.   Durchfall durch kalt Wasser Trinken *KM.   Aufregung verursacht Magenschmerz oder Verstopfung *c.

DARM   Flatulenz

1   **Blähungsabgang mit dem Stuhlgang:**
Unter der Empfindung, als wolle eine Blähung abgehen, erfolgt unbewußt dünner Stuhl *1HA-128.
Durchfälliger Stuhl mit Blähungen untermischt *1-129.   Der auch natürlich feste Stuhl geht
mit Blähungen dazwischen ab *1-131.   Abwechselnd Entleerung von hartem Stuhl und Fla-

Staphisagria

tus. Stuhl geht mit den Flatus ab *LT.   Darmentleerungen mit viel Flatulenz *LM.

2   Reichliche, übelriechende, heiße Flatus:
Eine große Menge Blähungen erzeugten sich und gingen in Menge und von argem Geruche ab, 36 Stunden lang *1HA-118.   Starker Blähungsabgang *5-480.   Heiße Blähungen *4HA-481.   Abgang unbeschreiblich stinkender Blähungen *12-482.   Heftig stinkende Blähungen in Menge, viele Tage über *10-483.   Kneipen in den Gedärmen mit Blähungsabgang *5-484.   Abgang vieler heißer und übelriechender Winde *40.   Übelriechende Winde *140.   Heiße Flatus riechen wie faule Eier *BD.

3   Darmgeräusche:
Lautes Knurren im Unterleibe *1-119.   Kollern und Leibschneiden, viele Tage lang *1-120. Ausbruch des ein Jahr ausgebliebenen Monatlichen unter Leibschneiden und starkem Kollern, zum Neumonde *1-164.   Ein starkes Poltern und Knurren im Unterleibe, ohne Schmerz und ohne Abgang von Blähungen *12-467.   Kollern in der li Seite des Oberbauchs *7-468.   Nach dem Mittagessen, ein Poltern im Unterleibe, hörbar wie entstehende und zerplatzende Blasen *10-469.   Knurren im Unterbauche und Ziehen im Darmkanale *8-470.

4   Bauchschmerzen durch versetzte Blähungen:
Ziehender Schmerz im Unterleibe, wie von Blähungen *1-116.   Die Blähungen versetzen sich im Unterbauche *1HA-117.   Flüchtig drückender Schmerz unter den letzten Rippen, wie von versetzten Blähungen *12-464.   Blähungsbeschwerden *93.   Eingeklemmte Flatus im Unterbauch *TM.   Hypochondrie mit Beschwerden durch Flatulenz *LM.   Kolik mit eingeklemmten Blähungen und nagenden, schießenden Schmerzen, besser durch Blähungsabgang *LT.

5   Auftreibung des Bauches:
Unterbauch aufgetrieben *2.   Dicker, gespannter, voller Bauch *24.   Spannung des Unterleibes ohne fühlbare Verhärtung *26.   Flatulenz *88,92,99.   Blähsucht bei Eingeweideptose *152.   Dicker Bauch, bei Kindern *JS.

DARM   Anus

1   Schmerzen im Mastdarme nach Stuhlabgang: Quetschungsschmerz, Schründen, Wundheitsschmerz, Stechen:
Nach hartem Stuhlgange, wie ein Quetschungsschmerz tief im Mastdarme, drei Viertelstunden lang *1-134.   Lange nach dem Stuhlgange, ein schründender Wundheitsschmerz im Mastdarme *1A-135.   Sofort nach Stuhlabgang heftiges Brennen am Anus, häufig mit Stechen im Rectum verbunden *17.

2   Schmerzen im After bei Stuhlabgang: Zerspringen, Brennen, Schneiden, Drücken:
Er ward oft zum Stuhle genötigt, ohne Leibweh; es ging jedesmal sehr wenig und sehr Hartes fort, mit einem Schmerze im After, als wenn er zerspringen sollte *1-132.   Harter, weniger Stuhl, mit brennend schneidendem Schmerze im After *7-494.   Geringer, harter, dünn geformter Stuhl, welcher unter drückendem Schmerze im After abgeht *7-495.   Sofort nach Stuhlabgang heftiges Brennen am Anus, häufig mit Stechen im Rectum verbunden *17.   Harter, spärlicher Stuhl mit Schneiden und Brennen im Anus *LT.

3   **Gefühl, als sei der After zusammengeschnürt, wodurch der Stuhlabgang behindert wird:**

Schwieriger Stuhl; erst ging harter Kot ab; diesem folgte weicher, welcher ihn aber, gleich als wäre der Mastdarm zusammengeschnürt, sehr quälte und drängte; es wollte fort, und konnte nicht; drauf noch Stuhlzwang *13-497.   Weicher, doch schwierig abgehender Stuhlgang, wegen Zusammenschnürung des Afters, wie bei Haemorrhoiden *3-499.   Sehr schwergehender Stuhl, Rectum oder Anus wie zusammengeschnürt, erst harter, dann weicher Stuhl *LT.

4   **Im Sitzen, drückender Schmerz im Mastdarm:**

Anhaltend drückender Schmerz im Mastdarme, beim Sitzen *5-496.

5   **Am After Knötchen, Feigwarzen oder Hautausschlag mit Jucken oder Brennen:**

Starkes Jucken am After, mit Knötchen am After *1-137.   Jucken im After beim Sitzen, außer dem Stuhlgange *5HA-501.   Es hatten sich ganz in der Nähe des Afters große Feuchtwarzen gebildet, an denen verdächtig aussehende eiternde Flächen stoßen. Im Umfange mehrere Zolle starke Erosionen. Die brennenden, zuckenden und stechenden Schmerzen, welche sich bei der Stuhlausleerung bis auf's fürchterlichste erhöhten, ließen den Kranken nirgens Ruhe und Schlaf finden *28.   Auswuchs am Perinäum einer Frau, bei der der Auswuchs drei Zentimeter lang war und ganz das Aussehen von Blumenkohl hatte *114.   Stühle heiß, wundmachend *HG. Ein kleines, trockenes, warzenähnliches Gebilde an den Genitalien oder am Anus *KM.

6   **Haemorrhoiden:**

Haemorrhoiden mit intensiven Schmerzen im Rücken und durch das ganze Becken, bei Prostatahypertrophie *128.   Jucken des Anus durch Haemorrhoiden *129.   Die rektale Untersuchung zeigte eine stark vergrößerte Prostata und eine Menge innerer Haemorrhoiden *131. Haemorrhoiden sind so empfindlich, daß man sie nicht berühren darf *KM.

HARNORGANE

1   **Schmerzen in der Harnröhre, wenn man nicht uriniert:**

Beim Harnen schneidet's und nach dem Harnen wird's noch schlimmer *1-142.   Ein beißendes und brennendes Kriebeln an der Harnröhrmündung, außer dem Harnen *1-143.   Bloß außer dem Harnen, im Sitzen, ein Brennen tief hinten in der Harnröhre *1-144.   Eine Art Brennen in der Mitte der Harnröhre, außer dem Harnen *10-513.   Neigung zu häufigem Urinieren, mit einem Gefühl von Hitze oder Brennen in der Harnröhre, mehr in dem mittleren und hinteren Teil, und zwar gerade beim Nichturinieren *84.   Es bestand ein chordaähnlicher Krampf im Glied, besonders nachts, nur durch Harnabgang gebessert *131.   Während und nach der Miktion Brennen in der Harnröhre *LM.   Brennen in der Harnröhre, wenn man nicht uriniert *AF.

2   **Schmerz in der Harnröhre beim Urinieren:**

Beim Harnen schneidet's und nach dem Harnen wird's noch schlimmer *1-142.   Bei jedem
Urinieren, ein Brennen in der ganzen Harnröhre, viele Tage lang *1HA-145.   Der Urin wird
fast nur tropfenweise und unter großem Wehklagen, obwohl nicht zu oft, gelassen *7.   Sehr
schmerzhaftes Harnen *JS.   Während und nach der Miktion Brennen in der Harnröhre *LM.

3   **Bauchschmerzen nach dem Urinieren:**

Krampfhaftes Schneiden im Unterleibe, mit Zittern der Knie; am Tage, bei der mindesten Bewegung, vorzüglich stark nach dem Harnen; Abends, Schneiden auch ohne Bewegung, welches vom
Zusammenkrümmen besser ward *1-124.   Gleich nach dem Harnen, ein Verrenkungsschmerz oberhalb der Harnröhre, hinter dem Schambeine *11-511.

4   **Brennen in der Mitte oder im hinteren Teil der Harnröhre:**

Bloß außer dem Harnen, im Sitzen, ein Brennen tief hinten in der Harnröhre *1-144.   Bei jedem Urinieren, ein Brennen in der ganzen Harnröhre, viele Tage lang *1HA-145.   Der Harn
geht in der Nacht mit Steifigkeit der Rute und zuletzt nur tropfenweise ab, mit Brennen am
Blasenhalse, und es trieb zugleich vergeblich auf den Stuhl; das Krummliegen erleichterte es
*13-512.   Eine Art Brennen in der Mitte der Harnröhre, außer dem Harnen *10-513.
Neigung zu häufigem Urinieren, mit einem Gefühl von Hitze oder Brennen in der Harnröhre, mehr
in dem mittleren und hinteren Teil, und zwar gerade beim Nichturinieren. Stärker auch im Sitzen
*84.   Chronische Prostatitis alter Männer. Der Schmerz geht vom Anus die Harnröhre ent-
lang, er kommt nach dem Gehen oder Fahren *CA.   Prostatitis; Wenn Urin abgeht, brennt
er in der ganzen Länge der Harnröhre *BF.

5   **Schmerzen an der Penisspitze, an der Harnröhrenmündung:**

Ein beißendes und brennendes Kriebeln an der Harnröhrmündung, außer dem Harnen *1-143.
Litt an häufigem Harndrang, mit heftigem Brennen an der Spitze des Penis *131.

6   **Harnabgang tropfenweise, muß lange warten, muß pressen:**

Drang zum Harnen; es geht kaum ein Löffel voll, meistens rötlicher oder dunkelgelber Harn in einem dünnen Strahle ab, bisweilen tropfenweise, und nachdem er ihn gelassen hat, ist's ihm immer,
als wäre die Blase noch nicht leer, denn es tropft noch immer etwas ab *4HA-508.   Der Harn
geht in der Nacht mit Steifigkeit der Rute und zuletzt nur tropfenweise ab, mit Brennen am
Blasenhalse, und es trieb zugleich vergeblich auf den Stuhl; das Krummliegen erleichterte es
*13-512.   Der Urin wird fast nur tropfenweise und unter großem Wehklagen, obwohl nicht
zu oft, gelassen *7.   Seekrankheit; Nun wollte auch der Harn nicht recht fort; er ging nur
nach sehr langem Warten und sehr mühsamem, fast ununterbrochenem Pressen ab *8.   Häufiger Harndrang mit spärlichem Wasserlassen in dünnem Strahle, oder tropfenweiser Abgang dunklen Urins *LM.   Der Urin geht nicht ab, wenn man preßt oder von außen drückt, nach
schwieriger Entbindung *HG.

7   **Druck auf die Blase, Gefühl als sei die Blase nicht leer, Harndrang:**

Beim Erwachen vom Schlafe, Drücken auf die Blase; sie mußte viel harnen, und dennoch trieb es
sie nach einer Stunde wieder zum Harnen, mit Drücken *1HA-146.   Drang zum Harnen; es
geht kaum ein Löffel voll, meistens rötlicher oder dunkelgelber Harn in einem dünnen Strahle ab,
bisweilen tropfenweise, und nachdem er ihn gelassen hat, ist's ihm immer, als wäre die Blase noch
nicht leer, denn es tropft noch immer etwas ab *4HA-508.   Der Stuhlgang erfolgte alle 2 —
3 Tage unter Anstrengung und Druck auf die Blase, ohne daß Urin dabei abgeht *34.   Viel
Harnsäure ist vorhanden und Harndrang *138.   Eine frisch verheiratete junge Witwe beklagte sich bitter über einen dauernden Urindrang *141.   Profuser, wässriger, blasser Urin mit
viel Drang. Während und nach der Miktion Brennen in der Harnröhre, nach der Miktion Drang, als

wäre die Blase noch nicht leer *LM.　　　　Harndrang und Schmerz nach dem Wasserlassen bei Prostataleiden alter Männer. Blasenprolaps *AF.　　　　Krampfhafte, schneidende Bauchschmerzen mit Stuhl- und Urindrang und Übelkeit *AB.　　　　Gefühl, als fließe ständig ein Tropfen Harn durch die Harnröhre *MG.

8　　**Nachtröpfeln des Urins, Urinabgang beim Husten, Enuresis:**
Wenn sie hustete, spritzte der Urin von ihr, unwillkürlich *1-147.　　　　Unwillkürlicher Urinabgang *34.　　　　Nachtröpfeln des Urins *99.　　　　Wiederaufgetretene Enuresis nocturna, gelegentlich auch am Tage. In letzter Zeit war sie das Opfer eines „bully" in der Schule *164. Chronische Prostatitis alter Männer; mit Nachtröpfeln nach dem Urinieren *CA.　　　　Unwillkürlicher und reichlicher Harnabgang, besonders beim Husten *AP.　　　　Harnträufeln beim Husten. Gefühl, als fließe ständig ein Tropfen Harn durch die Harnröhre *MG.

9　　**Dünner, gedrehter Strahl:**
Drang zum Harnen; es geht kaum ein Löffel voll, meistens rötlicher oder dunkelgelber Harn in einem dünnen Strahle ab *4HA-508.　　　　Litt an häufigem Harndrang, mit heftigem Brennen an der Spitze des Penis. Der Strahl war dünn und gedreht. Es bestand ein chordaähnlicher Krampf im Glied *131.　　　　Häufiger Harndrang mit spärlichem Wasserlassen in dünnem Strahle *LM.

10　　**Häufiges Wasserlassen, jedesmal nur wenig und dunkel gefärbt oder rötlich:**
Den ersten Tag sehr wenig Urinabsonderung *1-139.　　　　Häufiger, roter Urin *1-141.　　　　Öfteres Lassen wässrigen Harns im Anfange, nach einigen Tagen aber dunkelgelber Harn *12-502. Der Urin geht, die ersten vier Tage, alle Viertelstunden in geringer Menge ab; die folgenden Tage geht zwar die gehörige Menge, aber von dunkler Farbe und immer noch alle Stunden, ab *4-503. Er muß oft harnen und es geht wenig, den zweiten Tag nicht so oft, aber mehr Urin, ab *8-504. Er harnet etwas öfter, als in gesunden Tagen und wenig auf einmal *8-505.　　　　Öfterer Harndrang, wobei sehr wenig dunkelfarbner Harn abgeht, 3 Tage lang *4HA-506.　　　　Drang zum Harnen; es geht kaum ein Löffel voll, meistens rötlicher oder dunkelgelber Harn in einem dünnen Strahle ab, bisweilen tropfenweise *4HA-508.　　　　Er harnet oft, doch jedesmal nur wenig, etwa eine Obertasse dunklen Urins *8-509.　　　　Er harnet weniger oft, als den ersten Tag, doch öfter, als in gesundem Zustande, und wenig mehr als den ersten Tag *8-510.　　　　Durst stark, Urin sparsam, hochrot *31.　　　　Häufiges Wasserlassen *68.　　　　Neigung zu häufigem Urinieren *84.　　　　Urin spärlich, dunkel, massenhaft Urate als Sediment *102.　　　　Häufiges Urinieren *110.　　　　Häufiges, spärliches Wasserlassen *113.　　　　Litt an häufigem Harndrang, mit heftigem Brennen an der Spitze des Penis. Der Strahl war dünn und gedreht *131. Junge Witwe; Muß Tag und Nacht alle 10 bis 15 Minuten Wasser lassen, keine Schmerzen *141. Spärlicher Urin, tiefgelb oder rötlich gefärbt, mit Ziegelmehlsediment *TM.　　　　Häufiger Harndrang mit spärlichem Wasserlassen in dünnem Strahle, oder tropfenweiser Abgang dunklen Urins *LM.　　　　Chronische Prostatitis alter Männer mit häufigem Wasserlassen am Tag, in kleinen Mengen *CA.　　　　Häufiger Drang zum Wasserlassen *d.

11　　**Reichlicher, blasser, wässriger Urin:**
Reichliches, sehr häufiges Harnen, mehrere Tage lang *1HA-140.　　　　Beim Erwachen vom Schlafe, Drücken auf die Blase; sie mußte viel harnen, und dennoch trieb es sie nach einer Stunde wieder zum Harnen, mit Drücken *1HA-146.　　　　Öfteres Lassen wässrigen Harns im Anfange, nach einigen Tagen aber dunkelgelber Harn *12-502.　　　　Öfteres Nötigen zum Harnen, mit vielem Urinabgange *11-507.　　　　Profuser, wässriger, blasser Urin mit viel Drang *LM.

12　　**Sediment, Geruch, Schärfe:**
Unwillkürlicher Urinabgang, der eine so bedeutende Schärfe angenommen hat, daß die nahegelegenen Teile excoriiert werden, sehr heftig brennende Schmerzen verursachen, die bei der geringsten

Bewegung zunehmen *34.　　　Urin strenge riechend *98.　　　Nachtröpfeln des Urins; in demselben Wölkchen und derselbe scharf riechend *99.　　　Urin spärlich, dunkel, massenhaft Urate als Sediment *102.　　　Schweiß am Scrotum und viel Harnsäure ist vorhanden und Harndrang *138.　　　Spärlicher Urin, tiefgelb oder rötlich gefärbt, mit Ziegelmehlsediment *TM. Prostatitis; die Blase ist gefüllt mit stinkendem Restharn *BF.

13　**Prostatahypertrophie:**

Haemorrhoiden mit intensiven Schmerzen im Rücken und durch das ganze Becken, bei Prostatahypertrophie *128.　　　Der Katheterismus war wegen hochgradiger Empfindlichkeit unmöglich. Die rektale Untersuchung zeigte eine stark vergrößerte Prostata und eine Menge innerer Haemorrhoiden *131.　　　Harndrang und Schmerz nach dem Wasserlassen bei Prostataleiden alter Männer. Blasenprolaps *AF.　　　Chronische Prostatitis alter Männer *CA.　　　Akute Prostatitis, die Prostata ist sehr empfindlich und reizbar. Im Sitzen Gefühl, als säße er auf einer Kugel. Chronische Prostatitis; Der Patient ist empfindlich über der Blase, die Blase gefüllt mit stinkendem Restharn *BF.

14　**Modalitäten:** Sitzen, Krummliegen, erster Coitus bei Frauen, Dehnung des sphincter, Frustration, Gehen und Fahren:

Bloß außer dem Harnen, im Sitzen, ein Brennen tief hinten in der Harnröhre *1-144.　　　Der Harn geht in der Nacht mit Steifigkeit der Rute und zuletzt nur tropfenweise ab, mit Brennen am Blasenhalse, und es trieb zugleich vergeblich auf den Stuhl; das Krummliegen erleichterte es *13-512.　　　Neigung zu häufigem Urinieren, mit einem Gefühl von Hitze oder Brennen in der Harnröhre, mehr in dem mittleren und hinteren Teil, und zwar gerade beim Nichturinieren. Stärker auch im Sitzen *84.　　　Eine frisch verheiratete junge Witwe beklagte sich bitter über einen dauernden Urindrang. Muß Tag und Nacht alle 10 bis 15 Minuten Wasser lassen, keine Schmerzen *141.　　　Der Operateur versuchte, zwei Finger in die Urethra zu bringen und hatte schließlich den Fremdkörper entfernen können. Danach im Bett mußten sechs Schwestern die Frau festhalten, so intensiv waren die Schmerzen *146.　　　Wiederaufgetretene Enuresis nocturna, gelegentlich auch am Tage. In letzter Zeit war sie das Opfer eines „bully" in der Schule *164.　　　Chronische Prostatitis alter Männer. Der Schmerz geht vom Anus die Harnröhre entlang, er kommt nach dem Gehen oder Fahren *CA.　　　Akute Prostatitis, die Prostata ist sehr empfindlich und reizbar. Im Sitzen Gefühl, als säße er auf einer Kugel. Chronische Prostatitis; Der Patient ist empfindlich über der Blase *BF.　　　Cystitis nach erstem Coitus bei Frauen *UA.

MÄNNLICHE GESCHLECHTSORGANE

1　**Denkt dauernd an sexuelle Dinge und neigt zu Onanie:**
Siehe Seite 4.

2　**Geistige und körperliche Folgen von Onanie:**
Siehe Seite 5, 223.

3 Übertrieben lebhafter Sexualtrieb. Fühlt sich wohler, wenn der Trieb befriedigt wird:
Siehe Seite 5, 223.

4 Engbrüstigkeit gegen Ende des Coitus:
Gegen Ende des Beischlafs, Engbrüstigkeit *1HA-181.

5 Impotenz, mangelnder Sexualtrieb:
Erregt in der Erstwirkung lebhaften Geschlechtstrieb, in der Nach- oder Gegenwirkung des Organismus aber erfolgt Gleichgültigkeit dagegen und beharrlicher Mangel des Geschlechtstriebes, sowohl in den Zeugungsorganen, als auch in der Phantasie *1-153.   Samenabgänge mit Träumen. Kein Trieb. Erektionen mangelhaft. Ejaculation zu früh. Herzklopfen, wenn er einer Frau zu nahe kommt *111.   Verminderte Potenz mit daraus sich ergebenden Minderwertigkeitsgefühlen. Früher langjähriger Masturbant *153.   Sein sexuelles Interesse und auch seine sexuellen Fähigkeiten hatten nachgelassen *160.

6 Nächtliche Samenergüsse, hinterher Mattigkeit:
Drei Nächte nach einander, Samenergießung *1-150.   Fünf Nächte nach einander, Samenerguß, jedesmal mit geilen Träumen *1-151.   Nach einer nächtlichen Pollution, Mattigkeit und Schwere in beiden Armen, als hätte er Blei drin *1-152.   Wohllüstiges Jucken um den Hodensack, welches beim Reiben immer zunimmt, oberflächlich zu Wundschmerze wird, während tiefer noch das Jucken fortbesteht und endlich einen Samenerguß bewirkt *1-155.   Nachts, verliebte Traumbilder, mit zwei Samenergüssen *11-516.   Nachts eine Samenergießung, ohne Träume *3-517.   Verliebte Träume und Samenerguß *5HA-684.   Samenabgänge gefolgt von Erschöpfung, 3 Nächte hintereinander, profus und sehr klebrig. Vor den Abgängen ist der Samenstrang voll und knotig. Nach dem Abgang weniger Völle und keine Knoten im Samenstrang. Die Abgänge finden vor der Dämmerung statt, wecken ihn selten. Unangenehme Träume, daß er in Schwierigkeiten steckt, oder von nackten Frauen *64.   Samenabgänge mit Träumen. Samenabgänge zweimal wöchentlich und immer gegen Morgen. Schwach und müde, besonders morgens *111.   Gelegentlich nächtlicher Samenabgang *117a.   Dauernd unwillkürliche Samenabgänge, seitdem schwaches Gedächtnis. Abgespanntheit *117b.   Die Erregung wurde immer größer und entleerte sich nachts noch spontan und zusätzlich in häufigen, atonischen Pollutionen. Seitdem ist er unfähig, konzentriert zu arbeiten *150.   Abgang von Samen beim Stuhlgang schwächt ihn *VR.

7 Abgang von Prostatasekret bei hartem Stuhlgang:
Bei Abgang harten Stuhls, Ausfluß des Vorsteherdrüsensaftes *1-148.   Abgang von Samen beim Stuhlgang schwächt ihn *VR.

8 Erektionen bei Urinabgang oder nachts:
Der Harn geht in der Nacht mit Steifigkeit der Rute und zuletzt nur tropfenweise ab, mit Brennen am Blasenhalse, und es trieb zugleich vergeblich auf den Stuhl; das Krummliegen erleichterte es *13-512.   Die ganze Nacht über, ungeheure Rutesteifigkeit, ohne Samenerguß *11-514. Die ganze Nacht, Rutesteifigkeit, ohne verliebte Phantasien und ohne Samenerguß *11-515. Litt an häufigem Harndrang, mit heftigem Brennen an der Spitze des Penis. Der Strahl war dünn und gedreht. Es bestand ein chordaähnlicher Krampf im Glied, besonders nachts, nur durch Harnabgang gebessert *131.   Sowie der Junge sich auszog, spielte er dauernd an seinen Genitalien und bekam dabei immer wieder Erektionen *156.

9 Feuchtigkeit, Condylome, Geschwüre am Penis:
Siehe Seite 50.

Staphisagria   271

10   Schmerzen in Hoden und Samenstrang:
Siehe Seite 184.

11   Jucken im oder um das Scrotum:
Siehe Seite 50.

12   Schmerz in der Eichel:
Siehe Seite 183.

13   Schweiß am Scrotum:
Samenabgänge. Morgens nach Schlaf, nicht am Tage, Schweiß am Scrotum mit unangenehmem, fleischigem Geruch *64.   Kniegelenksentzündung; Schweiß am Scrotum und viel Harnsäure ist vorhanden und Harndrang *138.

WEIBLICHE GESCHLECHTSORGANE

1   Folgen der ersten Erregung des weiblichen Sexualtriebes und späterer Enthaltsamkeit:
Eine frisch verheiratete junge Witwe beklagte sich bitter über einen dauernden Urindrang. Muß Tag und Nacht alle 10 bis 15 Minuten Wasser lassen, keine Schmerzen *141.   Eierstocksentzündung, sehr oft, besonders wenn vieles Denken geschlechtlicher Gegenstände Veranlassung war *GG. Hypochondrische Gemütsstimmungen nach Selbstbefleckung, auch, wenn diese Stimmung eintritt, bei jungen Männern und Frauen als Folge zu häufig geübten Geschlechtsverkehrs *FK.   Pruritus genitalis bei frisch Verheirateten, mit häufigem Urindrang. Nervöse Schwäche durch Liebesenttäuschung und Erregung des Sexualtriebes bei Frauen *LT.   Frauen leiden nicht nur körperlich, sondern auch geistig nach dem ersten Coitus *FA.   Cystitis nach erstem Coitus bei Frauen *UA.   Ihrer Ansicht nach sind die Depressionen, die sie hat, Folge der schlechten Behandlung durch den Ehemann. Sie erzählt mir, daß sie seit sieben Jahren keinen ehelichen Verkehr mehr gehabt habe *b.

2   Empfindlichkeit der Vulva beim Sitzen:
Schmerzhafte Empfindlichkeit der weiblichen Geschlechtsteile; wenn sie sitzt, tut es ihr da weh *1A-159.   Hysterische Krämpfe. Uterus sehr empfindlich, eine leichte Berührung verursacht sofort die Krämpfe *134.   Schmerzhafte Empfindlichkeit der weiblichen Geschlechtsorgane, Vulva so empfindlich, daß sie kaum eine Binde tragen kann *AF.   Schmerzhafte Empfindlichkeit der weiblichen Geschlechtsorgane *LT.   Die Genitalien waren immer empfindlich, besonders im Sitzen *FA.   Die weiblichen Genitalien sind berührungsempfindlich, so daß der Verkehr schmerzhaft ist und gefürchtet wird *NM.

3   Gefühl, als wolle unten alles herausfallen:
Gallensteinkolik. Gefühl als ob der Leib wegfällt. Das Gefühl, als ob der Leib wegfällt, tritt sofort

mit dem Anfalle auf und bleibt während des ganzen Anfalls *95.   Ein Ziehen in den Seiten des Unterleibs herab, als sollte das Monatliche erscheinen *1-115.   Schwächegefühl im Bauche, als sollte derselbe abfallen *JS.   Gefühl von Schwäche im Bauch, als sollte er verschwinden *LM.   Gefühl einer Schwäche im Bauche, als wollte alles hinunterfallen *GG.   Gefühl, als hingen Magen und Bauch schlaff herunter *AF.   Prolapsus uteri, welcher fast immer mit Erschlaffung des Magens verbunden ist *FK.   Im Bauche Schwächegefühl, als solle derselbe abfallen, möchte ihn hochheben *LT.   Uterusprolaps mit Gefühl von Herausfallen im Bauch, Wehtun um die Hüften und Schwäche der Beine *AP.   Der Bauchinhalt will unten raus, muß den Leib festhalten *e.

4   Schmerzen in der Vulva:
Krampfhafter Schmerz in den weiblichen Schamteilen und der Mutterscheide *1-160.   Krampfhafte Schmerzen in den weiblichen Teilen, besonders in der Scheide *GG.   Krampfartige Schmerzen in Uterus und Vagina *LT.

5   Jucken, Beißen, berührungsempfindliches Bläschen in der Vulva:
Fein stechendes Jucken an den weiblichen Schamteilen *1-161.   Ein Beißen an den weiblichen Schamteilen, auch außer dem Harnen *1-162.   Hinten, innerhalb der großen, re Schamlefze, eine Blase, welche für sich ein Beißen, beim Berühren aber Wundheitsschmerz verursacht *1-163.   Beißende Bläschen, innerhalb der großen Schamlippen, die bei Berührung schmerzen *GO.   Stechendes Jucken der Vulva. Pruritus genitalis bei frisch Verheirateten *LT.   Ein kleines, trockenes, warzenähnliches Gebilde an den Genitalien *KM.   Die weiblichen Genitalien jucken, haben stechende Schmerzen und sind berührungsempfindlich, so daß der Verkehr schmerzhaft ist und gefürchtet wird *NM.

6   Schwellung, Entzündung und Schmerzen eines Ovars:
Vor den Menses noch etwas Schmerz, reißend, stechend, hat seinen Sitz besonders in der Gegend des re Ovarium. Empfindlichkeit bei Druck und etwas Anschwellung *82.   Nicht die Lebergegend, sondern die Gegend des re Eierstockes ist empfindlich auf Druck *95.   Beide Ovarien waren wegen cystöser Entartung vor anderthalb Jahren exstirpiert worden. Trotzdem leidet sie jetzt seit langer Zeit an Schmerzen im Unterleib. Die Gegend vom Uterus nach dem re Eierstocke ist ganz besonders empfindlich *105.   Gequält von Schmerzen im Bereich des li Ovars *113.   Entzündung der Ovarien. Nützlich im Mutterkrebse *JS.   Eierstocksentzündung sehr oft, besonders wenn vieles Denken geschlechtlicher Gegenstände Veranlassung war *GG.   Scharfe, schießende Schmerzen im geschwollenen Ovar, das bei Druck sehr empfindlich ist *LT.

7   Amenorrhoe:
Ausbruch des ein Jahr ausgebliebenen Monatlichen unter Leibschneiden und starkem Kollern, zum Neumonde *1-164.   Menses sehr unregelmäßig. Obschon die Regeln immer sehr spät eintraten und oft ganz ausblieben, so waren dieselben doch sehr profus und lange anhaltend, wenn sie einmal eintraten *62.   Chronische Amenorrhoe mit allgemeiner Schwäche *TM.   Blutfluß aus den Geschlechtsteilen lange nachdem das Monatliche in den klimakterischen Jahren aufgehört hatte *GG.   Amenorrhoe als Folge von Ärger durch schwere Kränkung *LT.

8   Eigenschaften der Menstruation:
Menses sehr unregelmäßig. Obschon die Regeln immer sehr spät eintraten und oft ganz ausblieben, so waren dieselben doch sehr profus und lange andauernd, wenn sie einmal eintraten, indem sie eine Woche und darüber anhielten. Das Blut war zuerst blaß, wurde aber nach dem ersten Tage dunkel und klumpig und dazwischen stellten sich krampfhafte Contractionen des Uterus ein *62. Blutfluß aus den Geschlechtsteilen lange nachdem das Monatliche in den klimakterischen Jahren

aufgehört hatte *GG.   Menses unregelmäßig, spät und profus, zuerst blaß, dann dunkel und klumpig *LT.

9   **Fluor:**

Dicke, sahnige, milde Leukorrhoe *80.   Doppelseitiger Cervixriß mit viel Geschwulst und Erosion und profuser, eitriger Absonderung *134.   Nützlich im Mutterkrebse *JS.   Prolapsus uteri, welcher fast immer mit Erschlaffung des Magens verbunden ist. Die solchen Zustand begleitende Leukorrhoe ist gelb und exkorriierend *FK.

10   **Beschwerden im Zusammenhang mit Menstruation oder Schwangerschaft:**

Beinschmerzen und Lähmung, Ovarschmerzen, Schreibkrampf, Nervosität und Schlafstörungen siehe Seite 225; Zahnschmerzen in den ersten Schwangerschaftsmonaten und während der Periode, Kopfschmerzen beim Aussetzen der Periode siehe Seite 116.